HUMANITIES AND SOCIETY

统治阶级

（《政治科学原理》）

Gaetano Mosca

[意大利] 加塔诺 · 莫斯卡 著 贾鹤鹏 译

译林出版社

图书在版编目（CIP）数据

统治阶级（《政治科学原理》）/（意）莫斯卡（Mosca, G.）著；贾鹤鹏译．—南京：译林出版社，2012.7（2024.8重印）
（人文与社会译丛）
书名原文：The Ruling Class
ISBN 978-7-5447-2952-9

Ⅰ.统…　Ⅱ.①莫…②贾…　Ⅲ.统治阶级－理论研究
Ⅳ.D01

中国版本图书馆CIP数据核字（2012）第127377号

统治阶级（《政治科学原理》）［意大利］加塔诺·莫斯卡 / 著　贾鹤鹏 / 译

责任编辑　张海波
装帧设计　胡　苨
责任印制　董　虎

原文出版　The McGraw-Hill Book Company, Inc., New York.
出版发行　译林出版社
地　　址　南京市湖南路1号A楼
邮　　箱　yilin@yilin.com
网　　址　www.yilin.com
市场热线　025-86633278
排　　版　南京展望文化发展有限公司
印　　刷　江苏凤凰通达印刷有限公司
开　　本　880毫米×1230毫米　1/32
印　　张　20.625
插　　页　2
版　　次　2012年7月第2版
印　　次　2024年8月第5次印刷
书　　号　ISBN 978-7-5447-2952-9
定　　价　98.00元

主编的话

刘　东

总算不负几年来的苦心——该为这套书写篇短序了。

此项翻译工程的缘起,先要追溯到自己内心的某些变化。虽说越来越惯于乡间的生活,每天只打一两通电话,但这种离群索居并不意味着我已修炼到了出家遁世的地步。毋宁说,坚守沉默少语的状态,倒是为了咬定问题不放,而且在当下的世道中,若还有哪路学说能引我出神,就不能只是玄妙得叫人着魔,还要有助于思入所属的社群。如此嘈嘈切切鼓荡难平的心气,或不免受了世事的恶刺激,不过也恰是这道底线,帮我部分摆脱了中西"精神分裂症"——至少我可以倚仗着中国文化的本根,去参验外缘的社会学说了,既然儒学作为一种本真的心向,正是要从对现世生活的终极肯定出发,把人间问题当成全部灵感的源头。

不宁惟是,这种从人文思入社会的诉求,还同国际学界的发展不期相合。擅长把捉非确定性问题的哲学,看来有点走出自我囿闭的低潮,而这又跟它把焦点对准了社会不无关系。现行通则的加速崩解和相互证伪,使得就算今后仍有普适的基准可言,也要有待于更加透辟的思力,正是在文明的此一根基处,批判的事业又有了用武之地。由此就决定了,尽管同在关注世俗的事务与规则,但跟既定框架内的策论不同,真正体现出人文关怀的社会学说,决不会是医头医脚式的小修小补,而必须以激进亢奋的姿态,去怀疑、颠覆和重估全部的价值预设。有意思的是,也许再没有哪个时代,会有这么多书生想要焕发制度智慧,这既凸显了文明的深层危机,又表达了超越的不竭潜力。

于是自然就想到翻译——把这些制度智慧引进汉语世界来。需要说明的是,尽管此类翻译向称严肃的学业,无论编者、译者还是读者,都会因其理论色彩和语言风格而备尝艰涩,但该工程却绝非寻常意义上的“纯学术”。此中辩谈的话题和学理,将会贴近我们的伦常日用,渗入我们的表象世界,改铸我们的公民文化,根本不容任何学院人垄断。同样,尽管这些选题大多分量厚重,且多为国外学府指定的必读书,也不必将其标榜为“新经典”。此类方生方成的思想实验,仍要应付尖刻的批判围攻,保持着知识创化时的紧张度,尚没有资格被当成享受保护的“老残遗产”。所以说白了:除非来此对话者早已功力尽失,这里就只有激活思想的马刺。

主持此类工程之烦难,足以让任何聪明人望而却步,大约也惟有愚钝如我者,才会在十年苦熬之余再作冯妇。然则晨钟暮鼓黄卷青灯中,毕竟尚有历代的高僧暗中相伴,他们和我声应气求,不甘心被宿命贬低为人类的亚种,遂把逐译工作当成了日常功课,要以艰难的咀嚼咬穿文化的篱笆。师法着这些先烈,当初酝酿这套丛书时,我曾在哈佛费正清中心放胆讲道:“在作者、编者和读者间初步形成的这种‘良性循环’景象,作为整个社会多元分化进程的缩影,偏巧正跟我们的国运连在一起,如果我们至少眼下尚无理由否认,今后中国历史的主要变因之一,仍然在于大陆知识阶层的一念之中,那么我们就总还有权想象,在孔老夫子的故乡,中华民族其实就靠这么写着读着,而默默修持着自己的心念,而默默挑战着自身的极限!”惟愿认同此道者日众,则华夏一族虽历经劫难,终不致因我辈而沦为文化小国。

一九九九年六月于京郊溪翁庄

目　　录

① 泰纳(Hippolyte Adolph Taine,1828—1893),19世纪法国历史学家,以研究法国大革命和拿破仑见长,著有《古代政体》等书。——译注

② 《理论》(*Teorica*)是英译本序言对莫斯卡著作《关于政府和议会制的理论:社会和历史性研究》(*Sulla teorica dei governi e sul governo parlamentare. Studii storici e sociali*, 初版于1884年)的简称。——译注

① 《原理》（*Elements*）为《政治科学原理》（*Elimenti di scienza politica*）的简称，此书有 1896、1923 和 1939 年三个版本，英文版《统治阶级》就是根据 1923 年版的《政治科学原理》翻译、编辑而成。——译注

英译本前言

1. 泰纳和莫斯卡:《理论》

加塔诺·莫斯卡关于统治阶级的理论最初成形于1878—1881年间,当时他是巴勒莫大学安吉罗·梅塞达哥利亚[①]的学生之一。他对泰纳在《古代政体》(*Ancien régime*)中使用过的方法进行概括时,想到了这一理论。应该记住,在这本书中,泰纳从旧王朝的黄金时代统治法国的各种集团的衰落中寻找法国大革命的原因,他在国王、教士和贵族这三个标题下对这个阶级作了思考和分析。

学生时期的莫斯卡的第一个想法是,也许任何社会都可以用泰纳分析君主制法国的方式来分析;他的第二个想法是,尽管19世纪流行多数人统治的学说,他还是发现了一个最富有成果、最有启发性的假设。如果仔细观察任何国家,不论它是通常称之为君主制、专制或共和制,都必定会发现实际的权力从未被一个人行使——不论是君主还是国家元首,这种权力也不是由全体公民行使的,而是被一个特定集团所行使,其数量与整个人口相比总是很小。泰纳也已经说明,路易十四时代辉煌的法国文明的特征,更多地是法国官僚阶层的特征,而非该国一般老百姓的特点,而且,这种辉煌似乎与17和18世纪法国官僚阶层发

① 安吉罗·梅塞达哥利亚(Angelo Messedaglia,1820—1901):意大利近代经济学家、法学家。——译注

挥作用的特殊条件有关系。这条原则也能够被普遍化成这一定
x 理，即某个社会在特定阶段，其文明的主要特征将是那些统治集团（政治家、统治者们）的特征。

今天莫斯卡已经80岁了；但是在他的漫长岁月中，莫斯卡从未忘记19世纪70年代他体会到的那种发现的兴奋，这时他发现自己掌握了开启人类历史秘密的金钥匙。说实话，莫斯卡这一发现的原创性经常成为他同事和竞争者争论的话题；而且在过去50年里，学者们忙着罗列出许多思想家，这些人注意到了如下这个对所有人都相当明显的事实：即在任何时候，在所有人类团体中，总是有少数的统治者和多数的被统治者。

“太阳之下没有新东西”这句格言是一个真正的格言；可以说，它包含了一半真理，对于一个格言来说，包含这么多真理已经相当不少了。大体说来，所有居住在地球上的人类，还会居住在同一个星球上。他们全部至少从他们的角度看到了同样的实在；他们都经历了同样的情感；我们可以想像，他们都思考了同样的事情。但是人类文明史却显示出，每个人以无穷无尽的各种方式评价他看到的各种事物。或许自亚当以来，没有人不具有几分重力法则的知识；但是直到伽利略时代之前，没有人想到把注意力集中于下落物体，使它成为科学革命的支点。自从该隐和亚伯[2]以来，没有人意识不到，人们传播道德原则，然后却经常不顾道德原则使用他们具有的权力，即使他们并不总是如此。然而，在马基雅弗利[3]之前，没有人想到考虑这个现象，并

---

② 该隐和亚伯：基督教《圣经》中人物，分别为亚当和夏娃的长子和次子，亚伯为该隐所杀。——译注

③ 马基雅弗利（Nicolo Machiavelli，1469—1527）：意大利政治思想家、历史学家，主张君主专制和不择手段地统一意大利，著有《君主论》和《佛罗伦萨史》等。——译注

在它之上创立消除伦理因素的科学政治学。我相信克罗奇④在什么地方说过：思想家的原创性不依赖于他们看到了别人没有看到的东西，而经常在于他们时而强调这个、时而强调那个平常事物。我想为了有利于人数不断增多的追根溯源者(source hunter)，此处稍稍离题是有用的，这些人花费时间勾画文献和科学的平行线，却不考虑什么问题该被强调，或者天才之士如何利用凡俗事物。中世纪威尼斯人或古罗马人掌握了相当多的阶级和统治阶级的概念，以至于他们作出了细致的立法来涵盖阶级关系，甚至涵盖社会的基本单位从一个向另一个阶级的运动。然而，还是没有一个威尼斯人或古罗马人形成了莫斯卡那种关于统治阶级的理论。阶级在欧洲是日常生活中可见的外在事物，而且没有几个欧洲作家能够在讨论社会问题时，避免最后遇到各种形式的阶级、阶级斗争、阶级循环这样的事实。然而，他们没有人利用了莫斯卡指出的阶级事实，圭西亚迪尼⑤没有，马克思没有，泰纳也没有。相反，人们可能说出那些与莫斯卡比肩或利用了他学说的人——米切尔斯、索列尔和帕雷托⑥。 xi

为什么个别的思想家强调了每个人都观察到、并且想当然的关系和事实呢？通常这些个人思想发展的问题无法被历史恢

---

④ 克罗奇(Benedetto Croce，1866—1952)：意大利哲学家、历史学家和文艺理论家，新黑格尔主义者，意大利自由党领袖，主要代表著作有《精神哲学》四卷。——译注

⑤ 圭西亚迪尼(Francesco Guicciardini，1483—1540)：16世纪意大利著名历史学家，主要著作有《意大利史》二十卷。——译注

⑥ 米切尔斯(Robert Michels，1876—1936)：意大利政治学家，莫斯卡的密友；索列尔(Georges Sorel，1847—1922)：法国社会哲学家，无政府工团主义者，认为社会进化是暴力的创造过程；帕雷托(Vilfredo Pareto，1848—1932)：意大利著名社会学家、经济学家，提出上层社会分子循环运动理论。——译注

复。我们绝不会知道为什么伏尔泰⑦能成为一个喜欢嘲弄的怀疑论者,而他的兄弟却是一个虔诚的"狂热信徒"。的确,我们知道,在激烈和自由的文化活动阶段、如果一定数量的知识分子被放置在某个一般环境中,面对一般性的问题,他们中相当一部分人会得出同样的解决办法。通常人们作出在一定阶段,一定的观念和一定的思维方式看来"会流行"这样的评价时,会想到这一事实。索列尔在20世纪头十年间发展了政治神话(political myth)的概念。莫斯卡在20年前发展了他的"政治模式(political formula)"的概念。索列尔不是一个细心的学者。他对莫斯卡一无所知。但是,这一概念明显地"在流传之中"。在莫斯卡两代人以前,社会主义已经在强调阶级冲突,而且特别是在意大利,有教养的阶层已经明确地意识到他们作为"领导"或"指导"阶级(*classi dirigenti*)的职责和义务。因此,不必奇怪在莫斯卡和他前后的其他思想家之间有如此明显的类似。

xii 尽管除了个人回忆和自白这些本身就不太可信的东西,个人思想发展的细节通常不可察觉;但是我们还是能够注意到某些一般的环境因素,它们看来会影响个人强调某些方面。当我们发现莫斯卡在1878年掌握了泰纳的理论时,我们不能忘记,莫斯卡是意大利人,而泰纳是法国人。我发现泰纳非常法国化,他从未对他使用的方法的一般联系感兴趣。实际上,当泰纳继续构建他关于旧政体的知识结构时,他不时被引入歧途,赋予一般性和世界性的现象以特殊的原因(与排斥法国贵族的封建职能的这一事实相联系)——例如,过分考究、惟理性、礼貌、显耀等,所有这些都在远非黄金时代法国贵族的统治阶级所处的时

⑦ 伏尔泰(Voltaire,原名Francois Marie Arouset,1694—1778):法国哲学家、文学家、启蒙思想家,启蒙运动的领袖。——译注

间和环境中反复发生。我也发现，泰纳非常法国化之处在于，他从不在《由来》[8]中免除他对良好公民身份的偏爱。泰纳的确向往苛刻的和严谨的历史方法，但他只能把历史当成某种为较高的道德理想服务的工具。

相反，莫斯卡是一个意大利人，自然就具有分析性的思维方法。他依靠泰纳的方法作为一种直接思维的工具，并设法变得客观，并且成功地进行了“客观的”分析，这种客观程度对于一个还很年轻的人来说相当令人吃惊。我发现这是非常意大利化的。意大利人很容易并且自然而然地做别人即使不是完全不做、也很少做的事情，并且只会以巨大的努力，遵循严格和持续的纪律去做它们：他们按照差别法（process of distinction）进行思考。当世界的其它部分正在寻求说明“真的是善的，善的是真的，并且两者都很美丽”之时，意大利人则忙着把德行、真理和美丽分开，并且既在心中也在理智中这么做。也许这就是伟大的意大利人对“文明的贡献”，而意大利民族主义者总是试图发现这种贡献。

我们可以恰当地补充，莫斯卡是一个西西里人（1858 年生于巴勒莫）。这一点也决定了他个性中的因素，美国人特别应该牢记这种个性。在通过思考来接近生活这一点上，美国人通常与西西里人极端对立。美国人不耐心于理论、怀疑哲学和一般性原则。我们研究历史，但几乎从不研究历史哲学。没有几个 xiii
美国律师与法律哲学有什么联系。如果让一个美国人对理论归纳显示出确定的兴趣，他会被当作一个不实用的危险物，从公共生活中被驱逐出去。另一方面让人惊异的是，相当多著名的美国人如此缺乏理论规范，却可以在生活中过得很好，走得很远。

---

⑧ 《由来》（*Origines*）为泰纳名著《现代法国的由来》一书（初版于 1875 年）的简称。——译注

在更加深刻的欧洲人那里，我们作为一个民族有着无知和幼稚的名声，这部分归咎于理论的缺乏。美国的理论水平比欧洲大陆的理论水平低多了。反过来，欧洲大陆在这方面总体上又在意大利之后，而伟大的意大利思想家又趋向于南方人。在莫斯卡一篇作为1884年版《理论》序言的有趣“自白”中，说他儿时的主要兴趣在历史和吹嘘他的博闻强记上。但是在历史学家莫斯卡那里打动人的是这一事实，即历史对他没有任何意义，除非它变成了一般性原则、齐一性或哲学。对维科和布鲁诺[9]是这样，对克罗奇也如此，他们都是意大利南方人。

其它两个决定因素，一个是个人的，另一个是西西里的，可能与莫斯卡观点的形成有更为直接的关系，而他则首先把这种观点归因于泰纳。在1884年的《理论》一书中，莫斯卡严格坚持研究国家，这种兴趣甚至在《原理》一书中也举足轻重。与从马克思到帕雷托在内的思想家对阶级或统治阶级概念的使用相比，莫斯卡这种狭窄的领域就更加令人注意。无疑，这是因为莫斯卡作为宪法和政治理论的学者开始其学术生涯。他首先在巴勒莫(1881—1886)，然后在罗马(1887—1995)，成为这些题目的无薪讲师。从罗马开始，他接着成为一名都灵大学(1895—1923)的宪法教授，后来又返回罗马(1923—1931)成为政治理论教授。现在很清楚的是，政府本身只是社会生活的一个阶段，而统治阶级理论的含义，如泰纳在19世纪60年代所应用的和莫斯卡在1881年所设想的那样，则开始于把社会当作整体，并趋
xiv 向一般社会学。莫斯卡从来不是要在这个方向去超越《原理》一

⑨ 维科(Giovanni Battista Vico,1668—1774)：意大利历史哲学家，曾任那不勒斯大学教授，提出历史循环论，认为应通过民族神话和习俗还原历史；布鲁诺(Giodarno Bruno,1548—1600)：意大利哲学家和天文学家，宣扬泛神论和哥白尼日心说，被宗教裁判所烧死。——译注

书中达到的界限。也许以一种职业的专业化精神，也许是因为实践的原因，他总是向后和向内返回严格的宪法或政治问题，把他最丰富和最有启示的思想变成暗示、断言、或偶然的观察，但是无论如何都未加以发展。

可以把莫斯卡平静的传记中显示出的政治倾向称作西西里式的。并非所有西西里人都是政治家，但是当一个西西里人是政治家时，他会是一个好政治家。西西里人适合搞政治，就像鸭子适应水一样。北方意大利人当然也参与意大利的政治生活。但是他们在其中制造了许多骚乱。他们大声喊叫，在街头临时演说台挥舞手臂。报纸上充斥着他们的宣传、论战、向罗马的游行。他们打文字官司并参加决斗。最后他们进入政府，很可能只担心下一次运气如何。与此相反，西西里人只是乘火车到罗马，那里有一辆四轮马车等着把他带到卡都西[10]称为“国会大厦最高点”的地方。这多少就是莫斯卡在公共生活中的经历。他在1887—1895年担任意大利下议院刊物的编辑(这是一种官僚性职位，它使得莫斯卡在担任大学无薪讲师时能维持生活)。1908年，莫斯卡自己成为一名下议院议员，以自由保守党的立场连任两届议会，直到1918年(包括战争年月)为止，同时还担任了萨兰德拉政府(Salandra，1914—1916)的殖民部次长。1918年，他通过正常的皇室任命成为终身参议员，所有的经历都没有任何喧哗、任何狂暴的争吵，甚至没有任何特别公开的声誉。普利佐里尼[11]和帕皮尼(Papini)试图在1903—1904年间宣传莫斯卡——用那时的话说，就是“把他确定为一个公众财富”。普利佐里尼在其1912年的“声音”(*Voce*)系列中作出了第二次努力

[10] 卡都西(Giosue Carducci，1835—1907)：意大利诗人。——译注

[11] 普利佐里尼(Giuseppe Prezzolini，1882—1982)：意大利政治学者。——译注

〔参见《新民族主义》(*l nuovo nazionalismo*)〕。需要提及,莫斯卡生涯的这个方面总是杰出的(eminent),但从未特别著名(prominent),它只是加强了他的某种精神态度,使得他倾向于让自己的这种工作永远保持萌芽的形式,甚至在某些方面还把这种工作服从于某个政党的前途(outlook)。

意大利和西西里背景、专业前途、学生时代就显现出来的政治才能,有助于我们明白莫斯卡在1881—1883年间对其统治
xv 阶级理论的发展。此时,莫斯卡获得了三、四个简单观念,他认为自己能够利用它们勾画出近代国家兴起的历史轮廓。他觉察到,与大多数人统治的理论相反,社会总是被少数人、被寡头们统治。因此,流行的政府分类方法——如亚里士多德的(君主制、贵族制、民主制)、孟德斯鸠的(专制统治、有限君主制和共和制)和斯宾塞的(军事的和工业的国家)——比起对寡头们的分类来,都能够被省却。莫斯卡尝试着进行这种分类,得出了几种类型:军事和教士贵族制、世袭贵族制、地主贵族制、流动财富(金钱)贵族制、德行贵族制〔(aristocracy of merit),也就是允许社会中各种成分特别是贫困阶级自由获得权力〕。现在看来,历史上流行的各种政治理论——基于种族或家族概念的"特选民族"理论、神权理论或大众主权理论——都没有反映出潜在于这种分类下面的实在。因此,莫斯卡继续发展了他的"政治模式(political formula)"理论。总是有居于统治地位的少数人,但是这些少数人从不停留在掌握权力这一简单事实上。他们总是通过理论和原则把他们的统治合理化,这些理论和原则反过来又建立在那些被统治者接受的信仰和伦理系统之上。这些"政治模式"包含的东西极少可以被描述为"真理",但是它们不应该被看作诡计多端的统治者刻意的欺骗或神化。相反,它们表达了人性中一种深刻的需要。通过它,人类更容易顺从抽象的普遍

法则,而不是个别人的意志。

这些观点在1881年成熟起来,在1883年完成并于1884年出版的《关于政府和议会制的理论》中得到明确表述。尽管这部书为时已久,而且莫斯卡以后又写了其它著作,它还是具有影响力和原创性。11年后的1895年,莫斯卡完成和出版了他的《原理》(《政治科学原理》,1896)。

与《理论》一书相比,《原理》以更全面的形式以及一系列相当有启发性的新观念阐述了统治阶级的理论。

2. 历史的概念 xvi

在《原理》中,与(19世纪)90年代欧洲学术界的典型急务一样,莫斯卡也面临了建设政治科学(他倾向于把它与社会学分开)的问题。这门科学的内容是发现决定人类大众行为(第1页)、以及调节政权组织(第4页)的恒常倾向和法则。这些倾向和法则只有通过研究"社会事实"才能被发现,这些事实又只能在各国历史中被发现(第41页):"我们必须返回的正是历史的方法。"

实际上,莫斯卡的实践比这里不完全的陈述所表明的更好。他愿意通过任何能提供社会事实的来源或办法——从经济学、从人类学、从心理学,或从其它类似科学中——获得事实。他在政治—社会领域明确地拒斥了绝对或完全接受气候或南方—北方理论、以观察原始社会为基础的人类学理论(规模的问题是重要的)、历史的经济解释(太片面)、种族优越性和低劣性的理论(许多不同的种族都有它们辉煌的时候)、以及进化理论(它们没有解释清楚人类进步的有节奏性运动——而生物进化则要求不间断的改良)。然而,除了一些敏锐的评论外(例如,那些关于实验方法的有限性或关于把科学应用于控制社会生活的评论），在对科学社会学问题的这种陈述中最有意思的在于这一事实，即它毫无疑问影响了帕雷托在《社会学通论》（*Trattato*）[12]（第一章）中对同一问题透彻和全新的讨论，这一讨论又是对帕雷托写于1897年的一篇文章的最后一次扩充。

如果我们不是从社会科学而是从历史科学的角度考虑，就能看出莫斯卡观点的有趣之处。现在如果有人说这种观点是新的、具有独创性，许多学者会援引大量证据说明，莫斯卡没有说
xvii 过什么自从希罗多德以来人们不知道的东西。历史学家总是多少有些含糊地感觉到，他们的工作应该对人类经验有所丰富，并且人们毕竟能够从我们之前地球上的数十亿人经历过的事情中学到一些东西。如同博纳尔（Bonald）[13]那样的形而上学和神学历史学家们，总是争论说历史肯定了他们那些独断的信条。另一方面，总是能够找出一些非常值得尊敬的权威，说历史不能教给我们什么、生活常新、有志者事竟成，说没有什么当下要去参照过去的类似情况。如果检查美国历史科学的现状，就会发现各种不同的态度和实践。就历史学家常规和基本的工作，即建构历史记录而言，是有一种共同意识的，并且人们注意到这一领域中许多卓越的行为。至于记录的意义，它们的功用——也就是为什么“知道普桑（Poussin）[14]的一切”比知道每天地铁楼梯上扔掉多少支香烟更重要——这样的问题时，就出现了巨大的困

[12] 帕雷托的《社会学通论》（*Trattato di sociologia genérale*），简称为《通论》。——译注

[13] 博纳尔（Louis-Gabriel-Ambroise Vicomte de Bonald，1754—1840）：法国政治哲学家和政治家，拥护正统王权论，反对法国革命。——译注

[14] 普桑（Nicolas Poussin，1594—1665）：法国画家，作品以画风严谨、精工细着著称，代表作《酒神祭的狂欢》。——译注

惑。有人对历史怀有逸闻般的兴趣，在体验过去令人激动的时代，或重新经历不寻常的人或成功者的生活时，会产生情感的愉悦（这是文学的或自由撰稿人的作品的共同规律）。有一种宣传性的历史，此处写作者对历史记录的精确性小心翼翼，甚至致力于核实这种记录，但是接着就感到需要把它与某些反省（reflection）调和起来，使这一事实具有明显的意义，这些反省相当于说，"我是和平主义者"，"我是社会主义者"，"我是天主教徒"等等。还有伪科学的或半艺术的历史，此处历史记录也是精确和相当完整的，但是写作者按照多少有些无意识的情感态度来组织事实，给予它们一种武断的意义，而这里的情感态度来自作者的生活环境，它们时而是伦理的、时而是浪漫的、时而是乐观的、时而（如果作者非常聪明）是讽刺的和愤世嫉俗的。最后，还有一种鲁宾逊⑮式的历史，它是这些类型中最科学的一种，把过去当作对现在的解释，并且在一定程度上，也把现在当作对过去的解释，但是这种历史在选择理想的问题上经常含混可疑。 xviii

在这种氛围中，莫斯卡的历史观念应该算是一股清冽的微风（clarifying breeze）。对人类经验的记录有三千到一万年之久。在这段时间中，人性是有可能相当完整地显示出它的一般特征、它的基本倾向和法则的。这些倾向、这些法则是什么呢？历史学家的工作就是告诉我们这一点；而且除非历史记录有助于我们了解这些倾向和法则的知识，否则历史就不过是一种娱乐和无目的之行为。要完成这种理论可能需要一两处注释。对历史记录的建构、对事实的顺序、动机和原因的确定，本身就是

⑮ 鲁宾逊（James Harvey Robinson，1863—1936）：美国历史学家，"新史学"奠基人之一，主张利用人类学、社会学和心理学研究历史，强调历史的教育意义。——译注

一项研究。这项工作本身没有目的性，也不包含功利性。它有自己用于指导研究的方法、技术。至于从历史中可以学到什么，很显然后者只能提供人类行为的一般形式——因为具体形势总是新的，在过去没有精确的先例或类似物。

莫斯卡感到历史可能在特定的例子中，更能够告诉我们不做什么，而非做什么。但实际上，总有一个这样的问题，即人类某一天可能令人信服地学会掌握这些倾向、这些心理和社会力量，如同他已经学会、而且是不可思议地学会了驾驭和利用自然的物质力量一样。无论如何，莫斯卡的历史观念提供了从事其各种论述的恰当态度。“人类社会总是被少数人统治”；“快速的阶级循环对进步是必要的”；“人类社会是按照集体幻觉（collective illusion）组织起来的”；“文明等级与司法防卫的程度相符”；“人类社会总是显示出向越来越高的文明等级进步的倾向”；“过度官僚化促进了革命”。这些以及其它类似观点，是对一般法则如此多的尝试性陈述。它们服从科学的批评、修正和辩驳。

3. 社会力量及其平衡

社会力量的概念在莫斯卡早期的《理论》中已经提出来了。在《原理》一书中，它得到详细阐述，其含义得到更充分的展示。

xix 一种“社会力量”就是任何具有一定社会意义的人类行为或额外利益——金钱、土地、军事威力、手工劳作、科学等等的任何事物。这一概念是从确定统治阶级及其分类的必要性中派生而来。当一个人或一个集团能够控制相当社会势力，这些力量在特定社会的特定时刻对拥有或保持权力必不可少，那么这个人或这个集团就能统治。

蕴含在统治阶级理论中的是这样的法则（我愿意称为莫斯

卡法则)，即“随着统治阶级的变化，文明的类型和程度也在变化”。统治阶级将相对于他们控制、容忍、激发或创造的社会力量的多少和等级的不同而变化。在统治阶级控制或调和即代表的社会力量的数量和势力，与它无法代表的或反对它的社会力量的数量和势力之间存在一种比例，一个政体的内在稳定性能够由此来衡量。前进中的、甚至可以说“成功的”政体通常创造一些它们很难吸收的社会力量；政府经常因为它们的美德而非缺陷而垮台(这是对泰纳和通常对历史的伦理解释的一种重大修订)。斗争是人生中一个持续的和从不消歇的方面。因此，社会力量通常表现为向往权力。士兵们想统治，而且由于他们有武器，并知道如何最好地使用它们，因而是一个很难控制的集团。金钱想统治，而且很难控制它，因为许多人匍匐于财富的魅力和影响力之下。教士想统治，他们有支配无知大众和生活中神秘事物的能耐。科学家想统治，并且从柏拉图到孔德[16]，从孔德到司各特，他们都渴望建立一种技术统治和“至善者统治”的独裁者。劳工想统治，并且如果不是总与统治阶级的法律冲突，并被他们的领导人掌握在手中的话，他们已经达到目的。公职人物想统治，他们可能很容易做到这一点，因为他们已经坐在权力宝座上。

莫斯卡可以列入不朽者的行列，这一点是稳妥的。当我们这样做的时候，社会理论的历史学家会遇到一个谜：为什么莫斯卡已经在其沉思中达到如此高度，却没有放弃他的政治学研究， xx
转向社会学？也许能够在我们已经提到的专业和气质上的决定因素中找到答案。莫斯卡首先考虑社会的政治方面，并且从来无法让自己完全偏离这一兴趣。

---

[16] 奥古斯都·孔德(Auguste Comte，1798—1857)：法国哲学家、社会学家，实证主义的创始人之一，著有《实证哲学教程》、《实证政治体系》等。——译注

学生时代的莫斯卡,已经从孟德斯鸠那里得到了制衡的观念——对孟德斯鸠来说,就是权力制衡,美国宪法为此提供了令人印象深刻的例子。莫斯卡把这一观念转变成了社会力量。

在某些情况中我们看到某些社会势力成功地篡取了权力,这种篡权的一个特征就是他们通过武力推行那种他们恰好掌握的政治模式,这一规则被当成绝对原则,每个人必须屈服,每个人必须相信或假装相信。这意味着暴政,也意味着活跃性的社会力量的减少,由此也是文明程度的降低。在其它情况中,军事权力被资本或被宗教限制和平衡;或者也许资本的权力被土地上征得的税收所限制和制约;或者一种任性的宗教等级制度时而被其自身中成长起来的迷信教派、时而被外部联合起来的启蒙力量所限制和平衡。在特定时刻——这些时候是历史上神圣的间歇期——我们看到相当稳定的社会势力的平衡,其中几乎每个人都可以做他愿意做的事情,说愿意说的话(have his say),以至于人性的无限潜能迸发出繁荣的景象。

4. 司法防卫:政治组织的重要性

莫斯卡断定,在各种力量之间的平衡变成一种规则的时代和民族中,才可能达到这种有益状态;在这些时代和民族中,社会力量或者体现这种力量的个人的进攻性被制约,但却不是在逐个事例中由武力来制约,而是被习惯、风俗、默认、道德、制度和体制——简而言之(用他的话讲),被司法防卫(通过适当程序的法律进行统治)所制约。与马克思主义、进化论以及其它唯物主义和社会学对历史的解释相反,莫斯卡主张政治组织的问题是最重要的。如果能通过统治阶级认可的社会力量的数量和程度来评估这一阶级，那么，就可以通过政府提供司法防卫的程度，来评估各种统治阶级操纵的政府。繁荣的伊斯兰文明由停 xxi 滞而衰落，是因为哈里发无法解决军队的问题。各省的军人服从他们的将军，这些将军变成独立的和专横的暴君；社会力量在数量上收缩，然后凋萎了。没有理由假定，穆斯林民族的演化比基督教民族的演化更被预先确定。事实上，在他们历史的特定时刻，他们或者不如说他们的统治阶级一定作出了错误的政治决定，导致他们走向衰退，而不是文明的更高层次。按照莫斯卡的体系，伊斯兰世界的一个错误是没有把教会和国家分离开，因为他认为这种分离是社会力量适当平衡的基本条件之一。

莫斯卡争辩道，高级的司法防卫也依靠财富被充分地分散，从而允许大量中等财产持有者存在；实际上，这种人的数量将有可能提供一种标准，用来测量社会力量平衡的有效性和稳定性。在一个社会中存在强大的中等阶级意味着，教育正在发现和利用天才们的资源，这些人才总是相当独立于种族和家世，在整个人类大众中不断发展（落后的社会在某种程度上没有使用这些人才；这也是它们落后的原因）。它也意味着当统治阶级自己的成员在各种力量的压力下退化时，他们总有可利用的成分来重新储存并补充自己；而多种力量的压力总是把贵族制推向衰退。中等阶级代表了一个社会活动的广度和强度，以及在财富类型和财富分配上最大的多样性。他们处在各种更强大利益的日常冲突之外，是独立舆论和无私的公共精神最大的储存库。毫无疑问，莫斯卡在提出这些基本条件和它们的许多必然结论时，写出了意大利保守主义的经典之作；该国的保守主义在战前的意 xxii 大利政治生活中，作为一支有影响力的少数派发挥着作用。

让我们回到严格客观的层面上来论述问题。我们说过“错误”，也说过各种选择，仿佛莫斯卡这样的立法者（lawgivers of

Mosca)，就像卢梭或在决定论兴起之前的许多作家那样的立法者一样，都是不受约束的代理人，能够随心所欲地处理社会。就算我们承认，如果一个社会要达到高等级文明就需要分离教会和国家，并具有允许强大的中等阶级存在的财富分配制度，那么，人们如何不顾宗教利益、不顾人类的贪婪来承认科学，并应用那些“法则”呢？这些宗教利益将会以极为虔诚的狂热精神，继续为教条的统一，以及为控制教育和国家而奋斗，而人类的贪婪将疯狂地积聚财富，然后利用它们获取权力和支配性地位。除了可能启示那些掌握各国权力之人的治国才能外，莫斯卡没有给我们留下什么希望。在这一点上富有启示的是，他在政客(politician)和政治家(statesman)之间所作的区分，前者是一个擅长获取和保持权力这一单纯技艺的人，而后者则知道如何利用人类的社会性法则控制大众的盲目本性，使之走上一致的方向，就像水手驾驭海浪和狂风这些野蛮力量，使之有利于船只和乘客一样。莫斯卡对大众天生的善意没多少信心，并且对让任何大量的人对公共问题具有理性和科学的观点感到绝望。另一方面，历史显示出不少统治阶级，例如威尼斯和英国的贵族阶层，已经能够把利益和情感在相当程度上放在一边，并且科学和客观地进行统治。

5. 常备军

对司法防卫更充分的考虑导致莫斯卡在《原理》中进行了最有才华、最具独创性的研究。从斗争的角度讲，军事权力是所有维护自己和要求支配权的社会力量最优先装备的。为什么军事独裁不是人类政府的正常形式呢？西方各民族已经有几代人熟悉了陆军和海军严格服从文职政府的体制，他们习惯上认为军事叛乱是某种反常和可怕的事情。实际上，生活在这个地球上的

xxiii

人们，在整个人类历史背景中能免于士兵野蛮统治的，数量微乎其微。各种形式的军事暴政实际上是人类社会常见的统治形式；甚至在秩序最良好的社会，如我们在19和20世纪的欧洲看到的，对已经确立的非军事类型的秩序进行任何严重的干扰，都容易引起军事独裁制重新出现。现代文明国家逃脱人类社会本性这种痛苦法则的过程，被莫斯卡正确地称为历史上最令人关心的事件。似是而非的是，莫斯卡与那些梦想完全解除武装的自由主义者的思想模式相反，他发现了常备军增长这一秘密的答案。

克罗奇在《伦理学》中曾把人类分成四种类型与作为克罗奇体系基础的四种精神形式相对应——艺术家、科学家、政治家和圣人。这种划分忽略了冒险家或武士，也就是那些与对同龄人相比，本能地付诸武力并且更为喜欢危险生活的人。在历史舞台上这种人的角色如此醒目、如此迷人，以至于需要一种历史方法实质性(virtual)的革命，以便把思想者的注意力从克罗奇承认的类型中吸引过来。给一个冒险家好的头脑、良好的教育、各种才华和历史机遇，他就会变成一个拿破仑或亚历山大。给他好的想法，他会变成加里波第(Garibaldi)[17]。给他一个机会，他会变成墨索里尼。给他一份工作，他会成为一个士兵或将军。忽视他，他可能变成一个歹徒或强盗。一个信仰终极因素(final causes)的人可能合理地声称，暴虐者是被明智的造物主作为一种人类进步的催化剂而发明的。冒险者从来不是多数。大多数喜欢和平有序地生活。当他们做梦时，他们仅仅梦想只有阳光 xxiv
和音乐、没有苦恼和折磨的天堂，那里狮子与羔羊卧在一起，吗

⑰ 加里波第(Giuseppe Garibaldi，1807—1882)：意大利民族解放运动领袖，曾于1848年参加反对奥地利的独立战争，组织红衫党，解放西西里和那不勒斯。——译注

哪[18]时而从天空中来，时而来自政府，简而言之，在那里我们会免于与邻居的竞争和令人精疲力尽的生活奋斗。当安全和懒散的梦想看来几乎可以实现时，历史上就会不断出现繁荣的时代。同样合乎规律的是，会出现暴虐者，重新磨损历史的车轮。因此在我们的时代，繁荣民主国家的公民把推动历史(movement of history)的工作交给社会活动家和日内瓦的律师们[19]，从而可以仰坐在夜总会中，享受高贵的平和情绪和科学的收益。但是希特勒、墨索里尼、以及日本的军阀兴起了，告诉和平居民们，如果他们想赢得或保留喝酒与跳舞的权利，要想自我满足，他们必须走出来战斗。

另一方面，暴虐者至多也就这样。他创造的世界相当悲惨。给他权力，他会定期地奴役别人，只给他们留下最基本的维生物资。他会经常把思想奴化成伪善和奉承，并用某种形式的暴民狂热主义取代有组织的公众精神。

莫斯卡把常备军设想为一种现代世界能够自动达到的设计物，通过约束、疏导各民族的好战成分，并让他们富有社会生产性而达到这一点。在组织松散的社会，暴力汇聚在大量不同的焦点和歧异的利益周围，这就普遍地产生了中世纪和封建社会那样的无政府状态。在我们这个时代，在俄国、意大利、德国、西班牙，我们看到，一旦一个社会的稳定性开始动摇，权力立刻在自己内部创造了小的中心，地方团体中的统治阶段会在或长或短的时间之内随之而起。相反，常备军则逐渐向上发展，受国家控制，因此成为社会秩序的主要部分。它足够强大，能够使国家

---

⑱ 吗哪(manna)：《圣经》故事所述，古以色列人经过荒野所得的天赐食物、天赐甘露。——译注

⑲ 当时国联总部设在瑞士日内瓦，由于没有统一的制约机制，国联的工作沦为对国际法的空洞讨论。——译注

驯服地方或零散的暴力行为，自己则置于所有那些创造和维护国家的强大社会力量的直接控制下。最近的历史再次证明了关于常备军的状态和客观作用的概念。我们时代的国民军是一个力量难以衡量的组织。它包含的人力、武器和它能够支配的其它物质资源，令人难以置信地强大。然而我们还是看到两次无视军队、或反对军队的革命，发生在伟大的和高度文明的国家。某些观察法西斯主义和国家社会主义在意大利和德国兴起的人，指望忠于国王或共和的军队粉碎这些运动，并且毫无疑问，它们牛刀小试就可以做到这一点。但是德国和意大利军队完全淹没在已经确立的秩序中，没有文职政府首脑的命令，他们不会活动。情况不止于此：一旦新的统治者坐稳了权力宝座，军队就相应地效忠于他们新的命令。 xxv

西方军队令人惊讶地服从政府的秘密是什么呢？可以说，莫斯卡在军队的贵族制特点中发现了答案。首先是在士兵和军官之间，有一种广泛和绝对的**社会**差距，第二点在于，来自统治阶级的军官集团反映了该阶级认可的各种各样社会势力的平衡。这种理论的逻辑含义很值得深思。如果该理论被认为是正确的，朝向军队民主化的步伐——例如霍尔—贝利沙(Hore-Belisha)⑳阁下的政策——就是错误的，它最终将导致军队的独裁；因为军队中任何显著的民主化都会使它成为**活跃的**社会势力，反映社会冲突，并因而反映支配性的社会力量的各种兴亡变迁。另一方面，军官必须从政治生活本身中被完全清除出去。当军官积极地按照职权投身于各种政治委员会时，他们最终一定会支配这些委员会，并取代文人政权——例如，这一点是西班牙语

⑳ 霍尔—贝利沙(Hore-Belisha，1893—1957)：英国陆军大臣(1937—1940)，试图放宽士兵晋升为军官的条件，遭到将官们的强烈反对，因而没有成功。——译注

世界看似无法克服的癌症。

6. 社会类型和政治模式

社会类型是莫斯卡思想中的基本概念。由于社会结成集团的现象是这位历史学家通过对社会极为表层的观察就发现的事实,这一点也就没有什么值得评论的了。对莫斯卡所说的社会类型的初步讨论,在马基雅弗利那里已经出现了。莫斯卡对构
xxvi 成更大社会组织的成分的分析完成于(19 世纪)90 年代。有意思的是,在这一早期阶段,他低估了在民族性(nationality)意义上作为一个因素的种族(race),并强调了种族神话(myth of race)更大的重要性。但是他也以深刻的洞察力,预见到 20 世纪民族主义的强大是一种对世界宗教信仰衰弱的补偿——这些世界宗教在经验科学的压力下,正在失去它们作为社会凝聚力量的效用。我相信,相当具有独创性、却被大大忽略的,是莫斯卡关于作为各种世界宗教产物的民族性的现代意义这一概念。在一定程度上,这些宗教的教条超越了种族和民族性,它们逐渐包容了同种社会制度下最多样化的群体(groups),使这些群体分别结合在具有非宗教特征的政治模式周围。这一学说阐明了西方中世纪教会与国家的冲突,它对于世俗文明的增长是必要的,这种文明从停滞中拯救了欧洲,而伊斯兰和东方世界却习惯于这种停滞。可以说,在这方面莫斯卡阐明、而非研究了各个互不相同社会中集体本能的复杂的相互影响。无论如何,他的结论几乎能够被无限制地细述。

莫斯卡的社会类型概念的方法论优势非常明显。首先,它指明了一种途径,用合理的科学方法解决那些不能用伦理方法解决的冲突。例如,美国禁止亚洲移民。不论我们的外交官何

时谈论起民主原则、或甚至基督教原则,他们都会遭到日本外交官体无完肤的反驳,日本人能够极为恰当地观察到民主或基督教原则应该允许无限制的亚洲移民。因此,值得指出,这里提到的问题不是民主理论或基督教伦理的问题,而是社会类型的问题。后者总是通过武力、或通过接纳与调和那些外在的利益才能得到解决。

要完成我们对良心的研究,我们可能要继续下去,并质问我 xxvii 们如何对待民主原则和我们的基督教伦理?答案是,作为被严格限定领域中的行为指导,后面的这些规则只有非常有限的科学有效性和职能。这些限制应该是什么?它们在那里如何被确定?这应该是政治家的问题,不是牧师或伦理学教授的事情。只有在我们的社会类型存在时,我们的文明才会存在。某些社会类型是否应该为了走向文明而消失,是一个极为广阔的(cosmic)问题,只能被一些从遥远的地方观察我们星球的中立的神明来回答。我们所知道的是,各种兴衰的文明持续存在着,它们坚持的手段就是武力(或者作为武力替代物的容纳他者的手段)。因此,在一种普世的道德理想和社会类型的本能与利益之间,可能存在各种冲突。

具有普世性(universal pretension)的政治模式对特定族群的适用程度,是一个有意思的问题,也是一个重要的问题。我们时代发生的事情把它提到了一个极为显著的位置。希特勒的德国似乎已经作出结论,即只有德国人能够信仰的民族性神话(national myth)要比诸如基督教、民主或社会主义那样的普世神话(universal myth)具有更加强大的凝聚力。强制执行较为容易这种优势是显而易见的,由于这样一种神话能够构成对集体本能的直接诉求,而不减轻或稀释民族性。但是同样明显的是那些劣势。严格属于一个民族的神话,诸如犹太人或希腊人的特选子民观念，容易不适当地造成国际对抗加剧。希特勒正在积聚一种普遍的憎恶之情，20 世纪最初十年间泛日尔曼运动曾经挑起过这种情感。此外，这种神话只是在文明程度非常低时是有效的，在这些文明中没有多少互相混合或协作的社会力量。人们可能奇怪的是，通过长期灌输排外性民族神话，德国文化能否最终不被过分简化。

法西斯意大利正在制造普世神话应该服从于民族神话的理论（教会服从国家），然后，它把普世神话用来作为影响那些接受或容忍它的国家的一个渠道。墨索里尼对斯塔基（Starkie）教授）说："天主教代表了罗马帝国的拉丁传统……在世界上有四
xxviii 亿人从地球的各个方面眺望罗马。这是我们意大利人骄傲的源泉之一。"[21]苏俄正在使用共产主义这种普遍的政治模式，并明确宣称对其它国家接受这种神话的少数人具有领导权。这个神话在本质上具有巨大的力量，它依赖于强大的好战情感（穷人对富人的憎恨），被憎恨苦难的人道主义情感所加强（贫困应该被废除）。在这个意义上，它与早期的民主制有类似之处，后者也依赖于同样的情感。就对财产的情感来讲，它不如民主理论幸运。它公开嘲笑这些情感，而民主理论充分利用它们。奇怪的是，俄国人的民族主义在共产主义政治模式之下强烈地发展起来，与西方的民族主义在基督教和民主模式下的增长几乎一样。然而，所有这些模式都是专制的，都努力获取一致接受。当它们的普世特征得到过于严肃的对待，也就是说以太大的热忱被相信时，它们就从所在的社会类型中吸入了生命源泉，这要或者通过吸收了这种类型太多的好战力量，或者通过过分简化它的结构和降低它的文明程度来达到。

---

[21] 斯塔基：《没有波浪的平原》，第 397 页。——原注

莫斯卡的社会类型观念具有另一个方法论优势。它给出了许多不同现象的一般性形式,并因此强调了其间的共性。在香港两个人在远处看到对方。接着,他们在开罗会晤,这样,他们在香港相隔很远处看到对方这一事实就构成了他们之间的联系,使得更紧密的接触有了理由。他们借此形成了一种胚胎式的社会类型,它依赖于一种单一的、不合逻辑的事实。在另一个极端,我们发现数百万人通过数百万的纽带、记忆、利益、共同的经验联系在一起。它是同样的现象,但是有一种不同的内在结构。莫斯卡的社会类型观念提供了一种工具,能把共同的因素与不同的因素分隔开。然而,它在距离帕雷托的"团体韧性"观念(group-persistence)一步之遥的地方停下来,帕雷托的这一理论指的是在人和事之间有一种持续的关系,它会成为一种假设,用来研究人类结成各种类型组织时所涉及的基本心理现象。党派、教派、 xxix
宗教、运动、民族、国家都经常被认为是类似的不同现象。一位美国历史学家写道,"民族主义开始于法国大革命"。实际上,在民族主义依赖于人性的一种基本法则这一意义上,它开始于亚当,而且我们可以在成千上万其它例子中看到这种法则。

莫斯卡反复强调,一种社会类型的历史功用就是把各种意志和努力调和在一起,为共同的目的而奋斗。在这个基础上能够看到历史将是两种对立力量的表演,一种倾向于统一和扩张,另一种倾向于多样和集中。阿比西尼亚人[22]、亚美尼亚人和加利福尼亚人都是基督教徒,而人性一定会在这种朝向世界统一的进程中获得丰富——集团以及甚至是阶级隔绝看来通常是社会僵化和衰落的因素。另一方面,世界甚至从社会类型的特殊

---

[22] 阿比西尼亚:今埃塞俄比亚,其主要民族自罗马时代一直保持着基督教信仰。——译注

性中获得更大收益。这种特殊性体现在存在着不同的和强大的集团，他们都处于进攻或防守中，每一个都首先为了独立，然后为了支配别人而奋斗。每一个都生活在一种你死我活的斗争狂热中，其中每个成员的天才和道德特性被激发，并被发挥到极致。甚至在特定类型中，各种次类型(subtype)的争夺也是一种优势，因为它蕴含了社会势力的多元性。波舒哀[23]希望欧洲停留在特伦特会议[24]的水平上。在波舒哀时代之后新教国家的繁荣，不断上升的文明，以及对世界的支配驳斥了他的理论。很明显的是，我们要涉及比例(proportion)的问题：这种社会类型必须足够大，在结构上足够紧凑，以在各种社会类型的斗争中生存；它必须足够多样化，也就是说足够容忍，能利用它的所有社会力量并提高其数量。今日的西方世界就因为它强烈的对抗性而受到四分五裂的威胁。它将会通过多一点团结而获益，而陈腐的民主模式，由于其少数人决定论这一灾难性的教条，似乎无法提供这种团结。东方世界一定会从更大的多样性中获益，如同它实际上正在做的那样。亚洲目前巨大的文明力量是民族主义。

xxx 在处理社会类型和政治模式的关系时，莫斯卡停留在一次伟大研究的边缘。一种社会类型、至少一种主要社会类型存在的外在表现，应该是它接受了一种特定模式。是社会类型创造了政治模式，还是模式创造了类型？莫斯卡用一种相互依赖理论相当合理地回答了这个问题：社会类型部分上创造了政治模式，因为后者通常是一些预言家或先知——或是穆罕默德，或是卢梭，或是马克思——在回答某个时代特定的“需求”时提出的一种教

[23] 波舒哀(Jacques Bénigne Bossuet，1627—1704)：法国天主教主教，拥护天主教统治，反对宗教改革和新教，著有《根据经文论政治》，此处可能引自该书。——译注

[24] 特伦特会议(Council of Trent)：1545—1563年间在意大利城市特伦特召开的与新教抗衡的天主教第十九次大会。——译注

条。一旦某种模式存在并被接受,它也通过详细阐明一些格言和规则,有力地帮助塑造了社会类型,而个人或多或少要必然地和顺利地遵循这些格言和规则。某种模式通常包含大量混合了少量真理的胡说。当边沁[25]观察到同样的事实时,他颇费笔墨地认为,政客胡说八道这种情况,就属于那种旨在打动群氓(应该科学地说,为了某种特定目的试图利用这种社会类型)的政治模式。帕雷托把这种困难作为研究中心,并把他所有兴趣集中于此,从而得出了他的残余物和派生物这一划时代的理论。

7. 文明的等级

莫斯卡是不多的(如果有的话)几个坦白和直接地把文明等级作为评价标准的政治理论家之一。在《原理》的许多段落中,它似乎设想对高等级文明的期望是自明的,这一点是对在莫斯卡著作中他努力坚持的客观立场的偏离,不过这种偏离可以原谅。事实上,相对来说,很少有人特别关注文明的等级——大多数人希望能达到某种理想,如共产主义、民主、和平、“幸福”、“精神性”,以及引用莫罗阁下(Monsignor Moreau)[26]的话——“对信仰的有益监禁(salutary captivity of the faith)”等等。当实现这些理想、或这些理想成为了努力的结果时,这些人就不顾文明所处的等级了。“nostalgie de la boue〔法语:对卑鄙事物的怀念〕”是一种有组织的人类情感,当它还没有用理想主义和对“更高级事务”的热爱掩护自己并潜入一个社会内部的堡垒中时,它会诽

㉕ 边沁(Jeremy Bentham, 1748—1832):英国哲学家和法学家,功利主义伦理学的代表。——译注

㉖ 莫罗阁下(Monsignor Moreau):似乎应为阿尔多·莫罗(Aldo Moro,1916—1978),意大利法学教授,政治家,曾经五次担任该国总理。——译注

谤每一个自由社会的前哨者。

xxxi 但是尽管莫斯卡的这种偏爱可能是主观的或形而上学的，文明等级的观念仍然几乎比任何其它理论更有助于维护《原理》中的客观态度。它作为多样化的行动，是一种能够得到高度近似定义的标准；是每一个人取得成就的程度或质量；是社会凝聚力的大小和稳定性，以及进攻性和防御性的力量；是生活水平以及财富的分配程度；是对自然的控制和对这种控制的利用；等等——甚至还包括“高级事务”自身。（当除了飞机、电话或浴缸这些事物外，我们还在产生人文主义者、新托马斯主义者和甚至大量的圣徒时，为什么对我们飞机、电话或浴缸的数量如此沮丧？）

这一概念的方法论优势是巨大的。其中最主要的，是这个概念创造了一种需要，并提供了分析方法，让我们在整个社会图景中观察某种历史现象，或评价某种提议。科学文献和舆论调查结果（literature of opinion）经常由于它们专业化的优点而遭殃。在限定它们所处理事实的领域时，它们经常发展出单方面的方法论，这些方法最终在事实之间建立了武断的联系。如果我们思考中世纪所谓的基督教一统天下，并停留在中世纪政治模式的形而上学或逻辑的含义中，我们就可能得到一种对基督教统一、甚至统一自身之重要性的非常歪曲的见解。对中世纪一般文明水平的任何思考一定会修正这种观点。比如，学院派的学者们夸大希腊思想和艺术，仿佛那是人类永远无法找回的一个天堂世界。同样，对于那些主张东方智慧的崇高、但是却忘记了东方人民多少时代以来任人宰割的东方学者们，情况也是这样。对于那些认为文学、艺术、哲学是文化程度的三种不同表现的人，也一样。可以肯定，艺术、文学和形而上学思维能够在文明等级非常低的有限的个人中繁荣发展。也可以肯定的是，当一个民族相当大的能量被投入艺术、文学和形而上学时，它的

文化水平会降低。固然,同样肯定的是,高度多样化和富有教化的文明,一定会在这些活动中结出优异的果实来。 xxxii

文明等级是动态的,不是静止的,没有一种文明,它的各种人类活动都处于同一水平,或处于一种能够自动地满足特定历史阶段所有需求的水平上。如果古代世界要使它的政治和社会成就长存,它需要比它所拥有的更多的物理科学。如莫斯卡指出的,18世纪终结时,巨大的政治动乱由于历史科学的滞后变得更加剧烈。拿破仑帝国崩溃的原因之一,是运输滞后于工业和军事科学——蒸汽船和铁路对于拿破仑梦想的统一欧洲来说,晚了一个世代。在我们自己的时代,人们会质问,经济和社会科学发展达到的程度,是否会解决那些我们高速前进的(highly geared civilization)文明阶段性地产生的危机。人们更愿意坚持莫斯卡文明等级的概念,因为在主观层面上,它对于人类在地球上的未来是乐观的。尽管有内部扩张和解体的巨大力量,不时地动摇我们的社会,莫斯卡仍然十分合理地感到,由于我们时代支配的科学和道德资源,目前的人比任何历史前辈的处境都好得多,这些前辈们要对付破灭性的物质、社会和心理的力量,它们在过去多次折磨文明,并且正威胁着要毁灭我们自己的文明。

8. 民主和代议制度

莫斯卡的统治阶级理论在1923年版的《政治科学原理》一书中进入该理论发展的第三个阶段。这本书增加了“第二部分”(即本书第十二章到第十七章)。该篇包括了对统治阶级理论[27]

---

[27] 莫斯卡承认第一个明确提出该理论的是圣西门。然而,考虑到我们讨论的重点,圣西门在这方面的重要性被缩小了;而泰纳的作用,特别是在其与莫斯卡自己

尝试性的历史叙述。它包含了从统治阶级类型和政治组织类型
xxxiii 的角度对现代国家兴起作的简要叙述。此处特别有意思的，是关于资产阶级兴起和法国大革命起源的篇章。在莫斯卡早期著作中，政府的分类被减少到两种类型：封建的和官僚的，而莫斯卡现在试图尝试以另外的顺序来区分——独裁的和自由的原则，以及民主制的和贵族制的倾向。这种讨论使他有机会饶有兴味地对阶级或社会循环与国家兴衰的关系作客观地反思。

但是在这"第二部分"中，最有意义的成分，是莫斯卡首先在自己的思想中澄清了他过去对民主制所作批评的意义，他还热情地呼吁在欧洲恢复代议制。

莫斯卡主张，大多数人能够被组织和利用来达到某种特定目的，只要把他们团结在某种包含大量幻觉的模式周围就可以了。他的这种主张是有根据的。莫斯卡同样正确地主张，这个事实中的一个因素是如下这个更进一步的事实——即人类对似乎永久有效的抽象原则的服从，大于对经常任性而为的个人意志的服从——可能仅仅在各种特例中是有效的，并且无论如何都可能打击那些普通人的自尊，他们有权感到自己被野蛮势力所践踏。但是在这个方面，所有政治形而上学的系统都处境相同："上帝意志"、"人民意志"、国家主权意志、无产阶级专政，每一个与其它一样都是虚构的。也许人民意志是其中虚构最少的一个，如果我们同意它意味着情感压力、信仰、习惯、偏见、急躁的脾气（卢梭或麦基弗[㉘]通常的意向）等的合力的话。通常的行动能够依靠这些情绪，并且几乎总依赖它们，不论是在暴君制还

理论的直接关系上，可能被夸大了。——原注

㉘ 麦基弗（Robert Morrison MacIver，1882—1970）：苏格兰出生的社会学家、政治学家、教育家，认为个人与社会组织具有一致性。——译注

是在共和制国家。在驳斥某个形而上学理论时，如果一个人非常重视这种驳斥，认定政治行为必须以某种“真实的”模式为基础的话，他可能自己就停留在一种形而上学的位置上。莫斯卡对此相当清醒。他反复强调这一事实：不论基督教的教条多么科学合理，它的角色都是历史性的。他更直接地接近了这一点，即督促政治家在推行那些形而上学模式的所有表面含义 xxxiv
(apparent implication)时，应该小心谨慎。如果教会做到它教义要求的贫困，它连一个星期也维持不了。如果民主制追随无知的喜欢息事宁人的大众，而不是受启蒙的少数人灼灼逼人的领导，它也不会持续下去。因此，他在《理论》、后来在《原理》中争辩说，普选是从多数人统治或人民意志这一前提中发展而来的，这样一个简单事实并不能使它作为一种实践措施被推行。我们还不得不提起具有功利主义特征的另一个侧面。民主制的形而上学要求对预算支出的投票权掌握在人民代表，例如国会手中。在实践上，预算由负责任的大臣或总统掌握，比由不负责任的国会掌握更让人满意。至少在一个突出的人那里，比起六百个不太突出的人来，负责的意识会更活跃、更有效。

但是尽管莫斯卡具有这种重要的一致性和客观性，他在《理论》以及《原理》的“第一部分”中，毫无疑问为某种民族、地区和党派偏见所摇摆，陷入形而上学的谬误。在理论上争辩有限选举权比普选权更加合理是错误的(这种错误是由于自由保守主义的情感)。争辩说某种基于普选的社会制度的历史一定是多数人统治这一观念的逻辑发展，也是错误的。在《原理》的第二版和第三版出版期间，在欧洲——俄国、意大利、德国和奥地利——政治平衡被倾覆了。上述例子中，倾覆都不是因为应用了普选原则而发生的，也不因为通过普选进行统治所要求的煽动行为有所增加。法西斯和共产主义欣然无视普选而诞生，并进行统治。特别是在意大利，这种倾覆既不是来自社会主义，也不是来自教会。它的发生是由于那些爱国的年轻人，而莫斯卡 xxxv 则愿意赞美他们对社会主义的攻击。这些年轻人正在制造一种并非民主而是民族主义的神话。当莫斯卡严格依照社会力量的理论，预见了俄国以武力创建共产主义所产生的各种无政府状态和恐怖，以及在意大利建立一种单一的、要求绝对服从的专制政治模式的所有后果时，他的预言就幸运得多。这些国家的最终结局还未到来。

在《理论》一书和《原理》第一版的基础上，我们很容易把莫斯卡列入许多反对民主的意大利作家当中。民主制在意大利人的头脑中，总是比在心灵中有更坚实的基础。在意大利各阶级中，社会从属的意识都很强（平等意识在法国和新教国家更典型）。特别是在意大利农村和大农场（latifundia）中，仍然会遇到许多过去封建时代的阶级依附现象，如司汤达[29]在他的时代觉察到的，对过去时光的怀恋还没有失去魅力。意大利知识分子和上层阶级从未全心全意地接受民主制。它们从未以任何真正的信仰推行大众教育。因此可以把莫斯卡早期作品中反民主的腔调，部分解释为时尚、部分解释为年轻的缘故。民主理论得到普遍接受——因此，攻击它就是原创性的。在南部意大利，民主尤其不流行。人们会因此过分强调议会政治家们的腐败与低效，并对社会主义的威胁摇手致意，而不注意那些急于加强大众教育和扩展选举权的人们。

尽管如此，《原理》第二部分中对代议制的捍卫不仅仅是对

---

[29] 司汤达（Stendhal，原名 Maria Henri Beyle，1783—1842）：法国小说家，善于心理描写，代表作有《红与黑》。——译注

1922年[30]的神经过敏，它也并不仅仅是一支颂歌。它是对莫斯卡社会势力理论含义的真正回归，避免了形而上学的迷途。“对历史更成熟的沉思”使莫斯卡确信，在所有政治组织的形式中，代议制显示出能够把最多的社会单元包容在高度的文明中；并且，与今天其它与之竞争的制度相比，代议制提供了承诺，允许更多数量的社会力量最自由地活动，并且更容易促成社会循环，而这种循环对维护统治阶级的稳定性，以及用传统来加强文化 xxxvi
是必不可少的。

9. 莫斯卡和帕雷托

1923年开始筹划翻译莫斯卡《原理》的这个版本，这是让英语世界学者了解意大利马基雅弗利式典范的事业的一部分。正常的话，它本该在我的美国版帕雷托的《社会学通论》之前出版，要不是与1929年危机相联系的困难，它本该如此。这种出版顺序会保持两部著作以它们本国语言出版的时间顺序，并提供了一种更令人满意的开端，从而解决两书之间出现的关系问题。似乎，我们发现自己今日面对着的争论是三十年前争论的余响；已经有若干意大利或美籍意大利作家似乎在勉勉强强地讲述真理，发现莫斯卡以贬低帕雷托，也有一些人贬抑莫斯卡以给予帕雷托更大的荣誉。事实上，莫斯卡最先提起的受惠（indebtedness）的问题（1902，1907），已经被削弱为一个“未被承认的优先性”问题〔鲁伊奇·伊诺第（Luigi Einaudi），1934；塞勒诺（Sereno）、梅加罗（Megaro）、萨尔维米尼（Salvemini），1938〕。但是从任何科学角度看来，这两种问题

[30] 1922年：这一年墨索里尼执掌了意大利政权。——译注

只能被认为毫无关系。[31]

在帕雷托的精英理论和莫斯卡的统治阶级理论之间，没有辩证的或历史的联系。在辩证的方面，莫斯卡的统治阶级理论从对多数人统治原则的批评中产生，并且如我们所见，是对泰纳方法的概括。帕雷托的精英理论源自对财富分配与社会阶级差异之间关系的研究，特别是旨在修正阿蒙的学说。从历史方面看，直到1906年帕雷托还没有看过莫斯卡的《理论》〔参见《手册》[32](Manuale)，第九十章，第3节〕。他的《讲义》(*Cours*)[33]的出版(1896，1897)与莫斯卡的《原理》是同时的，只相差几天，因此

xxxvii 这部著作一定是在《原理》出版前几个月已经写好了。[34]现在《讲义》包含的精英概念的形式，实际上在帕雷托的《社会学通论》第十二章和第十三章(1916，1923)将会出现。当帕雷托在这几年间发展他的理论［《应用》(*Applicazione*)，1900；《体系》

㉛ 关于这场争论的文献，请参见伦佐·塞勒诺（Renzo Sereno）：《加塔诺·莫斯卡的反亚里士多德主义及其命运》，《伦理学杂志》，1938 年 7 月；还要加上高登斯·梅加罗（Gaudence Megaro）：《发展中的墨索里尼》（波士顿—纽约，1938），第 116 页；以及加塔诺·萨尔维米尼：《梅加罗评论》，《国民杂志》，1938 年 7 月。——原注

鲁伊奇·伊诺第（Luigi Einaudi，1874—1961）：意大利经济学家和政治家，鼓吹自由主义经济；加塔诺·萨尔维米尼（Gaetano Salvemini，1873—1957）：意大利历史学家。——译注

㉜ 《手册》(*Manuele*)：帕雷托著作《政治经济学手册》(*Manuale di economia politica*，1906)的简称。——译注

㉝ 《讲义》(*Cours*)：帕雷托著作《政治经济学讲义》(Cours d'economie politique)的简称，初版于1894年。——译注

㉞ 《原理》一书注明出版日期为1896年，实际出版于“1895年末”。1896年2月29日的《新闻简报》(*Bollettino*)提到了该书版权册的定金。帕雷托的《讲义》(*Cours*)第一卷的前言表明日期为1896年1月；第二卷表明为1897年，它被《经济学家杂志》(*Journal des economistes*)在其1896年11月号中宣布接受。因此，在第一卷和第二卷的写作之间没有很长的间隔。——原注

(*Systèmes*),1902[35]]时,他开始与莫斯卡的立场交叉,却没有提及莫斯卡的作品。当他引用莫斯卡时,那是在其它方面而不是在统治阶级或政治模式理论上。不能确定这种沉默的原因——肯定不是怨恨。帕雷托在其《手册》一书对莫斯卡讽刺性的反驳中,暗示莫斯卡的观点在其较早期的文献中已经被说明。如果考虑上文(第一节)提到的强调之处,这是一种令人不快的争论。莫斯卡是赋予统治阶级概念重要性的作家,一如帕雷托在《制度》一书中给予精英概念的重要性。另一方面,莫斯卡和帕雷托理论之间明确有联系的几点只有较小的重要性,并且与帕雷托使用精英概念的独创性或内在兴趣没有什么关系。因此,"道德"问题能够被轻易地滥用,并实际上已经被滥用了。尽管帕雷托的沉默可能对莫斯卡造成的任何危害已经被历史性的批评所化解了。

在受惠和优先性问题被这样处理掉后,我们就可以从其它角度考虑莫斯卡和帕雷托理论的关系问题了。这种情况是,两个作者用同样的历史性方法开始,并以同样的客观精神进行两种研究,它们在许多方面彼此类似,都经历了许多同样的标记。但是尽管两位研究者在方法和精神上类似,他们在范围和程度上却极为不同。帕雷托的研究根基于对社会均衡的分析,得出了一种关于所有社会的广泛观点,并产生了有巨大建筑比例的纪念碑——《社会学通论》,它是一种文化和一种生活态度,而不 xxxviii
只是一本书。在这样一种研究中,莫斯卡着手解决的政治组织的问题,只是单纯的细节,然而在解决它们时,莫斯卡不得不考虑许多在帕雷托更大结构中根本性的事实。并且他的确以观察、旁白、知觉和评论等形式在考虑它们。这些方法由于其精明

---

[35] 《体系》是帕雷托著作《社会主义体系》(*Les Systèmes socialistes*,1902)的简称。——译注

和深刻而令人惊喜。

举例说，莫斯卡觉察到，原因的概念如较早的历史学家、并且还在为许多现代历史学家使用的那样，是不充分的——历史的原因经常部分是结果，历史结果同样部分是原因。但是对于莫斯卡，这种觉察只是文字上的策略。在帕雷托那里，它变成了一个要求科学解说的问题，并且在一定意义上达到了这一点。让我们在此处不要谈优先权或抄袭的问题，因为帕雷托可能从斯宾塞那里获得这个互相依赖的概念，也可能是从莫斯卡那里。任何人如果要深刻地思考历史，并因此要决定诸如卢梭在何种程度上是他时代的产物或反映，又在何种程度上影响和塑造了自己的时代这样的问题时，都非常容易想到这一点。因此，莫斯卡再次看到，政治模式作为“真理”是无效的，但在一定程度上至少决定了整个文明、以及那些人口众多的社会类型的外在方面。但是这种觉察在《原理》中保持了一种缓和的批评色彩。相反，帕雷托则把它当作一个科学问题与之角斗，而且一方面，对这个问题的解决引出了他的在人类社会和人类历史中非逻辑因素的作用的理论，在另一方面，则得出了他划时代意义的对“衍生物(derivations)”的划分。让我们还是不要谈论优先性或抄袭，因为帕雷托的理论在这方面，如同其它方面一样，如果不是由于他聪颖的童年，也可以说是从边沁那里继承而来。莫斯卡觉察到统治阶级的成员地位与人类特性有关，并且他又一次以半信半疑的态度停下来研究使得“一个人在生活中成功”的那些特点。
xxxix 同时，他没有觉察到，这个问题与对统治阶级的科学划分具有一种内在联系，而他的理论就是要进行这种科学的划分。在帕雷托那里，同样的觉察导致了对“善有善报”这一信仰的巧妙研究，并且进而导致了他把统治阶级分为联合派(combinationist)与抽象派(abstractionist)〔即推行者—信仰者(promoter-believers)〕这种现在享有盛誉的分类方法。莫斯卡觉察到了统治阶级更新他们成员的方式对于国家的繁荣至关重要。这又是一个精明的直觉。在帕雷托那里,它变成了社会循环理论中科学的假设,在这一理论中,社会循环仅仅被认为是决定社会运动的一个因素,而且它还详细地解说了这一因素与其它因素的关系。

所有这些导致我们怀疑莫斯卡对帕雷托的真正影响,是那种人们在科学史上经常会注意到的类型。到1898年前后,莫斯卡的杰作已经为帕雷托所知,这样他只能对它强调的各种内容作出反应。在《原理》及其统治阶级理论之后,帕雷托不大可能忽视,在社会平衡中统治阶级的特性远比大多数人的特性重要这一事实。于是对莫斯卡强调了贵族制人道主义的衰落(humanitarian decadence)之后,帕雷托不大会忽视同样类型的衰落。于是对社会僵化的学说而言,还有对历史类型、事实在科学方法中的作用,武力和宣传在社会中的作用,以及对革命和暴动的理论的讨论等方面而言,情况都是如此。反对帕雷托的人们通常错误地把帕雷托的问题限定为受惠于莫斯卡对统治阶级概念的思考。实际上,特别是在《社会学通论》中,帕雷托注意到莫斯卡的所有主要立场,正如他注意到了许多其他作家的立场一样。莫斯卡的《原理》是帕雷托提出他有争议的某些讨论的资源之一。此处典型的是帕雷托对泰纳理论的批评(《社会学通论》,2566,注释3),后者认为统治阶级的失败是由于忽视他们的"职责"(这个理论可能是泰纳从托克维尔[36]那里拿来的)。在这个小心翼翼的反驳中的一个因素可能在于这一事实,即莫斯卡从

[36] 托克维尔(Charles Henri Maurice, Clerel Tocqueville, 1805—1859):法国著名政治学家和历史学家,曾著有《美国的民主》,对19世纪法国政治发展起到了重要作用。——译注

泰纳接那里接收了理论,其中也包括了伦理的谬误,并把它作为自己的统治阶级衰落理论的基本内容。按照同样的方式,我们可以比较莫斯卡和帕雷托对马赛的萨尔文(关于罗马伦理)或者马丁·德·里约的利用。

10. 关于对莫斯卡作品的翻译

莫斯卡《原理》的这个译本,旨在通俗地、有机地介绍莫斯卡的思想,而不同于系统地拘泥字句或对莫斯卡各种设想的机械复制,凭借这些设想,莫斯卡在1895年写了一部著作[37],它适应 xl
了科学和历史的运动、以及他自己的思想演化。1923年的意大利版显示出这两本书并肩发展,一个作为文本,另一个作为注释,还有第三个版本作为补充,不过这最后一本有时倾向于打诨逗趣(wag the dog)。本书把注释加入正文适当的地方,把原来冗长的第九章分成两部分,按顺序安排章节,对素材作了细微的重新安排,这样就消除了原书组成上的不规则。例如,对孔德和斯宾塞的批评从空间上非常松散的第十章,被安排进它们逻辑上具有从属关系的第三章。而且,这种讨论似乎是一篇独立的文章,写于斯宾塞在世时,但是被他的盛誉所遮蔽。这一部分被重新写过以符合本书整体的精神,并且希望获得一些澄清。

半个世纪的时间当然对1895年《原理》老版本的评论部分、以及对莫斯卡在1923年版本中保留的讨论有重大的影响。莫斯卡自己坚持在美国版本中删除罗马研究的部分。按照这种修改的路子,编者进一步在注释中删除了许多古代的参考书目、由

---

[37] 即《政治科学原理》的第一版。——译注

拉布寥拉(Labriola)[38]和其他人在(19 世纪)90 年代提出的对付社会主义形而上学的一些讨论,以及通常所有由于各种原因让人失去兴趣的注释。在编者看来,这样的压缩相对较少,这说明了莫斯卡原书的充分合理性,如同它 1895 年初版和 1923 年再版那样。

在莫斯卡早年的时代,意大利的议会修辞仍然保留着其西塞罗[39]式的遗风,它使用发音缓慢的完整句,堆满了修饰语和从句。莫斯卡非常接近这种风格,运用起来显得有力、明晰和优雅。在美国,从亨利·詹姆斯或 W. C. 布罗内尔[40]——几乎可以说,从梅尔维尔(Melville)[41]以来——看来没有人可能使用这种文体。在编者看来,卡恩小姐[42]在把莫斯卡的完整句(period)转 xli
化成英语时的确感到怀疑;但是编者最后决定用一种更分析性的段落来代替它,承担这种翻译方法经常有错误的"歪曲"的风险。对于拘泥字义者,编者承认他总是试图做到琼·斯平加恩[43]曾经宣布的翻译家的三个标准,第一个是勇气,第二个是勇气,第三个还是勇气。

在这个译本中,按照《原理》中允许的替代关系(第二章,第

---

[38] 拉布寥拉(Antonio Labriola,1843—1904):意大利哲学家,是意大利第一个把马克思主义系统化、在课堂上讲授马克思主义的人。——译注

[39] 西塞罗(Marcus Tullius Cicero, 公元前 106—前 43):古罗马政治家、哲学家和演说家,曾担任执政官,力主恢复共和制,因反对安东尼被杀。——译注

[40] 亨利·詹姆斯(Henry James, 1843—1916):美国著名小说家、文学评论家;布罗内尔(W. C. Brownell,1851—1928):美国评论家,对美国评论和艺术提出高标准要求。——译注

[41] 梅尔维尔(可能指 Henry Dundas Melville,1742—1811):英国政客,擅长演讲。——译注

[42] 卡恩小姐:本书英译者。——译注

[43] 琼·斯平加恩(Joel Spingarn,1875—1939):美国教育家,争取黑人平等权利的改革者,曾担任哥伦比亚大学比较文学教授。——译注

一节），莫斯卡的术语“政治阶级”通常被替换为更常用的英语词汇“统治阶级”。当然，绝不能忘记，根据莫斯卡的定义，这两个在他那里可以互相替换的术语，指的是实际或直接参加政府或影响它的人们组成的集团。因此，莫斯卡的“统治阶级”比帕雷托的精英（杰出的天才人士的总和），或马克思的“统治阶级”（雇主或有产阶级，以及它的政治和社会附庸）包括的范围要更窄一些。也许可以用一位美国教授的例子说明。在某些政府中，他属于莫斯卡的统治阶级行列，因为这些政府能听取不同意见的喧哗。在其它政府中，他不是莫斯卡的“统治阶级”——喧闹声同样响亮，但是被导向其它地方。而按照马克思的理论，这位教授总是统治阶级的一员，即使在外面被人忽视，在家中惧内，而对于帕雷托来讲，他也总是精英的一员。

编者非常感激莫斯卡参议员校读了这个英译本，也感谢许多翻译过程中给予帮助的朋友们：感谢圭塞普·普利佐里尼（Giuseppe Prezzolini），由于他，笔者在 1922 年才得以与莫斯卡参议员第一次私人接触；感谢伊里恩·迪·罗宾兰特（Irene di Robilant）和高登斯·麦加罗（Gaudence Megaro），谢谢他们帮助给在意大利的莫斯卡参议员多次送去私人信件；最后还要感谢马里奥·爱茵奥迪（Mario Einaudi），他首先让出版商对出版莫斯卡著作感兴趣，他也对本书校样提出了许多很好的建议。

阿瑟·列文斯顿

纽　约

1938 年 12 月

第一章　政治科学 1

1. 在过去的许多世纪中，思想家们有许多次作这样的假设，即在他们视野中展现的社会事件不仅仅是机会的产物，也不仅仅是某些超自然的全能意志的表现，而是决定人类大众的恒常心理倾向的结果。甚至在亚里士多德的早期，他已经努力去发现支配这些倾向发挥作用和它们行为方式的法则。致力于这一目标的科学被称作“政治学”。

在16和17世纪，许多作家特别是意大利的作家，投身于政治学的研究。[1]这些作家中打头的是马基雅弗利，他也是所有人中最著名的一个。然而这些作家对人类社会中确定的恒常法则关注较少，他们更注意那些政治手段，通过这些手段，个人或由个人组成的阶级可以在一个特定的社会中成功地获取极高权力，或者挫败其他个人或集体想取代他们的努力。

尽管两者有许多联系，但它们是实质上不同的两种事物，下面的类比可以说明这一点。政治经济学研究支配人类社会中财富生产和分配的法则或者趋势，但是这门科学与怎样积聚和保持财富的技艺不同。极有才华的经济学家可能无法赚到钱财，而银行家或者商人可能从经济法则的知识中获得一些理解，但

---

① 费拉里，《意大利政治作家教程》（*Corso sugli scrittori politici italiani*）。——原注；

是不需要掌握它们。实际上，他们即使对这些法则浑然无知，仍然能够把生意做好。

2 2. 在我们的时代，亚里士多德创建的科学已经被细分和专业化了，以至于我们不是拥有一门政治科学而是一组有关政治的科学。这还不是全部。人们已经作出努力，把这些科学的结果综合或者结合起来，这导致了社会科学的出现。在解释立法时，或者在评论公共法令时，法理学家或者公法的起草者总是研究那些激发立法的一般趋势。历史学家在描写关于人类兴亡变迁的故事时，经常寻求从对历史事件的研究中推论出指导或者决定这些变迁的法则。古人中的波利比乌斯②和塔西陀③，16世纪的圭西亚迪尼，以及上个世纪的麦考莱④和泰纳就是这一类的历史学家。哲学家、神学家、法理学家——总而言之，所有希望改善人类社会，并且因而研究调节社会组织的法则的思想家——可以被认为是从一种或者另一种角度处理政治科学的问题。结果，人类思想领域的一大半，人类为研究过去、探索未来以及分析自身的道德和社会特性付出的巨大知识努力（intellectual efforts），都可以归为政治科学。

在政治和社会的诸门科学中，一个分支迄今为止已经在科学上获得了相当的成熟，以至于它已经以其丰富和精确的成果遥遥领先。我们谈的是政治经济学。

---

② 波利比乌斯（Polybius，约公元前205—约前123）：古希腊著名历史学家，其名著《通史》叙述了公元前264年到前164年间的历史。——译注

③ 塔西陀（Tacitus，约55—约120）：古罗马著名历史学家，主要著作有《历史》、《编年史》，主要叙述公元14年到96年间的历史。——译注

④ 麦考莱（Thomas Bobington Macaulay，1800—1859）：19世纪英国著名历史学家，著有《英国史》、《批判和历史文集》，纵论人类兴亡。——译注

临近18世纪末期，一些才智卓越之士把财富的生产和分配中涉及的现象从大量的其它社会现象中分离出来，把它们与其它资料分开来考虑，从而成功地确定了支配这些现象的许多恒常的心理法则或者倾向。这种把经济现象从社会活动的其它领域中分离出来的方法，以及把经济现象独立于影响政治机构组织方式的其它现象进行思考的习惯，无疑解释了政治经济学已 3
经取得巨大进步的原因。但是同时它也应该为这一事实承担主要责任：经济科学中某些假设仍然存在争议。因此，如果政治经济学能够设法把它的观察与人们从人类心理的其它领域中所获得的知识结合起来，它也许能够取得进一步的并且可能是决定性的进步。

在过去的30或是40年间，有一种企图以经济原因作为基础解释人类历史上所有政治事件的倾向。我们认为，这种观点太片面，太狭隘。有些社会或者政治现象（例如，重要宗教的兴起和扩张，某些古代民族的复兴、某些强有力的军事君主政体的建立等）无法仅仅用财富分配的变化，或者用资本和劳动之间，或固定资本和流通资本之间的矛盾来解释。

然而，如果不考虑政治经济学这个早熟学科已经取得的成果，就无法研究那些指导政治机构组织方式的趋势。研究上面提到的这些趋势是本文的目的。我们把这种研究称作“政治科学”。我们选择这个名称是因为它是人类思想史上第一次使用的词汇，因为它还没有被误用，也因为自奥古斯都·孔德以来，许多人采用“社会学”（sociology）这个词，但是它的意思还没有得到准确限定（在通常用法中，它涵盖了所有社会科学，包括经济学和犯罪学，而不是与政治现象的研究直接相关的科学，人们已经专门并且恰当地指定了哪些现象是政治现象)。[5]

3. 一门科学总是建立在系统观察的基础上。人们采用适当的方法观察特定的现象秩序,这些观察进行得如此协调,从而可以揭示凡人通常的观察无法发现的确定真理。

4 数学科学为真正的科学程序的发展,提供了最简明和最现成的说明。在数学中,公理是每个人都可以进行的观察的结果,它的真理性甚至对普通人也很明显。从一系列公理出发,把它们结合起来,我们可以证明较为简单的定理。然后,进一步把从这些定理中得到的真理与从公理中得出的真理结合起来,我们就能证得新的、更困难的定理,任何没有 受过数学训练的人都无法猜出或者证明这些定理的真实性。物理学和其它自然科学的程序也十分类似,但是在这些科学中,新的因素使得方法更加复杂。把一系列简单的观察结合起来经常不足以证明那些我们可以称之为“复合的”(composite)真理——换句话说,即那些一眼看来不明显的真理。在大多数情况下,数学中某些与公理相应的内容,只有通过试验或者长期观察才能得到,当那些受过特定方法训练过的人以这些方法进行试验和长期观察时,两者都有它们的价值。在各种科学的早期阶段,人们几乎总是在那些很幸运的假设的结果中,发现了合理的程序,这些假设最后要被

---

⑤ “政治科学”这个词汇已经被许多学者使用过,包括霍岑尔多夫(Holtzendorff)、布伦希利、多纳特(Donnat)、斯克拉利(Scolari)、布鲁厄姆、谢尔顿·阿莫斯(Sheldon Amos)、德·帕留(De Parieu)和波洛克(Pollock)。——原注

布伦希利(Johann Kasper Bluntschli,1808—1881):瑞士法学家,国际法的先驱;布鲁厄姆(Henry Peter Brougham,1778—1868):英国律师,辉格党政治家、改革家,曾经担任英国大法官兼上院议长;波洛克(Sir Frederick, Pollock):英国法学家,以《爱德华一世以前的英国法学史》(1895)闻名。——译注

试验、以及对事实的观察所确证，而反过来这些假设又解释了许多其它的观察和事实。在任何一门科学中，长期的经验主义，或者不完善或错误的观察方法，或者阻碍了将相关个体现象的资料结合起来的错误理论，总是早于严格科学性的阶段。只有经过人类智力（minds）在特定的现象序列中长期耕耘，累计起来的资料、更好的方法、更高级的观察仪器、以及有识之士的洞见和不松懈的耐心，才能够成功地产生出那些幸运的假设，使得真正的科学成为可能。

在特定现象的序列中，单纯使用观察和经验并不能保证结果的真正科学性。弗兰西斯·培根错误地认为试验方法具有发现科学真理的绝对能力，而且在我们的时代许多思想家和作家 5
也都抱有同样的幻想。如许多人所知，培根曾经把试验方法与圆规相比较——圆规可以让未经练习的手画出完美的圆形，同样，试验方法可以得到精确的科学结论。[6]事实上，如果观察和试验可以产生健全的结论，我们上面指出的条件就是基本的。不准确的和以错误的科学程序进行的观察和试验会导致错误的发现，甚至会使无稽之谈貌似有理——占星术和炼金术就是以或真或假的观察和试验为基础的。但是它们的观察方法，或者说观察所依据的观点却是错误的。颇为人所知的马丁·德·里约在他的《魔法研究》（*Disquisitones magicae*）中，认为能够依赖观察弄清爱情魔法（love magic）、仇恨魔法（hate magic）和催眠魔法（sleep-inducing magic）之间的界限，也可以揭示诡计及男女巫师的行为。的确，他希望他的观察将帮助人们识别男女巫师

[6] 麦考莱：《培根勋爵》，见《批判与历史文集》，第二卷，第254页。原文如下："他的哲学类似一个圆规或者尺子，对所有的手都是一样的，能够让最未经练习的人比没有此类工具相助的最好工匠画出一个更精确的圆形或直线。"另见《新工具》，前言和第一卷，第122页。——原注

并提防他们。因而当亚当·斯密[7]以前的经济学家坚持一个国家的财富仅仅在于它的金钱和土地产出这一结论时,他们认为他们是在依照对事实的观察;曼佐尼[8]富有成效地记述了 17 世纪典型的科学家邓·费兰特(Don Ferrante)[9],后者从在他的时代广为接受的事实和经验出发进行论证,表明黑死病可能并不传染,他的推理就其表面而言,是无可置疑地合乎逻辑和确定的。费兰特的推理如下所述:在 *rerum natura*〔拉丁文:自然本身〕包括实体和事件(accident)。传染病不可能是一个事件,因为事件不能从一个身体传递到另一个身体。它也不能是一个实体,因为实体总是似土的(terreous)、似火的(igneous)、水状的(aqueous)和气态的。如果传染病是土质的,它应该是可见的;
6 如果它是水状的,它应该是湿的;如果它似火,它将燃烧;如果它是气态的,它应该上升到它合适的范围。

4. 甚至今天政治科学还没有进入真正科学的阶段。尽管学者可以从中学到许多普通人无法觉察到的东西,它似乎还是不能提供一种无可辩驳的真理形式,让所有熟悉这门科学规则的人都能接受,迄今为止它也没有获得一种可信赖的、被普遍接受的研究方法。造成这种情况的原因是多方面的,现在我们无法探究它们。我们也许可以简单地说,这些原因不在于对政治题目进行沉思的人缺少天赋,而在于这一题目包含的现象极度复杂,特别是在于这种情形,即直到几十年前,几乎还不可能获

---

⑦ 亚当·斯密(Adam Smith, 1723—1790):英国古典经济学家,古典经济学的创始人之一。——译注

⑧ 曼佐尼(Alesandro Manzoni, 1785—1873):意大利诗人,小说家,写有历史小说《约婚夫妇》等。——译注

⑨ 《约婚夫妇》(*I promessi sposi*),第三十七章。——译注

得关于事实的确切和完全的信息，而我们则被迫依赖这些事实，去发现决定人类社会政治组织的恒常规律或者趋势。

不论我们认为迄今与政治科学领域相关的各种方法或思想体系多么支离破碎和残缺不全，对这些方法和体系尽快作出研究仍然是我们的责任。它们中的一些曾经或者仍然不过是对某种类型的政治组织进行哲学、神学或者理性的辩护，这些政治组织几百年来已经，并且在一些情况下正在人类历史中发挥重要作用。如同我们现在看到的，人类最持久的倾向之一，是以一些合理的理论或是一些超自然的信仰，证明现有的政府组织形式是正当的。我们相应地就有了一个所谓的为社会服务的政治科学，其中，对超自然事物的信仰仍然被置于人类理智之上，并且因而对政治权力的行使可以从上帝（或者诸神）的意志中找到解释。我们已经拥有了另一种政治科学，它认为权力是正当的，因为它是人民意志、或者是组成某个社会的大多数个体意志的自由和自发的表达，我们现在仍然拥有这种政治科学。

在政治观察的各种形式和方法中，我们必须特别关注两种，
它们在特点上比其它形式或方法更为客观和普遍，而且人们特 7
意用它们来发现法则，这些法则可以解释出现在世界上的各种政府形式。第一种方法认为各种社会的政治差异是因为它们外部条件的不同，特别是气候的不同。第二种方法则把差异与各民族体质上的因而是心理上的不同联系起来。第一种方法强调自然条件标准，第二种则强调民族或人种的标准。两种方法在科学史和当代科学上占据了如此重要地位，而且就表面来看它们的特征如此确定并具有试验性，以至于不能不研究它们实际具有的科学价值。

5. 从希罗多德[10]和希波克拉底[11]到本世纪为数不少的作家,假定气候对通常的社会现象和特定的政治现象具有影响。许多人试图证明这种影响,并作为整个科学体系的基础。这些作家中,打头的是孟德斯鸠[12],他强调气候对民族道德和政治制度的决定性影响。他写道[13]:“一个民族离南方国度越近,它看起来就距离德行越远。”而且,他宣布[14]自由与温暖的国度互不调和,在橘子生长的地方,自由从来不会兴盛起来。其他作家承认温暖的国度也许曾产生文明,但是他们坚持说,主要的文明中心已经持续北移,现在政治上组织得最好的国家均位于北方。[15]

现在让我们从以下内容开始讨论,一个国家的气候并不完全取决于它的纬度而是依赖如下因素,诸如海平面的高度、光照程度、风力情况等等。进一步讲,并非所有物理环境都依赖于气候,换句话说,它们的变化并不一定与温度和降雨一致。其它因
8 素也在其中发挥作用——例如,一个地区拥有的人口多寡,它的农业发展程度,以及最经常种植的农作物种类等。地广人稀的牧业或者森林地区的居民生活的物理环境与人烟稠密的因而也即广泛耕种地区居民的环境就完全不同。

此外,不可否认的是,气候对作为总体的民族生活、以及对

---

[10] 希罗多德(Herodotus,约公元前484—约前430):古希腊历史学家,著有《历史》,叙述希波战争,被称为(西方)历史学之父。——译注

[11] 希波克拉底(Hippocrates,约公元前460—前377年):古希腊著名医生,被称为医学之父。——译注

[12] 孟德斯鸠(Montesquieu,1689—1755):法国启蒙思想家、法学家和哲学家,主张三权分立学说,认为地理和气候条件影响民族发展。——译注

[13] 《论法的精神》(*Esprit des Lois*),第十四卷,第二章。——原注

[14] 同上书,第17卷。——原注

[15] 墨格奥利(Mougeolle):《文明的静止》(*Statique des civilisations*)以及《历史问题》(*Les problemes de l'histoire*);并参见布伦希利:《作为科学的政治》。——原注

作为特殊形式的该民族政治组织的影响肯定会随着该民族文明的增进而减弱。植物王国毫无疑问是最依赖于大气和土地因素,除非植物被种在温室中,它们都将生长于大气和土壤中,它们几乎完全缺少反抗或者抵御外界影响的手段。动物在某种程度上好一点,因为自卫和反抗对它们并非绝无可能。原始的或者野蛮人处境更好,因为他自卫的手段至少比动物强。处于最好境况的是文明人。他在智谋上如此充沛,以至于气候变化对他的影响很少——而且他正在日复一日地使他的智谋更为完善。

就算有这个前提,下面的观念在我们看来还是可以接受的:最初的伟大文明兴起于自然可以提供最大最多工具,或者自然带来的障碍最小最少的地方;从而这些文明可以在广阔的江河流域兴旺发达,这些流域的气候温和、适宜灌溉,能够种植某种农作物。适当的人口密度是文明兴起必不可少的条件。当一百个人分散于一千平方英里土地上时,文明是不可能的。但是如果较大数目的人类居住在相对小一些的土地上(例如每平方英里至少十个或者二十个居民),农业文化就是必需的。实际上,我们发现中华文明的兴起,同步或晚于水稻种植。埃及和美索不达米亚文明依靠小麦、大麦、黍子,原始的美洲文明依靠玉米。
在一些热带国家,某种果实,如香蕉,或者淀粉根茎如树薯可能 9
取代谷类作物。

历史确证了这种归纳,它显示了早期的文明是在尼罗河、幼发拉底河、恒河以及黄河流域,以及在阿纳瓦克高原[16]——这些土地代表着我们已经提到的物理条件。但是一旦人类成功地汇

[16] 阿纳瓦克(Anahuác)高原:墨西哥历史、地理区域,阿兹蒂克(Aztec)人统治时墨西哥中部高原谷地,今日墨西哥城即建于这一区域。——译注

集他的力量,在某些特别适宜的地方来驯服自然,他也可以在其它更加难以驯服的地方控制自然。在我们的时代——除了两极地区,和一些如赤道附近的地方,以及一些特别干旱的或者瘴气横行人类不适居住的地方——地球上所有的土地都容纳文明民族,或者能被创造以容纳他们。

6. 我们认为文明总是从南方向北方扩展，或者从温暖的地到寒冷地区扩展的这一原则是那些过分简单的公式之一，这些公式尝试用单一原因来解释极端复杂的现象。它建立在历史的一些单纯的片断上——建立在欧洲文明某些单一阶段的历史上，以及对这些这些片断历史肤浅的研究的基础上。如果一个人用这种方法检查一幅地图——例如一幅北部德意志，或者西伯利亚的地图——可能会推断所有的河流从南方流向北方，因为在这些国家这点是千真万确的，它们的高山在南方，海洋在北方。如果一个人研究俄罗斯南部，情况可能刚好相反，而南美洲可能适用别的法则，也就是所有河流从西流向东。真理是，河流是从高处流向低处，从山脉或高原流向海洋或者湖泊，与纬度或经度无关。如果一个人把那种提供较少阻力的土地称作“低级的”土地，他也许可以说统治文明扩展的是非常相同的法则。文明的潮流互不相属地从南方流向北方，以及从北方流向南方，但是它优先流向那些它遇到最小自然和社会阻力的方向——这里“社会阻力”一词指的是反方向发展着的原有文明的冲击。

10 中华文明从帝国的中部兴起。在北方它被中亚荒芜和寒冷的高原所阻碍,而在南方不仅流向了中国的南方各省,而且也流向了印度支那。印度文明在北方遇到了几乎无法逾越的喜玛拉雅山脉，它就从北往南发展，从北部印度进入德干(Deccan)高原[17]，并进入了锡兰和爪哇岛[18]。埃及文明向北扩展，直到它遇到希泰人(Hittes)[19]的有力阻挡，即在叙利亚北部遇到了另一种文明的冲击。另一方面，埃及文明向南方发展更广阔，实际上它沿着尼罗河从孟斐斯[20]到底比斯(Thebes)[21]地区，从底比斯又发展到摩洛(Moroe)[22]。现在看来，埃及早期王朝无疑兴盛于塔尼斯[23]和孟斐斯，只是在牧人国王(Shepherd King)[24]入侵之后，底比斯才开始显赫起来，埃塞俄比亚也是被埃及人所开化，直到很晚才成为一个独立的王国。

在古代美索不达米亚诸文化之后，波斯文明是从东到西扩展——即它所遇到的自然障碍最小的方向——直到它与希腊文明碰撞。希腊—罗马文明包含了整个地中海盆地。希腊—罗马文明在南部为沙漠所阻，在东面又遇到了东方文明，这些文明先是帕提亚帝国(Parthian Empire)[25]，然后是波斯帝国。于是它就向北扩展，一直到达当时无法通过的德意志北部的沼泽和森林地带。伊斯兰文明在南部为海洋和沙漠所阻，被迫向西北扩张。

---

⑰ 德干高原：印度南部高原。——译注

⑱ 锡兰(Ceylon)：今斯里兰卡；爪哇岛：今印度尼西亚最大的岛屿。——译注

⑲ 希泰人：古代中东地区的民族，属于印欧语系。——译注

⑳ 孟斐斯(Memphis)：古埃及城市，位于尼罗河三角洲南端，今开罗南 25 公里，相传于公元前 3100 年为法老美尼斯所建。——译注

㉑ 底比斯 (Thebes)：埃及中部古城。——译注

㉒ 摩洛(Moroe)：古代埃及北部城市。——译注

㉓ 塔尼斯(Tanis)：埃及古城，曾经为埃及首都。——译注

㉔ 牧人国王(Shepherd King)：即希克索斯王朝(Hyksos)，游牧的外族部落入侵埃及后所建立，公元前 1730—前 1570 年间统治埃及，亦称为牧人王朝。——译注

㉕ 帕提亚帝国 (Parthian Empire)：又称安息，亚洲西部古国，在今伊朗东北部。——译注

在中世纪，欧洲文明在南部被阿拉伯文明所抑制，后者从欧洲夺取了地中海盆地整个南部地区。欧洲文明相应地向北扩张到了苏格兰、德意志北部、斯堪的纳维亚和波兰。今天欧洲文明向所有方向扩展，不管是人烟稀少容易殖民的土地，还是那些等待征服的衰败国家。

文明的中心，就像一个文明一样在某个方向上传播，它的移动看起来与我们刚才提到的法则一致。位于一种类型的人类文明边缘的国家通常不是在该文明中最领先的国家。当欧洲文明
11 包括整个地中海盆地时，希腊本土和南部意大利是文明世界的核心，它们是其中最有活力、最有文化和最繁荣的国家。当它们成了面对伊斯兰世界的文明的最前哨时，就衰落了。在一个国家，条件一样的话，最文明和最繁荣的地区似乎总是拥有文明的核心，或与这个国家所属的文明辐射中心的地区有最便捷的联系方式。西西里是希腊世界的一部分时，希腊世界的中心是在西西里以东，西西里岛最繁荣和最开化的地方是它的东海岸。[26]在阿拉伯时期，西部西西里是最开化、最繁荣和人口最密集的地区，它最靠近非洲，伊斯兰文明由此辐射。[27]今天该岛人口最多和最富裕的是其北部海岸，它北部面对欧洲。

7. 我们认为，把北方民族的道德水平置于南方民族之上的假设非常鲁莽。道德是复杂的心理和精神特征的产物，人类生活其中的外界环境在道德的积极或者消极表现上具有如此重要的地位，以至于来决定一个人是否**潜在地**比另一个人更有道德，

㉖ 贝洛赫(Beloch)：《古代西西里人口》，并参见《希腊罗马世界的人口》，第七章，第 261—305 页。——原注

㉗ 阿马里：《西西里穆斯林史》(*Storia dei Musulmani in Sicilia*)。——原注

这种比较本身就很困难。对两个社会这种由许多个人组成的人类群体下判断同样非常困难。关于这个题目的统计资料不能说明情况——它们经常无法说出足够多的信息。个人印象总是太主观——它们在总体上不如统计资料可信。通常来说,人们对不熟悉的不道德模式印象更深,因而我们倾向于认为另一个国家的人们比我们自己国家的要差。进一步讲,我们通常习惯认为那些我们第一次到的国家,或者我们非常彻底了解和估价其某些恶习和弱点的国家比其它国家道德要差,而实际上所有人都可能具有这些恶习和弱点。

最经常归咎于南方人的恶习是纵欲,而北方人较普遍地被 12
指责为酗酒。然而也许可以看到,刚果黑人在酗酒方面比俄罗斯农民或者瑞士工人更不检点;至于纵欲,看起来民间习俗和社会组织类型比气候对它有更深广的影响,这些习俗和社会组织类型作为一系列历史情境(circumstances)的结果,是每个民族为其自身创造的。圣·弗拉基米尔[28](即沙皇,他被追封为圣徒,成为所有俄罗斯人的保护神)在后宫拥有比哈伦哈里发[29]更多的女人。可怕者伊凡(Ivan the Terrible)[30]在残忍和纵欲上超过了尼禄[31]、黑利阿加巴卢斯(Heliogabalus)[32]以及东方最嗜血的苏

㉘ 圣·弗拉基米尔(St. Vladimir,约 956—1015):基辅大公,原为异教徒,987 年同意改信基督教,并令整个基辅人改信基督教。——译注

㉙ 哈伦 (Harun-al-Rashid,763—809):阿拉伯帝国哈里发(786—809 在位),在位时阿拉伯帝国鼎盛一时。——译注

㉚ 可怕者伊凡(Ivan the Terrible,1530—1584):即伊凡四世(1533—1584 在位),在位时扩张俄罗斯领土,打击鞑靼人和土耳其人的渗透,重视发展俄国文化艺术。——译注

㉛ 尼禄(Nero,37—68):古罗马暴君(54—68 在位),曾经弑母杀弟,纵火焚烧罗马城,后为叛军所杀。——译注

㉜ 黑利阿加巴卢斯(Heliogabalus,204—222):古罗马皇帝(218—222 在位),罗马历史上表现最差的皇帝之一。——译注

丹们。在我们这个时代，伦敦、巴黎和维也纳，也许比古代的巴比伦和德里有更多的妓女。在现代欧洲，德国在性犯罪上处于领先地位，往下数是比利时、法国、奥地利和匈牙利。意大利接近这一排名的底线，而西班牙最少。[33]

许多犯罪学家假定南方针对人的暴力犯罪或者冒犯占绝大多数，北方针对财产的罪行比例更大。[34]但是塔尔德[35]和考拉贾尼[36]认为，人们在气候和犯罪类型之间寻求的这种关系，应该被归结为社会条件的差异，正如一个国家的不同地区可能遇到的情况不同。[37]的确，美国、法国和意大利的暴力犯罪通常发生在南部，而这些国家的北部显示出较高比例的财产犯罪。但是正如塔尔德指出的那样，这些国家的南部地区比起北部来，通讯设施较为落后，也更远离重要的工业城市和文明的中心；可以想见，暴力犯罪在较不发达的地区更为猖獗，而与气候无关，而那些要求技能和智谋的犯罪在教育发达地区更为常见。实际上，
13 这看来是这一现象最充分的解释。法国暴力犯罪最高的地区（在东部的比利牛斯山脉的阿尔代什和洛泽尔）[38]固然位于南方，但

---

[33] 考拉贾尼：《犯罪社会学》（*La sociologia criminale*），第二卷，第七章。——原注

[34] 参见莫利、卢布罗索、费利以及普格利亚等人作品。——原注

莫利（Alfred Maury，1817—1892）：法国博物学家和考古学家；卢布罗索（Lombroso）：意大利犯罪学家，认为犯罪由人身体特点决定；费利（Ferri，1856—1929）：意大利刑法学家；普格利亚（Ferdiando Puglia）：意大利 19 世纪犯罪社会学家。——译注

[35] 塔尔德（Gabriel Tarde，1843—1904）：法国著名社会学家，心理法学派的主要代表。——译注

[36] 那波利奥尼·考拉贾尼（Napoleone Colajanni，1847—1921）：意大利政治学家。——译注

[37] 塔尔德：《比较犯罪学》（*La Criminalité comparée*），第四章。——原注

[38] 比利牛斯山脉（Pyrenees）为欧洲南部山脉，法国和西班牙的界山，阿尔代什

这些地区因为其高山地形而较为寒冷。在意大利,巴斯利卡塔(Basilicata)[39]是暴力犯罪比例最高的地区,但它是多山地区,相对较为寒冷——马蒂斯(Matese)、加尔加诺(Gargano)和西拉(Sila)诸山[40]的顶峰每年大部分时间为积雪覆盖,在这些高地上分布着一些因血腥和抢劫事件而臭名昭著的西西里城镇。[41]

8. 让我们讨论问题的严格的政治方面。我们也许能注意到,在我们决定南方人是否不适合自由时,我们必须理解"自由"一词的精确涵义。如果我们假定在最自由的国度是被统治者的权利得到最好的保护,不受统治者专断的任性行为和暴政所扰,我们必须同意,从这种观点看起来更高级的政治机构在寒冷的和气候温和的国度,如希腊和罗马都同样兴旺。反过来讲,建立在统治者专断意志基础上的政府制度也可以出现在非常冷的地方,如俄罗斯。立宪政府在阿拉贡[42]、加斯蒂利(Castile)[43]以及西西里同在大雾弥漫的英格兰一样具有生机勃勃的开端。如果孟德斯鸠旅行的足迹再向南方扩展一点,他可能会发现,甚至在他那时的西西里政治秩序中,皇权已经比法国受到更多的限制。[44]就算在我们的时代各种代议制被当作最少缺陷的政府形式,我们仍然发现它们在北欧和南欧同样有效。在欧洲以外,它

(Ardeche)和洛泽尔(Lozere)均为法国南部省份。

[39] 巴斯利卡塔(Basilicata):意大利南部塔兰托海湾一地区。——译注

[40] 马蒂斯(Matese):意大利南部山峰;加尔加诺(Gargano):意大利南部深入亚得里亚海的多山海岬;西拉高地(Sila):意大利南部高地。——译注

[41] 至于其它例子,参见考拉贾尼:《犯罪社会学》,第二卷,第七章。——原注

[42] 阿拉贡:西班牙东北部一地区,曾经是独立的王国。——译注

[43] 加斯蒂利(Gastile):西班牙地名。——译注

[44] 就西西里旧有国体的广泛发展和重要性,可参见格列高利奥(Gregorio)的两部论著:《西西里公法研究导论》以及《对西西里历史的思考》。——原注

们同样在寒冷的加拿大和好望角运转良好，而好望角的气候如果不十分热，也一定非常温和。

南方人不适合自由和启蒙的政府形式的原因可能仅此而
14 已：他们体力较差，尤其是较少道德和智力上的活力。人们通常认为，由于北方人在勤俭、战争、学习方面的活力高出一筹，他们总是注定要征服不成功的南方人。但这比我们刚才驳斥的观点更肤浅，更背离事实。实际上，在热带和温和气候中兴起和奋进的文明，已经在身后留下了这样一座纪念碑，证明它的高级文化和难以衡量的劳动能力，这种劳动能力更让人吃惊，因为那时诸民族尚不能支配现在成百倍地扩展人类资源的机器。一个民族从事艰苦劳作的能力更依赖于习惯而非气候，这种习惯在很大程度上是由它的历史变迁决定的。一般而言，文明非常古老的民族有勤劳和节俭的习惯，这些民族很早以前就进入了农业阶段，而且长期享有包容的政治制度，保证劳作者至少获得部分果实。另一方面，退化到半野蛮主义、野蛮和半野蛮民族、在某种程度上习惯于战争和偷盗的人们，除了在打仗和狩猎时以外通常是懒惰和迟缓的。塔西陀正是用这些词汇来描写古代日尔曼人。在我们的时代北美印第安人和亚洲的卡尔穆克（Kalmuks）人[45]特别懒惰，尽管前者曾经生活在非常寒冷的国度，而后者现在正生活在那里。中国南方各省的人非常刻苦，埃及的农夫能够以最大的耐力苦干。在欧洲南部的大部分地区缺少大规模工业，这形成并维系着当地居民很懒惰的印象，但是对这些民族了解清楚的人，总体上都知道这一称呼与实际情况相差很远。西西里可以作为一个例子。这个面积为20,000平方英里的岛屿要养活 400 余万人口，换句话说，每

---

[45] 卡尔穆克人：生活在高加索和伏尔加河流域地区的民族。——译注

平方英里都有大约180人。在西西里没有大的工业，没有丰富的资本。当地多山，土地日照充分但是灌溉不足。如果这些人口在这种条件下要想活得舒服一点，就需要不停息地耕作，并且还要具备相当的技能。

假如军事优越性是对更大能量的考验,那么要判断究竟是 15
北方人更多地击败和征服南方人还是南方人更多地击败和征服北方人是非常困难的。埃及人是南方人,在他们的全盛时期,他们横扫亚洲,直到亚美尼亚群山。亚述武士[46]居住在温和的气候中,然而,不论如何谴责他们的残暴,我们都不得不惊奇他们在战争中表现出来的不屈不挠的活力。希腊人是南方人,但是他们设法征服了整个西亚,而且通过武力、殖民、贸易和智力上的卓越,他们把整个地中海盆地东部地区和黑海沿岸的一大块地方希腊化了。罗马人也是南方人,而他们的军团蹂躏了大夏(Dacia)[47]平原,渗透到无法通过的德意志森林地区,并且追逐皮克特人(Picts)和加里多尼亚人[48]直到他们在寒冷和荒芜的山野藏匿。中世纪的意大利人是南方人,他们在战争、工业和商业中创造了奇迹。南方人还有16世纪的西班牙人,这些富有魅力的征服者在不到半个世纪中开发、拓展和征服了美洲的大部分地区。征服者威廉[49]的法兰克—诺曼追随者与英吉利人相比也是南方人,然而在几年时间里他们几乎能够支配整个南部大不列

㊻ 亚述人是约公元前2000年到前605年活跃于中东的一支民族,曾征服巴比伦帝国,亚述武士以残暴见称。——译注

㊼ 大夏平原:中亚西亚古国名,在今阿姆河上游地区,本为巴可特里亚,《汉书·西域传》中称之为大夏。——译注

㊽ 皮克特人(Picts):古代分布在苏格兰的部落集团,相传公元前1000年前后从欧洲大陆迁来;加里多尼亚人(Caledonia):苏格兰人古称。——译注

㊾ 征服者威廉(William the Conqueror,约1028—1087):法国诺曼底公爵(1035—1087),英国国王(1066—1087),于1066年率兵征服了英伦三岛。——译注

颠居民，并把盎格鲁人用武力赶到了罗马墙[50]一带。阿拉伯人是绝对意义上的南方人，他们也在不到一个世纪的时间里进行了征服，伴随征服还推行他们的语言、宗教和文明到达世界相当多的部分，其地域与现代的盎格鲁—萨克逊人在许多世纪中征服和殖民的领土一样广阔。

9. 也许人们认为社会组织方面的差异对于土地构造和地形依赖的程度不如对气候变化的依赖，尽管前者可能更为重要。一个国家是否或多或少平整或者多山，它是否位于交通要道或是远离大路，这些因素比恶劣气候对历史有更大程度的影响。
16 然而，不能夸大这些因素的重要性，以致可以从中确定不可更改的规律。在一定历史条件下良好的地形条件可能在其它条件下就不好了，反之亦然。当整个欧洲仍然处于青铜时代和早期铁器时代，希腊人发现她要从自己一隅领导世界有着极为有利的地位，因为在地理上她比其它国家能更好地吸收埃及和亚洲文明的影响。但是在现代，直到开始挖掘苏伊士运河前，希腊是欧洲处于最不利地位的国家之一，因为她远离了欧洲文化的中心以及跨大西洋和东印度的贸易。

另一个广为流传的观点，认为山地居民比低地居民更优越，几乎总是注定要征服他们。当然这个理论比起把显著的优越性归属于北方人的理论可以获得更多支持。寒冷的天气是否比温和或者暖和的天气更有益于健康可能是令人怀疑的，但是看来可以承认高地人总是比低地人更健康——这里更好的健康指的是更健壮的身体构造、以及相应的更大活力。但是，活力的强大

[50] 罗马皇帝哈德良（Hadrian，76—138，117—138 在位）时于 122—128 年在英国修建的横跨整个英国的城墙，用以阻隔北方蛮族入侵。——译注

并非总是与社会结构的强大联系在一起,而毕竟一个民族是统治者还是被统治依赖于这些社会结构。在平原上比在山地国家更容易产生能联合并指导大量民众的周密的政治组织(political organism)。事实上,我们看到,在土耳其和近东,尽管切尔克斯、库尔德[51]和阿尔巴尼亚的山民作为个体经常受到重视,并且尽管他们中的一些队伍在其服务的相邻国家经常成为不可小觑的可怕力量,然而阿尔巴尼亚人、切尔克斯人和库尔德人在历史上从没有成为独立帝国的核心。与之相反,他们总是被纳入与他们交界的强大政治体的势力范围。[52]瑞士人同样作为个人和商业雇佣军非常重要,但是作为一个国家瑞士从没有在欧洲政治中取得显赫地位。 17

历史常常表明,如果勇敢的山民经常击溃而不是征服低地人,那么低地人有组织的军队则可以更多地打破山地居民彼此孤立的努力,使他们成为永远的臣民。罗马征服了萨姆耐特人[53],而萨姆耐特人仅能偶尔在战役中击败罗马人。苏格兰高地人团伙偶尔蹂躏北部英格兰并且洗劫它,但是处于低地的英格兰人则更经常地击败苏格兰人,而且征服他们,驯服他们好战的冲动并完全同化他们,从而结束了他们之间的纷争。在这种情况中,低地人一点也不缺少活力。只要想一想荷兰、北德意志、俄国和英国人总的来说还是低地国家的居民就可以了。

---

[51] 切尔克斯人(Circassian):前苏联高加索地区民族;库尔德人(Kurdish):生活在今土耳其、伊朗和伊拉克的少数民族,属于突厥人的一支,信奉伊斯兰教。——译注

[52] 萨拉丁是一个库尔德人。迈罕麦德·阿里,即第一个埃及总督,是一个阿尔巴尼亚人。著名的曾经统治埃及几个世纪的奥斯曼帝国马迈鲁克诸州长是切尔克斯人。——原注

[53] 萨姆耐特人(Samnite):意大利的一支古代民族。——译注

10. 把一个民族达到的进步和文明的程度，以及它所采纳的政治组织的类型归结为它所属的种族，这种方法远不如把气候作为每种事物的主宰者历史久远。前面一种方法也很难说是其它的东西。对人类种族的科学划分依赖于人类学和比较语言学，这两种学问是非常晚近的科学（白洛嘉[54]和格林[55]生活在 19 世纪），而在希罗多德早期就可以利用关于气候的近似信息。然而，尽管社会科学中的人种学倾向是新来者，它们却相对地更好斗；在 19 世纪最后十年，出现了一种以种族差异为基础解释所有人类社会的尝试。[56]人们对优等民族和劣等民族间作了区分，前者被认为具有文明、道德和组织他们自身结成重要政治单位的能力，而后者被认为是粗劣的，或在强者的侵犯下消失或被他们征服和教化，这是劣等民族不可避免的命运。在最好的情况
18 下可以假定他们能独立生活，但是从来达不到特权民族具有的文化程度和完美的社会政治组织。

勒南[57]写道，圣歌、信仰、自由、荣誉、自我牺牲只有在雅利安人和闪族人这两个伟大的民族来临时才在世上出现，他们在

---

[54] 白洛嘉（Paul Broca，1824—1880）：法国解剖学家、人类学家，现代人类学的主要创始人。——译注

[55] 格林（Jakob Grimm，1785—1863）：德国 19 世纪著名语言学家和历史学家，曾编撰《德语字典》，并与其弟语言学家威廉·格林（Wihelm Grimm，1786—1859）搜集、整理和出版了家喻户晓的《格林童话》。——译注

[56] 主要参见奎特里法格斯（Quatrefages）、贡普洛维奇、拉波日（Lapouge）和希尔瓦德（Hellwald）的著作。戈宾诺的《人种不平等论》出现于 1853 年。——原注

贡普洛维奇（Ludwiz Gumplowicz，1838—1909）：波兰社会学家和法理学家，不相信社会进步的永久性，认为国家起源于不可避免的冲突；戈宾诺（Gobineau，1816—1882）：法国外交官和人种学者，提倡种族决定论，代表作为《人种不平等论》。——译注

[57] 勒南（Earnest Renan，1823—1892）：法国 19 世纪历史学家，以研究犹太和早期基督教会知名。——译注

某种意义上已经改变了人性。[58]戈宾诺认为，历史的中心点总是位于最纯粹的、最强壮的和最智慧的白色种族生活的地方。拉波日（Lapouge）把这一教条推行到极致。在他看来，雅利安人不仅是真正道德的、在所有事情上均胜人一筹，而且在雅利安种族内部那些优异的个体使雅利安人保持了纯正和不受污染的形式，这些人身材高大、金发碧眼、头颅细长。然而甚至在印度—日尔曼血统流传下来的诸民族中间，这种类型的个体也仅占一小部分，他们散布在各自短小、黑皮肤和圆头型的人们中间。因此，真正的雅利安人，在英格兰和北美人中数量众多。而在德国的数量开始锐减，在那里被当成上等阶级。他们在法国人数极少，事实上在南欧变成了鲜为人知的居民。莫塞利（Morselli）[59]赞成拉波日的理论，坚持认为金发碧眼的人种优于黑肤色人种，因为大多数高度文明的民族金发碧眼者总是人数众多，而且在特定国家最发达的地区或省份金发碧眼者总是数量最多。

这个学派坚持认为某些种族具有内在和必然的优越性,另一个学派并不绝对反对这一理论,而是更为直接地与达尔文的理论联系在一起,达尔文的理论在上个世纪后半叶广泛地应用于社会科学诸学科。斯宾塞[60]是后一个学派最为著名的作家，
追随者众多。这些学者并不坚持认为任何民族比其它民族具有 19
不可避免和牢固的优越性,他们相信过去和现在的所有社会进

[58] 《耶稣传》（Vie de Jesus），第一章。在其它著作中，勒南提到闪族人时远非使用奉承的词汇。——原注

[59] 莫塞利（Enrico Morselli，1852—1929）：意大利神经病学和心理学家，曾多年研究土著部族的生活。——译注

[60] 斯宾塞(Herbert Spencer,1820—1903):英国19世纪哲学家、社会学家,首先将进化论引入社会学。——译注

步都是通过一种有机或超有机的所谓演化过程发生的。为生存进行持续的斗争总是存在于每一个社会**之中**。结果,较为强壮和良好的个体可以最好地适应他们的环境,他们胜过了那些较为软弱和不太适应环境的人,并优先繁衍他们的种属;他们把通过缓慢的教育过程获得的素质,作为天生的遗传因素或者品质传给了后代,而这些素质曾为他们赢得了胜利。同样的斗争也存在于社会**之间**,通过这种斗争,具有更健全组织的社会,即那些由强者构成的社会,征服了那些不太有优势的社会。后者被驱赶到不大适于进步的地区,注定永保低级状态。

可以毫不困难地找出这两种理论之间的本质区别。即使承认人类同源论,事实仍然表明不同特征的分化是非常久远的,只是存在于远古的时代,那时人类还没有从他们的野蛮状态脱离出来,因此更易于感受他们接触的自然作用影响。美洲原住民种现在仍然具有他们在遥远的史前年代具有的特征。在非常古老的、可以追溯到公元前 2000 年的埃及浅浮雕(bas-relief)中,黑人、闪族人和本地埃及人显示出来的身体特征至今还可以用来辨别他们。因而,按照严格的人种学理论,高级种族一定在历史曙光初现时,就拥有了他们的优越特征,并在以后保持了它们;而进化理论含蓄地或者明确地假定,为生存进行的斗争较为晚近时还有着实际影响。它把有史以来许多民族和文明的兴衰归结为这种斗争。

11. 在考虑优越或低劣之前,我们要确定"种族"一词的价
20 值,因为有时它在相当广泛的意义上,有时又在比较狭窄的意义上使用。我们说到白种、黄种或者黑种人来指示人类种属,这些种属不仅语言不同,而且具有相当重要和相当明显的解剖学差异。我们用雅利安人和闪族人来表示白种人的两个次种,他们

毫无疑问使用不同的语言，但具有非常相近的身体特征。当我们说拉丁、日尔曼和斯拉夫族人，是在用同一个词汇来指示白种的雅利安次种中的三个亚种。尽管这些"种族"说不同的语言，他们仍然在语言学上被证明他们被一个共同的血统相联结，而他们身体特征的区别如此轻微，以至于一个族群中的成员可以被错当成另一个的成员。在这种情况下，术语的混淆导致了观念的混乱。种族具有不同特点这一事实被用来解释白种人和黑种人文明和政治组织之间的某些差异，也同样被用来解释拉丁人、日尔曼人和斯拉夫人之间类似的差异；在第一种情况下人种学系数也许具有真正意义，而在第二种情况下则很难说有什么意义。

我们也应该记住在历史上和史前年代种族的杂交和混合，特别是关系密切的种族之间的杂交和混合是常见的。在后一种情况下[61]，因为在杂交种族之间的体质差异鲜有重要性，且无论如何都难以识别，其间的区分就要以语言关系而不是解剖特征为基础。但是信赖语言标准绝非不会出错。可能发生的是，两个民族在血缘上紧密相连，语言关系却非常远；而不同种族之间的民族也许会说在词根和语法结构上有紧密关联的语言和方言，这样的情形实际上经常发生。不论这一陈述初看起来多么可疑，许多例子都能够证明它，许多历史情形可以解释它。通常来说，被征服的民族在比他们的征服者较少文明时，他们会采纳后者的法律、艺术、文化和宗教，并且最终经常使用征服者的语言。

希腊、罗马的语言和文化通过被野蛮民族使用而经历了非

---

[61] 此处后一种情况指的是用种族一词来区分拉丁、日尔曼和斯拉夫诸民族。——译注

21 凡的扩张。在法国人口的基础还是锡姆罗—凯尔特人[62],但是法语基本上是新拉丁语系的一种。在西班牙,巴斯克血统[63]在北部占优势,在该国南部阿拉伯—柏柏尔人[64]的混合体仍然非常强大。在意大利,北部意大利人和南部意大利人具有可察觉的人种区别,而各种方言基本上都是新拉丁语系的。离开拉丁人的范围,我们发现阿拉伯的农夫(fellah)是古代埃及人的后裔,但是他们已经忘记了米扎利姆(Mizraim)语[65]而采用了阿拉伯语,这种语言在伊拉克、阿拉伯半岛和叙利亚都非常普遍,并且正在逐渐成为北非柏柏尔人的口语。至于印度,梵语语系诸方言被肤色和面部特征相混合的居民们使用,这些人也许主要显示了德拉威血统[66]的特征。在西里西亚、勃兰登堡、波美拉尼亚和老普鲁士[67],德语在族源上部分是斯拉夫人、部分是列托人[68]的居民的语言。在今天,爱尔兰和北部苏格兰的凯尔特人正越来越多地采用英语。

这些考虑是不言而喻的,人们继续仅仅用语言学标准作出人种学的区分,对欧洲人更是如此。说实话,为了捍卫这一体

---

[62] 锡姆罗—凯尔特人(Cimbro-Celt):公元前 1000 年左右分布在西欧各地及英伦诸岛的各部落,属于印欧语系。——译注

[63] 巴斯克人:西班牙最古老的少数民族,今天生活于西班牙的北部山区。——译注

[64] 阿拉伯—柏柏尔人:西班牙曾经被来自阿拉伯半岛的阿拉伯人和来自北非的信仰伊斯兰教的柏柏尔人征服并统治了几百年。——译注

[65] 米扎利姆(Mizraim)语:古代埃及语言。——译注

[66] 德拉威人(Dravidian):古代生活于印度南部和斯里兰卡北部的民族,又称为达罗毗荼人。——译注

[67] 西里西亚(Silesia):中欧一地区;勃兰登堡(Brandenburg):中欧一地区,在德国和波兰境内;波美拉尼亚(Pomerania):中北欧波罗地海沿岸地区;老普鲁士(Old Prussia):又称为东普鲁士,北欧沿波罗地海地区,今分属俄罗斯和波兰。——译注

[68] 列托人(Lett):古代居住于拉托维亚、立陶宛等地的民族。——译注

系，也许可以这样说，相似的语言可以使某些民族之间更自由地交流思想和感觉，容易使这些民族在智力和道德上获得比通常仅仅从血缘关系上得到的更牢固的相似性。

记住这些，看起来以下这一点就是一个确定的事实，最原始的种族，即那些人类学家称之为“低等的”种族——火地岛[69]人、澳大利亚原住民、丛林居民等等——在身体上和智力上要比其它种族差。这种低劣性是否为内在的、它是否总是存在，或者它被归结为这些种族生活环境的贫瘠、或是他们周围环境中资源的稀少、或者极端贫困的结果，这样的问题既不容易，也没有必要回答。毕竟，这些种族代表的只是人类的一小部分，并且这一部分在白种人的扩张面前急剧减少，而在许多地方黄种人也通过渗透继续扩张。严格公正地讲，我们必须承认，在原始人勉强 22
生存的地方，白种人和黄种人的兴旺并不完全是由于白种人所宣称的机体优越性。新来者随身携带着知识和物质手段，这些可以让他们在土地上获得丰收，而这些土地若没有这些知识和手段原本可能长不出什么东西。澳大利亚的原住民几个世纪以来满足于追逐袋鼠、用他们的飞镖击落鸟类，或者处境比较糟糕时吃蜥蜴。但是我们必须记住，原住民无法确保种出谷物或者其它可食用植物的方式，或者可以发展牧群的种畜，而英国殖民者则有办法。

要指出原始的美洲人或者黑种人的低劣性更困难。这些种族从记不起来的时代就拥有广阔的土地，在这些领土上可能曾发展过强有力的文明。在美洲，人烟稠密的帝国曾经兴起于墨西哥、秘鲁和其它地区。我们不能精确地判定他们文明的程度，因为很不幸他们在几百个西班牙冒险者的屠杀面前崩溃。在非

---

[69] 火地岛：南美大陆最南端，以火地岛为主的岛群。——译注

洲，黑人在不同的时代曾经设法组织了相当广阔的政治单元，例如在乌干达即如此。但是这些国度中没有一个靠自身达到了可以与白种人、中国人、或巴比伦人和古埃及帝国的文明可以相比的文化程度。由此看来，似乎可以认为美洲印第安人和黑人相当低劣。

从特定角度看，假定美洲印第安人和黑人必然和永远走这条道路的说法并不总是合法的。人类是否存在于第三纪非常可疑，但是科学已经证明人类的祖先可追溯到第四纪[70]初，因而人类的年龄可以不用千年来结算而是万年甚至几十万年。现在人类的种族，如我们上面所指出的，一定在非常久远的时代已经形成。既然经历了如此长的时期，某个种族在 3,000、4,000 甚至 5,000 年之前先于另一个种族已经达到一种显著的文明程度，
23 这一事实并不能绝对可靠地证明它的机体优越性。外部条件经常是偶然的，如发现和利用金属——这一发现依据地区不同可能难易不一，获得或缺乏可种养的植物和动物，这些条件也许能加速或是延缓一个文明的进步，甚至改变它的历史。如果美洲印第安人已经知道了如何使用铁器——这个假设丝毫不牵强，因为他们的确知道其它金属，诸如黄金和铜——或者如果欧洲人比实际上发明火药的时间晚两个世纪，欧洲人可能不会如此迅速和完全地破坏印第安人的政治组织。我们也不应该忘记，如果一个种族已经具有了一种成熟的文明，它在同另一个仍然处于野蛮状态的民族接触时，尽管可以贡献给后者大量有用的工具和知识，但它即使没有阻碍这个原始社会自发和本来的发展的话，也仍然会深刻地扰乱这种发展。

---

[70] 第三纪：地质年代，属于新生代，大约为距今 6,500 万年到 250 万年之间；第四纪：从距今 250 万年至今。——译注

实际上，白种人不仅在每一个地方都消灭或者征服了美洲印第安人，多少个世纪以来，他们还使得黑人变得野蛮和贫困，现在他们用酒精或者奴隶贸易来达到目的。因此，我们不得不承认，欧洲文明不仅阻碍了而且实际上打断了黑人和印第安人可能依据自己的步调取得进步的任何努力。

可以提出指控，美洲印第安人的各个分支、波利尼西亚人[71]、澳大利亚原住民以及人类其它不幸的种族在与白人接触后难以生存下来，他们随着白人的挺进迅速消亡。真实情况是，在有色人种还没有习惯利用白人带来的新的替代方式之前，白人已经从他们那里掠夺了他们的谋生方式。通常，在原始部落还没有适应农业之前，白人侵入了他们的狩猎领地，消灭了他们的主要猎物（big game）。此外，文明的种族把他们的疾病传染给了不文明的种族，而后者无法利用科学进步带来的和经过白人长期经验获得的预防和治疗措施。如果我们试图用野蛮人的 24
方法——换句话说，根本没有方法——预防和治疗结核病、梅毒和天花，这些病会给我们造成同给某些原始部落造成同样的灾难。

大体而言，作为个体的印第安人和黑人比作为个体的白人低劣吗？大多数人可能将迅速且强调地回答"是的"，而另一些人会同样迅速和决断地回答"不"。对我们来说，用绝对的术语同意与否定它同样困难（in terms at all positive）。观察者经常报道说，在这些种族的非常原始的群体中，有一些智力或者心灵品质卓越的个人。在一些地方美洲的原住民与白人相混合，并接受了他们的文明，但是这些原住民中仍然可以产生出一些在人

---

[71] 波利尼西亚人：生活在中太平洋群岛，包括夏威夷、撒摩亚和汤加群岛上的古代民族。——译注

类所有活动中都杰出的人士，而且在同样的情况下，黑人可以夸耀他们有同样长的名单。不过，不得不承认，在这两个种族中知名人士的数量与那些已经和正在享受文明生活优越性的人的名单相比，数量稀少。然而，不得不强调一个有学者风度的黑人主教与亨利·乔治[72]的谈话[73]，这位黑人主教指出黑人学童与白人的孩子做得一样好，而且在 10 到 12 岁时显示出他们是完全有觉悟和聪颖的，但是一旦他们开始意识到他们属于一个被判定为低等的种族，不会得到比厨师或者搬运工更好的运气，他们就失去了学习的兴趣，变得冷漠起来。在美洲的很大一部分，有色人种通常被认为是低级生物，他们将不可避免地与较低的社会地位联系在一起。如果在白人中那些被剥夺继承权的阶级(disinherited classes)的脸上带着无法抹去的社会低贱的印记，他们中肯定不会有几个人还有力量奋斗，把自己提升到一个比其所属等级高许多的位置。

如果可以就黑人和美洲印第安人建立高等级文明和政治组织的能力提出疑问，那么这方面关于雅利安人和闪族人、蒙古或者黄色人种，以及黑肤色的亚洲人的所有困惑都会消失，那些黑肤色的亚洲种族与雅利安人相混合生活在印度，并且已经在中
25 国南方、印度支那、或许包括日本与黄种人融合。这些种族合在一起构成了所有人类的四分之三或者是五分之四。我们还没有提到波利尼西亚人。他们可能具有相当高超的能力，但是由于人数稀少，而且分布在许多小岛上，他们没有建立任何伟大的文明。

---

[72] 亨利·乔治(Henry George，1839—1897)：美国经济学家、社会改良家，主张将土地收归国有，著有《进步与贫困》，认为社会的进步是以人民的贫困为代价的。——译注

[73] 参见《进步与贫困》，第十卷，第二章，第 2 页。——原注

中国人成功地建立了一个高度独创性的文明,它显示了令人惊奇的生存能力,以及更加伟大的扩张能力。日本和印度支那文明在很大程度上是中国文明的分支。在巴比伦,创建最早文明的苏美尔人看起来属于吐雷尼语族。黑肤色的亚洲人看来是从非常古老的埃兰、也就是苏西亚那文明[74]中发展而来,而且在雅利安人到来之前,印度很明显存在着一个本土文明。埃及文明要归功于所谓的半闪族或者柏柏尔人,以及属于闪族人的尼尼微人、西顿人、耶路撒冷人和大马士哥人,而撒迪斯人可能已经属于闪族人[75]。参考更晚近的伊斯兰阿拉伯文明对我们来说是多余的。

12. 许多人并不持有人类种族绝对优越或者低劣的观点,他们相信每个种族都有独特的智力和道德品质,这些品质必然与特定的社会和政治组织类型相应,在这些社会或者政治组织中,精神、或者更好地说是种族特有的“天赋”,不会允许这个种族偏离这种类型。

现在,我们可以给予讨论这个题目时已有的夸大之辞应得的宽容,考虑在所有民族的所有时代都存在各种人类特性,由此就不能否认——不要说所有种族——每一个民族每一个城市都

---

[74] 吐雷尼语族(Turanian):一个假定的语族,今日巴基斯坦人被认为属于这一语族;埃兰:亚洲西部一古国,始出现于公元前3,000年,由于其中心为苏萨(Susa)城(今伊朗西南部),又被称为苏西亚那(Susiana)文明。——译注

[75] 尼尼微人(Nineveh):尼尼微为古代亚述帝国首都,公元前8世纪末建为都城,遗址在今伊拉克北部的摩苏尔(Mosul);西顿人(Sidon):西顿为古代腓尼基城邦,西顿人公元前2,000年后期在地中海上从事贸易和殖民,一度势力强大,今日西顿为黎巴嫩南部港市;耶路撒冷人(Jerusalem):耶路撒冷为以色列首都;大马士哥为叙利亚首都;撒迪斯人(Sardis):撒迪斯为小亚细亚西部古城,约建于公元前1,000年代初,以多财富著称。——译注

代表了一种独特的类型。这种类型并非在任何地方都始终确定和清晰,但是它由大量观念、信仰、观点、情感、风俗和偏见组成,这些内容对每一个人类群体就像面部轮廓对每一个体一样具有独特性。

如果这种类型上的多样性不能用另外的事实来解释的话,它可能被确定地认为是由于身体的多样性、或者种族的歧异、或
26 者流在每个民族血管中的不同血液造成的,这是对人性的观察所提供的最真实和最持久的事实。我们提到了模仿性,凭借这个巨大的心理力量,每一个人都习惯于接纳在他生长环境中最流行的观念、信仰和情感。除极少的例外,一个人往往以他所在社会的思考、判断和信仰方式进行思考、判断和信仰。我们总是观察那些周围人通常注意到的方面,而且个人更愿意发展那些塑造他的环境中最流行和最被尊重的道德和知识态度。

事实上,道德和知识类型的统一,在血缘和种族上没有什么特别共同点的人群中非常强大。天主教僧侣可以作为一个例子。他们分布在世界各地,但总是在信仰、知识和道德态度上保持一致性。这一现象在各种宗教中非常突出。大家都知道,意大利耶稣会士与法国、德国和英国耶稣会士十分相似。几乎所有大型的欧洲军队共有的军事类型也极为相似,相当持久恒定的知识和道德类型可能存在于军事学院甚至在世俗学校中——简而言之,在一种特定环境在某种程度上被确立起来的任何地方,都有一种心理模式,它按照自身的轮廓塑造任何置身其中的个人。

此时我们不是探究主要的民族环境、以及有时包含整个文明或者一种宗教所有追随者的那些主要的心理潮流如何形成、生存,并且如何经常从世界景观中消失。开展对这个题目的研究,要追述人类整个的文明史。但是此处我们可以放心地说:人

类每一个伟大民族特有的历史情境，在整体上塑造了上面提到的特殊环境，而且新的历史情境缓慢地改变甚至破坏了那些环境。即便初看起来人种因素在各种道德和精神环境形成中发挥着决定性的作用，血缘关系和种族起到的作用，至少在某些情况 27
下，仍然可能是微不足道的，并且很难估价。

犹太人的例子适合这种观点。他们分布在其它民族中，但是多少世纪以来都能令人惊异地保留其民族类型。但是我们也不能忘记，犹太人的孩子在精神上总是远离他们居于其中的民族，因而总是处于一种特有的环境中。如列劳—波留（Leroy-Beaulieu）恰当地表明[76]，现代的犹太人是隔绝的产物，他们多少世纪以来通过律法、犹太法典和犹太社区保证了这种隔绝。皈依基督教或者伊斯兰教的犹太家庭后裔在任何时间——也就是在许多代人中间，都很少保留他们祖先的特征。没有皈依异教的犹太人在许多世纪中最好地保留了他们独特的类型，他们自身保留了这些类型的大多数特点。一个从小俄罗斯[77]或者君士坦丁堡来的犹太人，比生养在意大利或者法国的与他信仰同一宗教者更像犹太人，在意大利和法国犹太社区现在仅仅变成了回忆。在美国的中国移民在许多方面接受了白人的文明，但是他们的精神类型没有改变，而在加利福尼亚和其它一些州的中国人总是生活在本国人的圈子里。在欧洲和土耳其的亚洲部分，土耳其人、希腊人、亚美尼亚人、犹太人和累范特人[78]生活在同一个城市中。他们并不融合在一起，他们的种族也没有改变，因为尽管他们具有物质上的交流，但是每一个在精神上与其它

---

[76] 《犹太人和反犹主义》（Les Juifs et l'anti-sémitisme）。——原注

[77] 小俄罗斯（Little Russia）：指乌克兰及邻近地区。——译注

[78] 累范特人（Levantines）：指地中海东部诸国人。——译注

人分离的团体都有自己独特的环境。英格兰民族与欧洲其它民族相比，具有维护自己民族类型的强烈韧性，它可能是居住于外国的英国人很少与当地人交往的结果，这种习惯使他们倾向于聚居于一个袖珍的不列颠环境中。两个民族之间的密切交往，与他们从宗教相似性或者共同历史和文明中产生的联系相比，是一个实际上微不足道的纽带，这样的例子有很多。人种学家发现马扎尔人[79]与中国人或者土耳其人比与法国人或者德国人联系更紧密。但是谁能说马扎尔人在道德上或者知识上与前两
28 者的关系比与后两者更接近呢？波斯或者印度的信仰伊斯兰教的雅利安人，肯定在道德联系上与阿拉伯人和土耳其人的关系比与欧洲人种更紧密。在西欧生活很长时间的犹太人，可能感到与他们置身其中的民族的精神联系比与阿拉伯人更紧密，阿拉伯人是犹太人的血亲，但是他们融入了东方文明。

因此，所谓的一个种族的天赋并不是如某些人所愿意想像的那样，有什么预先注定和不可避免的东西。即使承认各种“更高级”的种族——换句话说即那些能够创造他们自己原创文明的种族——在器官上彼此不同，他们这种器官上差异的总和也无法单独或者甚至不是主要地决定他们所采纳的社会类型。社会类型是社会交流和每一个民族、每一个社会有机体——更不要说每一个种族——注定要生活于其中的历史情境所决定的。

13. 如果每个人都同意，很难觉察到在长久的历史阶段中——例如，20 或 30 个世纪——可能改善人类种族的器官和心理的变化，并且实际上可以忽略，种族问题在这一点上将得到解决。但这远不是一个普遍接受的信念。实际上，有整整一个

---

[79] 马扎尔人 (Magyar)：匈牙利主要民族。——译注

学派的历史思想建立在完全不同的假定上。这个学派把达尔文关于物种演化的信条应用于社会科学中，认为每一个人类群体在相对较短的时间中可以取得相当大的器官改善，从而可以获得政治和社会的改良。

现在，我们不讨论或者否定达尔文关于物种演化的理论，甚至承认人类是从一种假设的类人猿演化而来，仍然有一个事实第一眼看上去就是确定、不可争辩和明显的：著名的生存竞争、以及与它紧密相连的自然选择，没有在比具有初级阶段文明程度更高的人类社会中出现过，如其在动物、植物和野蛮人中被描述的那样。急于在人类社会中发现这样的竞争，部分归因于达尔文的假说应用于自然科学时取得的异常成功。这种成功注定 29
要给形成体系的思维带来诱惑，把这一假说应用到其它领域中去。但这也是由于误解，以及没有分辨出两种事实尽管有明显的联系，但本质上仍然是不同的；对于强烈偏向于进化论的心灵，这种混淆也是可以理解的。可以用几个字概括这种情况，人们混淆了为**生存**进行的竞争与为**优越地位**(preeminence)而进行的竞争，后者实际上是一个恒久的现象，它出现于各个文明状态的人类社会。

在两个人类社会之间的斗争中，胜利的一方通常并没有消灭被征服的社会，而是奴役它、同化它，把自己的文明类型加之于后者。在我们时代的欧洲和美洲，战争的结果只是在军事意义上被证明更强大的国家取得了政治霸权，或者这些胜者也许会掠夺一些领土。在古代，当希腊人与波斯人，以及罗马与迦太基[80]人作战时，被征服民族的政治组织和民族生存有时被破坏，

---

[80] 迦太基：北非奴隶制国家，腓尼基人所建，长期与罗马争夺地中海霸权，公元前146年被罗马所灭。——译注

但单个来看，甚至在最坏的情况下，他们经常被降为奴役状态而不是被杀死。诸如萨古托城和奴曼提亚城的情况[81]，或者像亚历山大大帝征服推罗[82]，或者像西庇阿[83]征服迦太基这些事例，在所有历史阶段都是例外的。古代东方的亚述人和中世纪的蒙古人是最习惯于有组织地屠杀被征服者的民族。但是甚至他们使用这种手段也是为了恐吓敌人投降，而不是仅作为目的。不能说任何一个民族曾被他们这些可怕的屠戮者彻底消灭。作为被征服者完全被消灭的民族，常常提到塔斯马尼亚人[84]、澳洲原住民和美国印第安人。但是实际上这些民族是原始的部落，分布于广阔的领域上。如我们所见，他们消失了或正在消失，这主要是因为农业和一种入侵文明减少了他们赖以为生的猎物来
30 源。在几个印第安人能够适应粗陋农业的地区，他们避免了灭绝的命运。在墨西哥和秘鲁，当西班牙人进行殖民时，原住民数量众多，因为他们已经进入了农业时代。尽管西班牙人进行了大屠杀，这些原住民还是构成了今日西班牙语美洲人口的大部分。在阿尔及利亚，法国人强硬而血腥的征服也没有减少本地人的人口数量。

---

[81] 萨古托城(Saguntum)：东部西班牙沿海古城，罗马大将汉尼拔曾于公元前219年攻破该城；奴曼提亚(Numantia)：西班牙中部古城，从公元前153年起，当地人在此抗拒罗马军队的进攻达20年之久，罗马大将西庇阿(Scipio)通过15个月的围困，于公元前133年迫降该城。——译注

[82] 推罗(Tyre)：一译太尔，古代腓尼基城邦，公元前332年被马其顿国王亚历山大占领，男人被杀尽；亚历山大大帝(Alexandra the Great，公元前352—前323)：马其顿国王(公元前336—前323年)，先后征服希腊、埃及和波斯，并侵入印度。——译注

[83] 西庇阿(Scipio)：可能指的是小西庇阿(约公元前185—前129年)，罗马统帅，大西庇阿(也为罗马统帅)的养子，公元前146年攻陷并彻底破坏了迦太基城，从而结束了第三次布匿战争。——译注

[84] 塔斯马尼亚人：澳大利亚原住民民族之一。——译注

如果我们考虑每一个社会内在的骚动，我们立刻就可以看到，为优越地位进行的竞争要比为生存而竞争更明显。在每一个社会单位的个体之间进行的竞争，集中在更高的地位、财富、权力以及进行对各种方式和手段的控制上，这些方式使一个人可以支配他认为恰当的许多人的行为和意志。失败者当然是这种斗争中的大多数，他们不是被吞没、毁灭，甚至不会被禁止繁衍后代，而这种繁衍才是生存斗争的基本特征。他们只是占有较少的物质资料，特别是较少的自由与独立。实际上，就总体而言，在文明社会中，下层阶级远不是被所谓的自然选择逐渐消灭，而是比那些较高等级人数更多，而且甚至在下层阶级中，每一个体从长远来看，都可以得到一片面包或者配偶，尽管这片面包或多或少黑一点，更难赚取，配偶则多少不太有魅力或者不合人口味。在上层阶级中，普遍的一夫多妻制是可以引用来支持自然选择理论的惟一理由。但是甚至这个论据也是脆弱的。在人类中一夫多妻并不必然意味着人丁兴旺。实际上，一夫多妻盛行的社会取得的进步最小。因此，看来可以得出结论，自然选择在它能最大发挥作用的事例中被证明效果最差。

14. 那么,如果一个种族或者民族的进步主要依赖于构成它的个体器官的改善,世界历史就应该呈现出远不同于我们了解的情节。每一个民族道德和智力的、并且因而是社会的进步 31
应该**更缓慢、更加连续**。与遗传法则相结合的自然选择法则应该让每一代人比上一代前进一步,但仅仅是一步。我们不应该看到一个民族在两三代人的历程中取得了巨大的进步,或者有时向后退了一大步,如在历史中经常出现的那样。

这样迅速前进和眼花缭乱地衰退的例子如此普遍,以至于不需要特别提及。在皮西斯特拉图斯[85]和苏格拉底的时代之间仅有120年,但是在这些年中希腊的艺术、思想和文明取得了无法估计的进步,它从一个尽管拥有古代文明但是却较为平凡的民族转变成反映人类进步历程中最富有魅力、最渊博、最难以忘记的希腊。我们不提及罗马的例子,因为说实话,希腊文明的影响在罗马从野蛮到文明的迅速转变中发挥了重要作用。文艺复兴时期的意大利在时间上仅比但丁时代的意大利晚一个世纪;但是在这段间隙中,艺术、道德和科学理想已经被一个民族内在孕育的创造性所转变,中世纪的人改变并消失了。

让我们来比较一下1650年的法国和1750年的法国。1650年的法国人还能记起来圣巴托罗缪节前夜[86]。宗教战争、神圣联盟[87]、两个国王在刺客的匕首下陨命[88],这些事件还没有被历史尘封,当时对它们的目击者不在少数。任何在这个时候已经度过青年阶段初期的人都可以容易地看到拉罗谢尔的陷落(La Rochelle)[89],它是我们这里所指的历史阶段的终结。几乎没有人敢对妖孽和巫婆的存在提出怀疑。这时马歇尔·德安克勒作

---

[85] 皮西斯特拉图斯(Pisistratus):古雅典暴君,生于公元前6世纪早期,死于公元前527年。——译注

[86] 圣巴托罗缪(St. Bartholomew)前夜:1572年圣巴托罗缪节(8月24日)前夜,法国天主教派对基督教新教的胡格诺派进行了大屠杀。巴托罗缪为耶稣十二使徒之一。——译注

[87] 神圣联盟(the Holy League):指法国历史上的天主教同盟,于1576年形成,支持法王挫败新教徒势力。——译注

[88] 这里是指法国历史上的亨利三世(Henri Ⅲ,1551—1589),1574—1589在位,参与迫害新教胡格诺教派,1589年被多明我会修士暗杀;亨利四世(Henri Ⅳ,1553—1610,1589—1610)原为胡格诺教派首领,1593年改宗天主教,1610年被暗杀。——译注

[89] 拉罗谢尔(La Rochelle)的陷落:拉罗谢尔为法国港口,16世纪发展为新教胡格诺教派的中心,1628年被天主教军队攻陷,许多新教徒被杀。——译注

为巫婆在树桩上被烧死才刚刚过去37年。一个世纪以后，孟德斯鸠已经是一个老人，伏尔泰和卢梭[90]正当壮年，百科全书派[91]如果还没有出版他们的著作，也已经在思想上成熟了。就涉及的思想、信仰、习俗而言，1789年的革命可以被认为实际上已经完成了。但是不用远涉其它例子，何不选取今日欧洲的主要国家——英国、德国、意大利和西班牙呢？毫无疑问，如果上个世纪发生在这些国家的智力和精神革命不得不依赖于其人口的器 32
官改良，那么至少需要几十代人。

某些地区因为特殊的原因滞后于欧洲的总趋势，在这些地区，变革进行得更快，而且特别深远。任何对于苏格兰和西西里历史具有粗浅知识的人都可以比较1748年的苏格兰和该国在1848年以来取得的成就，或者比较1812年西西里和今日当地的社会条件。[92]

另一方面，民族或者整个文明迅速衰落的例子也不少。人们通常非常倾向于把这种衰落归咎于野蛮民族的毁坏性入侵。这是忘记了在一个文明衰落于野蛮人入侵前，它已经陷入巨大的浪费和紊乱中，这些反过来要归于道德和政治的衰败。更伟大的文明几乎总是以更多的人口为基础，并且拥有更多能力和有效资源进行攻击和防守。中国两次被蒙古人或者鞑靼人征服，突厥人、鞑靼人和阿富汗人征服印度许多次。但是中国和印度文明在这些入侵到来时已经陷入了衰退阶段。

---

[90] 卢梭(Jacques Rousseau, 1712—1778)：法国启蒙思想家，社会契约论的提倡者。——译注

[91] 百科全书派：法国启蒙运动时期进步思想家组织，以编撰出版百科全书为斗争工具，与封建王权和教会神学进行斗争。——译注

[92] 考拉贾尼在《犯罪社会学》中已经研究了苏格兰高地取得的迅速进步。——原注

文明民族的衰落在某些情况下是自发的，这几乎可以用算术来证明。所有的东方学家知道全部埃及文明中最古老的一个——即修建尼罗河运河、发明象形文字和建起金字塔的那个文明——文明完全破碎，消失得如此完全，以至于迄今没有人能够知道衰落的原因。它发生过内战——这一点我们都知道，然后历史进入黑暗和野蛮状态。在四个世纪之后，在这种野蛮状态中仿佛自发地出现了新的文明。雷诺蒙（Lenormant）[93]说：

> 从尼特—阿格里特(Nit-agrit)失去他性命的内乱开始,埃及文明进入突然的衰落,至今无人能解释。曼内托
> 33 (Manetho)[94]估计第六王朝和第十一王朝间隔436年。在这个阶段,碑铭没有叙述任何内容。好像埃及突然从国家的名录中被拿走了,当文明在很长的休眠之后重现出现时,它似乎没有丧失过去的任何传统。[95]

事实上,雷诺蒙并不否定在我们提到的时期可能会发生外国入侵,但是,无论如何,关于这一事实在碑铭上没有留下任何痕迹。毫无疑问,这些入侵一定发生在早期埃及文明衰落之后而不是之前。

巴比伦在许多世纪中是一个文明中心,它没有被征服者破

---

[93] 雷诺蒙（Lenormant，1837—1883）：法国亚述学家及古钱币学家，曾经解读了古代巴比伦的楔形文字。——译注

[94] 曼内托(Manetho):公元前3世纪埃及亚里山大的修士,曾著有《古埃及王朝年代史》,记述从约公元前3110年美尼斯统一直到自己时代的历史,已佚,但是部分章节保存在许多古希腊罗马作家的作品中。——译注

[95] 《古代东方史》,第二卷,第二章。——原注

坏，居鲁士、大流士和亚历山大[96]都没有破坏它。它因为缓慢衰落和自动解体而从世界图景中崩溃和消失。人们说西方的罗马帝国被野蛮人破坏。但是任何甚至对罗马历史有中等熟悉程度的人都知道野蛮人不过是杀死了一具尸体，艺术、文学、财富和公共管理——简而言之，罗马文明的所有部分——在马可·奥勒留[97]和戴克里先[98]统治之间已极大地衰落了。在这个时期，野蛮人对几个省份的确进行了短暂的侵袭，但是他们在帝国疆域之内没有获得立足之地，也没有带来持久的危害。哥特人[99]的一次大规模入侵发生在德西乌斯[100]皇帝治下，最后被克劳狄二世[101]击溃。然而，这次入侵是一次例外。它使得帝国东部各省变成荒芜之地，但是，希腊—罗马文明又在这些地区存在了许多世纪[102]。在没有外国入侵或者其它外部势力的干扰下，17 世纪后半期的西班牙已经变成了徒具国家虚名，而仅仅一世纪以前它还是查理五世[103]治下的国家，半个世纪以前这里还涌现过塞万

---

[96] 居鲁士(Cyrus，即居鲁士大帝，公元前 599—前 530 年)：又译为塞勒斯，古代波斯开明君主(公元前 549—前 530)；大流士(Darius，公元前 550—前 486 年)：古波斯帝国国王(公元前 522—前 486)。——译注

[97] 马可·奥勒留(Marcus Aurelius，121—180)：古罗马皇帝，斯多噶派哲学家，著有《沉思录》。——译注

[98] 戴克里先(Diocletianus，约 243—313)：为古罗马皇帝(284—305)，在位期间开创了四帝分治局面，改革币制，整顿军队。——译注

[99] 哥特人(Goth)：日尔曼人的一支，3—5 世纪入侵罗马帝国。——译注

[100] 德西乌斯 (Decius，201—251)：古罗马皇帝(249—251)，抗击哥特人入侵时阵亡。——译注

[101] 克劳狄二世(Claudius Ⅱ，214—270)：古罗马皇帝(268—270)，公元 269 年大败入侵巴尔干半岛的哥特人。——译注

[102] 古罗马帝国分为东西罗马后，西罗马帝国于公元 476 年灭亡，而东罗马帝国一直持续到公元 1453 年为奥斯曼土耳其人所灭。——译注

[103] 查理五世(Charles V，1500—1558)：西班牙国王(1516—1556)，神圣罗马帝国皇帝(1519—1556)，曾参与西欧称霸。——译注

提斯、路普·德·维加和克维多[104]。伊比利亚半岛这种快速的衰落曾被人归咎为摩尔人[105]之被逐，它发生于菲力三世[106]治下的1609年的大半时间里。但是驱逐摩尔人只伤害了西班牙的几个省，特别是巴伦西亚和安达卢西亚的部分地区[107]，而这两个地区受到西班牙总体贫困的影响的程度最轻。葡萄牙和意大利几
34 乎与西班牙同时衰落，尽管程度稍轻。毫无疑问，它们不是因为任何摩尔人被驱逐。

有机的和超有机的进化理论用自然选择解释所有这些事实，显得非常乏力，或者根本不能解释它们。按照这一理论，一个具有更高级文明的民族应该通过生存竞争不断得到纯化和改善，并且通过遗传获得超过别人的优势，就一个人所见，这个民族不应该在多个世纪间各民族的竞赛中失去这一优势。然而，我们所见到的是一个民族，或是民族集团以不可抗拒的力量跨步向前，然后就崩溃或者可悲地后退。毫无疑问，人们可能指出某种进步运动，尽管有中断和间隔，仍然推动人类越来越向前挺进，而现在雅利安种族的文明实际上比以前的所有文明更卓越。但是我们必须记住，每一个走运变得文明化了的新民族要走的路都较短，付出的努力也大大减少，因为它可以集中所有它前面文明的经验和实证知识。

---

[104] 塞万提斯(Cervantes,1547—1616)：西班牙著名小说家、剧作家，其代表作为《唐吉诃德》；路普·德·维加(Lope de Vega, 1562—1635)：西班牙著名诗人、剧作家和小说家；克维多(Francisco de Villegas Quevedo,1580—1645)：西班牙诗人，黄金世纪时期的讽刺大家。——译注

[105] 摩尔人(Moor)：非洲西北部阿拉伯人与柏柏尔人的混血后代，公元8世纪进入并统治西班牙。——译注

[106] 菲力三世(1578—1621)：西班牙国王(1598—1621)，在位时王权衰微，与荷兰签订停战协议，承认其独立。——译注

[107] 巴伦西亚为西班牙东部省份，安达卢西亚为西班牙南部省份。——译注

毫无疑问，如果塔西陀笔下的日尔曼人不得不自己发明字母书写、数学的基本原理和所有他们从与希腊人和罗马人的接触中获得的巨大知识宝库，他们决不会在短短的18个世纪中成功地形成如伦敦、柏林和纽约这样的文化中心。如果没有近东诸文明的渗透，希腊和罗马文明也不会取得这么大的进步，他们实际上是从这些近东文明中继承了字母和精确科学的初步知识。人类文明的进步依靠继承科学而不是器官。一个文明民族的后代可能停滞不前，或者重新跌入野蛮，但是他们祖先的学问可能滋润笨拙的游牧民族的新生文明，后者偶然发现他们自己处于有利的位置，能够接受这些有益的细胞。现代的盎格鲁—萨克逊人不是罗马人或者希腊人的后代，或者叙利亚闪族人的后代，而在这些闪族人中产生的宗教对大不列颠的人民留下了如此深刻的印记。盎格鲁—萨克逊人也不是阿拉伯人的后代，世界上的物理和数学知识的很大部分要归功于这些阿拉伯人，
而现代的英国和美国人如此奇妙地应用了这些物理和数学知 35
识，并使它们变成了生产性的知识。他们继承下来的不是上述已提到的诸民族的血缘，而是他们的科学和心理成就。有时，一个重新走向文明的民族，可以利用一度拥有而又失去文明的祖先们的知识和精神活动。古代埃及人和文艺复兴时期意大利人就是这种情况。但是如果我们去仔细审查它，这是反驳社会进步依赖于器官继承的又一个论据。

甚至进化论者也承认其它种族比雅利安人，特别是比这一种族的日尔曼分支更早获得文明，但是他们又说这些种族衰落了、或者停滞不前，因为它们年事已高，换句话说，因为它们已经耗尽了所有可支配的知识和道德资源。事实上，在我们看来，这种观点整个是似是而非地把个体生命和团体生命加以类比的产物。但是，按照我们所见的事实，恰恰基于一个团体的成员持续

地繁殖他们自身、每一新生代都具有年轻人的活力这一原因，一个社会整体很难在个体活力开始衰竭时而变老这一意义上变得老迈起来。[108]更进一步，就我们迄今所知，在进步社会和衰落社会的个体成员中没有发现器官差异。

衰落中的社会变老是因为他们社会结构的变化。在这样的时刻，作为政治和社会机构基础的宗教信仰、习俗、偏见、传统变老了，或者更正确地讲，是逐渐被怀疑。但是这些全是社会因素，它们中的变化是通过一个民族偶然遭遇的新历史因素的介入、或者是通过这一民族自身缓慢的和自动的知识、道德和社会演化而发生的。因此，断言一个种族身体构成方面的变化在这些情况中起了作用是危险的，事实上也相当危险。很难表明，伏
36 尔泰时期法国人的大脑与他们从事圣巴托罗缪大屠杀和组织神圣联盟的曾祖父的大脑构造有什么不同。另一方面，很容易表明，在刚刚一个半世纪的时间中法国的经济和政治局势发生了剧烈的变化。

在我们看来，相信所有非雅利安文明——埃及人、巴比伦人、古代和现代的中国人——已经和正在一致地停滞不前是由于一种幻像，它产生于我们远距离观察到的事实。它就像西西里群山的情况，在清澈和透明的天空下，这些山峰从远处看起来就像可爱的苍蓝色的围墙，一致地靠近地平线直立，但是从近处看它们就完全是两个样子，因为每一座山都有独特的上坡、下坡和不规则的形状。加勒底人[109]和埃及人的纪念碑以一种不再被

---

[108] 我们从亨利·乔治处借来了这个意见，参见《进步与贫困》，第十卷，第一章，最后一页。——原注

[109] 加勒底人：古代与巴比伦人有密切联系的闪族人的一支。——译注

怀疑的肯定性显示，在尼罗河以及幼发拉底和底格里斯河两岸[110]，有相当多的人类兴旺、衰落以及复兴和进步的阶段。至于中国，她的文明固然经历了令人惊异的和毫不间断的数千年，但是这并不是说它总是同样的。我们关于中国历史的了解足够肯定天朝在数千年的历史进程中经历了巨大的变化。中国经历了它的封建时代，而且至少在非常晚近的时候，它是被通过竞争性的考试录用的官僚所统治。在中国宗教和财产所有权也经历了最多样化的变迁兴衰。[111]

15. 莱托诺在他的《道德的进化》（*évolution de la morale*）中把人类社会的进步归因于一个有机的过程，通过这种过程，一个好的行为，一个将成为有用的行为，在执行它的个体大脑和神经中枢中留下了它的印记。这一印记经过多次重复，产生了一种重复同样行为的倾向，而这一倾向反过来又传导给这一个体的后代。首先，人们可能问，为什么坏的——换句话说，有害 37
的——行为没有留下类似的印记；其次，人们可能会问，至于有用的行为是对谁有用呢？对那些执行它们的个体，还是对社会呢？这两种功用彼此相异，各有特点，而且看来一个人要主张一个对社会有用的行为通常对执行它的个体也有用，或者反过来的话，那么他关于这个世界的经验必然非常少。让我们来看一

---

[110] 雷诺蒙、马伯乐和布鲁格希(Brugsch)。——原注

马伯乐(Gaston Maspero,1846—1916)：法国著名埃及学家，曾经主持发现了大量埃及古法老陵墓。——译注

[111] 罗塞特(Rousst)：《中国之旅》；麦克尼科夫(Mechnikov)：《文明与历史大变迁》(*La civilisation er les grands flewes historiques*)；，雷古吕斯：《新世界地理、地球和人类》，第七卷。——原注

雷古吕斯(Elisée Réclus,1830—1905)：法国地理学家，无政府主义者。——译注

下莱托诺是如何为自己辩护的：

> 正如发出磷光的物体记忆光一样，神经细胞也记忆它熟悉的行为，但是在方式上更加多样和持久。每一个经过神经细胞被执行的行为在这个细胞上留下一种功能遗留物，它其后可以促使对这一行为的重复，有时还唤起它。这种重复实际上将变得越来越容易，最后将自发地和自动地发生。到那个时候，神经细胞就获得了一种倾向性、一种习惯、一种本能、一种需要。[112]

他还说：

> 神经细胞在本质上具有受精的机制。经过它们的分子活动的每一个电流都在它们身上留下或多或少的促使其复苏的痕迹。通过多次重复，这些痕迹变成了有机的、固定的，甚至可以通过遗传作用而被传递，每一个这样的细胞都有一个相应的趋势，一个相应的倾向，它将在预期的时刻出现，帮助形成被称作性格的东西。只有当一个人理解道德的本源和演化，他才可以持有总的图景。

他沿着这个观念说下去：

> 伦理规范在其基本方面是功利的和进步的。然而，一旦它们形成，一旦它们在神经中枢中得到确立，道德和非道

[112] 《道德进化》，第二章和第二十章。——原注

德的倾向很慢才会消退，如同它们已经被肉体覆盖一样。而且它们经常隔代出现，在这样的情况下，一个人突然看到石器时代的道德范例在相对文明社会发展的中间阶段出现，或者看到在重商主义的文明中生长出英雄气概来。

这些引述应该很充分了，可以相当清晰地说明作者的基本概念。它们还足够清晰地说明将其社会理论[113]建立在人类学基础上的 38
整个学派的论据。

但是无论多么吸引人，假设多么大胆，只有当经验可以支持它们时，换句话说，只有根基于事实上的证明可以支持它们时，这些观点在科学上才具有价值。我们在这里不愿意讨论莱托诺书中以如此精确和肯定的态度提出的复杂有机过程的真实性。但是事实总是事实。无论这些事实得自对神经细胞的研究、或得自对这个或那个种族的头发颜色和头盖骨尺寸的研究，得自对动物社会的观察、或得自对人类历史的研究，它们都同样具有科学价值。我们按照重要性可允许的惟一分类，是仔细从被观察者的先入之见所歪曲的那些可疑和不充分的事实中区分出确定的事实，例如，那些还没有被在事实之上建构理论的同一个人所发现和支持的事实。现在所有的历史充分显示了人类社会进步并没有遵循那种符合人类学派理论的进程，而如果这一学派的理论是健全的，人类社会应该遵照这一进程。因此，在我们可以接受人类学派的理论之前，它们至少必须被证明是合格的。不得不承认并非地球上新来者的文明人类，或者能够具有文明的人类，在他的神经细胞中已经经历了如此大量和多样的道德

[113] 此处英译本用 sociology 一词，该词经常译作“社会学”，此处依据上下文意译为社会理论，有别于特指的社会学。——译注

印象，以至于他能够采纳最不一样的趋势和倾向，这两者都导致了一个社会走向知识（intellectual）、道德和政治制度的改进，它们也能致使这个社会衰败和毁灭。[114]

16. 尽管获得如此证明，人类学理论并没有剩下任何实践价值。它没有也不能告诉任何我们还没有知道的事情。因此，
39 更值得我们做的是沿着其它道路寻找科学的结论，不论它可能多么困难。真理在于，正如对气候差异的研究无法提供一个一般性法则，以解释人类社会的组织结构和人类社会呈现的多样性，以种族差异为基础的理论也不能发现令人满意的法则；我们也不可能把民族的进步或毁灭归因于种族的器官改进或者退化。

任何一个长期旅行的人通常都会得出结论说，在习俗和习惯的表面区别下，全世界的人类在心理上非常相似；而任何一个只要读过一点历史的人也会得出关于人类文明各种阶段的类似结论。深入研究那些告诉我们其它年代的人类如何感受、思考和生活的文件，我们总是得到同一个结论：他们与我们非常相像。

比起那些在时间上和血统上彼此相近的诸民族，已达到大致相似文明阶段的民族之间的心理相似性更强。在思维习惯上，现代的意大利人或者德国人更接近于柏拉图和亚里士多德时代的希腊人而不是他们的中世纪祖先。不同时代的文献为这

---

[114] 参见弗耶利（Fouillée）：《人类心理与人类学》。这篇文章实际上以或多或少相似的论据支持我们此处提出的同一个理论，弗耶利写道："伦理因素并不是塑造一个民族性格的惟一因素，也不是最重要的因素，一致的教育、类似的培训、共同的信仰更多地弥补了种族的血统区别。"考拉贾尼和麦克尼科夫也精力充沛和才华横溢地与倾向于夸大作为社会因素的种族的重要性的作家论战。——原注

一事实提供了最有力的证明。

这种心理上的类似，以及构成人类五分之四的主要种族能够经历非常多样的变迁兴亡这一事实使得我们提出一个假设，它也符合我们迄今为止已经作出的否定性研究。我们倾向于认为，正如人类或者至少主要的人类种族具有社会聚集的恒久倾向一样，他们也具有同样恒久和有力的心理倾向，推动他们走向文明的更高阶段和社会进步。然而，这些倾向发挥作用的活力大小，甚至它们被抑制的可能性，要根据它们所处的物理环境——这些复杂的环境可以被称作机遇——具有多少适宜性，也要根据它们被社会环境所阻碍的程度大小，换句话说，即被同样普遍和恒久的心理倾向所阻碍的程度大小。[115]

那毕竟是一个有机的过程，与动物和植物世界发生的情况 40
类似，尽管远为复杂。一株植物具有很强地进行传播和繁殖的倾向。这种倾向可能被物理环境，换句话说，被供水和气候条件、被风的种类或者被给植物施肥或散布种子的鸟类中出现的偶然情况，然后被植物自身的性质所支持或者阻碍。植物自身

[115] 要证明我们称作“机会”的东西——逃避人类控制和预测的情境的锁链——对于民族的命运有影响，我们只需要细想，在过去，一个国家的命运经常系于仅仅一场战役的结果（例如，普拉蒂亚、扎马、杰里兹、普瓦捷和黑斯廷诸战役）以及，特别是在战争的进行依赖于科学原则之前，机会对于战役的结果起了很大作用。——原注

普拉蒂亚（Plataea）战役：普拉蒂亚为希腊彼奥提亚古城。公元前 479 年，鲍萨斯率领希腊军队于此打败波斯侵略者；扎马（Zama）之战：公元前 202 年罗马对迦太基的一次战役，为第二次布匿战争的决战，以罗马胜利告终；杰里兹（Jérez）之战：杰里兹为西班牙安达卢西亚地区城市，1264 年卡斯蒂利亚国王阿方索十世从摩尔人手中收复该城；普瓦捷（Poitiers）战役：普瓦捷位于今日比利时，公元 732 年法兰克王国的实际统治者铁锤查理在此地对从西班牙入侵的穆斯林给予了决定性的打击，把伊斯兰教势力限制在西班牙；黑斯廷战役：诺曼底大公威廉于 1066 年登陆英伦的决定性战役，英王哈罗德在此役中失败阵亡，英伦诸岛从此为威廉统治。——译注

的性质使得它具有不同的抗疾病侵袭的能力。发生了社会活动的这一分支中一种类似的进程，人们已经对这种社会活动——财富的生产普遍地和成功地进行了研究。财富生产具有一种无限制增加的趋势，但是这种倾向也或多或少被物理环境所阻碍，它在某种程度上也被机遇阻碍，最后还被无知、强烈的贪婪和人类的精神态度所阻碍。

人类既不创造，也不毁灭任何自然力量，但是他可以研究它们发生作用和相互影响的方式，并把它们变成能为己所用。这就是农业、航海、机械的发展过程。通过追随这一过程，现代科学已经能够在这些领域创造几乎是奇迹般的成效。在研究社会科学时，无疑应同样使用这一方法，并且实际上，它正是已经在政治经济学中产生了相当成效的方法。然而，我们绝不能掩盖这一事实，即通常在诸门社会科学中，需要克服的困难更加艰巨。不仅所有人类团体共有的心理法则（或者恒常的倾向）具有更大的复杂性，这使得研究者难以确定它们的运作，而且我们也更容易观察到在我们身边发生的事情，而较难发现我们自己做的事情。人类研究物理学、化学或者植物学中的现象，比起研究他自己的本能和情感来容易得多。应该想到，根据斯宾塞的理论，“广泛的偏见”阻碍了社会科学的进步。毫无疑问，政治科学的研究者不得不客观地看待民族、宗教、政党、政治原则，把它们
41 仅仅作为人类的心理现象。但是给别人制定规则容易，把规则应用于自己就难了。必须承认，使这种观察成功的基本因素总是有限几个人的特权。他们具有特殊的能力，并已经历了专门的智力训练。但是，即使承认这些人能够获得科学结论，他们是否能成功地应用这些结论改变大多数人类社会的政治行为还相当成问题。在经济学中发生的事情富有启发性。自由贸易被这门科学中那些没有偏见的专家作为好东西来拥护，但是今天最

为文明的国家也正在转向最猛烈的保护主义。

17. 政治科学的任何实用价值可能都会在将来发挥作用，这一领域的进步将建立在对社会事实的研究上，这些事实只能在各个民族的历史上才能被发现。换句话说，如果要把政治科学奠基于对政治生活的观察和解释，我们就必须返回古老的历史方法。对该方法有几种反对意见，这里必须简短考察一下。

首先，据说所有作家，从亚里士多德到马基雅弗利、孟德斯鸠和我们自己时代的学者，都使用了历史方法，并且尽管他们的许多偶然观察已经被当作根基于事实以及科学的真理，从而被人们普遍接受，但是他们并没有发现真正的科学体系。

但是我们已经提到的一般性的实证(positive)方法，才可以特别被说成是历史方法：要产生好的结果，必须恰当应用这种方法。在应用历史方法之前，必须具有广泛和确切的历史知识，这些是亚里士多德、马基雅弗利或者孟德斯鸠，或者任何生活于一个世纪之前的作家无法获得的。只有通过科学方法积累和确证了大量的事实之后，才可以尝试大型的综合。几个世纪之前，当然不缺乏历史信息，但是它仅仅显示了几个互相隔绝的阶段。下迄上个世纪之初，人们也许只是勉强获知希腊—罗马文明以及现代欧洲国家的历史，然而至于世界其它部分的过去，除了最 42
模糊的传说和非常不可信的惯例外，人们所知寥寥。甚至在刚才提及的历史的有限部分，关于它们的知识也远未达到完善。批判的观念还没有发展起来。人们不进行耐心的档案研究，没有细致和专注地阐释铭文，而这种阐释不仅更准确和明晰地勾勒出伟大历史人物的一般特征，而且展示了不同民族中社会习俗及政治和行政组织机构的细节，这些民族的事迹对政治科学研究的重要性比伟大的武士或统治者大得多。

对自然地理、人种学和比较语言学的确切知识阐明了民族起源和血缘联系；史前史展现了人类和某些文明的古代情况；对象形文字、楔形文字和古代印度字母的解释揭示了现在已经灭绝的神秘的古代东方文明；所有这些都是19世纪的成就。在这个世纪中，笼罩在中国、日本和其它远东国家历史之上的迷雾至少被部分地清除了，古代美洲文明的记录部分被发现，部分得到了更精确地研究。最后，在这个世纪，比较统计的研究首先得到普遍使用，促进了对遥远民族的了解。对此可以毫无疑问：现在社会科学的研究者在他们曾经仅能猜想的地方，获得了**观察**的方法和**论证**的工具与资料。

亚里士多德仅仅具有古代亚洲君主国度的不完善知识。他的信息也许被限制在希罗多德和色诺芬[116]已经写过的东西、以及那些他从亚历山大的退伍军人中获得的知识，而后者对他们所征服的国家了解极少。亚里士多德知道的惟一政治类型是公元前四五世纪的希腊城邦国家。他对世界其余部分的精确知识了解甚少或者一无所知。在这一环境中，他的《政治学》是一件
43 不寻常的知识伟业，他将政府分为君主专制、贵族制和民主制（这种区分现在可能被判定为肤浅和不完全的），毫无疑问这是他那个时代人类智力所能设计的最优秀内容。

马基雅弗利直接面对的惟一国家原型是15世纪晚期的意大利公国，这些国度暴政与无政府状态互相交替，权力在充满暴力和诡计的竞赛中被获得或丧失，获胜者是那些最好的说谎者或进行最后一击的人。我们能明白这样一种原型如何给马基雅弗利留下印象，让他写出《君主论》。他的信息几乎仅仅限于他

---

[116] 色诺芬（Xenophanes，约公元前570—前480）：古希腊军人、诗人和历史学家，苏格拉底弟子，曾长期从军，著有《远征记》和《苏格拉底回忆录》等。——译注

的时代可以学到的罗马历史，以及在稍早于他时代兴起的伟大的近代君主这些事实，这一点解释了他对李维[117]的注释、他的历史著作和他的信件。孟德斯鸠无法比亚里士多德对东方历史知道得更多，也无法比马基雅弗利对希腊和罗马历史的了解更深。孟德斯鸠对于法国、英国和德国的制度和历史的广泛了解，加上他对其它国家的寥寥无几的知识，解释了他的理论，即政治自由只是在寒冷国家才是可能的。

18. 对于历史方法有另一种反对意见。如果它不比上面的反对意见更合理，它也肯定更具有诱惑性，以至于在许多人的眼中它即便并非不能被克服，看来也非常严重。它与历史资料欠缺可靠性相关。人们通常声称，尽管历史学家作出了各种努力，他们仍然经常无法发现真理：他们经常非常困难地精确决定仅仅在几年内我们城镇中的事情是如何发生的；以至于当涉及遥远的时代和地点时，本质上不可能获得值得相信的叙述。人们不会忘记指出在不同的历史学家中存在的矛盾、他们彼此之间的谎言、以及这些历史学家通常受到的情感影响——人们的结论是，从那些总是可疑、并且总是被不完全了解的事实中无法得出肯定的推论和真正的科学。

回答这一论点并不困难。首先，且是顺便提及，人们可能注意到，只有当我们没有兴趣了解事实、或者没有方法这么做、或 44
者相异的利益反对我们这么做时，我们才无法获知关于当代发生事情的确切事实。如果不出现这种障碍，任何愿意花费所需时间和金钱的人总能通过或深或浅的查询，在不同版本、闲话和流言的迷雾中发现某个特定事件如何发生。关于历史事实，它

---

[117] 李维（Livy，公元前 59—公元 17 年）：古罗马历史学家。——译注

们的年代越久远，希望扭曲关于这些事实的利益约束越弱，我们当然可以认为历史学家有足够的耐心和时间来清理关于这些事实的真理。

我们在此处必须做出的第二个观察更为重要。以最大的不确定性被遮掩并且将来也总是如此的历史事实是那些逸闻般的传记事实，个人、国家和党派的虚荣和利益总是卷入其中。主要在关系到这种事实时，作家的情感，即使是无意的，也可能成为错误的原由。幸运的是，这种类型的事实很少引起政治科学研究者的兴趣。一场战役是通过一个司令官的优点而赢来的、或是因为另一方的失误而失败，或者一场政治暗杀多大程度上是正义的，这些情况对他毫无区别。另一方面，有一些事实关系到各民族和时代的社会类型或者组织；我们对这些事实有更大的兴趣，而正是关于这些事实，历史学家可以自发地没有偏见地经常讲述实际情况。无论如何，比历史学家更富有启发意义的是文献自身。

我们可能从来无法得知荷马生活于哪一年代，生于哪座城市，是什么样的时代塑造了他的生活。批评家和学究可能对这些问题有特别的兴趣，他们希望知道《伊利亚特》和《奥德赛》[118]两书作者生活的最微小细节。这些细节对政治科学家的吸引力甚微，这些科学家要研究的是这位伟大诗人描述的心理和社会世界，无论游吟诗人的喜好如何修饰它，这个世界都一定存在于比游吟诗人稍早的年代。没有人曾经知道亚西比德[119]所豢养的

---

[118] 《伊利亚特》与《奥德赛》是统称为《荷马史诗》的两部作品，前者叙述希腊联军对特洛伊城的征讨，后者叙述战争胜利后，希腊军人奥德赛回乡经历种种波折的故事。——译注

[119] 亚西比德(Alcibiades，约公元前 450—前 404)：古雅典统帅，苏格拉底的弟子，在位时冒险发动对西西里的远征，前 404 年被刺杀。——译注

狗的种类，亚历山大马匹的颜色，地米斯托克利[120]确切的优缺点，伯利克里[121]如何作讲演，阿戈西劳[122]是左腿瘸还是右腿瘸。但是已经可以无疑问地确定，在公元前 6 至 4 世纪希腊存在特定类型的政治组织，我们对这一组织的多样性和独特性，以及它的行政、经济和军事结构的细节已有相当的了解（而且随着逐渐发现铭文和纪念碑，我们了解得甚至会更好）。 45

也许没有人知道关于基奥普斯[123]和第四王朝埃及国王任何确切的东西，尽管埃及国王命令建造巨大的金字塔作为他的坟墓。没有人会拥有埃及第九王朝拉美西斯二世[124]的传记，尽管潘陶尔[125]颂扬他胜利的诗篇，不论真假，仍然存在。但是没有人会怀疑，在公元前三千或者四千年前，在尼罗河流域存在着一个有组织的、文明化的、人烟稠密的社会，而且人类的精神一定付出了巨大的耐心和精力把它从野蛮状态中提升出来。没有人会怀疑，这个随着世纪流逝而变化的社会具有宗教信仰和科学信息，而且经常具有非常不平凡的行政和军事组织，它们几乎能够和我们时代最文明国度的组织相比。[126]

---

[120] 地米斯托克利（Themistocles，约前 528—前 462）：古雅典政治家和统帅，公元前 493—492 年间任执政官。——译注

[121] 伯利克里（Pericles，约前 495—前 429）：古希腊雅典执政官，在位期间雅典曾强大一时。——译注

[122] 阿戈西劳（Agesilau，约公元前 444—前 360）：古代斯巴达国王（约公元前 399—前 360），转战小亚细亚，腿部曾经受伤。——译注

[123] 基奥普斯（Cheops）：传说中的希腊诸神之一，其原形是古埃及国王胡夫（Khufu，约前 2613—前 2494）。——译注

[124] 拉美西斯二世（Ramses Ⅱ，不详—前 1237）：古埃及第十九王朝第三代国王（1304—1237），在位时埃及国力甚强。——译注

[125] 潘陶尔（Pentaur）：古埃及第十九王朝拉美西斯二世的扈从，曾经以诗歌体记录了拉美西斯二世的一次征战，在埃及出土的古代书简中有其作品。——译注

[126] （在古代埃及）曾经有一些时代公共官员看来通过考试而获得奖赏，而军官

我们可能怀疑是否地波里乌斯[127]和尼禄是塔西陀所说的无赖，是否克劳狄皇帝意志薄弱、梅萨利纳[128]淫荡好色、卡利古拉[129]对爱驹的情感是夸大之词。但是我们无法否认存在过罗马帝国，它的皇帝有权从事可能在其它时代和其它类型的政治组织中不能容忍的犯罪和荒唐事。我们也无法怀疑在我们这一纪元的早期，一个伟大的文明，拥有整个地中海盆地。我们对这个国家的立法和相当完善的财政、行政和军事组织已经了解不少，并
46 且了解得越来越多。我们甚至可能假定释迦牟尼完全是一个神话，耶稣从没有被钉在十字架上，甚至他从来没有存在。但是没有人会否定佛教和基督教的存在、以及奠定它们的教条和道德规则；任何人也无法否定由于这两种宗教广泛地传播到国外，持续如此长时间，它们一定满足了在大众中广为流行的情感和心理需要。

19. 那么，可以得出结论，尽管逸闻和传记细节可能会影响诸民族的历史，它们对发现体现于民族生活中的主要心理法则却帮助甚微。更适当地讲，这些法则在各种民族的行政和司法机构、宗教以及所有道德和政治习惯中展现了它们的作用；因此，我们必须把注意力集中于有关最后这方面的事实。

关于这些事实，看来我们难于并且也不必要建立非常严格

则在专门的军事学校培养和受训。——原注

[127] 地波里乌斯（Tiberius）：即古罗马克劳狄一世皇帝（前10—后54），在位（41—54）时扩大罗马公民权，占领不列颠、叙利亚等地。——译注

[128] 梅萨利纳（Messalina，22—48）：克劳狄皇帝的第三任妻子，淫荡好色，因与其情夫欲谋求皇位而被克劳狄一世处死。——译注

[129] 卡利古拉（Caligula，12—41）：古罗马皇帝（37—41），专横残暴，曾大规模屠杀犹太人，后被刺杀。——译注

的偏好标准。关系到一个民族——换句话说，一个被相当数量的人口所巩固、具有不论是什么种类的一定文明程度的民族——被政治化地组织起来的机构的任何信息细节，不论它是历史的还是当代的，可能都很有趣。如果在这个事情上可以提出任何建议，便是这样的：我们避免从那些属于同一个历史阶段、或者呈现相同形态、或者在文明种类上没有广泛区别的一批政治机构中推论出我们的观察。

例如，如果我们考虑的惟一历史是伯利克里时代的希腊城邦史，我们可能被引导去相信，世界历史归结为希腊世界和野蛮主义、或者在民主和贵族政治（或者更好些，在两个寡头政体之间，一个更有局限性，另一个包含更多成员）之间的斗争。如果我们只想到 1500 年到 1600 年之间的欧洲，我们可能得出结论，在那个时代整个人文主义运动可以归结为天主教和新教之间的斗争、或者伊斯兰文明和欧洲文明之间的斗争。

斯宾塞在其《第一原理》中试图让社会科学研究者做好准
备，与他所说的误用判断、偏见、以及人类智力的某些习惯作斗 47
争，而观察者凭借这些习惯，会以一种主观的、片面的和有限的观点来看待社会事实，这不可避免会导致错误结论。现在要清除这种缺陷，仅仅靠警告具有现存缺点的任何人是不够的。必须训练他的心智，使之可以避免这种缺点。当一个人在实践中应用斯宾塞的理论时，如果他已经树立起如下信念，即采用一种特定的政府形式就足够改善人类、或者他的民族在宇宙中位居第一、或者他的宗教是惟一真实的、或者人类进步依赖于毁灭所有宗教，那么即使他觉悟到自己具有政治、民族、宗教和反宗教的偏见，他也不能阻止自己陷入一个或者更多这样的偏见。对这种错误的真正防范，在于知道怎样把自己的判断提升于自己时代流行的、或者适合于自己社会的信仰和观点之上。这一点——回到我们已经提及的观点上——要与用广阔和全面的历史知识对许多社会事实的研究同步进行,这些历史知识当然不是某个单一阶段或者民族的历史知识,而是就我们所能了解的人类全部历史的知识。

20. 在我们的时代,或者至少在非常晚近的时代,在社会研究中盛行一种对更简单和更加原始的政治组织给予关注的倾向。一些学者尽可能返回初始时代,谨慎地分析动物社会,在蜂箱、蚁丘和四足及四手动物的巢穴中追踪社会情感的起源,这种社会情感在人类的政府机体中得到完全表达。大多数学者坚持观察原始部落,所有与这些民族有关系的情况都被注意和记录下来。曾经居住于原始部落中的旅行者的描述具有特殊的重要性,他们提出的问题充斥了现代社会学著作。

我们并不认为这些研究没有用——很难发现人类智力的任何应用完全没有效果。但是这些研究似乎不适于产生那些对一般性社会研究和特殊的政治科学研究来说健全的资料。首先,
48 通常旅行者的叙述更加主观、更矛盾,不如历史学家的叙述可信,它们不太符合通过文献和碑铭进行研究的要求。当一个人发现自己置身于与自己的文明不相符的人们中间,他通常以特有的眼光看待他们,因而可能易于受误导。希罗多德是古代最伟大的旅行者,而且后人的核实已经证明,他非常尽责,远不是一个肤浅的观察者。然而,他报告了许多不正确的东西,仅仅因为他已经浸润于希腊文明中,不具有用来解释近东文明特殊现象的充分装备。如果可以如希罗多德有时能做到的那样,用真实的文件来核实现代旅游者的报告,我们不相信他们会比希罗多德更加精确。如果一个人要了解某个民族的社会条件,诸如

《摩奴法典》[130]、《十二铜表法》[131]的残篇和《罗萨里法令》[132]这类真实文献，比任何近代旅行者的报告更有价值。然而，我们明白，也许人们能证实旅行者的报告在阐释和评注这些文献时非常有用。当然，在原始民族的例子中无法找到任何文献。

其次，只有在人类社会中社会现象才会聚合在一起。我们用社会一词不是指几个家庭组成的一个小团体，而是通常称之为一个国度、一个民族和一个国家的事物。心理社会力量只有在一个大的政治组织、在一个集合体中才会得到发展，找到得以施展的领域，这些集合体也就是众多人类团体通过道德和政治上的联合结合在一起的形式。初始的团体，由五十名或者一百名个体构成的部落几乎不存在政治问题，因此无法得到研究。

例如，很容易理解一个小部落中的君主政体，这些部落中最有力量和技能的男性轻而易举地把他的意志强加于少数伙伴之上。但是，在我们解释一个拥有数百万个体的社会中一个机构如何建立之前，必须掌握那些非常不同的因素。在这样的社会中，一个人无法通过身体力量使自己置身于所有其他人之上；不论他多么能干、精力充沛，这个人都会在周围的大众中发现那些至少潜在地拥有与他同样天赋和资源的数百名个人。因此我们还能很容易看到，几十个或甚至几百个居住在一块的个体如何 49
在心智类型上呈现明确的一致性，并且具有对部落和家庭生动的意识；这些个体如果不是在物质上、也是在道德上与世界的其

[130] 摩奴法典(Laws of Manu)：古印度最早的法典，相传为神人摩奴所作。——译注

[131] 十二铜表法(Twelve Table)：公元前451到450年古罗马奴隶制国家法律。——译注

[132] 罗萨里法令(Code of Rothari)：罗马崩溃后，伦巴第国王罗萨里于公元643年颁布的一部法令，维护皇权并解释有关法令。——译注

它部分相分离。但是当我们要解释为什么在由数千万人、或者像中国和俄国那样由上亿人组成的人类团体中存在一种单一的道德类型、一种强烈的民族情感时,理解这一点就没有什么帮助了;在这些团体中许多个人度过一生而与他们的大多数同胞毫无关系,他们大多数时候与这些同胞没有任何个人交流,并且在他们的各种组织中面对着非常不同的物质生活条件。

对微小政治单位的研究非常有用,因为它们显示出一种萌芽状态,它可以逐渐发展为更大和更加先进社会的所有社会机构。人们假定,这些机构其最初的形式比起它们更为复杂的形式,其运转方式更容易研究。但是现在对人类社会组织和个别动物的社会组织之间进行的如此频繁的比较,在我们看来,从来不比在这种情况下更不恰当、更缺少启示意义。人们非常容易反对它所支持的理论。我们不相信任何动物学家会试图通过研究低等动物,来解决出现在热血脊椎动物中的解剖学和生理学问题。从对变形虫和珊瑚虫的观察中当然无法发现血液循环,也无法确定人类和其它高等动物的心脏、大脑和肺部的功能。

第二章　统治阶级 50

1. 在可以见之于所有政治组织的恒常事实和倾向中，有一样是如此明显，以至于大多数不经意的观察也能够注意到。在所有社会中——从那些得以简单发展的、刚刚出现文明曙光的社会，直到最发达、最有实力的社会——都会出现两个阶级——一个是统治阶级，另一个是被统治阶级。前一个阶级总是人数较少，行使所有社会职能，垄断权力并且享受权力带来的利益。而另一个阶级，也就是人数更多的阶级，被第一个阶级以多少是合法的、又多少是专断和强暴的方式所领导和控制。被统治阶级至少在表面上要供应给第一个阶级物质生活资料和维持政治组织必需的资金。

在现实生活中，我们都承认这种统治阶级（或者称政治阶级，如我们在其它地方对它的定义）①的存在。我们都知道，在我们的国家，不论它是哪一种形式，对公共事务的管理权都在少数有影响力的人们手中，大多数人不论是否情愿，都要服从这种管理。我们知道同样的事情发生在邻近的国家，并且实际上我们很难想像一个以另外方式组织起来的世界，在这个世界中所有人都听从一个人指导而不具有优先或臣属的关系，或者所有人平等地共同指导政治事务。如果我们还要从理论上推论其它

① 莫斯卡：《关于政府和议会制的理论》，第一章。——原注

的情况，这部分是因为我们思维中根深蒂固的习惯，部分是因为我们对两种政治事实给予了过分的重要性，这两种事实表面看来，比在现实中重要得多。

这些事实的第一种——人们只要睁开眼睛就会看到它——
51 是在每一种政治机体中，总有一个人处于整个统治阶级的核心领导地位，并且如我们所说，掌握着国家的方向。这个人并不总是根据法律获得至高无上的权力。与世袭国王或者皇帝并肩的有时还有一个首相或者总监，他们行使比君主更大的实际权力。在其它时候，操纵总统选举的有影响的政治家经常取代被选举的总统进行统治。在特殊情况下，可能有两个或者三个，而不是一个人行使最高控制职能。

第二个事实也很容易察觉。不论是什么形式的政治组织，被统治大众的不满以及影响大众的情感都会带来压力，这种压力给统治阶级、也就是政治阶级施加了一定程度的影响。

但是如果没有人数众多的阶级的支持，迫使人们尊重和执行他的命令，处于一国之首位置的人肯定无法统治。假定他能使统治阶级中的一位个人，或者事实上是许多个人感到他权力的分量，他就一定不会与这个阶级在整体上不一致、或消灭这个阶级。甚至如果这个阶级有可能被消灭，他一定会被迫立刻创造另一个阶级，没有这个阶级的支持，他的行为一定会完全瘫痪。另一方面，假定大众的不满会成功地推翻一个统治阶级，如我们将要见到的，这些大众自身中间必须有其它有组织的少数人行使统治阶级职能。否则，所有组织以及整个社会结构都会被毁灭。

2. 从科学研究的观点来看，统治阶级或者政治阶级这一概念的真正优越性，在于这一事实，即统治阶级不同的结构具有最重要的意义，可以决定不同民族的政治类型及文明程度。按照现在仍然时髦的区分政府形式的方法，土耳其和俄国在几年前还都是绝对君主制，英国和意大利是立宪或者有限君主制，法国和美国则被划为共和国。这种分类所根据的事实是，在土耳其 52
和俄国，国家的领导职位是世袭的，领袖在名义上是全能的；在英国和意大利，领袖职务是世袭的，但是其权力和特权受到限制；在法国和美国，领袖则是选举产生的。

这种区分显然是肤浅的。尽管俄罗斯和土耳其是绝对君主制，但是这两个国家在政治管理的方法上很少有共同点，它们的统治阶级的组织极为不同。根据同样的道理，意大利的君主政体与法国的共和政体，比它与英国的君主政体更为相似；美国和法国的政治组织之间存在着重要的区别，尽管两者都是共和国。

如我们已经提出的，在这件事上各种思维的痼习长久以来已经阻碍了科学的进步，而且现在仍然如此。上面提到的把政府区分为绝对君主制、有限君主制和共和制的分类是孟德斯鸠设计的，用来取代亚里士多德的分类范畴。亚里士多德把政府分为君主制、贵族制和民主制。他所说的民主制只不过是成员广泛的贵族制。亚里士多德自己在其所处的位置上观察到的每一个希腊城邦，不论它是贵族制还是民主制，总有一个或更多的人具有压倒性的影响力。在波利比乌斯和孟德斯鸠的时代之间，许多作家通过引进混合政府的概念来完善亚里士多德的分类。稍后，现代源于卢梭的民主理论根基于这样的概念上，即任何国家的大多数公民能够参与、并且实际上**应该**参与国家的政治生活，并且尽管现代研究者越来越清楚地表明，民主制、君主制和贵族制的原则在每一个政治组织中同时发挥作用，大众主权的学说仍然深入人心。我们不想停下来驳斥这种民主理论，因为这是这部著作的总任务，很难用几页纸的篇幅毁掉已经在

53 人们心中根深蒂固的一整套思想体系。如拉斯·卡萨斯[2]高明地在其关于克里斯托弗·哥伦布一生的著作中描写的一样，忘却经常比学习更困难。

3. 不过，我们认为在这一点上需要回答一种反对意见，它可能很容易接近我们的观点(made to our point of view)。单独的个体无法命令一群人，除非他在其中找到数量较少的支持者，如果说这一点容易明白，那么要承认少数人统治多数人而不是相反，是一个恒久的、自然的事实，则相当困难。但这是人们对事物的第一印象与实际情况相反的一个例子——这种情况在所有其它科学中都不少。在现实中，有组织的少数人服从单一的指令支配大多数无组织的人是不可避免的。这种少数人的权力对于多数人中的个体是不可抗拒的，这些个体单枪匹马地处在有组织的少数人群体面前。同时，少数人正因为他们人数少才组织起来。一百个人彼此协调地统一行动、互相理解，将胜过不一致的一千个人，因为这些人将被一个个地对付。此时，前者更容易统一行动、彼此理解，因为他们是一百个人而不是一千个人。由此可见，政治团体越大，进行统治的少数人所占比例就越小，而对于被统治的多数人来讲，组织起来反对少数人就越困难。

然而，进行统治的少数人除了因为有组织而增加了优势外，在统治者的构成中，组成他们的个人与被其统治的大众的素质是不同的，这种素质使得统治者具有一定的物质、知识甚至道德优越性；或者统治者是具有这些素质的个人的继承者。换句话

---

② 拉斯·卡萨斯(Las Casas，1474—1566)：西班牙神学家，曾经到美洲进行天主教传教活动。——译注

说，进行统治的少数人团体的成员通常具有某种品质，不论它们是真的还是看似如此，都在统治者身处的社会中被高度认可，并具有影响力。

4. 原始社会仍然处于最初的组织阶段，在这种社会中，军事上的勇敢是统治阶级、也就是政治阶级最容易具有的素质。 54
在先进的文明中，战争是例外的情况。而在社会发展的早期阶段，战争可能被认为实际上是正常的；在战争中显示最大能力的个人很容易获得对其同胞的霸权——最勇敢的人成为头领。这一事实是恒久的，但是它在不同环境中采取的形式差异很大。

通常，武士阶级对和平大众的统治被归因于种族的混合、或者有侵犯性的集团政府对不好战集团的征服。有时这就是真实的情况——雅利安人入侵后的印度、日尔曼人入侵后的罗马帝国以及阿兹特克人[③]被征服后的墨西哥都有这方面的例子。但是我们更经常地注意到，在一定情况下，在没有外国征服迹象的地方兴起了一个好战的统治阶级。只要一个部落完全依靠狩猎生活，所有人都很容易变成武士。当然有一些领导者将会统治部落，但是我们不会发现一个武士阶级兴起而剥削他人，同时也在保护另一个致力于和平事务的阶级。当部落从狩猎阶段进入农耕或者畜牧业阶段，随着人口的增加和施加社会影响力的方式更加固定，就会出现较为清晰的两个阶级的分化，其中一个阶级完全致力于农业，另一个从事战争。在这个事件中，不可避免地武士阶级会逐渐取得对另一个阶级的优越性，以至于可以不受惩罚地压迫另一个阶级。

---

③ 阿兹特克人(Aztec)：墨西哥印第安人，有高度文化，曾在墨西哥中部建立帝国，1521年为西班牙殖民者征服。——译注

武士阶级逐渐演变为绝对统治阶级，波兰是一个比较典型的例子。原先波兰人具有在所有斯拉夫人中流行的同样的农村组织结构。在战士和农夫之间——换句话说，在贵族和农民之间没有区分。但是在波兰人进入维斯图拉河及聂曼河[4]灌溉的大平原之后，他们开始发展农业。然而，与好战的邻居之间仍然有必要进行战争，以至于部落首领，也就是督领们在他们身边聚
55 集了一定数量的精选之士，他们的职业就是当兵。这些武士分布在各种农业村落，他们被免除农业劳动，但可以与村落中的其他人一样得到份内的农产品。在早期，他们的职业并不令人向往，乡村居民有时放弃对农业劳动的豁免权以避免参战。但是随着这种秩序逐渐地固定下来，随着一个阶级习惯了以武器和军事组织作为职业，而另一个不再介意使用犁和铲子，武士阶级就变成了贵族和主人，而曾经是武士们的伙伴和兄弟的农民们则变成农奴和奴隶。渐渐地，武士主人们提高了他们的要求，他们作为村落成员分到的份额变成了整个村落的产品减去那些对耕作者生存绝对必要的部分。当后者试图逃脱这种虐待时，他们被武力强迫留在土地上，他们的情况呈现出纯粹和简单的农奴身份的所有特征。

在这种演化过程中，大约在 1333 年，国王卡齐米日大公[5]无效地试图制止武士们过度的专横。当农民们埋怨贵族时，他责问他们为什么没有用棍棒和石块，从而为自己辩护。又过了几个世代，在 1537 年，贵族们强迫城市中的商人出卖他们拥有

---

④ 维斯图拉(Vistula)河：又称为维斯瓦河，波兰境内最大的河流，全长 1,068 公里，流入波罗的海；聂曼(Niemen)河：发源于白俄罗斯山区，流经波兰，全长 597 英里，欧洲重要的水上交通路线。——译注

⑤ 卡齐米日(Casimir the Great)大王：即卡齐米日三世(1310—1370)，波兰国王(1333—1370)，在位时使波兰成为 14 世纪中欧强国。——译注

的不动产，土地所有权变成了仅有贵族才有的特权。同时贵族给国王施压，让他与罗马谈判，以达到从那以后只有贵族才能在波兰担任圣职。这几乎完全阻止了城里人和农民担任受人尊敬的职务，剥夺了他们所有的社会地位。

俄国也有类似的例子。在这里武士们形成了卫兵，也就是过去的尼兹（留里克[6]的王公后裔）的护卫队，他们也获得了米尔[7]的一份农产品来维生。逐渐地他们的份额提高了。由于土地广阔，劳动力稀少，农民们经常有到处迁移的优势。相应地，在16世纪末，沙皇鲍里斯·戈东诺夫[8]赋予贵族权力，让他们以 56
武力把农民限定在土地上，因而建立了农奴制度。然而，在俄国武装力量从不是完全由贵族组成的。俄国农夫，也就是农民在卫队长的带领下作为普通士兵参与战争。早在16世纪，可怕者伊凡建立了火枪队[9]，后来发展成为常备军，一直持续到彼得大帝[10]用西欧式军团取代它。在这些军团中，旧有的卫兵，夹杂着一些外国人成为了军官，而农夫们则成为士兵。[11]

在新近进入农业时代并相对文明化的民族中，整个军事阶级成为政治阶级即统治阶级这一事实几乎总是不变的。有时当兵的仅限于这一阶级，如同印度和波兰的情况。更常见的是被

⑥ 留里克（Rurik，不详—公元879）：俄国古代留里克王朝的奠基人。——译注

⑦ 米尔（mir）：沙俄时代的一种农村组织。——译注

⑧ 鲍里斯·戈东诺夫（Boris Godunov, 1551—1605）：俄国沙皇（1598—1605），在位时残酷镇压异己和农奴反抗。——译注

⑨ 火枪队（strelitzes）：又译为射击军，俄国16世纪建立的兵种，此后百年间成为俄国军队的主力，1698年为彼得大帝解散。——译注

⑩ 彼得大帝（1672—1725）：彼得一世沙皇（1682—1725），在位时向西方学习，整顿俄国军备，大肆扩张领土。——译注

⑪ 列劳—波留（Leroy-Beaulieu）：《沙皇帝国与俄罗斯》（L' Empire des tzars et Russes），第一卷，第338页以始。——原注

统治阶级的成员偶然也会被征兵，然而，他们总是作为普通士兵，属于较为不受尊重的团队。希腊也同样，在与美第斯[12]的战争中，属于较为富有和有影响力阶级的市民构成精选的军团（骑兵和重装备步兵），财富较少的作为轻盾兵或者投石兵，而奴隶，也就是做工的大众，几乎完全被排斥出军队之外。在罗马共和国，直到布匿战争[13]阶段，甚至晚到马略[14]时代；在中世纪的拉丁和日尔曼欧洲，在俄国——如上面刚刚解释的那样，以及在许多民族中间，我们发现了类似情况。凯撒[15]反复强调，在他的时代，高卢军队的核心力量由贵族服役的骑兵构成。例如，埃杜维人[16]在他们的骑兵精锐在战役中被歼灭后，就无法抵抗阿里维斯塔斯[17]。

5. 在每一个地方——在俄国和波兰、印度和中世纪欧洲，进行统治的武士阶级几乎单独篡取了土地所有权。如我们所见，在文明程度不高的国度中，土地是主要的生产和财富来源。但随着文明的进步，土地上的收入也相应增长。随着人口增加，
57 至少在某些地区，租金收入也有增加，用李嘉图[18]的术语讲，这

---

⑫ 美第斯（Medes）：古希腊地中海沿岸城邦。——译注

⑬ 布匿战争：罗马人与迦太基人之间的战争，共三次，持续了百年之久（公元前 264—前 146），以迦太基彻底覆灭告终。——译注

⑭ 马略（Caius Marius，约公元前 158—前 86 年）：罗马共和国后期贵族统治者，于公元前 108 年当选为罗马执政官。——译注

⑮ 凯撒（Caesar，公元前 100—前 44 年）：罗马统帅和独裁者（公元前 49—前 44），著有《高卢战记》，记载其担任高卢总督时的经历。——译注

⑯ 埃杜维人（Aedui）：高卢中部的凯尔特人部落，较早接受罗马扶持。——译注

⑰ 阿里维斯塔斯（Ariovistus）：公元前 1 世纪日尔曼首领。——译注

⑱ 李嘉图（David Ricardo，1772—1823）：英国著名经济学家，古典政治经济学的创始人之一。——译注

主要是因为出现了巨大的消费中心——并且也出现了大量资本和其它大城市，不论是古代的还是现代的。最终，如果环境允许，就会发生一个重要的社会变革。财富而不是军事勇气成为统治阶级的典型特征：进行统治的人富有而不是勇敢。

这场转变大体上需要的条件是社会组织的集中化，公共权威机构提供的保护达到了比私人力量提供的保护更有效的程度。换句话说，私人财产必须通过法律实际的和真正的效能得到保护，致使财产所有者个人的保护显得多余。这通过一系列社会结构的逐步改变，从而我们称之为封建国家的政治组织类型被转变为一种完全不同的类型，我们称之为官僚制国家。我们以后会详细讨论这些类型，但是我们此时可以说，通常，通过和平方式和习俗取得的进步，以及随着文明进步养成的某些社会道德习惯极大地促进了此处提到的演化过程。

这种转变一旦发生，财富产生政治权力就正如同政治权力曾经产生财富。在一个已经有些成熟的社会——也就是这里的个人权力被集体权力所制约——如果通常有权者是富有的，那么富有者也会变成有权者。并且，实际上，当武斗被禁止，而以金钱进行斗争被许可，更好的位置不可避免地被那些拥有更多金钱的人赢得。

固然，有一些文明程度高的国家在理论上是以道德原则为基础组织起来的，这种原则的特点使它们好似排除了财富这种傲慢的专横。但在这个例子中，理论原则在现实生活中只能发挥有限的应用。有很多这样的例子。在美国，所有权力都是直接或间接地通过普选产生，而且选举权在所有州对所有男人和
女人都是平等的，更进一步讲，民主不仅在各种机构中，也在一 58
定程度上盛行于伦理之中。富有者通常对进入公职生活有些反感，穷人对选择富人担任官职也有一些反感，但这并不妨碍富人

比穷人更有影响力，因为他可以给控制行政机构的政治家施压。它不阻碍选举在美元叮当作响中进行。它不阻碍整个立法机关和相当数量的国会议员感受到有权势的公司和大财阀的影响。⑲

在中国也一样，政府在本质上是以平衡为基础组织起来的，尽管直到几年前它还不接受普选原则。学术等级可以让人担任官职，这种并不明显照顾家庭和财富的学术等级考试得到了认可。据一些作家讲，只有理发师和某些渔夫阶层以及他们的孩子被禁止参与竞争各种等级的官吏。⑳但是尽管富商阶级在中国比现在在美国人数、财富和权势都要少一些，它仍然可以在相当程度上改变统治制度按照道德原则办事。不仅可以用钱买得免试资格，而且政府有时也出售各种学术等级，允许经常从社会最低等级出身的无知者担任官职。㉑

在世界上所有其它国家，富人比穷人更容易获得那些施加社会影响的其它因素，例如个人声誉、良好教育、专业技能，及在教会、公共管理机构和军队中的较高职位等。富人难免走一条比穷人短的路，更不要说富人避开的经常是最艰巨、最困难的路。

59 6. 在宗教信仰很强烈、教士形成一个独特阶层的社会中，几乎总是出现僧侣贵族，他们对财富和政治权力更重要的份额拥有支配权。在古埃及（在特定阶段）、婆罗门时代的印度和

---

⑲ 詹耐特(Jannet)：《美国政治和社会制度》(*Le istituzioni politiche e sociali degli Stati Uniti d' America*)，第二部分，第十章。——原注

⑳ 罗塞特(Rousset)：《中国之旅》。——原注

㉑ 马兹·Y.桑斯(Mas y Sans)：《中国和基督教的权力》，第二卷，第332—334页；胡克(Huc)：《中华帝国》(*L' Empire chinois*)。——原注

中世纪欧洲都出现了这种情况。教士们经常不仅行使宗教职能。他们拥有法律和科学知识，构成了知识分子的最高阶层。不论是否有意识，教士阶层经常显示出一种倾向，来垄断学术和阻碍那些可以并且更容易获取知识的方法和程序的传播。古埃及俗体字[22]缓慢而痛苦的传播可能至少部分是因为这种倾向，尽管这种字母远比象形文字简单。高卢的德鲁伊特[23]人熟悉希腊字母，但是不允许记载他们丰富的圣文内容，而要求学生极力去记住这些内容。在古代卡尔迪亚[24]、印度和中世纪的欧洲，对已经死亡的语言的顽固和持续运用，也可以归因于这个方面。有时，如同在印度一样，下层阶级被明确禁止获得圣书中的知识。

被清洗掉任何神圣和宗教气息的专门知识和真正的科学文化，只是在文明高度发达的阶段才成为一种重要的政治力量，并且只有在这时，科学文化才使得拥有它们的人跻身于统治阶级之中。但是在这个例子中，学问自身也不如对学问的实际应用对公共和国家利益更有政治价值。有时所有被要求的不过是拥有获得较高文化的机械过程。这可以被归因于这一事实，即在这样的基础上，更容易确定和估量一个候选人可以获得的技能，即更容易描述一个人或给他定级。因此，在古埃及的某些阶段，抄写的技能是通向官职和权力的道路，也许因为象形文字的掌握是长时间耐心学习的明证。同样，在近代中国，学习浩如烟海

---

[22] 俗体字：古埃及的文字分成两种，一种是用象形符号书写的圣体字，另一种是在其基础上发展起来的更简单的俗体字，前者用于记录宗教和政治文献，而后者广泛用于日常生活。——译注

[23] 德鲁伊特（Druid）：古代凯尔特人中一批有学问人的统称，他们通常担任祭司、教士和法官。——译注

[24] 卡尔迪亚（Chaldea）：古代巴比伦人的一个王国。——译注

60 的汉字已经成为官员教育的基础。[25]在现代欧洲和美国，把近代科学发明应用于战争、公共管理、公共事务和公共卫生的阶级，占据了一个社会上和政治上相当重要的位置，而且在我们西方世界，如同古代罗马一样，律师占据了一种完全的特权地位。他们知道复杂的立法过程，而立法出现在所有具有长期文明的民族中，而且当他们的法律知识辅以雄辩的口才碰巧适合他们同时代人的口味，他们就会变得特别有势力。

有许多例子，从中我们看到指导一个社会进行军事和民事组织的长期实践，在统治阶级的上层中创造和发展了一种真正的统治艺术，它比粗糙的经验主义和任何仅仅是个人经验能提出的东西都要好一些。在这种情况中出现了官吏们构成的贵族政治，诸如罗马的参议院、威尼斯的贵族阶层以及一定程度上的英国贵族院。这些机构都激发起约翰·斯图亚特·穆勒[26]的羡慕。这三个都是发达的政府，因其精心研究政策和对这些政策坚定和明智的执行而知名。这种统治艺术不是政治科学，尽管它不时以可预见的方式应用许多政治科学的基本原理。然而，即使这种统治艺术经常在长期拥有政治职能的特定阶层中获得声望，关于它的知识也从来没有成为一种常规标准，来接纳那些因为社会地位而与官场隔绝的人们担任官职。除非在例外情况下，一个人对其掌握的统治艺术的驾驭程度很难决定，这个人是否能够拥有展现他所拥有技艺的机会。

7. 一些国家是世袭等级制度。在这种情形下，统治阶级被

---

[25] 在几年前这还是真的，官员考试往往要求文学和历史知识——当然是如中国人所了解的这种知识。——原注

[26] 约翰·斯图亚特·穆勒(John Stuart Mill，1806—1873)：英国哲学家、经济学家、实证主义思想家。——译注

明确地限定在一定数量的家族中，出身是决定一个人能否进入 61
统治阶级标准。这样的例子特别多，没有哪一个拥有长期文明的国家不在历史上的某些阶段经历过世袭贵族制度。在中国、古埃及、印度、与美第斯作战前的希腊、罗马，在斯拉夫人和中世纪的拉丁和日尔曼人中间，以及在发现美洲时的墨西哥和几年前的日本，我们都能发现这种世袭的贵族制。

在这里，有两个初步的观察很重要。首先，所有的统治阶级如果不是在法律上、也都试图在事实上变成世袭的。所有的政治力量都拥有一种物理上的惯性力量，倾向于维持他们发现自己所处的那一点或状态。通过道德传统和继承，财富和军事上的勇气非常容易维系下去。担任重要职位的资格——也就是处理重要事务的习惯，和某种程度上的能力——对于那些幼年时就对这些职位有所了解的人更容易获得。即使当被考试和竞赛所检验的学术等级、科学训练和特殊技能打开了通往官位的大门，也不排除某些人具有特殊的优势，法国人把这种优势叫做 *positions déjà prises*（法语：已经被占据的职位）。在现实生活中，尽管考试和竞赛在理论上是面向所有人开放的，大多数人从来没有财力来负担常年准备的花销。许多人没有相应的联系和血族关系，可以把个人立刻送上正确道路，使他能够避免摸索和过失，而这些人在没有指导和支持下进入陌生的环境一定会遇到这种摸索和错误。

选举权基础广泛的民主选择原则初看起来与追求稳定性有冲突，而根据我们的理论，统治阶级就显示出这种追求稳定性的倾向。但是必须注意，民主选举中成功的候选人几乎都拥有难以计数的政治力量，这些经常是可以继承的。在英国、法国和意
大利议会，我们经常看到议会成员、代表、或者前议员和前任代 62
表的儿子、孙子、兄弟、侄子和女婿。

第二点，当我们看到世袭等级制度在一个国家建立、垄断政治权力时，我们可以肯定，在这样法理上的地位之前，已经出现了一种实际上的类似地位。在宣布他们对权力惟一的和世袭的拥有权之前，这里提到的家族和世袭阶层必须牢固地控制权杖，完全垄断这个国家在这一阶段的所有政治势力。否则，他们这样一个声明只会招致最强烈的抗议和激起强烈反抗。

世袭贵族制度经常自夸具有超自然的祖先，或者至少拥有与被统治阶级不同的祖先，并且比他们更高贵的血统。一个非常明显的社会事实可以解释这样的声明：即每一个统治阶级都倾向于通过某些普遍的道德原则来使他们对权力的运用合法化。这种同样的声明在我们的时代披着科学的外衣出现。许多作家发展和扩大了达尔文的理论，争辩说更高级的阶级代表了社会进化的一个较高等级，因此在其组织结构上比低下阶级更杰出。我们已经引用了贡普洛维奇的例子，他坚持认为人类在现代文明国家分成商业阶级和职业阶级是基于种族的不同。[27]

历史非常明确地显示了贵族阶级展现出的特有的能力和特有的缺陷——这两者都非常鲜明——这种贵族阶级或者是完全封闭的，或者人们很难进入他们的集团。古代罗马贵族阶层和英国、德国现代的贵族阶级清楚地表明了我们谈到的类型。然而，在处理这个事实，以及处理倾向于夸大它意义的理论时，我们总会提出相同的反对意见——属于此处所说的贵族阶层的那些个人，并不总是把他们特有的素质归因于他们血管中流动的血液，他们更多把这一点归因于他们非常独特的成长过程，这种过程使得他们优先于其他人拥有一定的知识和道德修养。

---

[27] 种族斗争(Der Rassenkampf)这个概念充满了贡普洛维奇的整个著作。在第二卷第三十三章中，它被明确地形成。——原注

在表明社会优越性的所有因素中，知识优越性与继承关系 63
的联系最少。一个聪明人的子女经常只有普通的天赋。这就是世袭贵族制从来不能仅仅以知识优越性，而要以他们在总体特征(character)和财富上的优势为基础维持统治的原因。

也许有人会以反例争辩说，教育和环境可以解释在严格的知识才能上的优越性，但是无法解释道德秩序上的不同，这些道德包括意志力、勇气、骄傲和活力。实际情况是，社会地位、家庭传统以及我们所处阶级的习惯，对这些素质的发展起到的作用比通常所假定的更大。如果我们仔细观察改变社会地位的个人——不论这种改变是更好还是更差——以及那些发现自己处于他们所不习惯的环境的人，很明显的是，他们的知识才能受到的影响远比他们的道德秩序受到的影响要模糊。除了教育和经验给不太蠢笨的人带来更广博的见识之外，每一个人，不论他仅是一个职员还是一个国家部长，不论他是一个军士还是一个将军，不论他是一个百万富翁还是一个乞丐，都不可避免地要保持自然带给他的智力水平。然而，随着社会地位和财富的变化，在需求的压力下，骄傲的人经常变得谦恭，奴性的人变得傲慢，忠实的人变成说谎者，或者至少变成虚伪的人，而一个有根深蒂固的撒谎和粗鲁习惯的人会改变他自己，至少在外表上装出具有忠诚和坚定的性格。当然，一个从高位上跌落的人的确经常变得恭顺、自我否定并且足智多谋，正如一个开始在世上发达的人有时会获得正义和公正的情感一样。简而言之，不论一个人变得更好还是更差，如果他将要改变一点自己的社会地位，并且保持他的性格，他不得不变得头脑格外清醒。米拉波[28]指出，对于

㉘ 米拉波(Honoré Gabriel Riquetti Mirabeau，1749—1791)：法国大革命时期君主立宪派领袖。——译注

任何人来说，任何在社会阶梯上的显著攀登都产生一个转折点，这一转折点治疗了他旧有的疾病，又创造出他以前没得过的新疾病来。[29]

64 战斗中的勇敢、冲锋时的猛烈以及抵抗力的持久——这些是长期和多次被吹嘘为垄断上层阶级的素质。当然，在这些方面一个人可能和另一个有许多天生的——如果我们可以这么说——和内在的差别。但是传统和环境的影响，在任何大一点的人类团体中，最能够让这些品德保持高、低或平均水平。当我们日常交往的人们用冷漠的口气谈到危险，并且在它们面前保持冷静和沉着时，我们通常对危险，或对某些类型的危险态度冷漠。许多山民和水手在本性上是胆怯的，然而他们在面对悬崖和海上的风暴时，都保持了镇静。正因为如此，习惯战争的民族和阶级在最高程度上保持了军事技能。

这一点是真的，甚至当通常不熟悉武器的民族和社会阶级在组成他们的个人被变成以勇气和胆量为传统的组织的成员时，当——如果一个人可以使用这种隐喻——他们被投入对人类的考验中，而这种考验沉重负荷在他们性格深处的情感上时，他们会很快获得军事技能。穆罕默德二世[30]主要从男孩中招收他可怕的禁卫军，这些男孩是从衰败的拜占廷国家[31]的希腊人中被绑架的。非常受人轻视的埃及农夫数百年来不习惯于战

---

[29] 《米拉波伯爵和拉马克伯爵的通信录》(*Correspondance entre le comte de Mirabeau et le comte de La Marck*)，第二卷，第228页。——原注

[30] 穆罕默德二世(Mohammed Ⅱ，约1430—1481)：土耳其苏丹(1451—1481)，号称征服者，于1453年率军攻克君士坦丁堡。——译注

[31] 拜占廷帝国：拜占廷为古希腊小亚细亚城市，公元330年罗马皇帝君士坦丁大帝迁都于此，东罗马因而又被称为拜占廷帝国，直到1453年为奥斯曼土耳其所灭。中后期拜占廷帝国皇帝主要为希腊人。——译注

争，并且惯于在压迫者的皮鞭下保持温顺和无助，但是当迈罕麦德·阿里[32]把他们送进土耳其或者阿尔巴尼亚军团中时，他们变成了好战士。法国贵族则长期享有勇敢的盛名，而到 18 世纪末期，法国资产阶级还不具备同样的素质。然而，共和国和帝国的战争证明了大自然已经把勇气一致地给予了所有法国居民。尽管指挥的天赋被认为是贵族特有的特权，无产阶级和资产阶级还是提供了杰出的战士以及优秀的军官。“社会阶级方面的不同，在很大程度上依赖于种族祖先”，贡普洛维奇的这个理论最少要求一些证据。许多相反的事例很容易让人想到这一明显的事实，即同一家庭中的成员经常属于具有巨大差异的各个社会 65
阶级。

8. 最后，如果我们遵循那些人的主意，坚持遗传性原则在形成统治阶级中独一无二的作用，我们将被引导得出一个结论，它在某种程度上类似进化论原则引导我们得出的结论：人类政治的历史应该比它现在的样子简单得多。如果统治阶级真的属于一个不同的种族，或者如果适合于它进行统治的素质主要是通过有机的遗传作用，那么就会很难看到，一旦统治阶级形成，它还会衰落和失去权力。一个种族独特的素质是非常顽强的。根据进化的理论，父母身上获得的能力在他们孩子身上是天生的，并且随着时代更替，它们应该不断被加强。因此统治阶级的后代应该变得越来越适合进行统治，而其它阶级应该看到他们挑战或者取代统治阶级的机会越来越渺茫。现在通常的经验足以使人相信，情况不是这样的。

---

[32] 迈罕麦德·阿里(Mehemet Ali，1769—1849)：埃及总督(1805—1848)，原来曾经为奥斯曼帝国军官，在位时确定了其对埃及统治的继承权。——译注

我们所看到的是，只要政治力量的平衡发生转变——也就是当人们感到需要不同于旧有力量的势力统治国家时，当旧有的力量因而丧失了它们的重要性，或者当权力分配发生变化时——那时统治阶级得以建立的方式也会变化。如果一个新的财富源泉在社会中发展起来，如果知识的实际重要性得以增长，如果旧的宗教衰落或者新的宗教产生，如果一个新的思潮扩展开来，那么统治阶级中就会发生广泛的混乱。人们的确可以说，文明人的整个历史可以归结为占主导地位的成分独霸政治权力、并把它传之子孙的倾向，与旧的势力解体和新力量出生的倾向之间的冲突；在上层阶级和下层阶级的一定成分中，这种冲突产生了永无休止的对权力的认可与对其进行渗透之间的冲突。当统治阶级不再寻找施展才能以获得权力的机会，当他们无法
66 再提供他们曾经提供的社会服务，或者当他们的能力和提供的服务在其生存的社会环境中失去重要性，他们就不可避免地衰落了。这样，当罗马贵族阶级不再是军队高级军官的惟一来源时，他们衰落了。因此，当威尼斯贵族不再指挥军舰，并把他们一生的大部分时间用于航海、贸易和作战时，他们也衰落了。

在无机的自然中，我们可以看一看空气的例子。其中惯性的力量产生了静止的趋势，它与由于热量分配不均产生的变化趋势总处于矛盾中。这两种趋势在我们星球上的各个地方轮流占上风，时而风和日丽，时而雷雨交加。人类社会的情形非常类似，时而那种产生封闭、静止和僵化的统治阶级的倾向占了上风，时而产生或多或少变化的统治阶级的倾向又获得成功。

我们认为静止的东方社会实际上并不总是如此，否则的话，如我们指出的那样，它们就无法取得文明的进步。东方文明的进步留下了许多无可辩驳的证据。更精确地讲，我们开始了解它们时，它们的政治力量和政治阶级正处于僵化阶段。同样的

事情发生在我们称之为高龄的社会，在这些社会中，宗教信仰、科学知识的生产和分配财富的方法多少世纪以来一直没有经历剧烈的变化，它们也没有在日常生活中被外来的物质和知识无可争议的权力所打乱。权力因此而被永远驻留在某些家庭，该社会的各个层次普遍具有了停滞的倾向。

因而在印度，我们看到在佛教被镇压后，等级制度得到了防护。希腊人在古代埃及发现了世袭的等级制度，但是我们知道在埃及文明的伟大和复兴的阶段，政治职位和社会地位不是世
袭的。我们拥有一份埃及文件，描述希克索斯王朝[33]扩张阶段 67
一个高级军官的生活。他以一个普通士兵的身份开始其戎马生涯。其它文献显示了同一个人连续担任军职、文职和教会职务。[34]

一个最为人知的、也许是最重要的社会倾向走向僵化的例子，是罗马历史上曾经被称为低帝国[35]的阶段。这时，经历了若干几乎完全静止的世纪，两个阶级的分化越来越明显，其中一个由大地主和高官组成，另一个是奴隶、农民和城市平民。更显著的是公共官职和社会地位通过习俗，而不是通过法律变成世袭的，这一倾向在上面提到的阶段迅速普及。[36]

另一方面，在一个国家的历史上可能发生这种情况：与外国人的贸易、武装移民、新发现、战争等创造了新的贫困和财富，传

㉝ 希克索斯王朝(Hyksos)：公元前 1730—1570 年间统治埃及，亦称为牧人王朝。——译注

㉞ 参见雷诺蒙、马伯乐和布鲁格希(Brugsch)的研究。——原注

㉟ 低帝国(Low Empire)：指公元 330 年君士坦丁大帝把都城从罗马迁往拜占廷后至西罗马灭亡(476 年)这一阶段的罗马帝国。——译注

㊱ 马加特(Marquardt)：《罗马古代手册》；库朗日：《若干历史问题新解》。——原注

播了从前不为人了解的知识，或者引起了新的道德、知识和宗教潮流的渗透。或者——作为这种渗透的结果，或者通过一个缓慢的内部增长的过程，或者由于两个因素共同作用——可能再次发生的是：一种新的学问兴起了，或者长期被遗忘的旧有学问中的某些成分重新适合人们的口味，以至于新的观点和信仰走上前台，扰乱了奠定大众服从的原有知识习惯。统治阶级可能也会被外国入侵所征服、或者全部或部分被毁灭；或者，当上面提到的情况出现时，它可能是被具有强大的新鲜政治力量的新生社会成分夺走权力。那么，自然会出现一个变革的阶段，或者如果人们喜欢的话，可以称为革命阶段，其间个人的能力得以自由发挥，某些更富有热情、更有精力、更无畏或者仅仅是比别人更狡猾的个人，从社会阶梯的底部上升到了最顶端的地位。

一旦这种运动开始，它就不能被立刻停止。人们从默默无闻起步终至显赫的例子，燃起了新的野心、新的贪欲、新的活力，
68 并且这种统治阶级的成分更新富有活力地得以延续，直到长时间的社会稳定显示出它重新消歇下来。我们几乎不用提起处于这种更替阶段国家的例子。在我们的时代提到这一点是多余的。统治阶级迅速的重组在最近被殖民的国家是一个经常和显著的现象。在这种情况下开始社会生活，没有现成的统治阶级，并且在形成统治阶级的过程中，加入非常容易。对土地和其它生产机构的垄断如果不是完全不可能的话，至少也比任何时候都更难了。这就是为什么至少在某些阶段期间希腊殖民地为所有希腊人的能力和事业提供了广泛出路。这就是在对新土地的殖民持续整个19世纪的美国，个人从一无所有开始到获得了声望和财富的例子仍然非常多的原因——所有这些都助长了该国人民形成一种幻想：民主是一个事实。

现在假定有一个社会逐渐从动荡的状态安定下来。由于人

类的心理倾向总是同样的，那些属于统治阶级的人就开始获得团体精神。他们会变得越来越排外，也越来越好地掌握某些技艺，从而独占那些对他们有利的素质和能力；这些素质和能力是获得权力和持有它必需的。接着，本质上是保守的势力终于出现了，这是习惯的力量。许多人顺从低下的地位，而某些特权家族或阶级的成员逐渐相信他们具有绝对的权利，可以占据高级地位和发号施令。

一个慈善家一定忍不住追问，在社会稳定和成形的阶段，当每个人几乎都注定保持他出生时的社会地位时，或者在相反的更新和革命阶段，每个人都可以窥视最高的等级，而一些人获得了这些等级时，人类是否更幸福——或者较少不幸。这种探询难以进行。要回答它必须考虑许多条件和例外，并且可能总是受观察者个人喜恶所影响。因此我们将小心地不去自己作答。69
除此以外，即使我们能够得出一个不可辩驳的结论，它也很少有实用价值。因为令人悲伤的事实是哲学家们所说的自由意志——换句话说，个人自发的选择——迄今为止对促进上面所提到的历史阶段的结束或者开端如果还有一点影响的话，也已经变得非常微弱，并且可能永远如此。

70

第三章　封建和官僚制度

1. 正如我们刚才看到的，在人口众多并且已经达到一定文明水平的社会，统治阶级不是仅仅通过已经拥有权力这一事实来使其权力正当化，而是试图为之寻找一个道德与法律基础，把它表现为人们通常认可和接受的原则与信仰的逻辑的和必然的结果。因此，如果一个社会深深地浸润于基督教精神中，政治阶级将通过国王进行统治，而反过来，国王进行统治则因为他是上帝施以涂油礼[①]的人。同样，在信仰伊斯兰教的社会，政治权威直接通过哈里发或阿訇或先知，或者以某些被哈里发默许或明确授权的人的名义被加以实施。中国官员统治国家因为他们被认定为天子意志的解释者，而天子已经从上天那里接受了训令，让他像父亲一样，而且按照儒家的道德统治百姓。罗马帝国复杂的民事和军事等级制度依赖于皇帝的意志，而皇帝至少到戴克里先时代还通过一种法律虚拟从人民那里接受统治帝国的委任。在美国，议员、地方长官和政府官员直接或间接地从投票人的选举中产生，这种选举被认为是全体美国人民至高无上意志的表达。

政治阶级的权力所依赖的这种法律和道德基础或者原则，

① 涂油礼：一种基督教礼节，新王登基时，该国主教对其施以涂油礼以示认可。——译注

我们在其它地方称作“政治模式”,此处我们仍然这样叫它(法律哲学的研究者通常把它叫做主权原则②)。在两个或更多个不同的社会里,政治模式几乎不会相同;而且只是在表述它们的人 71 们具有同种类型(或者——用我们很快将界定的“表达”一词——属于同种社会形态)的文明时,两个或更多个政治模式才出现基本的或者明显的类似性。根据民族间文明的水平,在这些民族中流行的政治模式可能建立在超自然的信仰或概念之上,如果这些概念不是符合实证的实在的话,它们至少看起来是合理的。我们将不会说它们在哪一种情况中符合科学真理。一个尽责的观察者不得不承认,如果说,没有人曾经看到上帝给某些人或者家族授权的真实文件,让他们代表他统治人民,那么也同样不能主张,普选通常是人民意志的表达,或者大多数人民意志的表达,不论在这种普选中选举权是多么自由。

然而,这不意味着政治模式仅仅是一些骗术,被精明地发明出来以蒙骗大众服从。任何以这种眼光看待它们的人都将陷入严重的错误。事实是它们满足了人类社会本性中的真正需要。这种需要可以被普遍感受到,即统治和了解被统治不是根基于单纯的物质基础或者知识权力,而是根基于道德原则,它毫无疑问具有实践的和真实的重要性。

斯宾塞写到,国王的君权神授理论是过去时代的主要迷信,被选举的大会具有神圣权利是我们时代的主要迷信。这种见解不能被说成完全错误,但是肯定它没有考虑或者细想到这一问题的全部方面。我们有进一步的必要看一看,是否一个社会在没有任何一种“主要迷信”也可以组织在一起——是否一种普遍

② 莫斯卡:《关于政府和议会制的理论》,第一章;也请参见莫斯卡:《现代宪法》(*Le costituzioni moderne*)。——原注

的幻觉不是一种社会势力，可以有力地巩固政治组织并且统一民族，甚至整个文明。

2．人类被分成各种社会集团，每一个都通过自己特有的信仰、情感、习惯和兴趣与其它相区别。属于每个这样集团的个人通过对兄弟关系的意识集合在一起，通过多少是对立的和相互
72 排斥的情感与倾向与其它集团分隔。如我们已经指出的，政治规则必须根基于社会集团现行的特殊信仰和强烈的情感中，或者至少根基于这个集团中掌握政治优势的那部分人的信仰与情感中。

这种现象——存在着社会集团，每一个社会集团都独具特点，这些特点经常被认为比起别的集团具有绝对的优势（如维科谈到的民族自负）——已经被许多作家在处理民族性的原则时所认识到并加以研究，特别是现代学者。例如，贡普洛维奇就指出了它在政治科学或者你所愿意称之为的社会学中的重要性。贡普洛维奇使用的词——种群性——主要意味着在互相分离的社会集团形成过程中，人种因素、血缘和种族的几乎绝对的优越性，这种用法与他一贯的基本观念相一致[3]。如果这个词不意味着这些，我们应该相当情愿地采用“种群性”这个词来指明民族的这种现象。我们认为，在许多原始文明中，血缘的一致性不如对这种一致性的信仰——如贡普洛维奇自己指出的，对共同祖先的信仰经常在社会类型已经形成后出现——更能帮助凝聚一个团体的成员。但是我们也认为，某些现代人类学和语言学的学说已经帮助唤醒了社会集团之间的、或者一个集团内部不

③ 贡普洛维奇：《种族斗争》（*Der Rassenkampf*），第二卷，第三十七章。——原注

同成分之间的憎恶，这种憎恶把种族的不同仅仅当成一个借口。还有，实际上在集团或者社会类型的形成过程中，除了多少被确定的种族亲善性因素之外，还有许多其它因素——例如，语言、宗教和利益的一致性，以及因地理环境产生的频繁交往。没有必要把所有这些因素在一篇文章中同时展现出来，因为历史的共同性——一种多少世纪在一起的生活、具有同一的或者相似的经验，它产生了类似的道德和知识习惯、以及类似的情感和记忆——经常成为社会类型有意识的发展过程中的首要因素。④

按照我们以前用过的隐喻，一种形态一旦形成，就会有一个坩锅把所有加入这个社会中的个人变成一块合金。不论把这个 73
坩埚叫做暗示、模仿或拟态，或者仅仅简单地把它叫做教育。一个人总是根据他的生活环境而感受、相信、喜爱和憎恨。我们是基督教徒或者犹太教徒、是伊斯兰教徒或者佛教徒、是法国人或者意大利人，这仅仅因为这些人是我们生于其中、长于其中的人们，只有极少情况例外。⑤

3. 在历史的曙光初现之时，这些文明民族中的每一个都几乎是野蛮的沙漠中的绿洲，因此，各种文明或者仅有极少的机会交往，或者根本互不联络。古代埃及在早期王朝时，以及中国在晚近得多的时候就是这种情况。在这些情况下，很自然地，每一个社会类型都有一种绝对的独创性，它几乎没有被外来世界的渗透与影响所动摇⑥。尽管这种隔离状态一定加强了每一种文明类型巩固为单一政治机体的倾向，但这种倾向在早期仅仅是

---

④ 莫斯卡：《民族性成分》（"Fattori della nazionalità"）。——原注

⑤ 参见上文第一章，第12节；并且请顺便留意第二章，第2节。——原注

⑥ 我们这里是在考虑道德和知识影响。只要这些文明捕获外界部落成员以获得奴隶，与邻近的野蛮部落的物质混合总在发生。——原注

零星地流行起来。根据刚才提到的例子:中国在孔子的时代,分裂成许多准独立的封建诸侯国;而在埃及,各种各样的希克[⑦],即总督,或隔离的省经常获得完全的独立,有时北埃及和南埃及也是分隔的王国。

后来,在诸如希腊那样高度发达和非常复杂的文明中,我们看到一种相反的趋势更有力地展现出来,这种趋势就社会类型而言就是把它分成许多单独的、几乎总是对立的政治组织。一个或另一个希腊城邦加之于其他希腊人民的霸权与我们现代所认为的政治统一相距甚远;而且雅典、斯巴达,以及后来的马其顿以一种永久有效的形式建立这种霸权的企图从未成功。

74 诸古代民族独具的特点、以及文明的一般特点,是一个民族的生存和政治组织所根基的整个观念和信仰体系的单纯性和统一性,我们有时称这种文明的一般特点为原始的,因为外来因素几乎不能对其施加任何影响。在古代民族中,政治模式不仅依赖于宗教,而且与其完全同一。他们的上帝主要是一个民族神,是特定的领土和人民的保护者,是这个政治组织的支点。只有在一个民族的上帝足够强大,可以维护它的成员时,这个民族才能生存。反过来说,只有在这个民族足够强大时,这个上帝才能生存。

古代希伯莱人是根据上面描述的体系组织起来的最有名的例子。然而,我们绝不能认为以色列和犹太诸王国是一个在他们繁荣时期的例外情况[⑧]。耶和华在耶路撒冷扮演的角色由基抹在摩押、马杜克(又称作 Merodach) 在巴比伦、阿舒尔在尼尼

---

⑦ 希克(hiq):埃及的地方长官。——译注

⑧ 有一种广为流传的观点认为,犹太教的耶和华不是一个民族神,而是在一开始就是具有普世性质的神,莫斯卡在此处反驳了这一观点。——译注

威、阿蒙神在底比斯[9]所扮演。正如以色列的神命令扫罗、大卫和所罗门[10]与阿蒙耐特人[11]与腓力斯人苦战到最后，阿蒙神也命令埃及的法老们粉碎了从东部到西部的野蛮人，阿舒尔同样激励尼尼威的国王清除所有外国人，确保他们的胜利。亚述的使者拉伯沙基对聚集在耶路撒冷城墙外的犹太人所说的话表明了上面提到的概念。[12]"服从我的上帝"，他争辩道，"因为正如其它的神没有办法从亚述征服者手中拯救它们的臣民一样，耶和华也没有能力拯救你们。"换句话说，耶和华是一个神，但是他的力量比阿舒尔差，因为阿舒尔保佑的民族已经征服了其它民族。人们传说大马士革的叙利亚人曾经避免在丛山中与以色列的国王们作战，因为他们相信，耶和华比起他们的神来更善于在山地作战。[13]

但是相对文明的民族之间的接触逐渐地频繁起来。广袤的
帝国建立起来了，这些帝国总是建立在被征服民族完全被融合 75
和毁灭的基础上。征服者经常满足于征服他们。在这些例子

---

⑨ 基抹(Chemosh)：古代西部闪米特人崇拜的神；马杜克(Marduk)：古代巴比伦的主神，原为巴比伦太阳神；阿舒尔(Ashur)：古代亚述人崇拜的主神和战神；阿蒙神(Ammon)：古代埃及的太阳神。——译注

⑩ 扫罗(Saul)、大卫和所罗门：均为《圣经·旧约》中记载的以色列人部落首领或国王。——译注

⑪ 阿蒙耐特人(Ammonites)：《旧约》时代居住于东部约旦的闪米特人的一支，自称阿蒙神的后代。——译注

⑫ (圣经·旧约)《列王纪·下》18:19f。——原注

莫斯卡所引的《列王记·下》原文为："这些国的神有谁曾救自己的国脱离我的手呢。难道耶和华能救耶路撒冷脱离我的手麽。"(参见中文和合本《圣经》)。——译注

⑬ (圣经·旧约)《列王纪·上》20:28《上帝是丛山之神》。——原注

此段原文为："有神人来见以色列王，说，耶和华如此说，亚兰人既说我耶和华是山神，不是平原的神，所以我必将这一大群人都交在你手中，你们就知道我是耶和华。"(参见中文和合本《圣经》)——译注

中，胜利者经常发现承认被征服者的神很明智。征服巴比伦的亚述诸国王对马杜克给予了敬意，居鲁士似乎同样如此。亚历山大大帝给阿蒙神献了祭物，并且通常对所有被征服民族的神都如此。罗马人把所有被征服民族的神祇请进了他们的万神殿。在历史上这段时期，长期的和平间隔、以及随着伟大政治组织的建立出现的敌对民族间暂时偃旗息鼓，为一个相对晚近的现象——即主要宗教的兴起——准备了条件。这种宗教是人道主义的（humanitarian）、普世的，且没有种族、语言和政体的区分，它尝试着把其影响无差别地扩展到全世界。

4. 佛教、基督教和伊斯兰教是迄今为止在历史上出现的三种主要的人道主义宗教[14]。它们中的每一种都拥有一整套教义，这种教义基础在佛教中主要是形而上学的，而在基督教和伊斯兰教中则主要是教条主义的。它们中的每一种宗教都宣称它们的教义包含了绝对的真理，并且它们提供了值得信赖和不会错误的方法，指导人们在此生中得到福利，在来生得到解救。共同接受这些宗教之一，提供了紧密的纽带，可以把不同种族和操不同语言的人们联系起来。它使这些人们用共同的和独特的方式看待道德和生活，而且，不仅如此，它还塑造了共同的政治习俗和私人习惯，这些习俗和习惯独有的性质形成了一种具有显著特点的现实社会类型，这些特点如此深远，以至于无法消除。从这些主要宗教出现之日起，在社会类型和以前稀稀落落存在的国家类型之间就出现了一个清晰的分界。过去曾经有埃及、

---

[14] 犹太人的宗教作为基督教和伊斯兰教的前身，在其可以被追溯到先知的漫长演化历程中也主要是人道主义的。然而，犹太教从来没有得到广泛的传播。波斯的拜火教也可能具有人道主义的倾向，但是它从源头上讲主要是一个民族的宗教。——原注

卡尔迪亚和希腊文明，但是没有基督教或者伊斯兰教文明—— 76
换句话说，过去没有这样的民族聚合体，这些民族的语言、种族都不同，并被分成许多政治组织，但是它们仍然被共同的信仰、情感和文化维系在一起。

在所有宗教中，伊斯兰教也许是给其信徒，或者说给生于伊斯兰教紧密控制的社会中的成员留下最深烙印的宗教。基督教，以及犹太教，一直具有很强的适应形式，可以根据特定的类型改变人类精神这块柔软的泥土。佛教的影响更为柔和，但同样有效。

然而，需要指出的是，如果主要的宗教，连同它们紧密编织的教条和强有力组织起来的教阶制度，确实用兄弟情谊把共同信仰者连接在一起，并且把他们吸收进同一种类型，这些宗教在怀有不同信仰的人们中间就会成为一种有力的令人疏远的力量。它们在民族中间创造了几乎不可逾越的鸿沟，而这些民族可能在种族、语言上非常相近，并且居住在邻近地区甚至在一国之中。宗教上的差异使得居住在巴尔干半岛上的各民族不可能融合，印度也出现这种情况。在印度，如我们所知，现在流行的宗教是伊斯兰教和婆罗门教。后者是非人道主义的宗教，但是组织极为严密。细微的规则导致不同种姓的人们虽然互相混合却极少接触。因此，种姓制度成为一种强大的令人疏远的力量，极大地阻碍了朝向社会同化的骚动力。

罗马人表现出来的同化被征服民族的技巧令人惊异，这种同化要面对种族、语言和文明程度不同所带来的巨大障碍。要不是他们遇到了敌对、排外和极有组织的宗教，罗马人就可能做得非常成功。尽管高卢和不列颠的德鲁伊教的组织形式非常初级，它仍然造成了相当程度的阻碍。犹太人可以被杀和被流放，但是他们从不被同化。在北非，罗马人成功地把现代摩尔人、阿

77 拉伯人和卡拜尔人[15]的祖先拉丁化了，并把他们纳入它自己的文明，至少在一定程度上如此；但是它不需要像我们时代的法国人和意大利人那样要对付伊斯兰教。朱古达[16]和塔克法里纳斯不需要像我们时代的阿卜杜卡迪尔和布—马扎[17]那样付诸宗教情感。正如卡拉姆津[18]非常恰当指出的那样，基督教把长期处于蒙古人支配的莫斯科从完全亚洲化中解救出来。另一方面，尽管俄国人反过来是有效的同化者，并且尽管在白俄地区芬兰人和蒙古人在很大程度上与斯拉夫人混血，喀山的信奉伊斯兰教的鞑靼人、克里米亚的阿斯特拉罕人[19]部落却没有被俄罗斯人吸收。他们或者是迁徙而去，或者留在那里成为一个孤立的，更确切地讲，是臣服的民族，但是他们与其他俄罗斯人有鲜明的区别。[20]（中国）天朝的后代相当成功地吸收了南方各省种族和语言上都不同的居民，但是他们无法成功地同化回族人，后者是突厥人的后代，已经在中国本土的西北省份居住了上千年。这些人已经采用了中国的语言，外表也类似中国人，他们与中国人

---

⑮ 卡拜尔人(Kabyle)：住在阿尔及利亚、摩洛哥和利比亚等地的柏柏尔人的一支。——译注

⑯ 朱古达(Jugurtha，约公元前160—约前104)：古代努米底亚国王，多次战胜罗马人。——译注

⑰ 阿卜杜卡迪尔(Abd-el-Kader，1808—1883)：领导阿尔及利亚人民同法国入侵者作战的领袖，被当地人称为民族英雄；本—马扎(Bou-Maza，也拼为Bu-Maza，意为山羊人；原名Muhammad ben Abdullah)：抵抗法国入侵的阿尔及利亚人，1845年宣布自己为马赫迪，被安拉派来打击异教徒，1847年被迫投降。——译注

⑱ 卡拉姆津(Nikolay Mikhaylovich Karamzin，1766—1826)：俄罗斯历史学家、诗人和记者。——译注

⑲ 喀山：伏尔加河中游城市；克里米亚：乌克兰黑海沿岸的半岛；阿斯特拉罕人(Astrakhan)：高加索地区一民族。——译注

⑳ 列劳—波留：《沙皇帝国与俄罗斯》(*L'Empire des tzars et les Russes*)。——原注

居住在同一个城市中,但是通过伊斯兰教保持精神上的隔离。他们的祖先穿越长城之前就已经信仰伊斯兰教了。这里提到的突厥人在唐朝就居住在陕西和甘肃等省份,聚居在那里阻挡吐蕃人的入侵。1861年,穆斯林和他们的佛教乡亲之间长期存在的彼此憎恨引发了一场可怕的叛乱,在这场暴乱中穆斯林向佛教徒发起了一场灭绝战争。上面提到的省份被弄得人烟荒芜,之后内战越过长城,局限在喀什。直到1877年,当伊斯兰领袖阿古柏伯克㉑被暗杀后,战争才中止。

5. 随着主要的普世宗教的出现,人类历史被新的因素复杂化了。我们已经看到,甚至在这些宗教出现之前,尽管一种社会 78
类型倾向于统一,它仍然可能分裂成不同的政治体系。随着主要宗教的出现,这样的事实变得普遍起来,也更加不可避免,而且还为一种现象的出现准备了条件,就欧洲来说,这就是教会和国家的冲突。

这种复杂情况主要是由于某种社会类型趋于稳定的倾向被另一个强大得多的力量所阻碍。尽管各种政治组织试图通过流行宗教的教条使自己的存在正当化,宗教却总是试图控制政治权力,并且使自己等同于政治权力,以使后者成为达到自己目的的工具和宣传手段。

在伊斯兰教国家,宗教和政治取得了最紧密的统一。伊斯兰教国家的头领几乎总是某个教系的大主教,或从大主教手中接受统治权。在过去的年代,这种授权经常是一个空洞的形式,

---

㉑ 阿古柏(Jakoub-beg,约1821—1877):中亚浩罕汗国人,1865年入侵新疆,1867年自立为汗,1877年兵败库尔勒,为部下所杀;伯克(beg)是伊斯兰教贵族称号。——译注

已经被剥夺了世俗权力的哈里发很难抵触给有权势者授予统治权。在巴格达的阿拔斯王朝[22]衰落和奥托曼帝国兴起的间隔期，穆斯林的狂热远不如今日这样强烈。对伊斯兰教国家稍有了解的人也会同意这一点。在中世纪，穆斯林们是萨桑王朝时代[23]波斯文明的继承者，由于他们熟读希腊作家的著述，远没有同一时期的基督教徒充满偏见。[24]而且，可以肯定的是，在伊斯兰世界中几乎每一次革命，几乎每一个国家的诞生都伴随一次新的教会分裂，并且被这种分裂正当化。穆拉比人[25]和穆瓦希德人[26]的帝国兴起时就是这种情况；19 世纪瓦哈比[27]起义和由奥姆杜尔曼人的马赫迪[28]领导的叛乱发生时也都出现了这种情况。

在中国，佛教驯服地得到国家保护。国家承认和培育佛教的信条，用它来表示对真正相信它的下层百姓的尊重。直到几
79 年前，在西藏、蒙古和中国其它省份的佛教徒中享有至高权力的大喇嘛，还谨慎地遵循驻拉萨的中国官员的建议。分布在中国更广泛区域的和尚没有集中的组织——在某种程度上他们是佛

---

[22] 阿拔斯王朝：阿拉伯帝国阿拔斯王朝（750—1258 年），首都为今伊拉克巴格达。——译注

[23] 萨桑（Sassanids）王朝：公元 226—651 年间的波斯王朝。——译注

[24] 阿马里：《西西里穆斯林史》（*Storia dei Musulmani in Sicilia*）。——原注

[25] 穆拉比人（Almoravides）：原义边防战士，柏柏尔人部族联合体，11—12 世纪在西北非和穆斯林西班牙建立帝国。——译注

[26] 穆瓦希德人（Almohades）：柏柏尔人部族联合体，1130—1269 年在西北非和穆斯林西班牙建立帝国。——译注

[27] 瓦哈比（Wahabi，1691—1787）：穆斯林改革家。——译注

[28] 马赫迪（Mahdi）：马赫迪为伊斯兰教徒所期待的救世主，1881 年穆罕默德·阿麦德（Mohammed Ahmed）以马赫迪的名义领导苏丹人民进行了反殖民主义起义；奥姆杜尔曼（Omdurman）为苏丹中部城市。——译注

教的新教徒[29]。政府容忍它们,并且经常在佛教仪式中布施一定数量的金钱以表示对这一流行信仰的尊重。中国的上层阶级遵循孔子不可知论的实证主义,它与一种形式模糊的有神论没有明显的区别。日本容忍同样的宗教,但是政府最近试图重新激活古代民族性的神道仪式。

在欧洲,各种基督教教派碰到了很不相同的情形。在俄国,沙皇是正教的首领,教会权威与国家政权合二为一。在一个忠诚的俄国人看来,沙皇的好臣民必须是希腊东正教的信徒。[30]在新教国家,主流教派也常常多少有些官方特点。自从罗马帝国覆灭后,天主教会有了更大的独立。在中世纪它热望控制所有进入天主教势力范围国家的世俗政权,曾经有一个时期,教皇可以合理地指望伟大的天主教事业即将实现,可以把所有基督教徒——换句话说,整个社会类型——统一在或多或少是他直接的影响下。现在教皇作出了妥协,与世俗政权相互支持。也有一些国家教皇与世俗政权公开冲突。

但是,其臣民追随一种普世宗教、或者被分成一种普世宗教不同教派的信徒的政治组织必须有自己的法律和道德基础,统治阶级的立场有赖于此。因此,这一基础必须被建立于民族感情、或者长期的独立传统、或者历史记忆、或者对一个王朝多年的效忠——简而言之,建立于自己特有的某种东西之上。可以说,像一般的人道主义崇拜一样,还需要有一种某种程度上的民族崇拜,这种信仰与人道主义崇拜能够令人满意地调和或者协作。同样的个人经常同时遵守两种崇拜形式,因为人类并不总

㉙ 佛教的抗议宗:此处作者使用了与基督教新教类比的手法,基督教的新教又称为抗议宗,与天主教相比,它们没有统一的组织。——译注

㉚ 列劳—波留:《沙皇帝国与俄罗斯》。——原注

80 是严格地遵守各种启发他们行为的原则。在现实中，一个人可能是一个好的天主教徒，同时也是一个好的德国人，或好的意大利人、法国人，或是新教国家的忠实臣民，或是一个官方反对教权的共和国的好公民。有时，如同在旧意大利经常发生的那样，一个人可以同时是一个爱国者，又是一个社会主义者，尽管社会主义像天主教教义一样，在实质上反对民族特殊性。然而，只有当情感不特别强烈时，这些妥协才能发生。从严格一致的观点看，18 世纪的英国人这样想是正确的：既然国王是国教会的领袖，而每一个天主教徒必须首先服从教皇，一个好的天主教徒就无法成为一个好的英国人。

当激发普遍性的教条或者教义与支持民族特殊性的情感和传统之间，多多少少有些隐蔽的冲突时，真正根本的情况是：这些情感和传统会更有活力，它们与许多物质利益联系在一起，而且统治阶级中相当一部分会强烈地浸润于这些情感和传统中，并传播它们，使之在大众中保持活力。此外，如果统治阶级中的这一因素得到合理的组织，它就可以抵抗它所统治社会中出现的所有宗教的或教条的思潮。但是如果这种情感是冷淡的，如果它的道德和知识力量较为微弱，如果它的组织有缺陷，那么宗教的和教条的潮流就会流行，国家就会最终成为某种普世宗教或者教条——例如天主教教义或者社会民主主义——的玩物。

6. 在我们进一步讨论之前，稍加留意两种形式可能是明智的。我认为，所有政治组织都可以被分成封建的和官僚的这两种形式。

应该指出，这种分类不是基于本质的、不变的标准。我们不认为有任何心理法则是两种类型中的一种特有的，而不见容于另一种。相反，在我们看来，两种类型只是一个单独的恒常倾向的不同表述、不同阶段，按此倾向，当人类社会的规模变大、并在文明上得以完善时，它的政治组织就不会再简单，或更好地如有人所说，会越来越复杂。从总体上来说，文明程度在政治组织发 81
展这方面比在规模上更重要，因为在实际情况中，一个看似很大的国家可能被封建化地组织起来[31]。因此，实际上，一个官僚制国家正是一个在组织上更先进和发达、也更加复杂的封建国家，而一个封建国家可能曾经是一个在文明上衰落的官僚制社会，它转而寻找更简单、更原始的政治组织，并且可能在这一过程中分崩离析。

我们所说的"封建国家"指的是这样的政治组织，其中一个社会的所有职能——经济的、司法的、行政的和军事的——被同样的一些个人所执行，而同时国家是由小规模的社会集合体组成，每一个集合体拥有自给自足所需要的所有机构。中世纪的欧洲为这种组织类型提供了最好的例子——这就是为什么我们选择"封建"一词称呼它的原因；但是当人们阅读其它民族的历史，或浏览我们时代旅行者的记述时，他们可以很容易地发现这种类型广为传播。正如中世纪的男爵同时是土地所有者、军队指挥者、以及他封地上的法官与行政长官一样，阿比西尼亚的王公也是如此支配司法、命令军队和收税——或者不如说从农民那里掠夺基本生活用品之外的所有东西。在古埃及的某些阶段，希克、也就是地方长官负责维修水渠、监督农业、管理司法、征收贡赋及指挥他的战士。在较早的阶段以及在一些较为晚近的王朝，情况尤其如此。不能忘记古埃及历时3,000多年，尽管它具有所谓的东方的固定性，这段时间还是足够让它经历封建

[31] 笔者强调封建组织的目的，是指明中世纪的封建君主对本国诸侯没有绝对控制能力，因而在组织上是不完善的。——译注

主义和官僚政体的多次反复变化。同样的情况发生在印加帝国[32]统治下的秘鲁，当地的库拉卡[33]是村庄的头领，具有管理集体农业财产、行使司法权和在太阳之子[34]的要求下指挥该村庄所派遣军队的权力。中国同样经历了一个封建阶段，而在日本，
82 这种组织类型持续到16世纪末期，直到1868年革命后，它的残存痕迹还没有消失。阿富汗仍然以封建制度进行组织，欧洲人征服时的印度在很大程度上也如此。我们到现在也许可以说，每一个主要的社会必须经历一次或多次封建阶段。

有时，负责其它社会活动的领导人也行使宗教职能。在欧洲中世纪，当修道院或者主教是领地的所有人时，就是这种情况。而且，甚至当土地这一低级文明社会最独一无二的财富源泉在法律上不是进行统治阶级的绝对财产时，仍然可能存在一种封建秩序。甚至就算耕作者在法律上不是仆从或奴隶，或者实际上他们是所耕作土地的所有者，地方官员和他的仆从也有全部权利索取贡赋和劳役，他们只会留给耕作者维持生存必不可少的物资。

甚至那些财富生产不是依赖于农业而是商业和工业的较小政治单位，有时也明显地显露出封建特征，展现了政治和经济权力集中于同一些人这一封建特点。中世纪城市公国的政治头目同时是手工或贸易行会的首领。推罗和西顿[35]的商人，像热那

[32] 印加帝国：南美洲西南部的印第安人古国，约兴起于12世纪末，1533年被西班牙人皮萨罗率领的殖民者所消灭。——译注

[33] 库拉卡(Curaca)：为村长或祭司之意。——译注

[34] 太阳之子：指印加国王，印加人崇尚太阳，认为国王是太阳的后代。——译注

[35] 推罗(Tyre)、西顿(Sidon)：均为黎巴嫩港口城市，古代繁华的腓尼基商港。——译注

亚和威尼斯、不莱梅和汉堡[36]的商人一样，经营银行、主管在野蛮国度设立的贸易驿站、指挥时而商用时而用于作战的船只，并且管理他们的城市。这就是当时海上商业城市的情况。在进行这种活动时，那些指挥船只的人很愿意把他的商业职能与政治和军事领导权结合起来。在其它地方，例如佛罗伦萨，很大一部分的城市财富来自工业和银行，统治阶级很快丧失了他们的好战习性和对军队的指挥。雅典大公被驱逐[37]直到美第奇[38]时代之间佛罗伦萨商业寡头麻烦的生涯，可能部分是因为这种情况。1325年发生了佛罗伦萨的贵族和有钱商人希望的最后一次cavallate（意大利语：骑兵出征），或称之为军事远征。[39]

7. 在官僚制国家，并非所有职能都集中于官僚机构并由它 83
来行使。人们可能会说历史上迄今为止还没有这种例子。我们相信，这种社会组织类型的主要特点在于，它的中央政权总是通过税收征集了相当部分的社会财富，并把它首先用于维持军事组织，然后供养数量庞大的公职人员。行使公职并从中央政府或者其地方机构接受薪水的官员数量越多，一个社会就越是官僚化。

在一个官僚制国家，政府职能的专业化程度总是比封建国

㊱ 热那亚和威尼斯：意大利中世纪繁华的商业城邦；不莱梅和汉堡：德国北部港口城市。——译注

㊲ 雅典大公之被逐：1342年佛罗伦萨人将政权托付给外邦人雅典公爵布莱恩（Gautier de Brienne），这一政权受到穷人支持；1343年，富人、贵族和教士联合推翻其统治。——译注

㊳ 美第奇（Cosimo dei Medici，1389—1464）：意大利银行家、富豪和文艺保护人，开创美第奇家族对佛罗伦萨的统治，一直持续到17世纪早期。——译注

㊴ 卡波尼：《佛罗伦萨共和国史》（Storia della Repubblica di Firenze）。——原注

家高。最初和最基本的职能分化是从军事成分中分离出了行政和司法权。进而,官僚制国家在行政和军事服务的各个级别确保了更大的纪律性。要明白这意味着什么,读者只要比较中世纪的伯爵和现代法国或者意大利的长官或者一个军队将领。中世纪的伯爵被武装扈从和诸侯包围着,这些人多少世纪以来依附于他的家族,并靠他土地上的收成养活;而一位现代官员可能被一个电报突然夺去权力甚至薪水。因此,如果各种社会团体要被组织起来,依附和服从于一个单独的力量,封建国家就要求位居社会阶梯顶层的一个人、或者一些人具有更多活力,更大意义的政治才能,否则这些社会团体就会倾向于解体或者自治。一个有影响力的领导人死去时,一个封建国家自身的权力也走向终结,这种情况总是千真万确的。只有主要伦理的一致性——即存在一个明晰的社会类型——可以经常拯救一个用封建方式组织起来的民族。没有什么比基督教更能把阿比西尼亚部落在包围他们的异教徒和伊斯兰教众中间团结在一起,使他们保持了2,000余年的自治。[40]但是当疏远的力量比较微弱时,或者当一个封建国家与组织更健全的民族接触时,这样一个民族可能非常容易被融合,并在频繁的阶段性危机中消失,而中央政权不可避免会遇到这些危机——我们立刻想起了波兰的例
84 子。另一方面,最高首脑的个人素质对一个官僚制国家的命运影响甚微。即使一个官僚化组织起来的社会抛弃了一个旧有模式而采纳了一个新模式,或者即使它对其社会类型进行深刻的调整,这个社会仍然可以保持自由。在西方,它经历了历时一个半世纪接纳基督教的过程,在东方甚至长达11个世纪。因此我

---

[40] 阿比西尼亚,即埃塞俄比亚自从罗马帝国时代就信奉基督教,后来与西方世界隔绝,并处于伊斯兰教包围中,但是仍然保持着它的基督教信仰。——译注

们的现代国家几乎都是在此时或彼时从政府的君权神授模式转向议会制。

8. 官僚制组织并不总是像人们平常所说的那样是中央集权的。在很多时候,官僚建制(bureaucratization)与非常自由的省份自治互相协调,如中国,18 个严格属于汉人的省份保有广泛的自治权,每个省的省会几乎处理了全省的各种事务。[41]

欧洲文明的国度——甚至它们中集权程度最弱的国家——都是官僚制的。如我们已经指出的,官僚制组织的首要特点是它的军事职位及其它数量较多的公职,都由拿工资的雇员来担任。不论工资是否仅由中央政府支付,还是部分来自多少受中央控制的地方政府,这一细节并不如人们经常推想的那样重要。每一个极小的政治体都不乏这样的历史,这些组织在人类活动的每一分支都以官僚组织体系的最粗陋形式或干脆什么都没有用,就完成了各种极为耗费能量的奇迹。人们可以回忆古希腊城邦和意大利中世纪城市共和国的例子。但是当涉及那些疆域广阔、人口数以亿计的人类组织时,任何缺乏官僚组织的国家,看来都不能在单一的推动力之下统一经济权力、道德和知识能量等巨大财富。利用这些财富,统治阶级可以在一定程度上改变一个社会的内部条件,使其在国境之外仍然发挥有效和强大的影响力。在封建组织之下,统治阶级中的某些成员施加于被
统治阶级成员身上的权威,多多少少,可能更加直接、更具有压 85
迫性和独断性。在一个官僚组织管理之下的社会中,统治阶级作为一个整体对社会的影响力比个别的领导人要大。

埃及在第十七和十八王朝的黄金时代被官僚化了,当时法

[41] 参见胡克(Huc)、雷古吕斯和罗塞特(Rousset)等人著作。——原注

老们的文明经历了最光辉的一个复兴阶段,而且埃及军队也把他们的征服行动从青尼罗河推进到高加索的山脚下。在古埃及,如同在中国一样,人们不知道贵重金属的造币技术。因此,税收是以实物征集,并以贵重金属进行估价,这些金属要秤出重量。这一点并非官僚政体行使职能微不足道的障碍,但通过非常复杂和详细的记帐人们克服了这种困难。还有一点很有意思,就是社会地位相同,人的心理就是也总是相同,甚至在很小的方面,这一点各个时代都一样。那些年代留存下来的信函显示出埃及官员详细描写了他们远在叙利亚驻军营地的艰苦,小官员厌倦他们在外省小镇的生活,恳求上司把他们调到华美的首都。在任何现代欧洲政府的任何部门都可以找到这些信件。

罗马帝国是一个高度官僚化的国家,它健全的社会组织能够在古代世界的广大范围传播希腊—罗马文明和意大利的语言,并且完成社会同化这项最艰苦的工作。另一个官僚体制的国家是沙皇俄国,它虽有许多内部缺陷,但仍有很大活力,可以扩张到亚洲最遥远的地方。

尽管有这些例子,以及其它不多几个人们容易想起来的例
子,我们不应该忘记已经提到的一个重要事实,即历史没有提供
在主要社会中所有人类活动都被官僚化的例子。这可能是社会
法则巨大的复杂性的迹象之一,因为当一种类型的政治组织在
恰当时机应用时,可能产生好的结果,但是当其普遍化和系统化
86 之后,就变得无法实行,坏处颇多。司法得到了相当普遍的官僚
化,公共管理也如此。拿破仑一世作为伟大的官僚制度构建者,
成功地把教育甚至天主教教士制度官僚化了。我们经常看到官
僚机构修建道路、运河、铁路和所有促进财富生产的公共工作。
但是我们从来没有看到生产自身变得官僚化起来。看起来好像
非常重要的社会活动领域,诸如许多其它领域一样,在官僚制度

之下运转不灵，个人利润看来比任何政府薪金更有效地促进各阶级成员投入生产。

不仅如此，我们还有相当有力的证据，表明对财富生产和分配的官僚控制的扩展在总体上是致命的。我们此处没有想到保护主义、政府对银行和财政的控制、公共事务的过度开发这些东西的经济弊端。我们只是指出一个公认的事实。在一个官僚体制中，经济生产的经理和个体工人都得到保护，不受强力者的武断掠夺，所有的私人争端都受到严厉压制。人类生命和财富因此相对安全。在一个官僚政体下，生产者交给社会组织一定比例的产品，安心地享受余下的产品。这导致了财富增殖，不论是公有的还是私人的，野蛮国家或组织原始的国家对此闻所未闻。但是不行使经济职能的阶级所吸收和消费的财富数量可能特别大，这或者是因为军事需要，或者是因为官僚政体试图执行太多的职能，或者因为战争或由战争引起的债务。在这些情形下，向财富生产阶级征收的赋税变得过分沉重，以至于个人在这一生产领域挣得的利润显著减少。在这种情况下，生产自身不可避免地衰落。由于财富减少，移民和较高的死亡率减少了贫困阶级的数量，最后随之是整个社会体的枯竭。只要一个官僚制国家衰落，就可以观察到这些现象。古埃及官僚政体发展到极限之后，更为明显的是在罗马帝国衰败的时代，就出现了这些情 87
况。在拉美西斯二世[42]漫长统治的末期，第三期埃及文明开始衰落，税收变得不可忍受，马伯乐、雷诺蒙等人解读出的大量私人文件证明了这一点。我们知道罗马帝国衰落的真正原因是人口和财富的剧减，这反过来又主要是税收过重，以及征收这些赋

---

[42] 拉美西斯二世（Ramses Ⅱ，？—公元前 1237）：古埃及第十九王朝第三代国王，在位时国势强盛。——译注

税的难以想像的贪欲所致。[43]同样，法国在大王（the Great King）漫长统治的末年人口和财富开始减少。在爱好和平的弗勒里枢机主教[44]的统治下情况才趋于好转。

9. 关于人类社会政府形式分类，要回答所有我们观点不同的理论和学说，就走得太远了。然而，有两种学说从现在时髦的角度看是如此重要，以至于我们不能忽视它们。我们指的是紧密相关的孔德和斯宾塞的理论。社会和政治科学的大量作家把这两位社会学家的概念当作他们推理和建构体系的基础。

如众所周知，孔德强调人类智力进化的三个阶段：神学阶段、形而上学阶段和实证主义阶段，与之相对应的有三种不同的社会类型：军事的、封建的和工业的。

不需要在这种对人们通常的知识发展过程（intellectual process）的分类中找到什么缺陷。实际上，一个人可能给自己解释在有机的或者无机的宇宙中发生的所有现象，甚至社会现象，他把它们归因于超自然的存在物，或归因于上帝、或者神灵、或者仁慈或邪恶的灵魂的干涉，他把这些神明当作胜利和失败、丰收和饥馑、健康和疾病的主人；如果某人要假定在历史上曾经有这样一个阶段，其中人们完全用这种方式推理，这个阶段就真应该叫做神学阶段。某人可能通过把这些同样的现象归于首要的或者第一的原因解释它们，这种第一因是他的想像、或者对事实肤
88 浅或幻想性的观察的产物，就如同他相信，个人或者国家的命运依赖于行星的运转和天体会合，或者人类身体健康依赖于各种

[43] 马加特（Marquardt）：《罗马财政组织》。——原注

[44] 弗勒里（André Hercule Cardinal de Fleury，1653—1743）：法国枢机主教，法王路易十五时代首席大臣，改革财政，稳定经济与政治，避免争霸。——译注

心情的结合，或者国家的财富依赖于它拥有贵重金属的数量。在这种情况中，人们可能被说成处于形而上学的、或者处于先验理论的阶段。最后，人们放弃了发现诸现象的首要原因的努力，而是以严格的观察方法阐明自然法则，各种现象遵循这些法则，因而人们可以利用它们的所有优势。在思想的这一构成阶段，人们可能被说成处于科学的或者实证主义的阶段。

当孔德着手把上述的三个过程归于明确的历史阶段，然后把人类社会分成依此获得的这个或者那个阶段，人们便开始反对他了。所有三种知识发展过程在所有人类社会中都存在，从成熟的国家直到那些可以说现在仍然处于野蛮状态的国家。希腊贡献给我们希波克拉底，罗马有卢克莱修，现代欧洲文明给了我们物理、化学和政治经济学。现代文明发明了望远镜和显微镜，驯服了电力，发现了引起传染病和其它疾病的细菌。然而我们还必须承认在雅典、在古代罗马、在巴黎、在柏林、在伦敦以及在纽约，大多数人过去和现在仍然处于神学阶段，或者最多不过是形而上学阶段。正如在古典时期，人们总是向占卜者和神谕咨询、奉献祭祀用品和相信先兆一样，天启宗教在我们当代人的生活中仍然发挥了重要作用，而且只要在宗教衰弱的地方，我们就会看到唯心论的迷信或者社会民主主义的荒谬形而上学在增长。另一方面，对于在植物上或者一块石头上看到了神灵，或者相信部落中的法师可以呼风唤雨的野蛮人，如果他不拥有一定数量健全的实证性知识，就无法在这个世界上生存。当他研究他逐猎的动物的习性、学习分辨它们的踪迹和利用风向以奇袭和捕获这些动物时，他正是在利用他自己和父辈积累和系统化 89
的观察知识，因而他的行为与合理的科学规定是一致的。[45]

㊺ 孔德自己看到了这种对他理论的反驳，因为他写道："今天三个智力阶段这

但这不是全部。孔德的三个知识发展过程不只在一个历史时期或者一个民族之中同时发生——用他奇怪的语言讲，就是三个阶段共同存在——而且在个人身上也如此。我们可以举出眼前大量的例子说，这是通常的规则，而与此相反的才是例外。实际上，哪个意大利人不知道某位虔诚的船长呢？他在宗教中信仰卢德的圣女、或庞培的圣母玛利亚[46]的神谕，在政治或者经济中信仰普遍选举权或者阶级斗争，但是当他操纵自己的船只时，就会根据罗盘掌握自己的舵柄，根据风向调整航向。直到两个世纪以前，所有或者绝大多数的内科医生信奉宗教，因此不否认祈祷和向神奉献祭物在治疗疾病时的效果。关于人体不同器官的功能和某种普通药的好处，他们持有各种形而上学信仰，很大一部分是从盖仑[47]和阿拉伯医生那里获得的。但是同时，他们并非没有相当数量的科学知识，这些知识可以追溯到希波克拉底，并且为许多世纪的经验所丰富，可以对有些病例进行理性的治疗。因此在欧洲当古斯塔夫·阿道夫、蒂雷纳和蒙特库科利[48]开始以科学原则作战后很久，人们仍然向上帝祈祷胜利，把感恩的 Te Deums(拉丁文：赞美歌)献给他。还有另外一个例

种短暂的共存只是令人信服地解释了过时的思想家对我的法则进行的反抗。”《实证政治体系》(*Système*)，第三卷，第 41 页。——原注

[46] 卢德的圣女(Our Lady of Lourdes)：卢德为法国西南部小镇，1858 年当地村民声称多次见过处女玛利亚(Virgin Mary，《圣经》记述她未失身而生耶稣)，当地教会和政府试图粉碎传言，但是没有成功，每年世界上有数十万信徒前往此处朝圣，1912 年获天主教会授予“Our Lady of Lourdes”称号；庞培的圣母玛利亚(Madonna of Pompeii)：罗马古城庞培遗址附近一所圣堂中的塑像，据说多次显灵。——译注

[47] 盖仑(Galen，约 130—约 200)：古希腊名医及有关医术的作家，从解剖学角度阐述医理。——译注

[48] 古斯塔夫·阿道夫(Gustavus Adolphus，1594—1632)：瑞典国王(1611—1632)，长期与俄国、波兰、丹麦等国作战；蒂雷纳(Henri de Turenne，1611—1675)：法国元帅；蒙特库科利(Montecuccoli，1609—1680)：奥地利陆军元帅，军事理论家，主要著作有《军事艺术》(1792)一书。——译注

子：当色诺芬相信梦是来自神的警告时，他处于完全的神学阶段。至于他关于地球形状和物质组成的观念，我们时代的物理学家和化学家会把它们当作形而上学。但是，在带领他著名的一万军人退却[49]时，他发现有必要保护他的主纵队，这支部队当时正携带着行李车行军，不断受到波斯骑兵的袭击。他以两支轻武装部队保护其侧翼——因而他是在用一个现代战术家根据当时使
用的武器、以彻底科学和实证的态度判断出来的原则来指导自 90
己。在《居鲁士教育》(*Cyropaedia*)[50]中，色诺芬主要是神学的和形而上学的。他在其关于骑马的著作中又转向实证的。关于这个题目，他像任何现代作家那样，是通过研究马的习性写成的。

10. 事实是这样的，在这里，如同在许多其它地方，过分简化并不适合于处理人类心理的科学。人是极为复杂的动物，充满矛盾。他的思虑并不总是符合逻辑和前后一致，因此，甚至当他相信和希望上帝将要干涉他的利益时，他也会小心地做好准备——或者换句话说，小心地利用他自己和其他人的智力和经验。可以被加在孔德分类中的一个真正有效的论据是，尽管人类的三种知识发展阶段在所有人类社会中共存，并且可以在构成这些社会的大多数成员身上察觉，它们可能依据情况的不同，分布很不平衡。一个民族可能具有比其它民族更先进的科学知识，在它历史的各个阶段，在科学知识方面它可能取得进步或者

---

[49] 一万军人退却(retreat of the Ten Thousand)：公元前401年色诺芬率希腊“万人雇佣军”前往波斯助小居鲁士争夺王位，小居鲁士战败被杀，色诺芬带领12,000名希腊人在敌对土地上经过两年跋涉，结果仅带6,000人返回家乡，在撤退中表现出完美的指挥艺术。——译注

[50] 《居鲁士教育》(*Cyropaedia*)：色诺芬为波斯王国创立者居鲁士大帝所写的一部理想化的传记，相当于文学著作，没有多少史料价值。——译注

衰退;同样确定的是,形而上学的学说或者超自然的信仰通常在科学落后的国家和个体中具有更强的控制力,对它们施加更大的影响力。但是受到这些限制后,孔德的理论就变成了某种特别平常的学说,即一个社会在科学上越进步,它给先验论或者形而上学思维留下的空间就越小,超自然的东西对它影响也越小。

凯撒写道:“*Natio est omnium Gallorum admodum dedita religionibus*(所有高卢种族都格外投身于宗教仪式)”——属于更文明民族的成员总是对较低文明民族作出这种判断。[51]一个很奇怪的事实是,如果天启宗教的信仰者具有一定的科学训练,他们会小心地不把这个世界上发生的一切事情归因于超自然存
91 在物持续不断的干涉,如同更粗鲁的民族和更无知的个人通常做的那样。

但是孔德这位现代社会学之父的观念看来甚至超出了他为三种知识发展阶段和三类政治组织的平行地位设定的界限,这三种政治组织是军事的、封建的和工业的,第一种与人类社会的婴儿状态相适应,第二种相应于它的青少年,第三种写人类社会的成熟期。

军事职能,换句话说一支在国内和国外为了保卫(或为了侵犯,这要根据人类兴趣、偏见和情感来决定)某个民族的武装力量,迄今为止在所有人类社会中都是必需之物。在政治生活中军事因素优势的大小,部分地依赖于我们已经检查过的因素——依赖于军事因素是不是一支必不可少的和广泛的政治力量,依赖于它在多大程度上被其它因素所平衡——这种优势大小也在部分上依赖于其它因素,我们会在适当时候考虑它们。目前我们看不到孔德坚持建立起来的不可分解的联系的必然

---

[51] 凯撒:《高卢战记》(*De bello Gallico*),第六卷,第16页。——原注

性，他把政治生活中军事职能的优势与在知识和道德世界中神学阶段的流行联系起来。我们甚至可以更进一步地说，我们不以任何被证明了的方式思考孔德称之为“军事的”这种组织类型只能在处于初期发展阶段的社会中，或者用现代实证主义的话讲，只能在一个社会的婴儿状态中流行。

在亚历山大之后，希腊社会明显地根据一种现代社会学家称之为“军事的”方式组织起来。在马其顿征服之后，希腊本土的共和国联盟只有非常有限的政治重要性。直到罗马征服为止，它们总是处于埃及、叙利亚、特别是马其顿的伟大希腊化王国的仆从或者附庸地位，而这些王国是建立于军队支持基础上的军事专制主义。然而希腊在这些时期决不是处于婴儿状态，或者神学阶段。代表希腊思想在实证科学方面伟大努力的哲学学派，在那之前不久已经形成，并在当时繁荣兴盛。在凯撒之后的罗马社会中，可以看到同样的情况。当时，依赖于执政官护卫 92
制和罗马军团基础上的帝国专制主义已建立起来了。

当宗教信仰广为传播，一个民族热烈地信赖这些信念时，我们不可避免地发现教士阶层取得了政治优势。这些阶级和军事阶级并不总是同样的，它们也不总是具有同样的情感和兴趣。君主和教会的联盟在神圣同盟[52]之后，在 19 世纪早期出现在欧洲，因为在当时的情况中，君主和教会都受到了同样的理性主义和革命潮流的直接威胁。但在这一事件中，人们没有缔结一项可以作为普遍法则的一般性规定，相反，它仅仅被作为历史进程中的许多过渡现象之一。相反的例子也不缺乏——例如，印度的例子，在该国，有时婆罗门种姓发现自己与武士种姓处于冲突

---

[52] 神圣同盟(Holy Alliance)：1815 年拿破仑帝国覆亡后，俄、普、奥三国君主在巴黎缔结的反革命同盟。——译注

之中。在欧洲也出现了天主教廷和帝国之间的著名争斗。

进一步地,我们发现实际上没有什么能证明孔德的这一学说,即把政治组织中封建制度具有的优势和人类思想中形而上学的优势联系起来。在孔德的体系中,中世纪的一神论和中世纪的本体论代表着一种介于多神论——换句话说,是羽翼丰满的神学阶段——和现代科学之间的过渡阶段,正如孔德认为封建主义这种军事主义有缺陷的形式,是军事和工业阶段的桥梁一样。"实际上,"他说,"一神论适合防守就像多神论适合征服。封建领主们正好形成了一个在军队司令们和工业领导人之间完全的过渡,正如本体论在有神论和科学之间形成的一样。"[53]持有这种一神论最适合防守而多神论适合征服的学说,没有考虑到世界历史的大多数情况——例如,穆斯林世界。

我们已经看到(第三章,第6节),通常被称作封建组织的形式是一种相对简单的政治类型,它经常在主要人类社会的早期
93 阶段出现,在主要的官僚制国家衰落时也会显露身影。政治进步和科学进步并不总是如意大利文艺复兴时期历史所表明的那样,手拉手前进。然而,我们可以带有一定保留地假定,一般的无知状态和知识衰竭,在总体上出现在政治生活的初级阶段或者政治衰亡和解体时期。但是我们不能看到的是,为什么这些阶段以形而上学,而不是神学思维的流行为特征——至多我们能够看到在封建组织鼎盛时期可能没有科学活动。孔子生活在中国封建化组织的时期,但是他毫无疑问不是形而上学家。另一方面,我们时代的阿富汗和阿比西尼亚人对中世纪的三门学科或者四门学科(*quadrivium*)[54]制度,还有其它文化最基本形

---

[53] 《实证政治体系》,第三卷,第66页。——原注

[54] 中世纪三门(trivium)学科:中世纪大学首先开设的三门学科,为语法、修辞

式之外的知识一无所知。

孔德的大量论据是基于中世纪欧洲的例子，以至于这一阶段毫无疑问具有其大量形而上学家，古典时期也如此。但是要想到中世纪思想作为沟通古代神学和现代科学思想的桥梁是错误的，正如想像封建主义是古代僧侣帝国和现代国家的有机过渡形式一样。

人们只要读一读中世纪作家的作品——特别是那些较为接近西方帝国的衰落，还不是很接近文艺复兴的作品，就可以立刻看到，神学的和中世纪的思想比起古典时代来，是如此更加深刻、更加本质的层次上具有神学性质。中世纪的作家和他们周围的人民比起亚里士多德或者西塞罗的同时代人来，距离我们更加遥远、更加不同。封建秩序在那些人们对饥馑和瘟疫感到持续恐惧、天上和地狱中的鬼怪折磨和摧残人类的世纪中发展起来；这些世纪中，对恶魔的恐惧在悲惨的心灵中成为一种永久的精神状态，这些心灵中理智已经由于缺少文化滋养而凋萎，对他们来说，奇异的和超自然的因素就像每天呼吸的空气一样熟悉。

这一阶段最有特点的作家是约尔·格拉波僧侣[55]，他写下了一部下迄11世纪中叶的编年史。[56]据这个僧侣所说，古典时代的作家，包括维吉尔在内，伪装成恶魔出现在他们的读者面前。 94
格拉波的信仰是坚定的，但是不曾被兄弟之爱所温暖，在这种信

学和伦理；四门学科（quadrivium）指的是算术、几何、天文、音乐四门课程。——译注

[55] 约尔·格拉波（Reoul Glaber，一说为Radulfus Glaber，约985—约1047）：法国编年史家，著有《历史》五卷。——译注

[56] 埃米尔·吉布哈特（Emile Gebhardt）：《公元1000年时一个僧侣的精神状态》。——原注

仰中，对第一号恶魔[57]的恐惧可能比对善的、仁慈的基督教上帝发挥了更大作用。在格拉波眼中，撒旦总是存在，并且影响着人类中发生的每一件事情。可能没有活人曾经看到过他。尽管格拉波具有精力充沛的虔诚，并且狂热地顺从撒旦的命令，他本人还是见到这一恶魔三次或者四次。

说实话，并非那个时代的所有作家都显示出智力功能上的发狂，但是没有人能完全幸免。一个诺曼人、戈福尔多·马拉特拉[58]讲述了罗杰伯爵[59]以深邃的洞察力和明智的判断从萨拉逊人[60]手中征服西西里，而且有几次，他表示出不以偏见的目光观察人类事务的能力。然而，在描述一场伯爵与异教徒之间在斯拉米进行的战斗中，他把基督教徒的胜利完全归于圣乔治[61]的干涉，他亲自站在诺曼人一边参战。为了证明这个奇迹，马拉特拉记录了人们看到一个装饰有十字架的白色旗帜出现在一位基督教司令官的长矛上，随风挥舞。

崇拜鬼神的风俗竟然扩散到拜占廷东方。乔治乌斯·塞德里奴斯和编年史著者康斯坦丁·波斐罗杰尼乌斯叙述萨拉逊人占领叙拉古[62]的消息，在难民到达希腊的伯罗奔尼撒半岛[63]很久之前已经被这个岛上的人们知道了，因为一些魔鬼在某个夜晚

---

[57] 第一号恶魔(Evil One)：指撒旦。——译注

[58] 戈福尔多·马拉特拉(Gofferdo Malaterra)：中世纪诺曼僧侣，历史学家，生卒年大约为 12 世纪。——译注

[59] 罗杰伯爵(Count Roger，不详—1119)：十字军国家最强盛时的诺曼统治者，多次战胜信奉回教的诸民族。——译注

[60] 萨拉逊人(Saracens)：阿拉伯人的古称，西西里曾经为阿拉伯人所占领。——译注

[61] 圣乔治：英格兰守护神。——译注

[62] 叙拉古(Syracuse)：意大利西西里岛东南岸城市。——译注

[63] 伯罗奔尼撒半岛：即今日希腊南部的摩里亚半岛，西西里被阿拉伯人占领后，许多信奉天主教的难民逃到这里。——译注

在树林中谈论,有人偷听到他们在描述这场灾难的细节。

在证明他的理论时,孔德写道:“值得注意,天主教真正精神的特征在于它把神学生活减少到严格必要性的范围。”[64]但是这一观点没有能指出这一事实,即不仅在天主教中,而且在其它文明人持有的一神教中,超自然的东西都被减少到具有严格必要性的地步,而这些文明人已经拥有了大量科学文化——例如现代英国人。当文化较低的野蛮人信奉一神教时,它就不会被减 95
少到这种程度。在这样的例子中,超自然的事物对人们心灵的影响可能比它对具有较高文明的多神教的信徒影响更大。

11. 孔德建立起来的第三个对应关系,即工业系统和实证科学之间的关系,也是错误的。我们可能无需这一点的证据,因为在孔德的政治实证主义的第三部分,他的观点没有取得很大的共识,因为它与我们当代人中流行的观点相差太大,而且没有用类似的科学方法提供足够的手段来证明,迄今为止我们时代最常见的情感和兴趣是正当的。孔德认为工业主义是社会组织的一种类型,它将在遥远的将来实现。届时,社会的管理功能将被委托给由实证科学家构成的教士阶层以及由银行家和商人构成的贵族阶层,对于这个贵族阶层来说,较低阶级的成员不容易加入。孔德预料到这个问题可能出现,他没有忘记写下,“教士们[65]会说服无产阶级不屑于离开自己的阶级,把这看作违背了人民庄严的职能,并对大众正义的抱负是致命的;但是总是有人背弃大众的行列。”[66]孔德另一个根本性的观点是在 18 世纪末

[64] 《实证政治体系》,第三卷,第 434 页。——原注

[65] 指孔德所说的由科学家构成的教士阶层(priesthood)。——译注

[66] 《实证政治体系》,第四卷,第 83 页。——原注

和19世纪初的整个知识和政治运动是完全革命性的运动，产生了道德和政治上的无政府状态，因为封建一神论体系已经被破坏了，没有人能够找到替代物。与这一观点一致，孔德猛烈谴责了议会制，把它当作无政府时期的表现（我们还在其中生活）；代议制中较低等级的人选出高等级者，而孔德把代议制定义为革命性的职能。[67]

上面提到的第二个理论，即斯宾塞，以及他之后的一大批现代社会学家对孔德理论作出的修正，如果我们停留在这个理论
96 上，对于我们的目的来说就过分了。斯宾塞把人类社会分成两种类型：根基于武力之上的好战的（例如"军事的"）类型，和基于契约和公民自由同意之上的工业类型。这种两分法在斯宾塞的《社会学原理》中被特别提出，但是其大多数著作、以及斯宾塞众多追随者的著作也经常采取这种分类法。

任何分类都必须基于与众不同的特点之上，这些特点必须清晰、明确，而且斯宾塞事实上并没有忘记在一开始警告说，尽管"在社会进化过程中，通常两种类型（军事型和工业型）混合在一起，我们仍将会发现，在理论上与事实上相类似，是可能以恰当清晰性追溯这些相反特征的，它们在其各自的完全发展中显示出自身。"[68]斯宾塞根本的标准在于军事型社会根基于**社会地位**，根基于"管辖权"，"成员彼此之间处于等级服从的序列中"。[69]这种类型也根基于监督，亦即根基于统治者施于被统治

---

[67] 《实证政治体系》，第四卷，第五章，特别是第368、382、以及393—394页。——原注

[68] 《社会学原理》，第二卷，第十七章：《社会的军事类型》，第547节，第568页；工业化的社会类型在第十八章进行了讨论。第十九章《政治回顾与展望》，联系了这两种类型的过去和将来。——原注

[69] 同上书，第二卷，第十七章，第553页。——原注

者之上的强迫。他的工业型社会奠基于契约，奠基于其成员的自由同意，这与文艺结社或者一种工业或商业协作根基于互相联合的成员的自由同意一样，没有这种同意这个社会根本无法生存。

现在，对于第一种通常的反对意见来说，这种分类建立在一种明显的先验假定的基础上，它经不住事实的考验。任何政治组织同时都既是自愿的，又是强迫性的——自愿的是因为它出自人的本性，如亚里士多德很早以前指出的那样；而强迫性的是因为这是一个必然事实，否则人类会发现自己无法生存。因此，很自然的，同时也必不可少的是，只要有人的地方，就应该自动有一个社会，而且有一个社会的时候，就应该有一个国家——也就是说，少数人统治，多数人被少数的统治阶级所统治。

也许有人反对说，尽管在有人类群体或者群众(multitudes) 97
形成的地方，社会组织的存在是自然和必要的，还是有一些国家，它获得了大多数属于它们的个人的同意、或者至少是默许，也有一些国家没有达到这一条件。我们不否认恰如这种方式存在的事物，但是我们还是没有看到，为什么前者可以按照斯宾塞赋予这些短语的意义，叫做工业型社会，而后者则是军事型社会。一个民族的大多数同意一种特定政府制度，仅仅因为这一制度是建立在人民普遍接受的宗教和哲学信念之上。用我们喜欢说的语言讲，同意者的数量要靠被统治阶级相信统治阶级提出的政治模式的程度，以及他们相信这种政治模式的热情，统治阶级通过这种模式使得其统治正当化。现在一般说来，这种形式的信仰在斯宾塞的工业型社会中肯定不如他称之为军事型的社会，或者不如那些体现出他称之为军事型的社会中强烈，这种社会具有一个根基于神权之上的绝对和专制的政府。

在近东君主国中，经常有针对执掌王权者的阴谋，但是直到几年前，企图建立一种新型政府的尝试都很少。在世界大战[70]前的所有欧洲国家中，土耳其和俄国的政府体制与其人口中的大多数的政治理想最为和谐。只有少数受过教育之人系统地反对苏丹和沙皇的统治。在所有野蛮国家中，人民可能对其统治者不满意，但是通常他们不会想像到更好的制度，也不会期望任何更好的制度。

我们也很难同意，斯宾塞将他的范畴应用于特定的例子。斯宾塞看来把工业型国家想作民主国家，在这种国家中，政府总是根基于代议制度，或者至少具有一种倾向，不承认任何不经过公民大会选举的政权为合法的。他写道："这种控制，如在工业类型下所要求的，只能通过指定机构实施，以了解和执行一般的
98 民意；代议机构最适合从事这种工作。[71]他因此把美国新墨西哥和亚利桑那州那些用泥砖和石块建造的村落中的印第安人和工业类型的社会联系在一起，因为"他们居住在有围墙的村庄中，只有外敌入侵时才作战，他们……在其传统的工业生活中团结起来，结成一种自由形式的政府：'人民每年选举执政者及其委员会。'"[72]

斯宾塞不可能不知道选举制度在古希腊的共和国、在罗马甚至在古代日尔曼人中如何广泛流行；日尔曼通过欢呼选举他们的头领，把他们高举在肩头。然而，根据斯宾塞的范畴，所有这些民族，都被当成军事民族。另一方面，我们几乎不能按照斯宾塞的定义把他们叫做工业民族。一个民族参与选举大会这一事实，并不意味着这一民族指导它的政府，或者被统治阶级选择

---

[70] 由于本书写成于1923年，故书中莫斯卡提到的世界大战均指一战。——译注

[71] 《社会学原理》，第二卷，第十七章，第566节，第508页。——原注

[72] 同上书，第二卷，第十八章，第513节，第616页。——原注

统治者。它仅仅意味着当选举职能在适宜的社会条件下运行时，它是一个特定政治力量可以控制和限制其它政治力量行为的工具。

12. 斯宾塞在其军事和工业类型中发现了某些互相区别的特点，而这两种类型在我们看来特别模糊和不确定。他写道，当军事职能下降、工业职能相应上升时，一种个人为了国家利益生活于其中的社会组织就发展成另一种，其中，国家为了个人利益存在。[73]这是一个微妙的区别。它提醒人们记起大脑是为了身体其它部分存在还是其它部分为了大脑的利益存在这一论争。

斯宾塞在其它地方发现，军事型国家在它要求执行特定行为这一意义上，"具有积极的指导性"，而工业型国家则只是"消极地具有指导性"，[74]因为它把自己限定为不能从事什么行为。斯宾塞祝福具有"消极指导的多样性的国家"。事实上，从来没 99
有一个社会组织其积极控制和消极控制不是同时存在的。因而，既然人类行为有其限制，消极指令的大量增加，就其束缚人类主动性方面，与在积极意义上过度进行指挥一样糟糕。

斯宾塞把一些特点与他的两种国家类型联系在一起，我们将在其它地方进行解释和划分。例如，在古代秘鲁，公共官员监督农业和分配水源（也许是为了有规则的灌溉或预防某时和某地出现严重旱灾）。斯宾塞发现了军事型国家独有的特点。我们只能简单地把这一特点想做过度官僚化。接着，斯宾塞通过引用布朗托姆[75]的论述，发现私人世仇在中世纪晚期的法国、甚

---

[73] 同上书，第十八章。——原注

[74] 同上书，第二卷，第十八章，第 569 节，第 611—612 页。——原注

[75] 布朗托姆(Pierre de Brant，1540—1614)：法国军人和编年史家。——译注

至在教士中仍然较为普遍，他把这种习惯称为军事类型的特征。从我们的角度，我们应该期待发现，诸如世仇这种现象在社会权威机构较为软弱、或者最近变得软弱的民族中很明显——换句话说，这些民族处于较为粗糙或者原始的组织阶段，我们把其定义为封建阶段，这些或者刚刚从这种阶段发展而来。在世仇现象盛行的民族中，以及在因此是野蛮的民族或者社会组织极大地衰退的民族中，个人的勇敢很自然成为众人推崇的品质。实际上，同样的情形会发生在任何因为各种原因不得不进行多次自卫和侵略战争的社会中。很自然，勇敢和夸口应该是野蛮社会中享有声誉和影响的品质，这些社会中低等级的文化不允许发展追求科学和财富生产的能力，获得相应的赞誉。

斯宾塞相信军事型社会是保护主义的社会，反过来也如此。他在其中发现一种依靠自己自愿生活、极少寻求国际交换的倾向。我们认为，这种倾向比其它任何东西更应该算是原始民族粗糙和隔绝的结果。在现代文明国家中，这一倾向来自被少数个人利益所利用的普遍的偏见，这些人善于牺牲多数人以获取
100 他们自己的优势。很可能，经常被斯宾塞称为典型的原始工业型社会的那些部落从与其它部落的交往中获利甚少；可惜，在我们的时代，保护主义的教条在“工业化的”北美丝毫不比“军事性的”德国影响小。

根据斯宾塞的理论，按照它们已经取得的经济发展程度来鉴别工业型社会，或者按照它们显现出的能力和在战争中取得的胜利来鉴别军事型社会，这两种做法都是错误的。而这些标准虽然可能是肤浅的，却具有简单和易于应用的优势。但是斯宾塞自己直接或者间接地警告说，应该反对这些标准。关于第一种，他指出：“工业主义不能和勤俭相混淆”，“体现工业类型的

社会关系可能会与很普通的生产活动共存。”[76]关于第二种，斯宾塞建议人们去设想这种情况，即罗马共和国比罗马在近东征服的帝国较少军事化，而依据同样的推理，英国比被其征服的印度人更不发达。

尽管有这些针对斯宾塞分类方法的反对意见，以及其它可能反驳它的说法，但是不能否认，借助这种分类方法，斯宾塞瞥见了真理——但是要透过迷雾，或者可以说是误解。如果我们与其追随斯宾塞的分类标准，不如追随他大量偶然性的论断，尤其是追随鼓舞他整个作品的那种精神，我们就会看到，斯宾塞用“军事型国家”这个词意味着其司法防卫取得很小进步的国家，而“工业型国家”则意味着正义和社会道德被很好护卫的社会。

妨碍斯宾塞在发现伟大科学原则上进一步前进的误解在于：物质暴力活动曾经是且仍然是阻碍司法防卫进步的巨大障碍之一，这种事实打动了斯宾塞，使他相信战争和对军事组织的需求是所有暴力的原因。但是把这一问题这么看是混淆了原因和它的一个结果。它意味着付诸战争是人类本性中的对伙伴施以暴政这种倾向的惟一原由，而实际上战争只是这种倾向的许 101
多表现之一。在民族与民族的外部关系中，只有越来越多的物质利益得到人们的正确理解，才能克制战争倾向。这种控制只是在已经达到较高经济和科学水平的民族中起作用，因为只有在高度文明条件下，战争才无例外地同时伤害胜利者和被征服者，尽管程度不同。在一个民族个体成员之间的内部关系中，如我们所见，这种倾向可以在一定程度上被在社会中能够维护自身政治力量的各种相互影响以及被这些力量互相施加的控制所压制。

---

[76] 《社会学原理》，第二卷，第十八章，第562节，第603—604页。——原注

在各种政治派系以及各种政治力量中,代表物质力量的部分,换句话说即军队,并不总是按照自己的偏爱妨碍司法平衡,或者把它的意志系统地施加给国家,这是怎么回事呢? 毫无疑问,会出现这种可能性这一情况,是所有社会面临的长期危险。它对于迅速更新其政治力量,或者急切地整顿其政治模式的社会尤其是个危险。因此,如果可能的话,我们必须检查在军事组织和司法防卫之间的关系,以发现处理这种危险的最好方法。这是一个最重要的题目,我们稍后会详细研究它。

现在,我们可能仅是简单地评论,对斯宾塞战争和军事权力概念的前述批评是从理论角度所作出的。但是我们也不能同意许多对他学说的实践应用,斯宾塞多少直接地提出了一些这样的应用。在军事组织的各种类型中,斯宾塞显示出对这样一些形式的偏好,在其中士兵"自愿居于特定地位,在这个范围内拥有自由工人的地位";他认为这样一个组织最适合于那些工业类型得以极大发展的社会。[77]用其它术语讲,这意味着,在一个社
102 会中,那些倾向于使用武力的成分应该自愿承担对内和对外的军事防卫责任,他们也应该自愿接受这样的报偿(a compensation)。它在军事行业中,如在其它方面一样,应该由市场条件所确定。现在就我们看起来——就马基雅弗利和他之后的许多人看来也一样——除了在特殊和例外的情况下,这种制度在具有较高文化水平的民族中间产生的必定是最坏的结果。它在军事阶级中最容易发展出压迫其它阶级的倾向,因为它剥夺了后者任何有效抵制的机会,去除了他们的武装。

---

[77] 同上书,第二卷,第十八章,第562节,第603页。——原注

第四章　统治阶级与社会类型 103

1. 我们刚刚看到，每一种社会类型都具有集中为单一政治组织的倾向。现在我们必须加上，处于扩张中的政治组织，几乎总是期望传播自己的社会类型，并且经常做到了这一点。

我们在最遥远的古代发现了这种抱负。在极早时期，它满足于粗陋、暴力和野蛮的方式，然而这些方式是有效的。亚述人习惯于迁移被征服民族。这些民族被武力驱赶离开了他们的土地，被分散于在精神和民族性上属于亚述的集团中间，最终被他们吸收。[①]反过来，亚述殖民者经常在被征服的领土上定居。秘鲁的印加人同样习惯于全体迁移被征服的野蛮部落，以更容易按秘鲁人的方式驯服他们，把他们吸收为太阳之子的顺民。在中世纪，查理曼扫除了大部分萨克逊人后，把众多法兰克殖民者迁移到他们的土地上，被这样拓展的地区后来被称为法兰克尼亚。几个世纪后，条顿骑士以同样的方式——也就是说，通过大批杀害原有居民和把日尔曼殖民者安置在被征服地区——把德语和基督教信仰从易北河岸边扩展到维斯图拉河和聂曼河河口地带。这项长期殖民政策的主要倡导人和执行者是大王赫曼·

① 正如以色列的十大部落在很大程度上一定发生过的那样，以色列人被迁移越过幼发拉底河。——原注

冯·萨尔扎。[2]

罗马人有时使用类似的方法，但不作为一项经常性政策。例如，这些政策从不被应用于东方具有高度文明的民族，甚至在高卢、西班牙和不列颠，罗马帝国主要靠确立拉丁语和罗马法并
104 且扩展希腊—拉丁文学和学术——简而言之，靠扩展一种令人羡慕地被组织起来的公共管理部门和卓越的文明——来同化野蛮人。[3]

总体上来看，宗教宣传和提供较高等级的文化是同化被征服民族最有效的方式。通过这些方式，墨西哥、秘鲁和南美的许多其它国家在几个世纪中留下了西班牙和葡萄牙的印迹，尽管这些国家的人口很大部分不是伊比利亚血统。

2. 但是，一种不同的社会类型经常会生存下去，至少会存在几个世纪，尽管征服民族的霸权和支配沉重地压在属于这一被征服类型的各种成分上。在古代波斯帝国，崇拜火的米提亚—波斯(Medo-Persian)人[4]广大疆域中指挥其他国王。但是那些被总督们、甚至被其原来的王朝所统治的臣服人口完好无损地保留了他们自己的信仰、习惯和风俗。他们没有放弃自己的社会类型以适应米提亚—波斯的类型。某些居住于帝国中部的部落被其好战的习性以及其位置具有的自然力量所保护，臣

---

② 赫曼·冯·萨尔扎大王(Grand Master Hermann von Salza，约1170—1239)：日尔曼十字军将领，曾统帅都铎兵团与穆斯林作战。——译注

③ 蒙森：《罗马帝国的外省》。——原注

蒙森(Theodor Mommsen，1817—1903)，德国著名历史学家，古罗马研究集大成者，著作有《罗马史》等，获1902年诺贝尔文学奖。——译注

④ 米提亚：伊朗高原北部奴隶制国家，约公元前8世纪建国，米提亚人与波斯人均信奉崇拜火的宗教，如祆教(又称拜火教或琐罗亚斯德教)和摩尼教等。——译注

服更多是表面的，而不是实在的。从色诺芬对“一万撤退”的描述中这一事实清楚地显示出来，例如，对西利西亚国王塞尼西斯的叙述，对沿着卡尔都什[5]土地行军的记述，以及对梅塞尼西亚人(Mosynaecians)和其它黑海南岸民族的描述。尽管有这种情况，苏萨[6]的朝廷还是能够统治这个巨大的松松垮垮的帝国达两个世纪之久，并且，从希斯塔斯普[7]的儿子大流士的统治结束，直到亚历山大的入侵，除了在埃及存在这种可能外，在其它地方没有出现反叛的麻烦。然而，人们应该注意，这个帝国在第一次相当严重的打击下就崩溃了。在臣属者和统治民族之间没有真正的融合，他们的社会力量也没有被健全的行政和军事制度所统一和强化。萨桑王朝的新波斯帝国比原来的小得多，但是这个国家中的各民族被波斯古经《阿维斯陀》[8]的教诲聚合成共同的兄弟。它安全度过了比旧波斯帝国经历的更为猛烈、数 105
量更多的风暴，维持了近四个世纪。

我们发现甚至在近代国家，不同的社会类型仍然比肩存在。土耳其的城市曾经有希腊、亚美尼亚和犹太社区，在巴尔干国家，讲土耳其语的村庄经常连接着希腊和保加利亚语村落。在印度，婆罗门、伊斯兰教徒、帕西人[9]和欧洲人毗邻而居。东方世界一件特有的事是它看来就像一座博物馆，收藏和保存在其它地方被吸收和消失的社会类型的遗迹。这也是因为东方国家

---

⑤ 西利西亚(Cilicia)：亚洲西部安纳托利亚南部一古国；卡尔都什(Karduchians)：小亚细亚古地名。——译注

⑥ 苏萨(Susa)：古代波斯帝国首都，遗址在今伊朗西南部。——译注

⑦ 希斯塔斯普(Hystaspes，活动期为公元前7世纪到前6世纪)：希腊波西斯国王阿萨姆之子，曾经跟随居鲁士出征。——译注

⑧ 《阿维斯陀》(Avesta)：古波斯瑣罗亚斯德教的经典。——译注

⑨ 帕西人(Parsee)：公元8世纪为逃避穆斯林迫害由波斯移居印度的拜火教徒。——译注

的政府拥有较少的社会力量，因此比欧洲国家具有较小的吸收能力，或者是因为在东方国家比我们中间有更多真正的容忍。人们只要回忆一下在西西里和西班牙许多繁荣的伊斯兰殖民地在失去政治统治力后，在一个世纪之内就消失了。最近，在巴尔干半岛，一个国家脱离苏丹的统治后，它的穆斯林人口迅速减少，某个时刻就会完全消失。

当一个国家由混合的社会类型所构成时，统治阶级几乎完全从优势类型中被挑选；如果这种规律没有得到遵守，只是因为优势类型或者在人数上、或者在道德和知识活力上太虚弱，以至于这个国家就像一个生病的国家，处于严重政治动乱的边缘。

这就是在过去的一个世纪苏丹治下的土耳其的情况。通过与欧洲文明亲密接触及利益冲突，土耳其人在其统治阶级中使用了大量的希腊人、亚美尼亚人甚至欧洲人。在这里，正如人们观察到的，这种政策提供给她一个优越文明的许多资源；但是它去除了土耳其统治阶级大量的原始勇气，实际上并没有使苏丹免于失去大量的疆域。在印度，英国征服者迄今为止比印度人在文明的各个方面都领先一畴，但是由于人数极少，他们在公共管理、法庭和军队中也接受当地人的帮助。如果在公共职能中分配给当地人的份额变得太大，以至于可能不需要欧洲人，欧洲
106 人的统治在该国是否能够长期持续就很成问题了。

当相当数量的不同社会类型在一个国家混合在一起时，在处于臣服的社会类型中几乎总是会发展起来一个指导性的阶级，即使它不严格地算是统治阶级。有时这一阶级最初被吸收进统治阶级中。例如，高卢贵族阶层就迅速罗马化。它在几代人中就获取了拉丁文的古典文化和法律文化，很快就要求获得

罗马公民权,而这是较容易被授予的。同样,在科索沃战争[10]后,波斯尼亚人转向伊斯兰教徒寻求帮助,以挽救他们的财产,避免成为非穆斯林的贱民。但是在这两种情况中,贵族阶层文化程度都较低,更重要的是,他们没有对特有的久远和光荣的过去的记忆。古代的伟大传统、集体优越性的意识,以及对入侵社会类型本能的排斥,经常强大到克服个人利益,这样,被征服民族的上层阶级就变成最难以同化的因素。在君士坦丁堡,极少听说高贵的法纳瑞特家族成员皈依了伊斯兰教。今天的科普特人继承了宗法学家和公共职员的职业,看来与构成古埃及贵族阶层的有识之士一脉相传。他们保持着基督教信仰,尽管农民大众已经皈依了伊斯兰教若干个世纪。今天的伽巴尔人[11]仍然保持对火的崇拜,他们看来是古代波斯贵族的后裔。在印度,最高种姓的人很少转向伊斯兰教。

3. 现在我们要讨论一个不明显但是可能更加重要的社会现象。几个世纪来,在一个单一政治组织中几种社会类型在表面上共存这种例子,可能被作为一个强大社会统一性的外部表现。只要下等阶层可以进入某个社会中统治阶级用来发号施令的政治架构,或者只要当作为一种政治模式之基础的信仰、道德和哲学原则的混合体,还没有深入社会中人数众多但学识甚少的阶层的意识中,这种情况就会出现。当统治阶级和被统治阶 107
级的风俗、文化和习惯有非常大的不同时,也会出现同样的情形。

---

⑩ 科索沃战争:巴尔干半岛各国联合抗击土耳其的战斗,发生于1389年6月,联军最终为土军击溃,首领塞尔维亚拉扎尔公爵被俘遇害,塞尔维亚从此沦为土耳其附庸。——译注

⑪ 伽巴尔人(Gheber):对伊朗琐罗亚斯德(拜火)教徒的称呼。——译注

举几个例子可以看得更清楚。在罗马和古希腊,奴隶被完全摒弃于作为政治机体和道德共同体的“城邦”之外,他们不能享有国民教育,他们与国家的福利不论在物质上还是在精神上都没有共同点。印度的贱民也被认为处于每个种姓之外,甚至不能与其压迫者信仰同一个神灵。贱民与其他人完全隔离,他们代表了一种在精神上异化于其所在社会的个人。另一方面,希伯莱人,以及古代东方的其它民族认为,一旦劳工和奴隶被归化,他们就能够分享其所属社会的情感。这种通过适当讲授教义细致地培养下层阶级的情感、信仰和风俗的观念,是基督教和伊斯兰教的伟大优点。这些宗教在这一方面多少被现代欧洲国家所模仿。

通常,正是非常古老的政治模式这种经过时间检验的信仰和情感的混合体,才成功地进入了人类社会的最底层。另一方面,当各种观点的快速传播把上层阶级、或者更活跃的一般位于大城市的知识中间派煽动起来时,下层阶级和一个国家的外围地区就可能被落在后面,而不同的社会类型就开始在一个社会内部形成了。

在所有社会阶级中,精神统一程度的高低解释了在某些时刻出现的政治组织的强弱。土耳其的统治阶级无论多么严重地腐化、低效率和玩忽职守,它的陆军、海军和财政在高高在上的宫廷统治下完全乱作一团,然而当新月旗处于危险中时,土耳其人还是显示出一种强烈的活力,阻止了欧洲军事最强大的国度的进犯。原因在于贫穷的土耳其正规军士兵尽管衣衫褴褛、赤
108 足前进,仍然能无畏地在战壕中赴死,而预备役士兵在苏丹的征召下走出棚屋,他们真正地感受到了那种他们被号召起来为之服务的政治模式,他们准备保卫它到最后一刻,甚至把生命奉献

出来以支持它。在鲁梅利亚和安纳托利亚[12]的土耳其农民真诚而深切地信仰伊斯兰教、先知,并把苏丹作为先知的代理人,而这种让他们献出最大牺牲的信仰正是在日常生活中浸润了他们,构成了他们的道德和知识世界。

这种分析涉及了1895年之前发生的事件,而且我们不会看到,因为1912至1913年间的事件[13]、或者其它与世界大战或基马尔[14]相联系的事件,土耳其的这种情况有什么改变。在巴尔干战争[15]和世界大战中,土耳其的灾难是由于该国统治阶级的组织混乱和无能,而哈米德王室30年的专制统治[16]和青年土耳其党[17]的4年执政加剧了这种情况。但是在世界大战中,库特—埃—阿马拉(Kut-el-Amara)显示了土耳其士兵可以为自己的信仰作战和牺牲。我们还没有提到1920年土耳其伟大的起义,它推翻了《色佛尔条约》[18],从小亚细亚横扫希腊,建立了现

---

⑫ 鲁梅利亚(Rumelia):原奥斯曼帝国在巴尔干半岛上的属地;安纳托利亚(Anatolia):安纳托利亚是亚洲西部小亚细亚半岛的旧称,今属土耳其。——译注

⑬ 指巴尔干半岛的两次战争(1912,1912—1913),在这两次战争中,土耳其丧失了对巴尔干半岛大部分领土的控制权。——译注

⑭ 基马尔(Kemal Ataturk,1881—1938):土耳其共和国开国总统(1923—1938),推翻了奥斯曼土耳其帝制,并废除了与协约国签订的不平等条约。——译注

⑮ 巴尔干战争:指1912—1913年间第一次巴尔干战争,巴尔干半岛的保加利亚、塞尔维亚和希腊等国联合对土耳其作战,结果土战败,丧失了其大部分欧洲领土。——译注

⑯ 哈米德王室(Hamidian)在土耳其30年的统治:应该指土耳其君主哈米德二世,即阿布杜勒—哈米德(Abdul-Hamid Ⅱ),1876—1909年在位。——译注

⑰ 青年土耳其党:即1908年开始执政的土耳其统一进步党,该党至第一次巴尔干战争(1912)时下台。——译注

⑱ 色佛尔(Sevres)条约:色佛尔为法国北部城市,第一次世界大战后协约国与奥斯曼帝国在此签订条约,剥夺了奥斯曼帝国大片领土,由于土耳其人民的反对,于1923年为《洛桑条约》所取代。——译注

在的安哥拉[19]政权。

尽管有诸如库图佐夫、巴克莱·德·托利、本尼格森、多克特罗夫和巴格拉基昂[20]这样的天才之士，没有人否认拿破仑需要对付的俄国将军的一般训练和能力比奥地利和普鲁士的标准肯定为低。著名的苏沃洛夫[21]对其俄国士兵了解很多，知道怎么让他们最勇敢。但是苏沃洛夫毕竟是一个勇敢的将领而不是有能力者。俄国士兵是拿破仑最惧怕的敌手。在著名的莫斯科战役中，入侵法军的失败与其说是由于寒冷、饥饿和开小差，不如说是由于俄国人对法国人的憎恨，这种憎恨从维帖布斯克[22]——换句话说，从法国人进入俄国本土那一刻——就开始折磨他们。正是这种仇恨激发了俄国人的狂怒，使他们破坏了敌军前进路上的所有给养，焚烧了在斯摩棱斯克和莫斯科之间的所有城镇和乡村。它给予了罗斯托普钦[23]烧毁莫斯科本身的勇气。对于俄国农民来说，上帝、沙皇和神圣俄罗斯构成了一种
109 信仰和情感的内在统一，他们从刚一出生就开始浸润其中，这也是他们在家中学到的要加以崇敬的传统。

同样的道德统一体解释了其它成功地和半神圣地进行抵抗

---

⑲ 安哥拉((Angora)：土耳其首都安卡拉(Ankara)的旧称。——译注

⑳ 库图佐夫(Mikhail Ilarionovich Kutuzov，1745—1813)：俄国陆军元帅，拿破仑发动对俄战争时(1812)担任俄军总指挥，击退其入侵；巴克莱·德·托利(Mikhail Bogdanovich Barclay de Tolly，1761—1818)：俄国陆军元帅，抗法战争英雄；本尼格森(Levin August Benningsen，1745—1821)：俄国将军，长期与拿破仑作战；多克特罗夫(Doktorov，应为 Dokhturov, Dmitrii Sergeevich, 1756—1816)：俄国陆军将领，抗法战争英雄；巴格拉基昂(Pyotr Ivanovich Bagration，1765—1812)：俄国将军。——译注

㉑ 苏沃洛夫(Aleksandr Vasilyevich Suvarov，1729—1800)：沙俄元帅，参加俄土战争(1768—1774，1787—1791)，著有《制胜科学》一书。——译注

㉒ 维帖布斯克(Vitebsk)：白俄罗斯东北部城市。——译注

㉓ 罗斯托普钦(Fydor Vaslyevich Rostopchin，1763—1826)：俄国军官和政治家，1798 年任外交大臣。——译注

的例子,正如缺少它就会引起某种耻辱的示弱。旺代[24]在革命战争中是强大的,因为贵族、教士和农民都具有同样的信仰、同样的欲望和同样的情感。西班牙在1808年是强壮的,因为西班牙贵族和最低级的西班牙牧羊人都充满了对法国入侵者的仇恨(他们把这些入侵者当作不信神的人)、对国王的忠诚、以及对受人尊敬的和独立的国家的骄傲。尽管西班牙将军无能和正规军队不堪一击,这种一致的情感还是带来了撒拉戈萨和塔拉戈纳的奇迹[25],以及西班牙独立战争的最后胜利。不论在什么威胁之下,衣不遮体的农民也绝不同意给法国人指路。西班牙正规军主要由新兵组成,缺乏有经验的军官。它的无能不仅被法国作家,而且被威灵顿公爵[26]和其他英国军官的信件所证明[27]。另一方面,西班牙在1822年的法国正统保王党入侵[28]中极为软弱。在这时,只有一小部分上层阶级理解、或者投身于正在争论中的立宪君主制原则,这种原则对上层阶级中的大多数和该国广大民众是无法理解的。

---

[24] 旺代(Vendée):法国西南部地名,大革命期间叛逃贵族和外国势力在这里组织军队对抗革命;南特是法国西部港市,旺代叛乱期间,革命政府的军队与叛军在此地多次作战。——译注

[25] 撒拉戈萨(Saragossa)和塔拉戈纳(Tarragona)的奇迹:均为西班牙北部地区名,在1808—1809年半岛战争中,撒拉戈萨举城抗击法军,半数以上居民阵亡;1811年,塔拉戈纳同样长期而壮烈地抗击了法军的进攻。——译注

[26] 威灵顿公爵(Duke Wellington,1769—1852):英国公爵、将军,反拿破仑联军统帅。——译注

[27] 参见梯也尔的历史文集(第五十六册,第六卷)和托雷诺(Toreno)的著作,以及维戈·德·罗西伦(Vigo de Roussillon)上校的军事回忆录。——原注

梯也尔(Louis Adolf Thiers,1797—1877):法国政治家、历史学家,历任法国总统(1871—1893)、首相和外交大臣。——译注

[28] 1822年法国的正统保王党(Legitimist)入侵:正统保王党指法国波旁王朝复辟后拥立波旁王室后裔的人,1822年法国波旁王朝军队曾侵入西班牙并全胜该国军队。——译注

那不勒斯王国在1798年和1799年显示出虚弱，尽管在个人或者团队中现出了许多勇敢的行为。大众和中上阶级的大部分人的确痛恨法国的雅各宾党人和一般的革命观点。他们狂热地忠于他们的合法国王，忠于天主教信仰。然而，在上层中有一小部分人，尽管他们在数量上稀少，但是在智力、热情和勇气上
110 强大，他们蔑视本国乡下人，对法国人的自由福音怀有热烈同情。因此，背叛、甚于背叛的行为、以及对背叛无穷的怀疑，使得所有抵抗瘫痪，常规军也被扰乱；而这支军队开始时是一支糟糕的部队，还消减了民众自发抵抗的有效性；要不是对入侵者或真或假的同情这种背叛行为，这种抵抗本来可能取得胜利。如大家都知道的，加皮耐特[29]的军队在加普亚[30]得到遏止，但是又被那不勒斯的共和党所邀请和鼓励，来攻击那不勒斯。如果不是卡斯特尔·圣埃尔莫的可耻投降，以及加普亚守军遭到的侧翼攻击——这两种行为都是那不勒斯共和党所为——这种进攻本来不会进行，而且在任何情况下都可能失败。这种行为解释了在短命的帕特诺普共和国[31]覆灭后可怕的报复行动，这些报复不仅来自皇家，也来自民众。

4. 迄今为止，我们已经广泛思考了各种社会阶层之间宗教和政治信仰的不同。但是，在知识修养上的差距，以及语言、习

---

[29] 加皮耐特(Jean Etienne Championnet，1762—1800)：法国将军，1798年率军攻入意大利。——译注

[30] 加普亚为意大利南部古城，1798年该城守军曾长期抗击法国入侵者。——译注

[31] 帕特诺普(Parthenopean)共和国：1799年在法国军队支持下意大利那不勒斯资产阶级在发动革命后建立的短暂共和国，该共和国很快被保皇党势力推翻。——译注

惯和家庭风俗方面的不同也有其重要性。

我们习惯于把接受过精致的文学和科学教育的阶级与没受过什么教育、或者浅学即止的阶级之间存在的不同，也就是存在于具有良好教养的习惯和作风的社会阶层与缺乏修养的普通大众之间的差距视为当然。因此，我们很容易假定，同样的差距也鲜明和深深地存在于所有人类社会，并且在我们自己的国家中总是存在着。事实并非如此。在伊斯兰教的东方，并没有出现这样的差异，或者如果有，它们也不如在我们的社会中明显。[32]在俄国，在被称作知识分子的阶层与农民之间，或者在同样的知识分子阶层与在沙皇治下时常可见的长胡子商人阶层之间，在彼得大帝时代还不存在深刻的差别，当时没有大学——那时的波雅尔[33]几乎与农民一样粗陋和不修文采。甚至在西欧不到两个世纪以前，在各种社会阶层的知识修习、公共和私人礼节上的 111
差异也远不如现在明显。这种差异越来越显著，但是这一趋势出现的时间不早于18世纪和19世纪。例如，在法国，伏尔泰曾宣称，当路易十四在1660年实际登基后，法国贵族在自然天赋上卓越，但是却不讲礼貌、粗鲁有加。在英国18世纪结束之际，科贝特[34]还指出在过去好日子时——他还是个孩子时——的农场主和他写作时农场主之间的差异。他写道，过去，农场主可以提供居所和食物给他的所有农夫，与他们一起坐在大橡树下，还经常在完成祈祷后喝一样的啤酒。接着风俗变了。挣工资的人拿上他的所得在小酒馆中独自吃肉。农场主变成一个绅士，使

---

[32] 这一事实被勒南和其他法国作家见证，对于任何在伊斯兰教社会或者穆斯林文化中生活过的人非常明显。——原注

[33] 波雅尔(Boyars)：俄罗斯中世纪出身于王室的贵族阶级。——译注

[34] 科贝特(William Cobbett，1763—1835)：19世纪英格兰新闻记者和活跃的政治人物，曾在乡村漫游多年，其《乡村游记》广为流传。——译注

用玻璃酒瓶、黑檀木制成的叉子、象牙雕成的刀子和瓷盘子。他的孩子们如果有必要，将成为职员、抄写员、店员，但是不会成为农夫。

在过去150年间，同样的变化也发生在西西里和那不勒斯那些大大小小的地主们中间。他们的曾祖父可能富有，不过无论如何算是农民。现在，他们可能贫穷，但终归算是绅士——他们是 *galantuomini*（意大利语：正人君子们）（galantuimo 一词在当地方言中意味着有素质、有良好教养的人）。尽管第一眼看上去很奇怪，但是这种倾向与通常在民主的名义下产生和增长起来的观点和情感之潮流同步发展，它构成了现在很流行的各种民主理论和它们的政治应用之间一种奇怪的对比。

在官僚化社会中，各种社会阶级成长时的差异可能变得更显著。在封建类型的社会中，统治阶级的个体成员通常星星点点地分布于它们的追随者中。他们与这些追随者保持经常接触，在某种意义上不得不成为他们的自然领袖。在中世纪，一个男爵站在其陪臣中间，粗鲁地对待他们，而这些陪臣没有利用人
112 数上的优势争取自由，这一点可能看起来很奇怪。但是实际上，争取自由并不总是一件容易的事情。尽管这些陪臣比其它被统治成分在能量上占优，并且熟悉武器，但是他们多少是与其领主的命运联系在一起的。但是，除了这一点，另外一个很重要的事项也不能被忽视。男爵个人了解他的陪臣。他同其所想，与他们同感受。他有同样的迷信、同样的习惯和同样的语言。他是他们的主人，有时严厉而专断。因为所有这些原因，他是陪臣们很好地了解的人，他们可以与他谈话，他们 经常坐在他的桌子旁，尽管是在卑下的座位上，并且有时与他一起喝醉。只有完全无视下层阶级的心理，才不会立刻看到这种真正的熟识使得低等级的人可以忍受和原谅多少件事情！这种熟识是基于同样的

教育，或者，如果愿意的话，基于同样地缺乏教育。可能有人反驳说，通常穷人不喜欢为新近富有的人服务。这是正确的，但是在这方面必须考虑其它因素。首先，新富起来的人易于遭到嫉妒。其次，新贵经常比生来富贵的人更严厉、更贪婪。最后，新贵不去维护他所出身阶级的习惯和情感的整体，而总是试图采纳更高等阶级的方式和习惯。他的主要野心和关切，通常是让人们忘记他的出身。

在中世纪，第一次农民起义不是发生于封建主义最严酷的时候，而是发生于贵族开始学会相互结交，发生于爱心宫廷——也就是对好习惯的有意识追求——开始让他们变得优雅，使他们脱离孤单的世袭阶层的粗鲁习惯时。密茨凯维奇[35]对这种联系作出了重要的观察。他发现只要当波兰贵族生活于农民中间时，他们很受欢迎。农民们可以忍受他们的老爷从他们嘴边拿走面包以购买马匹和昂贵的武器用于逐猎或用于同土耳其人和俄国人作战。随后，法式教育在波兰贵族中立足。他们学会了如何按照凡尔赛宫的方式举行舞会，并开始花费时间学习跳小
步舞。从这一天起农民和贵族变成了两个民族，农民们不再以 113
任何他们在 18 世纪末与外国人作战时的那种有效方式来支持贵族。[36]

爱尔兰的凯尔特社会也是这种情况。根据麦考莱和其他历史学家的记述，古代姓名中具有 O(O's) 和 Mc(Mc's) 的贵族在农民中间很受欢迎，农民们用劳动供养宗族头领享用奢侈，让其餐桌丰盛起来，他们的女儿有时还被征为妻妾。但是这些贵族

㉟ 密茨凯维奇(Adam Bernard Mickiewicz，1798—1855)：19 世纪波兰最伟大的诗人，终身为波兰的自由而奋斗。——译注

㊱ 《波兰人民史》(*Histoire populaire de pologne*)。——原注

实际上是被当作家庭中的成员受到尊敬的。他们被当作与农民血脉相连的人。他们当然与农民们有相同的习惯和观点。另一方面,征服爱尔兰的英国地主可能是一种更文雅的人,他肯定更遵纪守法,在需求上更有分寸。然而他仍然被痛恨。他在语言、宗教和习惯上是陌生人。他住得很远,甚至当他住在自己的领地中,他也是按照传统保持自己的习惯,与他的佃户们毫无联系,除非严格地限于主仆关系中。

贡普洛维奇的追随者可能会观察到,在爱尔兰地主和农民之间的仇恨应该被归因于种族的不同——用奥克耐尔[37]最喜欢的表达方式之一说,应归因于凯尔特人发现自己要面对萨克逊人。但是,事实是,第一批在中世纪迁居到爱尔兰的盎格鲁—诺曼人家族,例如塔勃洛和费兹杰拉德家族在该国生活了很长时间,最后接受了凯尔特的生活方式,在各种反叛中站在爱尔兰一边与英国人作战。

但是假定我们能够考虑在沙皇俄国发生的事情。这里,在贵族和农民之间当然没有重大的种族差异,但是他们在社会类型,特别是在习惯上极为不同。文化阶层,不论穷富,已经接受了欧洲的教育方式。其他人口继续坚持亚洲的观念和习俗。90年代的俄国革命者车尔尼 雪夫斯基指出了农民叛乱的可能性:

> 114 人民无知,充满粗鲁偏见,盲目地仇恨所有已经抛弃了原始俄国生活方式的人(这种憎恶来自社会方式的不同),他们区分不出那些穿着德国风格服装的人(这些人已经放弃了传统俄国风俗,穿着西欧风格服装)。它把所有人等同

---

[37] 奥克耐尔(Daniel O'Connell,1775—1847):爱尔兰政治活动家,推动国会通过天主教解放法案,在英国给天主教徒以平等地位。——译注

视之，不尊重科学、诗歌和艺术。它会毁灭我们整个的文明。[38]

5. 事实是，人类具有情感，这种情感从单个人来看可能无法估计，很难分析，更难定义，但是它从人类总体的角度看非常有力，可能有助于促成最重要的社会现象。那个写下人类让自己仅受到自我利益指导的人[39]指出了一个一般性公理，但它几乎完全缺乏实践价值，因为这一真理除了进行过分细致的分析和区分外，什么也没有告诉我们。任何认为利益（interest）只能用金钱方式有形地表达、并只能用英镑和便士加以衡量的人，都过于冷漠和弱智，无法理解他周围的人。在每个人身上，利益都随个人口味而不同，而且每个人都用他自己的方式解释他的利益。对许多人来说，满足他们的骄傲、个人的尊严感、或大或小的虚荣心，迎合他们的个人任性和仇恨，比仅仅是物质上的愉悦重要得多。我们决不能忘记这类事情，特别是当我们开始分析富人和穷人之间，高级和低级之间，一句话，即两个不同社会阶级之间的关系时。当生活的基本需要在某种程度上被满足后，最有助于创造和维持不同社会阶级之间的摩擦和憎恶的，与其说是物质享受的不同，不如说是在两种不同环境中的成员身份。至少，对于下层阶级中的部分成员，存在一个他们被排除在外的高贵世界这一点，迄今为止比任何物质贫困更令人痛苦。没有法律和世袭特权禁止他们进入这一世界。他们被一条最细的纤维纺的丝线围在这个世界外面，这种纤维就是教育、礼貌习惯和社会习俗上的不同。只有费很大力气，这条线才能被打破。

---

[38] 列劳一波留：《沙皇帝国与俄罗斯》，第二卷，第 524 页。——原注

[39] 指卢梭。——译注

115 从非常久远的时代以来，人们一次次写道，在每一个城市和每一个国家存在两个敌对人群——穷人和富人，他们总是提防互相伤害。现在这个定理在我们看来不具有无限的、更不是普遍的适用性。我们刚才提到的东西可能只是用来解释那些出现接受它时的许多例外情况。通常，穷人追随富人的领导，或者说，被统治阶级服从统治阶级的领导，只要他们被灌输同样的意见和信仰，并且被训练成具有相差不大的道德和知识背景。而且当敌人属于一个非常异己的社会类型，可以同时激起穷人和富人的反感时，平民在与外国人的战争中总是上层阶级的忠实副手。因而在1808年的西班牙，或者是在革命时期的旺代，农民和贵族并肩作战，农民从来没有利用无秩序和缺乏法律的机会去掠夺贵族的房子。人们满可以怀疑是否会有信仰基督教的穷困阶级支持伊斯兰入侵的例子——更不要说在伊斯兰社会中，穷人支持基督教的入侵了。

中欧和西欧的社会民主主义声称，不考虑民族的概念，并且宣布所有国家的无产阶级联合起来反对全世界的资本家。如果发生德法战争，或者发生意大利与英国之间的战争，这些理论可能具有一定的实践应用，因为所有这些国家都属于大致相同的社会类型。但是如果问题是击退鞑靼人或者中国人的入侵，或者是土耳其人和俄国人的入侵，我们相信无产阶级中的大多数，甚至在那些最有力地浸润了世界集体主义信条的国家，都会急切地与统治阶级合作。

任何周游广泛的人都会对一个并非毫无意义的事实有深刻的印象。不同国家的穷人，与不同国家的富人一样，比同一国家
116 的穷人和富人之间更容易交往。要非常精确的话，人们只要去注意，现在“世界大同(cosmopolitanism)”是统治阶级中某个成分——拥有最多财富和最大享乐的成分——更醒目的特点。但

是这种世界主义的交善只有当人们具有大致相似的习俗时才能出现。如果他们到观念和生活方式全新的遥远土地，一个国家的穷人和富人，甚至仅仅是邻近国家的穷人和富人，彼此的吸引力都会比同阶级的外国人强。这就是欧洲人在印度和中国，以及在所有文明类型与欧洲显著不同国家的情况。所有这些不过是以另一种方式说，在不同国家成员之间社会类型的差异，总是比相同国家的不同阶级之间社会类型的差异更大，这一点迟早都会被认识到。

6. 下层阶级在心理和知识上的孤立，以及在不同社会阶级之间非常显著的信仰和教育的差异，引起了政治学学者极大的兴趣，尽管它们可能对所在社会有危险。

首先，在下层阶级中间，由于孤立必然形成另一个统治阶级，或者起指导作用的少数人，而且这个新阶级经常敌视掌握合法政府的阶级。[40]当这个平民领导阶层具有良好组织，它可能严重妨碍政府。在许多天主教国家，教士仍然是惟一给农民施加道德影响的权威，农民信任教区神父，却拒绝信任政府官员。在其它国家，人们即使不把公共官员和贵族当成敌人的话，也是陌生人。在这些国家中，更加坚决和有闯劲的平民有时成功地组织了广泛和相当持久的组织，它们管理自己特有的审判，有自己的官员体系、自己的领导人和自己公认的机构。这样，一个真正 117
的国中之国形成了，这是一个秘密政府，但是它比合法政府更让人畏惧，也被更好地服从，并且如果不是更受爱戴，也会得到更好的理解。

---

[40] 这种现象就像我们在这一章前面(第 2 节，最后一段)谈到在严格表述的意义上不同的社会类型是彼此并存时所观察到的内容。——原注

第二点，在任何统治阶级中的一部分想要推翻合法政府的时间和场合，不论原因为何，它总是要寻求下层阶级的支持，当这些下层阶级对已经建立的秩序敌视和冷漠时，很容易追随它的领导。这种联盟经常让人觉得，平民成为几乎所有叛乱和革命的必要工具，在这个联盟中我们经常发现上层社会等级的人领导大众运动。然而相反的现象也时有出现。统治阶级中掌握政权、抵制革命潮流的人，经常在旧观念和该社会的下层阶级中发现主要的支持力量。这就是西班牙 1822 年直迄 1830 年的情况，也是那不勒斯王国在 1790 年，以及大约到 1860 年的情况。这些情形可能受无知、低能和粗俗的煽动所统治，这种煽动被有些人认为是“对上帝的否定”。

但是各种社会阶级间社会类型的差异、以及各个阶级相互隔绝的最危险后果，是上层社会活力的衰退，而这种阶级隔绝是社会类型不同的必然结果。上层阶级的勇敢和进取心变得越来越少，变得越来越软弱，更加宽恕自己。我们已经看到在封建类型的国家中这种发展在实践上是不可能的，在一个分裂成许多独立部分的社会里，每个组织的头领必须有能力，足智多谋。他们的霸权很大程度上依赖于自己身体和道德上的力量，他们经常运用这种力量与近邻斗争。当社会类型进步，统治阶级开始从一种改善了的官僚机制获益时，它在文化和财富上，特别是在
118 其更好的组织和更坚实的团聚力上的优越性，可能在一定程度上补偿个人活力的丧失。因而，统治阶级中相当数量的成员，特别是给社会赋予知识氛围和方向的团体，失去了与下层阶级人们打交道和直接命令他们的习惯。这种状态一般会带来一种轻佻的姿态，以及一种完全抽象和因袭传统的 文化，它取代了对现实的生动意识和对人性的健全和精确的知识。思维失去了阳刚气。感伤的和被夸大的人道主义理论凸现出来，这种理论宣

称人类具有内在的善，特别是当他们没有被文明污染时；这种理论或者坚持温和的有说服性的方式，在治理国家中比严厉的独裁手段好得多。如泰纳所言，人们想像，既然社会生活在几个世纪中平静温和地流动，就像猛烈的水流被围在坚固的堤坝中一样，大坝就变得多余了，可以轻易省却，现在河流学到了教训。

塔西陀把日尔曼风俗描写为受人称赞地俭朴、节俭和有德行。三个多世纪后，马赛的萨尔文把高卢人、汪达尔人、法兰克人和其他野蛮部落的胜利归因于他们道德上的优越性。据萨尔文讲，这些入侵者贞洁、克制、诚实，而罗马人特别是其中的上层阶级私通、酗酒和说谎。马基雅弗利在描述他生活的时代的日尔曼人的习惯和风俗时，明显地受到了塔西陀的影响。在以后两个世纪，许多哲学家赞誉了原始道德的神圣和朴实，以及幼稚民族的纯洁。因此，看来在非常成熟的、统治阶级已经获得了典雅文化的文明中，有一种经常的倾向，即使它并不普遍，这种倾向以一种对立的方式热情称赞原始人、野蛮人和农民（阿卡迪亚的情况[41]）的俭朴方式，并且用所有的美德和情感来包装他们，这种情感像想像出来的一样充满陈词滥调。卢梭高明地表达出来的概念是所有这些倾向的基础，他认为人类本性善良，是社会和文明污染了他。这一观念对过去150年间的政治思想产生了 119
巨大的影响。

一个统治阶级越是倾向于陷入这种错误，它就越对从下层阶级中兴起的成分封闭，即使它不合法。在下层阶级中严峻的维生必要性、对面包的无尽和恼人的追求，以及文化修养的缺乏，生动地保持了原始的奋斗本能和持久的粗鲁人性。无论如

---

[41] 阿卡迪亚（Arcadia）：古希腊一山区，在今伯罗奔尼撒半岛中部，以其军民田园牧歌一般的简朴生活著称。——译注

何，不论知识和道德隔绝的因素是否被个人隔绝的因素所加强，毫无疑问的是，当统治阶级已经以上述方式堕落，它就失去了防范它自己的危险的能力，也失去了防范不幸被其领导的社会的危险的能力。因此，国家在外敌第一次可感受的打击下崩溃了。统治者不能处理最小的风暴和变故，而一个强大明智的统治阶级可能只要花费极小的财富就对付得了这种变化。鲜血和人格尊严是与社会灾难的程度成比例的。

作为例子，人们应该记住，在 19 世纪的进程中，英格兰和平地进行了几乎所有基本的民事和政治改革，没有经历猛烈的冲击，而法国却在大革命中付出了沉重的代价赢得这些改革。不可否认，英格兰巨大的优势在于其更大的活力、更大的实用智慧、以及它的统治阶级在上个世纪末获得并流传下来的更好的政治训练。

第五章　司法防卫 120

1. 我们可能不需要定义道德感。我们所有人都用不着明确、仔细限定的公式来描述，就可以感受和理解它。然而，人们通常认为，这个短语意味着情感的汇聚，人类按照这种情感发展其行为与能力、满足欲望与冲动，以及指挥别人和进行享受的自然倾向，被一种对滥用其倾向给其他人带来痛苦和伤害的自然补偿所制约。有时，这样的情感被提升到这种地步：一个人从给其他人带来快乐和利益中获得的精神满足，要比使自己获得快乐的物质满足更大。

当我们对那些牺牲别人以满足自己冲动的行为的限制，立足于对亲近之人的爱戴时，它被说成根基于“情感共鸣”。当它仅仅是被那种应该给予他人，甚至是陌生人或者敌人的尊敬所激发，只因为他们是人时，我们就获得了一种更加微妙，通常不是所有人都感觉得到的情感——“正义”的情感。对这些道德感的理想化和夸大之词出现在一些著名的公式中，如“像爱你自己一样爱你的邻居”，“己所不欲，勿施于人”。不过，这些格言表达了一种对无法达到的道德完善的期盼，而不是用于真实生活中的实用忠告。除了几乎仅出现在父母之爱中的例外情况，每个人都更关心自己而不是其他人；如果他要有效地关心自己，他必须爱自己略胜过爱别人，对待别人与对待自己不同。一个人可能恰当地感觉到，自己几乎不需要这些谨慎行为，因为事实是，除了一些例外的时刻和一些例外的人，人们从不认真看待上面提到的这些格言。

121 道德感究竟是在增进还是原地踏步，这个问题争论很大。众所周知，巴克尔[1]，这位19世纪英国杰出的作家观察到，远古时代人们就知道和宣称最纯洁、最崇高的伦理原则，因此他坚持认为，人类社会的进步仅仅存在于知识和科学方面，而不在道德上。[2]我们时代被广为追随的进化学派得出了不同的结论。进化学派认为，道德感能够也必须由于生存斗争而持续进步，生存斗争在每一个社会都会让那些最具有利他主义的人生存，而利他主义就是那些最好地效力于社会利益的情感。在不同社会的生存斗争中，胜利一般而言通常属于利他主义最强大的社会。

我们最好简短检查一下这两种理论，只是为了证明两者都不能成为科学结论的基础。让我们从第二个理论开始，它迄今为止已经获得了广泛的支持。

2. 我们已经尽力证明了(第一章，第13节)，在一个已经达到一定文明程度的社会里，个人之间的斗争不是为了生存，而是为了卓越性。但是即使忽略这一点，我们仍然发现自封的实证主义者宣称的原则似是而非，这种原则的大意是，在每一个社会集团中，最有道德即最具有利他主义情感的人注定要生存(用我们的话讲，就是获得最高的社会地位)。这方面我们可以同意的仅仅是——而且我们很乐意同意这一点——一个特别缺少道德感、不能充分掩饰其倾向的人，将不得不比其他人克服更大的困

---

① 巴克尔(Henry Thomas Buckle，1821—1862)：英国历史学家，力求使历史成为一门严谨的科学，著有《英格兰文明史》。——译注

② 《英格兰文明史》，第一卷，第四章：《道德和知识法则的比较》。——原注

难，因为他通常会引起反感和厌恶。但是就现状来说，一个道德感很敏锐的人总是处于同样的严重不利中。在所有要处理的生 122
活问题中，不论大小，他都会发现自己以低劣的武器作战。大多数人将对他使用诡计，他对此非常熟悉，但是小心翼翼地不去用它们。他由此遭受的损失，一定比一个狡猾的坏蛋从他激起的恶意中遭受的损失更大，而这个坏蛋刚好知道在何处停止其骗行。实际上，一个人由于其天性纯朴而可能在无意中当了好人，或者一个人可能通过故意的雅量、坚定的毅力、对邪恶难以控制的憎恨以及刚正不阿而有意成为好人；但是可以肯定地说，一个人成为好人，绝不是由于相信做好人可以更轻易实现自己的目的，或者在生活中获得普遍认可的成功。在这个意义上阐明的作为道德基础的功利主义，坦白地说，只能是伪君子的诡计或者傻子的美梦。

由此可见，在所有社会，所谓的进化、最优选择，最终应该导致具有平均道德水平的人活得更长久，数量也越来越大，这些人原则上说最适应所谓的生存斗争。生存或者如我们认为的更精确地表述为卓越性，应该首先期待那些人物，他们在各种社会环境中，都代表了最完善者的平均道德水平。然而，即使作出了这种根本的修改，进化理论看来也无法让人接受，因为它假定在任何情况中，道德因素总是个人追求既定生活目标时成功或失败的主要因素。实际上，事情并不恰好如此。且不说机遇，其影响比通常认为的大得多。像敏捷的理解力、敏锐的观察力这些智力因素大小的程度，在决定一个人是达到社会上层还是处于社会底层时，也发挥了相当重要的作用。其它素质也有非常重要的影响，这些素质依赖于个人的气质，严格说来，它不是智力的或者道德的——这些素质包括持之以恒、自信和（更重要的）**活跃性**。如果我们判断一个人是否在社会中——不论在什么类型

的社会——取得进展，我们固然发现不能使用任何单一的标准，
123 但是如果要把注意力放在主要因素上，我们就必须观察他是否**活跃**，以及是否知道怎样利用他的这个特点。

除了暴力革命的短暂时期，个人素质在获得生活中最高地位方面，总是不如出身或者家庭关系更重要。在任何类型的社会，不论表面上看来是民主的还是其它类型，出身较高阶层是一个人有权留在这一层次的最好理由之一。几个世代在社会等级中占据最高地位的家庭，经常缺少能够最好地把一个人从最低层带到最高地位的素质。同时，在一个不需要经常在猛烈、狡诈甚至是可耻的战斗中拼争以达到社会顶层的人那里，可能发现一种真正优雅的道德感。一句话，帮助一个平民推开贵族大门的优点和缺陷经常与贵族自身具有的优点和缺陷非常不同。

我们认为自然选择论只是部分正确，可以接受。完全可以这样假定，其它情况相同时，在一场两个社会之间的斗争中，其个体成员平均有更强的道德感，从而更加团结、彼此更加信任和更富于自我牺牲的社会将会胜利。但是这种例外情况从总体上伤害了进化理论，而不是帮助了它。在特定社会里，如果优秀个体的生存不是因为道德感的平均程度更高，那么就只能归因于社会组织的平均水平更高——换句话说，被归因于在本质上是历史性的原因，这些原因是那些想主要用个体器官变化或者个人“精神”来解释社会现象的人的最坏的敌人。

3. 尽管如上所说，巴克尔的理论并非与我们的观点全然不同，我们还是感到，如果不修改或至少在一定程度上补充它们，我们就很难接受。我们发现，格言和律法在古代社会显示出精

致的道德感,这一点当然是真的。例如,在古代埃及《死者书》[③] 124
中,特别是它追溯远古的某些章节,可以看到非常类似于《十戒》的箴言;[④]可追溯到第十二王朝的纸草文件中记载了与基督教和佛教同样好的道德原则。在希腊罗马世界,柏拉图主义者和斯多噶主义者,以及希伯莱的艾赛尼派教徒[⑤]表现了很高的道德水准,在远早于基督教时代的中国、印度和波斯文明中,可以很容易地找到同样的道德训诫。但是尽管这些箴言可以追溯到非常遥远的古代,古老文明的民族还是接受了它们,因而他们的道德感经历了源远流长的形成过程。实际上,如果可以把一个原始社会的道德水平和一个相对文明民族——该民族早就在大型的和人口众多的政治机体中组织起来了——的伦理体系加以比较,这就像是拿一个孩子和一个成人作比较。前者无意识,而后者有意识。勾画前者的冲动的线条很粗,则已经完全发展和成熟了。孩子和野蛮人可能做错事,甚至铸成大错,但是在他们的行为中,动物性的冲动总是比估算和预谋发挥了更大作用;并且他们可能没有明确地区分或者没有刻意地去牺牲自己而去做好事,而成人和文明人则可以做到这一点。

诚如上述所言,粗鲁者的伦理感比较良好教养者的伦理感,非常像一个孩子或者野蛮人对道德的感觉与成人或者文明人的伦理体系相比。我们称作感觉的微妙性的东西,指的正是更高级的道德应用于数量更广泛的社会关系。欧洲旅行者在非洲内陆通常发现阿拉伯探险者总是自己扎堆儿,而不是同当地黑人

---

③ 埃及《死者书》(Egyptian Book of Dead):古埃及陪葬文集,约公元前16世纪成书,其中包含了大量对了解上古情况有价值的史料。——译注

④ 参见雷诺蒙、马伯乐著作。——原注

⑤ 斯多噶主义:古希腊末期和古罗马时期流行的哲学理论,强调生活中的德行;艾赛尼教派:古代犹太人中的神秘主义教派,鼓吹禁欲。——译注

一起干。这是可以理解的。阿拉伯人是古代文明的继承者。尽管他们颇为擅长诡计、行窃和谋杀，当他们想这么做时，就可以拿出绅士风度。他们至少具有一些更高级因而也更像我们的道德概念。

125 但是，文明人和野蛮人的区别，不仅在于道德和非道德的冲动得到精雕细刻。在数百年享有健全政治组织的古代文化社会中，对不道德冲动的压抑——一些刑法学家称之为约束冲动的禁忌——毫无疑问更强大，需要加上所有根深蒂固的习惯力量。这个社会通过一个漫长的酝酿过程，逐渐发展起来了一些习俗，它们用一种普遍的道德来抑制个人在一定的公共和私人关系中的不道德。当人们不受兴趣和情感支配时，几乎所有人都会明白，某个行为与其所在社会流行的正义感不相符。然而，绝大多数个人在情感的压力或者在强烈的兴趣吸引下可能会作出这种行为。

公众意见、宗教、法律，以及所有的确保遵守法律的社会机制，都是大众功德的体现，这种功德通常与个人或者少数人的情感相比，是冷静的，没有偏见，而个人或者少数人对正义和诚实行为的理解，在某些时刻会受到暴力和自私欲望的蒙蔽。法官是大众道德意识的工具，他逐个抑制了个人的情感和邪恶本能，把它们束缚起来。

因此，在一个高度发展的文明中，不仅道德本能——以及自私的情感——都变得更加精致，更加有觉悟，更加完美。在一个政治组织力取得巨大进步的社会中，道德约束自身毫无疑问会强大起来，过分自私的行为被相互监督和社会成员之间的限制所压抑、或阻碍，这样被压抑的行为越来越多，规定得越来越明白。当然，每一个社会都有数量相对较少的人具有完全难以接受任何社会纪律的倾向，而且，与此类似，也会有一定数量的具有更高是非心和更坚实性格的人,对于他们来说外在的约束是多余的。但是大多数人属于这两种极端之间,他们有平均的道德心,对于这些人来说,对伤害或惩罚的畏惧、以及被迫为自己行为负责这一事实,是最为有效的方法,使他们克服众多践踏日常生活中道德法则的诱惑。那些要求他们为自己行为负责的人 126
既非其同谋,又不是他们的属下。

我们把那种指导道德感约束作用的社会机制,称为司法防卫(尊敬法律,依法治国)。这些机制并非在所有社会都一样完善。一个比其它社会有更好的艺术和科学的社会,在这方面可能会明显地比其它社会差。也可能会是这样的情况,那些经历科学和经济进步的国家,司法防卫变得衰弱,不再高效。[6]巨大的灾难,诸如长期的战争或者剧烈的革命,在各处都会产生社会解体的阶段,这时,对自私欲望的束缚衰退,长期抑制这些欲望的习惯被打破,被长期和平与文明生活钝化但没有被消灭的野蛮本能会复活——因为如果更伟大的文化能成功地遮盖住它们的话,也使它们强硬和鲜明。

因此,我们经常看到一批批从文明国度来的探险者,在与野蛮民族或社会类型与他们明显不同的民族接触时,感到失去了通常的道德约束,犯下了某种罪行,这种罪行给西班牙在美洲的征服者、以及在印度的黑斯廷斯和克莱武[7]带来了不光彩。三

---

⑥ 在塔尔德的文章《从犯罪的角度看民众和教派》(Foules et sectes au point de vue criminel)中,他表达了这样的观点,现代欧洲最近发生了道德衰退,这种衰退是由于社会原因。——原注

⑦ 黑斯廷斯(Warren Hastings,1732—1818):英国驻印度官员,首任孟加拉总督(1774—1785),组织了东印度公司的军队,用武力镇压印度反抗者;克莱武(Robert Clive,1725—1774):英国将领,殖民主义者,1757 年率军占领孟加拉。——译注

十年战争，或法国革命，或其它内战，也可以由此同样的标准解释。

修昔底德描绘的城邦战争和某个城邦内战之后，希腊社会出现的不道德景象很有特点。注意到以下这一点很有意思，所有破坏道德约束的社会灾难总是随着道德约束自身的放松而发生，以至于需要重新建立道德水准，但是非常缓慢。莱托诺已经表明，在野蛮人和原始人中知识进步远比道德进步要快。[⑧]当文
127 明化的社会重现于社会解体之后，这种现象也很明显。这是由于道德习惯的确立和重建非常缓慢，但是它给巴克尔的理论提供一个貌似真理的伪装，似乎道德感完全静止了。

至此，我们小心地避免了猜测道德和利他主义本能的源泉。就我们的目的而言，观察到它们内在于人性，且对社会生存是必要的就足够了。还要看到，我们的理论与卢梭的相反，卢梭认为人类本性良好，是社会使他邪恶和堕落。我们相信社会组织为人类个体提供了相互的限制，从而不是通过破坏他们的邪恶本性、而是让他们适应于控制自己的恶性，使人类变好。

4. 已经拥有或者正在创造历史的主要民族，没有把对道德感的约束仅仅托付给宗教，而是交给了一整套司法系统。在所有民族的早期，世俗法令和宗教训诫一直携手并进，支持一方的约束力也支持另一方。甚至今天在有些社会中还是这样。但在我们的时代，在欧洲文明和中华文明的国家里，世俗或者民事组织同宗教组织或多或少是分开的，宗教组织的有效性决定于它设法激发和维护的信仰的强弱，而世俗组织则把它的进步依托

---

⑧ 《以人种志为基础的社会学》(*La Sociologie d'après l'ethnographie*)。——原注

于成功地迎合某些心理倾向上。

长期以来,人们一直争论,当宗教制裁与政治制裁分离时,它是否比后者更有效——或者换句话说,对地狱的恐惧在生活实践中是否比对监狱和警察的恐惧更大。很难对所有可能的情况给出一个确定的答案。很明显,一个政治组织方面松弛而原始、但宗教信仰很强烈的国家,在本质上与宗教信仰开始衰落,而政治、行政和司法系统开始改进的国家情况是不一样的。宗教训诫和世俗法律都是从集体道德感中发源而来,这种集体道 128
德感对所有人类组织都必不可少,而且无可否认的是,所有宗教总是有某些实际影响的,它们很难不这样做。然而,仍然有理由担心宗教的重要性被轻易夸大。例如,如果宗教如此重要,那么在一个基督教民族和一个偶像崇拜民族之间的道德差异应该极为不同。当然,如果我们比较一个文明的基督教民族和一个野蛮的、偶像崇拜民族,道德上的差异应该是巨大的;但是如果我们把两个野蛮程度相近的民族放在一起,其中一个信仰基督教,而另一个不信,还是可以发现,在实际生活中,他们的行为非常相似,或者至少没有明显差距。现代阿比西尼亚人就是一个活生生的例子。马萨扎大主教在埃塞俄比亚做了 30 年传教士。他指出基督教对阿比西尼亚人的实际生活影响甚微。[9]如果我们把仍然信仰异教、但在政治上组织相当好的马可·奥勒留时代的社会与(图尔的)格列高利[10]描写的无序的基督教社会相比较,我们很怀疑,这种比较会有利于前者。

确定即时处罚,不论相对多么轻微,通常也比更严酷但是不

---

⑨ 《埃塞俄比亚 30 年传教生涯》(*I miei trentacinque anni di missione in Etiopia*)。——原注

⑩ (图尔的)格列高利(Gregory of Tours, Saint, 538—594):基督教图尔城主教、历史学家,修复图尔的大教堂,著有十卷本《法兰克人史》。——译注

确定和遥远的惩罚要可怕，这一点与人性相符。对于普通的道德心来说，当贪婪、欲望和报复心诱惑他们去偷窃、强奸和谋杀时，对监狱和断头台的畏惧，比起永受折磨的可能性来，是一个更加有力、特别是更为确定的威慑力量。人们在只是怀有猛烈情感时才会严重破坏道德法则，如果这一点是真的，那么另外一点就更正确了，即那些轻微地违反更明显的公平和正义训诫的行为，是被日常的轻微利益和嫉妒所引起的。有一个不承认欠债还钱在总体上是正义和适当行为的道德或者宗教法则吗？然而不得不承认，有许多信徒没有偿还他们的债务，而且，要不是他们怕遭公众唾弃或遭法庭传唤而被邻居挥拳相向履行债务，
129 他们会千方百计为自己的行为辨护。不需要过分精巧的道德心就会明白，打别人肯定不是有礼貌的行为；然而，在愤怒时对邻居挥拳相向的习惯是这样受到抑制的：一个出拳的人一定有可能被回击，而且情况可能比此更进一步。妇女和孩子作为最软弱、最无防卫力的人，最应该受到宗教和道德情感的保护；但是我们经常看到，在实际情况中，他们是野蛮的人身打击的牺牲者。在非常宗教化的国家，低级阶层要完全听从高级阶级，殴打仆人或下属的行为并不少见。

宗教信仰类似爱国主义和政治热情，可能在极度愉悦的时候产生克制和自我牺牲的巨大趋势，并激发大众从事那些在一个仅仅思考人类普通本性的人看来，几乎是超人的行为和努力。天主教的喜庆年以及新教徒的复活节中这样的例子不只一个，并且人们可能提到盛大的布施潮流、以及阿西西的圣方济各节

期间遍布翁布里亚[11]的兄弟之爱，以及法国革命和意大利1848年骚乱时期那些短暂的日子。

我们此处说的是集体的、而非个人的行为。关于后者，孤立个人或孤立者群体极端克制和自我牺牲的例子，在任何时代或任何文明国度都不少见。在每一次战争和每一次严重的疫病时—— 或者简而言之，当某人为了所有人的利益遭受或者面临危险的行为被人们期望、或变得必要的任何情况下——人们就会看到这些例子。在这种情况下，正如一些人身上可以见到品格的升华一样，另一些人身上也会出现过分的懦弱和自私自利，这些人在面临真正危险和确实需要自我牺牲的时刻抛弃了平时习惯戴着的面具。同样，正如大众有时具有高尚的克制和自我牺牲精神，他们也会具有阴暗情感狂热发作的时候。

但是某些情感具有的激发起短暂狂喜的能力，不应该让我 130
们误把它当作人类日常生活中的实际功能。在爱国和宗教的愉悦中，我们听说过整个城市抛弃自己的财产以捐献给国家或者教会。但是如果税收没有强制性，如果天主教会自身不征集什一税，任何政治组织都存在不下去。

爱国的情感、宗教的情感，以及大多数情况下是两者混合而成的情感，足以导致一般的和猛烈的起义，它们经常推动全国人民拿起武器，进行遥远而危险的远征——这就是头两次或三次十字军东征的情况。但是除了那些把战争看作一项常规职业和正常收入来源的人，这两种情感，无法作为一支稳固和可依赖的军队的基础；这样的军队要在人们需要时立刻能投入使用。在

---

⑪ 阿西西的圣方济各(St. Francis of Assisi，1182—1226)：天主教方济各会及方济各修女会创始人，意大利人，恪守苦修，麻衣赤足宣传福音，圣方济各节是为了纪念她而设；翁布里亚(Umbria)：意大利中部和北部一地区。——译注

通常依靠农业、工业或者商业的民族中，这种类型的军队是健全的社会纪律的产物，纪律无情地驱使个人去履行义务，在某些时候以特有方式服兵役。

5. 政治组织本身，也就是确立了统治阶级和被统治阶级、以及统治阶级内部不同等级和不同部分之间关系之特征的那种组织，在决定司法防卫、也就是依法治国在特定民族中能达到的完美程度这一点上，比起其它因素更为重要。一个诚实政府的存在，一个基于正直和正义的政府，一个在圭西亚迪尼所用术语的意义上真正自由的政府，是人们可能拥有的最好保证，可以最有效地支持通常被认为的私有权利——换句话说，私有财产将得到保护。圭西亚迪尼把“政治自由”定义为“法律和公共法令相对于特殊人欲望的胜利。”[12]如果我们把特殊人当作“个人”的意思，它意味着“单独的个人”，包括那些掌权的个人，我们就很
131 难发现更严谨的科学定义了。这一定义也许是无意的，还具有古人定义的优点，因为圭西亚迪尼在重复古希腊著名的七贤哲之一的一句格言。圭西亚迪尼肯定不是一个单纯的人。在他的《思想》和《对话》[13]中，他经常回到这一观点，即“只有在对自己的利益和亲戚利益的爱、或者对他人报复的恐惧没有误导人们的理解力时，人们通常才会喜爱善和正义。”这些话代表了对我们前面当作司法防卫基础的心理法则的认可。

一个腐败政府，无法在司法防卫方面充分履行职责；在这样的政府中，发号施令者只是使他的意志符合他自己的法律，是以

---

⑫ 《未刊著作》(*Opere inedite*)，第二卷，第169页。——原注

⑬ 《思想集》(*Pensieri*)是《思想与作品》(*Il Pensiero e l'opera*)的简称；《对语》(*Discorsi*)是《对马基雅弗利话语的思考》(*Considerazioni sui Discorsi del Machiavelli*, 1529)的简称，均为圭西亚迪尼的名著。——译注

上帝的名义还是以人民的名义并不紧要。在司法程序方面，这样的政府可以公开宣称一些可接受的、甚至高尚的原则。在实践中，这些原则得不到严格遵守。在那不勒斯原来的王国，某种程度上在沙皇俄国，法庭的执法以及法律本身，都可能被一个警察搞得无效。法律面前人人平等，尽管被公开宣称，也不过是一个闹剧。选择一个古代的例子，因为它不太能激起现代的情感，《狄奥多西法典》[14]规定大的财产拥有者应该通过省的总督付税，因为通常被委托收税的市政长官比起这些大地主来，太软弱，对他们过于尊敬。在阿卡狄乌斯[15]治下，具有自由人身份的农民有一项权利，从理论上可以把地主送上帝国法庭，但是这一程序被认为是"不恰当的"[16]。

当然，道德和正义原则激励统治者和被统治者以及统治者中间各不同派别之间的关系的程度，要根据国家和历史阶段多少要发生一些可感受的变化。在这方面中国的官僚政府与土耳其在过去好日子时的帕夏或者维齐尔[17]政府的区别非常明显——这些帕夏或者维齐尔们是具有穆罕默德·库普里、穆斯 132
塔法·白拉克达、或阿里·特比兰那样烙印的人，随手就处置了那些触及财产、人事，以及非伊斯兰土耳其人，甚至有时是伊斯兰

---

⑭ 第十一章，第七条，第12款。——原注

《狄奥多西法典》(Theodosian Code)是狄奥多西二世(Theodosius Ⅱ，401—450，东罗马帝国皇帝，408—450在位)于公元438年颁布的法典，促进了东罗马帝国农奴制的发展。——译注

⑮ 阿卡狄乌斯(又译阿卡丢，Arcadius，约377—408)：东罗马帝国第一任正式皇帝(383—408)，公元402年指定儿子狄奥多西二世共同执政。——译注

⑯ 库朗日(Fustel de Coulanges)：《若干历史问题研究》，第100、120页。——原注

⑰ 帕夏(pahsa)：旧时奥斯曼帝国和北非一些伊斯兰国家高级官员的称号；维齐尔(vizier)：伊斯兰教国家元老、高官。——译注

信徒之生命的问题。不论中国官员的愿望多么好,他们都被迫搞腐败,以补充他们有些微薄的薪水,并且除非一个省处于紧急状态,他们都要把死刑判决呈报北京供审核,在某种情况下这些判决还可能撤销。在可怕者伊凡的时代,大量的财产充公和整个城市人口灭绝,在俄国是家常便饭,这个国家的统治方式与后来的沙皇非常不同;反过来,19 世纪的沙皇俄国的统治方式与英国也很不同,在英国逮捕每一个人都必须认真和迅速地被法庭批准。中欧和西欧的大国与南美的共和国统治方式很不同。在拉丁美洲,获胜党派的领袖还习惯于射杀失败党派的领袖,而且在不久以前,还很容易估算在任何一段时间中在几亿人口而不是几百万人中的掌权者所犯的罪过。[18]

某些作家轻而易举地以种族差异解释在政治制度完善程度上的不同。[19]但是种族缺陷的说法在这里用处不大。今天看来落后的民族可能在历史的某个阶段设法创造了非常先进的文明类型,并且已经具有了政治组织,其中对法律的尊敬、也就是司法防卫比起今天在这方面超过它们的国家当时的情况好得多。甚至今天这些民族在私人关系上也没有表现出在道德感上劣人一等,而他们的公共事务看来则如此。西班牙人和西西里人通常被 认为是政治道德比较低的民族。没有人会说他们在家庭关系中、或者在其私人事务和友谊中在比其他欧洲人的道德差。

133 其他人用文明等级上的差异解释这里提到的不同,这有一

[18] 就阿根廷共和国总统古阿雷斯—瑟尔曼(Juarez-Celman)和他帮凶的事迹,参见埃贝罗特(ébelot):《布宜诺斯埃利斯的革命》。——原注

古阿雷斯—瑟尔曼(Miguel Juarez-Celman):1886 年当选为阿根廷总统,治下通货膨胀,政治腐败成风,在 1890 年的革命中被迫提前下台。——译注

[19] 我们在这些章节(第一章,第 10—16 节)中已经大量讨论了这种观点。——原注

定的道理。如我们此后将见到的，对人口众多、分布广泛的社会单位，诸如现代的国家来说，如果不是不可能的话，把司法防卫完善到较高等级也很困难，除非它们取得了相当高的知识和经济发展水平。但是部分正确并非完全正确。许多民族有过物质上和精神上的辉煌，然而，由于某种致命的弊端，它们从没有消除某种类型的政治组织，这些组织看起来完全不适合于确保统治阶级的道德取得真正进步。巴格达、科尔多瓦[20]和开罗的阿拉伯哈里发几个世纪以来是世界文明的领袖。他们在政治组织上从未取得可感知的进步。因此，通常称作文明的东西，表面看来是政治进步的必要前提，但是不能充分唤起或者解释这种进步。

也许的确可以主张，习惯在很大程度上决定了一个民族能够永久享受、或系统地承受的司法防卫的完善与缺陷的最高等级。可以想见的是，现代波斯人也许不能使自己在一代人、甚至在几代人中适应今日英国实行的政治制度；今日的英国人也从不能接受沙[21]的臣民们实行过的政治制度。我们已经指出，道德习惯比知识习惯变化要慢得多；然而不论多么慢，它们也在变化，或变好或变坏。今天的英国人无法接受理查三世这样的国王、弗兰西斯·培根这样的大臣、杰弗里斯[22]这样的法官、在苏格

⑳ 科尔多瓦(Cordoba)：西班牙南部城市，8—11世纪是西班牙摩尔人的统治中心，当时的西方学术中心。——译注

㉑ 沙(shah)：古代和近代波斯国王的称呼。——译注

㉒ 理查三世(Richard Ⅲ，1452—1485)：英格兰国王(1483—1485)，囚禁爱德华五世而篡位上台，死于王位争夺战；弗兰西斯·培根：英国著名哲学家，他曾担任掌玺大臣，因被指控贪污遭黜；杰弗里斯(George Jeffreys，1645—1689)：英格兰法官，以残忍和贪污腐化著称。——译注

兰指挥作战的克拉夫豪斯的约翰·格雷姆[23]这样的将军，或者我们可能冒险提起的，如克伦威尔这样的护国公。因此，我们能够合理地期望，巴那伯·维斯孔蒂或者西萨尔·博尔吉亚[24]这样的人在今天的意大利完全是不可能的。波利比乌斯羡慕罗马政治制度，认为该制度是他时代所有政府中最好的。但是在几个世代之中，同样的罗马人已经学会接受第波里乌斯、卡利古拉和尼禄[25]的残暴；而生活在亚里斯泰迪斯、伯利克里和伊巴密浓达[26]时代的希腊人的后代臣服拜占廷堕落的皇帝们几百年之久。那
134 么，在形成方面，某些习惯优先于其它习惯一定有其原因。因此，假定政治制度上的不同主要在于政治习惯，为什么出现不同习惯的问题还是没有解决。一句话，我们在此处遭遇了一个巨大的心理法则，它自己就可以解释为什么一个民族的道德本能在其政治结构中时多时少地体现和发展。而且这个法则只是另一个更一般化的法则的许多表现形式之一，我们在本章一开始就提出了这另一个法则，它解释了在社会生活的所有阶段道德限制或大或小的效能。

6. 单一政治力量的绝对优势，在国家组织方面一种被简化

㉓ 约翰·格雷姆(John Graham，约 1649—1689)：苏格兰将领，1688 年光荣革命时忠于英王詹姆斯二世，次年与奥伦治亲王威廉的军队作战时阵亡。——译注

㉔ 巴那伯·维斯孔蒂(Barnabò Visconti)：为 14 和 15 世纪统治米兰的维斯孔蒂家族王位继承者，1385 年死于其侄加莱阿佐·维斯孔蒂的狱中；西萨尔·博尔吉亚(Cesare Borgia，1475—1507)：教皇亚历山大六世的私生子，曾任巴伦西亚大主教。——译注

㉕ 第波里乌斯(Tiberius)、卡利古拉和尼罗：均为古罗马皇帝。——译注

㉖ 亚里斯泰迪斯(Aristides，约公元前 530—约前 468)：雅典政治家和将军，提洛同盟的创建者；伊巴密浓达(Epaminondas，约公元前 420—前 362)：希腊底比斯将军，两次击败斯巴达，建立反斯巴达同盟。——译注

的观念具有的优越地位，任何单一原则在所有公法方面严格符合逻辑的运用，都是任何类型的专制主义的必要成分，不论它是基于神权之上的专制主义，还是表面上依赖大众主权的专制主义；因为它们使任何拥有权利的人为自己的利益和情感，更彻底地利用其较高地位的优势。当统治阶级的领导者是上帝意志或者人民意志的惟一解释者，并以这些抽象内容的名义在社会上行使统治权，而这些社会深深地浸润了宗教信仰或民主的狂热时；并且当代表奠基国家主权的原则所拥有的势力之外没有其它有组织的社会势力生存时，就不会有抗拒，也不会有有效的控制，来约束那些处于社会阶梯顶端的人滥用权力的自然倾向。

当一个统治阶级能允许自己以全能的君主的名义做任何事情，它就经历了一次真正的道德退化，所有其行为不受限制的人都会经历这种退化，而这样的限制通常要靠他们同胞的意见和道德心来施加。当下属的职责最终也变成了如同整个官僚制顶端的个人或者小团体的那种不负责任和无法无天——可以把这个人叫做沙皇或苏丹，或者把这个团体叫做公安委员会——专 135
制主义在其领导者中产生的恶习就会向下传给整个政治结构。当我们解释一个人或真或假的意志，这个人认为他有权让所有事如其所愿，但是他又不能明白每一件事情，并且没有自由和无私的道德心去控制情感和纠正错误，在这种时候，什么样的事情都可能发生。

这种制度的结果极为可悲，它们昙花一现。俄国小说家陀思妥耶夫斯基在独裁的国度生活了很长时间，且在西伯利亚被流放了10年。他以比任何现代人更精确的感觉描写了绝对权力在人身上产生的性格堕落：

当一个人拥有处置其同胞血肉的无限权力，当一个人处于可以把任何人降到最低级，他就无法抵制做错事的欲望。暴行是一种习惯。最后，它变成了一种疾病。世界上最好的人变得野蛮起来，以至于与野兽毫无分别。鲜血使人陶醉，灵魂变得可以接受最异常的事情，而这些能逐渐变成一种娱乐。这种放肆的可能性有时在整个民族中传染；而蔑视官方刽子手的社会不会蔑视具有无限权力的刽子手。

当代许多心理学家揭示了这种道德中毒。它解释了那些具有极大权力的人的无度行为。它提供了解释一些古罗马皇帝、伊凡五世、彼得大帝、东方的许多苏丹、罗伯斯庇尔、巴雷尔、卡里埃和勒邦[27]的罪行。众所周知，这些人中的一 部分在获得最高权力之前显示出相当正常的性格；这时他们与那些他们以后沉迷其中的无度行为完全背道而驰。这种暴行对那些凭借家境和出身无法获得最高权力的人尤其如此。拿破仑在圣赫伦纳岛对奥米尔拉医生说道，“除了他自己，没有人损害过他，他是自己最坏的敌人，那些完全是他自己作出的阴谋——远征莫斯科和
136 随后发生的事——是他倒台的惟一原因。”[28]那么因此，由于拿破仑拥有专制权力，他的天才、甚至是他对自己利益明显的意识，都无法让他不犯错误，这些错误倾覆了他的前程，成千上万

---

[27] 伊凡五世（Ivan V，1666—1696）：俄国沙皇（1682—1696），身心俱有缺陷，基本不过问朝政；巴雷尔（Bertrand Barere，1755—1841）：法国大革命时期雅各宾专政时统治法国的救国委员会成员，主张对王党成员严办；卡里埃（Jean-baptiste Carrier，1756—1794）：法国大革命时激进民主派，镇压旺代叛乱；勒邦（Ljoseph Lebon，1765—1795）：国民公会代表，抵御外国入侵的主要人物，1795 年被送上断头台。——译注

[28] 奥米尔拉：《放逐中的拿破仑，或圣海伦纳岛的声音》，1817 年 4 月 6 日的谈话。——原注

的人则为之命丧黄泉。

可能有人反对说，有些专制君主是好的，正如其他人是坏的一样，而且在欧洲大陆，在采纳立宪和议会形式政府以前，专制主义并没有产生如此灾难性的后果，可以证实我们此处提出的观点。对此现成的回答是，在中世纪之后盛行于欧洲的专制主义远非完善，甚至路易十四的权威也被旧日的传统、贵族与外省长期的特权，特别是被教会与国家一定意义上的分离所制约，在从前的传统中，国王不过是爵爷中的第一人。无论如何，人性是如此丰富和多变，以至于我们可以方便地承认历史验证的一件事：有些人甚至处于长期具有绝对权力的王位，仍然可以驯服他们的情感，并保持纯洁和诚实。但是这种幸运的事件实际上并不是像人们想像的那样。在一个长期习惯于专制政体的国家，统治阶级作为一个阶级通常在上司面前奉承和懦弱，但是在下等人面前不可避免地高傲、残暴和专横。不幸的是，人是如此构成，以至于他们越是服从于其上级的荒诞和意志，他们越可能把自己的荒诞和意志加之于其下级和被他们掌握的人。

任何人都可以在其周围的个人甚至在家庭生活中，找到例子加强我们此处阐明的规律。现代国家扩张广阔的领土，官僚和行政制度复杂，在这样的国家中，国家领导人除了作出诸如战争与和平这些重大决定外，对人民的普通生活影响甚微。因此， 137
通常国王个人非常反感的权力滥用仍将存在。俄国的亚历山大一世、尼古拉一世和亚历山大二世肯定非常反对行政腐败，那不勒斯的斐迪南二世[29]也如此。然而，腐败官员在沙皇俄国存在

[29] 亚历山大一世（1777—1825）：俄国沙皇（1801—1825），对外侵略扩张，打败拿破仑；尼古拉一世（Nicolas I，1796—1855）：俄国沙皇（1825—1855）；亚历山大二世（1818—1881）：俄国沙皇（1855—1881），废除农奴制，实施近代化改革，后被刺；斐迪南二世（1452—1516）：奠定西班牙统一，设立宗教裁判所。——译注

到最后一刻，在那不勒斯王国也从没有被消灭。[30]历史显示出许多专制政府之建立对民族有利、至少暂时如此的情况。据说，西萨尔·博尔吉亚给了罗马格纳[31]一次机会，让它通过消灭盗匪和充斥这一地区的小暴君而呼吸自由。同样，迈罕麦德·阿里通过消除马穆鲁克[32]给予了埃及一点和平。所有这样的例子说明，专制主义尽管是所有政治制度中最坏的，但是仍然比政治混乱即完全没有政府要好。

7. 亚里士多德、波利比乌斯和其他许多古代作家表现出对一种混合形式的政府的偏好，这种形式把君主制、贵族制和民主制的特征结合起来；他们清楚地觉察到了我们刚才说明的法则。在希腊城邦，古代君主制依赖于神圣的特点和传统；贵族制也代表了传统，通常还代表了土地所有制；希腊民主制根基于金钱、流动财富、民众人数和大众的情感；这些是众多的政治力量，只要其中一种的流行没有消灭其它力量，它们的互相作用就会创造这样的政治组织类型，在其中法律的正当程序通常就会相对得到确保。在罗马也一样，在波利比乌斯非常羡慕其国体的时代，我们发现了贵族手中大土地所有权的影响、平民手中小土地所有权的影响和骑士手中金钱和流动资本的影响。我们发现传自天神的显赫大家族具有掌权的传统，他们不顾大众情感以及平民出身的天才和新获得的财富。我们也发现这些不同的政治
138 力量体现在各种政治、军事、行政和司法部门中，并且互相结盟，彼此平衡，从而导致了国家的诞生。从司法方面衡量，古罗马是

---

[30] 列劳—波留：《沙皇帝国与俄罗斯》；尼斯科（Nisco）：《斐迪南二世和他的统治》（Ferdinando II e il suo regno）。——原注

[31] 罗马格纳（Romagna）：意大利北部地区。——译注

[32] 马穆鲁克（Mameluke）：中世纪埃及的奴隶骑兵，原为奴隶。——译注

所有古代国家中最好的。

在18世纪，孟德斯鸠研究了英国国体，从中得出了这样的学说：如果一个国家要获得自由，权力必须制约权力，也就是实行三种基本权力，这些权力被托付给国家互相分立的政治机构中。现在宪法制订者们已经显示出，并没有孟德斯鸠所想像的绝对的三权分立，也没有原因说明为什么这里提到的权力应该是三种而不是一种。但是，也许这不是孟德斯鸠主要的缺陷，就此处而言，这些缺陷主要来自许多描述孟德斯鸠的作家，而不是他自己。这些模仿者的眼睛盯住这位大师的理论，他们倾向于强调它的形式或者逻辑方面，而不是其实质或是社会方面。他们经常忘记，如果一个政治机构要有效制约另一个机构的行为，它必须代表一种政治力量——也就是它必须有组织地表达一种社会影响力以及在共同体中具有某种地位的社会权威；这种力量要制约受控制的政治机构所表现出的力量。

这就是为什么，在一些议会君主制国家中，尽管有宪法和基本宪章的条文，我们还是看到，那些不受古代传统、威望减弱的神权原则，或官僚机构、军队或经济上更强大阶级势力支持的国家元首们，无力抗衡受信仰支持、代表全体公民并且其自身有相当能力、兴趣、雄心和活力的民选大会的影响力。这就是为什么在同样的国家法庭被口头宣布为国家的根本机构，而实际上它们不过是官僚机构的一个分支，依赖于效忠民选议会多数人的内阁。因此它们逐渐失去威望和独立性，从来不能聚集足够的道德和知识能量来维持其自身的重要性。最后，由于同样的原 139
因，相当多的参议员和上院很容易被行使功能的下院降为从属地位。这是因为它们是由已经从军事政治生活中退下来的拿退休金的官员、代表、议员，以及一些富人组成，内阁官员们发现满足这些富人的虚荣心有利可图。因此，这种机构不向富有进取的心灵、或者有抱负的天才提供足够的空间。它们不代表重要的社会势力。

8. 如果一个政治组织要在获得司法防卫的更多改善的方向上取得进步,首要的和最基本的条件是世俗权力和神权应该分离,或者更好地说,行使世俗权力根据的原则不应该具有任何神圣性和永恒性。当权力依托于一个观念和信仰的体系,人们感到在这体系之外没有真理和正义,那么就几乎不可能在实际上讨论和改进权力的运行。在这种情况下,社会进步几乎不能达到各种不同权力彼此和谐共处,互相制约,有效地防止居于社会等级顶端的个人或者团体的绝对控制。某些社会类型的相对牢固性应该被归因于绝对控制的失败。在印度文明中,种姓制度多少世纪来的神圣特性防止了任何社会进步。在起步时,这种文明一定具有获得辉煌的可能性,否则就无法解释印度文明取得的极大的物质和艺术进步。这导致了一个假定,即印度人口分成不同种姓,各种姓彼此隔离的情况,可能并不像今天这样彻底和极端,就此看来,最近的研究肯定了这一结论。看来婆罗门教在印度战胜佛教之前,没有变得完全僵硬、静止和形式主
140 义。[33]

伊斯兰教社会有同样的弱点。许多人提到这种现象,但是列劳—波留以最大的洞见强调了它。信仰伊斯兰教的鞑靼人供职于喀山、阿斯特拉罕和克里米亚的俄国政府中,这位作者描写他们生活富裕、整洁、从事贸易,但是他补充道:

---

[33] 参见舒尔(Schure):《基督的传说》(“La légende de Chrisna”)和《佛陀与传说》(“Le Bouddha et sa légende”); 但请特别注意西纳特(Sénart):《在我们纪元前3世纪的一位印度国王:阿育王与佛教》(“Un roi de l'Inde Au troisième siècle avant notre ère: Acoka et le Bouddhisme”)。——原注

> 伊斯兰教巨大的恶习，也就是其政治之低劣性的真正原因，既不存在于它的教条中，甚至也不在于它的道德中，而是在其把精神世界和现实世界、宗教法则和世俗法则互相混淆的习惯。古兰经既是圣经，又是法典——它是取代法律的先知语录。因而法令和习俗被宗教认为是永恒的，而且仅仅因为这一点，每一个穆斯林文明必然是静止的。[34]

要补充这一敏锐和精确的分析，人们能够补充说，在其穆斯林居民处于决定性地位的国家，君主几乎总是哈里发或者先知的代言人，或者至少在名义上或实际上从哈里发派生出其权威。由于这一点，没有人能够在不玷污哈里发政权合法性、并发起宗教改革的情况下，拒绝对哈里发绝对的服从。如前所叙（第三章，第5节），这就是为什么，伊斯兰国家中的内战和革命总是把宗教改革作为其借口，或者一些人声称拥有先知的代言权。这就是在倭马亚王朝、阿拔斯王朝和法蒂玛王朝[35]诸君主之间纷争时的情况，它们用鲜血浸润了早期伊斯兰历史。这也是在11和12世纪倾覆了北非和西班牙的斗争的情况；类似的运动直到非常晚近时，还扰乱着这些国家。当然，在所有这些斗争中，和宗教动机一起出现的还有完全现实的考虑。

基督教民族已经设法避免了列劳—波留提到的混乱的危险，而且因此，借助一些适宜环境的帮助，他们已经能够创造世俗的国家。首先，圣经幸运地包含了少量可以直接应用于政治

---

[34] 《沙皇帝国与俄罗斯》，第一卷，第86页。——原注

[35] 倭马亚（Ommiad，也称 Omayyad）王朝：公元661—750年间定都于大马士革的王朝；法蒂玛王朝（Fatimid）：公元909—1171年什叶派在北非建立的穆斯林王朝，拥立穆罕默德之女法蒂玛的后裔。——译注

生活的箴言。其次,尽管天主教会总是渴望在政治权力中占有
141 支配性地位,但它从来也没有完全垄断权力,这主要由于在其结构中有两个根本性特点:神父和修道士通常独身。因此真正的修士和主教们从来没有靠自己建立起王朝。在这一点上西方世界要大大地感谢格列高利七世[36]。第二点,尽管在好战的中世纪有众多反例,但是教职人员 就其本性而言,从未严格地适合从军。那些劝戒教会憎恨流血的规则从未完全不受重视,而且在相对平静和有秩序的时代它总是非常受人重视。在 11 世纪到 14 世纪之间,甚至意大利教皇党的作家都承认,与教皇至高权威并肩存在的皇帝作为教会的工具和世俗手段发挥作用。基督教民族遭受的最完全的专制主义出现在拜占廷帝国和俄罗斯,这里的世俗统治者成功地把神权完全置于其直接控制之下。另一方面,英国人要极大地为了他们的自由感谢清教徒和其他非国教徒。

9. 除了世俗权威和教权的分离,先进的司法防卫的最基本条件,还在于财富在社会上分配、以及军事力量在社会上的组织方式。此处必须要在那些仍然处于封建制度的国家与那些已经发展出官僚组织制度的国家之间划清界限。

在封建国家,财富和军事权力通常集中于统治阶级手中,财富主要是土地所有权,这与文明初级阶段的情况相一致。甚至在封建社会中这种情况表现出许多缺陷,但在这种社会类型中,它却从来无法发挥出其在更完善的社会类型中具有的效果。封建国家元首能够伤害他的任何一个贵族,但绝不能成为他们真

---

[36] 格列高利七世(Gregory Ⅶ,1020—1085):意大利籍教皇(1073—1085),在位时积极扩大教会权力,严明教会纪律。——译注

正的主人。这些贵族能够支配一定数量的可以称作公共力量的东西,并可以在实际上行使抵抗权利,而在官僚国家,一旦这种权利得到承认,它就会写入宪法或者公法中。同样,在封建制国家中,贵族个人会发现,他们对其属下大众施暴会受到限制。针 142
对他们的非理智行为可能引起一场拼死的骚乱,可以轻易变成叛乱。因此,在所有真正的封建国家中,主人们的统治尽管初看上去凶狠残暴,但是在总体上它受到习惯势力的一定限制。例如,阿比西尼亚人,尤其是阿富汗人,只是相当有保留地服从他们的老爷和埃米尔(王公)。我们已经看到(前文第6节)封建制度的传统和其它残余足以限制国家首脑的权威。甚至在路易十四或腓特烈大帝[37]时代,欧洲君主国也无法同以拜占廷皇帝和波斯沙汗们为首的政治制度相比。

在法兰西和普鲁士,比较完全的世俗与神权的分离一定对上述结果有所贡献。除了俄罗斯和土耳其,在近代欧洲还没有一个国家的政府首脑在运用个人权威上胜过腓特烈大帝和他的父亲[38]。这两位君主特殊的个性、他们统治国家的领土较小、以及他们时代特有的历史环境,这些结合起来促成了普鲁士强大的基础。

但是当垄断财富和军队的阶级以一种中央集权的官僚制度和不可抗拒的军事实力来表现权力时,就是最坏形式的专制主义——也就是可以支配先进文明工具的野蛮和原始的政府形式,这是一个粗莽者使用的铁马掌,但无法打破,因为它是富有经验的工匠打造的。

---

[37] 腓特烈大帝:即腓特烈二世(1712—1786),普鲁士国王(1740—1786),在位时整顿军备,发展经济,倡导文化,使普鲁士成为欧洲强国。——译注

[38] 菲特烈大帝之父腓特烈·威廉一世(1688—1740):普鲁士国王(1713—1740),在位时开始实行义务教育,采取重商主义。——译注

一支无所不能的军队创造了最差的政府形式，这一事实得到了广泛认知，此处就不再详述了。[39]广为人知还有，财富过于
143 集中在统治阶级中的部分人手中，造成了诸如罗马共和国那样相对完善的政治组织的毁灭。

财富有这样一种分配：一小部分人拥有土地和流动资本，大多数无产阶级除了劳动外一无所有，如果他们每天要是不饿死，就必须把劳动出卖给富人。此时保证公平和保护弱者权利的法律和机构不可能有效。在这种状态下，关于在智力和道德普选权、或人权、或法律面前人人平等的说教，都不过是一种讽刺；这正如说每个人都在行军背包中带着元帅的指挥棒，或每个人都可以在某日自由地成为资本家一样具有讽刺意味。即使承认极少人有这种可能性，他们也不是最好的个人，既不在知识上，也不是在道德上。他们可能是最有韧性的、最幸运的、或者最不老实的。与此同时，人民大众仍然同样地屈从于高高在上者。

有这样一种制度，其中政治权力以及对经济生产与分配的控制权被永久性地委派、或者授予给一些同样的人，对这种制度的实践结果心存幻想也是没有用的。只要国家吸收和分配越来越多的公共财富，统治阶级的领导人就会拥有越来越多的工具来影响和命令其下属，越来越容易地避免受人控制。议会制衰落的重要原因之一，就是统治阶级处于这样一种地位，可以把数量相对众多的官职、公共工程的合同，以及其它经济上的优惠，分配给个人或集体；这种制度的缺点与政府或者地方选举机构的吸收和分配的财富数量成比例，这种财富越多，就越难保证它们具有一种独立地位和诚实的生活，不需要在生活的某些方面

---

[39] 请参见下面的第九章，在那里我们将考虑使一支全能军队成为可能的环境和那些限制与毁灭它力量的情况。——原注

依赖于公共管理。然后,如果所有生产工具由政府掌握,那么控制和分配生产的官员就变成了所有人的财富和福利的仲裁者,我们就遇到了一个比在高级文明社会中曾经出现过的政体更有力的寡头政治,这是一个包罗万象的“骗局”。如果所有道德和 144
物质利益依赖于那些掌权者,所有的卑贱者都会采取手段讨好他们;恰如所有欺骗或暴力行为都会被用来获取权利,即用来被列入那些分配蛋糕的人的行列,而不是被列为满足于被施舍给面包片的人中,而后者的数量比前者要大。

当一个社会包含一个很大的阶层,其成员的经济地位实质上独立于那些掌权者,并且他们有足够的手段能把一部分时间用于完善他们的文化,并对公众福利感兴趣——我们几乎忍不住叫它为贵族精神——而这种对公共福利的兴趣本身,就可以促使人们效力于国家,除了自豪和自尊之外不追求其它的满足,在这种情况下,这个社会的状况最好,可以发展出一种相对完善的政治组织形式。在所有曾经出现或现有的在司法防卫方面——或者叫做自由,如人们通常称呼的——领先的国家,这样的阶层都很显眼。罗马曾拥有相当数量的有小额财产的平民,他们在当时过着适度的生活,设法自给自足,并且逐步以令人惊讶的恒心赢得了完全公民权。在17世纪的英格兰也存在过类似的阶级,现在那里也有。英格兰人数众多的绅士过去主要由适度富有的地主、现在主要由适度富有的商人构成,他们正在给统治阶级供应最优秀的成分,如其曾经供应过的那样。在美国曾经有过并且现在仍然有这样的阶级,且存在于中欧和西欧的大多数国家。当这个阶级由于在修养、教育或财富上的缺陷,不足以承担使命时,议会政府就结出了最坏的果实,其它任何政治制度都是这样的。

10. 随着文明的发展，能够成为社会势力的道德和物质影响力的数目也在增加。例如，作为工商业发展的产物，货币财产开始与不动产并列。教育也得以进步。那些依靠科学知识的职
145 业获得了重要性。这样，一个新的社会阶级形成了，它在一定程度上，平衡了有钱者的物质威望和修士的道德威望。情况不仅如此。进步的文化产生了相互容忍，这种容忍使得不同宗教和政治思潮并肩存在，彼此平衡和制约。公共职能的专业化使得许多不同的力量在政府中体现出来，并参与控制国家。同时，公众对统治者行为的讨论成为可能。所谓媒介自由，是司法防卫的最新工具。它确立于 17 世纪末的英国，直到 19 世纪它才开始进入欧洲大陆的宪政和议会国家。

不过，为了获得与其真正重要性相符的影响力，每一种政治力量必须组织起来，而在它被很好地组织起来之前，一系列因素，其中最重要的是时间和传统，变得必不可少。这就是为什么在这个或那个国家、在不同的时代，我们看到一个阶级已经在社会上取得的重要性，与它施加给该国政府的影响力不相符。人们会立刻联想到 1789 年以来的法国资产阶级，或者是 1832 年以前的英国中产阶级。而且，总是有某种单一政治力量展示出一种难以克服的倾向来超过或吸纳其它力量，从而破坏了逐渐建立起来的司法均衡。对于具有物质特征的政治力量，如财富和军事权力，以及具有道德特征的力量，诸如宗教或者思想潮流，情况都如此。每一种潮流都要求垄断真理和正义，而所有类型的排外主义和顽固派，不论是基督教的还是伊斯兰教的，不论是神圣的还是纯理论的，不论是被教皇的无谬性还是被民主制的正确性所激发，根据这一观点，它们都是同样有害的。每一个国家、每一个时代都有其独特的观念和信仰潮流，它们是最强大的思潮，给政治机制施加压力，试图颠覆它。通常正在或者已经

不时髦的衰落思潮的危害可以很容易被发现，它们带给正义感 146
的深深创伤被打上了恐怖的烙印。而同时，趋于时髦的思潮已有的或潜在的危害，则没有被察觉、被原谅或最多被软弱地加以警告。人们大声呼喊和宣称自由已经胜利，风暴已过去了。但实际上，风暴只是改变了方向，或者，用隐喻的说法，它只是改变了形状和颜色。

一些道德力量长期试图扰乱欧洲的司法均衡：教会、社会民主主义、民族主义。尽管教会组织强大，人们还是可以把它当作这些力量中最不激烈、威胁最小的，并且仍将如此，除非无产阶级革命的危险使上层阶级再次转向宗教信仰，而他们现在已经放弃了宗教信仰或者对宗教信仰不再有什么热情了。在物质力量方面，有一种力量容易制服一个国家中其它力量，有时违反法律条文，更不要说正义和公平了，这种力量就是流动财富——它就是货币或者至少是货币中被有力地组织起来的那部分。银行制度和信用制的极大发展，那些经常控制广大地区和整个国家通讯系统的大型公司的增长，公共债务的大幅增加，在过去的一百年中创造了新的结构，以及一些在政治上很重要的新因素，以至于在旧世界和新世界中一些最大的国家已经见识到，它们的影响是如何强大和无孔不入。

货币、也就是流动财富能相对容易地被组织起来，加上大量金钱可以集中地控制于少数个人手中这种可能性，有助于解释它不断增长的支配性力量。就这一现象，我们可以举出一个组织起来的少数人胜过无组织的大多数人的例子，这样的情况有许多。少数人可以控制一个国家中所有发行货币的银行，或者所有经营陆路和海上运输的公司。他们可以拥有并控制大型证券公司和工业企业，这些企业经营对国防必不可少的商品，如铁和钢材。他们可以从事公共工程，甚至最富有的政府的财政也

147 不足以承担这些工程。随着这些个人能支配数亿元资金，他们就拥有了最多样的资源，可以威胁或骗取他人的利益，不论这些利益多么广泛；他们可以威胁和腐化政府官员、各部、立法机构及报纸。同时，国有资本的部分——毫无疑问它是更大的部分——没有一点反抗，而这些国有资本被投资于许多中小企业中，或者以数量不等的储蓄形式分布在众多人手中。必须注意到银行和工业公司资本中大得多的那部分通常属于小型或者中型持股者，他们不仅完全被动，而且经常成为这些公司领导人首当其冲的牺牲者，而这些领导人成功地获得了大量财富，并在他们给他人带来的损失之上建立起强大的公共影响力。

现在让不动产获得那些金钱已经得到的同样手段来巩固自己很困难。尽管地产可能没有被大量分割，但是它被分割的程度使得在大国中，一小部分大地主联合起来决定市场或者对政府施加意志非常困难。同样正确的是，工业保护主义看来在农业保护主义之前发生。后者是作为对前者的反抗以及对前者所产生结果的直接补偿而出现的。那些直接毗连房地产业快速发展的大城市的土地所有者可能获得暂时的垄断。在这种情况下，就出现了与金钱影响力特点相同的各种腐败形式。

11．当一种政治组织制度根基于单一的绝对原则，以至于整个政治阶级在单一模式下被组织起来时，所有社会势力都参加公共生活是困难的，让任何一种力量去平衡另一种更困难。当权力掌握在据说是由人民选择的民选官员手中时，会出现上面的情况；当权力被单独托付给那些被假定为由亲王们指定的雇员时，同样也会发生上面这种情形。官僚制和民主制可以加之于它们身上的制约、以及通过其它官僚机构或者民选官员实施的制约从来都不够。实际上，它们从来没有完全达到自己的初衷。

罗马帝国的行政史是一个中央集权的官僚制无力有效约束自己的恰当事例。开始，在首都和自治市，在殖民地和外省城市，在罗马共和党人或者皇帝治下，存在着英国人称作自治政府的机构；也就是一大群富裕者担任公共官职而不支取薪水。但是随着帝国的建立，罗马城的管理职能被移交给特殊的有薪官员，而此前这些职能还由民选行政官和监察官来履行；一大批同样获得报偿的雇员帮助这些有薪水的官员从事工作。城市的主管权现在被委托给 *praefectus annonae*（拉丁语：管理土地的长官），公共事务被托付给 *curatores viarum*，*aquarum*，*operum publicorum*（拉丁语：道路、水路或公共工程监督员），以及 *riparum et alvei Tiberis*（海滨和河床管理员）；对光和火的监督权跑到了一个 *praefectus vigilum*（守业长官）手中，而警察功能则归属于一位 *praefectus urbis*（市政长官）。在首都实行的这种制度很快就扩展到了自治市，它们相继失去了行政自治性。下迄公元 80 年，为了执政官和行政官职务进行的选举竞争在某些自治市还很热烈。庞培古城的壁画描绘了不少被推荐和被颂扬的候选人。但是在帝国第一个世纪结束时，被委以城市行政事务的 *duumviri juris dicundo*（拉丁语：法定执政官）和行政官的权威显著降低，这些官吏逐渐被帝国的雇员——包括 *juridici*（拉丁语：法官），*correctores*（拉丁语：殖民地长官），*curatores rerum publicarum*（拉丁语：公共财产监督员）——所取代。这种演化可能较慢，但是到内尔瓦和图拉真[40]时代，民选官吏已经被定期从其岗位上停职，他们的职责在特定阶段被委任给监督员（*cu-* 148

[40] 内尔瓦（Nerva，约 30—96）：古罗马皇帝（96—98）；图拉真（Trajan：52—117）：罗马皇帝，原为将领，内尔瓦指定的继承人。——译注

ratores)——这有点像今天意大利的"皇家专员(royal commissioner)(*regi commissari*)"。同时,巡查官(inspectorial)的权威和外省长官(*corrector provinciae*)的直接权限在缓慢增长——在这种情况下,外省长官有点相当于现代法国和意大利的地方长官(prefect)。最后,在公元 2 世纪结束时,所有地方的城市自治都绝迹了,包含一切的巨大官僚系统扩展到了整个帝国。[41]

与此同时,富有的城市资产阶级衰落了。这一阶级构成了
149 *ordo decurionum*(拉丁语:元老阶层),并且参与了各城市的政府。担任执政官和行政官的人要从其中选出。自从整个 *Curiales*(拉丁语:市镇元老)阶层要提供债券来支付在某个城市中征收的所有税收,那些担任元老职务的人就承担了相当大的财政责任。这种负担毫无 疑问助长了罗马中等阶级的经济崩溃。这样,当财政政策和官僚化的中央集权创造了低帝国(Low Empire)的罗马社会——一个由极少数有产者、高官阶层和人口众多的可怜贫民构成的社会,这些贫民没有任何社会地位,虽有自由身份却很容易降为佃客——我们就看到出现了一个非常新颖的机构,这是一个设计来保卫贫困阶层的阶级利益的官僚机关,它由残余小地主组成,保护他们不受官僚制度滥用职权的侵害。护民官职务由瓦伦提尼安一世[42]于公元 364 年创立。这种"公共防卫者"只是一种雇员,被指定来保护城市平民免受高官或与高级官吏联合起来的富人们的暴政。他特殊的职责就是负责在法庭上把贫民的抱怨依法纳入诉讼,他们的呼吁可以直达圣听。但是,尽管立法者们具有最好的愿望,但是这种靠官僚专制主义

---

[41] 马加特:《罗马古代手册》,第一卷,第 115、158、214、225 页;以及第二卷,第 187 页。——原注

[42] 瓦伦提尼安一世(Valentinian I, 321—375):西罗马帝国皇帝(364—375),与其弟共同统治,宽容基督教徒。——译注

控制和纠正其自身的努力没有起到明显效果。滥用职权依然如故,导致帝国走向毁灭的势力仍然具有活力。

这种用来治疗邪恶的方法不是可想像的最好一种。一个高官更容易具有阶级观点、情感和偏见,而且他的情感以及兴趣会使他倾向于为了获得本阶级的赞许而行为,而不是去为了获得另一个道德和知识上都不同的阶级的同意,甚至他可能已经学会了虐待和蔑视这个不同的阶级。

俄国的官僚专制主义可追溯到拜占廷影响,在基辅公国从圣弗拉基米尔大公和他的继承人的时代开始,俄国就感受到了这种影响。这种专制主义一定为可怕的蒙古统治所加强,后者 150
从 13 世纪到 16 世纪统治着这个国家。同样在俄国,阿列克谢沙皇[43]在 17 世纪中叶组织起来的秘密大臣不过就是一个特殊警察部队,它面向沙皇呈锥形结构,用来防备高官和可以单独构成一个阶级的波雅尔之中的权力滥用,也监视他们中的暴动阴谋。后来,末代沙皇治下臭名昭著的“第三处”[44]就是从这种秘密大臣制度直接、合乎逻辑地发展而来的。尽管有许多次它在名义上被废除了,但在事实上总是被保留着;而且看起来,这一制度实际上远没有消除俄国官僚的受贿和腐败,而是加强了官僚机构对国家其它部分的压制。

另一方面,在美国,人们看到民主制无法控制和限制自身。不可否认,1787 年宪法的制订者们在这部法律中倾注了极大心血来体现制衡原则,以达到不同权力和各种政治机构之间的均衡。由于政府这种彻底的民主基础、以及任何权力都是直接从

---

[43] 阿列克谢沙皇(Alexis Mikhailovich,1629—1676):俄国沙皇(1649—1676),在位时颁布确立农奴制度的《法律汇编》。——译注

[44] 第三处(the Third Section):俄国调查机关,1826 年由尼古拉一世沙皇建立,1880 年废除。——译注

民选中产生，很难相信还能想像出任何更好的东西。美国的参议院本来比欧洲通常的上院具有更大和更实在的权力。它实际上参与行使行政权，而且，它表达了各州仍然鲜明的独立意识，具有极大的公共声望。但是总统还是具有否决权，可以自由地使用这种权力。他不能被下院投票强迫辞职。他在4年任期中集所有政府职责于一身。作为司法防卫的一个机关，美国总统远优于欧洲议会制国家的内阁，因为欧洲内阁比美国总统权威要小，更需要对议会政治家俯首听耳。因为它们是集体性机构，它们的成员从未感到美国总统感到的压力和个人职责。这种广
151 泛的职权，以及这种经常伴随高官职位的个人责任感，源于在上一个世纪，几位美国总统，诸如约翰逊、海斯和克利夫兰[45]，以顽固和勇气坚持抵制了选举他们的党派滥行。

约翰逊在林肯死后担任总统。他坚决反对小气的共和党政治家提出的掠夺被击败的南方的建议，这些共和党人被人们称作"提包客"[46]。海斯也是一个共和党人。尽管他通过有舞弊行为的选举掌握权力，而这种选举又被美国最高法院所肯定，海斯还是立刻制止了在格兰特[47]两届总统任期内在南方民主党各州持续了8年之久的掠夺和恐惧。克利夫兰是一位民主党总统，当选于1884年，他除了具有其它优点外，还有勇气在其办公厅中保留了许多共和党官员，而他的同党则希望克利夫兰能开除

---

[45] 约翰逊(Andrew Johnson, 1808—1875)：美国第十七任总统(1865—1869)；海斯(Rutherford Birchard Hayes, 1822—1893)：第十九任美国总统(1877—1881)；克利夫兰 (Grover Cleveland, 1837—1908)：美国总统(1885—1889)、(1893—1897)，民主党人。——译注

[46] "提包客(carpetbagger)"：美国南北战争后后利用南方不定局势谋利的人。——译注

[47] 格兰特(Ulysses Simpson Grant, 1822—1885)：美国第十八任总统，内战时任联邦军总司令。——译注

他们,这是一种废除杰克逊体系的高尚努力,根据杰克逊体系,在大选中获胜的一方将获取所有有利的职位。作为纽约州州长,克利夫兰通过与主持纽约市政府的提德·林恩成功地斗争而声明卓著。

但是这种可算是联邦和州政府机制形式上的优越性,只是在一定程度上补偿了美利坚合众国整个政治和管理体制的本质缺陷,这一缺陷在 1820 年到 1850 年期间通过一种展示自身的倾向大为加重,现在已经遍布全国。我们指的是美国各州几乎都获得的平等和普选权。

在合众国早期,选举权一般从属于人们的纳税人地位。实际上在这段时期,在新英格兰各州,一种清教徒体制非常盛行,根据这一体制,选举权被授予那些宗教团体成员。接着,财产资格也被引进了这些州。地方的州议会和州长职位的选举也要求高额的财产资格。在 19 世纪早期,平等选举权被引进了西部各州,那里每个人都是新移民和地主。然后,在南部各州所有白人 152
都采取了这一制度,最后又被扩展到纽约州和新英格兰。这种演化在新移民和法国民主思想的影响下,大约在 1850 年得以完成。众所周知,黑人直到 1865 年才获得选举权。与选举权的扩展同步,直选和法官有限任期制的原则也开始实行。这一次,新英格兰历史悠久的各州抵制这股潮流的时间最长,但最后它们屈服了。[48]

这一运动的结果是出现了一个在各种选举中投票的选举人阶层。各州的法官曾经终身任职,并由各自的州长任命。现在,

㊽ 参见西曼(Seaman):《美国政府体制》,第 160—164 页;詹耐特(Jannet):《美国政治和社会制度》,第一部,第二、七章。托克维尔作为观察者的价值可能在某种程度上被夸大了。他只是看到了这种民主运动的开始,没有详细审查美国民主制度的全面胜利。——原注

法官的职位变成直选和有任期限制的。同样的选举人团体还要以这种方式选举联邦和地方各州的权力机关。州长、法官和国会议员归根到底是这种相同势力的工具，而这一势力变成了整个国家的专制和不负责任的主人，并且，这种情况由于美国政治家以选举为事业、高度擅长生产“政党领导集团”和“外围分子”而变本加厉。换句话说，在这一制度下，所有应该互相平衡和补充的权力都是出自同一个核心会议或者选举委员会。

但是，可能有人反对说，在普选权制度下，所有政治势力和影响力可以根据其人数多少相应地在统治阶级中找到代表，因此在一个国家中少数人垄断权力以为己用，从而把国家变成表达自己观点和情感的工具是不可能的。

这种反对意见反映了一种仍然非常时髦的理论，但是我们从未接受这种理论——实际上在这些篇幅中一直对其进行旁敲侧击。因此，我们最好在这里直接讨论这个理论。

第六章　选举权和社会势力 153

1. 许多鼓吹自由和平等的学说，如后面的术语现在仍然被普遍理解的那样——这些学说在18世纪提出来，在19世纪得到完善和应用，而在20世纪则变得可有可无，并且被大量修改——在一种把普选权看作所有合理政府之基础的理论中，得到总结和具体形式。人们通常相信，只有自由、公平和合法的政府才以多数人的意志为基础，多数人通过选举把他们的权力在特定时间内委派给代表他们的人。直到几个世代以前——甚至在今日的许多作家和政治家眼中——代议制政府的所有缺点都被归因于对代议制和选举权原则不完全和错误的应用。路易斯·勃朗、拉马丁[①]，以及实际上1848年以前所有的民主派作家把七月王朝所谓的腐败和法国议会制度的所有缺陷归咎于王权对民选机构的干预，特别是归咎于有限选举权。在意大利，直到30年前，类似的信仰还广为流行。例如，它们形成了马志尼学派[②]的基础，如今依然如此。

---

① 路易斯·勃朗(Louis Blanc，1811—1882)：法国空想社会主义者，历史学家；拉马丁(Alphonse de Lamartine，1790—1869)：法国浪漫派诗人，政治活动家。——译注

② 马志尼学派(Mazzinian School)：马志尼(1805—1872)为意大利民主共和派领袖和政治思想家，主张废除君主专制，发扬其思想的民主共和派思想家形成了马志尼学派。——译注

这种追随者众多、得到广泛信仰的学说不会在一两页篇幅内被驳倒。因此，我们不打算系统驳斥关于普选权的理论。[3]我们只是简单地提出一些想法，它们最严重地削弱了作为知识建
154 构物的普选权所依赖的基础。我们认为，指出民选官员是其大多数选民的喉舌这种情况通常与事实不符这一点，就我们的目的来讲就足够了；而且我们相信，这一点可以被日常的经验和特定的实践观察所证明，任何人都可以对选举方式作这种观察。

在其它形式政府中发生的情况，也就是有组织的少数人施加其意志于无组织的大多数人，也完全会在代议体制下发生，并被发展到极限，不论它们的表现是否完全相反。当我们说选民“选择”他们的代表时，我们的用语不很精确。事实是，代表**使他自己被选民选举**，而且如果这种短语看来太僵硬，太粗糙，不能适用于所有情况，我们还可以把它限定为**代表的朋友们使他被选举**。在选举中，以及在社会生活的所有其它方面，那些意志坚定、并特别具有道德、知识和物质手段把他们的意志施加给他人的人，领导着其他人，并命令着他们。

政治委托权常被比作在私法中人们非常熟悉的律师权力。但是在私人关系中，对权力与职能的委派总是预先假定，负责人在选择其代表时具有最广泛的自由。而在普选中，这种选择的自由尽管在理论上是完整的，却必然在实践中变得毫无效力，更不要说是愚蠢的。如果每一个选民都投他心目中候选人的票，我们可以肯定，在几乎所有的情况中，惟一的结果就是选票过于分散。当涉及到许多人的意志时，选择是被各种不同的标准决

③ 除了我们在这部著作中就这方面已经作出的提示，我们还在其它著作中讨论了选举权问题，特别是在《关于政府和议会制的理论》和《现代宪法》(*le costituzioni moderne*)两书中。——原注

定的,几乎所有标准都是主观的,而且如果这些意志不能彼此合作并得到组织,实际上让他们同时选举一个人是不可能的。因此,如果一个人的选票要有任何效果,他就被迫把其选择限制在一个非常狭窄的领域,换句话说,就是局限在两三个有可能获胜的人身上;而且具有任何获胜机会的人必须是其候选人地位被集团、委员会、或者**有组织的少数人**所拥护者。为了简化情况以提出证据,我们假定有一种等额选举,其中候选人只有一个名
字。但是大多数选民在选择他们的代表时,还有很有限的自由, 155
而各种委员会的影响必将占有极大优势,任何选举体制均如此。当使用选举名录,选民对其中的候选人投赞成票时,结果是具有某种获胜机会的候选人数量,还不到将被选中的代表人数的一倍。

这种有组织的少数人是如何围绕个别候选人或者候选人集团产生的呢?[④]通常是根据财产和税收因素,根据共同的物质利益,根据家族、阶级、宗教、教派或者政党纽带。不论这些人是好是坏,毫无疑问,这样的委员会——民选代表们时而是其工具,时而是其领导人或者老板——代表着具有相当社会价值和势力的组织。因此,实际上,代议制度并非产生多数人的政府;它产生了一定的在国家指导下的社会价值,也产生了这样的事实:许多政治势力组织了起来,从而对政府施加影响,而它们在一个专制国家中,也就是一个仅被官僚机构所统治的国家中,则迟钝无力,对政府施加不了影响。

2. 在考查代议制与司法防卫的关系时,不得不记住一些区别和观察结果。

④ 要了解对这个问题的详细讨论,参见莫斯卡:《现代宪法》(*Le costituzione moderne*),第三章。——原注

确实，大多数选民选择其代表的自由不过是在一些候选人中行使选择权，在这个意义上，他们是被动的。然而，尽管这种权力有限，它还是能够迫使候选人努力赢得更多选票，以使天平向自己倾斜，为此他们要极尽所能地讨好、哄骗选民并获得他们的好感。这样，“众人（译按：原文为 common herd，意思为牧群）”的某些情绪和激情就对代表们自身的精神态度有了影响，对广泛散播的意见或任何严重不满的回声就容易达到政府的最高层。

156 可能会有人反对说，大多数选民的这种影响必然被局限在粗线条的政策方面，只在特点极为一般的少数题目上被感觉到，并且，只是在这种与专制政府同样狭隘的限制中，统治阶级才被迫考虑大众情感。事实上，当最专制的政府要动摇大多数被统治者的观点、信仰和偏见时，或者要求这些人在金钱上作出他们不习惯的牺牲时，它也不得不谨慎从事。但是当每个代表都知道，大众的不满在任何时候都可能使对手赢得胜利，代表们就更会担心冒犯大众，而他们的投票对政府的行政部门大有用处或必不可少。这个论据是两面的。在察觉和保护利益方面，大众并不总是比其代表更明智。我们已经熟识一些地区，那里公众不满对人们所期望的改革的障碍，比议会代表和政府各部的失误造成的障碍更大。

而且，代议制根据选举机构成分的变化而具有不同效果。如果全部因教育和社会地位而具有一定影响力的选民都属于某个少数人组织，并且只要由贫穷和无知公民组成的大众被排斥在这些少数人组织之外，大众就不可能真正或实际地行使他们的选择和控制权。在这种情况下，各种争夺阵地的有组织的少数人团体中，花钱最多或谎言最服人的那个团体一定会赢得胜利。

如果有能力和经济独立性的人只代表选举团体中的极少数，从而没有办法直接影响大多数人的选票时，会出现同样的事情。这样，如通常在大城市发生的那样，大众感觉不到“较好的成分”[⑤]的道德和物质影响。但是当这些“较好的成分”成功地从委员会或者“政客的依附者”手中赢得大众，获得他们的选票，他们对有组织的少数人行为的控制就变得有效了。因此，看来只有当选举势力没有完全受那些以选举活动为职业的人的控制 157 时，对各候选人德行和纲领的比较才会相对严肃和冷静。

在代议制政府中，真正的司法防护存在于代表会议中的公开讨论。在这些机构中，各种不同的政治势力和成分努力防止官僚机构权力过大。但是当这些会议除了讨论和宣传外，还掌握了司法机构的所有声望和权力时，如通常在议会制政府中所发生的那样，那么，尽管有公众舆论的制约，整个行政和司法机器就会落入那些赢得选举和以人民名义说话的人不负责任和无名的控制中，就会变成现代世界真正的大多数人能够被号召容忍的最糟糕的一种政治组织类型。[⑥]

在很大程度上以代议制为原则的政府中，公民投票在某些方面是相当有效的工具。通过它，具有喜好和厌恶、热情和愤怒的大众可以对少数统治者的行为和事业进行反应，而当这些情感真正广泛和普遍化时，它们就构成了仿佛可以叫做舆论的东西。在公民投票中，不是作出选择和选举的问题，而是就某个特定问题回答“是”或者“否”的问题。因此，没有一次投票是失败的，每一次投票都具有其实践重要性，这种重要性与任何按照教

---

⑤ “较好的成分(better element)”：从全文来看，这里莫斯卡指的似乎是经济独立、道德高尚的中产阶级成员。——译注

⑥ 参见西曼(Seaman)和莫斯卡著作；也请参见谢勒(Scherer)：《民主制与法国》。——原注

派、党派或者委员会的路线进行的协作或组织无关。然而，多数人政府的民主理想甚至通过公民投票也无法实现。统治不完全是允许或禁止修改宪法和法律。它基本上等于操作整个军事、财政、司法和行政机器，或者影响操纵它的人。那么，即使公民投票确实限制了统治阶级的武断，同样正确的是，它也严重阻碍
158 了政治体制的改良。这种改良更易于为统治阶级、而不是为接受错误信息的被统治的大多数人所接受，不论统治阶级多么自私和腐化。例如，在许多国家，如果增税让公民表决，它总是被拒绝，即使它极为迫切，对公众具有最明显的福利。

3. 社会科学的研究者最热烈讨论的一个问题，是国家应该对社会生活各部门，或更专一地，对经济活动干涉的程度。实际上，这个难题包括的不是一个问题，而是一组问题。我们希望，通过应用在前些章节提出的理论，可以有助于清除一些模糊和错误的概念，它们已经阻碍了对问题清晰与合理的理解，而且至少在某些情况下，阻碍了得出满意的结论。

社会和国家是两种分离的和不同的实体，这种意识还广为流传，人们经常把它们对立起来思考。这里，很有必要首先做出清晰的界定，“社会”和“国家”都意味着什么。如果我们遵循法律规范和行政法的概念，国家肯定是独特的实体，能够在法律意义上存在，代表了一个集团整体的利益，并管理公众事务。作为这样一个实体，国家具有利益，它的利益可能与私人利益和其它司法实体冲突。然而，从政治上来说，国家不过是所有社会势力的组织，具有一种政治意义。换句话说，它是一个社会中适合于行使政治职能、并有能力和愿望参与这些职能的各种成分的总和。在这个意义上，国家是这些成分协作和制约的结果。

这就是社会科学研究者应该看待国家的观点。纯粹和单独

从法庭实践而不是法律的观点看待政治问题的条法主义倾向，包含了一种严重和危险的错误。尽管这一错误一直妨碍了对这 159 些问题的充分理解，但仍然盛行于我们的时代。在我们看来，国家和社会不存在对立。国家只该被看作社会行使政治职能的一部分。根据这一见解，所有涉及国家的干涉或者不干涉政策的问题，最终都会呈现一个新的方面。现在我们不去询问国家行为的限制应该是什么，而是试图发现，什么是最好的政治组织，换句话说，哪一种政治组织能够使在特定社会具有政治意义的所有成分，得到最好的利用和限定，最好地服从相互控制、服从个人对在其职权范围内的所做所为负责的原则。

当人们把国家管理与私人的主动权对比时，他们经常仅仅是比较官僚机构的工作与社会中其它领导性成分从事的工作。实际上，后者在某些情况中可能具有官方地位，而不一定是拿薪水的雇员。在我们欧洲类型的社会中，不论官僚机构被多广泛地官僚化，它们都不是国家，而是国家的一部分。因此，当人们如通常那样，宣称在意大利、法国或者德国，国家做所有的事情，包容所有的东西，这种声明必须从法国、意大利或德国的官僚机构比其它国家——诸如英国和美国——的官僚机构具有更多职能这一意义上理解。同样，当我们说起著名的英国自治，当我们说英国人民“统治自己”时，我们可不能想像，在欧洲大陆，法国人、意大利人和德国人没有“统治他们自己”，而是把对各自政治和行政机构的管理委托给别人；但是如果我们照这一短语的字面意义，我们就忍不住会这样设想。我们只是必须明白，在英国，一些职位被委托给普选出的、或者甚至由政府指定的人士，但是这些人在任何时候，都是从各地区声望卓著的人中被选出，他们不因为自己的服务而支薪，他们不能被随意替换，而在欧洲其它国家，同样的职位挤满了支薪的雇员。

160 4. 如我们已经看到的(第三章,第 8 节),产生最高政治权力的国家官僚机构和代表会议在各个国度曾经并且仍在参与对经济部门的管理,例如,对银行或对公共工程的修建与维护;但是经济生产的管理,在任何甚至已经达到中等繁荣和文明的社会中都从未被完全官僚化。在这一活动领域,管理职能大体上被委托给那些确实构成社会统治势力一部分、因而也是真正的政治势力的成分,但是这些人并不从公共管理中领薪水。通常,那些严格行使政治的,即对社会行使立法、行政和司法的控制权的人,对经济事业的干涉总是有害的。折磨许多现代国家的贫困化很大程度上要归因于这种干涉。[7]

通常,那些坚持限制国家行为的人,应该以下面这个非常简单、非常实用的原则作为指导,即在社会活动的每一分支中——在教育、宗教、贫困救济、军事组织或者司法管理——管理总是必须的,而这种管理职能不得不被委托给一个具有所需能力的专门阶层。

这样,当人们开始把上面提及的功能之一,从官僚管理机构中、或者从选举机构中全部或部分地分离出来时,必须记住在社会中存在这一阶层的人员,他们拥有执行这项将要移交给他们的新任务所需的能力,或者换句话说,所需的道德和知识训练,以及经济资源——不能忘记这最后一点。通常,一个社会包含适合这一特定目的之成分还不够。这些成分必须被很好地选择与协作——否则这一试验可能失败或者产生实际的害处。例

⑦ 请再参见第三章第 8 节,那里我们提到了公共工程的过度开发、经济保护主义、银行老板或者大公司对政治机构非法或者超越法律的影响力、以及政府对银行事务干涉的结果等罪过。——原注

如，我们怀疑这就是陪审员制度在欧洲大陆的许多国家没有很 161
好运转的真正原因。陪审员，也就是人们称为的“外行法官”，代表了与常规官员不同的社会成分对刑法管理的干涉。但是陪审团处理的事务对于其所有成员来说过于广泛，以至于他们无法在知识和道德上胜任其工作。还有，陪审员职务带来的声望太小，无法让他们具有获得公众灵魂及贵族意识的个人荣誉感，而这种我们称作贵族意识的精神，对于提高被赋予如此重任的个人具有一般水平之上的品质非常必要。同样的情况也发生在治安法官、公民仲裁人、裁判、慈善和救济委员，以及特别就意大利而言，一些担任非官僚机构职位的人们身上。当然，可能有人反对说，这些职位的人选经常由地方选举机构或多或少直接地确定。

另一方面，那些赞成国家具有更广泛活动的人，应该考虑“国家”一词实践的和确定意义，把通常谈话中关于它模糊的、不确定的，或者几乎可以说是神奇的和超自然的所有东西去掉。在我们时代，国家所有权和控制权是作为补救私人竞争的弊端而被调用的，这些私人竞争是为了贪欲、为了权力、为了过度的个人主义，或者，更确切地说，为了过度的自私。有人说，国家是正义和道德进步的源泉。它应该晋升卑贱者，压抑骄傲者。国家免除了所有个人利益的粗俗偏见，它应该抑制所有不平等、满足所有人的物质和道德需求，把人类引上正义、和平与普遍和谐的鲜花之路。⑧如果我们不把国家想作一个抽象的实体，不把它作为不同于真实世界的东西，而是清楚地记住，现实的国家不过

---

⑧ 请比较杜邦—怀特(Dupont-White):《个人与国家》(*L'Individu et l'etat*)，第172页:“国家是去除了情感的人，是站在可以接触真理本身高度的人，在这一高度上他只与上帝和自己的良心相联系。”——原注

是在特定社会中很多统治成分的具体组织,记住当我们谈到国家的影响时,我们指的是政府的官员和雇员施加的影响,如果这
162 样的话,这种对国家的高度信赖将要大打折扣!就算这些政府官员是非常好的人,但是不论他们可能被其责任感、被纪律或者职业自豪感所提高和磨炼得多么好,他们仍然具有所有的人类能力和所有过失。像所有人一样,他们有眼睛,可以随意睁开或合上,有嘴巴,可以时而说话时而沉默,甚至**吃喝**。[9]他们也会因为骄傲、懒惰、愚蠢和虚荣犯错误。他们也具有他们的同情和反感,友谊与憎恶,情感和利益——在他们的诸多利益中,包含着保留其职位,或者甚至有机会时向上爬这一点。

---

⑨ 意大利语的“吃(mangiare)”,有受贿的意思。——英译者注

第七章　教会、党派和教派 163

1. 布丰[1]指出，如果一定数量的牡鹿被关在一个动物园中，它们一定会分成两群，彼此互相冲突。一种非常类似的本能看来也影响着人类。人类天然有一种争斗倾向，但只是在很偶然的情况下，这种斗争才呈现出个人特点，即一个人与其他人争斗。甚至当一个人作战时，他还主要是一种社会动物。因此，通常我们看到人们结成团体，每一个团体都由领导人和追随者组成。构成团体的个人具有对特殊兄弟关系和彼此同一的意识，而把他们的好斗本性指向了其它团体的成员。

这种结群和与其它团体战斗的本能，是发生在不同社会之间外部冲突的首要原因和最初的基础；但是它也是形成各种分支和次分支机构的基础，它们包括所有的小派系、教派、政党，在一定意义上还有宗教，它们出现在一个社会内部，造成了道德的、有时还有身体的冲突。原始的和非常小的社会具有极大的道德和知识同一性，社会的每个成员都具有相同的习惯、信仰、迷信，然而在这样的社会中，上述本能自身就足够保持其成员的不和及好战习性。在巴巴里[2]地区的阿拉伯人和卡拜尔人具有

---

① 布丰（Georges Louis Buffon，1707—1788）：法国博物学家，著有《自然史》。——译注

② 巴巴里(Barbary)地区：北非信仰伊斯兰教的地区。——译注

同样的宗教信仰。它们具有同等程度和类型的知识和道德文明。然而，在法国人到来之前，当他们不与阿尔及利亚和突尼斯的异教徒、的黎波里的土耳其人、以及摩洛哥的苏丹作战时，他们就彼此争战。每个部落联盟都与邻近联盟处于敌对或者战争状态。在每一个联盟内部也有不和，兄弟部落之间经常要用枪
164 炮说话。在一个部落内，各种氏族之间剑拔弩张，而且不同家庭之间的争吵经常导致氏族的分裂。[3]

在其它时候，当社会环境受到很大限制时，在具有相当文明程度的民族的小派系之间也会爆发冲突。在这种敌对党派之间可能没有道德和知识的差异能为这些冲突辩护，即使存在这种不同，它们也仅仅是作为借口。因而“教皇党员”和“皇帝党员”这两个术语，主要为中世纪意大利社会的内部斗争提供了借口和时机，而不是内斗的原因；“自由的”、“教士的”、“激进的”和“社会主义的”，这些术语可以说是同样的情况，它们被南部意大利小镇中竞争行政职位的各党派随意摆布。在特别缺乏知识兴趣时刻，一些借口——甚至是最轻佻的借口——可能在大型的和高度文明化的社会中引起冲突。在拜占廷查士丁尼皇帝[4]统治期间和其后，城市的街道经常染满希腊帮和蓝衣帮之间〔“普拉西尼派”和“威尼斯派”〕争斗的血腥。这些“帮派”产生于竞技场中，观众分别支持身着两种颜色服装比拼的战士。无疑，最后朝廷上的各种派系试图利用这些帮派中的一方。时而希腊帮、

③　在阿尔及利亚和突尼斯，法国人统治的巩固结束了反抗外国征服者的时代，而且，除了不同部落之间的内部战争外，所有冲突都终止了。也许可以冒险预测，同样的事情可能发生在的黎波里和昔兰尼加，也许后来在一定程度上发生在摩洛哥。——原注

④　查士丁尼皇帝（Justinian，483—565）：拜占廷皇帝（527—565）主持编撰了《查士丁尼法典》，大肆扩张帝国领土。——译注

时而蓝衣帮会获得朝廷的支持，以至于这些帮派获得了一定的政治重要性，而没有失去他们作为个人“派系”或“帮派”的地位。这遥似 1848 年以前的一些意大利城市，当时年轻人会为了歌剧女主角和芭蕾舞女结成敌对的团体或派系。

2. 小型的社会与大型的一样，当对冲突的渴望在外国对手或者在战争中找到发泄的地方，在一定程度上，它就在民间纠葛和内部斗争中有所缓和，不容易表现出来。仔细审视在文明社会各处发展的政党、哲学学派、宗教派系的本性，我们发现，结群 165
和战斗这些最原始的好战本性，也就是最具动物性的本能，是和其它更复杂与更有人性的知识和心理因素混合在一起的。大型的、高度文明的社会不光是靠道德和知识的亲近，还要靠强大和复杂的政治组织联结在一起，这样的社会可能比小的和组织松散的社会具有更大思想和情感的自由。在一个大的民族中间，政治和宗教的冲突，进一步受那些大量成功地维系自身的思想、信仰和情感的潮流，也受不同的知识和道德的考验过程所决定，在这些过程中，每个人的信仰和情感，总是被混杂与融和在一起。

因此，我们看到，在婆罗门社会中发展起了佛教；先知教派、以及稍后的撒都该、艾赛尼和狂热教派使得以色列人的生活充满躁动；斯多噶主义、摩尼教、基督教和密特拉斯教派⑤在希腊—罗马世界争夺霸权；拜火教——以显著的共享财富和妇女的倾向修正摩尼教——在萨桑王朝时代的波斯传播；伊斯兰教始于阿拉伯，很快传播到亚洲、非洲和欧洲。与此相近，但更具现代欧洲文明的理性特征的，是 19 世纪的自由主义和激进主

⑤ 密特拉斯(Mithras)：古代波斯光明之神。——译注

义，还有社会民主主义，这种思潮几乎与自由主义同时发展，但更长久地维持了其让人改宗的效果，以至于它在 20 世纪继续成为最重要的历史因素，如同它在 19 世纪那样。除了我们刚才提到的运动，还很容易追溯许多在文明人历史上较弱小的思潮和学说，它们的幸运程度不同，影响也不一样，但是无论如何都帮助哺育了争论、斗争、自我牺牲和破坏的本能，这些本能深深地植根于人类心灵之中。

166 所有这些学说、观念、情操、信仰的潮流，看来都在一定程度上以同样的方式产生，而且它们在其开始阶段似乎都呈现了特有的恒久性特点。人类——在处理自己和他人的情感时如此脆弱，经常比所需的更自私，一般是虚荣、善妒和吝啬的——很少不怀有两种伟大的愿望，这是两种使他高贵、提升和净化的情操。他寻求真理，热爱正义；有时他会为了这两种理想牺牲自己情感和物质利益上的某种满足。文明人作为比野蛮人和原始人更复杂和更灵敏的生物，有些情况下会生发出对两种情操最为精致的概念。

在一个特定社会的某些历史时刻，某个人会现身，确信自己在探索真理方面有新的东西要说出来，或者在更好地实现正义方面有更崇高的学说要教导别人。如果这样一个人具有一定禀赋，并且如果环境和任何其它的偶然条件都合适，他就是一粒生长出大树的种子，它的枝条遍布世界的广大领域。

3. 历史并没有很好地保留下来我们希望了解的那些宗教和政治—社会学派创始人的生平，后者在一定意义上也是宗教性的，尽管缺少神学因素。然而，有些人的传记还是广为人知。穆罕默德、路德、加尔文，特别是卢梭，可以从他留下的个人日记中对其作相对精确的分析。

看起来，所有这些人肯定具有的基本素质是对自己重要性的深刻认识，或者更好地说，是真诚地相信他们的工作效验。如果他们相信上帝，他们就认为自己被这全能者注定改革宗教、拯救人类。毫无疑问，人们在这些人身上看不到知识和道德的完好平衡。但他们同样也不能被看作疯子——人们认为发疯的患者，其早先的状况是健全的。他们更应该被归入所谓的反常者或狂热者，这是由于他们过分夸大了生活或者人类行为中的某些状态，把他们的终生和全部所能倾注在这些方面，并沿着大多数人认为是荒谬和错误的路线，为其生活理想而奋斗。但是，另 167
一方面很明显的是，能力相当平衡的人对他能达到的目标往往具有清晰理解，与达到这些目标需要的努力和牺牲相比，他会对自己的重要性采取一种最谦逊和最明智的态度，对他的行为给世界上人类活动的常规进程的真实和持久影响也同样，他精确和冷静地思考他成功和失败的可能性，这样的人将无法从事任何原创的、勇敢的事业，也不会作出伟大的事情来。如果所有的人都是正常和平稳的，世界历史将会呈现完全不同的样子，而且我们必须承认，它将不会有任何重大变化。

任何党派领导人、任何教派或者宗教创始人，或者人们可能会说，任何民族的牧师会让人们感到他的个性，并驱使社会按照他的观点发展，这些人必不可少的能力是把他自己的信仰、特别是狂热灌输给别人；这种能力引导许多人以他要求的知识和道德方式去生活，并为了他的理想作出牺牲。

并非所有改革者都具有把自己的观点和热情传递给他人的能力。那些缺少这种能力的人可能有伟大的独创性思想和意识，但是他们在实际生活中毫无影响，经常作为没有信徒的先知、没有追随者的革新者或遭人误解、受人讥笑的天才而死去。而那些具有这种能力的人不仅可以靠他们的热情、有时是狂热激励他的使徒和大众，而且最终还成功地唤醒了对他们个人的尊敬，成为崇拜的偶像，以至于他们的细微言行都获得了重要性，他们的每一句话都毋庸置疑地被相信，而他们一点头人们就会盲目服从。一种赞美的光环围绕着他们。它具有高度感染力，激发起大胆和牺牲的行为，而人们在其正常思维状态下决不会这样。

这解释了某些传道者和某些教师的巨大成功——以及一些诸如阿西西的圣方济各和阿伯拉尔[6]那样如此不同类型的非凡
168 幸运，他们在许多方面不相像，但是在激发人们的兴趣上非常类似。它还解释了穆罕默德为何被他的信徒和弟子如此尊敬，以至于他们恭敬地收集他的唾液，把他的胡子当作遗物纪念；它也解释了为何穆罕默德的一个暗示就足以让人包围危险的对手派来的刺客。当提到某个他认为阻碍其计划的人，而且在周围有更狂热的年轻人在场时，穆罕默德会说：“难道没有人让我摆脱这条狗吗？”信徒们立刻会冲上去，杀死刺客。随后，穆罕默德自然会谴责这种罪行，宣称他没有下达这个命令。在这方面，教派和政党的任何领导人都会有意或者无意地效仿穆罕默德。今天，有多少这样的人还在做同样的事！马志尼一点头，许多人总是准备冲出去从事最危险的事业。各种在19世纪被发起的共产主义的实践事业，从欧文到傅利叶到拉扎莱提[7]，从来不缺少大批愿意并渴望牺牲他们世俗利益的追随者。当这些政治和宗

⑥ 阿伯拉尔(Pierre Abelard,1079—约1144)：法兰西经院哲学家、神学家和逻辑学家，所著《神学》被指控为异端。——译注

⑦ 拉扎莱提(Davide Lazzaretti,1834—1868)：意大利政治活动家，曾经在该国发起建立社会主义社区。——译注

教创始人之一，恰好是齐斯卡[8]这样的战士时，他会以对胜利的绝对确信和不寻常的勇气设法激励他的追随者。

我们也不要指望发现，在这些发起思想和情感运动的反常人物生活中，一律存在一种完全精确的是非感。任何这种期望都将令人失望。这些人完全沉迷于他们的想像中，不考虑任何其它事，他们总是准备牺牲自己，并使其他人作出牺牲，以达到其目的。的确，他们通常对日常所需、以及生活中的物质与直接利益感到相当蔑视，或者至少对它们感到冷漠。甚至当他们嘴上不这样说时，他们也会用心去责备那些忙于耕作、收割和储存收获物的人。他们似乎确信，一旦在他们意义上的上帝、真理或正义的王国建立起来，人类将会如飞禽和田地中的鲜花一样容易养活。当他们生活在理性的和表面上更实际的时代，他们不 169
会在乎耗尽公共财富，而一个为了开动他们理想的手势可能就会导致这一点。

每一个改革家的生活似乎都经历了三个阶段。

在第一阶段，他构想教义，在头脑中酝酿出来。在这个阶段，他可能以真诚的信仰在行动。他可以被叫做狂热者，但还不是骗子或牛皮匠。在第二个阶段，他开始布道，接着，为了给人留下印象，他不可避免地涂抹颜料来强调某种色彩，因而变成了一个装腔作势之人。如果他足够幸运，可以在事实上把他的教诲辅助实践，第三个阶段就到来了。一旦达到这一阶段，他发现自己可以控制人性中的所有不完善和弱点，并且如果想要成功，他就要被迫作出有损道德方面的行为。所有的改革家在内心深处都同意，目的使手段合法化，如果要引导人们，就必须在一定

---

⑧ 齐斯卡（Jάn Ziska，1376—1424）：波西米亚将军，胡斯教派军事领袖。——译注

程度上愚弄他们。因此,在对道德的不断损害中,他们变成这个样子,以至于连最敏锐的心理学家都发现很难讲出他的诚心到哪里去了,他从什么时候开始变得狡诈起来。

奥尔瓦多神父被马赫迪教徒[9]囚禁多年,他记录下了自己的经历。有一个地方他描写了穆罕默德·阿麦德这个创立马赫迪教派的奴隶贩子,是一位具有真诚宗教信仰的人。在其它地方,他把阿麦德写成伪君子和骗子。奥尔瓦多神父曾为这种不一致受到尖刻批评。就我们看来,两种判断没有什么不可置信的,特别是它们描写了马赫迪的不同生活阶段。

可以肯定,在同一个人身上,完全不同的道德因素会发生作用。圣西门教派的第二主教盎方坦[10]就是这种情况,一个学生在这场运动后期给他写信说:“其他人批评您每天矫揉造作。我赞同您,因为作势是您的本性。它是您的使命和您的天赋。”[11]
170 穆罕默德毫无疑问具有诚挚和忠实的理想,去建立一个比他以前阿拉伯人奉行的更精确、更少唯物论成分的宗教。然而,天使长加百利一句句传授给他的《古兰经》韵文,来得正是时候,可以使他免于履行他曾经许下的麻烦的诺言、或严格遵守他在较早的章节中为别人制定的道德法则。对穆罕默德非常重要的是,把他妻子的数量提高到 7 个,使得他在加强政治纽带的同时,附带享受感官娱乐。在《古兰经》中,他已经明确把合法妻子的数量限制在 4 个,这一信条已经在所有信徒中宣布了。但是与天

---

⑨ 马赫迪(Mahdi):马赫迪为伊斯兰教徒所期待的救世主,此处马赫迪教徒指 1881 年阿麦德领导的以马赫迪名义举行反殖民起义的苏丹人民。——译注

⑩ 盎方坦(Barthélemy-Prosper Enfantin,1796—1864):法国社会、政治和经济学家,圣西门运动的主要领导成员——译注

⑪ 休罗—邓金(Thureau-Dangin):《七月王朝史》(*Histoire de la Monarchie de Juillet*),第一卷,第八章。——原注

使长加百利同时出现的最合适的经文授权上帝的使徒可以忽视自己的禁令。[12]

为了讨论的方便,我们隐含地假定了每一种宗教或者哲学学说的创始人是单个人。严格来讲这并不正确。通常,当一场改革在历史意义上达到道德和知识的成熟期,并发现了与之相协调的环境,会同时出现许多大师。新教改革就是这种情况,当时路德、茨温利[13]和加尔文几乎同时开始布道。有时第一个大师的成功孕育了竞争和剽窃。例如,莫赛拉玛,以及其他不在少数的人就试图效仿穆罕默德,宣称他们自己也应该是安拉派来的先知。更经常的是这种情况,创新者没有成功地充分发挥自己的学说,更没有把它普及。然后,可能会出现一个或若干继承者,不公平的命运之神可能把这个学说安在他们中某个人头上,但是他实际上不是真正的创始者。这种情况看来发生在现代社会主义身上,马克思被通常说成是创始人。而它第一个知识和道德之父毫无疑问应该是卢梭。不能把继承首创者的一个或几个大师与单纯的使徒混淆,我们将要谈到这些使徒。

4. 围绕着第一次提出新学说的个人总是聚集着一些人数不等的集团,他们直接从大师的口中聆听教导,并被他的观念深深地浸润。每一个弥赛亚[14]必须有他的使徒,因为几乎所有人 171

[12] 哈默尔—普尔格施陶(Hammer-Purgstall):《生动描述》(Gemäldesaal);此书全名为《对伟大的穆斯林君主生活记录的生动描述》(*Gemäldesaal der Lebens-beschreibungen grosser moslimischen Hercher*),其中“Gemäldesaal”本意为绘画大厅,此处转译为生动描述。——译注

[13] 茨温利(Ulrich Zwingli,1484—1531):瑞士宗教改革家,否认罗马教廷权威,主张废除教士终身制。——译注

[14] 弥赛亚:犹太人盼望的复国救主,这里指新教派的创始者。——译注

类的道德和物质活动都需要社会;经过长久的隔离,没有不衰落的热情,也没有不动摇的信仰。学派、教会、兄弟会、秘密会社、常规集会——任何同感觉共思想的人们的团体,其成员具有相同的热情、同样的憎恨、同样的热爱,以及对生活的同样理解,不论这样的团体恰好被叫做什么——加强、提升和发展了它们的观念,并把这些植入每一个成员的性格中,以至于在这些人身上不可抹去彼此联结的烙印。

通常,在这个领导集团中,大师首创的启示得以发展、提炼,并得到表述,成为一种真正的政治、宗教或者哲学体系,它没有被过多或太明显的不一致和矛盾之处所玷污。在这个集团中,传道的圣火甚至在该学说最初的作者仙逝后仍然燃烧不息;一种新学说的将来被托付给这个核心集团,它通过选择和分离的过程自动得以补充。那位大师事业的原创性、他感觉的强度和他传道的能力不论有多非凡,如果他在其身体和精神上死亡之前,没有成功地创建一个学派,他的这些能力都没有用处;然而,当激发这一学派的气息健康、充满活力时,那些以后可能在始创者的著作中发现的所有不足和缺点都能够被忽视,或者一点点被纠正,传道也将保持持续的活力和影响。

在这个指导性的核心之外是广大的投身这种宗教中的信徒。尽管这个团体构成了数量上更强的因素,并给教会或者党派提供了物质扶持和经济基础,它仍然是在知识上和道德上最可忽略的因素。一些现代社会学家宣称,大众保守且厌恶新知,也就是对新事物非常谨慎。这意味着新的信仰很难赢得大众。然而,一旦他们被争取过来,他们就不愿意放弃它。当他们放弃信仰时,几乎总是由于促进这一信仰的核心团体出现了错误,总是首先被冷漠和怀疑所感染。使得他人相信的最好办法是深深地说服自己——唤醒热情的艺术在于一个人自己可以被强烈地

唤醒。当教士感觉不到他的信仰，大众就变得冷漠起来，很容易 172
皈依其它具有更狂热布道者的教义。如果长官没有被军事精神浸透，如果他不准备为了旗帜的尊严而牺牲，士兵是不会在其职位上尽忠而亡的。如果宗派主义分子不是狂热者，他绝不会影响群众走向反叛。

在已经确立了一段时间且已形成了传统、并确定和限制了活动范围的古代学说或信仰中，出身通常决定了个人接受这些信条，并加入那些已经在其周围形成的组织。在德国和美国，按照人们出生时的家庭信仰，他们几乎总是天主教徒、新教徒或犹太教徒。在西班牙和意大利，信教的人几乎总是天主教徒。但是如果许多不同的教条在一个国家还处于形成之中，它们得到积极的传播，不同教派在争取信徒时，那么具有一般智力的人们的个人选择就要依赖于大众环境，这种环境部分地是偶然的，部分地来自传道者的技能。在法国，一个年轻人会由于他父亲、学校中的老师或者恰好在他思想形成时对他有更大影响的同学，变成保守或者激进分子。在孩子的一般观念还很容易变化，他还主要感到需要情感鼓励、需要热爱或憎恨某物或某人的年龄，他手头上的一本书、他每天阅读的一份报纸都可能决定他后半生的整个倾向。对于许多人来讲，政治、宗教或者哲学观点实际上是第二位的事情，特别是当青春的第一次激动过去，从事实际职业或者做买卖的年龄到来时。因此，如果不涉及与他兴趣的强烈冲突，一个人在某种程度上由于懒惰，某种程度因为习惯，部分地由于错误的自豪心理、以及对所谓始终如一的性格的尊重，他往往终其一生保持青春冲动时所信奉的教义，并以极小的精力和行动投入这种这种信仰，因为一个实际的人习惯于远离
被称作“理想”的东西。 173

然而，从个人对信仰和政党的选择可能主要被机会所决定

这一事实，并不能说明机会是任何特定学派或教会成功的主要因素。有一些说教适合于产生信徒，另一些则差一点。一种政党或宗教说教是否会被广为接受几乎主要决定于三个因素：首先，这种说教必须适应特定历史时刻；其次，它必须满足尽可能多的人的热情、情感及倾向，特别是那些在公众中最广泛分布、最坚实地植根于他们中的感情；第三，这种学说必须有一个组织紧密的指导性的核心成员，或者行政委员会，其成员会牺牲自己来维护和传播那种激发起信仰的精神。

5. 一种学说要在特定社会中适应特定的历史时刻，它必须首先符合人类思维在这个社会的那一时刻已经达到的成熟程度。当思维进步到足够理解所有自然现象都可以被归结为一个原因，统治宇宙的力量是"一"时，一神论宗教会轻易取得胜利。当自由探究同与自然历史和科学的结果削弱了对天启宗教的信仰，当按照人类想像、参照人类去创造的上帝概念，以及上帝任意干涉人类事务的概念在统治阶级看来荒谬时，理性主义才能够被当作成功学说的基础。

在基督教在罗马帝国传播的那些世纪，几乎每一个人，不论是异教徒还是基督教徒，都相信超自然物和神迹；但是异教徒的超自然物已经变得太粗糙，太不一致，而基督教的超自然物，除了更好地满足了人类灵魂的某些需要外，更为系统，更为成熟，因而注定会胜利。卢奇安[15]是一个彻底的怀疑论者，嘲笑每个人——时而是异教徒，时而是基督教徒。但是他在公元2世纪

---

⑮ 卢奇安(Lucian,120—180)：古希腊作家、无神论者，讽刺和谴责各派哲学和宗教的欺骗性。——译注

是一个例外。塞尔苏斯[16]代表了当时受过教育的公众的中等智力水平，他是一个有神论者，相信超自然物和神迹，但是却嘲笑《旧约》和《新约》。然而，由于塞尔苏斯已经开创了令理性主义者满足的道路，并且实际上，他开拓的道路在16世纪后、在完全不同的条件下让伏尔泰非常受用，他本该看到，比起基督教的历史来，人们更容易嘲笑和厌恶奥林匹斯诸神可鄙的放荡和幼稚的争论。在我们的时代，我们也能明显地看到，古典的异教思想已经长时间难以满足那一时代人们的思想和智力水平。如勒南观察到的那样，如果希腊—罗马世界没有变成基督教世界，它就会皈依密特拉教，或者皈依比古典异教更神秘、同时更前后一致的其它亚洲宗教。 174

这也是卢梭时代的情况。卢梭生活的时代，先是人文主义和宗教改革，接着是精确科学和自然科学的进步，最后是伏尔泰和百科全书派令整个基督教和中世纪名誉扫地，一种对政治机构新的理性解释——我们并没有说是合理的——在此时比较易于被接受。如果我们分析路德和穆罕默德的生平，很容易发现他们出现的时候，德国和阿拉伯正准备接受其教义。

当人类具有一定的文化，没有处于物质需求的重压中，他经常会显示出超越生活当务之急的倾向，对那些比自己的事情更高级的东西、对那些引起他所属社会的关注的事务感兴趣。相应地，这种理想主义的倾向无法在流行的政治体制上获得满足，因而人们的热情和抱负、他们作战的喜好、他们领导别人的本性没有找到一条适当的出路，在这种地方和情况下，一种新学说更容易获得成功。在罗马共和国时代，基督教肯定无法如此迅速

---

⑯ 塞尔苏斯(Celsus)：公元1世纪罗马百科全书编撰者，其中仅有《医学篇》传世。——译注

地传播，当时国家可以提供给公民选举的喜悦，或者当时它正在与迦太基进行可怕的决斗。但是帝国带来了和平。它平息了国
175 家之间的争斗，把所有公共职能交给了领薪水的雇员。这为长时期的安全和政治休眠铺平了道路，它们为新宗教提供了最好的服务。在刚刚过去的时代，官僚国家的强化，宗教战争的结束，以及不在公共职能部门任职的有文化和富有阶层的增长，为自由主义的、然后为激进的社会主义的各种运动提供了最初的基础。可以这么说，国家有时会出现心力衰竭的现象，这时它们看来需要休整。这就是当我们不十分恰当 地说一个民族变老时的所指。无论如何，如果一个社会不再发生革命，几个世纪不再经历重大的政治变革，当它最后从其长期迟钝状态中显现出来时，这个社会将更容易被说服，一种新教义的胜利、一种新型政府的建立都标志着新时代的开始，这是一个金色的时代，当它到来时，所有的人都会在崭新的中国那样的美好国度(a new land of Cathay)[17]变好，变快乐。这就是法国在1789年典型时的幻觉。在一定程度上，1848年的意大利也出现过这种幻觉。

另一方面，在一系列骚乱和变革后，政治革新者及政治上的新事物激发起来的热情和信仰明显趋于衰落，一种模糊的怀疑和疲乏感在大众中传播。激发信仰和热情的能力远不像第一眼看上去那么容易衰竭。总体上说，美梦破灭对宗教学说影响甚微，这些学说以超自然物为基础，解决关于宇宙第一因的问题，或者把幸福和正义这些理想的实现推迟到另一种生活中。

但奇怪的是，甚至表面上更现实主义的、应该在今生收获果

---

⑰ Cathay一词是西方诗歌中对中国的美称，启蒙运动时期，许多欧洲进步思想家，如伏尔泰等，赞美中国的明君和政教分离制度，把一种理想化的中国当作楷模。——译注

实的学说都非常成功地抵挡住了日常生活经验和事实对它们的驳斥。毕竟,幻觉具有耐久力,因为几乎所有人都需要幻觉,人们对幻觉的需要不次于物质需求。因此,幻觉的体系在它被新的体系取代前,不容易被怀疑。如我们经常看到的,当不可能做到这一点时,甚至一系列苦难、一系列更为可怕的经历造成的磨难,都不足以唤醒一个民族;或者,更准确一点,气馁而不是醒悟
停留在这个民族身上,并且只要遭受苦难的一代人还活着,它就 176
会持续存在。但是,在这以后,如果在思想倾向和情感教育上没有变化,各种社会能量就会有某种复活,同样的幻觉会再次产生新的冲突和新的不幸。保留对苦难日子中美好事物的回忆是人类的本性。特别是当一段时间流逝后,更是如此。大众总是钦佩和粉饰如拿破仑那样的传奇人物,他们给大众带来了数不清的痛苦、不幸,但是同时也满足了人们提升自己思想和对新生及伟大事物的狂热渴望。

6. 一种学说满足人类精神需要的能力不仅依赖于时间和地点,而且也依赖于与时间和地点无关的条件——它依赖于不能忽视的基本心理法则。实际上,在富有野心的政治和宗教学说的成功中,这第二种因素具有特别的重要性。

通常,如果一种观念、信仰和感觉的体系要被人类大众接受,它必须表达人类更崇高的情感;它必须许诺正义和公平将在世界上、或者在其它地方大行其道,或者它必须宣称善良的愿望将得到报偿,邪恶将被惩罚。同时,如果它小小地满足了人们通常对强者和幸运者的嫉妒和怨恨,并暗示在今生或其它时候,最差的将变成最好,好的将变差。如果这种学说的某些内容能够设法为善良和高尚的灵魂提供避难所,而这些灵魂正要在冥思和听天由命状态中寻求对生活中冲突和失望的安慰,它就会有

所裨益。有办法利用在一些人中占优势的弃绝和牺牲的精神，并把它引导上适当的轨道，也对这种学说十分有用，甚至可以说必不可少，尽管同样的学说也要为骄傲和虚荣留下活动空间。

由此可见，信徒必须总是“人民”、或者“更好的人”、或者“进步的灵魂”，他们代表了真正进步的先锋。因此，必须使基督徒
177 满意地认为，所有非基督教信仰的人都应该被谴责。婆罗门教徒必须有理由感到欣慰，他自己是梵天之首的惟一传人，具有阅读圣书的尊贵荣耀。佛教徒必须被教导为了自己可以最快达到涅槃的特权而自豪。穆斯林教徒必须满意地记住只有他自己是真正的信徒，而所有其他人都是异端的犬兽。激进社会主义者必须确信，所有与他想法不同的人或者是自私的、物欲横流的资产阶级，或者是无知和奴性的白痴。这些例子都是人们用来抬高自己和他们的宗教与信仰，同时用来贬低和憎恨其他人的论据。

从憎恨到冲突只有一步之遥。实际上，没有政党或者教派不设想对那些不接受它教条的人发动战争——不论这种战争最后是否流血。如果它完全避免冲突，在所有场合都表现出怜悯和屈服，这只是表明它意识到自己的虚弱，认为从事战争太冒险。此外，在争斗中，所有人类心灵中不太崇高但广为流行的癖好——包括爱慕奢侈、渴望鲜血和女色、指挥他人和施行暴力的野心等——也被重视起来。

的确，并没有一个建立持久的政党或宗教的处方，可以提供满足所有人的确切剂量。但是可以有把握地宣布，要实现上述目的，必须在一定数量上融合高尚情操和一些低劣的情感，融和贵金属和贱金属——否则这种合金就经受不住磨损和破裂。没有充分考虑人性中的不同和矛盾的素质就不会显示出多大的吸引力，如果它要获得永久的追随，就必须在这方面进行修补。善

与恶的混合在人性中是天生的，以至于一定数量的好金属甚至必须存在于还混合着犯罪团伙、秘密会社和凶残教派的合金中；必须把一点贱金属掺入激励英雄和盲目崇拜自我牺牲的禁欲团 178
体的各种情感中。因此，过分缺少不论是好的还是坏的因素总会有同样的结果：它防止了某些教派施加其成员的学说和特别纪律的广泛传播。

过去和现在都有一些有组织的匪徒鼓吹盗窃、谋杀和破坏财产。但是在这种情况中，犯罪行为总是粉饰以某些似是而非的政治和宗教学说，它们有助于把某些被错误地加以引导的个人诱惑进团伙中，而这些人并不完全可鄙，他们些许的可尊敬之处让公众更容易忍受其卑鄙行为，他们也为犯罪团伙带来了些微的是非感，而这一点对成功地干坏事必不可少。俾斯麦曾经说过一句格言，一个人需要一点忠诚才能成为一个恶棍。西西里的黑手党有时对外人也信守诺言，他们很少彼此背叛。某些犯罪团伙把他们存在时间特别长的原因主要归于他们为自己的恶行划定限制。麦考莱观察到英国的暗杀图谋很少成功，只是因为英国杀手缺乏些微的道德感，而这对相互信任至关重要。在这一事实上他或对或错，但他从中导出的结论必然是合理的。

穆斯林暗杀团[18]是一个例子，他们在中世纪洗劫了叙利亚和阿拉伯人的伊拉克。暗杀团是伊斯梅利人[19]中堕落的一支，后者是在公元1100年左右在伊斯兰世界被广泛追随的一个相对无害的教派。这一教派的教义和纪律与今日在拉丁语国家的

[18] 穆斯林暗杀团（Assassin）：指中世纪专门暗杀十字军成员的穆斯林团伙。——译注

[19] 伊斯梅利人（Ismailian）：西方人对中世纪埃及一个性情狂暴的部族的称呼。——译注

共济会组织有很多共同点。[20]印度的强盗团伙、也称作扼杀者的组织直到上个世纪中期在该国还非常有名。几乎所有写到中国的旅行者都会提到秘密会社。它们中的一些分布全国，并有着或假装有严格的政治目标。在这个组织的名单上还可能加上今日在欧美普遍的地下政治运动。

179 另一方面，有一些人类组织建立在放弃人间荣耀和快乐的基础上，它们或为了该组织的利益或为了全人类的利益而完全牺牲其成员的人格。在这方面，佛教和西方天主教中的僧人苦修院为人熟知。这些组织通常从相应行业中招收成员，这些人或者通过个人特有的生活环境、或者由于具有自我牺牲和顺从的天然倾向而符合组织的要求。然而，我们不能说，他们完全免于世俗情感。对赢得令虔信者羡慕的渴望、许多个人在这一体制中领先的野心，以及一种更强烈的让其规则超越对手规则的野心，这些都是强有力的动机，使得这些组织得以长存和繁荣。

但是在这些例子中，尽管我们看到一点好的东西总是与坏的相混合、一点坏的东西总是使好东西变酸，我们仍然会面对这一事实，即这些组织还不是太大。它们从来没有包括一个大的人类社会的所有成员。尽管一些似是而非的理由被设计出来使罪行合理化，凶手和盗贼的团伙成员不过是一些社会残渣。它们有时可能成功地恐吓、甚至影响了广大的地区。但它们从未让一个大民族皈依其原则。修道院算是一个例外，尽管修士生活被传播，成为相当大一批人的习惯性职业，其秩序很快偏离了它原来的原则。早期基督教的伊比奥尼教派[21]要求所有信教者

---

⑳ 克莱佛(Clavel):《互济会史》; 阿马里:《西西里穆斯林史》, 第二卷,第119页;哈默尔—普尔格施陶:《暗杀团史》。——原注

㉑ 伊比奥尼(Ebionite)教派:早期基督教苦修教派,强调基督教中的犹太教成分。——译注

集中他们的收入，他们还寻求把这种修士类型扩张到整个基督教社会。然而，这一教派过着一种寅吃卯粮的生活，很快就消失了，因为如果说可以在一小部分被适当训练的特殊选民中实现任何程度的弃绝生活的话，同样的情况在整个人类大众中是不可能的；而在大众中，好的必然与坏的搀和在一起，必须要认真考虑所有类型的需求和情感。因为这个原因，如果任何社会再 180
生的试验要想得到证明，它必须要应用于整个民族，也必得假定能够发现有人会把自己奉献给这种试验或者被强迫如此。

7. 因为所有这些原因，一种具有太崇高的道德体系的宗教至多产生那些好的、事实上绝不会受人轻视的结果，这些结果来源于一种人类要实现他自己无力达到的理想而作出的努力。但在实践中，这种宗教将由于缺少对其谨慎的遵守而消亡。宗教信仰和人类需求之间、被尊奉为神圣的符合神道的事情和人们做的、实际上必须做的事情之间持续的冲突，构成了永恒的矛盾和不可避免的伪善，它们在许多民族的生活中都会出现，不仅限于基督教民族。在基督教由于君士坦丁大帝变成罗马帝国官方宗教之前，善良的拉克坦提乌斯[22]惊叫：

> 只要真正的上帝被尊重〔也就是说，如果所有人都皈依了基督教〕，就不会再有纠纷和战争。人们都将被牢固的爱的纽带联结在一起，因为他们都把其他人看作兄弟。没有人会设计陷阱除掉邻居。每一个人都会心满意足，欺诈和盗窃将不复存在。那时人类的状况该多么好！一个怎样的

---

[22] 拉克坦提乌斯（Lactantius，约240—约320）：基督教护教士，拉丁教父中著作流传最广的一位。——译注

黄金时代将降临在世界上啊![23]

实际上,这必定是一个基督教徒的观点,因为他相信每一个信徒都应该把宗教的信条和精神融进实践中,认为整个社会很有可能遵守它们,如那些特选的灵魂遵守它们那样,这些灵魂面对戴克里先的迫害,宁可牺牲生命也不否认自己的信仰。但是如果拉克坦提乌斯再多活 50 年,他可能就会觉察到,没有一种宗教自身能够非常迅速地提升整个民族的道德水平,或者提升到很高的水平。如果他生活在中世纪,拉克坦提乌斯会满意地
181 看到,通过更加适应变化着的历史环境和人类灵魂的长久需要,基督教提供了殉教者,同样也能够容易地供给十字军和宗教法庭的法官。

伊斯兰教徒遵守古兰经,通常比基督徒遵守福音书更谨慎,但是这不仅由于更盲目的信仰(它反过来又导致了更低的科学水平),而且还由于穆罕默德的训令在道德的崇高性上稍逊,因而比起基督的教诲来,靠人力更容易实现。那些信仰伊斯兰教的人通常严格地戒绝酒和猪肉,但是如果一个从未尝过酒和猪肉的人被剥夺它们时,不会感到明显地不舒服。因为这个缘故,看来当穆斯林与基督徒在广泛生产酒的国度生活,他们就不会那么谨慎地遵守先知关于醉人的酒类的训令。在西西里的萨拉森人的历史显示出穆斯林中的酒鬼不在少数。当卡塔尼亚[24]的埃米尔伊本—埃·特米安命令他的妻子、即巴勒莫的埃米尔之妹揭开盖头之时,就处于一种完全的醉酒状态。一个阿拉伯诗人

---

[23] 引自波希尔:《基督教与蛮族入侵》(“Le Christianisme et l'invasion des barbares”), 第 351 页。——原注

[24] 卡塔尼亚(Catania):意大利西西里岛东岸港市(或译喀大尼亚)。——译注

伊本—哈姆迪斯就歌唱过叙拉古的美酒、它琥珀般的颜色和甜瓜般的香气。

在伊斯兰教徒中，通奸比在基督教徒中少得多，但是在前者中离婚容易得多，而且穆罕默德允许一个人有几个妻子，并且不禁止他们与奴隶发生关系。伊斯兰信徒被强烈要求给他们的同教成员布施，把所有帮助慷慨地给予他们，但是他们也被教导在战争中消灭敌人、在和平时向其征税是有功的行为。因此，实际上，《古兰经》开出了适合所有口味的药方，并且如果一个人在文字和精神上忠于它，他就有许多条大路通往天堂。颇有几条伊斯兰教义碰巧与人性中强大而根深蒂固的本性冲突。它们极少影响到穆斯林。例如，穆罕默德许诺所有参与圣战的人都可以上天堂。这样，如果所有信徒都以《古兰经》中这样的担保指导自己的生活，那每一次伊斯兰教军队发现自己面对不信仰伊斯 182
兰教者，都会或者征服它，或者在沙场战斗到最后一个人。不能否认，的确有些人做到了先知的教诲，但是在失败和能得到永恒赐福的战死之间，大多数穆斯林通常选择失败。

通常，佛教徒严格遵守他们宗教的外在信条，然而，在把信条的精神付诸实践时，他们与基督徒一样，用莫里哀的话讲，是通过对天堂的安排避免麻烦。缅甸的倒数第二代国王是智慧和精明的敏东[25]。除了勤于治民，他还对宗教和哲学讨论具有浓烈的兴趣，经常把经过其首都曼德勒的所有英国人和有声望的欧洲人召集到他面前。在与他们的对话中，他总是坚持佛教伦理比其它宗教宣扬的道德具有优越性，从未忘记提醒他的客人，

㉕ 缅甸的倒数第二代国王为贡榜王朝（1752—1885）的君主敏东（拉丁文拼法为：Mindo，1853—1878 在位），莫斯卡拼为“Meudoume-Men”，应该为敏东的不同拉丁文拼法。——译注

基督徒的行为不总是符合基督教教义的训诫。他肯定不费劲就可以表明,英国人篡夺缅甸部分国土的行为决不会与福音书的教诲一致。就他而言,他在佛教寺院中长大,明确地遵守了佛陀的规定。在他的朝廷上,没有任何动物被屠杀。呆在这里不论多长时间的欧洲人只能吃讨厌的素菜,被迫偷偷到树林中猎取鸟蛋以满足口腹之欲。不仅如此,敏东从未以任何凡世原因命令执行死刑。实际上,当任何人的存在给他带来了严重的不便时,这位老谋深算的国王只是问他的首相,是否这样的人还在这个世界上。在反复这样询问后,当首相回答"不在了"的时候,他就会露出满意的笑容。他没有违反任何宗教戒令,仍然达到了他的目标:这一目标是有些人类灵魂应该比通常所期待的更早一点开始轮回过程,这种过程在佛教信仰中,最终导向与普世灵
183 魂的融合。[26]

古代斯多噶学派的学说基本上是男性主义的,并且——也许除了"矫揉造作"和虚荣这些常见的弱点——对人类的情欲、弱点和情感作出的让步,即便有也非常少。但是因为这个原因,斯多噶主义的影响被限制在文化阶层的一部分人中。信奉异教的大多数民众仍然完全对其感到陌生。斯多噶学派也许在特定时期,帮助形成了罗马帝国统治阶级中部分人的性格。毫无疑问,几个好皇帝应该把其训练归功于它。但是从其成员不再挤在帝王身边的时候起,这一学派就变得毫无影响。斯多噶派无力改变自己;因为它的知识层面和严格的哲学层面过多地遮住了它的教条和情感的一面,它无法与基督教争夺对罗马世界的控制,而且如果它与犹太教、伊斯兰教和佛教竞争的话,它也不

---

[26] 普劳舒特(Plauchut):《一个消失的王国》("Un Royaume disparu")。——原注

会胜出一筹。

我们不能坚持说,一个民族信仰一种宗教或政治学说与信仰另一种没有区别。很难表明基督教的实践效果与伊斯兰教和社会主义的效果没有区别。从长远看,一种信仰的确让人类情感具有一种倾向,这种倾向可能具有长远的影响。但是看来可以肯定的是,没有一种信仰能够成功地使人类变得与原来根本不同。用别的话来说,即没有一种信仰可以让人完全好或者完全坏,完全利他或者完全自私。与人类一般水平相应的较低道德和思想水平是所有宗教必不可少的。就我们看来,拒绝承认这个事实,使得人们更容易把宗教情感和政治学说的相对无效性当作一种论据,证明它们是绝对无效的。就这种关系我们想起了一种经常表达的观点。南部意大利的土匪经常穿着真正的南部意大利风格服装,戴着修士的肩胛,以及圣徒和圣母玛利亚的像章,同时经常犯下谋杀和其它罪行——从中可以得出结论,宗教信仰对他们没有实际影响。现在,在能够合理地得出这样的推论之前,人们就已经可以说,如果匪徒不穿戴肩胛和玛利亚 184
像章,他们就不会从事谋杀和暴行了。如果像章拯救了一条生命、一点悲痛和一滴泪水,也会有足够的理由把它们与某种影响力联系到一起。

8. 如我们已经看到的(前面第4节),还有第三种因素在任何宗教观念和政治观念的传播和幸存中发挥作用——这就是指导性的核心组织和它转变大众信仰或者保持他们忠于特定信仰和学说的手段。如我们已经看到的,这个核心最初产生于选择和分化的自发过程。此后,它的凝聚力就根基于我们称作“模拟”或模仿的人类精神现象——即人类按照他形成其伦理并接受教育的环境中所流行的潮流,发展自己的激情、思想和信仰的倾向。极为自然的是，在一个具有一定文化程度的国家中，一些年轻人应该具有这样一种能力，围绕着他们认为正确的和有德的东西，围绕着至少在表面上是慷慨和崇高的、并关心国家和人类普遍命运的观念来发扬他们的热情。

这些情感，以及它们产生的弃绝和自我牺牲的精神，保持了一种潜在的状态，并根据它们是否加以培养而变得绽放或萎缩；它们结出的果实根据培养方式的不同而互不相同。

在一个只在他父亲的店中与顾客和客户打交道的店主的儿子身上，上述情感从来不会大幅增加、甚至不会有所显示，除非这个男孩是极少数卓越的人之一，这些人成功地靠自己发展了各方面能力。一个从幼年开始接受宗教训练，后来又进入了天主教神学院的年轻人，可能会变成一个传教士，把终生奉献给他的信仰。另一个生于行武之家、又在军事学院接受教育，然后成
185 为一个军团中尉的人，在军队中他发现同志们和上级都浸润了同样类型的信仰，他会认为他最重要的和高于一切的职责是终生忠于君王之命，并且如果有必要，将为了国王而战死。最后，一个生于退伍反叛者和革命分子环境中的人，他在其幼年被政治迫害和路障前暴动的故事而激动得发抖，他的思想主要被卢梭、马志尼和马克思的著作所滋养，他会认为自己神圣的使命就是不懈地反抗有组织的政府之压迫，并准备以革命的名义面对牢狱和绞架。所有这些都是因为一旦某个人的环境被形成——它可能是天主教的、教会的、官僚的、军事的、革命的等等——这个人就会在思想和感情上形成环境指示给他的倾向，以至于某些情感而不是别的情感在他身上更好地发展——例如，反叛和奋斗的情感，而不是被动服从和自我牺牲的情感；特别当他是一个普通的年轻人，在智力上并不完全领先其他人，也没有彻底地庸俗和平凡时更是如此。这些训练，或如法国人称为**训马术**的

东西,对年轻人比对成年人更有用,对有热情和激情的人比对冷静、深思熟虑和反复算计的人更管用,对驯服的人比对具有反叛精神的人更奏效,除非某种学说,或由于其本质、或由于特殊的历史环境,非常重视培养和强化这种反叛本性。

对于模仿过程来讲——也就是个人被环境同化的过程——有一种条件,虽然说不上必不可少,但是特别有利。这种环境必须对所有外界影响封闭,以至于没有一种情感、特别是思想会闯进来,除了那些被打上了该环境烙印的东西。没有一本教廷禁书目录上的书进入过神学院。哲学必须始于圣托玛斯·阿奎纳[27],又终结于他。当一个人读书时,他必须阅读神学和教父们的著作。那些为少年时期的好奇和对浪漫的饥渴提供的故事,是殉教者和英勇的受迫害教徒的故事。在军事学院,一个人读到和谈到的都是伟大的上尉们的探险、他的军队和王朝的光荣。这里,教育和训练的内容都是诸如被严格要求的对士兵业务的 186
学习、对成为军官、绅士以及国王与国家忠实战士的高度赞赏。在革命的"学习时间",谈话的内容将是无辜大众的胜利和光荣,暴君和他们走狗的无耻行为,资产阶级的贪婪和卑鄙;任何与革命大师们话语和精神不符的书籍都被无情地禁止。任何精神平衡的火花、任何从其它道德和知识世界照射进这些封闭环境的光线,都会产生怀疑、动摇和开小差。真正的历史必须被完全禁止,这种历史是对事实的真诚与客观的探索,是教给我们了解人类,并脱离等级、宗教和政党来评估事实的学科训练,这种学科根据人们实际的样子考虑其弱点和优点,它培养和训练人的观察力和现实感。

㉗ 托玛斯·阿奎纳(Thomas Aquinas, 1226—1274):意大利中世纪神学家和经院哲学家,奠定了经院哲学的基础。——译注

实际上，所有这些都意味着一种真正的精神不平衡，每一种环境都把这种不平衡加之于被吸引进它轨迹中的成员身上。他只被提供给生活的一部分。这种图景被精心修改、限制和纠正，新入教者必须把这当作生活的全部和真实图景。特定的情感得到强调，其它被减到最小，而且一种正义、忠诚和责任的观念，如果不是以本质上错误的，也一定是以很不完全的形式表现出来。这种把正义和公正的概念彻底等同于特定宗教和政治学说的做法——甚至是 道德上崇高的学说——有时把正直但狂暴的灵魂驱使到极端狂热的地步，犯下政治罪行，甚至可能完全消除一个仗义的民族所有的高尚情操。据一个关于穆罕默德的轶事讲，在其生前，这位先知的追随者和反对者在奥耐恩[28]进行了一场战斗。反对者阵营中有人名叫多雷德—本—萨纳（Doreid-Ben-Sana），他是时代和民族的勇士。尽管已经 90 岁高龄，他还是让人把他带到战场上。一个年轻的伊斯兰教徒雷比阿—本—拉斐设法接近多雷德所处的位置，用很准的剑法攻击他。但是这件武器摔成碎片。“孩子，你父亲给了你一把多糟糕的剑，”老英雄说，“我的弯刀经过千锤百炼。拿着它，回去告诉你妈妈，你
187 已经用一把多雷德多次用来捍卫阿拉伯人的自由和权利、以及妇女们荣誉的武器杀死了他。”雷比阿接过多雷德的弯刀，杀死了他，然后实际上带着玩世不恭的狂暴把这个信儿带给了他母亲。他母亲没有儿子那份对新宗教的狂热，也许因为她是一个接受旧学的妇女，她似乎以她儿子应得的轻蔑接待了他。[29]

然而如我们所见（上面第 3 节），能力非常均衡的人们了解并满足他们所有的责任，并赋予每件事情其应有的重要性，他们

---

[28] 奥耐恩（Onein）：阿拉伯半岛一古地区名。——译注

[29] 哈默尔—普尔格施陶：《生动描述》。——原注

不太会用整个生命和活力去获得某种特有和确定的事情。大众的夸大之辞，或者如人们愿意说的那样，大众的幻想，是在历史上产生重大事件和推动世界前进的力量。如果一个基督教徒承认，一个没有洗礼的人能够同样有德行，或者一个没有信仰的人仍然可以拯救其灵魂，基督教的传教士和殉教者将丧失他们的热情，基督教就不会变成它在历史上所是的样子。如果一场革命的鼓动者相信，他们胜利后的社会状态不会有大的改善，如果他们甚至怀疑他们还有可能把事情弄糟，他们就很难被卷入面向路障的游行队伍中。批判精神很强、对新学说可能带来的实际利益表示怀疑——适当地怀疑——的民族，从不在巨大的社会运动中带头，最后也总不会与那些容易热情焕发的人牵扯在一起。在一个民族中的个人身上也有同样的情形。更明智的人经常因为被更冲动的人所打动而丧命。很多时候，并不是明智的人带领狂热者，而是狂热者驱使明智者同行。

9. 但是一旦一场运动的英雄阶段结束，一旦最初的宣传阶段告一段落，思考和利己主义又恢复了它们的地位。热情、牺牲精神、一面之词在宗教和政党中比比皆是。它们不足以使自己扩张到国外很远、并确保自己长生不老。因此，要修改补充指导 188
性核心的方法，或者更好地说，要完成这种招兵买马的工作。构成核心的成员可能还要以纯粹的理想主义作为基础，但是理想代表一切的时代在人类大多数人中很快被忽略。他们必须发现一些可以满足野心、虚荣和对物质快感追逐的事情。简而言之，与观念和情感的中心相一致，还必须有一个利益中心。

此处，我们又要回到我们过去提出的纯金属和贱金属构成合金的理论。一个真正组织良好的统治核心必须在自己内部找到一个地方，能够容纳具有各种特点的人——为了那些渴望为别人牺牲自己的人，也为了那些想剥削邻居满足自己利益的人；为了那些想要看起来强壮的人，也为了那些想强壮起来而不考虑外表的人；为了那些满足受难和贫困的人，以及那些喜欢享受生活中好东西的人。所有这些成分被混合起来，结成了一个强大的网状系统，在这个系统中，每个成员知道，只要他遵守该组织的目标和政策，他的爱好将会被满足，如果他反叛它，他可能在道德上甚至在身体上被毁灭；在这种时候，我们就看到了一个这样的社会组织，它否定了最多样的历史变迁，并持续几千年。

我们立刻想到了天主教会，它过去和现在都是这些组织中最强大和最典型的例子。在它复杂和精明的组织面前，我们只有全神贯注地羡慕的份儿。神学院学生、新入教者、慈善姐妹会、传教士、布道者、行乞修道士、富足的修道院、贵族般的修道院长、农村的教士、富裕的有时也同时是王公的主教、比首相有更多优先权的红衣主教，以及直到几个世纪之前还是尘世最强有力统治者的教皇——所有这些人都有他们的位置，所有这些人在教会中都有其 raison d'etre〔法语：存在的理由〕。麦考莱已经指出了天主教比新教具有的巨大优势。当一个狂热的、不平衡的灵魂出现在新教信徒中时，他最终总是会发现一种对圣经
189 的新解释，并为宗教改革所分裂出来的众多教派加上一个新的教派。而同样的人会被天主教充分吸收，成为一个加强而不是分化它的因素。他会穿上修士的袍子，变成一个有名的布道者，并且，如果他具有真正创造性的特点以及一颗真正的慈善心灵，并且如果历史条件允许，他可能成为一个阿西西的圣方济各或者圣罗耀拉[30]。不过，尽管这个例子具有说服力，它只是显示出

---

[30] 罗耀拉(St. Ignatius Loyola, 1491—1556)：西班牙教士，原为军人，1534 年创立天主教耶稣会。——译注

天主教等级制度设法吸收全人类的才能丰富自身的无数方式之一。

有人说，教士的独身制度违反天性，并且对某些人来说，剥夺了合法的家庭肯定将是一个巨大的牺牲。但是必须记住，只有通过这一代价，才能获得一个免于私人情感并与社会其它部分隔绝的教士阶层；同时，对于倾向于独身生活的人，这一制度本身并不排斥一定的物质满足。同样，许多人相信教会已经堕落了，丧失了它的力量和影响力，因为它已经偏离了其本原，不再只是穷人的侍女。但是这也是一个肤浅的、因而是错误的判断。

也许今天，在我们的时代，当每个人谈到被剥夺继承权的诸阶级，并对他们感兴趣、或者假装感兴趣时，罗马教皇可能应该更经常地记住他是上帝的仆人们的仆人。但是如果天主教会总是把自己限制为一个只为了穷人利益的机构，并且只在乞丐中受欢迎，除了历史上一些短暂的阶段，它都不会是它过去那个样子，并且它将不会享有这么久的荣耀和繁荣。实际上，它已经明智地找到了同时获得穷人和富人赞许的方式。对穷人它提供了施舍和安慰。对富人它靠辉煌的形式和对他们虚荣和骄傲的满足赢得了他们。这一政策选得如此之好，以至于如果说天主教会的敌人总是谴责它的奢华和凡俗的话，如果他们是明智的，也总是尽可能吸收天主教会的影响力和财富。最近在几个欧洲国家，另一种机构投入其所有能量来与天主教会交战。但就它本 190
身而言，这种力量从未放弃尽可能地给它的追随者以个人满足和物质利益。

10. 一旦统治核心被形成，它用来赢得大众并保持他们忠于其教条的方法可能非常多样。当没有遇到严重的外在障碍、或出现于这种政治或宗教制度本性的障碍，基于对大众逐渐说服和教育的宣传方法和付诸暴力的方法都会产生好的结果。实际上，暴力可能是最快地确立一种信仰或者观点的方法，当然只有更强有力者才能使用它。

在19世纪，人们广为相信，暴力和迫害对来源于真理的学说起不了什么作用，因为将来属于这些学说。它们被认为对那些错误信仰同样不起作用，因为普遍的善良意识自己就会关照自己。现在坦率地说，很难找到比这一想法包含着对历史事实更加肤浅的观察和更大的无知了。这肯定是我们时代最贻笑后人的观念之一。还没有掌握权力的党派或者教派传播这样的理论很容易让人理解——它们在自我利益和自我保存方面的本能可能导致他们持有这种观念。其他人接受这种观念时，就变成了愚蠢。彼拉多[31]问道，“*quid est veritas*?〔拉丁文：真理是什么?〕”，而我们可以从质问什么是真学说，什么是假学说开始。科学地说，所有宗教信条都是假的，不管它们拥有多少信徒。例如，肯定没有人争辩说，征服了世界上大片领土的伊斯兰教根基于科学真理。更精确地说，一些学说满足了广为传播并深深地植根于人类心灵的情感，并且相应地具有更大的自我繁殖力；另一些学说较少具有上述特征，因此，尽管它们更易被知识阶层接
191 受，其吸引力却有限得多。如果人们愿意，可以在两种学说之间划出界限，一种由于对文明和公正的渴望而广为接受，它们产生了更大的和平、道德和人类福利；另一种具有相反的效果，但不幸的是，它们并不总是那种没有自我繁殖能力的学说。我们相信社会民主主义威胁了现代文明的前途，然而我们被迫承认它

㉛ 彼拉多(Pilate，不详—公元36年)：罗马驻叙利亚总督(26—36)，主持对耶稣的审判，并下令把耶稣钉死在十字架上。——译注

是根基于公正、嫉妒和对幸福的渴望这些情感;它们在人们中如此广泛地传播,特别是在我们这个时代,以至于否定社会民主主义具有巨大的自我繁殖能力是一个极大的错误。

人们总是提到基督教和现代自由主义的例子,前者面对迫害而胜利,后者则击败了试图压制它的暴君。但是这些例子只是表明,当迫害执行得不好时,它干不成任何事,并且可能在一些情况下纯粹的暴力不足以阻止思想潮流。然而,这些例外不能成为一个一般原理的基础。如果一种迫害做得不好、拖拖拉拉地执行、松懈和犹犹豫豫地应用,它总是帮助一种学说进一步取胜;而一种无情、有力的迫害在对立学说一露头时就打击它,这种迫害是战胜这种学说最好的工具。

基督教在罗马帝国并不总是被有力地迫害。它享有长期的宽容政策,而且那些迫害本身也是有限的,它们被限制在部分省份。然而,基督教还是在一位持有政权的皇帝赞许[32]以后,才获得了明确的胜利。同样,自由主义纲领在18世纪中期到法国大革命期间的政府中不仅仅受到阻碍,也同样得到了促进。后来,它只是被断断续续地攻击,这种攻击从未同时遍布全欧洲。当政府自身借助于它,或政府被来自国内外的武力推翻时,自由主义才取得了胜利。

与这两个可疑的例子相比,多少个其它事例遭受了完全不同的结果啊!基督教自身在其早期也很难传播到罗马帝国疆域之外。它在波斯没有被接受,不仅因为它在波斯的民族宗教中遇到障碍,而且因为它遭到有力地迫害。查理曼通过火与剑在一代人的时间里把基督教移植到萨克逊人中。而罗马帝国被基 192

---

[32] 指公元313年,君士坦丁大帝签署《米兰敕令》,承认基督教的合法地位。——译注

督教化则耗费了几个世纪。有几年时间就足够把福音带给许多野蛮国家,因为一旦国王和贵族皈依,人民就会全体接受洗礼。十字架以这种非常简洁的方式在各种盎格鲁——萨克逊人中间、在波兰、在俄国、在斯堪的纳维亚国家、在立陶宛等得到确立。在17世纪,基督教在日本被无情因而有效的迫害扫除殆尽。佛教在它的祖国印度被迫害所消灭;拜火教在萨桑王朝的波斯、巴布教派[33]在现代波斯、太平天国的新宗教在中国都被灭绝。由于迫害,阿比尔教派[34]在南部法国、伊斯兰教和犹太教在西班牙和西西里都消失了。毕竟,宗教改革只是在它获得政府支持、或者在少数的情况下,在反叛者取胜的国家获得了胜利。基督教自身的迅速发展被归因于神迹,但是它远不能与伊斯兰教的迅速发展相比。前者扩张到所有罗马帝国的疆域花费了3个世纪,而后者只用了不到80年时间,就扩张到从撒马尔罕到比利牛斯地区。然而,基督教只是通过布道与说服进行传播。而另一方显示出弯刀的决定性力量。

所有政党和宗教信条都倾向于向那些权势者施加影响,并且只要它们能够,总是垄断权力本身这一事实,最好地证明了即使它们不承认,它们也总是相信,控制一个社会组织特别是一个官僚国家中所有更有效的力量,是传播和维护这一学说的最好手段。

11. 除了武力以外,关于各种宗教和政党用来吸引大众、维护对其的支配和获得他们信仰的其它方式,我们主要可以谈论

---

[33] 巴布教派(Babism):19世纪中叶在伊朗创立的一个伊斯兰教派。——译注

[34] 阿尔比教派(Albigenses):起源于11世纪法国阿比尔的基督教派别,13世纪被诬为异教徒,遭到教皇与法王组织的十字军的镇压。——译注

我们说到的责任问题，这种责任使各种教条的创立者、以及这些教条自身采纳一种相当低的道德水平。每一种政治或宗教制度 193
的追随者，都习惯于把对手在道德实践方面的错误罗列出来，同时宣称自己免于任何污迹。事实上，所有这些政治和宗教制度肯定地说都同样具有不同程度的污点。只有不与他人接触，特别是不要求指导他们，才具有道德完美的特权。但是一旦开始指导他们的行为，我们被迫利用在他们身上所有敏感的行为动机。我们必须利用他们所有的弱点，并且任何只付诸于其慷慨本性的人都很容易被其他较不拘泥于德行的人击败。科西莫·美第奇，这位开国者说，国家不能用任何祈祷书来统治。的确，当一个人无法抚慰情感、满足幻想和欲望，并激发恐惧时，他很难按特定方向引导大众。当然，如果一个人，不论其多么邪恶，试图纯粹用亵渎，也就是说单纯依赖物质利益和低劣的情感去统治国家的话，他会像那些只用祈祷书统治的人一样幼稚。如果老科西莫活着的话，他会毫不犹豫地把这个人称为傻瓜。通过充分展示精力、自我牺牲、不停息的运动、耐心和其它任何必要的过人技巧，居于国家之首的人可能较少地感到利用低劣情感的需要，并且可以更依靠他臣属的慷慨和美德。但是一国之首也是人，也并不总是显著拥有上述的素质。

人们仔细考察可能会注意到，用来哄骗群众的伎俩在所有时代和所有地方都多少有些相像，因为问题总是要利用人类同样的弱点。所有宗教，甚至那些否定超自然物的宗教，都有它们雄辩的风格，它们的布道、说教和讲演都用的是这种风格。所有这些宗教都用仪式和壮观的表演以激发想像力。有些游行秉烛而行，唱咏圣歌，另一些则跟在红旗后面踏着《马赛曲》或《国际歌》的节拍进发。

宗教和政党彼此类似，都利用人们的虚荣，并为它们创立等

194 级、官阶和级别。它们都相似地利用头脑简单者、天真的人和那些渴望自我牺牲或宣扬的人，从而创造出殉道者来。一旦发现了殉道者，它们小心地使他的迷信保持活跃，因为这会有效地加强信仰。从前，修道院有一种发现最愚蠢的教士并把他奉为圣人的惯例，甚至把神迹归于这个人，这都是为了提高这种兄弟情谊的声誉，从而增加其财富和影响力，这些财富和影响力立刻被那些指挥上 演这场闹剧的人加以利用。在我们的时代，教派和政党在创造超人、传奇英雄、具有绝对忠诚的人方面技巧很高，这些忠诚者反过来又帮助维护了他们党派的荣誉，并带来了财富和权力供狡诈的人使用。当"我的伯爵叔叔(my uncle the Count)"提醒卡普钦的普罗温西尔神父(Capuchin Father Provincial)那些克里斯托弗神父(Cristoforo)年轻时玩弄的无赖伎俩，普罗温西尔神父立刻回答道，由于法衣具有的荣耀，在世上引起丑闻的那个人穿上这件衣服应该变成完全不同的人。[35]毫无疑问，这是一个典型的僧侣的回答。但是比僧侣更糟糕的是，政党和教派隐藏和原谅其信徒的恶性，只要他们忠于这些教派和政党。对于它们来说，任何穿上这种衣服的人当场就变成了完全不同的人。

通常在耶稣会的名义下互相混合的虚伪、诡计和谋略，并非罗耀拉的信徒所特有。也许耶稣会士有幸为其冠名，因为它们把这种行为系统化了，推向极至，在某种程度上创造了关于它的技艺；但是，毕竟耶稣会精神只是被推向极致的宗派精神的一种形式。所有起初或多或少具有真正热情、引导人们走向特定目标的宗教和党派都使用与耶稣会类似的方法，有时还更差。所有事业、所有社会和政治体制都采纳了结果使手段正当化的原

㉟ 曼佐尼：《约婚夫妇》，第十九章。——原注

则。所有党派、所有教派都习惯于断定自己一方作战的人是伟大的，而所有其他人都是白痴和流氓。当它们不能再做任何更积极的事情，它们都顽固地拒绝承认圈外人(outsider)的美德。195 所有的宗派都在形式上和字面上坚持它们的话，而在实质上违反它。所有这些教派都知道如何为了自己的利益扭曲对事实的陈述。它们全都知道怎样找到头脑简单和胆小的人们、怎样获取他们的忠诚、赢得他们的援助和他们对其事业以及代表和传播这一事业的人的贡献。因此不幸的是，即使耶稣会士将要消失，耶稣会的精神还会留存下来，我们只要查看自己的情况就可以相信这一点。

与体制性权威冲突的组织最经常地应用更为无耻而放肆的方法，这些组织或多或少是秘密的。在巴枯宁[36]给他追随者的指示中，我们发现了这种方法：

> 要寻求大毁灭的阴暗之城，第一个必要条件是一系列暗杀，一系列无畏、也许是疯狂的计划，它们将给有权者带来恐惧，迷惑大众使之相信革命的胜利。

巴枯宁用粗鲁的语言表达的座右铭提醒人们想起另一个伟大的革命者关于“起来，起来”的号召。在同一本小册子《革命的原理》中，巴枯宁继续写道：

> 除了毁灭之外不需要承认任何东西，我们宣布，这种行为体现自身的形式本身就具有多样性：投毒、匕首、皮鞭。

㊱ 巴枯宁(Mikhail Bakunin，1814—1876)：俄国无政府主义者和理论家，1864年参加第一国际，因反对马克思于1872年被开除。——译注

革命无分别地牺牲所有东西。

另一位俄国人与巴枯宁坚持的原则非常不同，他在一本小说中描写了有谋略者吸引纯真者走进革命阵营的方法。陀思妥耶夫斯基写道：

> 首先，许以官爵的诱饵是必要的。必须有各种头衔——总统、秘书等等。其次是情感诉求，它是最有效的动因，然后注意人们会想什么。人们惧怕孤独和被别人看作反对自由，这是具有巨大力量的东西。
>
> 接着〔在对话中增加了另一个对话者〕，是把一个毫不怀疑的新手卷入犯罪中的诡计。五个同志谋害第六个，借口他是个间谍 …… 谋杀巩固了所有的东西。即使最勉强的人都不会逃走。[37]

196 12. 不同教派和党派之间结束冲突和竞争的日子遥遥无期。只有所有 文明世界归属于一种社会类型、一种宗教，只有改善社会的各种途径之争告一段落，党派和教派冲突才会终结。现在一些德国学者相信，相应于人类不同时代展现出来的各种倾向，政党是必要的。即使不必相信这一理论，我们仍然可以容易地观察到在争吵和争执的本能压力下，任何新宗教、任何偶然赢得成功的新政治教条，立刻会分裂成各种派别；这些派别以产生它们的宗派与敌对教派或政党作战时展现出的同样狂热和苦难彼此斗争。在基督教、伊斯兰教和许多其它宗教中出现的为数众多的分裂、异端，在我们时代社会民主主义中出现的分

㊲ 《所有物》(*The possessed*)，第二部，第六章，第 392—393 页。——原注

化——社会民主主义还远没有达到它可能永远也达不到的成功——都证明了获得这种统一和普遍的道德和知识世界，这种如此多人向往的世界是多么困难。

甚至假定这样的世界可以实现，在我们看来这并不是世界的理想结果。在历史上迄今为止，安祥和冷静地自由去思考、观察和判断，只是在几个不同宗教或政治潮流互相争夺主导权的社会中才是可能的——这一点对一些人总是可以理解的。如我们已经看到的(第五章，第 9 节)，同样的条件对获得通常称之为政治自由的东西也几乎必不可少——换句话说，这种条件是统治与被统治者关系中符合我们不完善人性的正义的最高等级。实际上，在不再能够在多种宗教和政治潮流中选择的社会中，一种思潮就会获得独断的控制，孤立的和独创性的思想家会保持沉默，而且道德和知识的垄断总会与政治垄断联系在一起，以满足某个等级或者少数社会势力的利益。

欧洲现代共济会原则的基础，是相信人类会在身体上、知识 197
上和道德上变得更神圣、更高贵，并且只有产生教条主义宗教的无知和迷信会阻止他前进的道路，而这条道路是人类的自然之路，驱使他面对迫害、屠杀和兄弟仇杀。在我们看来这样一种观点是站不住脚的。现在许多人称作迷信的天启宗教不是被超人的存在物教给人们的。它们是人们自己创造的，并且总是在人性中发现其养分和存在的理由。它们只是部分上、有时还是在非常小的部分上，对争斗、屠杀和迫害负责。这些争斗和迫害更经常地是由于人类情感而不是宗教的训诫。实际上，从无私的历史角度看，“时代”、以及宗教和政治狂热的原因，只是消除了个人对每种暴行所承担责任的一小部分。不论在什么时代、在何种宗教、在何种原则中，我们每个人都能够发现，也的确发现了最适合自己性格和脾气的倾向。伊斯兰教没有妨碍撒拉丁

(Saladin)[38]甚至在处理异教徒时表现出仁慈和慷慨的心灵，一如基督教没有减少狮心王理查[39]的残暴。这位以骑士精神知名的国王，要为屠杀3,000名伊斯兰教囚徒负责，这发生在艰苦的亚克里保卫战[40]之后，但由于撒拉丁的仁慈，伊斯兰军队才没有在很大程度上重演这可怕的一幕。出现西蒙·德·蒙特伏特和托尔克马达[41]的同一个宗教，也出现了圣方济各和圣特雷萨[42]这样的人。1793年出现了马拉[43]、罗伯斯庇尔和卡里埃〔卡里埃是一个国民公会主义者，在南特曾经让人淹死数以千计的旺代儿童〕的胜利。但是同年也有王党领袖邦查姆斯[44]，他在受伤临死前，央求他手下的兵士留下他们正要射杀的4,000名共和派囚徒的性命。实际上，在上个世纪的历程中，最痛苦的斗争、最糟
198 糕的迫害和大屠杀都发生在各种完全没有超自然基础的学说名义下，这些学说宣称所有人自由、平等和博爱。

㊳ 撒拉丁(Saladin，约1137—1193)：阿拉伯语姓名，埃及和叙利亚苏丹，阿尤布王朝创建者，抗击十字军入侵。——译注

㊴ 狮心王理查(Richard the Lionhearted，1157—1199)：即理查一世，英格兰国王(1189—1199)，率领第三次十字军东征。——译注

㊵ 亚克里(Acre)保卫战：亚克里为以色列北部历史城市，十字军战争中，叙利亚苏丹萨拉丁的军队在此抵御了英王狮心王理查两年的进攻，该城于1191年失守，双方牺牲10万多人。——译注

㊶ 西蒙·德·蒙特伏特(Simon de Montfort，1208—1265)：英格兰贵族、政治家和军人，曾参加十字军对中东居民的屠杀；托尔克马达(Thomas de Torquemada，1420—1498)：西班牙多明我会教士，西班牙第一任宗教总裁判官(1483—1498)，任职期间以火刑烧死异端分子约2,000人。——译注

㊷ 圣特雷萨(Saint Theresa of Avila，1515—1582)：西班牙天主教修女，神秘主义者，倡导遵守天主教清规戒律。——译注

㊸ 马拉(Jean Paul Marat，1743—1793)：法国大革命时期雅各宾派领导人之一，国民公会代表，参与领导建立雅各宾派专政，1793年被暗杀。——译注

㊹ 邦查姆斯(Charles marquis de Bonchamps，1760—1793)：旺代叛乱时的王党领袖，1793年战死。——译注

这种通过对人类历史公正的判断自发产生的感觉，是对我们可怜的人类互相矛盾的性格的哀叹，这种人类性格富于自我弃绝，多次准备个人牺牲，然而他每一次获得道德和物质改进的企图，不论成功与否，总是夹杂着仇恨、怨仇和低劣的情感。这是人类何等的悲剧！人类原本立志要追求和获得他们认为是好的东西，但他们总是找得到屠杀和迫害别人的借口。他们曾经因为对《圣经》中的一个教条或一段话的解释受到屠杀和迫害。接着他们又为了创建自由、平等和博爱的王国而从事屠杀和迫害。今天他们以别的信条屠杀和迫害，并残酷地折磨其他人。也许明天他们会以在地球上废除暴力和不公正的最后痕迹为名进行屠杀，施加酷刑。

199

第八章　革　命

1. 我们刚才考察了各种观念、情绪和激情的潮流之产生及维持自身的方式，这些潮流有助于改变人类社会的趋势。但同时也可以看到，这些潮流多次通过武力获得上层权力，以代表新原则的人取代掌权者。在组织类型已相当复杂的社会中，这些变化的发生是由于统治阶级的主动性，或者无论如何也需要他们的同意；在通常情况下，这些统治阶级单独控制军队。其次，它们的发生可能是由于其它社会成分和力量，这些力量成功地击败了过去的统治者。这样，我们的时代经常出现了这样一种现象，我们称之为“革命”。

那些不存在官僚组织或只是处于萌芽状态的小国中的叛乱，与大国特别是在像我们这样的现代国家中的叛乱，只有表面上的类似。在古典时代(classical antiquity)，暴君成为一个城邦的主人，或者寡头政治取代了民主政治，或很常见的是暴君或寡头被推翻，实际上这总是一个派系，不论人数多寡，取代另一个派系管理整个国民。在希腊城邦的正常状态下，整个统治阶级，换句话说即所有不是奴隶、外国人或手工匠人的人，都可以分享政治生活。当一个暴君或寡头政体建立起来，或者甚至是民主政体的衰败形式——暴民政治建立起来时，统治阶级中的某些部分就篡取了所有权力，并伤害了其它部分，他们部分被消灭、部分被剥夺财产、部分被放逐。胜利一方不得不对被征服者的

报复保持恐惧，因为如果后者成功地获得优势，他们会以同样的 200
方式对付从前的掠夺者。

由于上述原因，这种斗争在武力和诡计的基础上伴以谋杀和奇袭，参与斗争的党派经常寻求外部势力或雇佣兵的支持。一旦胜利，他们通常占领敌方大本营，夺取所有其他派系人的武器。武器在当时非常昂贵，更换起来很不容易。在很少的情况下，诸如派洛皮德和伊巴密浓达[1]在底比斯的政变、以及提莫莱昂在叙拉古[2]的情形，有些人会利用胜利建立较少血腥和暴力的政体。但即使这种仁慈的革新，也只是在它创立者的个人影响力和生命存续的时候才能够维持下去。有时候，篡取权力的派系成功地保持了不止一个世代的权力。皮西斯特拉图斯和他的儿子们，还有叙拉古暴君两代狄奥尼西乌斯[3]就是这种情况。阿加索克利斯[4]是希腊历史上已知的最恶劣的暴君，他死时年事已高，而他获取权力时还是个青年。单凭毒药看来就可以缩短他的生命和统治。

古希腊使用的方法在中世纪意大利的公国中得到复兴，这里的政治组织非常类似古希腊。由一些贵族担任其头领的派系将会获得权力，并放逐或谋杀所有敌人。在这两种情况下，这

---

① 派洛皮德(Pilopidas,公元前 410—前 364)：希腊底比斯将军、政治家，从斯巴达人手中解放底比斯。——译注

② 提莫莱昂(Timoleon,不详—约公元前 337 年以后)：希腊政治家和将军，公元前 343(一说前 344)年战胜叙拉古僭主小狄奥尼西乌斯，建立民主政体；叙拉古：古希腊在西西里岛的城邦。——译注

③ 大狄奥尼西乌斯(Dionysiuses,约公元前 405—前 367)：古希腊叙拉古僭主(公元前 405—前 367)，在篡权自称君主后，以残酷手段扩张势力；小狄奥尼西乌斯(约公元前 395—约前 340)：古希腊叙拉古僭主(公元前 367—前 356；前 354—前 343)，大狄奥尼西乌斯之子，无治国之方，后被提莫莱昂战败，被逐。——译注

④ 阿加索克利斯(Agathocles,公元前 361—289)：叙拉古僭主(前 317—前 304)，后自立为西西里王。——译注

些敌人的财产都会被没收。如果一个人不在乎被镇压，他也经常镇压别人。通常，一个城市公国中两个最富有的家族会为了获取优势而争夺 *armata manu*〔意大利语：军队的控制权〕。他们也如同古希腊党派头领一样，只要有条件就使用外援和雇佣军。托里亚尼和维斯孔蒂家族⑤就是这样争夺对米兰的所有权，而这幅场景略带变化的情况在其它较小的意大利城邦反复出现。僧侣和忠实的公民有时还策划和平、休战、痛哭流涕的和解以及宗教悔过。迪诺·孔帕尼⑥在其《编年史》中叙述了他如何调解佛罗伦萨的白党和黑党头领，并很明显地取得了成功。他把他们一同带到教堂中，用适当语言劝说他们彼此拥
201 抱。但是这样的花招，不论如何用心良苦，都只有暂时的效果。更糟糕的是，它们经常是一些计谋，较大的恶棍使用它们在弱者没有防备、无法自卫时打击他们，从而取得对弱者的优势。

随着文艺复兴的到来，争斗方式变得不那么好战，公开冲突也少了，但是背信弃义和背叛变得更为精妙，长期的实践使得它们几乎能划入科学的行列。在一些城市，所谓的“文明方式”很盛行。例如，在佛罗伦萨，有权势者被血族关系联系在一起，并维持一定的平衡，这些人通过以他们追随者的名义“填满钱包”来保持他们的优势——这类似现代欧洲的选举人名单。只要尼科罗·德·乌扎诺活着，这一政策就被以阿尔比

---

⑤ 托里亚尼家族（Torriani）：米兰平民党领袖，1259 年该家族的托雷成为米兰勋爵，1277 年被维斯孔蒂家族取代；维斯孔蒂（Visconti）家族：贵族党领袖，14 和 15 世纪统治米兰的家族。——译注

⑥ 迪诺·孔帕尼（Dino Compagni，约 1255—1324）：佛罗伦萨官员，历史学家，所著《当代史大事记》（即文中的《编年史》）很有史料价值。——译注

齐[7]为首的惟利是图的寡头政治追随。这也是科西莫·美第奇与其同僚的政策，尽管科西莫有时善于使用其它计策。[8]在罗马格纳和翁布里亚这样的地方，仅仅是帮派之争的战斗一直持续到1500年以后。在佩鲁贾，奥蒂家族被巴利奥尼[9]驱逐，但是通过在一个夜晚发动奇袭又返回来。巴利奥尼身着内衣作战，全身而退。一旦胜利，他们就返回来消灭对方。奥利维罗托·达·法尔莫作为凶手头领，通过谋杀邀请他参加一个友好宴席的叔父和城中其他贵族获得了对城市的控制权。

在希腊城邦和意大利公国的内战中，适度行为和人道这些品格是没用的。权力通常属于反应最快和最狡猾的人，属于那些最会掩饰和良心最坏的人。同样在一项事业的结果中机会发挥了重要作用，人们叙述了许多这方面的浪漫故事。一只嚎叫的狗、去喝酒的时间早或晚一个小时、当时就读或留下第二天读的一封信，都决定了一次奇袭的结果，诸如伊巴密浓达和派洛皮德获取对底比斯的控制，亚拉图控制西息昂[10]等。同样很有意思的是，折磨希腊城邦的内部冲突和使得意大利公国动乱迭起的派系战争，都没有对文明作出任何可察觉的贡献。统治 202
者改变了，但是不论谁胜利，社会总是保持同样形态。历史上

---

⑦ 尼科罗·德·乌扎诺(Niccolò d'Uzzano,1359—1414):15世纪佛罗伦萨金融寡头，其家族在意大利的影响从14世纪持续到16世纪；阿尔比齐(Rinaldo degli Albizzi,1370—1442):佛罗伦萨政治活动家，1433年曾经把美第奇家族驱逐出佛罗伦萨。——译注

⑧ 参见卡波尼:《佛罗伦萨史》(*Storia della di Firenze*)，第二卷，第168、232页。——原注

⑨ 奥蒂(Oddi)家族和巴利奥尼(Baglioni)家族:均为意大利翁布里亚地方贵族世家，巴利奥尼家族于1488年驱逐奥蒂家族，统治佩鲁贾到1534年。——译注

⑩ 亚拉图（Aratus，公元前271—前213）：古希腊阿卡亚联盟统帅，生于西息昂（Sicyon），公元前245年成为该联盟首领，率领希腊各邦对抗马其顿人。——译注

伟大的现象——希腊科学和艺术的兴起、解放奴隶、中世纪后期艺术和文学的重新出现——独立于折磨希腊和意大利的血腥斗争而发展。至多，这些争斗帮助延迟了这些运动的成熟，在这个方面它们的作用类似对外战争、饥馑和瘟疫，这些对外战争和饥馑使一个国家变得贫穷和沮丧，很少不阻碍它的经济和知识进步。

仅仅依靠观察我们刚才提到的历史阶段的政治科学肯定是片面和肤浅的,这就是体现在马基雅弗利著名的《君主论》中的特点。这部著作遭受了过度的辱骂和赞扬。无论如何,不论是赞扬和责备,人们都赋予它过多的重要性。如果我们时代的某些观察者记录了在我们的股票交易所、公司以及银行中私人财富的创造和消失,他就会写成一部关于致富艺术的著作,这部书也许会提出非常可靠的建议,让人们如何看似老实而实际上并非如此,如何偷窃和抢劫却免于刑事诉讼。人们可以肯定,这样一本书将给出佛罗伦萨的国务秘书[11]在他书中写下的东西,它们看来就像给无知幼儿讲的俏皮话。即使如此,如我们已经指出的(第一章,第1节),这样一本书还是与经济科学无关,正如获取和维持权力的艺术与政治科学无关一样。这样的事物与科学即与发现在所有人类社会中都起作用的伟大心理法则无关,这一点很容易证明。马基雅弗利的建议可能帮助了摩尔人路易和西萨尔·博尔吉亚,正如它们可能帮助狄奥尼西乌斯、阿加索克利斯和斐利尔的伊阿宋那样。它们可能帮助阿尔及尔的法国总督,或阿里·特比兰,它们甚至会帮助迈罕麦德·阿里,后者曾经宣布将把埃及在拍卖场上卖给以美元或军刀方式竞标的最后一个投标者。

---

[11] 佛罗伦萨的秘书:马基雅弗利曾经担任佛罗伦萨共和国的秘书。——译注

但是,还是不能肯定马基雅弗利传授的技艺有什么样的实用价值,或上述政客曾从中得到了多大的收益。当涉及到获得 203
和维护权力的问题时,那些从对人类心理的研究或从大众中呈现的恒常倾向中推导出来的一般法则的知识,并不能给予太大帮助。这种时候,重要的是迅速和简便地弄明白一个人自己的能力和其他人的能力,并且很好地利用它们。这类事情变化多端,无法被一般法则揭示。如果一个人知道如何适当利用一条建议,这一建议就对他有好处,但是对另一个人则有坏处。同样的人在两种明显相同的情形中以同样方式做事,遭遇的结果根据他对待的人不同而或好或坏。圭西亚迪尼说得好:"理论是一回事,实践是另一回事,许多人明白前者,却无法付诸实践。它也无法帮助人通过实例推理,因为特定情况下的小变化会带来结果的巨大歧异。"[12]毫无疑问,马基雅弗利的箴言对罗马共和国的政治家作用甚微,它们对现代欧洲的政治家同样帮不上什么忙。然而,为了避免任何错误理解,我们最好同意正直、自我牺牲、好的信仰,在任何地方、任何时候从来不是服务于获取和维持权力的最好品质——这种情况在今天没有什么不同。

现代国家面积比古代的大得多,而且具有其组织系统、官僚机构和正规军;毋须指出,在这样的现代国家中,不可能靠在某人后背投匕首、或精心布置的一次伏击、或对一幢公共建筑的精心攻击就可以完成革命。当现代革命者从古代先行者中获得暗示时,他们就犯下了颠倒时代的错误。诚然,对古代的回忆不会完全无用,至少激励了年轻人的灵魂,有助于维持一种革命氛围。例如,远在文艺复兴时对过去的回忆在这一意义上就被聪明地利用,以准备 1476 年的阴谋,其中包含了暗杀加利亚佐·斯

⑫ 《思想集》,第 35 条。——原注

福尔扎[13]。

在今天,暗杀一个国王不足以推翻政府,但是政治谋杀有时
204 仍然有助于促使统治阶级的领导人犹豫不决或心怀恐惧,从而使他们在行动上缺少活力。几乎所有政治刺客都在谋杀行动中丢掉性命。他们中的许多人结果变成一种理念的烈士,最终赋予他们的尊重,是一种使革命宣传保持生机的方式,它不太高尚但是并非毫无效果。

2. 在所有古代国家中,罗马共和国是最坚实地建立起司法防卫的一个,因而在该国,内部争斗最少血腥,也不频繁。在贵族和平民漫长的斗争中,在论坛上不缺少无序状态。有时也有投掷匕首的现象,在少数情况下,制造麻烦者的团伙试图通过奇袭控制主神殿。但是在罗马共和国几个世纪的历史中,没有派系暴力夺取权力和屠杀与放逐其敌对者的情况。当格拉古兄弟[14]被杀死时,合法的选举程序两次被流血打断;后来,当国民公会推选的苏拉[15]在亚洲作战的指挥权被暴力废除时,他开创了带领军队进罗马城的先例。罗马军团长期在意大利以外作战,这样就变成了真正的常备军,适合于担当它们将军手中盲目的工具。接着发生的内战在正规军之间进行,最后一支赢得这

---

[13] 加利亚佐·斯福尔扎(Galeazzo Sforza,1444—1476):1466 年继承父亲弗朗西斯·斯福尔扎统治米兰公国,1476 年被暗杀。——译注

[14] 格拉古兄弟(the Gracchi):提比略·格拉古(Tiberius Grachus,公元前 163—前 132)为古罗马政治家,公元前 133 年任保民官,所提土地法案遭豪门反对,在选举保民官大会上被打死;盖约·格拉古(Gaius Grachus,公元前 152—前 121)为提比略之弟,古罗马政治家,推行其兄的土地法,引起平民与贵族的武装冲突,自杀身亡。——译注

[15] 苏拉(Lucius Sulla,公元前 138—前 78):古罗马统帅,独裁官(公元前 82—前 79),实行军事独裁。——译注

场战争的军队领袖是屋大维·奥古斯都[16]。他永久地改变了政府形式,建立了一个官僚军事王权。从那以后,正规军就僭取了改变政府首领而不是政府形式的权力。

在封建欧洲,内乱和革命体现了男爵或地方领袖之间派系战争的特点,这与封建化组织起来的民族之间的冲突惯常表现的形式一样。在德国选举新皇帝过程中,那些男爵们和自由市通常分成两个党派,彼此争斗不休,每一个都追随它选择的皇帝,宣称他是合法的。在其它地方,如在西西里的拉丁人和加泰罗尼亚贵族[17]之间进行斗争的时期,参与斗争的党派互相争夺对国王、或作为王位继承人的王子或公主的自然人的所有权。 205
这种所有权使得一个党派获得合法外衣,并宣称其敌手是乱党或叛徒。因为同样的原因,法国的勃艮第家族和阿马尼亚克家族间为了拥有国王或王太子而作战(参见下文,第 6 节)。在其它时代,男爵们分别团结在两个敌对王朝的旗帜下,如英格兰玫瑰战争期间发生的情况。当任何全体贵族、或实质上的全体贵族团结在一起反对王权,叛乱会很快结束,国王轻易被推翻,废为庶人。这后一种情况在任何旧时的封建政体中都不少见。在苏格兰尤其频繁。

如同在希腊城邦以及意大利公国间的内部冲突一样,在这些特定王国男爵间的冲突中,胜利的政党习惯于在任何可能的时候霸占被征服者的封地,并在追随者中分配。暗杀、特别是投毒相当少见;但是如果被征服者没有倒在战场上,刽子手的斧头

---

[16] 屋大维·奥古斯都(Octavianus Augustus,公元前 63—公元 14 年):罗马帝国第一任皇帝(公元前 27—公元 14),凯撒的继承人,在位时扩充版图。——译注

[17] 西西里在中世纪时期长期被来自西班牙的加泰罗尼亚贵族统治。——译注

也经常等待着他们。恰拉蒙蒂[18]贵族家庭的所有成员就死在巴勒莫的绞刑架上；在约克和兰加斯特两家族间持续的胜利和失败中，旧式英国贵族的花形族徽也被消灭在绞刑架或战场上。在法国，相当多的阿马尼亚克家族的成员被暗杀。其他人则被巴黎的暴民私刑处死。勃良第公爵无畏者约翰[19]也死在暗杀者手中。

至于伊斯兰教国家，也许可以忽略引起一个苏丹逊位或死亡及另一个提升的宫廷阴谋。但是如果说革命本身显示出与欧洲封建时代贵族集团冲突的一定类似性，它们更经常地显示了我们现在称为“社会主义”的那种运动的痕迹，尽管它通常被宗教改革所模糊和掩盖。许多黎凡特[20]和非洲君主用金钱雇佣正规军保卫自己，这种努力经常被证明相当成功。在大多数穆斯林民族中，特别是那些没有适应城市、从事游牧生活而非农业生
206 活的民族中，有一种非常古老的部落组织方法得以保存，部落酋长们总有可能为支持那些妄求王位者、或支持建立新王朝而发动叛乱，这就像那些欧洲男爵们的叛乱一样。在这些部落，总是出现一些革新者鼓吹宗教改革，主张伊斯兰教回复到原始的纯洁状态。如果说在近东国家，在北非，没有现代欧洲特有的资产阶级和无产阶级间的斗争，但是数百年来，生活于沙漠或山地中的贫困彪悍部落与生活于肥沃平原上的部落之间，一直有一种对抗的潜流。在农民和沿海城市的富有而不喜欢战争的城市居民之间，敌意更加明显。很难说伊斯兰教没有提供借口恢复原

---

⑱ 恰拉蒙蒂(Chiaramonti)：意大利贵族世家，11—14 世纪在意大利政坛非常活跃，曾统治威尼斯。——译注

⑲ 无畏者约翰(John the Fearless，1371—1419)：法国勃良第公爵之一，一生大部分时间四处征战，1419 年与对手和谈时，被伏兵所杀。——译注

⑳ 黎凡特(Levantine)：地中海东部地区。——译注

有的平均主义精神，恢复过去对富人和享乐的鄙视。我们在许多早期希伯莱先知中也发现了这种情绪——例如，在以赛亚以及特科华的牧人阿摩司那里。[21]如果穆罕默德没有说过富人进入天堂比骆驼穿过针眼更难这样的话，他也仍然热爱简单的生活方式。在这个世界的种种乐趣中，他只赞许女人和香料。从前，刚刚皈依了伊斯兰教的本尼—肯德部落的 80 名骑士，作为大使参见穆罕默德，排着整齐的方队，穿着丝织的衣服。他立即提醒他们，新的宗教不尚豪华，他们就立刻把自己富丽堂皇的衣服撕成碎片。[22]第二任哈里发奥马尔征服了许多土地和无尽的财富，但是他吃东西很俭朴，坐在地上。他临死前，个人财产只有一件束腰外衣和三个德拉克马。[23]

这就让人很容易理解北非的阿拉伯王朝在 11 和 12 世纪时被穆拉比人的宗教改革征服、剥夺了财产，这些人反过来又被类似的运动——所谓的穆瓦希德人[24]的宗教改革推翻。在这两种情况中，沙漠和山地部落灌输改革的教义，利用它们打败泰尔人，也就是沿海地区更富有和更有文化的居民。在阿拉伯的瓦 207
哈比教派、以及在后来沿着上尼罗河地区分布的马赫迪教派的发展壮大中很容易察觉类似的动机。过去，一旦萨拉逊人控制了叙利亚、埃及和波斯肥沃的土地，他们就忘了撒哈巴（Sahabah：认识先知的人）的俭朴，后者中的一些人在年老时，有时对大马士革的倭马亚王朝哈里发们显示出的奢华感到愤慨，而

㉑ 以赛亚、阿摩司：均为公元前 8 世纪的希伯来先知；特科华（Tekoa）：耶路撒冷南部城镇。——译注

㉒ 哈默尔—普尔格施陶：《生动描述》。——原注

㉓ 德拉克马（drachma）：希腊金币，此处泛指金币。——译注

㉔ 穆拉比人、穆瓦希德人：先后征服西班牙，建立帝国的北非信仰伊斯兰教的民族，参见第三章注释。——译注

巴格达的哈里发们在这方面又远远超过了大马士革的哈里发们。不用说,在穆拉比人和穆瓦希德人的运动中,人性同样很快战胜了教派热忱。一旦他们发现自己处于非兹[25]和科尔多瓦的宫殿中,就忘记了他们过去鼓吹和在地图之外的高原上实践的纯朴生活,接纳了东方式的安逸生活。如果瓦哈比、马赫迪教徒和其它穆斯林改革没有达到同样的结果,那是因为他们享受成功的程度还小。

3. 革命和暴力起义在中国也不少见。然而,我们很难预测远古时代起义的社会原因。我们知道天朝经过了几个不同的经济和政治阶段,它从过去的封建国家变成了一个官僚化国家。该国叛乱的动机和形式肯定随着这种变化而改变。

关于这一点我们可以肯定。不论何时,如果一个王朝在效率上极大地衰退,或公共官员的腐败超过了忍耐的限度,或软弱的君主允许妇女和宦官干政,或花费太多时间寻求长生不老药,一些难以驾驭的督抚,或一些无畏的冒险者,将会起来领导起义,打败政府军,驱逐原有的王朝,建立一个新王朝。新王朝将会在几代人中显示出一种能力的提高。然后,它也虚弱下来,过去的滥行将会重演。

北方野蛮部落和吐蕃的入侵,经常引起和促进这样的王朝
208 倾覆,并且,实际上整个国家最终陷于蒙古人的统治。然后,强有力的爱国主义反抗逐渐成熟起来。(这类民族精神的爆发,在拥有古代文明的民族中并不少见。我们知道一些古埃及希克索人被逐的情况,也记得希腊和意大利 19 世纪的起义。)在公元

---

[25] 非兹(Fez):摩洛哥北部历史城市,为伊斯兰教、手工业和文化中心。——译注

14世纪即将结束的时候，一群热情和富有活力的人高举反对蒙古人的义旗，他们的头领是叫朱洪武的和尚。值得注目的是，和尚或佛教僧侣总是来自中国人口的最低等级，而且即使在现在获得的尊重也极为低下。在这种民族精神达到顶峰时，这场运动横扫中国。野蛮人被逐出长城，洪武成为明王朝的奠基者，这个朝代统治中国直到17世纪中叶(1644)。在这个过程中，中国成为一个几乎完全官僚化的国家。

在19世纪，这个国家发生了另一次革命。尽管它没有成功，但由于它与把一个和尚推上皇位的革命相类似，这次革命也值得一提。一场与英国人的战争以1842和1844年签订的不平等条约告终，它在整个帝国产生了巨大的混乱。结果，一场针对满洲鞑靼人建立的外族王朝的革命，在前明首都、也是中国民族主义的核心的南京爆发[26]。这次革命呼吁驱逐异族，建立一种新的宗教，其中基督教的教义、中国人的传统哲学观点和流行的迷信混合在一起，并相互适应。洪秀全，这位私塾教师、一个出身卑微屡试不第者成了这场叛乱的最高头领。一群精力充沛、聪明、野心勃勃的人聚拢在他身边，资助他的煽动，帮助他形成自己的宗教和哲学信条，催使他首举义旗。

此时，中国的官僚机器被它遭受的挫折、被它在欧洲人面前显示的低劣性深深动摇了。这场叛乱获得了大众的支持，迅速取得了成功。起义者，也就是欧洲人通常知道的“太平军”，在 209
1853年攻入南京，在这个城市建立了太平天国，即普遍和平的时代。与此同时，肯定不是凡人的洪秀全被推举为天王，成为新的民族王朝的头领。但是在中国，革命成功所必需的野蛮力量

[26] 莫斯卡的说法不够准确，太平天国起义的爆发地点应该为广西金田，经过近两年征战才定都南京。——译注

主要存在于社会的糟粕中。太平军不得不主要从开小差者、逃犯、游民和流浪汉中招兵，这些人充满了所有大城市，在中国和欧洲都一样。很快，领导人也无力控制追随者的粗野行为。太平军所到之处带来了掠夺、屠杀和荒芜。这场起义失去了它的所有政治视野。对掠夺和血腥的渴望占据了上风，陷入叛乱者手中的地区经历了真正无政府状态的所有恐惧。

中国与英国和法国之间于1860年爆发了一场新的战争。此时，西北出现了穆斯林叛乱。这些不幸使中国的无政府状态延长了好几年。但是最后中国政府稍稍摆脱了困境，能够派遣数量众多的军队对付叛军。到那时，太平军已经失去了所有的公众同情，在走下坡路。早期成员，这些与起义联系在一起的、曾经具有真正的政治抱负和远大胸怀的人，几乎全都死了。南京被包围，而洪秀全被一群恣意行事的人所环绕，他们随时准备背叛他和抢劫别人；洪秀全丧失了进一步抵抗的所有希望。在1864年6月30日，他在宫殿中服毒自尽。南京的主人即帝国军队，在20天后斩首了洪秀全的小儿子，以血腥和残暴镇压了这场叛乱，而叛乱只能靠残酷和恐惧来长期维持。[27]

在天朝，像通常在穆斯林国家和欧洲发生的情况一样，作为
210 革命基础的政治观念和理想一开始就被乌云遮住，并在发起行动和实现革命到来之际，在人们视野中几乎完全消失了。

太平天国叛乱和欧洲叛乱之间的另一个联系，可以从下列现象中看出来：在中国，革命运动的基础也是靠秘密会社准备的。秘密组织在煽动普遍的不满、挑起对异族的仇恨上的影响力，早在18世纪就在该国显示出来。因而在我们时代，推翻满

[27] 关于太平天国起义的细节，请参见罗塞特：《中国之旅》，第十九章。——原注

清王朝的革命很大程度上靠秘密会社的工作。这些组织在它们曾经帮助挑起的太平天国运动覆灭之后仍然存在，而且对欧洲人的几次谋杀似乎不该归咎于它们，这些谋杀的动机是把一些欧洲列强与北京政府纠缠在一起。正如在那些对我们来说比中国更为熟悉的国家中那样，参与秘密会社的有热情和无私的爱国者，也有利用团伙联系使其罪行免受惩罚的犯罪分子，还有政府官员，他们希望进一步得到提升。

4. 在欧洲的革命中值得一提的是受奴役民族反对其压迫者的形式。在这种类型中有瑞典反对丹麦（在古斯塔夫·瓦萨[28]的领导下）的起事，荷兰反对西班牙的起义，西班牙反对法国的起义（在1808年），希腊反对土耳其、意大利反对奥地利、波兰反对俄国等的革命。这些起义更像外部战争，或不同民族间的战争，而不是内战，它们是最有希望成功的形式。然而，在我们的时代，由于我们巨大的常备军，如果一个起义民族要获得任何成功的可能性，它必须先享有一种准独立的形式，从而至少它的部分民众可以在军事意义上得到很好的组织。

在1808年的西班牙，除了著名的游击队外，正规军在支持起义上起到了积极作用。在1848年的意大利，皮埃蒙特[29]的军队在反对外国人的战争中起了主要作用。1859年，皮埃蒙特的正规军通过与法国盟军携手，给予敌军以打击，决定了半岛的命运。在1830和1831年，波兰人反抗俄罗斯巨人的斗争几乎坚持了一年，因为波兰军队过去被当作俄国军队的一部分，而它赞 211

---

[28] 古斯塔夫·瓦萨（Gustavus Vasa，约1496—1560）：瑞典国王（1523—1560），带领瑞典人摆脱丹麦统治，于1523年宣布瑞典独立。——译注

[29] 皮埃蒙特（Piedmont）：意大利一行政区。——译注

成民族主义的事业。1863—1864 年间的起义只是非正规军干的。它们取得的效果不太明显,而且靠少得多的努力就被镇压了。

美国反对英格兰的独立战争属于同类革命。美洲诸殖民地在 1776 年前享有非常广泛的自治。当它们组成联邦宣布独立时,没遇到太大困难就组织起一支武装力量,这支部队一部分来自各殖民地的民兵,一部分是志愿者。因而可以抵挡宗主国派来镇压的军队,直到法国干涉。然后他们成功地解放了自己。

当大革命在 1642 年爆发时,英格兰还不是一个官僚制国家,查理一世只有一小支常备军供其指挥。开始,国会一边拥有各郡的民兵。农村贵族即骑士们,是国王一边在斗争中首当其冲的力量。在军事技艺的练习上,骑士们远胜一筹,起初轻易地获得胜利;但是当克伦威尔能够组织第一个军团,随后是纪律严明的常备军时,冲突就不再可能了。护国主带领他的军队不仅击败了骑士们的部队,而且征服了苏格兰和爱尔兰,并让平等派成员[30]安分,把长期国会议员遣送回家而不举行什么仪式,他因而成为英伦诸岛的绝对主人。英国人是挚爱立宪特权的民族。对这些行为的记忆使他们对常备军长期不信任。查理二世和詹姆斯二世没有获得可以维持常备军事力量的条件,而各郡的民兵则得到了良好的军事训练。威廉亲王奥兰治本人非常遗憾地被迫把从前的荷兰军团遣回欧洲大陆,他曾经带领这支军队推翻了斯图亚特王朝最后的统治。

5. 另一种重要的社会现象是农村或农民叛乱。这种起义

㉚ 平等派成员(Leveler):英国 17 世纪资产阶级革命时期主张社会改良、建立共和国的成员。——译注

在18世纪后半期和19世纪前半期在欧洲相当频繁。它们在几 212
个距离遥远的村落中爆发。人们记得叶卡捷琳娜二世[31]早期统治时爆发的起义,它的借口是让冒充被谋杀的沙皇彼得三世[32]的某些人恢复皇位。我们几次提到了西班牙1808年整个国家都参与进来的起义。那时还有法国旺代1793年的叛乱、那不勒斯1799年反对帕特诺普共和国的起义、意大利卡拉布里亚在1808年反对约瑟夫·波拿巴[33],以及蒂罗尔[34]于1809年爆发的起义。在比斯开湾和纳瓦拉[35]地区出现了一系列卡洛斯主义者[36]的叛乱。

詹姆斯二世时代,在蒙默思[37]为首的叛乱刚刚发生在"光荣革命"之前,麦考莱观察到,这场起义的成因可能在于,每一个英国自耕农有时也是一个士兵。实际上,只有在农民具有一定从武习惯的地方,或者至少在狩猎或抢劫、或家族和邻里世仇使得人们熟悉火枪的声音之处,他们才可能发起重大起义。

在上面提到的俄国的起义运动中,最重要的一场是由普加

㉛ 叶卡捷琳娜二世(Catherine Ⅱ,1729—1796):俄国女皇(1762—1796),彼得三世之妻,在位时扩大贵族特权,镇压普加乔夫起义。——译注

㉜ 彼得三世(Peter Ⅲ,1728—1762):俄国沙皇(1762.1—1762.7),被其妻叶卡捷琳娜政变推翻,遭杀害。——译注

㉝ 约瑟夫·波拿巴(Joseph Bonaparte,1768—1844):拿破仑一世长兄,那不勒斯国王(1806—1808),西班牙国王(1808—1813),拿破仑失败后避居美国。——译注

㉞ 蒂罗尔(Tyrol):意大利北部和奥地利西部一地区。——译注

㉟ 比斯开(Biscay)湾:位于西班牙伊比利亚半岛和法国布列塔尼亚半岛之间;纳瓦拉(Navarre):西班牙北部和法国西南部的一地区。——译注

㊱ 卡洛斯主义者:西班牙拥立邓·卡洛斯及其后裔对西班牙王位继承权的派别,又称正统王室论者。——译注

㊲ 蒙默思(James Scott Monmouth,1649—1685):英王查理二世(1660—1685年在位)的私生子,为谋求王位率领农民军反对詹姆斯二世(1685),兵败被俘斩首。——译注

乔夫[38]领导的。从总的方面看，这些叛乱是由于农民、哥萨克以及所有习惯于自由生活的平原居民对中央集权和政府中德国雇员的仇恨，这时的中央集权正得以发展，而德国雇员则被认为对干涉俄国人的日常生活负有最初的责任。然而，这些叛乱的农民是我们今日称之为"忠诚皇室者"的一些人。他们坚持说，真正的沙皇在他们阵营里，而在圣彼得堡和莫斯科的女沙皇是一个篡位者。保守主义，反对国家过分干涉，这些情感通常是这些农民起义的特点，它们一般出现在获胜的党派以文明或进步的名义寻求新的牺牲者时。旺代人不满法兰西共和国，因为它迫害他们的教士，而且他们对路易十六被处死非常愤怒。然而，直到 1793 年 3 月他们才全体起事，此时国民公会颁布了全民征兵
213 令。1799 年，那不勒斯的农民除了他们的习惯和信仰被新的思维模式动摇外，还被法国军队掠夺和过重地横征暴敛。在 1808 年的西班牙，不仅仅天主教和国民情感受到严重伤害。人们还宣称并相信，法国入侵者大量携带手铐，用来把该国所有适合参加拿破仑军队的年轻人带走。[39]比斯开湾和纳瓦拉地区的各种卡洛斯主义叛乱很大程度上是由于嫉妒引起的，这些省份带着这种情绪怀念它们过去的 fueros〔西语：法典〕，即地方宪章，它给予它们在地方政府中实质的独立，并豁免了许多公共负担。

农民起义最初的领导人往往仅比农民自身在教育和社会地位上稍强。著名的西班牙义军头目〔cabecilla(西语)：首领〕米那是一个赶骡人。在 1799 年的那不勒斯，罗迪奥是一个乡村律

---

[38] 普加乔夫(Pugatchev，约 1742—1775)：领导 1773—1775 年间俄国农民反对沙皇起义的领袖，1775 年普加乔夫被俘处死，起义失败。——译注

[39] 梯也尔：《执政府和帝国史》(*Histoire du Consulat et de l'Empire*)。梯也尔从特雷诺(Toreno)那里获得了他写的关于西班牙 1808 年大起义中的大多数情况。——原注

师。普罗尼奥和马默尼曾经是农业工人，而努兹安特最多是个军队中的军士。领导蒂罗尔1809年叛乱的安德里亚斯·霍费尔[40]是一个富裕的酒馆老板。旺代最初的运动是由一个赶马人卡西利诺和猎场看守斯托夫莱带领。但是如果高层阶级恰好赞许起义运动，而且它获得了权力和重要的地位，其他较高社会地位的领导人很快就会得到提升。在旺代，贵族自然犹豫不决，因为他们更了解这项事业的艰巨，但是农民们到他们的城堡中说服他们，或者在某种意义上，强迫他们担任叛军头领。因此，莱斯库勒、邦查姆斯、罗谢贾奎林和夏莱特·德·拉康特里，这些人都是绅士，全部被吸引到起义运动中。夏莱特是一个冷酷、狡猾的人，具有不屈不挠的性格和无尽的精力。他立刻展示了完美的党派领导人的才能。夏莱特不仅没有束缚手下人的过火行为，而且他怀着与他们妥协、因而把他们永远地与叛乱联在一起的目的，允许他们满足自己的嫉恨和报复宿仇。在农村叛乱的所有保守主义领导人中，惟一可以和他媲美的是巴斯克人祖玛拉加里圭[41]，他是第一次卡洛斯起义最主要的领导人。他也是 214
一个无名乡绅。

保守的农民起义和以自由与进步名义进行的城市叛乱具有一个共同点。不论它们持续的时间多么短，很快就会出现一种特定类型的人，这个人看来喜爱这种乐趣，并有意延长它。初期运动可能在性质上是群众性的，但是很快这些个人在群众中凸现出来。一旦放弃了他们习惯性的工作，他们就不愿意重新再干下去。斗争和冒险的本能在他们体内膨胀。实际上，他们并

---

[40] 安德里亚斯·霍费尔(Andreas Hofer，1767—1810)：奥地利爱国志士和军事领袖，多次发动起义争取蒂罗尔脱离法国统治，后被拿破仑俘虏后处决。——译注

[41] 祖玛拉加里圭(Zumalacárregui，1773—1846)：西班牙起义军将领，曾率众反抗法国侵略军。——译注

没有才能使他们在普通生活中遥遥领先，但是他们知道怎样在诸如内战这种额外情形中让人们感到他们的存在。自然，他们希望这种额外情况变成一种常规。

旺代起义的最初和最宏大的阶段结束于在萨维纳里可怕的溃败后，战争年复一年地持续下去，因为在它的领导人身边聚拢了一批坚定的人，他们成为职业叛乱者，不愿意恢复任何其它职业。当革命处在很快获得好运的时候，这种倾向更加鲜明。这就是那不勒斯的情况，这里罗迪奥和普罗尼奥一夜之间变成了将军，奴兹安特和马默尼则被提升为上校。六年独立战争在西班牙留下的酵母在随后发生的长期的系列内战中发了酵，在每种情况中，起义的基础都是一批冒险者，渴望财富和晋升。在这种动乱中，通过帮助这个或那个相互 竞争的党派、并及时抛弃他们，很容易获得荣誉和职位。某些人感染的革命的习惯有助于使这一点得到解释：在内部动乱中背叛和前后矛盾是家常便饭。开始为一种原则而战斗的人们在他们的事业成功后，继续作战和叛乱。他们只是感到了一种对叛乱和作战的需要。

215 6. 由于非常特殊的社会政治条件，特别是由于过度官僚化的现象，爆发于 19 世纪法国的各次革命，作为一种社会现象考虑非常有意思。

1789 年的法国大革命不是这种类型。它是直到那时还统治着法国的阶级和政治势力的真正崩溃。在大革命中，由于国民公会没有经验、移民出境以及各种俱乐部[42]的宣传，政府管理和军队完全垮掉了。有一段时间它们无法强化对任何政府所做

---

[42] 俱乐部：法国革命期间，各种政党通常通过集会宣传自己的纲领和安排行动，故多称为俱乐部，如雅各宾俱乐部等。——译注

决定的尊重。到1789年7月,整个军队都转向了革命。从那以后,未经任命的军官和士兵们被小心地吸引到各俱乐部中,在那里他们接受了服从革命委员会的决定而不是他们长官的指挥。德·布耶侯爵指挥着东方军团,他无法镇压发生在梅斯[43]的一场危险的军事叛乱。他在1790年末写道,除了一两个团队外,整个军队都腐化了,士兵愿意追随骚乱的党派,或者说,他们愿意服从那些付钱给他们最多的人,而且他们公开谈论这些条件。[44]因此,任何获得立宪会议信任的政府部门都无法聚集从国王手中丧失的权力。它反过来属于党派,或属于某个人,这个人在某一天可能带领一支军事力量进入巴黎,不论他是一位国民卫队的首领拉斐德(Lafayette)还是一位丹东[45],后者领导着以大棒和铁棍武装起来的郊区暴民。

然而,即使在那些革命的早期阶段,也明显出现了一种倾向,它在19世纪前半期变得越来越强大。起义领袖总是试图主宰装扮成象征物的一个或几个人、或者那种法国不论由于古代传统还是对新原则的信仰而倾向于服从的机制;而且,一旦这个企图得逞,他们实际上就成为国家的主人(参见上文,第2节)。

这就是1789年10月6日参加暴动者明显地听从了教导后

---

[43] 布耶侯爵(Francois Claude Amour de Bouille,1739—1800):法国将领,曾参加美国革命,镇压南锡叛乱(1790),1791年路易十六欲逃离法国,寻求其支持,但是他布防在梅斯的军队拒绝帮助国王,后流亡英国;梅斯(Metz):法国东北部洛林大区摩泽尔省省会。——译注

[44] 《米拉波伯爵和拉马克伯爵的通讯录》(*Correspondance entre le comte de Marabeau et le comte d La Marck*)。——原注

[45] 拉斐德(Marquis de Lafayette,1757—1834):法国君主立宪派将军,巴黎国民自卫队司令,屠杀反对王政的群众;丹东(Georges, Jacques Danton,1759—1794):法国大革命时期政治活动家,雅各宾派领袖之一,后因反对雅各宾各项措施被处死。——译注

216 前往凡尔赛宫，抓获国王本人时所做的事情。随着君主制被废除，国民公会成为所有奇袭的目标，诸如 1793 年 5 月 31 日的政变，它把代表全法国的公会变成一小撮巴黎流浪儿的奴隶。外省试图反抗，但是没有成功，因为军队仍然听从首都以国民公会名义发出的命令，尽管每个人都知道公会是被强迫发号施令。

对发生在政府中的每件事情同样的普遍默许，极大地帮助了各种政变取得满意的结果，它们发生在督政府[46]治下，直到拿破仑帝国的建立。

但是也许更独特的是发生在 1830 年、1848 年和 1870 年的事情。首先是一场与被派遣的士兵进行的战斗，它多少有些拖延，有时还不太起眼，这些士兵保卫着首都的建筑物，其中聚集着从前被认为是合法的最高权力的代表。著名的 1848 年二月革命推翻了路易·菲力普[47]的君主统治，牺牲了 72 个士兵和 287 个公民的性命，这些公民或者是暴乱参加者，或者是看热闹的人！其次，暴民们，不论武装与否，击溃了国王和大臣们，解散了议会，乱哄哄地建立了一个政府。这个政府由那些在全国多少广为人知的人物组成。这些人坐在了过去的政府首脑发号施令的办公室中，几乎总是获得普通职员的纵容和默许，他们通电全法国，根据人民的意志，他们成为这个国家的主人。国家、行政部门、军队立刻效忠。这听起来完全像阿拉丁神灯的故事。当这盏灯偶然或因诡计落入他人之手，即使这人仅是一个小孩或一个无知幼儿，神灯呼唤来的魔鬼立刻可以使他变得比东方的任何苏丹更富有、更强大。进而，没有人曾问过这宝贵护身符如

---

[46] 督政府(Directory，法语 Dirctoire)：1795—1799 年统治法国的政府，1799 年被拿破仑发动政变推翻。——译注

[47] 路易·菲力普(Louis Phillip，1773—1850)：法国国王，1830 年七月革命后登基，1848 年二月革命后出逃英国。——译注

何以及为什么会落到这个孩子手中。

可能有人反对说，在1830年，政府成为了正统保王党听话的工具；它已经不再自称合法；而且法国的一大部分人明确反对 217
政府追随的政策；甚至在决定性的时刻，部分军队也很软弱地响应、或根本不响应政府。还有，1870年的灾难，[48]也可以部分地解释发生于当时法国的政府更迭。

但是1848年突然的革命不包含这种类型的因素。当时议会、官僚机构和军队都不同情共和政府。大多数政府部门都明确地反对它。路易斯·勃朗自己同样也承认这一点。在勃朗拒绝承认共和派只有少数支持者这一说法，认为这是一种侮辱之后，他承认[49]一场全国范围的投票可能反对政府的共和形式。但是他恰恰又说："为什么要面对这一事实？政府的大多数部门仍然是帝王的工具。"[50]在巴黎，国民自卫队本身在2月份也在动摇不决，因为它希望看到基佐[51]政府的跨台。然而，在接下来的3月和4月，它表现了一种反动的心绪。虽然如此，几个小时的摇摆不定足以驱使路易·菲力普、他的家族和他的部长们不仅逃离巴黎、甚至逃离法国，足以废除国民议会的上下院，并建立临时政府来接替对整个国家的政治控制——这个临时政府仅是一份在骚乱中绕着波旁皇宫转的人群中被喊出名字来的人的名单。这就是法国！

一天前，警方"通缉"公民考兹迪尔，1848年2月20日下

---

[48] 1870年的灾难：指法国于1870年在普法战争中在色当战败，法王拿破仑三世被俘。——译注

[49] 《1848年革命史》，第一卷，第85页。——原注

[50] 同上，第二卷，第3页。——原注

[51] 基佐（Francois Pierre Guillaume Guizot，1787—1874）：法国君主立宪派领袖和历史学家，1847—1848年担任法国首相。——译注

午，他带领一群起义者走到警察总部，他的双手已经被火药熏黑。那天晚上，他成为警察首脑，第二天所有在役的分支机构头目都许诺与他合作，不论是否愿意，都信守了诺言。[52]而且，警察
218 总部是惟一更换普通人员的机构，老的市政卫队被解散，被蒙塔格纳德人[53]取代，他们是这场阴谋中的同志，为新领导构筑路障的成员。随后，这位新首脑发出了他著名的警句，声称他象征了“通过无序取得秩序”。

在路易斯·勃朗关于1848年历史的前言中，他断定路易·菲力普失败的原因，主要在于他的赞助者支持他是处于自私目的，而不是个人自愿。据勃朗表示，这位“资产阶级国王”鲜有敌人，却有很多同盟，但是在危险的时刻没有找到一个朋友。在我们看来，这种推理价值不大。不是所有支持一种政府形式的人都需要对该政府首脑有个人情谊，或与他有无私的友谊。实际上，只有极少的几个人或家族能具有这种情操，这些人实际上也与被支持的首脑亲密无间。对一位君主或甚至是对一位共和国总统的政治奉献，完全是另一回事。法国频繁的突然起义的主要原因，在于这个国家过度的官僚集权，这种情况被议会制度搞得愈加糟糕。国家雇员逐渐习惯于首脑和政策的频繁更迭，他们从经验中获知，讨好任何居于高位的人都会获得很多好处，而得罪这样的人则失去很多东西。

在这一体制下，军队和官僚机构中大多数人想要的只是一个政府，而不是何种形式的政府——这也是热爱秩序的大多数公众，不论出于利益还是本能想要得到的。因此，那些事实上作

---

[52] 参见公民考兹迪尔(Caussidiere)自己的《回忆录》。——原注

[53] 蒙塔格纳德人(Montagnard)：本意指法国蒙塔格纳德山区居民，此处可能泛指彪悍的起义人员。——译注

为国家机器首脑的人，总是找得到保守的力量支持他们，而且整个政治机体不论由谁运转，都会沿着大致相同的路线前进。

可以肯定的是，在这样的体制下，更容易改变掌握最高权力的人员，诸如法国1830年、1848年和1870年以后那样，而改变一个社会的实际政治倾向要难得多。因为如果运动是为了更激进的变革，出身于革命本身的统治者们就被迫通过保守集团阻止它，这些集团是他们的工具，同时也是他们的主人。1848年6 219
月和1871年发生的事情，就是这样。

同样毫无疑问的是，对先前政府合法性和正统性的强烈意识，会阻止对从街头骚乱中出现的新政体的屈从。但是这种情感的出现和维持要求时间和传统，而对于法国来说，1870年之间发生的变革太快了，使得任何传统都无法扎根。在法国，以及在欧洲的大部分地方，在19世纪中，革命的少数不仅可以依赖穷人和没有文化大众的同情，而且，可能主要能依赖受过相当良好教育的阶级的同情。不论是对是错，欧洲的年轻人在这个世纪的大部分时间被教导说，现代生活许多最重要的成果都是通过法国大革命或其它革命而获得的。不用奇怪，由于这种教育，大多数人不会以反感的情绪看待这种革命企图以及那些成功的革命，或至少在它们没有严重威胁或实际伤害他们物质利益的时候如此。[54]在现政府出身于革命的国家中，这种情感自然会更加强烈和广为流传，以至于尽管这些政府也一般性地谴责叛乱，它们还是被迫把自己从中发展而来的那场革命奉为好的、神圣

---

[54] 关于革命教育在法国的效果，参见维里塔德(Villetard)：《三月十八日叛乱》(*Insurrection du* 18 *mars*)，第一章。皮埃尔·米勒叙述道，他上年纪的母亲看到了19世纪大多数动乱，她对1871年后的长期平静感到惊慌："Quoi? Plus de revolutions? Ca a l'air louche!（哇！不再有革命了？这里的气氛真可疑！）"〔A. L.〕。——原注

的革命。

7. 在许多欧洲国家,革命的传统和热情主要是借助政治团体特别是那些秘密会社而保持其活力的。在这种会社中,统治集团接受了教育,并被训练为具有煽动大众情感并领导他们走向特定目标的艺术。当可以写一部关于19世纪的没有偏见的历史时,很多篇幅将不得不用来描写诸如共济会那样的集会试图传播自由和民主理想的有效性,它们因而引起了在欧洲很大
220 部分知识分子倾向于快速和深刻的变革。除非我们假定这些团体具有活跃的、有组织的和运作良好的宣传工具,否则很难解释这样一种现象:在18世纪末的特定社会,某些专属于最不愿意吸收新分子的团体的观点,在最偏远的农村被人念叨,在一些肯定没有被自己的特殊教育所改变的环境中被人听到。

然而,如果说这些不论是秘密还是公开的团体擅长为革命打下知识和道德的基础,却不能说它们同样擅长号召群众投身直接的行动或在某个指定日期的指定时刻煽动起武装运动。在这种试验中,会社和密谋集团失败和胜利的比例至少是10比1。原因显而易见。要发动一场革命,只能支配没有工作的冒险者是不够的,这些人可以在任何大城市发现,随时准备冒险。公众中相当数量的各种成分的普遍合作也是必要的。群众只是在一些事件引起巨大的精神动荡时才能被煽动起来,而政府或者不能避免,或者没有避免得了这些事件。这些动荡不能被革命会社所创造,它们只能利用这些骚乱。对莫大期盼的失望、突然间的经济衰退、本国军队的失败、邻国成功的革命——这些都是被精心策划来激发群众的事件,倘若大众已经在过去由于革命宣传而准备好接受这种冲击的话。如果叛乱团体发展出一种永久性组织,并知道如何利用这样的时刻,它就有希望成功;但是

如果它冲入运动中，而没有得到优越条件的支持，它肯定会很容易被粉碎，诸如法国 1832 年、1834 年和 1840 年发生的情况那样。

在法国、西班牙和意大利，在几个城市中领导大众构筑路障相对容易。这是习惯和传统的诸多效果之一。一旦人们与立宪政府交火并推翻它，至少在一个世代之内，人们就会感到他们可以作出一次新的尝试，取得满意的结果，除非反复的和流血的失败恰好使他们醒悟。个人的情况也如此。当他们多次受到攻击，他们就获得了一种军事教育，会战斗得越来越好。这就是为 221
何巴黎的工人在 1848 年 6 月如此顽强作战的原因之一，尽管如勃朗在其关于这段历史的著作中所解释的，工人们在国家的军工厂中获得的纪律习惯也在一定程度上成为他们的举止。在 1871 年，革命分子作战能力更强，因为作为巴黎市国民卫队的一部分，他们得到了精心的组织、培训和装备。

然而，尽管一场革命运动可能享有各种时间、地点和环境的优势，在我们这个时代，由于巨大的常备军、财力资源，以及只有立宪政权能够拥有的作战工具，没有政府可以被武力推翻，除非政府的负责人自己就犹豫不决或不知所措，或者至少因为担心承担流血镇压的责任而被吓唬住。最后一刻的让步、最后一分钟的命令或撤消命令、持有合法权力并在道德上应该使用它的那些人的犹豫，这些都是一场革命取得成功的实在和最有效的因素，而 1848 年“二月的日子”的历史最好地表明了这方面的情况[55]。有些人相信，在上层存在犹疑和惧怕受到伤害(fear of being compromised)时，下属就会自己承担起采取有力措施的责任，或者甚至承担起有效地执行令人困惑和矛盾的命令的责任，

---

[55] 特别参见休罗—邓金:《七月王朝史》，最后一卷。——原注

这是一个致命的幻觉。

我们已经看到,如果常备军被很好地操纵,他们可以成为合法政府手中有效的工具,而不会危及司法平衡。我们应该因此检查一下这些复杂和精致的组织,以便发现它们如何形成,如何防止堕落。

第九章　常备军 222

1.我们已经在上文讨论了军事阶级的优势(第二章,第4节),而且在一些情形中我们看到,武士完全出身于主流阶级。尽管在其它情况中,主流阶级只提供将军、军官和精选的部队,而相当数量较低等级部队中的普通士兵则从下层阶级中招募。

在原始或野蛮的国家,经济生产处于初级阶段,在频繁战争中所有成年男子都是士兵。在这样的社会里,如果说曾有过游牧业、甚至农业和工业的萌芽的话,它们也没有发展到吸引人们全部活动的程度。冒险性的奇袭和劫掠总是有足够的时间和精力。这些行为滋养了一种不但自身令人愉快、而且几乎总是有利可图的职业。在这些民族中,和平的技艺通常留给妇女和奴隶。男人则优先投身于狩猎和战争。

上面所说的情况,在所有种族中、在所有气候下都曾经发生过,而且正在发生着。古代日尔曼人、古典时期的锡西厄人[①]、近来的土库曼人以及几十年前的现代美洲印第安人的遗留成员,都过着这样的生活。许多非洲内陆的黑人、雅利安人、闪族人以及在人迹罕至的亚洲腹地中试图维护实际上独立的蒙古人部落也过着这样的生活。

---

① 锡西厄人(Scyths):古典时代生活在欧洲东南部以黑海北岸为中心的部落。——译注

有利于这类情况长期存在的一个因素,是存在非常小的政治组织——每个部落和村庄是一种事实上的自治体,它们可以使战争成为家常便饭,邻村之间的盗窃和报复无休无止。从长远来看,当甚至是野蛮的部落都能服从一个常设政府,用来防止内部冲突时,它们就享有了和平。这就是亚洲游牧民族中发生
223 的情况,它们长期服从中国政府。生活在伏尔加河及乌拉尔山区的游牧民族也如此,它们长期在沙皇铁蹄治下。另一方面,在中世纪的德国和意大利,我们看到相对文明的民族也有好战的传统,因为它们被分成了采邑和公社,在这些地方,铁拳的力量大行其道。

但是一旦建立了大型政治组织,不论如何初级和不完善,而且更特别的是,一旦经济发展到相当程度,战争不再是获利最丰的活动时,我们就发现了这样一个特殊阶层,其阶层成员把当兵作为谋生手段,不是通过掠夺其敌手,而是向它保卫和防护的国家中的和平耕种者征收某种形式的贡赋。如我们多次提到的,当文明和文化处于较低阶段,生产几乎总是农业方式,此时的武士或者是强迫别人耕种的地主、或者向那些拥有土地的人征收沉重的税赋。这就是希腊—罗马古代文明早期的情况,当时城邦中决定性的军事集团只由地主构成,同样的情况也显著地出现在所有仍然是封建化组织的国家里。因此,我们在中世纪的拉丁和日尔曼,以及斯拉夫诸民族中发现了这种情况。不过,这种情况在斯拉夫人中的发展有些滞后,因为他们放弃游牧生活进入永久性农业生活是相当晚近的事情。我们也在中国、日本和印度的不同时期看到这些情况。在印度,这种情况在大莫卧

儿帝国[②]崩溃后的无政府和衰落时期多次重新出现。在土耳其、阿比西尼亚、阿富汗,以及在古埃及点缀于几个悠久文明中间的衰落阶段,都可以找到类似组织的痕迹。简而言之,在所有还没有脱离早期粗糙文化阶段的社会中,我们都发现了它,每个伟大国家在早期历史中都会经历这样的初级阶层;我们同样在衰退和堕落的阶段发现了它,不论这种衰退是由于内部还是外部原因,由于这些原因,已经达到高度文明的国家发生变化并最终毁灭,其社会类型也同样消失(罗马帝国就是一个例子)。

2. 然而,随着封建国家在文明上的推进,开始出现了一种 224
趋于集权化、官僚化组织的趋势,因为中央政权经常具有良好的意愿,试图使自己免于依赖构成国家的小型政治集体——而这种良好意愿并非总是及时、并不付出什么代价的。在这种思想指导下,顺便也为了让小组织更听话,更守纪律,中央政权总是试图直接控制那些可以推行其意愿的机构——换句话说,就是控制金钱和士兵。因此,直接听命于国家首脑的雇佣军应运而生。这种发展如此自然、如此有规律,以至于我们在所有已封建化组织起来的国家中都发现了它,至少是它的萌芽状态。

在我们时代的阿比西尼亚,尼格斯[③]除了王公们有提供给他分遣队之外,还拥有核心卫士部队,这些卫兵依附于他个人,直接由宫廷费用维持;这种核心也存在于他的随行人员中——包括屠夫、马夫、男仆、面包师等等——他们到处跟着皇帝,必要

② 大莫卧儿帝国(Grand Mogul):16世纪征服印度的蒙古人建立的穆斯林帝国。——译注

③ 尼格斯(negus):埃塞俄比亚皇帝的称谓,该国旧称阿比西尼亚。——译注

时就成为士兵。[4]

在《圣经》中，人们注意到大卫王及其后代的军队核心首先是武士，他们与国王同桌用餐，这支核心军队随后则变成由基利提人和比利提人的雇佣军组成——这些人深谙为伍之道，成功地对付了押沙龙的叛乱，尽管大多数人民支持这次叛乱。[5]勒南指出，一个外国扈从核心在政府中服务是闪种诸民族特有的。闪族人中部落和家族意识非常大，以至于本地成员不适合推行对国家权力的尊重，因为他们总是使公共利益服从于派系或民族利益。但是实际上，在社会集合体由较小单位构成，这些单位配备了所有独立存在所必须的机构，因而可以轻易反叛中央政
225 权时，这种情况就会出现。因此，中世纪的英格兰国王们使用佛兰德和布拉班特[6]的士兵。法国国王们用瑞士卫队环绕身边，意大利的领主们则雇佣日尔曼人；在这方面，他们全部屈服于和犹太国王们招募基利提人和比利提人同样的政治必要性，这种必要性后来也让巴格达的哈里发们雇佣突厥卫兵。

在罗马共和国早期，罗马人拥有一支从优越和富有的阶级中招募的公民军团，只在必要时才拿起武器。进一步完善这项制度，从而使这支公民军团能够不知不觉地变成一支由职业士兵组成的真正常备军所需要的才能，不亚于罗马人的组织天才。众所周知，这种演化开始于共和国的最后一个世纪，当帝国建立时，它已经完成了。通常，常备军是从当地或外国雇佣军部队中发展而来的，中央政权雇佣它们以支持对其它封建化组织的反

---

④ 对于行军中的绍阿(Shoa)军队组织的描写，请参见安托尼利(Antonelli)给意大利议会写的报告，详见《外交文件》，1889 年 12 月 17 日。——原注

⑤ 《撒母耳记下(Ⅱ Sam.)》，第 15—18 节。——原注

⑥ 佛兰德(Flander)：欧洲西部一地区，靠近北海，分布在今比利时、荷兰和法国等国；布拉班特(Brabant)：比利时中部地区。——译注

对。

在雇佣军的实践方面，有趣的是注意到它特别是那些不仅富有、而且其财富主要来自商业和工业而非农业的国家特有的。在这样的国家，统治阶级逐渐不习惯野外生活，而这种生活是军事生涯的最好准备；这些统治阶级发现支配银行和工厂比出外争战对他们更有利。这就是在迦太基、在威尼斯和通常在较富有的意大利公国发生的情况，这里从事商业和工业的市民很快失去了亲自作战的习惯，越来越倾向于把这些战争托付给雇佣军。在佛罗伦萨，公民们仍然与阿拉伯人和坎帕尔迪诺人[7]作战，但是，如上所见(第三章，第 6 节)，最后一次完全由公民们从事的战役发生在 1325 年。有时可能从政治上考虑雇佣军自己的国籍，有时也许被特定民族的传统习惯和自然倾向所决定；但是普遍盛行的政治考虑，是以最小代价获得最大收获这种朴素的经济考虑——换句话说，即以最小可能的花费获得最大可能的士兵数量的欲望。因此，那些在资本上相对贫困、人口过剩的 226
国家，总是提供了最大数量的雇佣军，而在这些国家中可以用非常优惠的条件买来时间和生命。

当一个士兵的装备昂贵，战斗方式需要长期学习时，如中世纪骑士和希腊重装备步兵那种情况，雇佣兵的生涯通常由较年轻的儿子、或上等家族没有入选的成员担任，这些成员或出于偶然、或出于必要，到他们的故乡之外寻找幸运。色诺芬的一万军队就是用这种方式组建的。当装备便宜、不需要长期训练时，人们优先在穷国中寻找雇佣军，这里人力丰富，而工业和资本稀少。直到晚近时期，英国还主要从爱尔兰的贫困郡县中招兵。

---

⑦ 坎帕尔迪诺：意大利古城，1289 年佛罗伦萨曾在此与阿雷佐作战。——译注

在马基雅弗利的时代，他指出，在德国的工业城市要找到雇佣军多难啊！两个世纪后，伏尔泰记录道，在所有德国人中，萨克森人最不愿意受征招入伍，而萨克森是德国工业化最发达的地区。在我们的时代，即使瑞士联邦政府允许，可能也找不到几个瑞士人愿意参加雇佣军，因为瑞士已经变成了相当富裕的国家。对于曾经依赖瑞士提供雇佣军的欧洲政府来说，它们现在在国内花钱可能更好办一些。

3. 一旦正规组织起来的雇佣军成为一个国家中决定性的力量，不论这支部队由本地人还是外国人组成，它们通常试图把其统治施加于这个社会的其它部分。像其封建领主前任一样，它们通常利用其对武力的垄断进行勒索、不惜损害生产人口的利益，在生活中极尽奢侈，而且特别是用武力把最高政权降低到依附于它们的意志。它们的组织越是完美，国家其它部分的军事解体就越完全，雇佣军的影响力也就传播得越远。

恰当的例子人人皆懂。人们立刻想到了执政官卫队以及按
227 照它们认为合适的方式摆布罗马帝国的军团。但是通常，不论政府何时何地为对付封建骚乱或其它原因建立起常备军后，这些军团就总会发现自己处于这些军队的摆布中。如我们上文所见(第二章，第 4 节)，为了更专制地统治，也为了不完全依赖于波雅尔提供的分遣队，俄国伊凡五世沙皇组织了火枪队，这是一支常规付薪、直接向沙皇负责的军队。很快，火枪队就开始扶立和废除沙皇。在俄国它们变成了实质上无所不能，且彼得大帝只能靠用霰弹射击火枪队、或把他们成千上万地斩首才摆脱了这支部队。此外，在君士坦丁堡，苏丹们决定建立一支无条件忠诚的部队，它由没有国家和家族的人组成，因而可以全心全意地奉献给伊斯兰教和君主们。他们认为，这支军队将毫不犹豫地

在需要的时候进发,不仅与异教徒,而且与阿拉伯和库尔德斯坦的酋长们、与阿尔巴尼亚和波斯尼亚的伯克们,以及与土耳其斯坦和鞑靼地方的可汗们作战。因此他们用切尔克斯、希腊和其他基督教血统的男孩充实他们的亲兵队,这些男孩是他们从其家庭中绑架或收买来的。但是很快亲兵队成为奥斯曼帝国真正的权威,开始废立苏丹。他们扼死了不幸的谢里姆三世[8],他第一次尝试约束他们的权力;为了胜过他们,苏丹马哈茂德二世[9]几乎消灭了他们所有人。

君士坦丁堡的苏丹们可能从他们的伊斯兰教国家前任——巴格达阿拔斯王朝的经验中获益良多。远在公元9世纪,还可能更早,阿拔斯君主们已经组织了他们的突厥卫队,以拥有一支忠诚的武装,不会如他们的阿拉伯军队习惯做的那样,不知哪天就会举起法蒂玛或倭马亚王朝的军旗。到了833—842年间担任哈里发的莫塔西姆时代,突厥卫队已经变得无所不能。在巴格达,突厥雇佣兵随心所欲,犯下了所有的罪行。莫塔西姆的继承者,名叫瓦提克的哈里发,被突厥卫队废除,以他的兄弟莫塔瓦基尔取代。接着,在866—870的四年间,突厥卫队废立了其他三个哈里发。哈里发莫塔米德利用突厥卫队将军穆萨之死稍 228
许打破了他们的权力。他把他们布防到呼罗珊和准葛尔[10]的边境地区,并把他们遭受的每一次失败都当作自己的胜利。

总之,历史教给人们,携带长矛和步枪的阶级,通常把其统

---

⑧ 谢里姆三世(Selim Ⅲ,1761—1808):奥斯曼帝国苏丹(1789—1807),诗人,古典音乐家,因与拿破仑结盟被处死。——译注

⑨ 马哈茂德二世(Mahmud Ⅱ,1785—1839):奥斯曼苏丹(1808—1839),即位后为加强帝国力量,采取西式改革。——译注

⑩ 呼罗珊(Khurasan):伊朗东北部历史地区;准葛尔:我国新疆和中亚历史区域。——译注

治施加于种地织布的阶级之上。随着社会进步,经济生产吸引了越来越多的劳力和才智,文明的民族开始把和平的艺术当作他们的习惯职业。在这种情形下,要在原则上宣布全民皆兵、却没有提供一个以善于战争事务的将军和军官们为核心的健全军事组织,在实践上就意味着在危险到来时,根本无兵可用,而且,如果一小支军队恰好受到良好训练与组织,那么一个人口众多的国家会处于向这支不论是本国还是外国军队俯首求饶的危险中。另一方面,把从军使命完全托付给在气质上最适合当兵、并且自愿从事它的社会成员,也有其巨大和严重的缺点——而 这是一种许多民族过去采纳的完全合理和显而易见的制度。如果一个社会没有组织或组织松散,这种制度就意味着每一个村落和城镇都可以有它的武装团伙。这种团伙将包含那些对日常工作极为厌恶、特别倾向于冒险和暴力的人,而且这个团伙的头目迟早会完全不顾任何规则或法律把暴政施加于和平生产者。如果一个社会在某种程度上得到更好地组织,这些团伙作为整体就构成了统治阶级中的一员,他们将成为所有财富和所有政治影响力的主人——这就是西欧中世纪封建主义、以及一个半世纪以前波兰贵族的情形。在一个代表着最复杂社会组织类型的官僚制国家,常备军将会吸收所有更加好战的成分,而且它随时能够服从于某一个冲动的命令,不费力气地支配社会的其它部分。

229 一个现代的重大事实是,军队作为法律的严格守护人,服从民事的权威,而且只具有很小的政治影响力或者至多也是间接地有些影响。如果说这个事实在人类历史上并非完全没有类似物,它也代表着一个最幸运的例外,尽管在具有欧洲文明的国家中,情况几乎总是如此。只有在几代人间形成习惯,加上对过去的无知或遗忘,才可以使这种情况对我们这些生活于 19 和 20

世纪之交的人们习以为常，并且使我们在偶然遇到例外时感到惊奇。

例外情况在法国鲜有发生，而在西班牙则频繁得多。在西班牙，常备军经常推翻掌握最高权力的人们，甚至改变政府的形式。然而，人们应该记住，这发生在危机和社会无序的时刻，而且一旦通过暴力方式改变政府成为一种实践，每一个党派或社会阶级都会使用这种它最熟悉、也最容易获得的方式取得有利地位。

事实上，只有通过司法防卫所依据的那些观念深入而广泛的发展，特别是通过历史情境带来特别有利的结果，才可能使常备军服从民事的权威。也许我们应该就此详尽地讨论这种情境，但是我们可能立刻注意到，并非完全不可能的是，现在正在走向成熟的另一种历史情境可能最终会削弱甚至取消现代军队复杂、精致和审慎设计的机制。如果这种情况确实发生了，我们可能会发现自己倒退回也许更简单、更自然但肯定是一定更野蛮的军事组织类型中，它不适合高水平的司法防卫。

4. 现代常备军发展的历史进程要追溯到中世纪结束时。在15世纪，首先在法国，然后在欧洲其它地区，集权君主制这种现代官僚制国家之父，逐渐以常备军取代了封建民兵组织。甚 230
至在这些日子里，欧洲也相对很少遭受军事起义和军事暴政带来的苦难。这主要由于这种取代过程是缓慢而逐步发生的。甚至还在中世纪走向终结时，欧洲军队就变得在结构上如此复杂，以至于许多不同社会集团出现在这些军队中，有助于彼此制约。在这个历史阶段的开始，骑兵通常由从武人员组成，他们具有高贵的血统，并且深深地浸润着贵族和封建精神，但是他们仍然由国王付薪。步兵是从各国涌来的冒险家的混杂物。渐渐地，步兵团队最后是步兵连队的指挥权被委任给绅士的制度开始盛行，这些绅士在出身、性格和背景上与士兵不同。除此之外，直到路易十四时代，甚至在此之后，一种老的做法仍在继续。按照这一制度，贵族自己花钱雇佣他土地上的人们，组织骑兵中队、或步兵团队或连队，然后以准备好的军队使自己受雇于某个君主。当时人们总是想当然地认为在需要的时候，国王可以号召王国中的全部贵族从军。

租用和雇佣私人队伍的做法持续到 18 世纪末。这种交易在瑞士和德国特别盛行。德国步兵的拉马克团队通常在法国服役。这个团队优先从拉马克县里招募军人，总是由拉马克家族的人指挥，军官也由这位上校指派。它一代代继承下来，直到法国大革命发生。[11]最后一次呼吁全体贵族从军的事发生在路易十五统治早期。在这时，很明显的是，一支由 12,000 或 15,000 名装备不同、年龄不一、所有个人都很勇敢但是未经协调作战训练的骑士组成的部队，在实际战斗中派不上什么用场。因为大致相同的原因，波兰骑兵在 18 世纪失去了大部分军事上的重要
231 性。马扎尔贵族最后一次被召从军是在 1809 年法国侵略匈牙利时。这个团体由非常卓越的骑手组成，但是在与拿破仑的瓦格拉姆战役的拉布之战[12]中它效用很小。

尽管不同社会成分和不同国籍的混合，防止了 16 世纪和 17 世纪前半期的军队成为它所服务国家的主人，但是在这些由各处的冒险家和主要是社会低劣群体组成的部队中保持可以忍受的纪律不是一件容易事。德国长矛兵和西班牙游击队所犯的

---

⑪ 《米拉波伯爵和拉马克伯爵的通信录》，前言。——原注

⑫ 瓦格拉姆(Wagram)战役：1809 年拿破仑战胜奥军的战役，此役拿破仑击溃 15 万奥军；拉布(Raab)之战：瓦格拉姆决战前的一次战役，法军击败了增援奥军的匈牙利骑兵。——译注

罪行众所周知，但是我们没有理由假定，法国人、瑞士人、意大利人、克罗地亚人和瓦龙人[13]团队的行为好得多。奥地利的唐·胡安的信件表明这位将军和他的军官们被迫采用何等劳苦、何等智慧和何等精力来在军队中维护相当有限的纪律，这支部队镇压了阿尔普亚拉的摩尔人叛乱、登上了在勒班陀[14]获胜的军舰，并服役于佛兰德战争。有一个16世纪早期的故事说，枢机主教西梅内斯[15]在听到一支被派往海外征服阿尔及尔的西班牙军队被击败、并全部被歼灭后宣称："上帝保佑，至少西班牙少了这些流氓！"在同一个世纪末，在塞万提斯笔下，拉曼查的骑士[16]出生的村庄的教士和药剂师有很多无法满足的欲望，包括希望从内地向海滨进发去登船前往国外的士兵，不要沿路洗劫乡亲们的家园。所有三十年战争参战国的军队的伟绩众所周知。在英格兰持续很长时间的对常备军反感的主要原因之一，是担心职业士兵为所欲为。在詹姆斯二世统治时期，一支在柯克上校带领下的团队在丹吉尔[17]服役多年后返回家乡。它由于强奸和抢劫而臭名昭著。这个团队的旗帜带着一只羊羔作为图案，英国幽默称呼属于这个团队的士兵为"柯克的羊羔"。

在欧洲的部分地方，中世纪的免役和特权持续到现代。在 232
这些地方，城镇居民猜忌地坚持他们的权利，用当地民兵给城市

---

⑬ 瓦龙人(Walloon)：比利时一少数民族。——译注

⑭ 阿尔普亚拉(Alpujarras)：西班牙格拉那达以南地区，曾长期被信仰伊斯兰教的民族占领；勒班陀(Lepanto)战役：基督教国家联军于1570年对奥斯曼帝国发动的一次海战，联军获胜。——译注

⑮ 西梅内斯(Ximénez，即 Jimenez de Cisneros，1436—1517)：西班牙枢机主教，宗教法庭大法官。——译注

⑯ 拉曼查的骑士(西语：Caballero de la Mancha)：即西班牙作家塞万提斯《堂吉诃德》中的主人公唐吉诃德，他生在拉曼查村。——译注

⑰ 丹吉尔(Tangier)：摩洛哥北部港口城市。——译注

的城墙和要塞布防。例如，在西班牙治下的巴勒莫，尽管居民除了一些小过失外效忠于西班牙天主教国王，他们只允许一小部分外国兵进城保卫皇宫和城堡。城墙和大炮仍然受主要由“富有的行会”组成的城市民兵控制。当加强皇宫守卫的问题提出来时，尽管行会成员声言其职业就是要投身和效忠国王，但仍然封锁了街道，把城墙上的枪炮对准皇宫。1676年墨西拿[18]的叛乱在一定程度上是由于邓·路易斯·德尔·胡约将军，也就是传统意义上的将领[19]，试图通过奇袭占领城市民兵守卫的要塞。士兵中的放肆行为也许是人们想当然的，这通常为人们猜忌军人提供了理由。

直到17世纪末，较好的纪律才被制订出来。接着，封建领地和城市中的民兵几乎在每一个地方都消失了，现代意义上真正的常备军时代开始了。在那些阶段，保持许多人从军的必要性和支付足够薪水以吸引志愿者的困难，使欧洲大多数国家采用了征兵制。这一制度意味着普通士兵不再来自冒险者和罪犯阶层，而是从农民和工人中招募而来，这些人从来不想终生从军，而是要在几年服役后重操旧业。军官仍然属于一个完全不同的阶层。他们越来越成为一种官僚化的贵族，把文职雇员的秩序和尽责观念同骑士精神和上等阶层传统的荣誉意识结合在一起。

普鲁士的腓特烈二世曾感到遗憾的是，在七年战争期间被迫让许多没有贵族身世的人担任军官。他觉得不太喜欢这种新
233 型军官，他认为绅士出身的人能提供更大的道德和物质保证。如果这样的人玷污了自己的军官名声，他就不会转向其它行当，

⑱ 墨西拿(Messina)：意大利西西里城市。——译注

⑲ 将领(strategos)：指古希腊兼管军事和其它重要职位的人。——译注

而平民总是可以找到其它生活方式，因此对小心谨慎地实践他职务的准则不太感兴趣。这位普鲁士霸权的奠定者总体上是一位没有偏见的人。他的这种推理表明，在德国如同在其它地方一样，受过高等教育而不属于贵族的阶级的增长是相对晚近的现象。

只有在英国和美国保留了征召志愿者的旧制度，志愿者优先来自贫困阶级中的失业者。只有在大的危机如美国内战和世界大战中，它们才求助于征兵制。然而，在这两个国家，特别是在美国，常备军总是相对很少。由于地理上的隔绝，对外敌的防范在很大程度上可以托付给海军，而内部秩序部分上由地方武装、更多地由强大和组织良好的警察部队维持。它们的正规军比在欧洲大陆的军队更严格地强调军官和士兵的阶级差异。结果，由于家族关系和教育，军官们保留了与在出身、文化和财富上处于社会金字塔顶端的少数人的紧密联系。

英国军官的团队一直维持了高度的贵族化特点。购买军阶的制度在英军中坚持到 1870 年。费舍尔在其《英国宪法》中公正地提到，使得英国军队没有成为政变活动之工具的，不是《叛变法案》[20]，而是这样一个事实，即英国军官在出身和情感上属于直到几年前还在议会有最大代表权的阶级。在这个方面，美国继承了英国的传统。在联邦军队中，经过委任的下层军官和未经委任的上层军官之间在阶级上、以及在军阶上存在着巨大差异。实际上，在他们之间存在着一个深渊，以至于可以与在美国把黑人和白人区分开来的鸿沟类比，在这个国家，肤色的差异比其它地方重要得多。

---

⑳ 《叛变法案》(Munity Act)：1689 年英国国会通过的限制王权的法案，规定只有国会同意，才能设置常备军。——译注

234 5. 迄今为止，美国非职业化的民兵已被证明实际作用很小。华盛顿评论说，如果他被迫宣誓决定他认为民兵有用与否，他将毫不犹豫地说它一点也没有用。[21]美国对外战争几乎总是由联邦军队加上入伍的志愿者进行，内战中的情况也是如此。至于内部不安定，至少可以怀疑，美国民兵在平息这种不安定上是否比加重这种不安定上更有效果。民兵也无法制止在美国仍很流行的私刑。在对付游行时，它或者被冲散，或者向人们让步。无论如何，美国的民兵为欧洲的国民卫队奠定了模式，在某种意义上还是它的父亲。直到一个世纪前甚至更早一点，人们还非常重视民众武装，这主要由于它们被期望要扮演的政治角色。[22]国民卫队暗中包含着这种概念：它将提供一支武装力量，摆脱盲目、无理性的军事纪律和党派偏见，致力于保护议会机构不受被常备军支持的行政权力所侵犯。

远在法国大革命时，米拉波非常明智地指出了这种军事机构的缺陷。他认为，这支部队将根据当时它恰好具有的情绪支持或镇压一次叛乱，因而在某种意义上会成为一个在立宪权威和革命之间的武装仲裁者。[23]尽管如此，当《法兰西宪章》于1830年修订时，还是加上了一条特别条款："宪章和它赋予的所有权利应该继续被托付给国民卫队的爱国主义和勇敢。"当加里波第

---

[21] 德·维特（De Witt）：《华盛顿史传》（*Histoire de Washington*），第104页。——原注

[22] 詹耐特（Jannet）：《美国政治和社会制度》（*le istituzioni politiche e sociali degli Stati Uniti d'America*），第一部，第十七章。——原注

[23] （原话为：法国局势的旁观者及共和自由派与皇权之间的调停方式）"Apercu de la situation de la France et des moyens de concilier la liberte publique avec I'authrite royale."《米拉波伯爵和拉马克伯爵的通信录》。——原注

进入那不勒斯解救圣埃尔莫城堡，皇家军队[24]用手中的枪炮占领了这个城市时，他不得不许诺，该城将由那不勒斯的国民卫队驻防。至于法国，说实话，国民卫队并不总是无效的。在1832 235 年、1834年和1848年6月，对社会主义的恐惧激发起爱好和平的巴黎市民激昂的勇气，国民卫队帮助军队镇压了叛乱。但是在1848年2月，由于不满基佐政府，而且由于没有意识到革命正在进行，国民卫队起初敌视军队，继而感到困惑，然后完全瘫痪，其行为是七月王朝覆灭的主要原因。[25]它也没能阻止1851年12月2日的政变。在1870—1871年间，社会主义的工人被允许在国民卫队中担任职务。因此，不安定的因素超过了保守秩序因素，巴黎市民的民兵组织变成了巴黎公社的执政官卫队。在我们的时代，部分上由于人们很好地意识到了这一机构的低效和不健全，部分上由于每一个商人或店主都要在正规军中服役一次，因而失去了对列队和制服的兴趣，国民卫队在所有欧洲大国都被废除了。国民卫队在比利时持续的时间最长，义务兵役制引进该国拖延的时间也最长，这一事实使人们怀疑上述的第二个原因比起第一个来更无影响。

6. 在欧洲，关于现代军事组织及其与司法防卫的关系问题，两点进一步的评论将非常适用。

如我们所见，我们的现代军事力量由两个阶级组成，军官阶级通常出身于政治上处于支配地位的社会等级，受到特殊教育和培训，起步官职就很高；另一个阶级是士兵和下级军官，他们很难晋身于高级军官的行列。现在尽管这种区分看来显得荒

---

[24] 皇家军队：指统一意大利的撒丁王国的军队。——译注

[25] 休罗—邓金：《七月王朝史》，第七卷，第七章。——原注

谬、陈腐和武断，它总是在不同程度上存在于各个庞大、完好组织的常备军中。它盛行于古埃及的特定阶段。一些纸草记录可追溯到获得极大军事荣誉的诸王朝，其中就提到了在特殊的军
236 事学院接受教育的战车军官和步兵军官，在这儿，他们见识了军旅生活的所有困苦。要进入这样的学院，人们支付的不是金钱而是奴隶和马匹，那时金钱还不存在。[26]同样的阶级区别在一定程度上中国也有，该国满清军官的地位有点类似西方的现代军官。清代军官不得不在他所在省的军事权威前通过一次考试。然后他进入中国 18 个省份之一的民团[27]中担任相对较高的职务。这种考试通常在八旗军的长官，也就是统领面前进行。直到几年前，这些军队还驻扎在中国所有的战略城市中。在 19 世纪中叶的内战后，各种级别的清军军官逐渐不那么重要了，因为授职过于随意，以至于在一个省被革去高官职位的人经常在另一个省担任普通士兵，反之亦然。即便 如此，对大规模军队的指挥权还是被给予各省的督抚或其他文职高官，他们必须通过一系列困难和全面的考试才能获得晋升。应该指出，在中国，如同在古罗马一样，高级文官职位与高级军事职位结合在一起。[28]

但是这里提到的差异，在罗马共和国时期和帝国第一个世纪的罗马军团中不同寻常地严格。在普通的和所谓的骑士军人之间有一道明显的界限。一个骑士阶层的军人从担任执政官或军团司令的 *contubernalis*——我们今天称作“副官”——开始服役。这种军校学员身份为通向军事领袖或其它高级职位开辟了道路。另一方面，在很长的世纪中，从普通部队中的士兵起步的

---

[26] 拉美西斯二世（第十九王朝）的图书馆馆长阿蒙耐姆普特（Amon-em-ept）与他的学生、诗人潘陶尔（Pentaur）的通信，参见马伯乐著作。——原注

[27] 莫斯卡此处所谓的民团或民兵应该指清代的绿营兵。——译注

[28] 罗塞特：《中国之旅》。——原注

人至多能被提拔为百夫长,也就是“第一长矛手”,这一级别好像普通罗马士兵中的元帅指挥棒。这一组织制度保证了军队中的高官出自掌握高级民事官职的同一阶级,并且由于这一阶级同 237
时拥有财富和政治权力,它也构成了古罗马的贵族阶层。造成这种 *militia equestris*〔拉丁语:骑士军人〕和普通军人之间区分的是一项法律,它使得对军队司令和高官的任命成为罗马国民公会的特权。古罗马的普选,与今天许多不处在潜在的革命中、选举制度确立已久的国家一样,几乎总是给予富人或其家族已享有巨大声望和担任显职的人优先权。在帝国的早期年代,可见到同样的组织制度。司令官和其他高级军官还是从拥有更多声望的罗马家族中选拔。然而,逐渐地皇帝开始首先把元老院议员其次是骑士从军队中清除出去,把它们视为潜在的敌手。在公元 3 世纪发生军事混乱的阶段,也就是所谓的三十暴君时代,士兵可能成为将军甚至皇帝。

7. 我们的其它观察涉及一个世界上最为广泛流传也可说是一个错误的概念,即军事素质在不同民族中的分布极不平等,一些民族天生胆小、懦弱,另一些则大胆、勇敢。当然,绝不能证明在这样的概念中没有任何真理成分。但是无可置疑的是,一个民族不同程度的好战习性、其军事组织的类型和健全性,是在总体上最能致力于提高它军事声誉的因素。

在战争中,如在所有危险职业中一样,如果一个人要平静和镇定地面对危险,这要求有一定的经验。当缺乏这种经验时,它只能靠发生在每个人生活中极少间歇期的狂热时刻和一种高度的责任与荣誉意识来补偿,通过特殊训练可以在一定阶级中创造和保持这种意识。在大多数人民不把投身于血腥冲突作为一项常规职业的文明国家中,军事组织的目标之一,应该是把一小

238 部分熟悉冲突、并通过上述的特殊训练为这种冲突做好准备的个人分布在大众中，他们能够支配普通士兵，对其施加决定性影响，带领士兵面对那些如果不受监督他们就会逃避的危险。这次的世界大战表明，一支军队的牢靠性主要依赖于爱国情感的强度，它是通过长期认真的教育，从知识和道德两方面灌输给大众的。

这里提到的组织可能完善程度不同，甚至根本不完善。统治阶级可能熟悉军务，也可能完全回避它。因此，当我们扫视文明民族的历史时，很明显的是，所有这些民族都有其军事荣耀的时刻，有时则在军事上疲软不堪。印度人多次被突厥人、蒙古人、阿富汗人和波斯人所征服和掠夺，而且他们在18世纪投降给几千个英国人；然而，在所有亚洲民族中，他们是惟一激烈抵抗马其顿人的民族。埃及当地人多个世纪以来有"胆小的战士"之称，然而阿美西斯和图特摩斯诸王[29]从下尼罗河流域居民中招募而来的军队，在他们那个时代是世界上最好的。从列奥尼达时代[30]直到亚历山大大帝时代，希腊士兵被认为是非常勇敢的，而且在色诺芬时代，他们被说成是叙利亚和美索不达米亚最大的伤疤。但当伊斯兰教兴起时，亚洲的闪族人又获得了领导地位，据记载还屠杀了臣服拜占廷帝国的不喜欢战争的人们。阿马里[31]看来倾向于把希腊人在拜占廷治下显示出的顺从归于基督教的影响。现在看来，首先，拜占廷帝国持续了1,000年，在这一时期中，它也有不少非凡的军事能量。其次，基督教对日

[29] 阿美西斯(Amasis)和图特摩斯诸王(Thutmosis)：均为埃及第十八王朝国王，统治期约为公元前16世纪到公元前15世纪，此时埃及国力强盛。——译注

[30] 列奥尼达(Leonidas，不详—公元前480)：古斯巴达国王，希波战争中率军扼守温泉关，与斯巴达三百勇士全部牺牲。——译注

[31] 《西西里穆斯林史》(*Storia dei Musulmani in Sicilia*)。——原注

尔曼人和斯拉夫人没有产生任何这样的影响。而且还要指出，一旦罗马的统治在实际上被推翻，从无政府状态中诞生了封建化的组织时，好战精神在西方的拉丁诸民族中也保留了下来。事实是，帝国的效率和罗马帝国统治下的和平时期已经使帝国公民不习惯于武装，以至于一旦正规军被打败，他们就变成了任 239
何侵略者现成的捕食对象。

文艺复兴时的意大利人培养了可怜的士兵，不习惯于任何酷似战争的东西。然而，罗马军团就是从他们的祖辈中招募的。在城市公国时期，他们显得非常勇敢，而且在马基雅弗利之后不几代，意大利军团在罗科鲁瓦[32]的著名事件中，坚定地抵抗了西班牙人。那不勒斯人把他们在不久前享有的特有的懦夫声誉，主要归因于他们在许多场合表现出的缺乏凝聚力和道德统一性，而不是缺乏个人勇气。在拿破仑一世统治下的西班牙和俄罗斯，以及在许多其它情况下，那不勒斯军队的表现非常出色。在战争的某些分支和某些特定军事素质方面的优越性，在各国是非常短暂的事情，每一件事情都依赖于所说国家的民事和军事组织。马基雅弗利认为法国骑兵是欧洲最好的，他说，因为法国贵族完全投身于军事征召。他认为该国步兵很弱，“因为它是由最底层的草民和工匠组成，这些工匠在他们做的每一件事上都受男爵们欺辱，以至于他们只能成为畏缩的懦夫。”但是，请看，军事组织变化了，步兵变成了现代法国军事力量的骨干！

征服西班牙的阿拉伯将军穆萨·本·诺赛尔在给哈里发瓦利德一世[33]的报告中说，哥特人（他用这个词指所有西班牙人）是

㉜ 罗科鲁瓦（Rocroi）：法国东北部城市，在三十年战争（1618—1648）期间，法军曾经在此大胜西班牙军队，当时的意大利军团就在法军一方作战。——译注

㉝ 瓦利德一世（Walid I，不详—715）：阿拉伯帝国倭马亚王朝哈里发（705—715）。——译注

"马背上的雄鹰,城堡中的狮子,行军中的弱女子。"在半岛战争[34]中,威灵顿谴责西班牙步兵在开阔地上的无能,而在撒拉戈萨、塔拉戈纳和其它城市的垛口后,同样的步兵显示出非凡的勇气和坚定。现在我们必须设想,在阿拉伯入侵时,骑兵由受过良好军事训练的贵族组成。如同后来的情况,步兵可能是由民众中征召起来的,还没有获得从长期军旅生涯和挑选的个人那里得来的勇气,只能在垛口后和要塞中显示它原始的勇敢。毫无
240 疑问,这种勇气是文艺复兴晚期 从天主教君主斐迪南到腓力五世时[35]西班牙步兵的主要资本。在这一时期,西班牙军队被认为是全欧洲最棒的作战力量。

8. 在我们的时代,出现了对大规模常备军的反对。它们被责备为从工厂和田地中争夺了劳动力、在年轻人中灌输了恶习、并且造成了几乎不可承受的国库开支。的确,这种抱怨大体上来自这样的社会成分,他们在所有时代最明白地显示出通过武力坚持自己权利、并把自己的意志施加给社会其它部分的倾向——也就是来自那些自发地和本能地对从军具有最大的爱好之人,以及那些可能无意识地发现他们在由热爱和平、从事生产的大众组成的现代军事组织中无法充分发挥自己本能的人。我们指的是我们时代颠覆性的革命成分,他们自认为具有现代化社会中最勇敢、最冒险、最狂暴的成分。但是仍然正确的是,导致欧洲各国创建现行常备军组织的压力,现在正在趋向扩大和

---

[34] 半岛战争:指 1808—1814 年伊比利亚半岛上反对拿破仑统治的战争。——译注

[35] 天主教君主斐迪南:指西班牙国王斐迪南二世(1452—1516);腓力四世(1605—1665):西班牙国王(1621—1665),在位时国内政治、经济日趋衰败。——译注

延伸对奠定现代军队之原则的应用,从而改革和根本改变它们的结构。

首先在拿破仑战争中,接着尤其是在1870年普法战争中,胜利属于装备和动员了最多军队的国家。这些经验使得义务入伍制度在几乎所有欧陆国家达到了一种夸张的极限,而且我们现在达到了这样一种地步,即人们认为必要时,可以把该国全部的三千、四千、七千万强壮的居民投入军队。但是为了在可能的范围进行这一事业,不得不缩减预备役期限,而这又使得人们怀疑,被征召的新兵是否有时间获得那些把士兵与社会其它群体区别开来的习惯和特殊思维模式,这种习惯和思维模式因为技术的、特别是政治的原因绝不能削弱到某一点以下。军人、军官 241
和装备必须经常更新,用以支付的军事开支已经大幅度增长。它们越来越难满足,而公债则不断堆积。这是对许多现代政府最严重的折磨,在这种折磨之下,一些经济较弱的国家最终面临着屈服的危险。

在1884年版的《全民皆兵》的引言中,已故的冯·德·戈尔茨将军[36]表达了一个他喜欢的观点,在各国军事史上,人们可能觉察到两种对立军事趋势的冲突和交替胜利。第一个趋势是不断增加作战人员数量,通过纯粹的数量优势去征服。这种过程持续下去,直到投入进行巨大的人力战争。这种数量众多的作战人员难以驾驭,总是训练不充分,以至于它们最后被受过良好训练的职业士兵组成的小规模军队征服。因此军事职能的专业化变成了第二个趋势,这反过来又导致了大规模更新军事装备。

戈尔茨将军在80年代相信,在欧洲,提高作战人员数量的

---

[36] 冯·德·戈尔茨(von der Goltz,1843—1916):德国陆军元帅,曾著有《全民皆兵》论述战争。——译注

趋势还没有走到极限，他的预言对世界大战来说的确是对的。但是他强调的历史现象并不总是以规则的节拍出现。不论在少数几个例子中这一趋势如何清楚地展现出来，它至少有例外和波动。据希腊历史学家的描述，米底亚—波斯通过动员大量人力成功地征服了所有西南亚。居鲁士能够在一个季节以上的时间里在他的旗帜下保持一支大军，是吕底亚王国[37]迅速败亡的原因。同样，在巴比伦的两次被围中，大量军人也长期坚守阵地，它们分别发生于居鲁士和希斯塔斯普之子大流士统治的时期。对锡西厄的远征以及薛西斯[38]发动的战役，也动员了大量军队。在薛西斯时代，波斯军事机器显示出它的弱点。因为它们属于一个疆域广泛的国家，构成波斯帝国的各民族派遣的部队变得缺乏长期战争所要求的训练。逐渐地，它们的军事能力下降了。这支大军变成了无组织暴民的乌合之众，它们不能抵
242 抗希腊重装备步兵的突击。希腊部队数量少，但是它们得到充分训练，武装严整，并善于以集合编队作战。

可以肯定，在扩张过程中，现代军事机器变得越来越复杂，越来越被精心调整。在动员和战争时，指导它发挥作用已经越来越困难、越来越令人困扰。我们甚至可以问自己，当敌对状态的每一天由于国家的经济损失和国库支出而耗费各国数亿元资财、当宣战会伤害和动摇整个文明人口中每一个家庭的利益和感情时，战争是否还可能。如果反对文明国家间作战的道德厌恶感和经济利益能在连续的60或者70年内避免这样的冲突，令人怀疑的是，是否现代军队依赖的军事和爱国精神将会传到

---

[37] 吕底亚(Lydia)：小亚细亚西部一古国，以其富庶闻名。——译注

[38] 薛西斯(Xerxes，约公元前519—前465)：波斯国王(前485—465)，率大军入侵希腊，洗劫雅典。——译注

新生的世代；而这种精神自身就可以使得战争所需要的物质牺牲成为可能。

当爱国精神衰落和长期和平废除了常备军，或把它们减少到“徒具外表”时，将会出现西方军事优势转向其它种族、其它文明的危险，这些种族和文明已经具有或将要具有不同于欧洲的发展方向，同时拥有恰恰是欧洲式的破坏方法和工具。如果说这种危险对我们中的一些人显得遥远和稀奇的话，也没有人能否认，在欧洲国家自身的结构中，总是存在狂暴的性格和胆怯的性格——总是存在利益冲突以及通过野蛮武力为所欲为的意志。这样看来，现代常备军组织已经剥夺了天生爱好暴力并具有这种能力的阶级对军事职能的垄断。当这样的组织被解散或被削弱，又用什么来防止强者、勇敢者和暴力者的小型组织复活、去压迫弱者与和平者？当大规模的战争结束时，难道它不会在家族、阶层或村庄的争吵中小规模地复活吗？

的确，从我们的怀疑中，可以得出这样一个我们几乎没有勇 243
气表达的结论，即如果我们今日西方社会最好的职能不会衰落、降低到较低类型的司法防卫时，战争本身——在其现存形式中是如此多邪恶的根源、如此多野蛮行径之母——就经常是必要的。尽管这一结论看来严重而可怕，但它毕竟是我们复杂而矛盾的人性中惟一的发展结果。在各国历史上，好的和坏的东西不可避免地彼此联系。社会的司法和道德改良会与那些表达最低劣、最自私的情感和最野蛮本性的行为携手共进。

应该指出，军队的现代组织与劳动分工的经济原则背道而驰，也与各种身体器官适应于特定目的的生理学法则相左。这又一次表明，在人类身体现象和社会机体现象之间建立类比是多么危险，也再一次提醒人们注意，当特定的经济法则应用于政治学领域时，必须作出保留意见。如果在政治学领域太僵硬地遵循劳动分工的原则，将很容易动摇整个司法平衡，因为一个社会的全体将变得服从于这样的集团，它行使的不是从知识和道德观点看来的最高职能，而是最必不可少的职能——这种职能最容易让某些人把其意志强加于人——换句话说，即军事职能。

第十章　议会政治 244

1. 在第一章里，我们阐明了为什么只有通过研究历史，才能发现那些指导人类社会进行组织的恒久趋势和法则；在本章，我们试图确定这样一些法则的性质及其作用方式。我们试图说明，在任何达到一定文明程度的人类集体中存在进行统治的少数人，这些少数统治者招募成员的方式可能不同，但是它们总是基于对多种不同社会力量的占有上——换句话说，即拥有那些能够带来道德声望、以及知识与经济优势的素质和资源。我们也试图表明，每一个社会都建立在特有的宗教和哲学信仰及各种原则的复合体之上，由此这个社会解释了它恰好拥有的组织类型，并使之正当化。这给我们提供了机会来思考社会类型的不同，这些不同主要是由于各种哲学与宗教体系或政治模式的差异，这些体系或模式分享了对已达到一定文明程度的人类中大多数心灵的支配。

就此我们提出两个观点，就我们看来，它们在一定程度上容许进行科学和实际应用。我们试图表明，司法防卫的最高等级即那些掌权者对法律和道德给予最高尊重，只有通过各种不同政治势力加入政府，并彼此制衡才能达到。进而，我们认为已确实表明了，如果有一种哲学或宗教学说没有把自己的宣教限制在少数的特选个体即那些“卓越的灵魂”，并且努力教育所有社会、并通过灌输特定的原则统治它的话，它是不能在根本上或永

245 久地改变人性的。当然我们不否认,某种教条或宗教见解的支配性地位可能会对一个民族产生巨大的实际影响。

第八章和第九章把我们早先提出的理论用于一个现代非常普遍的现象即通过暴力进行革命,以及另一个完全相反的现象即常备军的现代组织机制上。我们认为,像现在这样组织起来的常备军,防止了社会中自然垄断军事权力的部分通过暴力将其意志强加于其它社会势力之上。

现在需要我们去关注的,是一个在某种程度上更精致、更困难的任务。既然我们已经陈述了我们的理论,那么看一看它们如何说明现在困扰欧洲文明国家的那些更重要的问题,就成了我们的责任。这样一种研究可能有助于澄清这些问题的性质、甚至会指出那些似乎更真实的解决方法,我们也许能够发现这些解决方法。

2. 此处特别吸引我们兴趣的问题有三个,可以用提问的方式来陈述。

问题1. 我们时代的教条宗教(dogmatic religion)——换句话说,基督教的不同形式——将会试图在这种朝向革命的潮流中存活下来吗?特别是它们能抵御这种一个时期以来试图破坏它们的理性运动吗?

问题2. 今天通过选举机构产生的政府形式,尤其是通常形式的议会政治,能够长久持续吗?在我们发现这种制度必须改变的情况下,它们会变向何方?或者它们必须修改吗?

问题3. 与各种形式的社会民主相关,我们文明的未来是什么?这种打动人的感觉和思想潮流如今横扫欧美许多国家,在某种意义上,它们是这些国家近年来历史发展的逻辑结果,能够大大地改变它们的未来。

第一个问题初看起来好像容易回答。实际上并非如此。比起其它问题,这个问题包含了更多无法衡量和无法预见的因素,其它问题看来好像更为复杂,并且在这方面,它们与第一个问题密切相关。

许多人极为确定地宣布,科学注定要毁灭教条;表面看来这 246
种观点理由很充分。无须否认,地质学、古生物学、物理与化学科学,以及其它高水平的批评(它们不超过历史批评自身),正在《旧约》和《新约》中记载的东西中、以及"启示"早期教父们的教条中打开宽阔的缺口。还有,即使科学不直接伤害宗教信仰,一个接受严格科学方法训练的人,如果是冷静的,也只会对教条的学说和声明感到一种无法克制的厌恶。他一定会在这些理论中看到太多毫无道理的断言。

在这里,切布里茨对一本由博学的婆罗门布拉姆吉所写之书的评论富有启发。尽管布拉姆吉被苏拉特[①]的传教士们所培育,背弃了他父辈的宗教,但是却没有皈依基督教。切布里茨写道:

> 成千上万的乡亲们发现他们今天处于同一种局面中……在孟加拉、以及在古杰拉特,基督教都是最有效的溶解剂。它正在腐蚀和无可察觉地破坏原有的偶像崇拜。然而,它没有成功地取代它们。祭坛被腾空了,那些位置献给了一个不被承认的神。印度教徒不再信仰婆罗贺摩、毗瑟挐[②]化成肉身及灵魂转世,但是他们也远未相信三位一体、基督道成肉身、撒旦以及地狱;圣彼得把持钥匙的天堂对他

① 苏拉特(Surat):印度西部港市。——译注

② 婆罗贺摩(Trimurti):即印度教的三神一体的创造之神;毗瑟挐(Vishnu):印度教主神之一,守护之神。——译注

们也没有多少吸引力。[3]

这位有文化的印度人的思想陈述很容易理解。一个生下来就得传欧洲科学的人还可以践行基督教,因为它植根于情感,而非理性。但是那些没有生于基督教环境中,或没有在基督教家庭中长大的人,这种情感并不活跃。

同样绝不能忘记,宗教信仰回应的从来不是理性的需要,而是其它心理需求,特别是人类情感的需要。如果在某种意义上宗教信仰可以被看作幻觉,那么它们存在下来不是由于这些信
247 仰看来是正确的,而是人们感到他们需要幻觉。这种需要在一定意义上是如此普遍、如此强烈,特别是在生活的特定时刻,以至于我们经常看到相当和谐理智的个人,以及具有高超智力、被训练得具有一种合理的现实感、拥有无尽科学知识的人们还慷慨地赞颂它。

我们也不应该过于关注现在特别是在天主教国家发生的一个现象。对基督教的遵守,在法国的大城市、在西班牙的许多城市和意大利北部,也许还有在德国和北美的一些城市,已经消失了:在这些地区它们在较低阶层中消失得比拥有一定闲暇和教育的阶层中更彻底。

我们绝不能由此断定,理性和科学教育在较低阶层取得了任何巨大进步。一个人可能不仅质疑宗教教条的真实性,他可能也确信所有宗教是历史现象,产生于人类精神的内在和深刻的需要;而且这种态度可以通过基于广泛研究的现实主义心智训练而获得,这种研究逐渐使心灵习惯于不把任何没有被科学证明的事物作为真实的来接受。在这种情况下,一旦失去某个

---

③ 《古杰拉特之旅》(“Unvoyage dans le Guzerate”)。——原注

幻觉的体系，一个人就会变得如此平稳，以至于不愿意接受另一个体系，并且肯定也不会再相信第一个体系。但是今天欧洲文明国家中较低阶层的不信教大众——并且必须承认，大多数不信教者不一定属于较低阶层——并没有经过任何这条道路达到理性主义。他们不信教，并且嘲笑宗教，仅仅因为在他们长大的环境中，有人教给他们这样做。在这种情景下，因为基督教根基于超自然事物而拒绝它的心灵相当容易接受其它信仰，这些信仰可能更粗糙、更凡俗。

巴黎、巴塞罗纳、米兰的工人，罗马格纳的农民，柏林的鞋匠，实际上并不比他们转而相信群众、新教或犹太教更多地从武断中解放出来。他们不再盲目信仰教士，而是盲目信仰革命鼓吹者。他们骄傲于成为文明的先锋，他们的心灵对所有迷信和 248
诡辩开放。他们获得的道德和知识状态远不是启蒙的实证主义，而只是凡俗的、感官上的和不体面的唯物主义——如果人们愿意的话，可以把它叫做“冷漠主义”。在他们开始嘲笑那不勒斯的流浪者相信桑·杰纳罗的血液可以液化之前，这样的人应该尝试训练自己，不要把同样荒谬和肯定更加有害的东西当作真的来接受。

3. 因此，宗教在一大部分欧洲人那里遇到的不是理性的、可以说是有机的实证主义或不可知论，而是凡俗的模仿性的无神论。在这种情况下，宗教信仰仍然处于这样的位置，可以相当迅速地恢复它们如此迅速地失去的基础——它们还将在一段时间保持这一位置，直到冷漠主义成为一种传统。很可能在几代人以内，社会主义学说和革命冲动将公开宣布它们的破产。同样很可能的是，只能在内部争斗和难以忍受的道德和经济苦难之后，才能获得这种结果，比起 19 世纪一夜之间的小规模革命之后的苦难来，它们更像法国大革命对几代人严重的折磨。经常有人提起基督教是艰难时代而不是繁荣时代的宗教。当生活平稳而舒适、未来向我们微笑、物质享受丰富时，没有宗教人们也能够很容易地活着。但是当轮到人们遭遇灾难或严重的失望，当贫困和痛苦折磨着今天，并且给明天留下更痛苦的前景时，他们就需要宗教的希望和安慰了。在历史上，当古代世界的上等和中等阶级，经受随着野蛮人的获胜和西罗马帝国的崩溃而来的骇人灾祸和十足苦难打击时，基督教取得了决定性的胜利。加斯东·波希尔[4]说：“那些日子（蛮族入侵阶段）的灾难好像给予了基督教致命一击，实际上倒确定了它的胜利。”[5]在帝
249 国的几个大城市中，特别是在罗马，直到圣奥古斯丁时，上层阶级通常还对新宗教怀有敌意。在我们的时代，如果在社会斗争中或在无效的社会改革中，牺牲了很多生命，浪费了大量的欧洲财富，并非全不可能的是，在 20 世纪头 30 年特有的奢侈和浪费之后会出现一个衰落和相对贫困时代，这时基督教信条会再次发现有利的时机，重新俘获大众的心灵。在法国和其它国家，虔信主义的复兴随着严重的疫病和灾难而来。例如，在 1832 年，一场霍乱非常明显地削弱了 1830 年革命引起的对教士的敌意。另一场宗教的反动发生在 1870—1871 年间可怕的战争之后。有趣的是，在这两种情况中，人们遭遇的灾难非常短暂，在几年之内就被忘光了。

迄今为止，在天主教国家，天主教会享有相当的自治权，并拥有对公共事务进行广泛干涉的权利。教廷发现它与所有世俗

---

④ 加斯东·波希尔（Marie-Louis-Antorne-Gaston Boissier，1823—1908）：意大利历史学家和考古学家。——译注

⑤ 《入侵的结果》（“Le lendemain de l'invasion”）。——原注

政权存在激烈的利益冲突，因而这些政权都直接或间接地推进反对教权的活动。这就是法国在七月王朝的起初几年、以及第三共和国的特定阶段发生的情况。意大利在教廷世俗权力衰落之中和其后也出现了这种情况。这样的阶段在天主教民族的生活中多次发生。认为这种情况触及了历史的本性或把它们当作既不容忍条约也不接受休战的生死之战，都是错误的。如在过去的诸世纪中经常发生的那样，当人们拼死争夺一个位置之后，失败的一方会习惯于新的状态，至少甘心于默许它。在天主教会的长期历史发展中，它几次经历了这种沉默的顺从阶段。

4. 实证科学方法同包括基督教在内的所有宗教背后的超自然和教条的前提之间的对立，是无法调和的。近来天主教也越来越明确地强调这一点。信仰是非常古老的，而科学相对新 250
一些。在古埃及、巴比伦、婆罗门印度和中国，都可以见到些许科学之光；但是它们是不协调的光线，为神秘所笼罩，在这些光线之间是漫长世纪的黑暗。希腊—罗马文明产生的科学之光更强大，但是它也随着古代世界的衰落而褪色了。在阿拉伯文明更辉煌的阶段，新的光线开始闪烁，它利用了古希腊及波斯的萨桑王朝散射出来的光芒。这些光芒也被穆斯林世界不断推进的野蛮窒息了。[6]但是在 16 世纪，实证科学开始成为一种文明中的综合力量，对一个历史阶段作出了真正的贡献。直到 18 世纪，它才在欧洲占据了坚实的阵地，此时的欧洲继承和利用了许多不同民族、不同文明发展的学说和观念。在这种试图维护自

---

⑥ 阿马里：《西西里穆斯林史》(*Storia dei Musulmani in Sicilia*)，特别参见第三卷，第 702 页；以及勒南：《阿维罗伊和阿维罗伊主义》(*Averroes et l'Averroisme*)。——原注

身的新社会势力和宗教之间本该进行一场斗争。宗教试图捍卫自己，并且它首先试图把它的新对手扼杀在襁褓之中，这种斗争是自然的，完全可以理解。宗教首先试图否定科学的各种结果，然后以它的诅咒狠狠打击它们。科学方面也以格外的热情努力让宗教教条在大众眼中信誉扫地。

但是许多团体，像许多人一样，似乎完全无法共处，然而最后它们被迫在一定程度上融洽相处，因为它们不能完全压制住对方。如果科学攻击教条，不论直接与否，它的阵地至少与宗教的领域不同。科学思想关系人类智慧。信仰的基础在于情感。科学必然只接近有能力和机会过着知识生活的少数人。而宗教在大众中发挥其影响。任何两种宗教不可避免地会彼此驳斥，在同样的领地竞争，它们比科学与特定宗教之间的关系彼此更不融洽。然而，有时在长期残酷冲突后，一旦这两种宗教确信它
251 们不能毁灭对方，它们最终会彼此容忍。今天我们发现了天主教和新教、基督教和伊斯兰教、伊斯兰教和偶像崇拜，在同样的社区中和平共处。

也许，中国在这方面提供了更适合我们的例子。在中国，受过教育的统治阶级同意一种模糊的有神论，它实际上是理性的实证主义，纯粹而简单。孔子教诲的实践涵义至少是理性的和确定的。从前，当孔子的学生子路问他关于死的问题时，他这样回答："未知生，焉知死？"另一个学生子贡问死者的灵魂是否知道活人的世界发生的事情，孔子回答道："你不需要为先祖的灵魂是否知道我们中发生的事情而担忧。子贡，不急着解决这个问题。等一会儿，你自己就会知道真理是什么。"[7]中国大众是佛教徒，或者信奉道教和伊斯兰教。在某种意义上，佛教被承认

---

⑦ 罗塞特《中国之旅》，第六章。——原注

为是合法的，公共当局正式参加它的仪式。

现在在欧洲也发生类似的事情。看来在不久的将来，西方世界不可能会产生任何新宗教，更不要说传播了。因此，基督教的各种形式将在那些它们现在处于主导地位的国家保持优势。因为更好的组织和更一贯的教条主义，天主教可能会比新教的各种教派获得更大的发展，特别是在英国和美国。长远看来，受过较好教育者所持的实证主义或科学怀疑主义，会与不光是穷人和没有文化的人、还有相当部分的富有阶层持有的信仰相互容忍。这些信教的富人在性别、习惯、教育和脾气上对情感冲动有更多反应。

怀疑论者必须明白，在那些需要宗教信仰的人，或者那些由于无知而无法提出自己对自然和社会现象独创性和个人化观点的人之中，传播不信仰宗教不会获得什么社会优势。另一方面，252
基督教运动、特别是天主教运动的领袖，应该最终同意——说实话，相当难同意——科学是文明人类生活如此大的部分，以至于不会被轻易窒息和毁灭。

然而，我们刚才提到的对教会与国家、以及科学与独断论宗教之间关系的现代问题之解决方法，只能被认为仅仅是一种**可能的**方案。这并不意味着它们是容易获得的方法，更非必须被采纳的方法。如果要采纳它们，现在互相冲突的党派必须拥有极大的政治智慧，然而不幸的是，在总体上并非智慧统治人类事件，而是激情、仇恨和狂热。而且不应该忘记，今天，民主社会主义潮流实质上正在成为另一种宗教，它与基督教激烈竞争，几乎总是水火不容。

另一种可能性是，在基督教和社会主义潮流的冲突中，没有足够的自由和容忍可以让少数在严重的社会和政治问题中保持独立思考的个人继续存在，并得以发展。允许个人自由表达他们的思想,不需要对某种狂热和迷信顶礼膜拜的时代是非常幸运的时代。不幸的是,这样的时代在人类历史上非常少,而且,通常它们也不会持久。更常见的是,人类社会在多个世纪专注于某种信仰形式,为此它们牺牲了所有讨论与思考的自由;否则人类社会就残酷地折磨自己,因为教条和信仰这两种不同的潮流以所有可能的武器作战,争夺优势。相对和平与容忍的时刻,也就是激情在某种程度上被束缚、人类思想能够平静地观察和推理的时刻,不过是幸运的喘息间歇,它们被长期狂热的偏执、野蛮的冲突和迫害所隔断。

253 这样的喘息间隔会被轻易地终结,这一点被许多文明所证实,这些文明现在衰落或变得停滞,然而它们都有思想相对自由的时刻——否则,它们就无法取得已经获得的知识进步。在欧洲,希腊文明从亚里士多德时代的样子衰落到拜占廷时代的样子。在罗马早期的科学文明——直到 18 和 19 世纪,大多数国家都没有超过这种文明——不断增长后,时快时慢的衰落来临了,堕落到图尔的圣格列高利和保罗助祭[⑧]所描绘的野蛮状态,接着又衰落到更加悲惨、更加堕落的约尔·格拉波所描写的阶段[⑨]。想到这些人类理智的巨大衰落阶段,人们会立刻不幸地倾向于怀疑——当然,不是去预言——在我们生活时代之后可能到来的时期,个人不能自由地公开宣称、或者不能宣称信仰基督教,而且这时,自发地和真实地表达思想、以及科学质询的充分自由,将受到保持某种政治模式完好无损的必要性所限制,它在互相冲突的各种政治模式中,经过长期和顽强的斗争偶然获

⑧ 保罗助祭(Paul the Deacon,约 720—799):伦巴第历史学家,著有《伦巴第史》、《罗马史》等。——译注

⑨ 参见上文,第三章,第 10 节。——原注

得了最后胜利。

5. 与宗教问题以及与社会民主主义的问题紧密相连的，是我们的第二个问题(第 2 节)，它关系到代议制、特别是议会制政府正在经历的危机。

众所周知，新的和重要的社会势力 18 世纪在欧洲登上舞台——这种力量根基于新财富的生产、财富的不同分配以及在欧洲受过教育、富有的中产阶级的兴起。但是暂时忽略这些事情，人们可以说两股知识潮流最初引起了政治领域的发展，这种发展使得几乎所有具有欧洲文明的民族采用了代议制政府形式，在一些情况下，还采纳了议会制的政府形式。

第一股潮流我们称作自由主义潮流。它根基于孟德斯鸠的 254
学说。它寻求通过分权的形式建立一道对官僚专制主义的障碍。我们已经看到，这一理论尽管可能看来不完善，但是在任何实质方面它都不能被当作是错误的。

第二股潮流是民主主义的潮流。它的知识来源是卢梭。根据这一理论，任何政权形式的合法基础必须是大众主权——统治者从大多数公民那里接受委任。不仅统治者的合法性、还有他们的价值——也就是他们满足大众利益和理想、以及带领他们走向经济、知识和道德改良的能力——都依赖于他们对大众主权前提的真正应用。

卢梭这位大众主权学说、因而也是现代代议民主制的真正父亲，在他《社会契约论》[①]中用一两页的篇幅表达了他断然反对任何主权代表形式、因而也就是代议制的观点。然而，民主学派从这位日内瓦哲学家制定的原则获得了提示，并因为许多原

① 例如，第十五章。——原注

因不得不接受代议制原则。绝不能忘记,这些原因之一在于:在应用他们的原则时,自由主义和民主主义面前的实践模式是英国18世纪的立宪体制。这种国体从其封建起源上获得了代议制原则,并得以保留和发展。这第二种思想潮流被推行到极端的发展和应用,它与代议制政府的理论一道产生了现代社会民主主义的理论。

现在有许多意见反对一般代议制政府,特别是针对它的各种形式,其中,民主理想由于基础广泛的普选权和下院获得的政治优势而被说成已经得到最好的实现。这些反对意见分成三个方面。第一种集中于议会主要忙于闲聊、冗长的演讲和无用的
255 口角。另一种主要由先进的社会主义者和无政府主义者提出,我们认为它的根基更坚实。他们的批评归结为这样的指控,由于现在财富的不平均分配,议会并不代表大多数人的利益和愿望,而是那些富有的统治阶级的利益。最后,第三种意见是所有反对中根基最坚实的。他们提到了对法庭、对公共管理、对大量社会财富的分配,国家以关税和税收形式征集这些财富并应用于各种公共事业,以及对银行中、巨大的工业投机中以及在公共福利中同样巨大的社会财富的过度干涉——这些干涉更多来自下院成员而不是作为一个政治实体的下院。这些行为,在欧洲通常无法摆脱现代政府的影响和干涉。

任何人都可以看到,在诸如我们现在这样高度官僚化的体制下,下院成员方面连续的琢磨、干涉和爱管闲事是一件非常有害的事情,而且实际上人们已经给它起了一个特殊的名字。这个名字是相当晚近的杜撰,但是它已经有时间来获得贬损的内涵。它就是“议会政治”这一术语。

6. 现在看来,在任何根基于讨论的体制中都难免有缺陷。

代表大会谈论没有休止。许多讲演注定是空洞的，在许多其它讲演中人们很容易察觉出，卑鄙的野心、敌意和虚荣比对公众利益的献身更多地发挥着作用。法律经常被轻佻地辩论和通过。对议案的阻挠有时会延缓紧迫的决议。议会使用的形容词经常是粗暴的，没有根据。毫无疑问这些都是严重的缺点。但是它们只是对某些人看来才非常严重，且至关重要，这些人确信一个国家可以免于内在于人类本性中的弱点。人类具有设想最好的、绝对正义和最佳履行责任的方式这种能力，以及当他谨小慎微地按照其最高理想行为时遇到的巨大困难，不可避免地产生了这样一个事实：政治家和任何形式的政府都不能避免成为被 256
批评的对象，这些批评中的一些从抽象的观点看来可能十分正当。但是判断人和政治制度的一个合理标准，是把它们与他人或其它制度相比，特别是与那些它们之前的事情相比，并且在可能的时候与那些超过它们的东西相比。

用这一标准判断，各种议会代表会议制度的缺点，以及在所有代议制中它们控制并参与产生权力的有害后果，与那些废除它们或剥夺它们影响力的情况产生的害处相比，仅仅是微不足道的小过失。在现今社会条件下，对代议制立法机构的压制，不可避免会随之出现一种通常称作“专制”的政体。我们相信它可以更好地被称作“排他的官僚制”，因为它的主要特点是，它使得在官僚政体之外的所有政治势力、所有社会价值都疏远了公共生活。至少，它完全使所有其它势力和价值屈从于官僚集团。我们远不会认为，一种对议会制不断增长的厌恶、特别是一种对社会民主制的恐惧，不论后者是否带有威胁性的革命倾向，会驱使现代欧洲的这个或那个民族采纳“专制的”、或“绝对官僚制的”政体。我们认为这样的步骤是不明智的。由于我们已经说到了给予某种不受任何限制、不服从无论何种形式之讨论的单一政治势力绝对的优势，会包含各种威胁和缺陷（第五章，第9—10节），因而我们不需要对这个理论给予较长的说明。我们不是在处理一个完全理论化的或教条主义的反对意见，而是在处理一种具有巨大实践后果的反对意见，这一点很容易通过回忆一些欧洲文明国家的经验得到证实，在这些国家代议制运行得极不完善。沙皇俄国的例子或者更恰当的是法国旧政体的例子。意大利人、特别是南部意大利人，非常熟悉南部老波旁王朝的情况。不论人们认为那个在两个西西里的王国在其存在的最
257 后日子中，其政治和社会组织有多大缺陷，不论它的道德状况有多低，人们都应该注意到，国王斐迪南二世是一个相当聪颖之士。他充满活力，并以他的方式对其人民的福利富有献身精神。在道德上他远高于一般臣民。⑪

我们时代的人们认为，所有政府行为服从于公众讨论的制度当然具有优势。仅靠这一点就可以解释，为何我们年轻一代中肤浅的观察者没有马上意识到，这样一种制度的垮台会产生道德毁灭。这种毁灭将采取一系列冒犯司法防卫、公正，以及一切我们通常称作"自由"之物的形式；这种冒犯比任何能够被加罪于即使是最不忠诚的议会制政府、更不要说代议制政府的东西更具危害性。最近有一种过分诽谤性地批判代议制政府形式的倾向。例如，我们注意到，在最近的一本小册子中有一种针对议会制政府的评论，它声称通过议会统治的政府是危险的，因为议会带有暴民的本性，这是因为它们非常容易被修辞术和演讲术所摇摆，因而作出不明智和轻率的决定。然而，首先，议会并不统治，它们只是检查和制衡统治的人，限制他们的权力。其次，一种代表们的集会，绝不是在随意的和无组织的人类集合的

⑪ 梅摩尔（Memor）：《一位国王的末路》（*La fine di un regno*）。——原注

意义上是一群“暴民”。议会通常是按照公认的能力和职能组织起来。它们包含了许多具有长期处理公共事务经验的人，他们从而可以防止过分热情和引人入胜的说辞，给那些不太明智的人带来的损害。而且人们指控议会的有些缺陷，会被与它们相伴的优势在部分上抵销掉。例如，对某种情况没有迅速作出反应并不总是有害的。经常，新的法律要求新的行政人员，涉及新的开支，并要求新的税收来源。通常，所有这些在现代国家中都是有害的，它们的税收机构和手段已经过多了。

在以上进行的观察(第五章，第10—11节；第六章，第1节) 258
以及许多其他学者的观察中，存在着一种反对代议制的合理基础，这种反对意见通常是由社会主义者和无政府主义者提出的。奇怪的是，这一点没有被更广泛地提起和更认真地注意到。很明显，一个民选议会的成员几乎从来无法被大多数选民自由地和自发地选举出来，因为选民只是在有可能成功的几个候选人中具有有限的选择自由。肯定，这种事实和法律理论之间、以及政治委任权的前提和它的实际表现之间的公然矛盾，是任何代议制度的极大缺陷。同样，它可以被当成一个至关重要的反对某些人采纳的代议制的论据，这些人数量仍然很多，他们接受了对卢梭和他的民主学派信徒的大众主权理论过于狭隘和过于有限的解释。卢梭及其追随者认为，大众主权意味着任何国家中的任何政府都产生于它的大多数公民之中。如我们所见的情况，对某种政治制度重要的和可能的惟一要求是，所有社会价值都应该成为它的一个部分，并且它将会安置所有拥有以下能力的人，这些能力决定一个人或一个阶级将具有的威望和影响力。只要一种宗教对人们的行为产生好的结果，我们就不会因为它的教条看来太牵强而与之论战，与此类似，可以接受的对某种政治学说的应用在于，这种应用改善了司法防卫，尽管从一种严格科学的角度,它很容易受到攻击。不可否认,代议制为许多不同的社会势力提供了一种参与政治制度的方式,并因此制衡和限定了其它社会势力特别是官僚机构的影响力。如果这是大众主权理论惟一可能的结果以及惟一可能的应用,那么很清楚,仅仅在这一基础上接受它就非常有利,不论我们如何清楚地意识到,产生这种结果的观念和情感在科学事实上具有多么微不足道的基础。

259 大多数人在选择代表中的影响力实际上总是很有限这一事实,不完全根基于现在盛行的社会不平等。毫无疑问,当不平等存在时,选民的所有选择几乎总是落在那些在特定的不平等国家中占据社会阶梯最顶层的人们身上。但是即使社会等级能被拉平,成为一个平面——我们认为这是一个无法令人信服的假设——还将存在有组织的和容易组织起来的少数人对无组织的大众不可避免的优势。大多数选民因此仍然被迫从团体、或理事会提出的候选人中选择代表,这些团体由那些热衷于政治生活的人组成。

因此,在过去半个多世纪中,针对代议制政府的批评中最合理的一点,是它们给予民选代表过度的和专有的权力,特别是当这些政府降为议会政治的时候。被相当普遍地悲叹的罪恶,其首要和真正的基础在于这样的事实:当议会政治被推行时,指导大众和占有官僚机器的政府各部是从民选议院成员中产生的;更严重的还在于这一事实:只有首相和他的内阁讨好支持他们的议会的大多数成员时,他们才能掌权。由于这两个事实,在我们议会中对政府行为的讨论、以及对政府行为的控制几乎总是在个人野心和党派利益的压力下走上歧途。由于同样的事实,统治者进行合理统治的自然愿望,被他们同样自然的服务于个人利益的愿望持续和有效地阻碍,而且部长和议员们的职业责任感,总是被不论正当与否的各种野心和虚荣所制衡。最后,法院和行政部门变成了一个从事选举活动的巨大机构的组成部分,在公共资金和道德氛围上付出了相应的成本:任何重要的拉选票者对需要他的代表的要求,或者对需要这位代表的部长的 260 要求,经常足以压制任何对公平和法律的尊重。总而言之,由于在统治者的职责和利益,与应该判断并限制政府行为的人们的职责和利益之间,具有持续的、公然的和人为的矛盾,应该互相控制和制衡的官僚机构和有选举权的团体最终腐蚀了对方,并彼此改变了本性。⑫

7. 在检查人们就这种事物提出的补救方法之前,应该暂停下来,并考虑如果同样的情况持续相当长一段时间不变化——如果,让我们说,在统治一大部分欧洲社会的这种机构中,在半个世纪或更长的时间没有实质性的变化,而且如果没有任何新的巨变,剧烈得足以带来对个人影响力和财富相当大的重新分配时——会发生什么事情。现在即使同意这样一种假设,尽管它就我们看来可疑,我们也必须彻底拒绝一种曾经被许多人信奉,现在还有少数人坚持的观点,它认为议会制度自身拥有治疗能力,可以自动地治愈它在早期、无经验的时候造成的任何罪恶。我们不相信"对自由的治疗是更多的自由"这句神话——也就是说,自由就像阿基利斯著名的长矛,治疗他自己造成的创伤。我们承认,这里提到的罪恶由于政治影响力的稳固和僵化,将在某种程度上改变本性。所有其政治制度在很长时间没有被

---

⑫ 关于议会制的缺陷,请参见谢勒(Scherer):《民主制与法国》;普林斯(Prins):《民主制与议会政治》;以及莫斯卡:《关于政府和议会制的理论》。关于给予民选成分过度的权力造成的缺陷,也请参见西曼(Seaman):《美国政府制度》(*The American System of Government*)。——原注

外国渗透,或没有被观念和情感的内部骚动所改变的国家,都会发生这种过程。今天在议会、银行和政府职位上显贵者的子孙,实际上会越来越容易获得它们父辈占据的职位,并且将会形成一个孤立的小世界、一个有影响力家族的集团,新来者很难进入
261 这个世界。在罗马共和国,更显赫的家族父子几代人占据着同样的公共职位。在英格兰的18世纪、以及19世纪中下迄1832年《改革法案》之前几十年,就有一些老的议会家族,其成员或者是反对党领袖,或者是内阁之首。在法国,我们看到政客的儿子、兄弟和女婿继承了父辈获得的地区选民的支持。在现在的例子中,有一种因素加重所有这些东西。因为掌握最高政治控制权的阶级更加稳定,有德和出身卑微之士将更难以取得成功,但是同时,对于那些出身于大众、通过阿谀和激发群众最卑下、最疯狂的渴望而获得最初的名誉和政治影响力的人来说,情况也将更加困难。时间也会用健忘的海绵遮盖住许多财富和有影响职位不光彩的来源。出身显赫的子孙们将免于流氓习性和阳奉阴违,而他们的父辈正是靠这些东西获得了今日的地位。但是各种制度的精神和被要求代表这些制度的人们之间的矛盾将会越来越明显,而寡头政治以人民的名义进行统治、从来无法完全免除那种在任何议会制政府中都势所难免的诡计和伪善,也将与人民的观点和激情相距甚远。这里我们用"人民"一词指的不仅是农民和工人大众,也包括人数众多的中产阶级,他们的生活中展示了一个国家的诸多经济和知识活动。

因此,我们不应该指望从时间的自然效果中获得太多帮助。这种帮助不可能很多。但是向其它方向看去,不难想像各种现代制度的改进,它们可能有效地致力于削弱议会制的罪恶。例如,通过真正给予所有地方法官永久任期,就会有助于提高对法庭独立性的保证;这种制度现在只在少数国家确立起来;也可以

通过提高法官们实际上的、而不只是名义上的社会地位和威望来增加这种独立性，这一点谁都能看得出来。像法国这样的国 262
家，并且不仅是法国一国，引进德国实行的制度给它带来了优势，通过这一制度，所有高级公共官员都要为他们的行为负责，他们具有真正独立的行政裁决权，同时既不受部长们约束，因而也不受议员们管治，这一点大家也都能看得到。财政控制也可以通过提高我们审计机构的独立性而被更好地组织。

不幸的是，这种类型的补救虽然可能减少这种疾病的特定症状的毒性，但是不能消除疾病自身。而且，要实行这些制度很困难，因为在普选中获得权力、并且从而被普遍称之为民主的成分，在每次有人提出增加那些限制它们权势的制度之威望和约束力时，就会以大众主权的模糊原则这样的名义，时而暗中作梗，时而公开抗议。我们记得，在意大利，旧国会曾经提出一个给予地方法官永久任期的法案，那时我个人还在那儿服务。尽管它获得了大多数赞成，但是却不明不白地被突然搁置起来，随着那届国会休会而石沉大海。在法国情况更糟糕。人们通过了在法院和各部推行"门户清理"政策。这不过是增加了法官对部长们的恭顺，这些部长们起初又是议会多数派的工具。

一个更加根本和有效的，也是许多人赞成的补救方法，不过是返回到"立宪"的制度，议会政治只是对它的一种改造，并且在许多人看来是一种堕落。

说得明白一些，我们可能注意到，在如同欧洲所实行的那种"立宪政府"中，具有行政权力的首相〔或部长联席会议的主席或总理〕被议会投票击败时并不辞职，而只是通过国家元首的指示被替换。典型的例子是德国。用同样的技术语言来说，"议会制政府"是这样的政府，其中首相及其内阁成员由国家元首指定，但是一旦他们失去民选议会中大多数人的支持时，就要提出辞 263

职。这几乎是英国和法国永恒的习惯。据一些著作者讲，在这些国家，内阁只是议会多数派的委员会。第三种代议制政府是美国的情况。它可能被称作“总统制”。在这种制度中，行政权力不会被下院投票所改变。国家元首定期由人民来选举。此外，美国恰好还具有一个非集权的政府系统。

现在，就欧洲而言，将会相当容易地发起回归到“立宪制”政府的政治运动，因为如果人们遵循那些奠定大多数现代欧洲政府的宪法和宪章的条款，就会发现在议会制和立宪制之间没有明显的区别。实际上，所有这种文件都设定了立宪制，而不是议会制的存在。葡萄牙 1826 年的宪法是惟一的一部区分国王个人权力（第 21 条）和国王通过他的大臣们行使的行政权力（第 75 条）的法律。所有其它的欧洲宪法都明确宣布，国家元首通过责任部长们行使行政权力，他可以随意任命和撤换这些部长。在意大利，宪法只提到了个别的部长们，而没有提到内阁和首相。后者的职责通过一系列皇家法令得以确定，它们中最早的是 1850 年的《亚杰戈里奥法令》，最重要的是 1867 年 3 月的《利卡索里法令》。后一个法令一个月后被拉塔兹[13]废除，但是它很大部分的条文被 1876 年 8 月 20 日的《迪普里提斯法令》以及后来的各种法令所吸收。

政府的议会制形式是通过一系列公众意愿暗中要求、国家首脑暗中的妥协形成的。因此，仅仅是公众意愿的改变，就足以实现一种回归，可以更真实地解释各种宪法中规定的原则。如某些人所做的那样，相信在英国议会制政府已经得到了多个世纪经验的认可这一点是错误的。议会制只是在 18 世纪中叶稍

[13] 拉塔兹（Urbano Rattazzi，1808—1873）：意大利政治家，议会左派领袖。——译注

早一点才开始在英格兰实行，而且在19世纪(维多利亚女王和她的继承人统治时期)之前，它也没有完全符合现在的评论家认为正确的规则。1783年，乔治三世逆众院的意志把小皮特[14]召到政府中。1835年，威廉四世试图按照自己的动议以皮尔取代梅尔本[15]，这位国王能够在好几个月里维持了自己的立场。 264

尽管存在所有这些情况，现在是不是朝向“立宪制”政治演化的恰当时机还很可疑。在法国和欧陆其它议会制国家，到目前为止，所有政治制度的职能已经与这一设想联系在一起，即议会制应该发挥实际作用。一个人可能会问，从专制的官僚制直接过渡到议会制，而不经过至少一段时间在严格的“立宪制”阶段的停顿，这是否是一个好主意。然而，事件已经如此发生，人们只能容忍其结果。迄今为止，在欧洲如此广泛盛行的政治理论和实践的一个非常重要的结果是这样一个事实：议会因为确认内阁在任何时候都可以被它的反对性投票所推翻，从而没有足够注意到去限制内阁的权力和属性的需要。结果，议会非常慷慨地在增加国家的资源、职能和特权，并且可能并不非常嫉妒地防备它的一些特权会被违犯，因为它一直感觉到掌权的人在任何情况下都是议会多数派的工具。结果是所谓的“根据法令来立法”在许多议会制国家被滥用。

---

⑭ 乔治三世(Geroge Ⅲ，1738—1820)：英国国王(1760—1820)，在位时发展商业，扩张英帝国势力；小皮特(William Pitt, the younger，1759—1806)：老威廉·皮特之子，曾任英国首相(1783—1801，1804—1806)，曾改革英国财政和税收制度。——译注

⑮ 威廉四世(William Ⅳ，1765—1837)：英国国王(1830—1837)，反对议会改革，提出加封50名新贵族进入上院；皮尔(Robert Peel，1788—1850)：英国首相(1834—1835，1841—1846)，保守党创始人；梅尔本(Melbourne，即兰姆，William Lamb，1779—1848)：英国首相(1834，1835—1841)，辉格党下院议员，维多利亚女王政治顾问和密友。——译注

在这种情况下，任何从一种议会制向“立宪制”的迅速倒退，在那些习惯于前者的国家，都会导致一种狭隘、独裁的制度，比起那些其纯粹的立宪制从未被改变、所有政权都按照宪法运行的国家，这种制度独裁程度更甚。让我们清除这些误导性的希望和幻想。可以说，按照这种方向的发展，将会通过剥夺代议制
265 议会最重要的职能使其瘫痪，同时将使得包含一切的官僚组织毫发无损，所有那些腐败的方法和习惯也不会受损，通过这些腐败手段议会制政府使得投票结果失去效果。因此结果将是这样：至少在很长时间内，议会将被剥夺行动的所有自发性、失去全部的政治重要性，而我们将剩下一个非常类似官僚专制主义的体制，而我们已经熟悉了它的害处和缺陷。如果恰好开辟这种新制度的内阁将产生于议会制本身，并且因而被内在于议会制的所有腐败和伪善所腐蚀，那么这些害处和缺陷在新制度下将更加严重，感受更深刻，而且更难以承受。

8. 对议会制弊端最确定、也最有效的补救是广泛和有机的分权。这不仅是指把权力从中央机关转向省级机关，从国民议会转向地方议会。它指的是把官僚机关和民选机构的许多职能转移到有公德心的公民阶层。由于他们的教育和财富，这些人在能力、独立性和社会声望上远比普通大众卓越。他们并不在民事服务中寻求官职，并且在现在，当他们没有竞选议会职位、或者没有当选时，这些公民在公共生活中就不占据任何位置，除非他们偶然属于某个省市委员会。只有通过长期利用这些成分，才能够减轻议会制的弊端，从议会制到立宪制的过度才不会危害公众自由。

众所周知，欧洲议会制政府的缺陷，几乎总是涉及官僚机关对中央和地方民选机构选举的不适当干涉，这些干涉主要通过

被各部指定的地方长官进行;这种缺陷同样也涉及到被选进国民议会的代表对官僚机构的不当干涉。

所有这些引起了在相互放任和互相关照方面的可耻和虚伪的交易,这是欧洲大多数国家真正腐烂的地方。既不能通过提 266
高官僚机构的权力,也不能通过扩大民选机构的特权来打破这一恶性循环。只能借助新的政治成分、新的社会势力去为公共福利服务,通过让所有具备这种能力的人参与公共职务来完善司法防卫,才能打破这种循环。这样的人将不是某些部长任意提升和调动的支薪雇员,他们获得公共职位不需要依靠竞选,也不用某些地方"机器"或爱管闲事的选举人的同意。

在法国、意大利和某些其它国家,可以通过列出所有具有学院或大学文凭、并缴纳特种税收的人,把我们刚刚提出的这个观点应用于每一个省和部门。人们可以认为,军队中的上尉职位,过去担任过议会代表或一个不少于一万居民的城镇的市长,过去在一个具有一定数量成员,或操作一定数量资本的工业或农业组织担任总裁,这些经历等同于较高的教育等级。这样,就能够发展一支特殊的不支薪的志愿者官员阶层。它对任何获得上述条件的人开放,但是仍然与社会地位有一定的可比性。由于人们天性趋向于社会声望,它将很快发展出凝聚力和集体荣誉感,它的成员将会愿意、并且渴望把他们的一部分时间投身于公共事业。

从个人中能够选中属于这一阶级的人,或者通过抽签、或者其它方法,并且给予他们或者暂时或者终生的任期,哪种方法和任期看来最好就用哪种;在这一阶级中,调解人和仲裁者用来处理鸡毛蒜皮的民事案件,专员负责国家和地方选举人名单,和平审判员处理轻微的行为不端和其它次要的警务案件。高级的预算委员会和行政部门应该出自同样的阶级,它们将取代负责这些事务的现有行政部门，这一部门通常由文职官员负责。同样的成分可以并且在事实上应该出现在所有的地区或省的政务委员会中。

当然，我们没有在这里详细提议对欧洲社会政治和行政机构进行全面的体制改革。我们只是在建议能够引导改革的主要
267 路线。我们只是在描绘一条在我们看来明智、且有必要遵循的道路⑯。我们不是意识不到有一些意见反对立刻应用我们的观点。尽管并非所有这些意见都有同样的重要性，还是该对它们作简要的调查。

可能有人会说，我们现有的陪审团制度就是沿着我们刚才提出的路线组织起来的，但是它运行得不好，而且日渐信誉扫地。现在，人们应该看到，首先，针对陪审团的指控可能有点夸张，因为陪审团制度被认为要为罪行泛滥负完全责任，而这种行为更主要的是由于这种趋势我们在镇压普通犯罪方面过于软弱。迟早会出现对这种趋势的强烈反对。其次，在我们的陪审团中服务的成员完全不是我们刚才推荐的类型。陪审团组成的基础过于广泛，以至于现在有些成员没有受过知识训练，有些不具有执行陪审团要完成的精致任务所需的道德背景。

社会组织经常运转得不好，这不是因为奠基它们的原则在本质上是错误的，而是因为这一原则没有得到很好应用。马基雅弗利提出的如下原则毫无疑问是合理的，即为了维护国家秩序和保护它的独立，武装力量应该由依次服役的公民、而不是以战争为职业的外国人或雇佣军组成。但是尽管对这一原则的明智和审慎的应用，产生了我们现代的常备军，对它的疏忽和无规

---

⑯ 图里埃罗（Turiello）在他的《政府和统治者》（*Governo e governanti*）中也发展了此处提出的观点。——原注

律的运用则会产生与佛罗伦萨的“法令”[17]同样的结果，该法令是这位佛罗伦萨国务秘书[18]建议创建的；意大利的国民卫队也产生了这种结果，直到上个世纪中叶，它还在发挥作用或者说还没有发挥出应有的作用。

可能还有人反对说，我们上面所说的选任官员阶层的方式有点人为和随意。我们不否认这种批评可能在表面看来是正当的，因为事实上，没有一种人类机构、没有一种法律，可以避免制 268
定一些做作的和武断的限制。法律在确定一个人在20岁零11个月零29天达到成年时所作的限制就是武断和人为的。在这一刻之前，一个人就会被认为不能处理他自己的事务。而第二天早晨他就成年了。在没有获得普选制的国家，确定人们投票的恰当条件的法律也设定了人为和武断的限制。但是如果我们在一定程度上细究这个问题的话，恰恰与它相反的情况是做作和武断的。在我们的私人习俗和习惯中，我们总是在受过良好教育的人和没受过教育的人之间、在由于其经济地位在上层社会活动的人与因贫穷而没有社会地位的人之间划上一条显著的界线。如果这些人从政治观点看来，都被认为具有同样的社会地位，这只是因为武断和因袭传统的标准一直盛行于我们的政治制度中。因此，如果有什么事情引起我们的好奇，那就是在目前，具有上述必要条件的人们作为一个阶级，在政治上无足轻重。我们故意说“作为一个阶级”。被当作个人来看时，现在掌握重要民选职位的人——例如，议会成员、省或者部门委员会成员、市长或者大城市的市政理事——按照实际情况，几乎总是从

---

⑰ 佛罗伦萨“法令(ordinance)”：可能指16世纪初，佛罗伦萨统治者美第奇创建一支常备军的努力，马基雅弗利在其《君主论》中规劝统治者不要依赖雇佣军和外国军队，而应该创立自己的军队。——译注

⑱ 佛罗伦萨国务秘书：指马基雅弗利，他本人曾经担任这一职务。——译注

具有一定经济安逸性和受过一定教育的社会阶层中产生。问题是，除了极少例外，他们都是从刚才提到的阶层中通过一种毁灭性的向下选择的过程选出来的，这个过程阻碍了那些不会买选票的人，或没有能力买的人，或具有较高尚性格、不会为野心牺牲尊严的人，或那些太真诚和老实的人获得更重要的职位，这些老实人没有作出左派或右派那样的承诺，因为他们知道无法信守这些诺言，或者只能通过损公肥私才能信守诺言。

对实施我们计划的一个更现实和远为严重的障碍，是现在许多欧洲国家的经济状况。在18世纪和19世纪前半期，英国贵族掌握了几乎所有这样的官职，它们与在欧陆社会我们希望
269 托付给与英国贵族同样的阶级的职位相应。英国贵族根据一种非常类似于我们希望在大陆国家引进的制度占据着这些官职，尽管在过去几十年里，由于民主观念不断增长，这个制度在英吉利海峡两岸已经失去了很多根基。

但是英国在那两个世纪里是一个比较富裕的国家，而且，直到一百年前，专业知识还没有在社会活动的各个领域得到如此广泛的应用。一定数量的财富和一定的社会背景足以确立一个人的社会声望，而且除了资产之外，一个人应该有较高的学历这一点不像现在那样不可缺少。同现在一样，时代的需求，特别是对不做点什么事情就失去影响力的恐惧，可以促使富有阶级的成员也就是拥有巨大财富的那些人，摆脱许多国家富人们传统上的好逸恶劳，把自己投入专业的和高级的训练中。

但是这一阶级从来没有将来也不会非常庞大。它绝不能占据所有我们提到的位置，同时，国家的职能在欧洲越来越广泛，以至于今天官僚机构逐渐吸收了真正广泛的活动和职责。我们今天也不知道，人们可以在哪里找到足够的人来补充我们所说的独立的荣誉公务员阶层。因此，这个阶层不得不被另一个阶

层加强，这就是并仅仅是处于适度安逸中的值得尊重的、勤勉的人们。然而，恰恰是这个阶层，至少在欧洲维护自己的困难很大，由于它可能比任何其它阶级更悲惨地受到沉重的、掠夺性的现行税收制度的冲击。在许多国家，中产阶级几乎不能维持经济财富上的宽裕，而如果一个人仅仅因为个人尊严、家族名望和对社会有用而去获取更高教育，这种宽裕是必不可少的。他们正在因为严格的专业目的接受高等教育，因为他们被迫获得文凭以从事所谓的自由职业。如果这就是全部情况，这种社会损 270
害可能是可以忍受的；但是最糟糕的是，这些职业很快变得太拥挤了。因此，中产阶级的力量越来越转向费力地寻求官职。在这种申请者的压力下，在国家和地方行政机构中的官职都有所增加，这导致新的财政支出，也开辟了让官僚制度征服的新领域。因而，这种原因和结果互相作用的恶性循环就是封闭性的：过重的税务负担使得小资产阶级和中等财产者贫困化，而这又使增税变成必要的；这些力量在更富裕国家的社会中将成为独立的公民，构成对官僚制影响力最有效的制衡，但是现在他们自己却被变成了职业官僚。

但是甚至这些经济困难也可以被逐渐克服，并且在一个人数众多、掌握一个国家几乎所有知识和道德能量的阶级中，可以形成一个新的基础广泛的贵族阶层，它是对官僚的、金融的和选举的寡头政治最有用的制衡手段。不幸的是，民主主义哲学提出了一个远为严重、难以克服的障碍，这种学说仍然非常时髦，它认为除非政治行为和政治特权是直接或间接地从普选中产生，否则它们都是不合法的。如我们已经看到的，这种民主潮流在过去几十年里成为降低英国贵族作用的一个重要因素，把他们置于民选成分或官僚机构的管理下。现在民主制度将施加所有它仍然能控制的力量，防止欧陆国家正在发生的反方向演化。

因此,阻碍我们寻找和应用一些措施来补救议会制弊端的最大困难,实际上完全存在于议会制社会中流行的思维框架中——换句话说,存在于这些社会最广泛接受的学说和观点中。在我们对这类补救的探寻中,我们最终发现自己要对抗社会民主主义所产生的观念和情感的既定秩序。

第十一章　集体主义

271

1. 在我们开始考察社会民主主义时，来讨论一点历史可能是明智的。在一些最终获得知名度的宗教和社会运动中，很难决定最初的开创者及其早期同伙在运动早期的各种曲解中所占的精确份额。证实第一位大师的出生证明，讲出最初这些人特有的品质，可不是一件容易的事。释迦牟尼的个性在佛教传说的模糊和不确定中被遮掩起来。也许我们永远无法知道创建摩尼教的摩尼在这样的信仰中扮演的角色，而这些信仰后来在公元 5 世纪带给波斯某种类似社会革命的东西。但是当今日的社会主义开始现身时，世界已经处于一个成熟得多的知识阶段。新的学说、关于它们的个人回忆，立刻被编撰成书，成千上万地出版，而且被后代很好地保存，极少会被毁灭和遗失。这些在我们时代如此广泛流行的改革学说因此可以得到很好的了解，并被步步追随。回到这些学说并不十分遥远的源头，人们可以容易地确信，伏尔泰和他的追随者尽管在破坏旧世界中发挥了重要作用，但是他们几乎从未提到任何新的社会制度，或者那些可能取代他们所了解之体制的制度。那种实际上导致社会民主主义并促使其成长的看待社会生活的观念、激情和态度的真正父亲是让·雅可布·卢梭(上文，第十章，第 4 节)。

在中国，在印度，在萨桑王朝的波斯，在古埃及，在一些希腊和罗马学者那里，在以色列的先知中，在伊斯兰教的改革中，在

272 早期基督教的教父中间，以及在中世纪和近代早期的异教首领中，当然很容易发现一些散乱的观点，它们有时还是完整的信仰体系，这些观点和体系令人惊讶地类似于现代的社会主义学说。①

在古代中国王莽发起的试验是最有意思的一个，他大约在公元纪年开始时统治着这个帝国。王莽试图恢复古代的农业公社，这有点类似俄国的米尔。他禁止个人拥有超过一公顷也就是 12 英亩的土地。更加为人所知的是宰相王安石在 1069 年发起的集体主义试验，它使得国家成为所有土地和资本的惟一所有者。所有这些努力都发生在一个不满的阶段之后，而且它们都是被对当时运行的机构的批评所激发的。更不要说两者都令人叹惜地失败了。在王安石的改革失败后，一个当时的哲学家看来忧伤失望地写道："即使禹(他被说成是中国第一个王朝的创建者)也无法成功恢复财产的公社所有制。因为每件事都变化了。河流在河床中干涸，所有被时间磨蚀的东西都永远消失了。"②

这些现代观念的先驱数量众多是非常自然的，因为在极大程度上，奠基社会主义和无政府主义的观念，并非是现在生活在欧美的几代人特有的。为了把一种至少在表面看来是理性的和系统的基础提出来，帮助那些观念获得政治认可，而将一种批判的、破坏性的精神应用于分析当代社会制度，这也是一种古代的和完全自然的现象。它可能在任何达到一定成熟程度的人类社会中出现。

---

① 要了解其它时代和其它文明中社会主义思想的细节，请参见孔格内第·德·马提伊斯(Cognetti de Martiis)：《古代社会主义》(*Socialismo antico*)。——原注

② 胡克：《中华帝国》。也请参见瓦里格尼(Varigny)：《11 世纪中国的一个社会主义者》；雷古吕斯：《新世界地理、地球和人类》，第八卷，第 577 页。——原注

然而这并不意味着，当代社会主义直接和不间断地继承了这些学说。这样的学说曾经在世界上的某个地方、在某个或远或近的时代流行，然后销声匿迹，在人类历史上可以找到它们传播的踪迹。现在的社会主义和无政府主义改革运动不必回溯到任何宗教原则。它们根基于纯粹的理性基础，是盛行于18和19世纪欧洲的知识和道德状况自发产生的结果。 273

社会主义和无政府主义共有的来源之一是这样的学说，它宣布人性本善，是社会把他变坏了，这一学说忽视了这一事实，即一个社会的结构不过是各种不同的和十分复杂的人类本能互相妥协、补偿和制衡的结果。现在看来，第一个清楚地提出这种理论的人是卢梭，他也是它最著名的拥护者。在他的著作中，卢梭不仅清楚地表明所有政治制度的基础必须是绝对正义这一概念，并且因此谴责了所有类型的政治和经济不平等；他还不掩饰对幸运者、富人和强力者的憎恶感，这些构成了过去和现在的社会主义者的思想资源相当大的部分。

詹尼特写道："从卢梭那里，出现了对贫困的憎恨和对财富不平等的愤怒，这种不平等是这些现代教派令人恐惧的资本。"③然而，应该注意，詹尼特，以及其他恰当地认为卢梭是现代颠覆性理论之父的作家，仅仅引用了卢梭关于不平等著作的第二部分开头的文字。④独立于全书其它部分来看，这一段更像辩论而非结论。它写道：

第一个人划地为篱，然后想到"这是我的土地"，他遇到

---

③ 《当代社会主义溯源》("Les Origines Du socialisme contemporain.")。——原注

④ 《论人类不平等的起源和基础》。——原注

> 了非常愚蠢地相信他的其他人,这个人是文明社会真正的主人。如果另一个人推倒第一个人的篱笆,或填上他的壕
> 274 沟,然后对邻居们说:“别在意那个冒名者,如果你们忘记了土地不属于任何人,它的果实属于所有人,你们就糊涂了。”那样人类该减少多少罪行,多少战争,多少屠杀、不幸和恐怖。

可能有人反对说,在同一篇文章中,卢梭注意到,对土地的分割是对其耕种的必然结果。在某种意义上这是承认,没有私人财产就没有文明。

我们相信,最有结论性的段落,是在四、五页以后。卢梭以他的方式,对人类从野蛮、动物般的生活状态到文明生活的缓慢和逐渐地发展,作了一段很长的描写,并且注意到发现金属和农业是演化中更为关键的时刻。他进而相信,农业以及私人所有制 和财富的不平等,出现在任何社会组织之前,而且因此必然有过一段时间的无政府状态,这时每个人都在与其他人争斗,且失败最多的人是富人。在这时(让卢梭自己来说),

> 富人要一个人面对所有人,由于互相嫉妒不能与他同等的人联合起来,以反对那些由于共同的对劫掠的期盼团结起来的敌手,在被他的需要所烦恼时,富人想出了人类理智有史以来最狡猾的计划:他将把那些攻击他的人的力量为己所用。他使敌人变成他的保卫者。他用不同的原则灌输他们,这些原则对他有利,就如同自然权利反对他一样。

卢梭接下来说,在有钱人的建议下,人类如何同意通过法律组织一个政府,这些法律貌似保护所有人的生命和财产,但实际

上只对强大者有利。最后他作出了结论：

> 这就是，并且一定是，社会和法律的起源，它们给予弱者新的障碍，把新的力量给了强者，它们在记忆中消除了天赋自由，把所有权和不平等的法则永远固定下来，把狡猾的篡夺变成了无可指责的权利，并且为了少数野心家的利益而奴役所有人类，让他们永远辛苦、卑贱和贫穷。

无须再对当代社会主义和无政府主义的文献作更为深入的 275
了解，就可以看到这里引用的段落包含着阶级斗争概念充分发展的形式，换句话说，包含着政府是为了一个单独阶级利益所构造的观念。它们也包含着处于萌芽状态的所有奠基集体主义原则的假设和观念，这种原则希望废除土地、资本和劳动工具的私人所有制，以防止为了一个阶级的利益剥削另一个阶级。更符合逻辑的还有，它们导致了无政府主义原则，这一原则认为任何形式的政治组织都应该被废除，以至于可以剥夺所有统治者用来剥削被统治者、并通过暴力和欺骗进行统治的工具。

卢梭关于人类不平等起源的论著出版于 1754 年。他在这部书中播下的种子很快找到肥沃的土壤，繁茂成长。仅一年后，卢梭原则的自然涵义就在一本名为《论自然法则》的书中得到发展。尽管这本书形式粗糙、内容不连贯，它还是长期被认为是狄德罗所著。它的真实作者是莫雷利[5]。它相当清晰地勾勒了按照集体主义方向的激进社会改革。莫雷利在《法则》中声称，每一个社会应该有三种基本法则：(1)应该没有私人财产。(2)每

---

⑤ 莫雷利(Morelly，1717—1778)：法国哲学家，《自然法则》一书全名为《论自然的法则或法律的真实精神》。——译注

一个公民应该是一个公共官员。(3)每一个公民都应该致力于公共福利。从这三个基本条件出发,莫雷利争辩道,国家应该养活所有人,而所有人应该为国家工作,而且莫雷利描画了根据这些理想组织起来的社会的图景。作为一个现代集体主义观念的先驱和倡导者,莫雷利也许应该受到比实际上更多的尊敬,至少在他的同党那里应该如此。

在1776年,一位启蒙了的贵族阿比·马布利[6],作为他那个时代相当知名的作家,得出了私有财产应该被废除的结论。阿比的学说在他出版于1768年的《对经济学家之哲学的质疑》中第一次提出来,表明该书是对前一年拉里夫勒的墨西尔出版的《政治社会自然的和根本的秩序》一书的反驳。马布利关于土地公有制主题的第二部著作是《论立法或法律的原则》。在这部书
276 中,他阐明了一种想像出来的反对意见,即如果分割土地,不平等很快会重新建立起来。他的回答是:“这不是分割土地的问题,而是土地公有的问题。这不是重新分配财产。财产应该被废除。”有意思的是卢梭经常指控马布利剽窃。

与普鲁东[7]著名的论断“所有权是盗窃”非常类似的话,首先出现于1778年瓦维勒的布里索特[8]出版的一本小册子中,它名为《对所盗窃物品独占权之哲学研究》。在这里我们发现了“对所盗窃物品的独有权”这样的字眼。布里索特变成了大革命

---

⑥ 阿比·马布利(Cabriel Bonnot De Abbé Mably,1709—1785):法国哲学家和历史学家。——译注

⑦ 普鲁东(Pierre Joseph Proudhon 1809—1865):法国小资产阶级社会主义者,无政府主义的创始人之一。——译注

⑧ 瓦维勒的布里索特(Jacques Pierre Brissot,1754—1793):法国共和主义者和革命者。——译注

中吉伦特党[9]的杰出领袖之一，领导着称为布里索特派的派别。由于这本书和这样的话，他经常遇到麻烦。

在18世纪末法国大革命的领导者，是否触及了社会主义学说这个问题，长期被热烈讨论。在1848年以前，路易斯·勃朗认为他们触及了社会主义，而基内[10]则主要根据博多[11]这个国民公会成员的回忆录认为他们没有。在我们看来很明显的是，社会主义是纯粹民主制的必然结果，如果“民主”这个词意味着，没有基于大多数人自由同意的社会优越性应该被否定。在这点上，我们完全同意斯塔尔[12]，完全反对托克维尔和其他人。但是说一个结果是必然的，不是说它“**立刻**”随之出现。很自然的是，企图实现政治领域的绝对平等这种愿望，与企图在经济领域获得平等两者之间需要一段时间，因为仅靠经验就可以知道，除非政治平等导致了经济平等，否则它完全是一个幻想。

在1789年和1793年之间的阶段，在各种立法和选举会议中正式流行的理论，今天的社会主义者将称作“个人主义的”或“资产阶级的”。这部分上是因为缺乏经验，部分上是因为社会主义理论还在襁褓之中，没有被认真地提出来，并被包含在至少貌似科学的体系中。更重要的是，如果活跃的革命者的领导人是士兵，他们满足于在几年内从中士变成将军；如果他们是律 277
师，他们满足于没有被处斩，并成为“立法委员”、“地方总督”、

---

⑨ 吉伦特派（Girondist）：法国大革命期间代表大工商银行业的政治集团。——译注

⑩ 基内（Edgar Quinet，1803—1875）：法国诗人、历史学家和政治哲学家，对法国自由主义传统有很大贡献。——译注

⑪ 博多（Baudot）：参见英译者序的译注。——译注

⑫ 斯塔尔（Friederich Julius Stahl，1801—1861）：德国法哲学家、政治学家。——译注

“公共治安委员会委员”等等,或者至少是高级政府官员。士兵或律师、或仅仅是农民,所有这些人如果能够用一把不兑现纸币从国家那里购买流亡者的私人财产,他们就会极为满意。真实情况是,即使“资产阶级的”或“资本主义的”学说盛行,当时普遍的本能和情感也具有完全不同的色彩,并且如果说当时还没有正式发动针对一般的财富和私人财产的战争,这场战争也是针对财产所有者和富人的,它通常十分有效。提到当时的事实并引用演讲非常容易,它们显得与半个世纪后以及我们时代的革命的社会主义者的抱负极为一致。

马拉在他的报纸《人民之友》中写道,这些名人、这些店主、这些鼓手、这些店员,正在与国民公会中右翼势力及富人们联合起来密谋反对革命,他们每一个人都应该被作为嫌疑犯逮捕,而且“不给他们东西遮挡屁股,”他们能够被变成一流的无裤党⑬。康邦⑭建议从富人那里强迫借贷100万法郎,以逃亡者的财产作抵押。1793年9月3日的一个法令在强迫借贷的幌子下没收了年收入超过14,000法郎的部分。在国民公会中有人认为财富是罪孽,谴责任何不满足于一年3,000法郎收入的人是坏公民。国民公会成员拉普兰西被派往谢尔区⑮执行任务,并把他的工作向雅各宾派做了如下报告:“在每一个地方,我使得恐怖成为风尚。在每一个地方,我从富人和贵族那里征求捐款……我把所有封建主义者扔出了办公室,把所有嫌疑犯投入

---

⑬ 无裤党(sans-culotte):法国大革命时期的激进党派,因成员多为贫民而得名。——译注

⑭ 康邦(Pierre Joseph Cambon,1756—1820):法国大革命中的财政官,后加入吉伦特派。——译注

⑮ 谢尔区(Cher):法国大革命时的行政区划,在法国中部河流谢尔河附近。——译注

监狱,并通过武力支持无裤汉们的行动。"在雅各宾俱乐部本身,有人提议没收所有食物,在人们中分发,并且当制造商关闭他们的工场时,首席检察长肖梅特⑯建议共和国接管所有工场和原材料。

然而,当革命运动开始衰落时,我们发现有人试图通过废除私有财产,把所有财富集中到国家手中来实现绝对平等和终止压迫与特权。 278 这就是著名的盖约·格拉楚斯·巴贝夫⑰开始达到的目标。他领导的"为了平等的密谋",集合了所有幸存的雅各宾党人,他们认为可以在社会主义观念中——这种观念如我们所见,在18世纪末并非不为人知——发现恢复大革命的力量,而革命正在显示出减弱为无政府主义或变成专制统治的迹象。

巴贝夫的阴谋被挫败了,他在1797年被斩首。他的一个同志,一个叫做布纳罗提⑱的意大利人提供了把18世纪与19世纪前半期的社会主义者联系起来的线索。布纳罗提在一本出版于1826年的书《巴贝夫的故事:为平等而密谋》中,清晰地阐述了他导师的学说。它包含了国家应该变成惟一的土地和资本所有者这一学说的所有要点。有趣的是,布纳罗提后来变成了烧炭党⑲的一位创始人,实际上在这个秘密会社的所有活动中起

---

⑯ 肖梅特(Pierre Gaspard Chaumette,1763—1794):法国大革命期间雅各宾派左翼领袖之一,1792年当选为巴黎公社检察长,后被处死。——译注

⑰ 盖约·格拉楚斯·巴贝夫(Caius Gracchus Babeuf,原名 Francois Noël,1769—1797):法国革命家,空想共产主义者,认为一切不平等的根源是私有制,后被处死。——译注

⑱ 布纳罗提(Philippe Michel Buonarroti,1761—1837):法国大革命时意大利政治家,曾当选为国民公会成员,巴贝夫的信徒,1832年参加了意大利民族解放运动。——译注

⑲ 烧炭党(Carbonari):19世纪意大利的革命组织,旨在统一意大利,建立共和

着领导作用，这一组织在拿破仑帝国倾覆后，经常使法国和意大利处于紧张之中。

布纳罗提的书对在法国1830年革命前后形成的所有革命的秘密组织的知识训练有巨大影响。接着，热情和思想开始激发起社会激进改革的方向，这种气氛第一次明确变成了社会主义的。傅利叶和圣西门实际上比布纳罗提早几年成名。傅利叶早在1808年就出版了他的《关于四种运动的理论》[20]，但是《家庭和农业协会》一书直到1822年才出版，而《新的工业世界》[21]出版于1829年。他在1830年去世。至于圣西门，他最后一部著作的确在某种意义上在情感方面非常类似社会主义，并且1830年后兴旺起来的圣西门主义者为社会主义本身准备了条件。它实际上预言了许多后来被社会主义者采用的观点。同样，圣西门在他的早期著作中发展的思想太广博，太深刻，且太新颖，无法让人们把他作为一位预报如我们所知的社会民主主义的作家而提起(参见下文，第十二章，第1节)。

在1830年以后10或15年间，社会主义被皮埃尔·勒鲁[22]、路易斯·勃朗和普鲁东的著作所丰满，还不要说那些较不知名的著作[23]。如果专注地观察，可以察觉到在1820年到1848年间

国。——译注

⑳ 该书原名应该为《关于四种运动和普遍命运的理论》，此处为简称。——译注

㉑ 该书原名应该为《新的工业世界和协作的世界》，此处为简称。——译注

㉒ 皮埃尔·勒鲁(Pierre Leroux，1797—1871)：法国泛神论哲学家，经济学家和新闻记者。——译注

㉓ 皮埃尔·勒鲁在1838年出版了《论平等》(De l'égalité)，在1839年出版了《驳斥折衷主义》，在1840年出版了《马尔萨斯与经济学家》，在1840年还出版了《论人性》。早在1932年，他已经开始在一家报纸《环球报》(*Le Globe*)上发表文章。勃朗的《劳动组织》(*Organisation du travail*)出版于1840年。至于普鲁东，人们注意到他1840年的《论所有权》(*Mémoire sur la propriété*)、1843年的《按照人性创造秩序》、以及1846年的《经济矛盾的体系、或贫困的哲学》。——原注

在改革思想的兴旺发达中出现了当今社会主义的所有品种和等级。有傅利叶的“合法性”社会主义和勃朗的革命社会主义。普鲁东是所有现代无政府主义的源泉。布夏[24]提倡基督教社会主义。如果要寻找不直接的宣传方法,我们可能注意到一本现在被忘记的卡贝特所著的“无产阶级”小说《伊卡里亚旅行记》[25],它出版于1840年,引起了极大轰动。其中,卡贝特想像他到达了一个没有私人财产的国家,他描绘了在这一制度下人们享有的幸福。在大约50年后,贝拉米用实际上同样的布裁剪出他的《回顾》。[26]然而,伊卡里亚并非完全是一个想像中的乌托邦。卡贝特在美国建立了他的理想国度,首先在德克萨斯,后来在密西西比河畔的伊利诺斯州的瑙沃。他死在圣路易斯。

2. 假如认真阅读1848年前的社会主义学者——他们几乎都是法国人——的著作,会让人相信他们给追随他们的德国人留下很少或者没有什么东西需要再发明,即使我们已经注意到马克思所做的不过是系统地、用一种更严格的逻辑形式和更广博的古典经济学以及黑格尔哲学的知识,发展了布纳罗提、勒鲁、勃朗、以及特别是普鲁东已经形成的原则。有一点仍然正

㉔ 参见《从天主教与进步的观点评述哲学的全面特性》。许多布夏的著作出现在一家名为《工场》(L'Atelier)的报纸上。——原注

布夏(Philippe Joseph Benjamin Buchez,1796—1865):法国基督教社会主义者,政治家,历史学家,认为天主教义与革命并行不悖。——译注

㉕ 卡贝特(étienne Cabet,1788—1856):法国社会主义者,后移民美国,希望建立社会主义公社,因内部分裂而失败;《伊卡里亚旅行记》(*Voyage en Icarie*)是卡贝特描述自己心目中理想社会的一部小说;伊卡里亚(Icaria):本来是希腊在爱琴海中的岛屿,以富足和谦让著称。——译注

㉖ 贝拉米(Edward Bellamy,1850—1898):美国作家,主要因其乌托邦式小说《回顾2000—1887》(*Looking Backward* 2000—1887)而知名,这部小说描绘了2000年理想的社会主义制度下的美国。——译注

280 确，即今日的社会主义是比60年前的社会主义远为令人不安的社会现象。首先，它不可估量地更广泛传播。社会主义没有被完全局限在法国的大城市特别是巴黎，而是覆盖了几乎整个欧洲，而且它已经侵入了美国和澳大利亚。不论把它当作好事还是坏事，它无论如何都是文明欧洲的各民族共有的。

它也获得了更大的深度，而不是浮在表面。革命本能和高尚的抱负曾经在严格的民主运动中、或在各种被奴役民族的解放运动中发现了目标和本钱。但是现在几乎在所有地方都引进了基于广泛普选权的代议制政府——它们甚至有时间产生对议会制的失望。意大利和德国民族统一的实现已经有一段时间了，而波兰问题看来实际上将被解决。现在所有无私的热情都集中于对现行社会制度的实质性改革上。这样的时代已经来临了，现在所有人都渴望正义并希望能够很快满足。《传道书》的作者已不再是一个孤独的思想家、一个孤独的好人，这位作者将会成为这样的思想者，他"见日光之下所行的一切欺压。看哪，受欺压的流泪，且无人安慰。欺压他们的有势力，也无人安慰他们"。这位《传道书》的作者接着写道："因此，我赞叹那早死的人，胜过那还活着的人。并且我以为那未曾生的，就是未见过日光之下恶事的，比这两等人更强。"[27]富有启示的是注意到，在生活于古老文化民族中的其他思想家的著作中，也会发现这种对社会忧郁的、现实主义的态度。它毫无疑问是提炼过的是非感、对现实的明晰洞察的产物，只有在长期的文明阶段，这种洞察才是可能的，只有几个具有高超的心智和高尚心灵的人做得到这一点。

随着对罪恶的一般性理解而来的是相信有可能迅速减轻它

[27] 《传道书》，第四卷，第1—3节。——原注

的信心。早期基督教徒相信上帝之国会立刻到来,它将从世界上消除所有罪恶,惩恶扬善。这种信仰在现在社会各阶层中广 281 为流传的信念中找到了类似物;现在这种信念认为,世界上的所有不平等能够被归结为社会现在的组织方式,而且如果掌权者不再是富人和强者的工具,并且愿意有效地代表受压迫者的利益,这些不平等将被避免。这种信念现在征服了许多人,也正在温暖许多心灵。有一种广为流传的信念确信,现在有一种社会问题,它就是在财产权、家庭、在我们整个工业和资本主义体制中的重要改革会不可避免地到来,统治者和君主除了向这个方向努力、作出承诺外,别无它法。现在所有这些都有助于创造一种知识和道德环境,在其中好战的社会主义生存、发展并向外国传播。

在这种环境中,两个人数非常多的政治组织围绕着最受尊敬的领袖或组织者成长起来,它们每一个都具有自己的抱负、讲坛和明确而详细的学说——可以说,这是两种真正的教会。一个是由集体主义的信仰者构成,另一个组成对象是无政府主义的信仰者。两者都像宗教社团,具有对普世性的迫切要求。如果说它们没有派出传教士让异教徒皈依,它们也把自己的宣传遍布几乎所有欧洲文明国家。而且在它们的一个——在集体主义组织中——尽管有频繁的分裂和为数众多的异端首领出现,我们还是看到领导者和启示者在国家和世界委员会中频繁会晤,讨论教条、纪律、党派“路线”,并确定立刻被大众信徒普遍接受的规范和方法;而分裂与异端的出现,这对所有年轻和充满活力的组织都是普遍的现象。

3. 简要地陈述集体主义的基本原理相当简单。它们现在对每个人都很熟悉。在德国的老议会中,集体主义采用了“社会

民主主义"的名字,我们认为这一名称科学地讲,最适合于它。根据被最普遍地认为是正统的学说,国家代表了公民集体。它
282 是所有生产工具的惟一拥有者,不论它们是资本、机器还是土地。国家是惟一的指导者和经济产品惟一的分配者。由于既没有不动产拥有者,也没有私人资本家,所有人都为了社会整体工作;并且社会组织或者根据个人所需,就像一个更简单和更古老的模式所要求的那样,或者根据个人工作,就像一个新一些并正被更普遍接受的公式所争辩的那样,来提供一切东西。更精确一点讲,前一种形式的追随者在社会主义者中称作"共产主义者",而那些追随另一种模式的人在学术上被称呼为"集体主义者",后者在马克思的许多信徒中更加时髦。实际上,许多集体主义者认为共产主义是一种理想目标,但是它有一个缺陷,即无法立刻实现。逐渐明朗的是,尽管集体主义是改革者为了人性中明显的缺陷、或者更好地说是为了自私所做的妥协,它还是使得集体主义者正试图实现的社会更新的系统大为复杂,而且它也为其反对者——共产主义者提供了更多合理的论据。

代表人民的领导人管理和指导如此组织起来的整个机器。领导人的职能是给每一个人指派他最适合的工作,确保劳动产品和社会资本不会被浪费或不当地开发,同时以完美的公平和公正给每个人分配精确的份额,人们或者是按照诚实和准确地估算出来的个人劳动产品数量,或者按照自己的所需获得自己的份额,而那些以同样的无私控制自己意志的人们提供了对个人所需的精确估算。

假设我们忽视可以正当地被认为在执行这一计划时必不可少的暴力和内部冲突,而这些暴力和冲突一定会加强仇恨、怨恨和贪婪,把民众分为胜利者和被征服者,并把后者置于前者的支配之下,并且因此释放出最邪恶的人类本能。让我们假定上述

的改革平静到来，并得到普遍同意，或者流逝的岁月已经平抑了新的社会类型引发的兄弟仇杀的最后回音。让我们继续假定社 283 会的生产力和财富总数没有如那些经济学家所坚持的，被新的制度明显削减，而且在我们看来，这些经济学家已经无可辩驳地证明了这一点。我们甚至愿意承认社会问题的伦理方面比严格的经济方面具有绝对的优先性，并且承认那些被很好分配的极少财富，应该优先于那些被糟糕分配的大量财富。

但是，在承认了这些后，我们该有权利和责任来从我们这边提出一个问题，而且我们应该把它叫做“政治的”，因为它是可以想像的最广阔、最全面的问题；因为它符合对社会关系的每种类型的全面检查；因为解决这个问题所引起的兴趣，对正统经济学家不亚于社会主义者、对资本家不亚于工人、对富人不亚于穷人；因为它对于所有高尚的心灵和所有公正的头脑来说是首要的、最重要的问题，而这些公正的头脑在各种教义和各种党派利益之上进行着冷静的研究，以找出一种社会调整的方式，它代表着在我们可怜的人性范围内可以达到的最大的善。我们有权利和责任提问，在共产主义（或集体主义）体制实现后，是否公正、真理、友爱和人们之间的互相容忍，将获得比现在它们所占据的更大的空间；是否总是处于上层的强者，会不再专横；是否总是处于底层的弱者，将少受到一些压迫。对这个问题，我们断然回答“不”。

已故的萨维利奥·斯克拉利曾经说过，历史和政治科学的研究者不可能精确预见在人类社会不论远近的未来将发生什么，因为在人类事务中总有一部分是由于“机会”，我们绝不能获得对这个因素的估算。然而，他补充道，我们预见**绝不会发生的事情**的能力要好得多，这种否定的推理在我们所知的人性中具有安全的基础，从不会让任何在根本上与人性不一致的东西在实际上发生。这第二个公理看来适合现在我们面前的这个例子，对它的应用更加容易，因为我们在很大程度上涉及的不是预见什么会发生、什么不会，而仅仅是注意到什么已经发生，什么每
284 天正在发生。我们从经验中知道的大量事务，使得我们很容易确立那些仍被某些人认为未知的极少事务的本性。

共产主义和集体主义社会毫无疑问要受到官员的管理。让我们按照最好的情况假定，根据社会民主主义的规则，这些官员应该完全由普选产生。我们已经看到，当政治权力完全或几乎完全被掌握在“民意”中时，它们如何运行。我们知道大多数人只有从几个可能的候选人中选择的简单权利，因此，他们对这些候选人行使的不过是零星的、有限的且经常无效的控制。我们知道，选择候选人本身几乎总是有组织的少数人的工作，他们通过爱好和才能专营政治和选举事务，或者，这种选择是由政党的领导人会议和委员会进行的，他们的利益经常与大多数人不同。我们知道他们中最坏的人使用诡计来使投票结果无效，或篡改结果以对自己有利。我们知道，他们为了赢得或骗取选票所说的谎言、所作出的许诺和所从事的背叛与暴力。

但是共产主义者和集体主义者可能反对说，发生所有这些是因为现在的社会是以资本主义方式组织起来的，因为大地主和大财主现在有无数的方式来直接或间接地影响和购买穷人的选票，而且他们使用这些方法使普选变成冒牌货，并确保其政治支配性。他们可能争辩说，为了避免这些缺陷，而不是其它什么，我们应该在根本上改变社会秩序。

进行这种推理的人忘记了一个问题最重要的细节。他们忘记了，甚至在按照他们提议组织起来的社会中，也仍然有管理公共财富以及大量被管理的人。现在后者也许不得不满意于分配给他们的东西。社会主义共和国的管理者同时也是它的政治领

导人。他们肯定会比我们今天所知的部长和百万富翁们更强有力。如果一个人具有权力让其他人从事某件工作，并可以决定所分配的物质享受和道德满意度，以报偿对这一工作的执行，他 285
总是会成为一个其同胞之上的暴君，不论他如何受到法律和规定的束缚，他总会为了自己的利益，置他们的良心和意志于不顾。[28]

在我们现在的政治生活中见到的所有谎言、所有卑鄙、所有暴力、所有欺骗，都被用作赢得选票的诡计，以在公共官职上获得成功，或仅仅为了通过肆无忌惮的方式迅速赚钱。在集体主义制度中，所有这种类型的事务将指向控制集体制企业的管理。贪婪、狡诈和暴力总有一个目标，阴谋集团和派系也总有一个方向，而它们的形成会有害于更高尚、更公平和更真诚的人。尽管有这样的差异，它们全都有利于我们现在的社会；因为破坏这样政治势力的多元性也就是现在获得社会重要地位的手段和方法，将会破坏所有独立性及所有相互制衡与控制的可能性。如同今天的情况，一个办公室职员至少可以嘲笑百万富翁。一个可以用自己的双手挣得体面生活的好工人不需要害怕政治家、部门长官、代表或者部长。任何拥有令人尊敬职位的一片土地的所有者、商人或专业人员可以在世界上所有国家政权、所有大地主和所有财阀面前高昂起头。在集体主义制度下，每个人将不得不对政府人员点头哈腰。他们单独就可以决定宠爱、面包和生活中的快乐或悲伤。一种单一的、决定性的、覆盖一切和吸收一切的专制制度将压迫所有人。地球上的大人物将成为每一件事务的绝对主人；而那些什么都不怕、不期待从他们中得到什么的人们的独立话语，将不再能束缚他们的放纵行为。

㉘ 参见上文，第五章，第 9 节。——原注

亨利·乔治在他的《进步与贫困》中，多次提到一部古代印度文献，它认定狂傲的大象和绣以黄金的阳伞是土地私有制的产物[29]。在我们的时代，文明比这复杂得多，生活也有更多侧面。
286 财富在大象和阳伞之外产生了许多东西。但是，财富给予那些拥有它的人的特权毕竟可以归结为这一事实，即财富使得追求知识的愉悦感更容易，物质享受更丰富。它为虚荣和骄傲、特别是为支配他人意志而保持自己独立的权力提供了满足。共产主义或集体主义共和国的领导人们将比以前更专制地控制他人的意志；并且由于他们能够按照他们的选择指定贫困和幸运，他们将拥有手段享乐，可能更加伪善、但是其丰富性丝毫未减；他们也会拥有所有物质的愉悦，以及所有满足虚荣心的成功，这些现在是强力者和有钱人的额外津贴。就像这样，甚至比这样更甚，他们会处于一个贬低他人尊严的地位。

可能有人注意到，这些批评关系到共产主义和集体主义的基本前提，而且也许与前者的关系比后者更多；但是，从这些批评的观点说，集体主义比共产主义处于更糟糕的地位。如果正统的社会主义理论获得胜利，那些控制者会不仅拥有权力确定每个人从事的工作**种类**和从事这种工作的**场所**，而且，由于没有自动的报酬措施，他们将不得不确定**每种工作的收益**。明显的是，他们会拥有更多自由来作出随意的决定和显示其偏爱。这还不是全部。集体主义不允许任何私人财富以工业资本方式，而只是以纯消费商品的种类和形式被累积。可以肯定的是，免费地、或按照某种考虑分配这些商品总是可能的，在这种情况下，选举腐败、以及许多其它资产阶级社会特有的腐败会重新出

㉙ 参见第五卷，题词（第262页），这里引用的是威廉·琼斯爵士的话。——原注

现。

4. 社会主义和无政府主义的力量在积极方面不如其消极方面更有力，这些消极方面即它对我们现有社会组织仔细而准确、尖锐和无情的批判。从绝对公正的角度看，过去实行、并且现在仍在实行的财富分配方式，为许多严肃的批评提供了余地，因为它使得巨大的公然的不公正合法化。这一事实如此明显，以至于讲出来都像是陈词滥调。用不着普鲁东那样透彻的敏锐 287
性、马克思长长的代数式的例证、以及拉萨尔[30]锋利的和野蛮的挖苦，来证明什么东西如此容易打动进行观察的人们，即使他们是最肤浅和无知的观察者。对生活中好东西的个人享乐，与生产它们所作工作的价值不成比例，更不要说与这些工作的困难了。我们在经济生活中看到了我们每天在政治生活、科学生活以及社会活动的所有领域看到的东西：成功几乎总是与美德不相符。在个人贡献给社会的服务和他获得的报酬之间，几乎总有一个宽阔的、经常是鲜明的差距。

通过试图否定、或仅仅是掩饰这一事实来与社会主义作战，是让自己处于必然失败的境地。正统经济学家经常试图这么做。他们试图证明，土地和资本的私有制对社会生活不仅有利、甚至必不可少，而且解决了绝对的道德和正义的要求。沿着这条路，他们使自己侧面受敌。他们的理论在最好的情况下，在任何时代，都是不稳定、而且没有希望的。在我们的时代，当每个长眼睛的人都能够看到积聚巨额财富的方式时，它们就变成了明显荒谬的理论。

---

[30] 拉萨尔(Ferdinand Lassale，1825—1864)：德国工人运动领袖之一，认为通过争取普选权和国家帮助，资本主义可以过渡到社会主义。——译注

能够提供的、而且应该提供的对社会主义者具有毁灭性批判的反对意见，在一个看似残酷的真理中总结出来了。我们已经阐述过它，但是重新大声地反复声明它会大有帮助，也是道德的。**没有一种社会组织能完全根基于正义的情感**，没有一种社会组织不舍弃大量从绝对正义的角度为人们所向往的东西。这种情况是自然的。在人们的私人和公共行为中，没有人完全受其它的绝对正义感所指导。他受他的情感和需要所指导。只有把自己与世界隔离的人，也就是放弃所有对财富、权力、世间虚荣、以任何方式表现个性的人，才会满意于自己的行为是被绝对正义感所激发的。在政治生活中或在经济生活中行动的人，不论他是商人或财产所有者、不论是专业工人或劳动者、不论是上
288 帝的教士或社会主义的信徒，总是试图成功，而且不论是否有意，其行为总是一种在正义感和利益之间的妥协。当然，并非所有人在同等程度上或以同样方式妥协。妥协的类型和程度依赖于个人自私的程度，依赖于他微妙的感觉，依赖于他道德信仰的强度。这些特性因人而异，差别很大。

人类情感，如其实际存在的那样，着手去建立某种类型的政治组织，而它又在所有方面符合一个人能够想像却绝不能达到的正义理想，那么这种情感只能是一种乌托邦。当这种乌托邦成功地使大量知识和道德活力承受一种从来无法达到目的的成就，而在人们谣传获得了这种成就之日，这一目的不过意味着坏人得道、好人遭难时，这种乌托邦显然就会成为危险的事情。伯克在一个多世纪以前评论道，任何假定存在超人或英雄美德的政治制度只能产生罪恶和腐化。[31]

㉛　社会主义批判(socialist criticism)破坏性的方面产生于把人性中内在的罪恶和不义归结为我们现在的社会组织，　这种观点已经被许多学者承认。舍夫勒在

社会主义的医生声称，所有或者至少大多数人类的不完善、所有或大多数光天化日之下所行的不义，不是由于我们物种天生的伦理特点，而是被我们目前的资产阶级社会组织强加给我们的。一位这样的医生在他的一本著名的书中明确宣布："如果我们按照社会主义为它设定的目标改变社会状况，我们将获得在人性上的根本改变。"㉜

我们不应该不公正地对待今天的改革者，假定他们在新的 289
形势下试图恢复卢梭的老式格言"人性本善，社会使他堕落"。如果一个人要无条件地接受这种观点，他必须被迫设想社会不是人类活动的自然和自发的产物，而是被某种超人的或外在于人的意志所建立，这种意志通过给予我们法律、制度和道德来自娱，而这些东西已经毒化和颠覆了亚当子民们天生的善良、慷慨和宽宏大量。现代社会主义者也无法想像，我们现在的社会组织仅仅反映了其它种族或其它世代的人类本能，在这些世代人们的是非感一定比现在低得多，以至于我们尽管看来高尚和文明，却感到了一种迫切的需要，来剥掉我们身上的内萨斯衬

《社会主义本质》中多次影射了它。意大利法律史学家伊希里奥·瓦尼(Icilio Vanni)在 1890 年更明确地写道："新旧的社会主义，尽管可能是理性的和进化的，实际的目的是在这个可怜的人类世界实现绝对正义的秩序。在这一点上，它显示了其形而上学的特点。"布洛克(Block)在《欧洲政治与社会》中说："我们不是没有意识到存在着不义，但是它们无法通过改变社会组织来消除，它们只能通过改变人性来被消灭。"在格拉法尔(Garofal)的《社会主义迷信》中，一系列主题属于这一同样的观点。——原注

㉜ 倍倍尔：《女人和社会主义》(Die Frau und der Sozialismus)。——原注

倍倍尔(August Bebel，1840—1913)：德国社会主义者，德国社会民主党和第二国际的创始人和领导者之一。——译注

㉝ 内萨斯的衬衣(Shirt of Nessus)：内萨斯为希腊神话中半人半马的怪物，用他的衣服来遮蔽其丑陋的形体。——译注

衣[33]，废除我们从操守不严的前辈那里继承的制度。就算我们承认进化论的方法可以在人类社会中应用，就算我们承认在几个世纪中，（物种）选择已经显著地提高了人们的平均道德水平，我们也应该设想，已经取得的道德进步应该明显减少而不是增加了资产阶级组织方式的缺陷。

那类事情都没有发生。按照社会主义者自己说的，人类没有变得更少自私、心地更加善良。因为如果情况相反——如果，在人们眼中，个人的自利没有经常压过其他人的自利和自尊，如果整个社会在很大程度上是由公正和富有同情心的人、由正直和诚恳的人组成，这个社会会取悦以色列人的上帝，同样也肯定会取悦马克思和拉萨尔先生——那么，这些学者不太娴熟地揭示出的所有贪婪的资本主义和疯狂竞争的致命结果，现在一定已经减少到了最低的水平。

如果每一个资产阶级满足于诚实的、适量的利润，并且不试图毁灭其竞争者、掏出顾客口袋里面最后一个可能的便士，并且不强迫工人流干最后一滴汗水，那么甚至在社会当前的资产阶级组织之下，世界也将变成一个伊甸园。在这样的伊甸园中，地
290 主会辛勤地耕耘自己的土地，从中获得仅够其勤俭为生的简单必需品。他不会利用市场波动，以可能的最高价格出卖基本生活必需品。商人也会在他的销售中获取适当的和确定的利润，从不会利用买主的没有经验来更大胆地兜售、或在其商品的质量和数量上欺骗买主。工人和农民会有良心地为其雇主工作，从不欺骗他，从不盗窃他，从不以半日的工作索要整天的工钱。那么他们所有人将不会浪费其赢余或储蓄，去购买浮华的奢侈品，去满足虚荣心、去享受恶行和娱乐；相反，他们将会寻找不幸者、穷人以及那些不善谋生的人，花费所有东西来帮助他们，以至于一支手伸出求援时，会有十支手乐意和急于帮助它。

亨利·乔治一定是一位有高尚心灵和透彻理智的人。他认为所有我们归于大多数人中的自私、缺乏公平和兄弟关爱的罪恶,是由于竞争的制度,特别是由于在现行制度下,困扰我们的生活必需品存在匮乏的危险。他在《进步与贫困》中坚持这一观点,并举出一个发生在得到很好招待的餐桌上的例子,这里每一个用餐者都知道有足够的食物,对他的邻座都很礼貌。不会发生庸俗的抢夺一口美味食物的行为,没有一个人试图比其他任何人吃得更多。

现在我们不认为这个类比站得住脚。首先,在那些招待很好的膳食中,客人的行为并不总是如亨利·乔治所描述的那样正确。其次,物质欲望必然受到限制——如桑楚·潘扎所指出的,穷人一天吃三顿饭,富人也不会吃得更多。因此,在一个招待得很好的餐桌上,每个人都能发现满足饥饿——可说是极度的饥饿——的方式,而不需要从邻座的份额中盗窃。但是,当我们坐在寓言式的生活宴席中时,情况不是这样。那时,非常不幸的是,希望胜过别人,满足自己任性、热情、欲望的意志,是没有餍
足的、没有止境的。一个人试图拥有十份、一百份和一千份食 291
物,从而可以通过在其他人中分发这些东西把自己的意志强加给他们。在追求超群的斗争中,能够最大方地分配那些满足人类所需和人类缺陷的资料的人会取得胜利。

即使我们中的每一个人都被确保获得最低程度的生活必需品,这个社会问题也不会得到解决。只有最软弱和最没有进取心的人才会满足于最小量的必需品,这些人无论如何最不适合追求超群的斗争。其他人将继续在激烈的竞争中互相争夺。

看来,现在可以给予卢梭学说的最现实主义的解释,恰恰是许多在集体主义运动中斗争的人,甚至是无政府主义者遵循的东西。他们相信,自然选择的工作已经被现在的资产阶级社会

深深地扭曲了，而且只有当他们的改革计划付诸实施时，这一原则才能自由运作，施加其有益的影响。这些改革计划在各个学派都有变化。但是按照这种模式推理时，他们把**一种期待打了折扣**，而且将不会有任何可能性，可以事先证明它会实现。并且，他们明显地指望一种**他们说**将被获得的道德进步，从而产生一种社会组织，这种组织能**保证这种进步已经被达到**，而且**只有当已经达到这种进步**时，这一组织才可能运转。总之，他们将只是大规模地、并且以更富灾难性的结局，重复我们主要归咎于议会政治现有缺陷的错误。

但是，如果从对过去认真的研究中了解了什么事情的话，它告诉我们的是，很难明显改进一个具有长期文明的民族的平均道德水平，而且，某种社会组织在这一方向上施加的影响，比我们这个时代的激进分子所想像的力量小得多，我们相信已经证明了这一点(第七章，第7节)。历史教给我们，当一个社会组织在岁月流逝中，以一种有益的方式施加这种影响时，它这样做是由于掌权者的个人和集体意志已经受到其他人的限制和制
292 衡——这些人占据了绝对独立的地位，与那些受到限制和制衡的人没有任何共同利益。存在多种政治力量，存在获得重要社会地位的不同途径，而且各种政治势力都应该在政府和国家管理部门中拥有代表，这一点不仅是必要的，而且必不可少。集体主义和共产主义，就像所有基于大众的热情和盲目信仰直观的学说，倾向于破坏政治势力的多元性。它们会把所有权力限制在被人民选举的、或者代表他们的个人手中。它们将废除私有财产，而这在极大程度上是社会在国家统治者赞同和准许之外，给予许多个人以独立性和声望的方式。这两种东西只能导致对司法防卫的削弱，导致通常称作的统治者对被统治者的专制。在实践上，这种专制总是产生于过分简单的政治学说，它没有考

虑到人性复杂和困难的结构，而是试图按照单一的、单方面的和绝对的概念改变社会组织，把它奠定在一种单独的、排他的原则之上。这种原则或是如尘世的牧师和部长们所解释的上帝的意志，或是那些声称可以代表人民的人表达出来的人民的意志。

当然，健全的政治学说可以提出司法补救，推荐可能有效地把社会不公减少到一定程度的程序。也可能通过减少那些被赋予政治权力的人的傲慢来改善司法防卫的机制。但是无论沿着这些路线的改革产生的利益有多大，它们都与快乐、平等和普遍正义的时代相距甚远，各种社会主义学派或明或暗地向它们的追随者许诺这样的时代。它们就像尽责的医生能够给其病人担保的极少的可疑的健康时光。当人们想到注意饮食和每天严格遵循医疗规则的麻烦，这样的担保将是多么微不足道！特别是当它与江湖郎中以他的长生不老药许诺的迅速和确定的治疗、 293
以及健康和长寿相比，它该多么微不足道啊！

可能有人要说，从道德的角度这种类比不适合于那些以美好信念提出他们观点的人。除此之外，药剂师可能很好地指示出病人所用药的愚昧，然后被迫发明一种药以逃避江湖郎中的挑战，这种药真的能达到江湖郎中的万能药宣称的效果。如果药剂师是明智的人，他会回答说，他很好地意识到在世界上有多少种细菌、疾病又如何千变万化，从而扰乱了人们脆弱的身体结构。但是为了这个原因，他决不会宣称他有一种对所有疾病普遍和万能的救治方法。仅仅是想到这么做，也会把他带到江湖郎中的水平。

5. 无政府主义的宣传，把它对现代制度的毁灭性批判建立在与集体主义宣传同样的热情、观察方法和观点之上，只是无政府主义者通常更为暴烈。有时他们不仅在行动上，而且在语言上也很凶猛。我们想到了一位印度无政府主义者曾在一家出版物上建议，工人们在胜利的时候，不仅要消灭被俘获的武装资产阶级，甚至还要消灭老年、无助者、妇女和两三岁的儿童——简而言之，以古代希伯莱人在被征服者很明显地被耶和华的诅咒所粉碎时对付他们的方式对待这些人。这本书写得如此好，以至于它的作者一定是一个受过良好教育、具有天生才智的人。

然而，无政府主义者在他们追求的理想上与所有社会主义学派很不相同。为了废除或至少大量减少他们谴责的这个世界上的不公正和不平等，社会主义者试图更改现有社会组织——固然，这种更改是根本性的。在无政府主义者合理地指出在任何社会组织下人们中总是存在不平等状态或如他们所说的剥削
294 和被剥削者之后，他们建议毁灭所有有组织的社会。他们使人想起来，有一个人发现没有一种审慎的生活方式可以保证完全的健康，因而转向自杀作为对他所有疾病的确定治疗。

所有无政府主义者都是他们的鼻祖卢梭的符合逻辑的和一贯的追随者。他们断言，由于有组织的社会是所有罪恶的根源，因而只有完全消灭人类社会的组织，回到自然状态，才能消除罪恶。在这一点上，他们只是在重复也许是无意识地重复他们祖师的一个错误。实际上，对于人类以及许多其它动物，自然状态不是彼此分离的个体，而是社会生活，惟一的不同是这种社会可能大小不一，组织程度不同。那么，所有人社会化地生活着，而这样普遍和易于察觉的事实，是由于几个计划者的自利和精心设计，对这种概念我们已经不是第一次称作荒谬和幼稚的。亚里士多德生活在这位日内瓦哲学家两千年前，然而当他写道人类是一种政治动物时，他相当清晰和明确地察觉了人类的真实本性。但是希腊逍遥学派的知识功能可能从来没有被过分敏感的自豪和文字上的虚荣所滋扰。人们甚至可能猜测，马其顿君

主的保护，或亚里士多德维生的能力，使他免于那种必要，去讨好那些经常是轻佻的、有时是恶意的，而且几乎总具有较高社会地位的人们，从而败坏自己的气质并毁坏感悟力。

卢梭出身于一个可敬的日内瓦家族，他继承了这个家族忠诚和正直的本能。但是由于他的不负责任，没有能力去从事适当的、有利可图的工作，再加上他父亲留给他的贫困，卢梭在道德上堕落到如此地步，以至于在十多年里，他作为一个并不总受欢迎的门客，住在华伦夫人家里，以获得她的供养。对青年时期道德堕落的意识，在这位日内瓦哲学家成年以后，毫无疑问对他是一种最真切的折磨。由于不愿意或不能够责备自己、他的父亲或者瓦伦夫人，他就谴责社会。在我们看来，这是对卢梭基本观念真正的心理学解释，这些观念成为卢梭构筑其整个政治和 295
社会体系的一个基础，即人生来善良，社会使他堕落。

但是假定我们设想，无政府主义的假设事实上得以实现，目前的社会组织类型被毁灭，国家和政府消失了，常备军、官僚、议会，特别是警察和监狱已经被扫除了。不幸的是，人们还得继续生存下去，并因此使用土地和其它生产工具。同样不幸的是，军事装备和武器还呆在那里，有进取心的、勇敢的人还乐意使用它们以奴役其他人。由于这些原因，小型的社会团体会由此形成，其中许多人将耕耘，而少数武装起来的有组织者，或者会抢劫他们或者保护他们免于劫掠，但是却需要靠他们的耕耘而生活。换句话说，我们将返回简单和原始类型的社会组织，其中，每一个武装团体将成为一片土地和耕耘者的绝对主人，只要这个团体征服了这片土地，并以自己的力量保有它。这种社会类型我们称作“封建的”。我们将会经历欧洲在查理曼帝国崩溃发生过的事情，它的崩溃瓦解了从罗马帝国衰亡中幸存下来的那些小型社会组织；我们同样会经历印度在大莫卧儿王朝的继承者衰落至无能后所发生的情况，或者一种先进文化由于各种原因分崩离析后在任何地方将会发生的情况。

毫无疑问，感到自信和强壮、没有什么好失去的人们将会偶然成为这种类型的革命的获益者，因为暴力和勇气将作为一种政治势力取得成功。但是它对大多数爱好和平的居民——可能占到90%的人——不利，这些人宁愿忍受一种极不完善的社会公正、一点点平静以及他们至少可以享受到部分劳动成果的确定性，也不愿接受铁腕统治。

296 尽管大多数无政府主义者，如格雷夫[34]，相信废除所有制和法律足够使所有人变好，其他不那么直率的人还是得出了一个多少类似 我们的结论。德·古尔蒙[35]写道：

> 假如缺少法律，强人的权势将成为惟一的法律，而且他们正当化的暴政就会不受挑战。专制对于钳制白痴是必要的。没有理智的人会咬人。

我们愿意把人们说成“强壮的”，而不是“超越的”。愿意称作“弱者”，而不是“白痴”。否则，我们会同意德·古尔蒙的观点，除了我们是从一个完全不同的角度看待整体生活这一点之外。

为了不引起太多虚假的希望，我们应该提出公正的警告，说无政府主义的胜利带给我们的祝福将在几年内，也许在几个世代内到来。如果世界花费了许多个世纪从野蛮进化到我们现代

---

[34] 《垂死的社会和无政府状态》(*La Société mourante et l'anarchie*)。——原注 格雷夫(Jean Grave，1854—1939)：法国无政府主义者，该国无政府运动领导人之一。——译注

[35] 德·古尔蒙(Rey De Gourmont，1858—1915)：法国作家和哲学家。——译注

的文明水平的话，在它能够忘记它的文明化方式、退回到一种普通的野蛮状态之前，至少要过去一两个世纪。如果目标是返回一种真正的和绝对的野蛮状态，回到靠渔猎或游牧而生的部落状态，那么要花更长一点时间，这段时间让古老和人烟稠密的欧洲人口减少到现在的二十分之一。当然，除非无政府主义的捍卫者为了加快这一进程，不仅要消灭资产阶级以及如他们所说的资产阶级的附庸和奉承者，还要杀死被统治阶级中人口的大多数，而他们为了这些受压迫者的命运曾流下了许多泪水。

在19世纪将结束时发表的描写社会革命胜利后的世界的各种小说中，有一部作品在盎格鲁—萨克逊世界中广为流传，但是在欧洲大陆上却鲜为人知。尽管这个故事看来很怪异，它还是看来比许多通俗的构思成功描写的东西更接近现实，并且因此它也更悲观。伊格纳提乌斯·唐纳利（埃德蒙·波斯吉尔伯特）[36]所写的《凯撒的圆柱》于1890年在芝加哥发表。它描写了
当社会正义终结了资产阶级不义的几个世纪的统治那一天到来 297
时，无产阶级打败了几个世纪以来的富豪政治。无产阶级的领袖，凯撒·罗米里尼获取了富豪政治的亲王卡巴诺的财富、美酒和女人，把它们据为己有，然后沉溺于纵酒和酷刑。同时，一场可怕的大屠杀使欧洲、美洲和澳大利亚血流成河。胜利的工人消灭了财阀及其附庸，消费着他们积聚的给养。然后这些工人互相背叛与屠杀，直到世界四分之三的人口和所有文明被灭绝。在小说的结局，罗米里尼让人竖立起了颅骨和交叉腿骨构成的圆柱（凯撒的圆柱）以纪念所有发生的事情。圆柱上的碑铭要求

---

[36] 伊格纳提乌斯·唐纳利（Ignatius Donnelly，1831—1901）：美国政治领袖和作家，埃德蒙·波斯吉尔伯特（Edmund Boisgilbert）是他写《凯撒的圆柱：一个20世纪的故事》时用的笔名。——译注

所有后来者，万一他们愿意出走，寻找一种新文明时，要清除腐败、不平等、虚伪这些引起我们现代资产阶级社会垮台的东西。

6. 一个所有颠覆性政党共有的学说，不论它们是无政府主义者还是社会主义者，是所谓的阶级斗争理论。马克思第一次完整地发展了这一学说。它是所有反对现行社会组织者的最好战马。

首先，必须指出，这一学说根基于对历史不完全、单方面的和有偏见的考察，它最终证明，迄今为止文明社会的全部活动，都在统治阶级保持权力和利用权力谋取利益的努力中，以及在下层阶级推翻枷锁的努力中得以说明。现在，在所有民族的历史上，可以发现最为重要的社会事件，都不能被塞进这幅图景的狭窄框架中去：例如，希腊反对波斯和罗马反对迦太基的斗争，基督教和伊斯兰教迅速和巨大的增长，十字军和被称作 Risorgimento〔意语：意大 利复兴运动〕的意大利民族性的复苏；后者如一个智慧和博学的经济学家安吉罗·梅塞达哥利亚过去所说，更多地是由于诗人和小说家的影响，而不是经济因素。有趣的是回忆当汉尼拔进军意大利，赢得了一系列对罗马人的胜利时，在
298 许多意大利城市中，大众们开始与这位迦太基将军站在一起，而大多数贵族还保持对罗马的忠诚。这种现象很容易理解。穷人总是比统治阶级更愿意变化，他们的政治直觉也更少。在十字军中，特别是到了最后，对获取财富的喜爱也与宗教狂热掺杂在一起。但是在一个社会现象中存在一种经济因素并不意味着，它必然是主要因素，更不是说，它实际上引起了这一现象。

谈到特别反映阶级斗争的内战，值得注目的是，在这一点上，社会主义者同样以一种不完全、因而是错误的方法来描述社会现象。我们在历史上多次遇到穷人或他们中的部分人掀起的

暴力起义——斯巴达的奴隶起义、罗马的奴隶战争、法国的扎克雷起义[37],以及在德国、英格兰和俄国过去的日子里的农民和矿工中爆发的运动。这些暴动有时是由不寻常的和真正难以忍受的压迫引起的。更经常的是,它们是由于政府的骚乱,起义与这些骚乱的初始阶段无关,但是这些骚乱为它们提供了获得武器和初步组织的机会。无论如何,所有这些以手工劳动维生的阶级参与的运动,它们本身通常可以相对容易地、有时是野蛮地被镇压,而且它们几乎从未有助于永久性改善这些阶级的条件。不论流血与否,惟一实际上产生了对社会组织和统治阶级构成的改变的社会冲突,是被新的有影响力的成分、即出身于统治阶级(但是代表着他们中数量极少的部分)的新的政治势力所发动的,这些政治势力致力于获取国家政府中的份额,认为他们被不公正地排斥出这些份额。

因此,在公元前5世纪和公元前4世纪,罗马平民中较富有的家族由于被禁止担任保民官和其它显赫官职,开始与原有的贵族阶级争斗。奋斗终结于一个更广泛的统治阶级的建立,它根基于财产所有权而不只是出身这一条,这一阶级成为罗马共 299
和国最后几个世纪的贵族。法国第三等级[38]这一部分在18世纪的进程中也是如此,它也获得了相当于贵族阶层的财产、自己的文化和比贵族更强的处理政治事务的能力,他们在大革命之后的年代担任了各种公职。如果在上述两个例子中,被统治的大众逐渐满足于更好的司法防卫这一点是正确的,那是因为他们的利益恰好和谋求进入统治阶级的新生政治势力一致。这是

㊲ 扎克雷起义(Jacquerie):1358年法国北部的农民暴动。——译注

㊳ 第三等级(Third Estate):法国历史上与贵族、教士并列构成三级会议的一个阶层,代表平民。——译注

因为，为了达到这一目的，新的势力不得不鼓吹社会公利和社会正义的原则，而如果说对这些原则的应用，更直接地帮助了他们的话，它也帮助了国家中更下层的成员。当然，不能不看到，构成社会影响的新成分的出现逐渐改善了统治者和被统治者之间的关系，给了它们更公平的方式，这些情况中涉及的过程，是其中的一种。但是这并不意味着整个被统治的大众实际上——更不要说在法律上——取代了少数统治者或与统治者居于几乎平等的地位，以至于消除了它们之间的差别。这种情况将来也不会发生。

除此之外，还可以看到，对于所有这样的谈论和宣传来说，是否在这样划分的社会中真的有一个寄生阶级，它对生产和社会福利无所贡献，却享受其中较好的部分，而另一个阶级从事每一样工作，生产每一件东西，却只得到最基本的生活必需品，有时连这点东西也保证不了。即使我们完全像经济学家和他们的社会主义对手有时所做的那样，把财富生产涉及的现象与所有其他社会现象隔离开来，这种理论的结果也不恰好符合事实。假定我们可以承认是资本而非资产阶级给工人提供了生产条件和从事可盈利工作的机会。假定我们说农民需要的是土地而非地主。即使如此，不能否认的是，知道如何获得大量资本、并将其用于工业赢利目的的人，以及知道怎样对其土地进行良好耕
300 耘的土地所有者，正在通过提高生产和财富而提供一种真正的社会服务，这种服务是完全恰当的，应该得到报偿。因为，如果我们进而把社会现象作为整体思考，如果我们记住财富生产与一个国家达到的文明水平、与它政治和行政组织的价值紧密相联，那么把“寄生虫”这种指责如此轻易地安插到由地主、资本家、商人、职员和专业人员组成的整个统治阶级头上，看来就极不公正了。

在我们的时代，工业和农业日渐要求越来越多地应用科学。经济生产几乎完全依赖于彼此远隔的国家之间的交换，而除非人们在业已组织起来的政府管理之下组织进大的国家之中，这种交换就是不可能的。面对这个事实，断定每件东西是由手工生产者生产的、每件东西都应该合法地属于这些生产者是荒谬的。忘记那些维护和平和秩序、指导整个政治和经济活动、保留和推进高级的科学知识，以及使得大众生活在一起、彼此协作的阶级提供的服务，这是不公平的。不能合理地否定，如果这一阶级要保持和发展它的知识和道德领导，相当大一部分经济生产的产品应该献出来维持它所需要的安逸。因为，如果可以肯定，没有手工劳动者的合作，领导阶级将会衰落，甚至会灭亡。同样确定的是，没有领导力量，手工劳动者立刻会堕入野蛮状态，它会极大地减少经济生产，而他们的道德和物质状况也会随之显著恶化。在这一点上，社会学最古老的一课，孟内尼乌斯·阿格里帕[39]讲给2,400年前聚集在圣山上的罗马平民听的关于身体及其各个组成部分的寓言，仍然最接近现实。

一艘巨大的现代客轮代表了现代工业和科学最近的成就。很容易看到，它是通过资本家、创新的工程师和工人的协作建造 301
起来的，它的运行是靠少量官员和大量的普通水手及司炉工来完成的。获取客轮的**全部**收入，并认为没有获取的那部分钱是被**偷走了**，对于司炉工、水手和建筑工人这些代表着在修建和运行这艘船时发挥重要作用的工人来说，这是公平的吗？明显不是，因为，如果说资本家、工程师和官员没有工人和普通水手绝

[39] 孟内尼乌斯·阿格里帕(Meneius Agrippa，原名应为 Marcus Vipsanius Agrippa，约公元前63—前12)，罗马皇帝奥古斯都的助手和得力将领，曾担任帝国宰相。——译注

不能建造一艘船这一点是正确的，同样正确的是，没有资本家、工程师和官员的协作，工人能够设法建造的，不过是用来捕鱼或者从事小型运输的小船，一般说来，他们从这些船上挣得的远少于建造和运行一艘客轮。按照这种条件思考社会活动所有的各种分工，会看到是财富、较高的教育和手工劳动产生了在总体上被称作文明的东西，并且从整体上提高了所有人的状况。

在上层阶级中，有相当多的寄生虫或剥削者，他们享受和消费得很多，而没有提供或者在管理或者在执行上的任何真正的社会服务。在这些阶级中，也有一些人利用他们的地位以获取比他们实际价值大得多的报酬。我们上面在论述总是试图通过他们过大的权力倾斜司法平衡以为己所用的社会势力时，提到了这些成分(第五章，第 10 节)；我们认为在这个方面特别危险的是财阀、大工业家和投机者——通常是那些把大量私有资本聚拢一身的个人。然而，如果我们仔细考察这些剥削，它们在一些国家是以保护性税收的形式，在另一些国家是通过银行特权加上保护性税收的形式，我们不得不同意，他们对劳动阶级和更大部分的统治阶级都带来了伤害。统治阶级中多数人也一样，通过作出有利于这一阶级中极少数人的牺牲，为他们的软弱和无知付出高昂的代价。

302 情况表明，保护主义在帮助国民经济的一部分的同时，总是伤害另外更大的部分。如果极少的财产所有者和生产者通过保护性税收获得利润，其他数目更多的人将会付出代价。那些与穷人一起受损失的，是有钱和富裕的人中的多数，他们靠政府和工业债券生活，受损的还有通过贸易、专业收入和以工资为生的人。政府制定的一项糟糕的银行业政策，只会帮助某些工厂主和通过偏袒获得信贷的政客。它伤害了所有其他公民，特别是那些持有存款的人。对这种现象进行粗略考察就可以证明，经常把资产阶级作为总体,指控它有意对特定罪恶和丑闻负责是荒谬的。远为精确的是说,统治阶级中的大多数,不是出于恶意,而是出于无知,容忍和允许那些正在毁灭他们、因而也毁灭更贫困阶级的行为,对这些贫困阶级的保护不仅有赖于统治阶级的正直,还有赖于他们的能力和智慧。

寄生虫和剥削者存在于所有社会阶层,正如在经济和社会阶梯的所有等级中都有被剥削者。当一个人在奢侈、赌博和纵酒上挥霍财富,并因而花干了他继承的资本时,他是一个剥削者;而那个辛苦和忠实地积聚其他人浪费掉的资本的人受到了剥削,他辛勤工作,消费极少,也许几乎没有享受。一种剥削者是通过利用其他人的应允欺骗他们、通过奉承大众的狂想、通过收买良心、并通过利用和滥用其同胞们的缺点和不足,从而爬到高位上的政客。但是被剥削的是政治家,他的目标不仅仅是影响和赞誉,更多的是公众真正的利益,而且他总乐意在感到无法服务于这种利益时下台。一种剥削者是民事官员,他通过作弊和为一些政客办些不老实的差使获得官位,他通过讨好上司或背叛其作为公仆的誓言赖在官位上,工作尽可能少,并获得提升。相反,被剥削的是恰好是他那些积极工作的同事。

一种剥削者是这样的士兵,他在危险时刻消失,但是在颁发 303
勋章和嘉奖令时又复活过来。被剥削的则是他的战友,他们面对死亡和受伤时没有想到成为英雄、或要求一份容易的工作或终生年金。一种剥削者是那些农民以及首先是那些懒惰、恶意和不忠诚的农场工人,他们起先依靠责任心强的亲戚,随后依赖朋友和雇主,他们从朋友那里借钱,还之以谣言和坏的建议,以糟糕的工作或几乎没有工作从雇主那里哄骗一天的工钱,这些人最后普遍被送进监狱或者成为社会的寄生虫呆在救济院。被剥削的是那些劳动者,他们有良心地、默不作声地履行职责,从不逃避不适和疲劳，过着艰苦的生活，无法改善他们的命运或为老年积蓄任何东西。一种剥削者故意逃避婚姻、却设下圈套破坏别人妻子的清白。被剥削的则是承担合法构成的家庭重担和责任的人，他们成为前者诡计的笑柄。一种剥削者是这样一些学者，他们通过写一本仅仅用来讨好自己的评判者的书来赢得职位，或者通过发表奉承当时流行情绪的著作来谋求声誉。被剥削的是牺牲了生活中一大部分物质成就以追求真理的学者，他使得自己的生活水平比起如果不致力于真理，他的能力和学识可能提升他达到的那一层次要低。

被剥削者曾经被人称作善良、诚实、有礼貌、勇敢、勤劳和温和，而剥削者被称作罪人、懒汉、懦夫、阴谋家、流氓和刑事犯。人们想怎么称呼他们就怎么称呼他们。也许用两种称谓来综合构成这两个阶级各个种类是一个不错的主意，这两个阶层总是在世界上存在，并且还要存在下去。重要的是记住，尽管下层阶级中的被剥削者更悲惨，也许更应该被同情，在中等和上层阶级中同样有大量被剥削者。否则自我牺牲的精神和责任意识就会缺少，而如果要维护文明生活的话，它们对统治的少数人必不可少。

有一些学者试图通过诉诸于历史来表明，上层阶级作为政
304 治力量的仲裁者使用他们的权力永久剥削劳动阶级。他们的假设以及提出这一假设的方式，会导致人们假定多少个世纪以来的人类事件被一个顽强和永久的意志指导，它知道自己想去的方向，机敏地按照目的塑造手段——换句话说，这些事件是受富人持续的和险恶的针对穷人的阴谋所指导。一个平静和不带感情的观察者在研究历史时立刻看到，具有社会重要性的事件的发生，部分上是由于情感、本能和偏见，它们几乎总是无意识的，从不思考实际结果；这些事件部分上也是因为利益，它通常具有

某些确定的和间接的目标；最后还会出于人们称作“机会”的东西。

与一些社会主义学者所想的相反，基督教没有被采纳是因为这种宗教许诺来生幸福、并保证富人可以在此生安静地享用其财富。现代战争从来不是为了提高公债和非生产阶级的政治影响力而发动的。美洲和澳大利亚的发现，不是为了给工业化时代的欧洲准备过剩人口的出路，从而防止工资过度下降。

通过稍加改变几个事实，不提别的事情，任何迫害的狂热会被弄得看起来像最深刻的智慧，这是一个常识。这正是社会主义学者所追随的方法，以证明制订法律和决定国家政策的统治阶级，使用他们的政治影响力**有意识地和持久地**来掠夺下层阶级。他们通常引用的法律和条款，可被认为对靠手工劳作生活的人有害，并且当他们被迫提及明显有利于这些劳动者的法律时，他们就会断言，它是由雇佣劳动者通过武力从资产阶级和地主的贪婪中抢夺过来的，这当然没有什么证据。

有一个明确的例子：在《资本论》(*Das Kapital*)(第二十八章)中，马克思宣布：“在资产阶级革命的历史起源阶段，上升的资产阶级利用国家来规定工资，换句话说，为了使它们保持在一 305
个水准，方便资产阶级以他们希望的服从程度获得工人。”作为他陈述中的证据，马克思提到了1349年的《劳工法令》(Statute of Labourers)，它规定了最高工资，他还引用了其它同类的英国法令和一部1350年的法国法律。

现在，这种类型的法律在其它国家过去的世纪中也可以被发现。有些被声明是德国三十年战争期间的法律，当时德国的人口尤为减少。这些法律总是因为长期战争或者饥馑(应该指出，1348年是黑死病爆发的那年)而颁布，那时人口严重减少，工资上升非常快。但是除非把这些条款与其它同时的或几乎同时的条款比较,否则无法做出公正的评价,后者确定了面包、谷物、布匹和房租等的最高价格。很明显,当时国家的统治者不可能系统地想到赞助资产阶级的上升。他们**在无知状态中**想到的,是如何通过颁布合适的法律减少或防止严重的经济混乱,这种混乱产生于各种商品,包括劳动力的价格突然和过度的增长。

劳里雅[40]比马克思好一些。他说,有一个阶段,免费的土地在欧洲仍然非常丰富,对于地主们有利的是,无产阶级不攒钱,并因此获得耕耘土地的必要资本。他接着列举出地主们为了达到这一目的以及保持工资低廉的方法。他写道,它们是:

> 直接减少工资;货币贬值;引进机器,这些机器比它们取代的工人更贵;扩展非生产性资本,投资操纵股票和银行业、金属货币和公债;创造过量的无用的中间人;鼓励人口过剩,以给竞争提供雇佣工人……所有这些措施毫无疑问趋向于限制生产,并因此减少利润。然而,有产阶级毫不犹豫地采取它们,因为这些措施是通过防止工资上涨来确保利润延续的必要条件,工资上涨不可避免地意味着资本回报的终结。[41]

306 现在,劳里雅肯定够不上资产阶级马屁精这样的指控,马克思把这样的指控给予了如此多经济科学的从业者。因此,如果他向我们证明以下内容,它就会是有用的:1. 在一个距离我们较远的时代,由于在西欧仍然有很多免费土地,统治阶级具有如此

---

[40] 劳里雅(Achille Loria,1857—1943):意大利经济学家,认为人与土地的关系是历史的关键。——译注

[41] 《关于政府和议会制的理论》,第 6 页。——原注

令人满意的经济科学知识，以至于他们能够预见到上面提到的降低工资的措施——例如，扩展非生产性资本。2. 所有这些措施，包括货币贬值和人口过剩，是通过那些掌握公共权力的人自愿作出的决定而形成的。在我们等待证据时，我们允许自己怀疑今天的政府或它们的友人是否具有这样的远见，并且特别是怀疑，它们是否有权力执行劳里雅归给其祖先的所有经济控制工作。

7. 还要去考虑的是，即使在整体上被说成是"社会主义"的思想和情感潮流，没有根基于对指导社会生活的法则的精确观察，即使它指向的理想在人性被根本改变之前无法实现，这种潮流是否至少可能具有改善大多数人的道德以及物质条件的实际效果。如果它具有这种效果，它的影响就能被称作有益的，并且可能与其它重大的集体主义幻想相比较。这些幻想已经通过使人更善良、更彼此容忍，对世界的不义更耐心，并且在可能的范围内，使生活对于那些居于经济阶梯下层的人少一些苛刻，从而帮助强化了社会的构造。

我们事先要作出正式通知，我们将在这个主题上进行的简短考察，提出了一个远非有利的结论。

书籍具有一种通过其中的学说施加的知识影响力，这种影响力依赖于处理和表达生活特定问题的方式。但是书籍也具有人们称之为"道德"的影响力，这依赖于作家们故意或无意地激励和加重某些激情和观念。

如果我们开始从道德的角度检查社会主义伟大智者们的著 307
作，特别是 19 世纪后半叶著名社会主义者的作品，的确会发现，和平、兄弟友爱和社会和谐的精神从这些作品中，例如罗德贝尔图斯[42]、卡洛·马洛[43]的作品中跃然而出。特别是在亨利·乔治的作品中,我们注意到一种对弱者的高尚和温柔的怜悯,它比对强者的憎恨更近在眼前。在强调慈善而非仇恨观念的意大利社会主义者中,人们可能提起那波利奥尼·考拉贾尼和伊格那其奥·斯科拉贝里[44]。但另外一种类型的著作数量要多得多。且不要说巴枯宁,在一些最正统、作品被最广为翻印的作家中——例如,在马克思或拉萨尔的作品之中——决定性的观念是对富人和强者的憎恨,这采取了不间歇的嘲讽、挖苦和谩骂的形式。在大师们当中,这种态度时而通过论战式的优雅和活泼、时而通过一种沉闷和无聊的辩证法来表达。但是大师的话语通过报纸和小册子到了大众那里,并在普及过程中通常被断章取义。

在这些文献中,资本家被描绘成一种实质上具有不同种族和血统的人。工人阶级不是被教育为把资本家看作一个同类生物,其弱点和优点在本质上与工人相同,但是由于不同的环境、诱惑和生活问题,他的特点被用某些不同的方式呈现出来。工人被教给把资本家看作对手和敌人、看作有害的生物、看作堕落和正在堕落的压迫者,单单把他消灭就会产生对劳动阶级的补偿和拯救。

现在,没有一种与社会民主主义同样广泛和复杂的运动,能仅仅立足于人性好一些的本能。低下的、反社会的和野蛮的情

---

[42] 罗德贝尔图斯(Johann Karl Rodbertus,1805—1875):普鲁士经济学家,主张保守的、由国家推进的社会改革。——译注

[43] 卡洛·马洛(Carlo Marlo):德国19世纪政治经济学家卡尔·温克布拉赫(Karl Georg. Winkelblach)的笔名,认为资本主义生产是一个剥削过程。——译注

[44] 《社会主义与阶级斗争》(*Sul socialismo e la lotta di classe*)。——原注

那波利奥尼·考拉贾尼:参见第一章注释;伊格那其奥·斯科拉贝里(Ignazio Scarabelli,1806—1878):意大利文学家和政治学者。——译注

感，如同正义的观念和对较好社会的渴望一样，在这样的运动中发现给养是自然而必要的。问题是，社会主义学说给低下的情感提供了太广阔和太肥沃的土地，它们在这里陡然繁殖和扩展。

可怜的人被教育说富人利用穷人劳作的果实过着快乐的生 308
活，这些果实被建立在暴力和欺骗之上的人为的社会组织所偷取。这种信仰，在绝对不高贵和纯洁的头脑中绝妙地辩护了反叛精神、对物质享乐的渴望和诅咒他人的憎恶。它促进了一种复仇精神和对自然及社会优越性本能的嫉妒，只有通过长期的习惯，以及意识到它们是必然的和不可避免的，这种优越性才能得到普遍的认可和接受。

诺比利—维特莱希曾经写道："解决扰乱欧洲和世界之沉睡的谜语的暗号，在财富和幸福之间的区别中被提供出来。"[45]现在整个社会主义运动有一个无可否认的弱点是，它对人类幸福的概念因而也对社会正义过分地物质化了。首先，社会主义者对人类作了过度的理想化，声称人类比实际的样子更好，把诸多内在于人性中的许多或绝大多数罪恶和弱点归咎于社会制度。但是接着，当他们相信，或假装相信财富是快乐不可分的伴侣，而贫困则是苦难的拍挡时，又对其同胞评价过低。阅读社会主义著作或聆听社会主义宣传获得了这样的印象，即个人幸福与他口袋的金钱数量成比例。一种这样的体系可能是革新者手中有用的宣传工具，这在于它代表了现代社会中的不义比它实际存在的大得多。但是这不符合事实。幸运的是，事情并没有按照那种方式发生。

诚然，确有一些贫困的类型不可避免会产生痛苦和不幸。类型之一是极端的贫困，它没有获得对基本的人类需求的供应。

㊺ 《社会主义与无政府主义》("Socialismo ed anarchia")。——原注

类型之二是妒嫉的贫困，这样的人仅仅是不能接受其他人具有自己没有希望获得的快乐和对荣誉的满足。最后，还有一种贫困与经济灾难相伴而来，导致了生活标准的降低。相反，当我们
309 的经济和社会地位得到改善时，快乐和满足来得远没有程度相当的衰落产生的痛苦那么强烈，特别是没有那么持久。因此，看来让许多人地位上升、也让许多人地位下降的财富上的频繁变化，产生了一个纯粹的总和，其中痛苦所占的份额要远大于幸福。

不可否认，一个人维持他所适应的生活标准的能力，特别是对来日的安全感，是对一定的康乐不可缺少的条件。但是同样正确的是，许多其它的客观和主观因素也要包括进人类幸福中。具有一种慈善性格和均衡禀性的人也许比另一个财富多于他的人更接近对生活的满足。世界通常承认前者没有被充分报偿这一事实、以及他从自己良心中获得的内在赞许，可能极大地有助于更大的幸福感。

其它学说和信仰，发现自己面对的是生活中严重的、折磨人的问题，在生活中正义和善良经常屈服，而不义和邪恶倒是获得胜利。但是它们的解决办法与社会主义提出的办法不同。斯多噶学派意识到它们不能从世间废除不幸。因此，它教给学生们勇敢地忍受它。斯多噶学派无法向每个人许诺物质享乐，就督促那些甚至尽情享乐的人蔑视它们。我们在早期基督教及其各种狂热形式中，发现了同样的对物质享受和肉体快乐的蔑视。夸大这种倾向可能导致一种神秘主义，它使得偏向于自我牺牲的高尚人格和灵魂疏远了世界和生活。这种教诲不仅在道德上更高尚；它们也比社会主义者通常完全相反的教诲更实用。后面这些教诲可能产生人性中某些高尚情操的低级的、至少是瞬间的形式。

社会主义者不是第一个传播平等并被世界上的绝对正义所鼓舞的学派。但是平等和绝对正义可能通过敦促容忍、相互宽恕和兄弟友爱来传播;也可能通过诉诸仇恨和暴力来传播。人 310
们可以要求富人和强者把穷人和不幸者视为兄弟;也能够使得穷人和不幸者相信富人和强者是他们的敌人。前一种路线被耶稣、传道的使徒以及阿西西的圣方济各所追随,他们对富人说"要施舍"。后者被大多数现在的社会主义者追随,他们把富人的快乐描写为穷人额头汗水的果实,并且含蓄或者明确地说:"拿来!"这种在方法上本质的不同只能导致在实际结果上的显著不同。

8. 不必要在社会主义潮流的起因问题上停留太长时间。这些起因的原因是我们在这本书的整个过程中一直试图驳斥的东西——这就是我们时代对社会组织学说以及对指导政治关系法则的各种观念的知识态度,这种观念现在盛行于一般人,有时还在有较高学历的人当中流行。自然,这个基本原因以无数形式展示自身,并产生了其它的各种各样的原因,它们有时是次要的,有时是直接的。在每一件关于社会组织的事情中,道德和知识世界之间都有紧密联系。因此,在思辨领域的一个错误方向、对人性和对人类社会倾向的错误赞许,在实践领域的效果中,都可能把人类置于虚假的位置,从而使他们更易于妥协和犯错。因此,更高尚本能的影响力最终被削弱了,而人格和良心的平均水平必然被降低。

在社会主义宣传进程中一个重要的因素——也是一个最直接的原因,就是扩展了的选举权,更精确地说是普遍选举权,这已经在服从于激进学派和民主逻辑的欧洲被越来越广泛地接受。现在,基础广泛的选举权的危险是,假如无产阶级获得选举

权利，如许多人害怕或希望的那样，他们真正的代表会在我们的
311 政治代表会议中占据大多数，但是这种危险不是很大。毕竟，不论在什么样的选举制度中，控制权总是保留在更有影响力的而不是人数更多的阶级手中。危险更多地存在于这一事实，即为了取得对其对手的优势，大多数候选人竭尽所能纵容大众的情感和偏见。这种态度导致了许诺和承认建立在社会主义前提之上的信仰。这一制度自然的结果就是更诚实和更有活力的人从公共生活中被疏远，妥协和道德上的含蓄越来越成为规律，而所谓保守主义者的地位越来越无效，不论在知识上还是在道德上。

社会主义政党增长的另一个重要因素是拉丁语国家里仍然活跃的革命传统。在这些国家，统治阶级竭尽所能使之活跃，长生不死。如维里塔德观察到的，在法国，至少直到几年前，只有利益是保守的。观念和情感被私人教育和训练甚至更多地被公共教育和宣传所激励，保持了鲜明的革命性。意大利在世界大战的 50 年前出现了同样的情况。

年轻人感到需要热情、需要在他面前有一种代表着每个人所寻求的美德和完美的理想的类型或模式，并且尽其所能去模仿，这在他们来说自然的。在法国和其它国家，被放置于年轻人眼前的模式，不是为了他的夫人、信仰和国王献身的骑士。过去也不可能这样。它更不是公务员、地方官、士兵或者法律和秩序不妥协的监护人。它是纯粹的和单纯的好战的革命者。它是自由和平等的拥护者，是与暴君战斗、背叛立宪权力的人，这样的人在失败时无畏地忍受着迫害，在胜利时则推翻并经常取代统愚者。

对叛乱者的同情被如此孜孜不倦地培养，我们的学童们也被教育说，叛乱者所做的每一件事都是高尚和慷慨的。由于这样的事实，自然，每一代新人的情绪和观念的潮流都倾向于那些
312 辩护叛乱、讲授其必要性的学说。巴士底狱已经没有风暴。查

理十世[46]的瑞士卫兵也不再从罗浮宫被追逐。意大利、希腊和波兰的统一也已经成功。那不勒斯政府曾被确定为背叛上帝，对它的记忆变得如此遥远，以至于人们甚至开始评价它的无私。在这样一个没有怪物的世界上，叛乱的精神只能转向在旧的革命中幸存下来的制度或那些代表这些制度的人，而这些人往往是过去的革命者。

更加自然的是，部分上因为任何政治体制都有难以免除的不完善，部分上是因为其内在的弱点，我们现有的制度无法满足社会更新起初为它们提出的所有期待与希望。还有，一旦从前的阴谋家和革命者成为政治家和领导人，也不是他们所有的人在任何时候都会免于错误与缺陷。在这样的情况下，谁还会奇怪年轻一代会认为更根本的社会改革是可能的呢？谁还会奇怪有些人希望通过根本性的改革获取重要的政治地位、会奇怪相当部分的高尚者、活跃分子、慷慨者、有抱负的人正准备从拥护社会主义学说的老一代手中接过火炬呢？我们刚刚描述的心理状态曾经是欧洲各大学年轻人的主要特点。这一点在古格里默·费雷罗[47]几年前出版的一本小书中被令人羡慕地描画出来。在解释了为何年轻人不再相信他们父辈的理想、在其中无法发现灵感后，费雷罗接着写道：

总是有一定数量的个人需要被那些不直接的、无关个

---

[46] 查理十世(Charles X, 1757—1836)：法兰西国王(1824—1830)，路易十六和路易十八之弟，路易王朝复辟后的极端保皇派领袖，1830 年革命爆发后，逊位出逃。——译注

[47] 《反应》(*Reazione*)，第 54 页。——原注

古格里默·费雷罗(Guglielmo Ferrero, 1871—1942)：意大利社会学家和历史学家，古代史专家。——译注

> 人的事情所激励，这些事情很遥远。他们自己的事务，如科学或艺术问题，不足以占据他们所有的精神活动。除了社会主义观念外还能有什么留给他们呢？它从遥远的地方来——其显著特性是它总是迷人的。至少在某些方面，它很复杂和模糊，可以满足其众多信仰者广为不同的道德需要。一方面，它带来了广泛的兄弟和国际感情，这符合真正
> 313 的现代需要。另一方面，它具有科学方法的迹象，这种方法给多少熟悉试验学派的头脑以信心。由于所有这些，难怪大量年轻人把他们的命运与这一运动联系在一起；在这些运动中，的确有可能遇到某些谦逊的前科犯人或潜在的从犯的危险；但是在这些运动中，人们肯定不会遇到职业的政客、爱国者或贪污者。

费雷罗接着争辩说，意大利的经济条件不能解释强大的社会主义运动的兴起，而且无论如何，这样的运动“应该合乎逻辑地在劳动阶级中发现它的核心力量，而不是在资产阶级中”。然后他得出了这样的结论：

> 如果社会主义运动在这种不适宜的条件下、以这种不合逻辑的样式发展起来，这一定是因为它比其它的任何运动更能解决相当数量的年轻人道德上的需要。

马基雅弗利提出的一个定理在博学者中颇为流行。这位国务秘书写道，拯救或复活古老制度的一个最好的办法，是回到它最初的原则上。在阅读了成吉思汗后代的蒙古王公史后，我们遇到了另一个公理，它看来与马基雅弗利的定理完全相反，而且它以更大的正确性打动了我们，因为它符合更大数量的实际情

况。据这部历史讲,成吉思汗之子窝阔台的宰相耶律楚才[48]经常对他的主人说:“陛下马背得天下,但不可马背治天下。”的确,没有人会否认这位蒙古宰相的政治洞察力,因为政府、宗教或政党保持生命力的方法,以及它们为了保持生命力培养的观念和热情,与有助于政府、宗教或政党产生的手段和情感根本不同。

很容易并经常看到,一场新的革命可能会确立一个新的政府或政体,并且人们可能还要承认革命经常是必要的。但是如果革命氛围持续下去,并且更糟糕的是,如果那些掌权者坚持煽动革命,而不是培养那些刚好相反的情感、热情和观念,国家就 314
无法能够变强大,这种制度也不会持久。

其它一些原因也助长了社会主义的发展。这些原因包括许多投机者几乎总是不诚实地暴富,这些财富被同样恶劣地用于购买不适当的政治影响力,以谋取更多的利益,或被俗气和卖弄地用来炫耀奢侈,这冒犯了普通公民的体面,实际上凌辱了穷人。这个时代的整个潮流正朝着加重这种罪恶的方向发展。尽管我们说教的主题是所有人的公平和权利平等,还没有一个时候像现在这样,物质利益的不平等如此刺眼。财富,不论其来源如何,从不能像现在这样有助于打开更多的门,它从来没有被如此愚蠢地炫耀。

在较早的世纪中,可以说,豪华和炫耀具有一种简朴的内容。有的人保有一大群仆从。有的人提供了慷慨的款待。有时候有的人把食品和饮料分给整个城市的人。毫无疑问,荣耀感在所有这些支配个人剩余财富的方式中发挥了它的作用,结果

---

[48] 窝阔台(1186—1241):即元太宗,蒙古大汗,成吉斯汗第三子,1229—1241年在位;耶律楚才(拉丁字母拼为 Yelui-Cutsai,1190—1244):蒙古成吉思汗、窝阔台汗时重臣,其建议多成为蒙古治国方策。——译注

是一部分多余财富被最需要它的人所享用。在更有教养的时代,大款们的慷慨变成了对艺术家和诗人的赞助,这些人被鼓励,并被给予条件创造艺术和文学的杰作,它们不仅给主人、赞助者,而且给所有能够欣赏它们的人带来了心智上的愉悦。现代的奢侈类型经常更加自私和更不明智。它主要堕落成为能花钱的人组织盛大的展示会,提供各种舒适条件和感官享受。不仅如此,它为少数人带来的私人享乐被每日的报纸不倦地宣传。毕竟,这不过又是人类虚荣的表现,但是所有这些现代宣传的实际效果,使得只有富人能够享有的快乐看来比实际更大,并因此增加了那些被剥夺了享乐的人们的嫉妒和欲望。

许多人还强调了社会主义增长的其它因素:基于宗教情感的不明智战事;过度税收造成的公众贫困;过度的公债和太多非
315 生产性的公共开支;掌权者臭名昭著的虚伪;议会制的不义和伪善;以及现代对中等和高等教育的安排,它们使得学校变成了不称职者的工厂。在这一系列因素中最首要的是影响公众舆论和政府、以赢得对工业和农业的垄断特权或保护性税收的习惯。这些情况在某种意义上是一种社会主义,因此,看来任何其它形式的社会主义都被正当化了,因为一种实际上更糟糕的事物已经流行起来,它运用国家政权服务于少数最富有者的利益,伤害所有其他人,不论贫富。

对卫生规则的忽视、缺少好的食物、水和干净的住宅,这些并不产生霍乱病菌。它们削弱了人类的肌体,降低了它对疾病的抵抗力,因而帮助了它曾经抵制住的瘟疫的传播。同理,我们已经列举的各种因素,并不是直接形成知识病菌的原因,这种病菌引发了称作社会主义的疾病。它们增加了不满,降低了社会的有机抵抗力,因而促进了它的传播。因此,在统治阶级中推进更严格的社会卫生是合乎时宜的,这意味着他们放弃过去的错误。不幸的是，这种建议说来容易做来难。在它能够被采纳并付诸实践之前，统治阶级不得不表现出更崇高的道德、更伟大的远见和更多的才智，它们要比这一阶级在许多西方国家已经显示出来的东西更多。

9. 那些在今日欧美追随公共生活运动的人，很少有人不会迟早问自己，社会民主主义在或远或近的将来是否注定会胜利。许多不同情社会主义学说、没有兴趣支持它们的人仍然倾向于对这个问题作出肯定的回答。这是一种知识训练的结果，这种训练使我们时代大多数受过教育的人把人类历史看作一个持续的过程，其目标是实现那种现在通常被称作"进步"的观念。至 316
于那些集体主义者和无政府主义者，盲目相信他们事业命定的、不可避免的和多少迫近的胜利，这已是一个常见的规律，这也是他们巨大的力量源泉，如同对上帝之国即将到来、以及对来世的信仰帮助了早期基督教徒一样帮助了他们。而且，原始基督教徒无畏地面对牺牲，他们对神启的信仰非常坚定。同样，当今天的激进分子偶尔被迫遭受烦恼、困难和迫害时，他们也会乐于承受它们，这些折磨还糅合着那种预感到为许多人相信的胜利近在咫尺的快乐。早期的许多更狂热的社会主义者认为，集体主义的胜利将在 19 世纪末或 20 初到来。

由于所有这些原因，如果我们断定，即使集体主义者或无政府主义者在许多国家会偶然胜利并掌握政权，实施他们的事业仍然是**不可能**，这一点没有人会觉得奇怪；因为集体主义和无政府主义的基本前提绝不能被付诸实践，正如在基督教正式取得胜利后，早期基督教徒的理想不能被付诸实践一样。但是仍然可以看到，社会民主主义的胜利有什么样的可能性。假定起码可以尝试把集体主义理论付诸实践，并持续几年。即使它没有改变指导人类社会组织的恒久法则，它也会给实施这一试验的几代人加上沉重的负担，而这些法则会不可避免地始终维护自己，并最终取得胜利。这几代人在革命和不可避免的对革命的反抗之间被反复折磨，他们最多是被迫返回更粗糙、更专制的政府类型，它比我们所知道的任何类型更甚。司法防卫必然会恶化，真正的道德和物质灾难必将出现。几个世纪后可能有人饶有兴趣、并可能颇感惊讶地研究这种灾难，把它当作社会病理学不可多得的有益事件；但是同时，它会把难以言表的痛苦加于那些亲眼目睹并深受其害的人身上。

317 但是，甚至当我们用这样的术语表述这一问题时，它也不是一个能够得到确定性回答的问题，因为可以举出许多论据赞成或反对社会革命在当代的胜利。在欧洲各国，预见必须依赖的因素依国家而不同，而且如果我们把预见扩展到英国殖民地和美国，这一问题会变得更为复杂。

毫无疑问，建立集体主义的单纯尝试比推翻现存政府中最坚固者还要困难得多。在现有社会组织下，任何政府用来指导国家的两根缰绳都是官僚机构和常备军。如我们已经看到的(第八章，第 6 节)，在所有较早的革命中，除了法国大革命外，骑马的人变化不休，但是缰绳从未被扯断——它们几乎总是正常地发挥作用。

但是如果一场剧烈的社会主义革命将要胜利，令人怀疑的是，现有的公共雇员和官员的主要部分是否还能发挥作用，并且最为可疑的是，胜利者是否能在他们的成员中找到人来取代现有官吏。政府的正常机构停止运转，无政府阶段将接踵而至，没有人能够预言结局是什么，除非这种结局是，甚至一种短暂持续的建立集体主义的努力都是不可能的。

现有的社会组织具有一种很强的抵抗力。它们有多强，迄今为止从来没有被检验过。无数个人和利益的命运联系于维持现有制度——银行家、商人、生产商、公司雇员、政府债券的持有人、储蓄银行的存款者、大小业主。当社会平等的观念还是一个模糊和遥远的问题时,在这个行列中有许多人同情它,但是一旦这些人看到这些原则的实行近在咫尺,对他们个人利益的威胁迫在眉睫时,他们一定会有不同的感受。

在邮政、电报、运输部门中敌视国家的雇员工会的发展,可能造成这些机构可靠性减少,但是我们必须指出,政府可能在特定的时候发现自己完全可以控制它们,而且使之成为政府行动 318
非常有效的傀儡。政府也能够动用成百上千万放置于公共金库中的钱财,还不要说银行能现成提供的数百万或者能够被发行的无数不兑现纸币。最后,国家可以支配警察力量和常备军。最近,有人建议把军队改组成所谓的“武装国民”,它在和平的时候由地方招募,具有非常短的训练服役期,如此等等。但是只要军队没有被这种对民主精神的妥协所解散——换句话说,如果它是健全的,并且被坚决地投入使用——它可以成功地对付任何武装叛乱的企图。军队将被减少到相对小的数量这一事实不会改变这种情况。

另一方面,必须考虑到,社会民主主义持续的宣传是在所有社会阶层中进行的,甚至包括在最倾向于捍卫现有制度的集团中进行。这种宣传极少能充分和彻底地说服上了年纪和有社会地位的人;但是它的确使许多人怀疑自己地位的正当性,这些人本该把与这种新的革命潮流作战当成事关利益和责任;而且在危险的时候,社会主义的宣传可能引起受命制止它的一大部分力量动摇。当这种踌躇与议会加给所有国家机构的缓慢解体作用相结合时,它可能导致严重的失败。官僚机器已经习惯了不断更迭的部长们变换着的政策,如何能指望它在危险中保持坚定或提供是非分明的和忠诚的服务呢？如何能指望经常变为投票积极分子的地方官和警官们会这样呢？人们对实际上被他们的职位所迫使、而不是忠于或真诚地投身于任何原则或任何人的人们能有什么信心呢？这些人今天被迫与昨天命令他们的人作战——他不得不当心避免与今天的主人有所牵连，以免成为明日主人的主要敌人。这是一种训练走钢丝艺人的方法，这样
319 的人在行政生涯的例行工作中可以干得很好。但是他们既不拥有盲目服从的习惯，也不具有勇气无畏地采取主动或承担重大的职责。在那些习惯于妥协和权宜的人中很少有坚定的头脑和心灵，但是在革命到来的特别时刻，这样的素质在政府高官中是最为重要的。我们肯定会发现我们的官僚们缺乏它。

比其它任何东西使得作出预言更加困难的是这一事实，即革命爆发的时刻——而在我们看来，它绝非一定会来——既不是由那些在各国中正在或即将掌权的人，甚至也不是被社会民主主义的领导决定。它将由无法预见的事件决定——或者被政府方面不自觉的错误，或者被深深地动摇社会并将其抛入大骚乱中的事件——但是没有人能够故意挑起这些事件，也没有人能够防止它。例如，挑起社会主义革命的事件，可能是与外国交战中的异常灾难、一场严重的工农业危机或是一些欧洲政权的财政破产。但是不能肯定，驱使革命党派行动的情况是它最可想像的。我们不能表明，是否当时这一党派的力量处于其最佳状态而对手的力量则充分解体。然而，发起革命的有利时刻被拖延的时间越长，对革命者越不利。当没有什么具体的东西可以让大众看到，被兴奋所鼓励的理想可能实现时，在他们中长时间保持任何形式的兴奋都是困难的。在法国和其它一些国家，武装的社会冲突的习惯和传统被保留了下来，并且仍然很强大。但是如果还要经过一段较长的时间，它们就会被削弱，就会完全

缺少具有必要经验和声誉的领导人来指挥革命的进程。

10. 无论如何,假定我们可以认为能避免暴力运动。假定我们可以承认,甚至所谓的“革命派”在激进分子行列中成功地 320
保有优势,以至于它现在或在将来的几代人中能阻止武装革命。甚至如此,社会民主主义仍将是现代社会一个激烈的瓦解动因,而且如果没有压制这种新学说,现行秩序将一直处于不稳定状态,并且不得不在很大程度上通过纯粹的武力来维持。现在,武力日渐强大以阻止暴力性灾难的爆发,但是它不能恢复稳定秩序必需的社会机体的道德统一性。如我们已经看到的(第七章,第 10 节),蛮力完全靠自己的力量,不能压制甚至限制思想和情感的潮流,除非它被不加踌躇、毫无顾虑地运用,除非它被冷酷地运用,不会为牺牲者的人数所动摇。除了人们不愿意这样使用武力这一事实,在我们这个时代、按照我们现有的方式和道德,也不可能这样做,除非它至少会被革命者方面类似的暴行所激发。如果欧洲文明对各种社会主义学派被迫长期和连续保持守势,这一事实将迫使它走向衰落,而不论我们的文明试图妥协、让步还是达成协议,或采纳绝对的强迫和抵制政策,这种衰落都会到来。为了维持这种强制政策,它将不得不放弃其大多数理想主义,限制思想自由和采取新的政府形式,这种新形式代表了在保卫正义和司法防卫方面真正的退步。

人们提出了许多补救措施,当然这些措施中的许多不会被拒斥。它们可能提高病人的抵抗力,但是即使他们中最好的人也不会根除致病原因。如果改善国民经济体系,如果降低税务,如果司法更平等和有效,如果所有可以被废除的权力滥用都被废除了,这些对社会一定大有好处。但是社会民主主义渴望绝对正义、绝对平等,而这些从不能被达到。因此,由于这样的利

益，社会民主主义将来也绝不会解除武装。它不会仅仅因为资产阶级社会承认它的一些罪恶，并开始忏悔，就原谅资产阶级社
321 会。不像基督徒们的上帝，真正的社会主义者，就涉及现代经济秩序而言，希望原罪者死去。他不想让它革去前非，继续生存。

有另外一种类型的补救方法，政治家和少数几个现代的君主对其寄予厚望。这种方法在于运用国家控制来治愈或减少许多不义或苦难，这些苦难都是从经济个人主义和由财产所有者、生产商和大企业的领导参与的无情竞争中产生的——这两者都引起了不幸和挣工资的无产阶级对明天的不确定性。我们已经表达了对这一点的意见（参见上文第六章，第3—4节）。我们认为这不是**一个**社会问题，而是**许多**社会问题，国家控制的原则，或换句话说，即官僚机构和其它有组织的指挥集团的控制原则，要在一个接一个的事例中被正当化或被拒绝。的确，在一些情况下，诸如调节工作时间和妇女、儿童从事的工作类型，适当使用的国家控制可能受到欢迎。也不可否认，涉及到慈善、公共救助和互相援助，我们今天的社会组织尚不充分。我们没有介于国家和大的市政当局之间的中间组织，而在欧洲市政当局是国家的一个工具。这样的单位太大了。在其中，个人消失并被遗忘了。另一方面，在市政当局和现代家庭中间也没有中间机构。家庭关系已经被减少到最为简单、可能的最低程度。现在，甚至兄弟姐妹都经常感觉不到对彼此负责。

在旧日的欧洲，存在这种中间组织，其它一些文明仍然存在这种组织。例如，在印度，在每一个市镇或村庄，同一种姓的成员、或同一种姓中同一次属的成员，彼此帮助。在伊斯兰国家，同一部落成员之间的互相帮助是一个习惯。在中国，家族是一个比欧洲广泛得多的事物。同一祖先的后人直到第三代通常还住在一起，意识到共同的利益。在日本，同一村庄或一个城市中

同一地区中的居民,认为帮助遭遇不幸的邻居理所当然。例如, 322
如果他的房子被烧毁了,邻居们会共同出资为他另建一处。在古代、中世纪和下迄一个世纪前,企业及贸易与手工业行会在意大利恰恰发挥着这样的职能。这种机构在其成员中征收一定布施,但是它们也承认成员有一定权利。它们的主要优势在于保持突遭不幸的个人或家庭不被抛在一边,推进绝望境地。毫无疑问,应该在这一点上做点事情,而且如果政府放松控制,以至于自然的团结可能自发而生,这可能也同样好。主要是要有人口和经济利益上的长期稳定。

在西欧特别是在大城市,可以指望给予援助的家庭要归结为父亲、母亲和**未成年**孩子。如果由于一些意外,挣钱养家的一家之长碰巧几个月之久没有收入,他一定面临着贫困和绝望。现在,在欧洲被称作"个人主义"的东西——每一个人为他自己、上帝为所有人这一原则和事实——实际上已经发生在我们时代,这部分上因为财富的频繁变化打破或损伤了家庭、邻里和专业行会的纽带,部分上因为新工业中心特别是城市的增长导致人口大规模移动。大城市在很大程度上是由流动人口居住。一个家庭很少十年连续住在同一所房子中,一个人很少认识他隔壁的邻居。在这种情况下,发生了贫困的最痛苦情形。一个人或家庭尽管居住在一大群人中,却真正地在挨饿。

但是人们通常期望政府的远不止对穷困者的救济。许多人希望政府影响财富的直接分配。它们希望国家通过税收从富人那里剥夺剩余,把它分给穷人。这个主意甚至在保守派中也获得了相当的同情。这就是打动我们中人数众多的一类事情,他们通常被称作"社会主义倾向者"或"粉红色"分子——这一大部 323
分人不参加任何集体主义或无政府主义党派,但是创造了同情的环境,可以让这样的党派在其中发展和成功。现在这样的建议是真正危险的。任何对其广泛的应用，例如严厉打击资本、或试图指定在特定土地上种植的谷物种类，都会杀死产金蛋的鹅。它将引起财富生产上严重的衰退和社会各等级更多的痛苦和不满。这样一种制度将不会带给我们集体主义。社会不平等不会消失，激进分子仍然要求一些基本的东西。但是所谓资产阶级社会整个的经济将会被严重打乱，它的职能将彻底瓦解。马克思的追随者赞同暂时实行这一制度，这是非常自然和符合逻辑的。它将是这样的制度之一，它们被最好地策划，从而将社会减少到人们渴望集体主义试验的程度。但是看来奇怪的是，不接受集体主义理论的人们希望通过使每个人经济状况更差的政策，来与集体主义理论战斗或压制它们，而这样的政策会迫使每个人把集体主义看作是一种改善。

还有一些其它措施为许多人赞同，认为它们是对社会主义者适当的让步。在这些措施中，我们能提出“工作权”，换句话说，即政府方面为所有没有工作的人开工资的义务；还有打破大的土地所有权，这等于强行通过法律引进小规模农业，甚至在自然条件不适宜它存在的地方；另外还有最高八小时工作制，它不是通过工人和雇主的互相同意，而是通过法令确立的；还有最低工资等级，这也是通过法律确立起来的；此外还有单一的和沉重的累进制所得税。任何适度地懂一点经济法则的人一眼就可以看出来，应用这些规定将在几年内破坏私人资本。同时，必须承认，没有几个欧洲国家的政府在特定方向上走得如此远，以至于它几乎不能拒绝社会主义者或准社会主义者的这些要求、以及
324 同类的其它建议，而不严重歪曲逻辑和公平。如果将要以保证地主种植小麦的公平价格这一似是而非的理由提升面包价格，又怎么能拒绝工人们获得其劳动的最低工资呢？

基督教社会主义特别是天主教社会主义，被许多人认为是

一种有效的工具,可以很好地用来压制无神论的、唯物主义的和革命的社会主义。人们已经按照这些基督教的方向作出了好心的努力,还正在这么做,而且它们并非全无效果。然而,我们不应该对这种侧翼反攻具有无限的信心。的确,如我们所见,基督教和社会主义都利用了对正义和所有人类共有理想的渴望——这些人仍然被迫活在一个具有许多不平等的世界上,而他们也要对此负责。但是基督教和社会主义都依赖于渴望正义之外的其它情感,而这些情感在两种学说中是绝不相同的。它们的志向和宣传方法本质上也不同,它们的成长和繁荣所要求的智识背景也完全不同。基督教的基础是信仰超自然物、信仰上帝,他看到了穷人和悲哀者的泪水,在今生安慰他们,在来生报答他们。社会主义源自18世纪的理性哲学。它根基于唯物主义的学说,这种学说指出,所有的幸福依赖于对现世本能和情感的满足。基督教和社会主义因而是两株本性完全不同的植物,他们可能为了土地中的肥料彼此竞争,但是它们不能彼此嫁接。因而,希望基督教的嫩芽嫁接于社会主义的树干会改变果实,消除它的苦味和有害的特点,并使之甜蜜和有益健康,这是没有用的。基督教社会主义不是别的什么,也不能是别的什么东西,只不过就是把新的名字用到老的事物上,换句话说,即基督教的慈善。基督教的慈善无疑可以为欧洲社会提供很多服务;但是它不能完全毁掉无神论的和革命的社会主义,除非这个世界又一次彻底步入基督教精神,如同中世纪那些缺少监护的岁月所发生的那样。

11. 在欧洲现行的条件下,能够在根源上打击罪恶、切断这 325
颗已经长成的树木繁茂所需的生命液、并使得它枯萎的补救措施,完全是另外一种秩序。社会民主主义比起其它任何东西更是我们时代的精神疾病。的确,它发现了一个吉利的道德环境。它发现了一片为仇恨、野心和贪婪所准备的土壤。长期的革命阶段,以及与这一阶段紧密联系的财富变化,必然产生这些低劣的情感。这个世界对议会民主制的失望尤其有利于它。议会制始于倡导在世界上实行公正和平等的统治,但是可悲地没有信守诺言。然而产生这种新学说的思想体系,毕竟不过是另一个体系的逻辑结果,在这后一个体系中,旧日的纯粹民主发现了对它的灵感。

对政府可能从大多数人中产生的信仰;对大多数人不会被玷污的信仰;以及相信一旦这些人从每一种未根基于普遍民意的政权的原则、从每一种贵族的、君主的和宗教的迷信中得以解放,他们就会开辟一种政治制度,它最好地服务于普遍利益和正义的利益——这些都是已经并正在与基督教信仰作战的观念和情感的主要内容;它们是与教会达成妥协的最主要障碍。同种类型的思想和情感曾经产生了议会民主制,而且,如我们所见,现在正阻碍着对议会制根本补救措施的应用。最后,同样的思想和情感,正在无情地携带着我们走向社会主义,最终走向无政府主义。

在这条路上不能停顿。一旦经验表明,孕育在普选中的纯粹政治平等没有产生事实上的政治平等,并且维护了特定阶级和一定社会影响力的政治优势,自然与符合逻辑的结果是,有人就会设计出一种制度,它将毁灭所有私人财富的差异、安排趋向所有人统治的社会,并因此需要人民在平等的基础上选举。而
326 在某种更成熟的经验使这种情况——即甚至用这种方式,人们也不能得到一个真正源于大多数人意志的政府,更不要说绝对正义了——清晰起来或仅仅使它看似有理之后,我们就会拥有这样一种学说,它赞同终止所有社会组织并因此赞同无政府状

态；一种曾徒劳地寻求把自身具体化的形而上学概念最后的涵义就是如此。

现在，民主学说已经无可否认地为文明提供了服务。它体现于英格兰创立的代议制中，促进了司法防卫的重大改善，这是通过一种在欧洲许多地方建立起来的自由讨论的制度获得的。但是既然我们已经认识到了它最后的逻辑涵义，而且人们正在试图实现奠基它的原则，直到最后的结果被实现，那么可以看到，这种同样的学说正瓦解着它所在的国家，驱使它们衰落。

一个社会企图实现在开始时促进它伟大的原则、学说和方法的逻辑结果，并在这种努力中不断衰落，这不是第一个例子。在罗马帝国的早期，强大的官僚组织是进步的巨大源泉，帝国因此能够同化世界很大的部分。后来，过度的官僚化成为罗马帝国衰落的主要因素之一。狂热、盲目和对《古兰经》独断的信仰是伊斯兰文明快速扩张的最重要因素。随着时光流逝，它们成为伊斯兰世界僵化和衰退的主要原因。

民主制也不会出现其它情况，因为民主学说尽管貌似科学，实际上却全然是先验的。它的前提在最轻微的程度上也不能被事实证明是正当的。绝对的平等在人类社会中绝不存在。政权从来没有将来也绝不会建立在大多数人的明确首肯上。它过去总是并且将来也总是通过有组织的少数人来实施，他们具有在大众身上施加他们霸权的方式，尽管这些方式随着时代而变化。只是社会的明智组织和一系列真正无前例的适宜的历史环境， 327
使得我们时代统治阶级的优势对人们而言负担较少，也使得它较少滥用权力。

勒南写道，罗马帝国只有在一种条件下可能制止基督教的扩张——如果它同意积极地教授自然科学。科学知识显示了我们世界上发生的事物是依靠不变的法则，它是惟一能发展一种实在意识的东西，可以从人类精神中成功地消除神迹和超自然物的持续干涉。[49]但是这时自然科学刚刚达到其胚胎阶段，结果基督教胜利了。在我们生活的世界上，只有现实的政治科学成功地消除了现在社会研究中盛行的形而上学的和乐观的方法——换句话说，只有发现和展示在所有人类社会中展现的伟大恒久法则，它们的发现可以成功地使人们看到实现民主理想的不可能性——社会主义才能被制止。在这种条件下，也只有在这种条件下，知识阶层才能逃脱社会民主主义的影响，形成对其胜利的一道不可逾越的屏障。

迄今为止社会科学的研究者，特别是经济学家，已经从显示它们明显谬误的角度，检查了社会主义的这种或那种基本条件。这还不够。这就像显示了一个或另一个神迹是假的，但是没有破坏对神迹可能性的信仰。**必须以完整的科学体系对付完整的形而上学体系**。一个著名科学家写道："在高等教育中，必须针对马克思主义的谬误建立科学的经济学和社会学理论，这样年轻的头脑就不会被不真实的幻觉所俘获，而这种幻觉是被当成科学的最新成果拿到他们面前的。"[50]多么明智、合理的话语！但是它们只是表达了一种值得称赞的愿望。它们没有指出具有迅速和确定效果的补救措施。对经济学的研究是一件极好的事情，但是它自身尚不足以清除吸引公众头脑的不真实的幻觉。
328 经济科学洞彻地调查了指导财富生产和分配的法则。然而，它还没有把这些法则与其它在人类社会政治组织中发挥作用的法则联系起来。经济学家自己不关心这些信仰、这些集体主义的

---

[49] 这种见解含蓄地出现在勒南的所有著作中。它在《马可·奥勒留》(*Marc Aurele*)第二十一章中得以最科学地发展。——原注

[50] 格拉法罗(Garofalo)：《社会主义迷信》(*La superstizione socialista*)，第240页。——原注

幻觉，但是有时它们在特定社会中成为普遍的信仰，并且构成了世界历史中很大的部分——如同有人很好地表述的那样，人不能光靠面包活着。至于社会学，我们倾向于认为，至少在它的大部分学说中，它迄今还没有把自己展示为一门成熟的科学，产生确定无疑的结果。在19世纪后半期，民主—社会主义的形而上学不得不仅仅与把自己称为实证的、但实际上也是形而上学的体系竞争，这些体系甚至在各国的实际生活中都得不到多少支持，也较不容易得到实际应用。在几个不同的形而上学体系之间，很自然的是，最好地迎合最迫切、最普遍情感的体系会取得优势。

因此，为政治科学设定的这项任务是艰苦的，而且，它作为任务揭示出的真理一般不会受欢迎，因为它们会打击许多人的情感，与许多人的兴趣相反，这就使得这项工作更加艰辛了。这样，极为可能的是，尽管我们时代具有自由辩论的传统，对这些新的科学结果的传播立刻就会遇到阻碍，而这些阻碍已经阻止了其它知识领域的进步。新的学说也不大可能获得我们政府或我们的统治阶级的支持，而它们本该支持这些学说。人的兴趣，不管本性如何，都是喜欢宣传，而不是公正地讨论。它们只支持服务于特殊的和直接的目的、为人辩护或者维护特定政府或党派的理论。它们用不着那种只有获得社会的普遍兴趣、并在相对遥远的将来才能产生实际结果的理论。如果科学最终胜利，它的胜利总是由于诚实学者的良知。在所有需要考虑的事项之上寻求和解释真理，是他们的责任之所在。

329

第十二章　统治阶级的理论

1. 在所有达到一定的发展和文明程度的人类社会中，政治控制在该术语最广泛的意义上(行政的、军事的、宗教的、经济的和道德的领导权)，总是由特殊的阶级、或被有组织的少数人行使，这一学说比那些甚至支持它的人通常所假定的更古老。

当然，基本假定所依据的事实，是如此明显和平凡，以至于它们从不能完全逃脱普通人的观察，特别是那些没有特别的理论偏见的人的观察。那些时间上距离我们遥远的政治作家，已经或模糊或清楚地感受到了这个假定。例如，马基雅弗利宣称："在任何城市，不论以何种方式组织，从没有在数量上超过四、五十的人居于领导地位。"但是忽略这样不经意的讨论，人们可以说，这些学说的基本纲要是在一百多年前一点才在圣西门的著作中被明确和清晰地探索。这是一位其深度和独创性迄今为止还没有被充分承认和欣赏的作家。

圣西门检查了中世纪的道德和政治状况，并把它们与 19 世纪开始时的状况相比，他得出结论说，军事和神学成分在前者盛行，因此教士和军事领导人居于政治金字塔的顶端。他认为，在这后来的阶段，社会生活根本的主要功能是科学的和工业性的，因此政治领导权应该传给那些能够推进科学和指导经济生产的人。在这一点上，他不仅仅含蓄地断定了一个统治阶级的内在必要性。他还明确地宣称，该阶级不得不拥有对特定时代和特

定文明的社会领导权最必要的前提和能力。[①] 330

从圣西门引伸出的是他的学生奥古斯都·孔德。[②]孔德的《实证政治体系,或社会学的论文》(*Système de politique positive, ou Traité de sociologie*)发表于 19 世纪中叶(1853)。该书发展了孔德过去的老师的一些基本观点,并加以修改。它坚持说,对社会的控制在将来属于一种科学的贵族阶层,孔德称之为科学的教士阶层,并宣布这种政府形式是人类理智在 19 世纪已经达到的"实证"阶段的一个必然结果,与盛行于古典时代的神学阶段和盛行于中世纪的形而上学阶段完全不同。大约 20 年后(1872),泰纳在其《古代政体》(*Ancien régime*)中,对伟大的法国大革命的起源作了一个高超的解释,他坚持说,这是用一个新的统治阶级取代旧的统治阶级,后者已经失去了独创的领导能力,不能成功地获得新时代所需的才能。在孔德之前,马克思和恩格斯已经形成了一种理论,指出在过去国家总是代表拥有经济生产工具的阶级,在他们生活的资产阶级社会也是如此。根据马克思—恩格斯的理论,社会的进化过程将不可避免地导致集体主义、并创立一种政治和经济管理制度,其中全民成为生产工具的主人,他们将不会为了少数人的利益而被剥削。

在圣西门的著作发表后已经有 60 多年过去了,最初的小溪已经扩展成几条极为不同的河流。上个世纪结尾、以及本世纪

---

① 参见罗德里格斯(Rodriguès):《圣西门和他的主要著作》。也请参见《圣西门和盎方坦著作集》(在这部巨著中,可以在第 15、16、18—23、37 以及第 39 卷找到圣西门的著作)。我们此处提到的概念是圣西门学说的基本理论,在他的几乎所有著作中都被重复。几乎不需要说,在圣西门死后几年兴起和传播的圣西门教派,与这位先师的观点相距甚远。在这一问题上,请参见詹尼特(Janet):《圣西门和圣西门主义》(*Saint-Simon et le Saint Simonisme*)。——原注

② 关于圣西门对孔德的影响,请参见杜马斯(Dumas):《两个实证主义救世主的心理》(*Psychologie de deuz messies positivistes*),第 225 页。——原注

331 开始时，许多国家的学者宣传这种政治世界的新立场。他们经常殊途同归，并且彼此之间及对他们的思想先驱不太熟悉。如果说这种独立性在这些学者观察中偶然增加了一点自发性和独创性的话，那么在其它情况下，它也导致这一学说进入昏暗的小径，或者用不相关的东西或非常容易驳斥的错误把它搞乱。要书写统治阶级的这种新学说的历史时，分别记录每个学者的优点并不困难，他们给这个正在兴起的学说贡献了时好时坏、时而不可用的材料；要决定哪些材料严格讲是新的，哪些是二手的也不难。由于时间关系，指出1881年出版了贡普洛维奇的《种族斗争》这一点就足够了。[③]这部书承认在每个政治组织中存在两个统治阶级，一个掌握政府和军事控制权，另一个控制商业和金融。贡普洛维奇以这两个阶级的不同族源解释了它们之间、以及它们对被统治阶级控制上的不同。在1883年，我们出版了《政府的理论》(*Teorica dei governi*)[④]一书。在这里我们研究了民主制度的内在运作方式，显示出甚至在民主制中，对有组织的少数人的需要也会持续存在，而且尽管情况看似相反，并且尽管有全部奠定统治的合法原则，这种少数人仍然保持着对国家的实际和有效的控制。在接下来的年代中出现了本书的第一版《政治科学原理》，以及阿蒙、诺维科夫、兰西、帕雷托和米切尔斯等人的著作。[⑤]

---

③ 贡普洛维奇在他的《社会学基础》(*Grunderiss der Sociologies*, 1885)中重新陈述和阐明了他在《种族斗争》中表达的观点。——原注

④ 此书即《关于政府和议会制的理论:社会和历史性研究》(*Sulla teorica dei governi e sul governo parlamentare. Studii storici e sociali*)的简称。——译注

⑤ 在这些篇幅的前面(第一章，第10节)，我们考虑了戈宾诺和拉波日(Lapouge)关于在统治阶级优越性中种族因素的学说。阿蒙在1893年出版了《人类的自然选择》，而在1898年出版了他的 *Gesellschaftsordnung*(《社会秩序》)的第一个德文版)。在后者中，阿蒙充分发展了由于在较高社会阶层中的自然选择，统治阶级

今天,也许可以说,在欧洲更发达的国家中,统治阶级必然存在的观点已经较为明确地进入了每一个思考、谈论和表述历史和政治现象的人头脑中。这是由于上述作家的影响。它很可能是由于我们关于世界的集体性经验的自动丰富,通过这种机制,一代人的思想,当它没有被僵化成对祖先教导的盲目崇拜时,要比前几代的思想至少更深刻一点。 332

无论如何,人们现在已经普遍把一个或另一个国家的受挫、或者威胁它们的灾难的原因,更多归咎于统治阶级的无能和行为不当,而不是归咎给大众的无知或掌权者的邪恶。因此,当这些国家获得成功时,合乎逻辑的推理应该把这种成功归因于同一阶级得到了启蒙。与上述态度并行的是对乐观的人性概念的缓慢侵蚀。如我们所见,这种乐观态度是18世纪的产物,它在几乎整个19世纪在欧洲思想中占据了优势地位。人们通常相信,一旦消灭法律上的不平等,所有社会阶级的道德和知识水平一定会得到提高,它们会变得同样有能力管理公共事务。它明显地是惟一一种能为通常被理解为民主的制度提供道德和知识基础的观点。换句话说,这种民主制度即由数量上占大多数的公民统治国家。

2. 由于这一相当重要的背景,人们可能合情合理地对以下情况感到奇怪,即这种学说对政治制度的发展及官方和非官方科学的从事者已有的实际影响、以及它正在施加的实际影响都

必然存在的理论。至于上面提到的其他作家,参见诺维科夫(Novikov)的《良心与社会意愿》(1897);兰西(Rensi)的《古代政体与直接民主制》(1902);帕雷托的《社会主义体系》(*Les Systèmes socialistes*)(1902)及《社会学通论》(1916);以及米切尔斯的《党派社会学》(*Zur Soziologie des Parteiwesens*)(经常被人翻译)(1911)。在这本书中,米切尔斯用非常合理的论据证明了,甚至主要的民主和社会主义政党也不可避免地被少数人所领导,并经常具有钢铁一般的纪律。——原注

333 很微弱。甚至那些承认存在一个统治阶级的人(不承认它有时会等同于否定明显的事实)也经常没有看出,这一事实仿佛是不可避免的。他们没有从中得出必然的结论,因此没有把这一理论作为指导性的线索利用。某些作用经常使社会获得繁荣和权力、有时又在无政府和毁灭状态中吞噬它们,当我们寻找那些培育和产生这些作用的原因时,这种线索必须要引导我们。因为成功而赞许统治阶级,或因为失败而责备它经常是没有益处的,除非我们仔细检查它内在的机制,这样做可以解释这个阶级何以强大或软弱。而且在这一点上我们已经看见这种新学说没有在实践中产生更多果实的一个原因。

因此,我们必须认真地进行更为深入的研究。为了更容易地记住它们,假定我们可以把它们分成两组:与这一学说本身的实质和结构不同的外在原因;以及由于该学说自身的缺陷和不足造成的内部原因。

在外部原因中,首先和最重要的是这一事实,即迄今为止,在欧洲发挥职能的所有制度都基于其它学说,其中一些与我们此处讨论的学说不同,也就是与它无关,而另一些则与它相对立。代议制政府现在盛行于欧洲文明的各个地方。它们中的一些是模仿孟德斯鸠制定的原则,而孟德斯鸠看到了在三权分立的国家权威中政治自由的实质及其保证。数量更多的政府是按照卢梭的原则,即只有代表数量上占多数的公民意志的政权才是合法的,而选举权被看作是一种内在的权利,没有人能够被合理地和适当地拒绝享有这种权利。

现在,民主政体可能比其它制度具有更大的自身防卫能力。这是因为,如果它天生的对手们希望在一定程度上避免民主制的结局,那就不得不显示出它们接受这一制度。所有那些通过财富、教育、智力或诡计,具有领导一个人类共同体的能力、并具

有机会这么做的人——也就是统治阶级中所有的小派系——在普选权一旦被确立后，就不得不服从它，并且一旦条件需要，就 334
会哄骗和愚弄它。它们只有参与控制国家，以获得一种地位，可以最好地捍卫其特殊的派系利益。这样，民主制的天生对手被迫公开效忠它，这一事实阻止了他们公然宣布，自己信奉那些明确否定一般所理解的民主制的可能性的理论。同样的事实也妨碍了结成某些感情和利益的联盟，如果一种学说要成为活跃的力量，可以改变制度——如果它要渗入人们的心智，从而利用他们渐渐地改变社会的趋势——这种联盟就是必要的。米切尔斯已经恰当地强调了这一点，即在实行代议制的国家中，保守党被迫效忠民主学说。[⑥]

其次，政治和宗教中的一种新概念无法在实践上发挥巨大的效能，除非在公众意识中先于它的概念已经耗尽了其所有的扩张能力，或者更好地说，已经执行了算得上是它生来要从事的历史使命，而这种使命也解释了它或快或慢的成功。现代的民主概念几乎不超过一个半世纪。它像野火一样扩散，首先在法国，然后席卷整个西欧，新的统治阶级立刻利用它来剥夺贵族和教士的特权，并在很大程度上取代他们。但是尽管它进展很快，民主学说在 19 世纪末一定还没有完成其历史任务，而且直到非常晚近的时候，还没有开始影响东欧国家。

一百零几年前，圣西门认为民主学说已经完成了其历史使命，在一封给路易十八的公开信中，他建议国王“最好不要担心自称自许的大众主权的教条，它仅仅是一个律师和形而上学家们建立来反对神权教条的稻草人，不过是被另一种抽象观念所

---

⑥ 《党派社会学》。也请参见他的《民主制与寡头政治的严格法则》(“La democrazia e la legge ferrea dell'oligarchia”)。——原注

激发的抽象观念”，并且，“这两种教条仅仅是一场已经被解决的
335 冲突的遗留物。”[7]但是在这一点上，很明显，圣西门作出了一个糟糕的猜测。他忘了或者从未意识到，历史如何令人恼怒地缓慢运动，至少比起人类短促的生活来讲是如此。有人可能会进一步解释说，圣西门认为法学家和形而上学家的统治是一个过渡阶段的特征，它存在于教士和武士支配的时代与科学家和商人支配的时代之间。他也相信，法学家和形而上学家已经获得了良好的装备，可以摧毁古代世界，但在构建现代世界方面显得无能为力。

圣西门认为，甚至在他的时代之前，神权已经死掉并被埋葬。事实上，在查理十世和波利尼亚克[8]时期、在1830年它仍然试图在法国维持统治，这时圣西门已经死了；在德国和俄国，它激烈对抗时代潮流直到20世纪。同时，大众主权的形而上学直到普选制被确立后才获得了坚实的阵地。普选制在法国比在欧洲其它地方建立得都早，而这也是1848年以后的事。迄今为止，在所有已经或早或迟地采纳了普选制的国家，受教育的、富有的阶级在这种制度的保护下，维持了他们的统治，尽管他们的影响多少被小资产阶级的和无产阶级中特定集团的利益代表的影响所调和。这种类型的民主制与圣西门赞同、并希望路易十八运用他的权威开创的政府形式没有多大不同，圣西门的这种政府是由商人、科学家、学者和艺术家统治。如果由于民主制度，在统治阶级的各种成分中可以维持一定的平衡，如果我们**表面的**民主制不会致命地被逻辑这一它最可怕的敌人、被下层阶

---

⑦ 《圣西门和盎方坦著作集》，第二十一卷，第221页。——原注

⑧ 波利尼亚克家族（Polignac）：法国贵族世家，该家族在19世纪初法国复辟时期，有很大的政治权力。——译注

级和他们领导人的欲望所削弱，如果它不试图通过把政治平等与经济和文化平等联系起来以实现真正的民主，这种制度也许还能持续一段时间。

3. 关于统治阶级必然存在这一学说迄今取得了稍许的胜利，关于这种胜利主要的内在原因，我们已经简要地讨论过。

一种学说就是一条线索，通过它那些正在研究一组给定事 336
实的人，可以指导自己进入这些事实最初显现出的迷宫；而且这种学说在实践中变得越有用，它越能帮助和简化对这些事实的理解和分析。政治理论的问题，如许多其它问题一样，其表面经常如本质一样令人满意。过去对各种政府形式的分类——例如亚里士多德把政府分成君主制、贵族制和民主制，以及孟德斯鸠把政府分为专制的、君主的和共和的——非常充分地满足了这个目的。追随这位斯塔利亚人[9]及那位《论法的精神》的作者[10]，任何人都可以通过决定他自己的国家或邻国或遥远国家的政府属于什么范畴，为自己找到政治理论的方向。一旦这一点得到解决，他就可以坚信自己能够继续前进，指出这种或那种政府形式的价值、缺陷和危险，并通过应用他所追随的大师、或其弟子的教诲，来回复任何可能的反驳。

另一方面，仅仅断定在所有政府形式中，真正的和实际的权力属于进行统治的少数人，是摒弃原有的指导原则却不提出新的原则，这是要建立一种一般的真理，但这种真理却不能带我们立刻进入政治事件的核心，不论它们是过去的还是现在的，它自

⑨ 斯塔利亚人(Stagirite)：古代马其顿民族，此处指亚里士多德，因为他担任过马其顿国王亚历山大的老师。——译注

⑩ 指孟德斯鸠。——译注

己也无法解释，为何有的政治组织强大，另一些则虚弱，它也不能提出防止其衰落或解决缺陷的途径和方式。当我们不知道统治阶级形成和被组织起来的各种方式时，把社会繁荣的功劳、或其政治老化的所有责任都归于统治阶级，这样帮助甚微。正是在这种类型的多样化中，必须寻找和发现这些组织强大和虚弱的秘密。

因此，对统治阶级必然存在的全面和一般性的展示，不得不以一种分析性的研究补充。我们必须耐心地找出各种统治阶级拥有的恒久属性、以及那些多变的属性，后者与它们的集中和分散的细微原因联系在一起，而当代人几乎总是没有注意到这些
337 原因。毕竟，这个问题要使用在自然科学中经常使用的程序。在自然科学中，没有一种已成为人类知识永恒遗产的信息是通过快乐的直觉获取的，这些信息有的已经被肯定，有的被修改，但是所有的都被连续的实验和经验所阐述和发展。如果有人反对说，在涉及社会现象的情况中进行实验是困难的，并且实际上不可能，我们可以回答说，历史、统计学和经济学现在已经积累了大量实验材料，足够让我们开始研究。

迄今为止的历史学家，追随着在大众中流行的观点，特别强调国家首脑以及那些处于政治金字塔最顶端人们的成就，而且偶尔也强调了金字塔下层人士和群众的优点，后者通过劳动和鲜血(这是经常的)，给首脑们提供了完成实际工作所需要的物质条件。如果这种对统治阶级重要性新的领悟要站稳阵脚，我们就要在承认金字塔顶部和底部的人们的重要性的同时，必须显示出，如果不是中间社会阶层的影响，这两者都不能取得重要和永久的成功，因为一个政治组织所属的政治类型、以及它的行动效果，主要依赖于中间阶级构成和发挥职能的方式。一旦获得了这一证据，变得明显的是，国家首脑们只有采取主动，及时

改革统治阶级,才能保持持久的统治,而下层阶级的首要价值总是在于他们天生的能力,可以从自身中产生能够明智地统治他们的新成分。

338

第十三章　政治组织的类型

1. 留意一下人类社会建构自身及行使职能的各种方法，就会发现也许是最合适的方式，来说明统治阶级在任何社会组织中具有的重要性。这里所说的人类社会，是指已经达到了一定发展水平，在世界历史上占有一席之地的社会。可以说，我们在这样的社会和类型中发现了一种解剖学上的区别，这些区别能够被归类(group)到这些社会和类型下，并与其统治阶级不同的构成和行使职能的方式相符合。

大约80年前，斯宾塞进行了有些类似我们将要做的研究，其后，他的学派继续这么做。为了试图发现他们称之为“社会学”的新科学，他们仿效孔德，认为把所有政治组织分成两种基本类型，军事的和工业的，是非常有利的。我们在上文指出了这样分类的不足(第三章，第11—12节)，并且我们也看到，由于它对事实的分析片面而不充分，它包含的真理的萌芽在经过除菌处理后被丢失了。

支配了斯宾塞学派研究者的见解，以及用来搭建他们试图发现的新科学的素材，毫无疑问极大地助长了特定分类的空洞，并且实际上大体使得斯宾塞及其追随者所有的必然结论都得不到什么结果。他们有这样一个工作假设，即社会组织最简单、最原始的类型，还有野蛮人和半野蛮人的小部落，出现了各种政治组织类型的萌芽；而在达到一定文明程度、并已经组成了相当规

模的政治单元的民族中,就能够发现这些政治组织。因此,斯宾塞学派主要从深入接触原始民族的旅行者的叙述中,获得他们 339
的事实。

如果忽视其它可能对这一方法提出的反对意见,在我们看来明显的是,如同植物和动物中发生的那样,由于一个简单细胞总是类似另一个,原始类型必然彼此相似,而随着这些组织的发展和复杂化,它们的区别也必然成比例地加大。一个野蛮人小群落,诸如现在仍然在澳大利亚内陆流浪的部落,将根据它谋生手段的多寡和与它接触之民族的不同性格而变得和平还是好战;但是在这一群落中的政治组织形式将由最强壮、最有智慧或最精明的男性、以及通常而言最好的猎手或战士单纯的优势地位决定——当然,一些老年人的经验相当尊重。但是看来阶级分化不可能出现在这种类型的原始社会组织中。这种分化只能基于财产占有上的永久差异。

原始阶段之后的时代,部落开始依靠游牧甚至是原始农业生存。这样的部落包括各种小屋、甚至城市和几个村庄。职能上出现了一定的专业化,也出现了社会等级的一定秩序。即使如此,我们在还未度过其第一阶段的各种组织中遇到的政治类型,在所有种族和所有区域都呈现出显著的一致性。不论这样的部落是游牧的还是半游牧的,或者已经有了固定居所,它们将总是拥有一个头领,他是最高法官、军队领袖和教士(当这个部落具有特殊的保护神时)。但是在所有重要的问题中,这个首领必须咨询元老组成的委员会,没有这些人的同意,他不能作出任何决定。涉及到更重要问题时,他与元老作出的决定还要被全体部落成员大会所批准——换句话说,被所有不是奴隶和局外人的成年人批准,部落已经给予这些局外人保护,但是还不能通过吸收这些人或采用其它法律手段,把他们当作成员看待。

340 这就是我们在荷马史诗中发现的组织[①]。塔西佗在他时代日尔曼人中遇到了几乎同样的组织,[②]而且我们在亚洲的阿拉伯部落和北非的阿拉伯—柏柏尔人中发现了同样的事,尽管在后者那里,由于盛行伊斯兰教,部落首领几乎失去了所有宗教身份。在这种社会条件下,也不可能出现其它形式的组织。尽管首领通常属于部落中最富有和最有影响力的家族,他也不可能强迫人们服从,除非他与其他有影响力的成员达成协议,而这些人的影响力或者由于财富和支持者众多,或者由于特有的睿智。而且,当大量自由民聚集在代表大会时,通常并不积极讨论。他们把自己限制在鼓掌同意元老的提议,或嘟囔着表示反对。领导们通常慎重地首先彼此同意,并且他们一贯善于驾驭民众,有时还分配角色以事先排演。[③]

在这些处于早期发展水平的政治组织中,通常开始形成了一种初级的阶级分化,它基于对经济和政治地位的继承。高级首领的职位经常是世袭的;但是,如同今天在阿拉伯—柏柏尔人中发生的情况,如果万一发现儿子在智慧、才能和性格方面无法担任最高职位,除非他被大量亲戚和手下所支持,并具有大量私人财富,否则他就不大容易继承父亲。元老遇到的情况也如此。他们总被认为具有祖先的荣誉,但是仅此一点不足以使他们留在其政治岗位上。在某些部落,并没有真正的酋长,因为嫉妒的

---

① 《伊利亚特》,第二章。这一章包含了对一个元老委员会和对一个武士大会的详细描述。也请参见《伊利亚特》,第九章;以及《奥德赛》,第二、七章。——原注

② 《日尔曼尼亚志》,第十一章:“De minoribus rebus principes consultant, de majoribus omnes〔头领参加委员会处理小事情,大事情要全体决定〕”。塔西佗用“全体”一词,指的是属于部落的全体武士。——原注

③ 《伊利亚特》第二章情况就是如此。塔西佗接着说,那些日尔曼人“…*Ea quoque, quorum penes plebem arbitrium est, principes praetractentur*(领导们事先同意那些需要普通成员作出决定的事务)”。——原注

元老不能容忍这样一个酋长。但是在元老中，几乎总有一个人 341
设法获得实际的领导权。这看起来是今日昔兰尼加[④]阿拉伯—柏柏尔人部落的情形。两个有影响力的家族起初互相敌对。就这样产生了 cofs，也就是党派，党派纷争经常让阿拉伯—柏柏尔人部落陷入混乱。荷马也描述了请愿者(suitor)之一、尤皮图斯的儿子安提诺斯[⑤]立志通过杀死尤利西斯的儿子忒勒玛克斯[⑥]成为伊萨基[⑦]的国王。当然，后来当部落充分发展为某种国家，具有数千居民，它的政治组织就趋向变化；，变化一般朝着社会各阶级具有更大区分的方向发展。元老获得了巨大的影响力，并且试图强化和系统化他们对大众的控制。凯撒时代的高卢人比起塔西佗时代的日尔曼人在经济和政治上都更先进。凯撒提起他们的政治组织时说："高卢人中相当普遍的是，那些在人数和荣誉上都有价值的人是两个阶级〔德鲁伊人和骑士〕。普通人实质上是奴隶。他们不能自行其是，也不能加入任何委员会。"[⑧]查理曼时代的萨克逊人肯定比塔西佗时代的日尔曼人在社会方面更加进步。在他们中两个阶级彼此明确区分，一个是贵族即 edeling，另一个是普通自由人即 Frilings。

2. 但是一定会有一个也许我们从来都不知道的时刻到来，

---

④ 昔兰尼加(Cyrenaica)：利比亚北部一地区。——译注

⑤ 尤皮图斯(Eupeitues)的儿子安提诺斯(Antinous)：荷马史诗《奥德赛》中人物。——译注

⑥ 《奥德赛》，第二十二章。——原注

⑦ 伊萨基(Ithaca)：奥德赛的故乡，奥德赛参加特洛伊战争，20 年未回故里。——译注

⑧ 《高卢战记》，第六章，第 13 节(*De bello gallico* VI, 13)："*In omni Gallia Eorum hominum qui aliquo sunt numero et honore sunt duo. Nam plebs poene servorum habetur locl, quae nihil audet per se, nulli adhibetur consilio.*"——原注

这时一个部落足以吸引和臣服足够的邻近部落，发展成为一个民族国家，创造出一种文明，并建立起具有一定规模的政治组织，它足够紧密，能结合与调控数量惊人的个人努力和活力，指导它们为了共同的、不论是战争还是和平这样的公共目的而工作。这意味着它一定已经能够组织规模相当大和纪律相当严明的军队，并让他们参见战斗。它还可能建造给人深刻印象的建
342 筑物，并且更可能的是，通过复杂和认真规划的灌溉系统，提高土地的生产力。

大自然也不可能在这种进程中飞跃式前进。第一批伟大国家的兴起一定经过了长时期逐步的苦心经营，其间作为部落首府的原始村镇开始变为城市。农业进步一定能够允许数量相对多的人在一个相对小的领域密集居住，并使得政治组织比上面提到的类型更有活力、更加成熟。在这一准备阶段，一定的艺术和贸易可能已经发展到相当水平，而且最初的资本积累也以储存粮食或战争与和平的工具这种形式发生。在这一早期时代，书写尽管还不完善，但一定已经开始记录对过去的记忆，并促成一代人的观念和经验向随后的几代人传播。

历史记载中大致确定的伟大帝国的首次创立，是萨尔贡一世的帝国。他被称为元老，是大约公元前 3,000 年卡尔迪亚地方阿卡德王国[9]的国王。有可能在一个世纪以前或更早，拉加什和苏美尔人的国王也作出了类似的努力。萨尔贡的帝国从波斯湾扩张到地中海和西奈半岛。如果它真是最古老的大型政治组织，它就标志着人类文明史中具有决定意义的一步。然而，萨尔贡的帝国看来持续了不到一个世纪，在第三代纳拉姆—辛死

---

⑨ 萨尔贡一世(Sargon I，一说活动时期为公元前 24 至前 23 世纪)：古代闪米特人阿卡德(Akkad)王朝开国君主。——译注

后，分裂成众多互相敌对的王国。但是这个早期的征服者树立的榜样为后世所模仿，其他伟大的帝国将要兴起于仍然遥远的时代，这起初发生在下美索不达米亚，然后是上美索不达米亚。巴比伦正好位于幼发拉底河和底格里斯河流域下游到上游的过渡地区。在16个世纪中，也就是从汉莫拉比到尼布甲尼撒二世[10]之间的漫长时光，巴比伦帝国极可能代表了到那时为止全世界人口、财富和文化最集中的情况。

也许在萨尔贡一世之前，埃及第一代王朝的建立者美尼斯[11]已经把遍布上埃及和下埃及的各个小国家统一成一个单一的国家。由此产生了一个帝国，以及足以与美索不达米亚诸帝 343
国相抗衡、并持续同样长久的文明中心，它也有多次衰落的间歇。

我们对美索不达米亚和埃及这两个非常古老的帝国所知的些许知识，显示出在社会金字塔顶端有一位国王。他具有神圣的特性，以人民的名义向民族之神提供祭祀。这一神祇具有帝国监护人的职责。在埃及的底比斯，他的名字是阿蒙，在巴比伦是马杜克，在尼尼微是阿舒尔（参见上文第三章，第3节）。大量官员以国王的名义行使所有民事和军事权力，他们通常是从属于创建帝国的种族的贵族中选出来的。臣属民族经常保持他们世袭的地方领导，并保留一定自治。有时他们完全被征服民族吸纳，与其融合。在这种情况下，地方官员由国王直接任免，或者说通过朝廷任免。已经可以确定，在埃及民族的漫长历史中，这两种制度多次彼此替代，这要由帝国处于更强大更集权，还是

---

⑩ 尼布甲尼撒二世（Nebuchadnezzar II，约公元前630—前562）：古巴比伦国王（前605—562），攻占耶路撒冷，建空中花园。——译注

⑪ 美尼斯（Menes）：埃及统一后第一代国王（约公元前3100年）。——译注

更虚弱更离心的阶段而定。统治阶级通常由将军和教士组成，而在埃及和卡尔迪亚，教士是他们时代所有知识的储藏库。只有他们了解法律，社会把法律的运用移交给他们。在另外一些情况中，高级教士设法取代世俗政权，行使皇权。这样在上埃及，在公元前9世纪，阿蒙的高级教士们行使了我们今天所说的“世俗权力”。

至于招收民事和军事官员的制度，可以肯定的是，方法多有不同，特别是在古埃及3,000多年的历史中更是如此。如前所述(第二章，第6、8节)有一些阶段掌握象形文字是通往高级职务的关键，不论在民事方面还是在军事方面，都是这样，也有一些普通人获得高官的例子[12]。但是通常，即使在埃及没有真正
344 封闭的社会等级制度，这里的社会层次也有极大稳定性，一个人的身份主要由其父亲而定，而不是由其工作确定。在巴比伦，奴隶数量众多，并且几乎所有的埃及文件和纪念碑都见证了上层阶级在今生和来世的豪华，而剧烈和频繁的手工劳动则由下等人来做。

希腊作家无意间详细描写了波斯帝国通行的社会和政治状况，后者是基督教兴起之前近东的最后一个大型政府。希腊人经常与之接触。看来出身在政治等级的构成中非常重要。希罗多德描写道，冒牌的史默迪斯[13]通过让人们相信他是居鲁士的儿子而当上国王。在他被谋杀后，七个波斯贵族轮流在位。据色诺芬记述，当小居鲁士死于库那克萨[14]后，希腊雇佣军拥立亚

---

⑫ 莫斯卡：《关于政府和议会制的理论》，第二章，第2节。——原注

⑬ 史默迪斯(Smerdis)：为巴尔迪亚(Bardiya)的希腊文名字，波斯国王甘比西斯之弟，公元前522年篡位，7个月后被甘比西斯的儿子大流士所杀。——译注

⑭ 库那克萨(Cunaxa)：幼发拉底河岸边的小亚细亚地名，公元前401年小居鲁士与其弟阿尔塔·薛西斯争夺波斯王位，两军在此相遇，小居鲁士战死。——译注

里乌斯,他是一位反对居鲁士战争的波斯军队司令官。亚里乌斯拒绝了,理由是他还不够高贵,波斯贵族们不会接受他作为皇帝。希腊人流传这样的事实,波斯帝国实际上是由各民族在波斯霸权下自愿结合在一起的联合体,这些民族具有不同的、都比较古老的文明。有些民族,诸如亚美尼亚人、西利西亚人和推罗人保持了自治及民族主权。另一些,诸如吕底亚人和巴比伦人,由苏萨的波斯朝廷上的大贵族中选出来的总督们统治。对于他们,朝廷保持了紧密监视。几乎所有的臣属民族每年都根据其财富给苏萨的王朝进贡,并应要求提供辅助部队。在被征服诸省的中部,一些山民保持了野蛮的实际独立状态。这就是卡都钦人[15]的情形,他们大约类似于今日的库尔德人。[16]

在中世纪,穆斯林国家是按照近东国家模式创建起来的。毫无疑问,它从拜占廷帝国那里学来了其行政和政治体制的部分细节,但是在更大程度上,它继承了萨桑王朝的新波斯帝国的 345
先例和传统。[17]波斯的影响特别是在阿拔斯诸哈里发时,变得举足轻重。首相“维齐尔”的称呼就起源于波斯。然而,尽管宗教的严格粘合是穆斯林国家支配性阶级主要的力量,尽管在一定阶段它发展了高度的文化,它还是具有一种内在的弱点,不可避免地会导致巨大的政治组织或快或慢地解体,早期几代伊斯兰教徒过度的猛烈扩张创造了这种大型政治组织。在穆斯林世界中,几乎所有社会和政治关系都被宗教准则,即《古兰经》所规定。从长远看来,这制约了伊斯兰国家的发展。但是,忽略这一点会发现,穆斯林国家迅速分裂最重要的原因之一,是允许各个

---

⑮ 卡都钦人(Karduchian):中亚古代民族。——译注

⑯ 色诺芬:《远征记》(Anabasis)。参见上文第四章,第2节。——原注

⑰ 华特(Huart):《阿拉伯人史》(*Histoire des Arabes*),第一卷,第二十三章。——译注

不同省的总督们征募军队,并直接征收付给他们的税收。这种权力的集中使得他们很容易在军队中创造个人信徒,以至于可以宣布独立,或至少在事实上独立,尽管还要给哈里发一点名义上的尊敬。伊斯兰文明在高峰时期产生的最伟大的智者阿维罗伊[18]就注意到了这种缺陷。[19]

中国在不久前也是按照近东国家的方式进行政治组织,但是在漫长的历史进程中,她使得这种类型达到了在其它地方达不到的完善水平。这部分上是由于中国文明是建立在非宗教的、实证的道德基础上,也由于中国各民族在多少个世纪共同的历史中获得了极大的文化统一性,最后还由于其招募官员的民主制度,这些官员通过竞争性的考试得到任命和提升。尽管有这些好处,中国的国家实力从未与其幅员成比例,并且一旦它与现代欧洲国家接触,该国的劣势立刻就显现出来了。日本为了
346 保持其独立和古代民族精神,被迫迅速改组其政治、行政和军事组织,遵守欧洲文明提供的模式。

近东帝国的组织类型总是被证明劣于现代欧洲文明国家的组织。它也低于古罗马的组织,并且在许多方面,甚至劣于古典阶段小型希腊国家的组织。然而,随着老的象形文字和楔形文字被破解,古代近东帝国的变迁兴亡正在被逐渐揭示出来。忘记了人类正是通过它们才开始积聚使得知识和经济进步成为可能所需要的经验与财富,这是不公平的。在底格里斯、幼发拉底和尼罗河两岸,一群群曾经统治松散部落的元老第一次聚合起来,组成了真正的统治阶级,它们有机会设想和发展这样的观

---

⑱ 阿维罗伊(Averroës,伊本·路西德的拉丁文名字,1126—1198):伊斯兰哲学家,将伊斯兰传统哲学与希腊哲学融为一体。——译注

⑲ 勒南:《阿维罗伊和阿维罗伊主义》(*Averroes et l'Averroisme*),第二章,第161页。——译注

念,即数百万人可能有一些共同的重大利益。在这些阶级中,一种选择过程首次得以运作,由此某些个人能免于物质对生活的担忧。这些蒙受特别恩典的幸运儿被自己的组织所庇护,免于遭受某些人的贪婪和暴力,而这些人在每一个时代和每一个社会都急于为自己获得最好的地位。这些幸运者能够把时间用来观察别人和自己生活的世界,阐明家族和社会团体最初的伦理。我们在4,000年前的汉莫拉比法典中就发现了其雏型,它已经规定了如果要使社会持续下去,个人必须遵守的许多规则。古埃及《死者书》从某种程度上看比汉莫拉比法典更古老,它的一些文本要回到溯第十一王朝,最晚的也在第十八王朝(大约公元前1400年以前)。这部箴言的汇集被放在坟墓中,也许是作为一种神圣的标志,也许是让死者在来生能获得一些指导。这些文本第一次形成了许多道德箴言和一些兄弟关爱的规则,例如:"授饥者以食,""授渴者以水,""不要以工资欺骗工人,""躲避虚 347
妄,""莫作伪证"等;这种兄弟关爱后来成为所有主要的普世宗教的基础。最后,在这些帝国,通过公共管理的困难技艺,开始了第一批审判。这种技艺,归根到底使一个大型社会以最小的束缚,确保了每一种为了个人优势而自发的行为,对整个团体也是有用的。

3. 如果说欧洲文明能够创造一种与近东帝国大为不同的政治组织的话,这一事实我们主要是从希腊和罗马留下的知识遗产中知道的。现代欧美的主要国家与雅典、或斯巴达、或共和国阶段的罗马等国家当然有很多不同,但是如果不是古典时代政治思想家的著作,他们的观点得自于他们那个时候的政治制度,现代国家,以及那些欧洲人的海外殖民地就不会采用与亚洲诸帝国如此不同的政治制度。

希腊文明的许多因素是从亚洲诸帝国和埃及那里借来的。第一次渗透一定发生在史前时代，当时一种以克里特岛为中心的前希腊文明繁荣发展，然后又烟消云散，只留下模糊的记忆。但是这种文明发展了农业科学的初级形式，并使得其它物质条件有所进步。一旦这些东西变成了一个国家的风俗，它们可能会退化，但是看来不会完全消失，即使发明或采用它们的民族或文明被毁灭了。来自埃及和近东帝国的其它渗透发生在真正的希腊文化正在觉醒时，也就是公元前 9 世纪初。此时，腓尼基人是希腊、埃及和近东之间主要媒介。这次，移植到希腊土壤中的新种子结成了比起原来的植株有些不同的、并在许多方面更好的果实，特别是在艺术、科学和政治组织方面。

348 我们在希腊文明的第二次曙光中发现的荷马时代的王国，与半原始类型的社会组织并没有什么很大不同，在刚刚向伟大的现代政治结构迈进的所有民族中，都会出现这种形式的社会组织。荷马式的国王在许多方面类似阿拉伯或日尔曼部落的酋长。他的权威主要是道德方面的，并具有宗教意味。他依靠显要人士的委员会的帮助进行统治，在发生严重危机时，还要召集武士或部落中的自由人开会。然而，在一段不可能超过三个世纪的时间中，这种没什么不同寻常特点的政治组织，被转化成了古典时代高度独创性的希腊城邦。

至于这种发展的原因，首先应该归结为希腊的地理环境阻止了大帝国的形成，而这样的大帝国曾出现在宽阔、平坦的底格里斯河、幼发拉底河、尼罗河，以及黄河流域。希腊半岛的地形如此断裂，以至于每个地区、每个城镇(以及环绕它的地方)，都与相邻地区被相当险峻的自然障碍所隔离。因此，希腊部落获得了相对稳定的住所，且土地私有制到荷马时代已成惯例。这两个条件促进了农业的发展，使广大人口能够靠一小块土地生存下来。一个希腊城邦通常与它最近的邻居相隔一整天距离。其疆域很少超过一千平方英里。由于这一阶段的农业发展,这个数量的土地可以养活三万到四万人,当然包括奴隶和外国人。村庄或原始市镇非常容易成为一个人烟稠密的城市。阿提卡[20]具有大约两千平方英里的疆域。在其极盛时期,人口可能超过了 20 万。叙拉古和斯巴达也比一般的希腊城邦有更大的领土和更多的人口。这样,雅典、叙拉古和斯巴达就成为了古代希腊世界最大和最强壮的城邦。[21]

349 古希腊宗族的强大组织也导致希腊的政治发展与近东帝国不同。每个家族都认为自己是从同一个祖先传下来的,一开始也都保留了一定的政治和宗教自治性,这样城邦就成了各宗族的联盟。但是除了这些因素,一定还有其它一些知识和道德秩序的因素,由于时间久远和文件罕见,我们无法作准确的鉴别或分析。我们被迫用非常一般和不完善的术语,把这些因素界定为希腊人以及后来的意大利人特有天才的产物。

无论如何,早期希腊王位最终开始动摇了,而且在荷马之后一个世纪,它已在希腊人那里被废止。赫西俄德[22]提起国王来远没有荷马那么尊敬。这位被称作"农民诗人"的人指控国王们贩卖正义,直率地把他们描述为才华的毁灭者,并热情地推荐说,自己的弟弟皮西乌斯与他们没有牵连。国王或者失踪,或者在贵族委员会中失去了其重要性。这些城邦开始被氏族集团,或宗族,或最古老、最有影响力的家族集团的首领们所统治,这

---

⑳ 阿提卡(Attica):希腊中部一地区。——译注

㉑ 就古希腊人口而言,参见贝洛赫(Beloch):《希腊罗马世界的人口》(*Die Bevolkerung der Griechisch-Romischen Welt*),第三章,第 54—107 页。——原注

㉒ 赫西俄德(Hesiod,生活于公元前 8 世纪):据说是牧民出身,古希腊著名诗人,曾作长诗《工作与时日》劝戒其弟从善。——译注

些家族拥有最好的土地，并让奴隶和一群无用之人和从其它国家来的避难者耕种；只要能找到一个有影响的公民提供保护，每个城市都接受这种外国人。因此，支配性的政治机关，是古代的“元老院”或元老委员会，主要家族在其中都各有利益代表。所有公民参与的古老的大会可能继续在元老委员会之外发挥作用。但是，由于财富不断集中、以及主要家族能够控制的委托人数目很大，这一委员会就至少在一段时间中，保持了它在君主时代享有的统治地位。

在大概相应于公元前 7 世纪的一个阶段，农业和初期商业的进步，一定为许多长期留居的外国人后裔提供了创造独立经济地位的方式。他们开始希望获得公民地位，这是分享政府职能和逃避元老们麻烦监视的惟一途径。这一运动一定被穷人和
350 日渐式微的老公民家族支持，他们也有意反对富有者和更杰出的家族构成的寡头制度。

这些原因主要具有经济特点。还有其它原因，比如军备和军事技术的变化发生于这一阶段，一定有助于希腊城邦的民主化。在荷马时代，战车已开始使用，可以说，当时战车决定了战斗的结局。只有非常富有的人才付得起战车的费用。从那时开始，战车开始被普通骑兵所取代，后来又被重步兵、也就是重装备的步兵所取代。重步兵构成了古典时代希腊军队的核心。一个重步兵的装备尽管相对昂贵，但是一个中等收入的人能够买得起。在早于梭伦宪法的德拉古[23]宪法中，提供武器的所有人参与公共官职似乎是一项长期认可的权利。

---

[23] 梭伦（Solon，约公元前 638—约前 569）：古雅典政治家、诗人，公元前 594 年当选雅典执政官，进行经济和政治改革，解救穷人；德拉古（Draco）：公元前 7 世纪雅典立法者，依据习惯编著雅典第一部以严酷著称的成文法。——译注

接着发生了一段内部冲突，其间失败的派系不得不迁徙。在这个时代的诗作中，可以发现这一阶段的痕迹，特别是在迈加拉的提奥格尼斯[24]那里。它经常被受欢迎的领导人的独裁所打断，这些领导人被称作“暴君”。这种冲突一般说来结束于梭伦在公元前6世纪早期在雅典实现的那种妥协，它使希腊城邦在古典时代得以延续，这一时代在世界政治史上必定具有极大的重要性。

这些妥协的基础有两点：首先，一定数量原有的外国居民和被解放的奴隶后代进入公民行列。然而，在宪法改革之后发生的事件中，没有应用这一原则。从总体上看，新来的定居者仍被阻隔于公民身份之外，以至于甚至在民主的雅典，一个公民和一个非雅典血统的妇女所生的孩子也不能被承认为公民。[25]其次，主权建立于全体公民大会的基础上，这一点是得到明确承认的。据此，公民大会逐渐吸收了宗族原来的几乎所有特权，贵族家庭的首脑过去就在与自己血统相同的人民身上运用这些特权。元 351
老委员会相应地失去了威望，并且通常被转化成了元老院，它经常直接来自公民大会，而大会则有权决定其成员身份。

古典时代从未听说过立法、行政和司法权力的截然区分，至少从理论上说，这是现代宪政的突出特征之一。司法和行政职能的完全分离，对这一概念我们极为熟悉，甚至在罗马帝国阶段，也没有被引入。[26]罗马执政官可能行使了现在被称作立法权的职能。但是在古典希腊，现在相应于最主要的主权、也就是立

---

[24] 提奥格尼斯（Theognis），创作期为公元前6世纪末到前5世纪初）：古希腊哀歌体诗人；迈加拉（Megara）：希腊南部古城邦。——译注

[25] 亚里士多德：《雅典政制》，第42节。——原注

[26] 哈特曼（Hartmann）：《古代世界的毁灭》（Der Untergang der Antiken Welt），第二章，第46页。——原注

法权的职能，几乎完全委托给公民大会，而我们称作的行政和司法职能，几乎都委托给了这样的团体和个人，它们或被所有公民选举，或者通过抽签从所有公民或特定的公民阶层中选出。亚里士多德列举了许多官职，它们被认为对希腊盟邦的适当职能必不可少的。它们使得成千上万的公民繁忙不休，而在任者大多数是通过抽签选出来的。

几乎所有希腊城邦的国体，都有官职的临时性任期这一特点，通常每年至少更换一次任职者。同样普遍的是行使特定公共职能的应该不止一个人这一规则。构想这项习俗是为了规定，一个人的权力应该总是被另一个或更多其他人的同等权力制约和限制。这就是罗马设立双执政官的意图。这一原则被如此负责地应用，以至于在希腊的许多城邦，陆军或海军司令职务被委托给许多文官或武官，他们轮流行使职能。希腊国家政治和行政组织的另一个特点是几乎完全缺乏现在称作拿薪水的官员。有意思的是，许多被认为很重要的司法和行政特权通常被
352 保留在公民大会中。大会几乎总是保留着宣战、讲和以及应用重罚的权利。这种重罚包括死刑或驱逐，在这种情况中，至少允许向公民大会提出上诉。

希腊没有常备军。按照亚里士多德的记录[27]，所有男性青年雅典公民（雅典公民的儿子）长到 18 岁后，都要进行一年军事训练，然后担任两年的海岸和阿提卡其它战略要地的警卫。因此，实际上雅典具有现在称作“三年兵役制”的制度。然而，没有永久性的军官团体。人民仅仅是每年选出五个 40 岁以上的荣誉公民，他们负责年轻雅典人部队的食物，监督物资供应，每一

---

[27] 《雅典政制》，第 42 节。——原注

个男青年每天获得四个奥伯尔(obol)[28]作为生活费。在体操馆还有两个教练,他们教授兵器知识并指挥军事训练。当时没有标准的纪律规定和军事惩罚规则。至少在和平时,从军的男青年们要服从与其他公民一样的管辖权。雅典历史上没有迹象会引导人们假设,这种男青年团体与我们现在称作警察职能的任务有关,这种任务就是支持政府和维护公共秩序。

4. 从希罗多德开始,所有古典时代的希腊著作者都认识到政府有三种存在形式,即君主制、贵族制和民主制。希罗多德通过三个杀死假冒的史默迪斯的波斯贵族之口争论这三种制度的优劣。[29]这种轶事很少能当作信史,但是它至少证明了早在公元前5世纪中叶,几乎在亚里士多德开始写作之前一个世纪,希腊人(不是波斯人)对这三种范畴非常熟悉,并运用他们批判的天才讨论每种政府形式的优劣。古典希腊时代的思想家应该强调过在政府可能的形式中君主制度的重要性,这是容易理解的。
对荷马时代君主制的记忆在他们的文学传统中非常显著。有一 353
些晚近暴政的例子,这特别是在希腊殖民地,如大希腊(Magna Graecia)[30]和西西里尤其普遍。古老的家长式君主制自身在伊庇鲁斯遥远的[31]角落中幸存下来。斯巴达也继续顽固保留着这种制度的痕迹。最后,希腊人频繁与野蛮民族接触,后者几乎总是由国王统治。

---

[28] 奥伯尔(obol):古希腊银币。——译注

[29] 《历史》,第三章。——原注

[30] 大希腊(Magna Graecia):希腊本土以外,包括小亚细亚在内的希腊文明传播地。——译注

[31] 伊庇鲁斯(Epirus):希腊西北部和阿尔巴尼亚南部的沿海地区,在古希腊以落后著称。——译注

但是古典时代的希腊国家几乎总是在贵族制和民主制之间波动。它们在希腊城邦中是两种处于永久冲突的恒久倾向。实际上,亚里士多德在其不朽的《政治学》一书中用相当篇幅分析这种不可避免的交替。[32]

希腊人关于贵族政治的概念与罗马人极为不同,指出这一点非常重要,后一个概念反过来歪曲了贵族政治这一术语的现代用法。对于古典时代的希腊人,贵族制的概念不是与世袭权力的观念紧密联系在一起的,通过世袭制度,公共官职一代代落在同样的家族中。贵族制仅仅意味着,官职被专门地或有限地给予那些由于财富或非凡的美德从其他公民的群体中凸现出来的人,不论他们是否具有同样杰出的祖先。亚里士多德明确地把“优生主义(eugenism)”与贵族制区分开来,这样做是非常正确的,这种优生主义意味着政府由那些长盛不衰的诸家族成员、或完全由这样一些显赫家族的成员们掌管。[33]并且实际上,它发生得相当频繁,以至于一些显赫家族的成员会领导人民反对贵族政党,这些政党由大多数新近富有的人构成。伯利克里时就是这样。

但是在贵族制和民主制的冲突方面,当财富的作用胜过公民人数时,希腊国 家就实行贵族制;而当人数胜过财富时,就实行民主制。在这种贵族制下,公共官职或至少更为重要的公职,在它们还没有被法律限制给拥有一定财产资格的公民时,是不
354 付薪水的。只有不需要为谋生而日复一日地劳作的人能够获得它们。参加公民大会没有酬金,因此,穷人们不参加这样的会

---

[32] 特别请参见《政治学》,第六、第七和第八卷。——原注

[33] 同上书,第三卷,第七章,第 7 节;第八卷,第一章,第 7 节。在这后面的章节中,亚里士多德说:“好的出身是美德和古代的财富”——也就是说家族的古老。——原注

议，而富人及其仆役则积极参与。在民主制下，公共职位是有报酬的，参加大会给予了人们一种筹码，能够被兑换成现金。

在贵族政体下，公共官职几乎总是选举性的，因为在选举阶段，富有者结成多少有点隐秘的会社〔“hetairies”：法语，希腊秘密政治团体〕，并通过手下的活动，能够很容易地把选票集中于自己的候选人，在票数上超过穷人，穷人们则没有这些资源可以利用。在民主制政体下，公共官职经常通过抽签在公民中分配。这种制度甚至被古希腊的思想家认作是荒谬的；但是毕竟它是惟一的这样一种制度，通过它能够消除名誉的影响力、个人联系和受资助的选举活动。

如我们已经看到的，由于穷人总是比富人人数多，贵族制政府就严重依赖于追随者，富人通过给一定数量的穷人提供赞助来维持这批人，那些政治生活的追随者也通过给予大多数不太富有的公民慷慨的施舍来笼络他们。亚里士多德明确指出伯利克里不如西门富有，后者是米亚泰德家族[34]的儿子、贵族党的领袖。伯利克里无法与西门在开支上竞争。因此他从国库中拿钱给许多过去不付薪的职位付钱，以此来收买穷人。[35]这种提供适当补助的制度，甚至在现在的民主制国家中也不少见。政治家们都很了解通过挥霍公共财富以抵销私人财富的诡计。

希腊国家中贵族制的弊端通常在于它夸张这一制度——也就是说，把贵族制转变成寡头政治，其中一个封闭的小集团妒嫉地把所有非集团成员排除出公共官职，不论他们的财富和个人美德如何。其它常受指责之处在于它垄断公共官职以保护和增 355

---

[34] 米亚泰德家族为雅典显赫世家，其中米亚泰德（Miltiades，约公元前 554—前 489）为马拉松战役打败波斯军队的希腊名将；西门（Cimon，约公元前 510—约前 451）：米亚泰德之子，雅典政治家，将军。——译注

[35] 《雅典政制》，第 27 节。——原注

加统治集团和他们的亲戚、随从的私人财富。这种做法特别通过确保让属于统治国家的派别、或忠于它的人作出民事和刑事案件的判决而得到维持。

反过来说，当穷人有自尊心，大多数穷人成功地摆脱了富人追随者的地位时，对民主制的滥用就容易发展起来。重要的公共职位将被给予那些抽中签的人，而不考虑他们从事这些职位的能力和才智。由于所有公共职能都是付薪的，国库很快背负了满足大量开支的过重负担，不得不向富人和小康人家征收重税。这等于是对私人财富的变相掠夺，公共经济也被相应地颠覆。亚里士多德估算道，在伯利克里时代的雅典，大约两万公民获得政府补助。这实质上意味着整个公民阶层被转化成了国家的领年金者。[36]这在一定时间内是可能的，部分上因为雅典从劳里恩的银矿中获得了收入，但主要还是由于如亚里士多德指出的，盗用了希腊盟邦给予雅典的用于实施对波斯战争的捐款。这种盗用绝不是引起希腊人之间战争的最小因素，这一长期可耻的战争很快就爆发了，被称作伯罗奔尼撒战争。在更严重的情况下，某些民众政治煽动家会消灭富人、或放逐他们，没收他们的财产，并在党徒或支持他的外国雇佣军中瓜分战利品。这意味着宪法的正常职能被终止了，将会出现被一个党派支持的某个领导人的独裁。这叫做“暴政”，所有希腊著作家都把它描述为所有政府形式中最坏的一种。[37]

356 几乎不用说，希腊国家的正常运作需要高度的经济繁荣，以及在大多数公民中高度的智慧和道德的统一。这种事情可不容易获得。实际上，这种类型的政治组织有效运转了不足两个世

㊱ 同上书，第 24 节。——原注

㊲ 亚里士多德：《政治学》；柏拉图：《理想国》。——原注

纪，也就是说，从公元前5世纪初开始到4世纪结束，这一阶段正是希腊文明极大发展的时候。由于没有常规的官僚队伍，没有执法的永久性警察队伍，大多数公民必须拥有强烈的合法意识和高度的公共精神，这可以让他们为了公利牺牲私利。因此，这些美德在希腊教育的所有途径中被灌输和夸奖。这在很大程度上揭示了柏拉图和亚里士多德对年轻人教育的重视，而教育已经在古希腊被看作国家的职能之一。同样不可缺少的是在公民和奴隶之间维持一定数量的比例。如果公民人数太少，奴隶容易反叛，如斯巴达奴隶们经常做的那样。另一方面，如果公民人口太多，那么他们中大量的人会变成乞丐，对维护制度丧失兴趣。柏拉图在《理想国》中注意到了这些问题，提议废除私人财产，并相应地废除家庭，至少统治阶级应该如此。亚里士多德具有更大的实践洞察力，他建议建立起小的财产所有制，正是因为他注意到，当少数极为富有的公民面对大群穷人，这些穷人能支配武器和投票权，但是没有兴趣捍卫现存事务秩序时，各种叛乱都很容易发生。㊳

正是凭借其有机的国体特点，希腊国家注定只能维持少量国务，它的领土从来不能超过一个中等城镇的范围。如果古希腊人使用一个词"城邦"既指国家，又指城市，那是因为他们几乎想像不出一个这样的国家，它按照希腊方式组织，但是比一个城市及为其提供生活物资的邻近区域更大。的确，当亚历山大大帝征服波斯帝国时，希腊文明扩展到有着更大疆域的国家中，诸如叙利亚、埃及和马其顿。但是这些都是大型的军事君主国，它们的 357
组织与柏拉图和亚里士多德讨论的政治类型没有关系。而且，在这些君主国中，希腊因素只是被限制在一小批统治阶级中。

㊳ 《政治学》，第六章，第9节。——原注

希腊本土从来没有一个大国，这是由于希腊的城邦不能成为这样一个国家。它的组织基础是公民大会。为了经常参加这种大会，人们不得不住在城市里，或在紧邻它的郊区。这种大会本身也不能太大。否则出席的大多数人听不到讲话人在说什么。这就是柏拉图在《理想国》中把公民人数限制在五千的原因。如亚里士多德所观察到的，在为理想国体所设计的一个计划中，米利都的希波达莫斯[39]建议应该有一万公民，但是在这一万人中，只有三分之一装备了武器，具有参与公共事务的资格。在同样的章节，亚里士多德说起了由卡尔西登[40]的斐里阿斯提出的另一种理想国体，这项计划建议在所有公民中均分土地。(亚里士多德)这位斯塔利亚人带着很强的判断力强调，建立这样一种制度，特别是保持它随后的运转很困难。亚里士多德本人并未规定公民数量。他说，人数应该是一个人声音所及那么多，但还不是大嗓门者的声音。而且他补充说，所有公民都应该能够互相认识，从而可以判断彼此担任公共官职的能力，如公民人数太多，这将是不可能的。[41]在雅典全盛时期，她可能有超过三万公民，但这是一个例外。叙拉古具有的公民人数不止于此，但是在叙拉古，希腊城邦的正常组织在公元前 4 世纪就不能再运转了。在亚里士多德时代，斯巴达已经减少到只有两或三千公民[42]，并且亚里士多德认为只能够武装不超过一千战士。这

---

[39] 米利都(Miletus)：古希腊在小亚细亚的城市；米利都的希波达莫斯(Hippodamus)：古希腊米利都居民，公元前 5 世纪首次提出方块式城市规划，重建米利都城。——译注

[40] 卡尔西登(Chalcedon)：古代小亚细亚一个近海城市，公元前 133 年归属罗马。——译注

[41] 《政治学》，第四章，第 4 节。——原注

[42] 《政治学》，第二章，第 6 节。——原注

一估计可能太低了。亚里士多德承认,在更早的阶段,斯巴达可能有大约一万名公民。当然,武士的数量总是少于公民的数量。至于雅典,贝洛赫(Beloch)认为在公元前 431 年伯罗奔尼撒战 358
争爆发,也是这个城邦极盛的时候,公民数量一定超过了 45,000 人,包括去开疆拓土的公民(居住在其它城市的雅典殖民者)。[43]

为了补偿不能形成一个大型国家,同时又要保持希腊城邦组织结构完好无损,古希腊人试图应用称霸原则(principle of hegemony),也就是一个大城邦对其它小一些的城邦享有霸权(supremacy)。这种补偿很快显示出其笨拙和不充分。如在伊哥斯波塔米战役[44]之后雅典发生的情形,以及斯巴达在留克特拉战役[45]之后的情况,当具有支配地位的首都衰落时,臣属城邦就宣布了独立。殖民地提高了宗主城邦的权力,但是很轻微,因为它们自己也是城市,因此许多国家在自己身上,与产生它们的城市仅仅保留了宗教或仅仅是同情的纽带。

许多基本概念后来成为了现代欧洲样式的主要国家的宪法基础,而人们可以合理地质疑,它们何以能够在这样小的政治组织中得到设计和体现。说实话,政治自由的概念对于古代东方和埃及的各民族并非完全陌生。但是对于他们,它仅仅意味着一个民族不能臣属于另一个不同的种族、宗教和文明,而且那些统治一个国家的人应该是本国人,而不是外国人。这些概念从

---

[43] 参见《希腊罗马世界的人口》,并且请参见高莫(Gomme):《雅典人口》。——原注

[44] 伊哥斯波塔米(Aegospotami)战役:公元前 405 年伯罗奔尼撒战争的最后一役,斯巴达海军在伊哥斯波塔米决定性地战胜了雅典海军。——译注

[45] 留克特拉(Leuctra)战役:公元前 371 年在希腊城邦底比斯和斯巴达之间在底比斯(Thebes)附近爆发的战争,斯巴达战败,丧失了在希腊的霸权。——译注

来没有在这样的意义上被解释过,即一种国家的统治体制,仅仅由于它是专制的和独裁的,就能被认为处于奴役状态。《旧约》表明了希伯莱人的看法,当他们臣属于亚玛力人或腓力斯人[46]时,或他们被尼布甲尼撒迁往巴比伦时,自己就被奴役了,但是当他们具有一个民族国王时,他们则没有被奴役,尽管撒母耳[47]给以色列的长者们描述了他们国王残暴和专横的统治。

只有在古希腊,人类第一次认为,服从大多数公民同意的法律、服从大多数公民在确定时间给予确定权力的行政官的人们
359 在政治上才是自由的。只有在希腊,权力第一次不是从上往下传递,不是从居于政治等级制顶端的人们传递到那些臣服者手中,而是从那些被行使权力的人中传递到行使权力的人手中。

换句话说,希腊文明第一次声称,与王权神授不同的是,各民族的人权是统治他们自己。希腊文明第一次不再把法律看作出自神意,或出自执行神意的人,而是把它当作对一个民族意志人本的和可变的解释。希腊国家对其公民行使的权威是巨大的。有时它甚至被用来规定家庭生活的细节。但是行使权威必须与大多数公民接受的规范相符。

如我们所见,那些基本概念被尽可能改变得适应 18 和 19 世纪的欧洲国家,它们有效地帮助调整了欧洲的政治制度。只要有欧洲血统的人生活的地方,就可以感受到它们的影响。通过东方与欧洲和美国进行的知识接触,它们今天正在日本和中国,以及在其它亚洲文明的民族中扎下根来。

---

[46] 亚玛力人(Amalekite):基督教《圣经》所载出埃及前后生活在迦南南部一带的一游牧部落;腓力斯人(Philistine):《圣经》所载巴勒斯坦西南海岸居民,以市侩见称。——译注

[47] 撒母耳:《圣经》中希伯莱领袖和先知。——译注

第十四章　政治组织的演化 360

1. 意大利城邦的政治构成与希腊城邦的构成有很多地方是类似的。这可能是由于意大利和希腊民族种族上的相似性。通过希腊在西西里和大希腊的殖民地,意大利诸民族可能感受到了希腊文明的影响,这比罗马人征服这些殖民地在时间上早得多。

不论情况如何,我们在原始的意大利城市中,也发现了国王、知名人士组成的委员会、以及全民大会。在罗马历史中,记录了在伊特鲁里亚人①和拉丁人中存在着国王一职,此时,罗马仍然有国王,或刚刚把他们驱逐走,如波西纳②事件那样的情况。当维爱③在公元前 395 年被罗马人征服时,它似乎还有国王。后来,在公元前 4 世纪末以及 3 世纪早期,当真正的历史阶段开始,意大利人被迫承认罗马的霸权时,我们没有发现世袭王权的痕迹——它似乎在各个地方都消失了。我们发现的是贵族和平民之间的对立,这种对立非常活跃。罗马通常的政策是,在其它城市的争吵中支持贵族。她非常合理地推断她的霸权能够

---

① 伊特鲁里亚人(Etruscan):意大利中西部古国生活的民族。——译注

② 波西纳(Porsena):公元前 6 世纪伊特鲁里亚王子,罗马最后一位国王塔奎尼乌斯被逐后,波西纳率军围困罗马。——译注

③ 维爱(Veii):意大利古城,最初为伊特鲁里亚人建立的 12 个城邦之一。——译注

更安全地依靠这些成分，因为它们更倾向于保守和社会稳定。为了更好地达到这种目的，她相当自由地把公民身份授予那些联邦城市中的贵族。

在遥远的时代，罗马自己也有国王、元老院以及全体公民大会或称为人民公会；构建早期城市中结盟的各种贵族宗室的首领组成了罗马的元老院。然后世袭王权被废除了，如同希腊那
361 样，并被执政官和其它行政官员所取代。这些职位是选举性的、暂时的、并几乎总是"多人共职的"，也就是同样的职能同时被赋予不同的人。在罗马，冲突同样很快出现在原有的贵族公民和新兴的平民公民之间；老的贵族公民是由古代氏族成员构成的，而平民公民主要是由其它地方前来的拓居者和自由奴隶的后代组成。一度，实质上的两个城市在一块城区土地上共存，各有一个同样的官员职位。接着，这两个城市几乎以一种非常类似我们已经提到的希腊类型的组织方式完全混合在一起。这种罗马国体被设计成一个城邦，就像希腊的一样。但是它通过一系列深刻的独创性细节与希腊有所区别。

首先，最容易产生实践结果的，是公民权的扩大，它的权利被如此细分，以至于除了充分公民权，还有部分公民权，一个居民由此能够享有某些公民的权利，并逐渐被吸收进公民中，如果这个居民要与罗马城本身的成员在法律面前平等，他就必须被吸收进公民中。*civis optimi juris*〔充分公民权〕包括 *jus commercii*〔商业权利〕、*jus conubii*〔婚姻权〕、*jus suffragii*〔选举权〕和 *jus honorum*〔名誉权〕。第一项授予人们充分享有罗马公民的私人财产所有权。第二项允许与罗马公民结婚，不论男女。第三项给予了参加罗马人民公会的权利，第四项则是担任公共官职的权利。前两项权利很容易被给予。它们通常作为获得其它权利的准备条件。

这种策略允许罗马公民权如此扩张，使得许多住得离罗马很远的人都可以享有它，而且，即使获得了这种权利，他们也很少能够利用这种特权参加人民公会。简而言之，罗马发现了打破阻碍希腊城邦扩大的致命环节。通过把公民权给予那些远离罗马居住的人，她建立了一种可以说是深渊中的阶梯，在希腊这种深渊区分了公民和非公民身份。通过这种方式，罗马能够在公元前 265 年就把 292,000 名公民刻在其名单上。次年，第一次布匿战争爆发。尽管罗马在这场战争中遭受了损失，在第一 362
次和第二次布匿战争间歇之际的公元前 246 年，它还拥有 240,000名公民。因而，她可以征召许多军团，使其在汉尼拔入侵意大利所遭受的可怕折磨中挺了过来。④罗马继续按照同样的方式，逐渐吸收了大片领土，并"创建了世界都市"：

Urbem fecisti quod prius orbis erat. ⑤

在公元 5 世纪这一目睹罗马帝国遭受死亡折磨的时代，一个罗马化的高卢本地诗人吟唱了上面这句诗。⑥

古罗马共和国国体的第二点独创性在于，比起希腊来，它成

---

④ 德·桑提斯(De Santcis)：《罗马历史》(Storia dei Romani)，第三卷，第 193 页。——原注

汉尼拔(Hannibal，公元前 247—前 183)：迦太基统帅，公元前 218 年率军远征意大利，从而发动第二次布匿战争，后多次被罗马击败，服毒自杀。——译注

⑤ 拉丁文直译为：按照世界原有的样子建造富裕的罗马城。——译注

⑥ 鲁提利乌斯：《归途记事》(*Itinerarium*)，第一卷，第 66 节。克劳狄安(Claudian)这位鲁提利乌斯的当代人使用了类似的表达方式，参见《斯蒂里科尼斯的第二次深思》(*In secundum consulatum Stiliconis*)，第 150—160 页。——原注

鲁提利乌斯(Rutilius，创作期约为 417 年)：古罗马诗人，公元 414 年曾担任罗马行政长官。——译注

功地维持了更多贵族制的特点。罗马元老院最终没有成为古老宗族的家长代表大会。它的成员由一个监察官从那些已经居于高位的人之中选出。直到非常晚近的时候，百人团会议才以一种剥夺有产阶层在大会中支配地位的方式改革；同样迟缓的是特里布公会[7]被承认与百人团会议具有同等地位，在特里布公会中，人数决定性地占据了财产的上风。对百人团会议的民主改革，目的是使它们脱离有产阶级的控制，它是在公元前 241 到前 218 年之间进行的，换句话说，是在第一次布匿战争结束，第二次开始之际。由特里布公会选出的平民投票权和由百人团会议投票通过的法律之间的平等，据说是被公元前 286 年的《霍藤修斯法》[8]所建立的，但是权威对此仍有怀疑。就这一点，使得罗马宪法具有许多不确定性，也许是因为我们试图在它那里找到，我们在现代宪法中已经相当习惯的对各种国家机构职能的明确界定。[9]

但是无论人民公会是如何构成的，一项法律只有在行政官
363 员提出它，元老院以其全部威望批准它后，才能被人民公会通过。至于选举性的官职，下迄共和国的最后时代，它们由于习俗而不是法律防止被赋予真正的普通人。军事长官职位是渴望政治生涯的人往上爬的第一步。下迄诸次布匿战争时，作为实践，

---

⑦ 罗马人民公会分成三个部分，即库里亚公会、百人团会议（comitia centuriata）和特里布公会（comitia tributa），库里亚公会指贵族血亲会议；百人团会议指罗马为选举方便把公民每百人分成一组，具有一个投票权，这些代表组成的会议称百人团会议；特里布公会继承自罗马原始部落的部落大会。——译注

⑧ 霍藤修斯法（Hortensian Code）：霍藤修斯为罗马独裁官，公元前 286 年促使通过了一项法案，规定平民所通过的决议不必经元老院批准，也对一切公民有效。——译注

⑨ 就这一点，参见帕西奥尼（Pacchioni）：《罗马法律的发展》（*Corso di diritto romano*），第一卷，第二期，第四章。——原注

这种等级都只向古罗马骑士阶层成员开放。看来可以满有把握地说，没有几个在布匿战争期间获得军事领袖地位的百夫长能够满足成为骑士阶层的财产条件。[10]费雷罗合理地指出，在内战期间，除了盖约·马略的例子外，军队总是被大罗马家族成员所指挥；而盖约·马略就这件事而言，看来似乎有骑士阶层的血缘。[11]

另一种情况是：许多公民住得离罗马太远，以至于一项法律规定了在人民公会召集会议和其成员聚会要有一个间隔期（trinundinum），也就是 16 或 17 天（或如其他人断言的 24 天）的间隔。不论现代学者如何界定“trinundinum”这一术语，它都代表了一个阶段，它长得足够让元老院发现任何引起它注意的紧急事件。这有助于使职能多重化，扩张元老院的权威，它处的地位能够快得多地召开会议。按照这条路线，到共和国末期，元老院几乎专断了对财政和外交的控制权。

2. 在格拉古兄弟时代之后——换句话说，在共和国的最后一个世纪——这种贵族组织被调整、或者更好地说是不能正常运转。变得明显的是，按照希腊类型组织的城邦，不能成为一种世界政治体，不论它如何被修补和扩张。人民公会代表了全体具有主权的人民在罗马论坛的合法集会。在公民权被给予意大利各民族时（公元前 88 年），这一定看来相当像一种法律虚拟[12]。当一大群公民，如果确定不是大多数的话，分布在整个地中海沿岸，而不止是意大利海岸时，这种权利就变成了一个大笑 364

---

⑩ 德·桑提斯（De Sanctis）：《罗马史》，第三卷，第 344—346 页。——原注

⑪ 《罗马的辉煌与衰落》，第一卷，第 112 页。——原注

⑫ 法律虚拟（legal fiction）：指在法理意义上可以指定、但是在实践中做不到的法律或权利。——译注

话。公元前 28 年,也就是亚克兴角战役[13]之后三年的人口普查,公民人数是 4,164,000 人。公元前 8 年的一次人口普查确定为 4,233,000 人。我们最后一次有些许了解的人口普查发生在公元 48 年,在克劳狄皇帝治下。它统计出了 5,894,012 名公民。17 岁以下的男性和女性不被包括在统计之列。因此,公元前 28 年的数字,已经意味着人口有 1,400 到 1,500 万人,比意大利能承受的人口多得多,特别是当人们想到还不包括奴隶和外国人时。[14]

一旦任职者远离意大利一段时间,在偏远的省份供职,在那里被赋予几乎绝对的权力,那么公共官职的年度更换也不再可行。因为同样的原因,军队失去了它们作为每年征募的由公民组成的民兵这一特征。逐渐变得更像职业军人,这些军人与年复一年命令他们的将军比一般意义上的国家联系更紧密。因此,不可避免的是,原有的罗马公民权利机构会被转变成这样的政治组织,它被一个职业官僚阶层和常备军所掌握和统治。

这种转变发生在通常所说的帝国取代共和国时。人们对奥古斯都及其同盟者开创这种新政体时的实际意图争论不休。但是有一件事是可以肯定的:他们没有试图用如我们今天所理解的专制王权或有限王权来取代旧制度。同样可以肯定的是,他们引进的新秩序,标志着把旧的城邦转变成新的政治组织的决定性步骤,这种新制度使得控制、统治和缓慢同化罗马成功征服的大量领土容易得多。

一旦政治组织得到转化,后来的组织保留了前面组织的大

---

⑬ 亚克兴角(Actium)战役:公元前 31 年屋大维在亚克兴角大败安东尼,成为罗马霸主。——译注

⑭ 马加特:《罗马财政组织》(*De l'organisation financiere chez les Romains*),第二篇,第 337 页(注释)。——原注

量特征,特别是紧挨着它的那个组织,这成了一条规律,也许还是恒久的规律。这个新的大厦多少是建立在旧制度的废墟上,
并且至少在部分上,建立于由旧制度提供的材料上面。在奥古 365
斯都改革的情形中,这个法则得到确证。改革没有一下子剥夺人民公会立法权。这些大会继续经常召开。在亚克兴角战役后,它们断断续续发挥了一个多世纪的作用。但是颁布法律的权力逐渐被元老院和皇帝接收了,并最后完全归属于他们。在奥古斯都治下,人民公会通过的法律仍然重要,且数量众多。在这位皇帝之后,它们不那么频繁了,然后逐渐被元老院决议案(senatus consultum)、最后被 *constitutiones imperiales*〔帝国法令和制度〕所取代。已知被人民公会通过的最后一项法律是一个土地法(lex agraria),它在内尔瓦皇帝(统治期为公元 96—98 年)治下被颁布。[15]

至于那些与今日的行政和司法权相应的权力,被皇帝和元老院所分割。皇帝被看成是民事长官,他集许多权力于一身,但是把其它涉及罗马城、意大利和元老所在省份的权力留给了元老院。他第一次在帝国省份行使绝对王权。这些地方被认为是屈服于军事占领。皇帝通过一个官僚机构按照自己的方向进行统治,官僚机构的领导者有时从元老中选出,但是优先来自于普通骑士阶层。[16]

在旧制度的残余物和适应时代需要的新制度之间不可避免的接触和竞争,如同在这种接触和竞争中总是发生的情况那样,

---

⑮ 帕西奥尼(Pacchioni):《罗马法的发展》(*Corso di diritto romano*),第一卷,第四节(period),第九至十一章。——原注

⑯ 关于从古罗马城邦演变到官僚制帝国的整个演进过程,参见帕西奥尼上引书,第一卷,第四节;哈特曼:《古代世界的毁灭》;费雷罗:《罗马的辉煌与衰落》,第四卷;布莱斯(Bryce):《神圣罗马帝国》。——原注

被元老院任命担任官员的人数量不断减少。最后，没有什么这样的人剩下来。在罗马，从朱略王朝[17]的第一任皇帝开始，大量过去由原有的荣誉行政官所做的工作由皇帝指定的新官员来做。逐渐地通常由骑士、甚至由皇帝的自由人组成的官僚阶层
366 在整个帝国的影响越来越大。元老院自身也逐渐从上层官僚，从意大利后来则是整个罗马世界的大家族中征召。实际上，在第一批皇帝之后，元老院的权威被限制在皇帝们及其傀儡们可以随意划定的界限之中。[18]

在3世纪后半期，帝国面临严重的危机并设法度过去了。但此后，戴克里先和君士坦丁不费力气就压制了几乎所有罗马城过去的记忆和幸存物，或至少把它们减少到空有其名，而没有实际内容。只有两个概念被从废墟中抢救出来。一个是皇帝从人民之中获得其权威。多亏了律师们，这个理论一直到查士丁尼时还维持着。这位皇帝时代的法理学家提出了著名的乌尔比安格言[19]："*Quod principi placuit legis habet vigorem*（君主的快乐是法律）"，这个理论起初可能不具有这种广泛的解释；但是在坚持这种人民按照 *lex regia de imperio*〔拉丁语：皇位任命法则〕把立法权委托给国王的理论时，律师们也对大众主权原则给予了敬意。

另一个概念是每个官员都有明确的权限范围，至少在理论

---

⑰ 朱略王朝（Juliet，公元前27—公元69）：朱略为凯撒的姓氏，罗马第一位皇帝奥古斯都·屋大维是凯撒的外甥，故由屋大维开创的王朝仍然被称为朱略王朝。——译注

⑱ 帕西奥诺上引书，第一卷，第四节，第九章。——原注

⑲ 乌尔比安（Ulpian，不详—228）：罗马法学家，以清晰优美的风格写下了大量法律著作，其著作为拜占廷帝国皇帝查士丁尼的《查士丁尼法典》提供了许多内容。——译注

上应该按照法律行使其权力。这一原则可能部分上由于罗马官僚阶层行使的管理更加系统化,并且因此比我们所知的近东帝国更有效。对此充分的证据是罗马使用非凡的方式,成功地传播了其语言、法律、生活方式和习俗,并使当时几乎所有的文明世界获得了统一的伦理规范。

3. 古代文明衰落和罗马帝国在西方解体的首要原因,可能已构成了历史上最复杂和模糊的问题。尽管上个世纪的研究已经使它们开始得到澄清,但并非所有黑暗都被驱散。[20]在这一重大历史现象中,最模糊的一点还是它的开始。为什么优秀人才的供应减少了?为什么艺术和文学开始衰落?它们在公元3世 367
纪已经被显示出来,当时异教理想被废弃,而新的基督教理想还没有在受教育阶级中传播开来。

当然,在低帝国时代罗马社会上有许多严重的罪恶。税收制度繁重而无理。它耗尽了财富资源,特别是这种负担落在中等阶级身上,换句话说,落在构成了城市和乡镇什长们[21]的外省资产阶级身上。什长机构由能够达到较高财产水平的人们组成。它行使着有点类似我们现在的市议员委员会的职能。但是它也要收取直接税收,有时一个城市不能完成它的定额,什长们不得不用他们的私人财产填补赤字。什长的职位起初被当作一种社会身份来追求。后来它变成了一种可怕的职务,每个人都试图躲开它。

---

⑳ 费雷罗(Ferrero):《古代文明的毁灭》("La Ruine de la civilisation antique")。——原注

㉑ 什长(decurio, decurionate为其形容词):古罗马军队和社会均编成十人一组,其首领称为什长,但是后来什长的职责逐渐变成管理整个市镇或乡村,有点类似中国古代的乡、里长,本译本中从原词义,仍译作什长。——译注

中等阶级的衰落使得由大地产所有者构成的贵族阶层直接面对众多贫民，这些贵族要为较高地位的官僚机构提供官员，而贫民们在首都和较大城市中，总是处于混乱状态，并部分上靠国家、后来靠教会的施舍生活，他们或者在农村流浪，充当半奴隶状态的土地耕作者。对公共安全的防范非常粗略，盗匪横行。历史学家提到了一个叫布拉的人，他长期率领一群 600 人的匪徒洗劫意大利。在高卢，由不法农奴充当的、被称为 bagaudae（“流浪者”、“背包行者”）的盗贼持续了很长时间。要了解当时盗贼如何广为流行的其余情况，只要读一读古典时代留给我们的小说之一、阿普列乌斯的《金驴》〔《变形记》〕[22]就可以了。富人在这种场合借助私人卫队保护自己，这些人是被称作 buccelarii（“硬面饼”）的重装备恶棍。中等或小财产拥有者没有保护自己的手段。他们只有屈服。公共卫生的发展不能允许人口的正常增加，填补被饥馑、瘟疫、野蛮人的袭击和其它非正常死亡原因造成的沟壑。如同在所有非常成熟的文明中发生的那样，
368 宗教制约软弱，出生率看来很低。甚至到 5 世纪，基督教还没有在农村平民中，深入到足以克服他们自愿流产和抛弃新生儿的习惯。在古代，这种情况非常普遍，以至于认领被抛弃的婴儿是古代戏剧最常见的主题之一。

从戴克里先时代开始，为了处理在第三世纪帝国已经出现的严重衰退，国家承担了额外的权力，并行使了额外的控制职能。它号称要约束整个经济领域、固定工资和谷物价格。为了维护我们现在称为“公共服务”系统的持续性，它禁止那些被雇

---

[22] 阿普列乌斯（Apuleius Lucius，约 124—170 以后）：柏拉图派哲学家、修辞学家和作家，因《金驴》而知名，作者也把此书自称为《变形记》，讲述一个被魔法变成金色的毛驴的经历。——译注

佣的人离开他们的岗位，强迫儿子继承父亲干过的行当。行政被一些疾病严重影响，它是各种官僚制的祸根和它们各种弱点的源泉，这些疾病包括行贿、受贿和贪污。低帝国的罗马官员通常把更多注意力放在私利而非他们负责的公利上。从许多当时人的影射中可以知道，甚至在官僚等级的最上层，如果不大肆贪污就得不到什么。例如，当瓦伦斯皇帝㉓允许哥特人穿越多瑙河、定居在帝国领土时，官员们被委托给他们分发食物并拿走其武器。但是这些官员纳礼受贿。他们把武器留给了野蛮人，并挪用了供给。此处非常有指导性的，是一份在4世纪将结束之际在特里波利塔尼亚作出的调查报告。阿米阿努斯·马尔切利努斯详细地吸收了它。㉔

另一方面，不能忘记的是，没有一个人类社会没有其垢病，并且与这些垢病一起，总是有某些自然的治愈力量倾向于减轻其效果。东部帝国遭受了与西部同样的困难。它不仅能够幸存下来，而且在6世纪，在查士丁尼治下，以及在8世纪和9世纪，在打破偶像的诸皇帝和马其顿王朝㉕治下，它焕发了鲜明的活力。在这些时代，它设法从自北方进攻的野蛮人那里挽救了大 369
多数领土和文明，而且后来它也同样应对阿拉伯人的攻击。

当一个人的器官由于年龄而衰竭，不再能正常运转时，或者当他被某些原因所削弱、不能抵御感染时，他就会死亡。尽管初

㉓ 瓦伦斯皇帝（Valens，原文拼为 Velans，不准确）：瓦伦提尼安一世之弟，被其兄于364年指定为同朝皇帝，378年兵败被杀。——译注

㉔ 《罗马史》（*Res gestae*），第二十八卷，第六章，第5节。——原注

阿米阿努斯·马尔切利努斯（Ammianus Marcellinus，330—395）：古罗马最后一位伟大的历史学家，希腊人，著有《罗马史》（Res gestae，直译为《事件编年》），全书由三十一卷组成。——译注

㉕ 马其顿王朝：开辟自巴西尔一世的拜占廷王朝（867—1056），因巴西尔一世来自马其顿而得名。——译注

看起来，高龄绝不能感染一个民族或文明，由于人类总是在自我繁衍，每一代新人都具有年轻人的精力。然而，有些完全类似高龄或器官衰弱的情况的确在各民族中显示出来。有一段时间，当宗教或爱国热情这些社会凝聚力的工具失去了它们的控制力，当自然的治愈力量，也就是进行反应的力量无法发挥作用时，那道德纽带就看似松弛了。这是因为社会中较好的成分被麻痹了，原因在于他们已经把活动和精力转向并非拯救国家所必须的其它目标。这种内部打击，比起产生灾难的外部冲击相对要轻。我们看到的，是许多伟大的民族倒在其它民族的冲击下，而后者最近在武器、知识和纪律上还不如他们。

日尔曼民族向罗马帝国的有力渗透在4世纪末由于匈奴人而加速了。[26]西部帝国被迫在关键时刻来面对这种冲击；此时构成原来古典世界道德基础的观念和情感已经衰退，一种神秘主义潮流横扫帝国，剥夺了国家所有好的成分，把几乎所有思想高尚的人都奉献给了教会[27]。东部罗马幸存下来，这也是因为其地理位置，使它有时间渡过这一最关键时刻，并积聚力量。西部则没有。在5世纪中叶，它几乎完全置于野蛮人控制之下。

显著的是，在4世纪结束和5世纪上半期，当西部帝国正在
370 崩溃时，教会却因为一群优异之士的加盟而闪烁生辉，这些人包括圣安布罗斯、圣哲罗姆、圣奥古斯丁、诺拉的圣保罗、保罗·奥罗修斯、马赛的萨尔文和其他人[28]。除了狄奥多西乌斯和西方最

---

[26] 此时匈奴受与汉朝作战失利的影响，不断西迁，迫使哥特人、日尔曼人等部落做相应迁徙。——译注

[27] 莫斯卡：《关于政府和议会制的理论》，第二章，第2节，第87页。——译注

[28] 圣安布罗斯（St. Ambrose，约339—397）：意大利米兰主教（374—394），在位时竭力维护基督教权威；圣哲罗姆（St. Jerome，347—420）：早期西方教会教父，《圣经》学家，通俗拉丁文本《圣经》的译者；圣奥古斯丁（St. Augustine，354—430）：

后一位皇帝、不幸的马约里安[29]，几乎没有一个稍具才智和头脑的本地罗马人把自己投身于拯救国家。在这方面非常有特色的是圣奥古斯丁叙述的一件轶事。一位叫蓬提安努斯的人在德国特里尔一个马戏团照顾皇帝。他和其它三位皇室扈从在高墙边一个花园中散步，偶然进入了一个修道院，开始检阅亚里山大地方主教亚大纳西所写的一份关于圣安东尼[30]生平的手稿。这种阅读具有如此效果，以至于他们立刻从帝国侍从职位上辞职，加入了教会。

4. 在野蛮人在西罗马帝国所有原有省份定居下来后，开始于公元3世纪的政治和民事解体过程加速了。开始，几个早期野蛮人统治者，特别是奥斯特罗高斯·狄奥多里克[31]似乎尽可能努力把原有的罗马民事官员保留下来，并保留了帝国对付入侵者的军事防线。但是这些新政体几乎不能使自己适应罗马人复杂的官僚机器。旧制度以行政经验和法律教育为先决条件，征服者并不具备它们。此外，野蛮人的国王们还发现自己被迫用大多数被征服的土地酬劳手下人。这不能不扰乱当时的社会。具有罗马人血统的上层社会人士或者适应了野蛮人的生活和习

基督教哲学家，拉丁教父的主要代表，奠定了早期基督教教父哲学；诺拉的圣保罗(St. Paulinus of Nola，353—431)：基督教拉丁语诗人，曾担任罗马元老院议员和执政官；保罗·奥罗修斯(Paulus Orosius，活动期414—417)：西班牙人，早期正统基督教护教士、神学家；马赛的萨尔文：基督教早期教父，活动期为公元5世纪。——译注

㉙ 马约里安(Majorian，不详—461)：西罗马帝国末代皇帝(457—461)，军人出身，461年被处死。——译注

㉚ 圣安东尼(St. Anthony，约251—约356)：埃及隐修士，基督教古代隐修院的创始人；亚大纳西(St. Athanasius，约296—373)：古代希腊基督教教父，亚里山大地方主教。——译注

㉛ 奥斯特罗高斯·狄奥多里克(Ostrogoth Theodoric，约454—526)：意大利东哥特王国国王(493—526)，征服意大利(493)，维护和平统治33年。——译注

惯，或者消失于平民之中。同时，土地的重新分配也一定为大土地所有者成为当地世袭国王准备了条件。还有另一个事实。在逐渐习惯了罗马文明和制度后，早期的入侵者经常被其他完全未开化的人所取代。哥特人就这样被伦巴第人取代。因此，很容易明白，在一个或两个世纪后，几乎没有什么原有的罗马国家
371 机器被剩下，并且新的政体从长远角度看，完全不能在单一政府之下，长久保持一个巨大国家的结构健全和坚实。

新的体制建立在日尔曼部落统治本民族时已经熟悉的制度和情感之上，换句话说，建立于武士的酋长和其下属之间相互的个人效忠之上。巨大的野蛮人王朝的毁灭被富有活力的赫里斯塔尔斯[32]、特别是被他的法兰克王朝延后了两代或三代人；查理曼是一位真正有才华的君主，试图恢复罗马传统的统一和集权。但是查理曼死后，持续的解体过程由于匈牙利人、诺曼人和萨拉逊人新的入侵加速了。到10世纪时，地方首领的独立实际上被完成了，这种后来被叫做封建的制度开始在实际中发挥作用。

封建主义不是、也不能是纯粹和简单地恢复罗马征服西方世界之前的情况，也就是一大群小民族互相对立。人们已经获得了一定的知识进步——例如采用了共同的语言——并且特别是有了物质上的改善。这些东西一旦获得就不会完全失去，即使创造它们的政治组织可能完全解体。已经习惯了生活在一定区域、习惯于以私有财产为基础的农业和一定社会阶级区分的民族，不会完全失去这些特别的思维习惯，即使经过一个长时期的无政府状态。而且建立封建制大厦的某些素材，是对低帝国制度的简单发展和继续。例如，我们知道，农奴制度这一把人数

[32] 赫里斯塔尔斯(Heristals)：中世纪早期日尔曼部落领袖，曾试图统一各入侵的日尔曼部族。——译注

众多的农业劳动阶级束缚在土地上的主要纽带可以追溯到罗马时期。因此,在农业地区,新的体制仅仅是把原来罗马人的别墅变成了男爵的武装城堡。

封建主义引进了一系列新事物,其中包括一支纯粹的武士阶级享有的政治优越性。这就把保留在古代世界浩劫中幸存下来的一点文化的任务留给了教士。封建制度的另一个特征是所 372
有行政职能、以及所有社会影响力集中于地方军事领导人手中,他们同时是土地的主人——在本质上,土地是幸存下来的财富生产的一种工具。

最后,封建主义创建了一种新类型的统治权,它介于国家的中央协调机关与个人之间。一旦更加重要的地方领导人的地位变成世袭的,他们就通过土地的次分配把次要的领导人束缚在自己身边,而这些次要领导人又通过对分配土地者封建式的尊敬和效忠与后者联系在一起。因此,他们与整个封建联盟的头目——国王,没有直接关系。实际上,如果他们直接联结的领导人与国王作战,他们也会感到与国王战斗的义务。毫无疑问,这是封建制度能够长期抵抗中央政权毁灭它的持续努力的主要原因。

5. 布莱斯写道:"寿终正寝的古代遗留给后来这些时代的两个伟大观念是世界王国和世界宗教。"[33]实际上,直到14世纪,人们仍然记着所有开化的和信仰基督教的民族过去曾享有统一,这种记忆仍然逼真而有力地萦绕在知识阶层——教士和法律博士们的心目中;这种统一在宗教事务中被罗马主教所指导,在世俗领域则由古罗马皇帝的继承者所负责;而罗马主教逐

㉝ 《神圣罗马帝国》,第七章,第87页。——原注

渐地被当成了普世教会的最高等级。除非这种记忆非常活跃，否则我们很难解释在公元 800 年，在查理曼和教皇利奥三世[34]治下恢复帝国的努力，或萨克逊的鄂图一世[35]在公元 962 年作出的另一次更加成功的企图。

一种名称和一种观念可能产生很大的道德影响力，但是一旦那种集权的、协调一致的政治组织四分五裂，这些名称和观念也不足以把政治组织恢复起来。为了恢复，不得不建立具体的组织以供支配，而为了形成这种组织，就必须有用来建立它的机
373 构。查理曼的继承者和日尔曼诸皇帝都缺乏这种机构。他们既没有一种健全的财政组织，也没有常规的官僚阶层，最后还缺乏能够强迫人服从帝国命令的常备军。

在查理曼时代，古老的日尔曼团队仍然构成了法兰克军队中纪律严明的军事人员，地方领主还没有变得无所不能。由于同样的原因，萨克逊王室的皇帝以及法兰克帝国头两任国王，也能指望日尔曼武士阶层的合作，他们还没有牢固地团结在几个领导人周围。帝国和王室权力在法兰克国王亨利三世[36]治下在德国达到巅峰状态。这位皇帝设法在一段时间中让一些主要的公爵领地空闲，或者让它们被王室亲属占据。他以个人名义占据着法兰克公爵领地，有一段时间还占有了斯瓦迪亚[37]公爵领地，

㉞ 利奥三世(Leo III，约 750—816)：罗马教皇(795—816)，意大利人，公元 799 年遭罗马贵族反对出逃，查理大帝引兵至罗马，恢复其帝位，次年加封查理为"罗马人皇帝"。——译注

㉟ 鄂图一世(Otto, I, der Grosse，912—973)：德意志国王(936—973)，神圣罗马帝国皇帝(962—973)，三次入侵意大利，962 年由教皇加冕，称为罗马皇帝，开创神圣罗马帝国。——译注

㊱ 亨利三世(Henry III of Franconia，1017—1056)：德意志国王，神圣罗马帝国皇帝(1039—1056)。——译注

㊲ 斯瓦迪亚(Swadia，原文拼为 Swabia，经查无此名)： 德国西南部历史地区，

同时还保留有任命教会领地、主教辖区和修道院辖区土地持有者的权利。亨利三世死得不是时候。亨利四世[38]此时还未成年,且为人懦弱。他与教皇之间的斗争使得地位较高的日尔曼贵族重新获得了失去的地位。[39]

但是在封建制度在德国有了一个强大的基础时,帝国的军事基础变得脆弱起来。接着帝国和教会之间的斗争,在地方治权与帝国权威的冲突中,给予前者以道德力量。可以把霍亨施陶芬王室[40]的腓特烈二世[41]之死,当作重新建立基督教民族在世界范围的统一这种努力的完全和最终的失败。查理曼作出过这种努力,而萨克逊的鄂图一世也作过。

但是标志着中世纪中西欧最黑暗时刻的半野蛮国家不会永久。文明会重新兴起。重新把地方权力吸收进国家中央机关的过程因而以不同的形式重新开始,并且实际上,典型的古罗马办不到的事情,成为各种民族主义王国的任务。

同时,从大约公元1000年开始,另一种地方主权开始与封 374
建领地一同兴起——中世纪城镇,也就是城市公国。公国是行会、邻里组织和贸易公司的联盟,即各种各样既非贵族也不是从属陪臣之人的各种联合,它是在更混乱的封建无秩序时代组织

是法兰克国王与其他封建贵族长期争夺之地,亨利三世曾经成为该地区公爵。——译注

[38] 亨利四世(Henry IV, 1050—1106):德意志国王,神圣罗马帝国皇帝(1056—1106),亨利三世之子,幼龄即位,与教皇格列高利七世长期争斗,1084年举兵占领罗马,逐走教皇。——译注

[39] 布莱斯:《神圣罗马帝国》,第九章。——原注

[40] 霍亨施陶芬王室:神圣罗马帝国王朝(1138—1254),康拉德三世(1138—1152在位)创建。因其家族居于德意志南部的霍亨施陶芬而得名。——译注

[41] 腓特烈二世(Frederick II,1194—1250):西西里国王(1198—1250),德意志国王(1212—1220),神圣罗马帝国皇帝(1220—1250),力图统治整个意大利,与教皇多次发生冲突,被判处绝罚。——译注

起来的，为了使得属于城镇的人们通过互相防卫享受一定程度的个人安全。公国起初在意大利北部、然后在德国和佛兰德变得强大起来，而且在这些国家，它们是神圣罗马帝国皇帝权力增长的最大障碍之一。它们在法国、英格兰、伊比利亚诸王国和南部意大利的形式较为适度。在这些国家它们支持国王反对封建势力。

通常，民族主义王国与野蛮人王国有历史联系，这些王国是入侵的日尔曼人在古罗马帝国的废墟上建立起来的。但是在发生于查理曼的早期继承者时的政治解体之后，它们开始按照地理和语言联系而不是历史传统显露形状。例如，圣路易[42]的法国就与法兰克的原有领土不一致。一方面它包含了西哥特人[43]曾经控制的古代塞蒂马尼亚[44]。另一方面它从佛兰德、法兰克和莱茵兰撤出，这些都是日尔曼领土，后来都被吸收进神圣罗马帝国的势力范围。

还有，尽管民族主义国王正式继承了过去野蛮人国王们为了装饰自己所起的头衔，但是他起初不过是一个重要男爵们的联盟头领，有时还是名义上的首领。他是他们中最杰出者，但只是在同等人中最杰出。在法国人们以这种方式看待于格·卡佩和菲利普·奥古斯都[45]。英格兰的约翰王也以这种形式出现在

---

[42] 圣路易：即路易九世(Louis IX，1214—1270)，法兰西国王(1226—1270)，十字军领袖。——译注

[43] 西哥特人(Visigoth)：4世纪后入侵罗马帝国并在法国和西班牙建立王国的条顿族人。——译注

[44] 古代塞蒂马尼亚(Septimania)：位于今法国西南的古代领土。——译注

[45] 于格·卡佩(Hugh Capet)：法国卡佩王朝创始人，987—996年在位；菲利普·奥古斯都(Philip Augustu)：法国卡佩王朝第六代君主，1180—1223年在位，曾率领十字军围攻中东的亚克里城。——译注

《大宪章》[46]的文本中，阿拉贡的国王们也这样在议会(Cortes)面前发誓。众所周知，阿拉贡的男爵们，在召开大会时要求新王发誓说，他将保持所有旧的约定。在列举这些约定之前，他们重复了一个宣言："我们一个个都是你同等之人，而且所有人团结起来就不止与你同等，我们在下列条件下任命你为我们的国王。"并且当条件被读完后，他们会结束说："否则就不是国王。" 375

封建国王发展成专制君主，封建等级制度发展成常规官僚制，以及由携带武器的贵族组成的军队发展成常备军，需要六个多世纪的奋斗和缓慢但持续的酝酿。在这六百年中，有一些阶段封建势力利用了国家和国王恰好经历的关键时刻，收复了一些失地。但是最终胜利属于集权的君主国。国王们逐渐成功地积聚了比贵族能够获得的更大物质力量。他们也精明地利用了城市公国的支持、以及有力而持久的道德力量，诸如广泛流传的王朝统治权来自神授、或者法律博士们的理论，这些理论认为国王与古罗马的皇帝一样，是创造法律的国家意志和执行法律的国家权力。

封建王国发展成专制的官僚王国，这个过程可以称得上是典型的或正常的，因为在法国和许多欧洲国家都经历了这一过程。然而，还是有一些其它过程，它们导致了、或可能导致同样的结果。例如，米兰公国在波河流域，首先发展成了 signoria〔意大利语：僭主管辖地〕，也就是暴君专制，然后发展为一个公爵领(duchy)。在 15 世纪前半期它征服了许多其它城市公国，获得了相当广阔的领土。它可能很容易变成一个现代化的民族王国。在其它地方，大封建主扩大了他们的领域，转变成王国。勃

[46] 约翰王(King John of England，1167—1216)：英格兰国王(1199—1216)；《大宪章》(Magna Charta)：1215 年英王签署的限制王室权力的宪章。——译注

兰登堡选侯就是这种情形，他成为了普鲁士的国王，最后是德国的皇帝，这也是萨伏伊诸公爵的情形，他成为了萨丁王国，后来成为意大利的国王。

经济原因看来在从封建国家到官僚制国家的转化中发挥了极小作用，而这种演化一定是最深刻地影响世界历史的事件之一。经济生产方式在14—17世纪期间没有经历根本变化，特别是如果我们把它们与发生于官僚专制国家建立之后的变化相比
376 更是如此。另一方面，在15世纪末至17世纪后半期之间——换句话说，在封建制度日复一日地失去根基、并完全被驯服的阶段——由于火器的改善和它们越来越广泛的应用，在军事技术和组织上发生了一场意义深远的革命。当大炮成为常见兵器时，男爵们的城堡可以容易而迅速地被粉碎。重骑兵过去都是由贵族组成的，他们是惟一有时间长期训练和能花得起钱购买昂贵装备的人。但是一旦火绳枪得以完善、步兵普遍装备它时，骑兵就不再是决定战斗胜利的兵种了。

我们在上文看到(第十三章，第3节)，装备的变化对希腊城邦在公元前7世纪和6世纪政治发展起到了显著影响。在16世纪末叶和17世纪开始时，日本也是这种情况；在火器引进后不久，德川家族的将军们的君主集权制度就战胜了封建势力，这些火器是由葡萄牙人引进该国的。[47]

6. 可以认为，路易十四开始个人统治时，即1661年，专制的官僚国家开始在法国永久和全面确立起来。同时，或不久以后，中央权威的加强和对地方王权的吸收在欧洲一定程度上得到了普及。极少数国家，诸如波兰和威尼斯，不愿或不能顺应时

---

[47] 拉·马兹利尔(La Mazelière)：《日本》(*Le Japon*)，第三卷。——原注

代变化它们的国体,从而失去了权力和凝聚力,并在18世纪末之前消失了。

因此,专制王权的源头是相对晚近的。在它内部或在其羽翼下,新的统治势力,新的知识、道德和经济条件迅速成长,以至于在不到一个半世纪中,它就不可避免地变成了近代的代议制国家。这种演化的迅速性作为历史上最有趣的现象之一打动了我们。

在这种转化中最重要的因素是一个新的社会阶级的迅速成 377
长,它兴起于普通民众和旧封建贵族的后裔之间,并在其中维护了自己的权力。在这个词最广泛的意义上,资产阶级包括了由从事自由职业、商业和工业的人组成的人数众多的阶层,他们也同时具有适当的财产和技术教育、经常还是科学教育,这种教育远比其它社会阶层的教育优越。它于18世纪在欧洲形成。可以肯定的是,甚至在此之前,贵族等级也不是不可渗透的。一个大律师可能经常获得许可加入它。在一些大的商业城市,制造商和银行家的强大家族最终与旧的封建贵族混合,或直接取代了它。但是直到18世纪开始时,还不存在真正的中产阶级。普通工匠阶层很难被当成这一阶级。在工匠的经济和知识状况上,它与最低等级的人没有很大差别。

如果最适合形成一个新社会阶层的成分能够把自己与下等人口分离出来,他们应该把这一结果归功于专制制度,它保证了公共秩序和相对的和平,并松动了贵族对土地所有权的牢固根基。古代王权的缺乏、以及为了获得有利可图的职位而贴近朝廷的必要性,使得许多贵族家庭离开田产,住在首都。正如经常发生的那样,与其土地的隔离使得贵族最后有必要出租部分农村财产,甚至直接卖掉它们。从这种承租者或者新的地主中兴起了农村资产阶级。同时,这个新的社会阶层吸收了旧贵族中较不富有、但是更为活跃的成分，形成了后来在俄国和德国被富有表现力地称为“知识分子”这样的阶级。

这个新的中产阶级通过其科学和文学教育、通过其生活方式和习惯，明确地有别于劳动阶级。另一方面，由于它的经济特点，它有时又与更富有的社会等级混合在一起，但是接着又经常
378 与它们完全分开。如我们所见，这个阶级在 17 世纪的最后几十年在有些国家开始受到注意。在 18 世纪和 19 世纪上半期，它在所有中西欧国家得以发展，并变得富有影响力。它的发展在一定意义上与中等的、古典的和技术教育的发展、以及与大学的增长同步。

这个阶级刚刚发展出了它典型的特征，获得了对自己权力和重要性的意识，就发现它是一个巨大的不公正的牺牲品。它发现在几乎所有专制国家，特别是在法国，贵族阶级都保留有特权。我们已经遇到了一个在历史上实际具有恒常性的法则，即每一个新的政治大厦，在某种程度上，必须用被它取代的旧结构的废物和遗留物所建立。按照这个法则，专制体制必然从贵族和教士中，发展出开始统治国家的新的民事和军事官僚阶层的几乎所有成分，而它已经剥夺了这些贵族和教士们传统的领土统治权。特别是贵族成员保持了政府中几乎所有最高的和最有利润的职位。只要在贵族之下还有平民，只要发号施令的传统习惯对于统治权来讲还是最好的、在实践中惟一的先决条件，所有这些看来就很自然。但是，在教育和技术准备成为行使较高级公共职能首要的先决条件时，这种情况看来就像社会上可恨和有害的寄生虫了，而在这种准备过程中，特权阶级通常允许新兴的中产阶级超过他们。

可以设想的是，资产阶级可能设法首先削弱贵族的特权，然后毁灭它们，或把这些特权减少为空洞的形式，而不需要在国家

组织结构中作出任何根本性的变化。如果不是一种新的、与此前的心理状态完全不同的政治心理在 18 世纪成长起来，事情可能实际就这么发生了。如果不是一个欧洲国家，由于其隔绝的位置，它的政治组织发展史与大陆体制的发展史极为不同，事情也可能早就这么发生了；这个国家到了 18 世纪时，已经发展出了一种政府形式，它至少可以提供一种实际的国体模型，这种国 379
体能够实现上述的新政治心理孕育的理想。

如波舒哀在 17 世纪末所理解的，君权神授意味着人民绝不能背叛他们的统治者，不论他们是如何罪恶，而这样的统治者在其行使权力的方式上只对上帝负责。这一原则从未被中世纪学者以这种方式解释过，以后直到 17 世纪的作家也没有这么说过。例如，圣托马斯在《大全》[48]中，在特定场合下为叛乱找到了正当理由，并承认各民族可以为自己选择他们认为最合适的政府形式。他对一种"混合的"政府形式显示出一种偏好，在这种政府中，亚里士多德所划分的三种形式，君主制、贵族制和民主制混合在一起，彼此制衡。

在欧洲大陆，宗教情感在 18 世纪被极大地削弱了，而这种情感自身就能够为神权提供一种道德基础。所有对古老封建制度的记忆和它的残余物都作为野蛮时代的遗迹而为人所不齿。所有介于国家和个人之间的统治权都被消灭了。在这种情况下，18 世纪的思想比以往更加饥渴地吸收着希腊和罗马的古典政治原则。自由、平等和大众主权的古老观念以更大的荣耀得到恢复，而这些观念是古典学者们根据他们眼前的古希腊和罗马城邦的模式形成的。在文艺复兴时期，通过对古典模式的学

---

[48] 即《神学大全》（*Summa theologica*）的简称，为托马斯·阿奎纳代表作，创作于 1266—1273 年间。——译注

习，在文学和艺术领域发生了对欧洲精神模型普遍的重新塑造。三个世纪以后，在同样模式的影响下，政治领域出现了类似的重新塑造。这种政治思想的革命，发生在历史科学的大发展之前，这种发展才使欧洲人清晰地觉察到，希腊和罗马的古典政治观念所依托的城邦制度与近代世界的任何事物都极为不同。

如果没有这种新的心理，没有这种深刻洞穿了 18 世纪知识
380 阶层的意识的政治生活新视角，人们将很难解释卢梭《社会契约论》的迅速成功。在这本书中，这位日内瓦哲学家的出发点是自然状态的国家假设，而人们由于契约的结果已经放弃了这种状态；正是在这些契约中，制订了政治组织的道德与法律的基础。这一假设也逐渐成为 18 世纪知识装备的一个部分。卢梭接着得出结论说，只有合法的契约或协议，才可以使法律表达相关公民中大多数人的意志，才可以把行使法律的权力赋予那些人，他们被同样的多数人指定在一定时间内行使它。很明显，这一观念恰好符合古典民主制的观念，惟一的不同是古代人从未让他们的大量手工劳动者参与管理国家。他们的奴隶总是被排除出选举和公职之外，并且不允许携带武器。

但是在 18 世纪，官僚专制主义已经为这些新的民主理论仅仅在一个方面的应用准备了条件：它已经消灭了居于至高权力和个体公民之间的所有主权，或把它们减为空洞的形式。这使得人们有可能、也有理由设想，大众主权是一个国家的人民中纯粹和简单的大多数人的主权。

这完全不是中世纪的观点，而事实上，在 16 世纪和 17 世纪最初几十年，中世纪的观点一直被维持着。中世纪把大众主权设想为表达人民世袭的和“自然的”领导人的意志，这些人包括封建领主、或者公国和公司的代表。中世纪的政治学者，甚至 16 世纪和 17 世纪早期的政治作家，仅仅是把他们从古典时代

继承来的大众主权理论，调整得适应当时的社会条件。当圣托马斯、帕都阿的马西利乌斯、胡波特·朗古埃特、布坎南和约翰内斯·阿尔特胡修斯[49]说起人民的时候，他们想到的是，它总是被其"自然的"领导人——男爵们、公司和共和国的领导人——合法地代表着，他们给这些人以不同的称谓，*selecti*〔拉丁语：选举人〕，*ephori*〔拉丁语：地方长官〕等等。只能在官僚专制制度打 381
破了旧的集团、破坏了在国家和个人之间的所有主权之后，才能产生这种每个不同的个体都应该同等分享主权的观念。[50]

专制主义制度在它的所有其它方面——诸如复杂和集权化的官僚组织、它的常备军、它的独裁主义传统等，都没有很好地被调整得能发展出这样一种方式，从而使希腊和拉丁的城市国家制订的民主原则有可能在实践上被应用。

但是还有英格兰。到18世纪时，这个国家已经采纳了一种提供可行模式的政治制度。英格兰的宪法似乎显示出，专制国家的宪法能够被制订得相当符合从古代继承来的观念，并且更重要的是，符合资产阶级广泛参与主权的欲望。如果没有这种情况，人们可能会怀疑，我们之前的三四代人是否将会看到欧洲大陆18和19世纪的历史。

---

[49] 帕都阿的马西利乌斯（Marsilius of Padua，约1280—1343）：意大利政治哲学家，现代国家观念的先行者；胡波特·朗古埃特（Hubert Languet，1518—1581）：意大利作家和政治学家；布坎南（George Buchanan，1506—1582）：苏格兰著名人文学者，主张限制君权；约翰内斯·阿尔特胡修斯（Jahannes Althusius，1557—1638）：荷兰政治理论家，首倡联邦主义，鼓吹人民主权论。——译注

[50] 前任参议员鲁芬尼（Francesco Ruffini，1853—1934）最近曾争论道：（"Guerra e reforme costituzionali"）"宪法的斗争和改革"。帕都阿的马西利乌斯是在近代意义上理解大众主权的，即它是大多数有关联者的主权。此处不是讨论这个问题的时间或场合，但是，尽管鲁芬尼有很大的权威，我们还是不同意他的观点。——原注

7. 英格兰对政治制度具有一种独创性的发展，特别是从17世纪开始。这种发展在许多方面与大陆不同。封建制度是被诺曼征服者移植到英格兰的，但是从一开始，它就显示出，除了海峡之外，它还具有一系列鲜明的不同特点。在早期，诺曼征服者仿佛是在敌对领土上安扎下来。因此，他们被迫围绕国王结成
382 了比大陆更紧密和纪律更严明的联盟。在大约一个半世纪内，征服者和被征服者融合了，大贵族从国王那里强行获得了《大宪章》，这是一个国王和男爵们之间真正的两面性协议，其中确立了彼此相互的权利和义务。[51]以这种方式，英格兰人获得了一种常规的封建组织，随着它的逐渐发展，这种组织形式越来越多地以国会权力限制王室的权力。在国会中，与上院即贵族院这一几乎算是附属物的组织一起，由乡村小贵族和城市的代表们组成的下院很快蓬勃发展起来，它的成员是领主和大贵族们、而不是国王的盟友和工具。

在15世纪后半期，大陆的君主仍然在与他们的大诸侯激烈争斗。在英格兰，称作玫瑰战争的长期内战把大领主们分成了尖锐对立的两派，互相消灭了对方。当国内和平在1485年随着都铎王朝的出现而恢复时，国王在自己面前发现了一个几乎完全由暴发户组成的上院，这些人都是被国王自己提拔到贵族位置的，既没有物质资源，也没有老男爵们的声望。此时，城市和乡村资产阶级还没有在英格兰出现，平民院还是一个驯服的机构，没什么影响力。

由于这些原因，可以说英国王室在16世纪时达到了其权力的巅峰。吉奥瓦尼·博特罗在其发表于这个阶段结束之际的《世

[51] 莫斯卡：《宪法笔记》（*Appunti di diritto costituzionale*），第五章，第30—31页。——原注

界关系》[52]中正确地观察到，英格兰的国王们继续有规律地召集国会，但是他们的权力在实践上没有法兰西的国王们广泛；在法国，如果还没有完全废除国会的话，它也被召集得越来越少。这份博特罗的"世界报告"是一部论述物理和政治地理学的论著。这本书对其写作年代的观察非常敏锐，且非凡地博学。博特罗明显地是从值得信赖的材料来源中获得他对各国的评论，并且善于从不重要的东西中区分出重要事务来。例如，他指出大的英格兰男爵，与法国的不同，已经失去了所有政治重要性。他们停止行使地方司法权，也不再具有加固的城堡。[53]在这方面，朝廷和王室在英格兰的优势在16世纪被普遍承认，它的一个迹象是，英格兰发生在这个时代的宗教改革是由都铎王朝诸国王们执行的，这些国王中两个是女王，玛丽和伊丽莎白[54]。

这可能主要是由于都铎王朝诸国王、以及他们的廷臣和官员能够容易地指导他们国家的政治生活，几乎不受到反对，以至于英格兰王权忽视了建立两个维持君主专制最基本的工具：一支常备军和一个稳定与常规性的官僚阶层。部分上由于经济的原因，部分上因为英国隔绝的位置确保她不受外敌入侵，都铎家族的诸国王认为一支武装民兵已经足够，这支部队从每个郡招募当地人，士兵个人在几天的阶段性训练后，就返回到他们日常的工作岗位。经济的考虑看来也决定了把各区域的郡治安官、警长、法医等民事官职委托给当地知名人士。这些人非常乐于

---

[52] 吉奥瓦尼·博特罗(Giovanni Botero：1533—1617)：意大利文艺复兴时著名学者，《世界关系》(*Relazioni universali*)出版于1595年，是其代表作。——译注

[53] 参见上引书，第二篇，第一册，第257、260页。——原注

[54] 玛丽女王(Queen Mary Tudor，1516—1558)：英格兰都铎王朝女王(1553—1558)，在位时推行天主教；伊丽莎白(Elizabeth I，1533—1603)：英格兰女王，亨利国王的女儿，与其父努力推行英国国教。——译注

服务而不拿薪水，因为这些职务给从事者和他们的家族带来了荣誉。但是总有一些时候，当公众舆论恰好反对国王和朝廷时，他们的忠诚会动摇，或者变得有条件；并且最终，英国人称作的“自治”成了国会比国王更有优势的主要原因之一。[55]

实际上，在17世纪早期，斯图亚特王朝开始着手建立专制制度。立刻，反对声唤醒了代表农村和城市中产阶级的平民院。这些阶级已经能够在海峡那边（在一个没有被内部和外部战争
384 搞穷，因而没有背上沉重税负的国家中），比大陆上早几代人出现。主要由于宗教原因，这些中产阶级与王权呈敌对状态。面对这种反对，英格兰的国王们发现自己不具备大陆上帮助王室战胜封建势力的物质力量。查理一世只能以骑士率领的农村民兵对付城市中叛乱的民兵。他输掉了战争是因为他个人缺乏决断，也因为他遇到了天才的敌手奥利佛·克伦威尔，后者在英格兰第一次成功地建立了一支常备军。[56]这样在半个多世纪的斗争后，国会代表的政治力量一劳永逸地克服了皇家支持者代表的影响力，而在这场斗争中，一位国王还在断头台上掉了脑袋。

这场胜利采取了法律的形式，体现在一系列得到国王适当批准的国会法案中。这些法案中的一些，诸如《人身保护权法案》[57]，被设计来通过对王室官员有效的限制，保证全部英国人

---

[55] 自治在英格兰非常顽强。荣誉官员的特权首先在1834年的大行政改革中被减少。然后，这样的官职被逐渐废除，选举性的委员会和付薪的公务员取代了他们。这一演化可以被认为完成于1894年。参见贝尔托里尼（Bertolini）：《英格兰地方政府》（*Il governo locale inglese*）。——原注

[56] 克伦威尔后来使用他的军队建立了军事独裁制，但是一旦斯图亚特王朝复辟，这支军队就被解散了。参见莫斯卡：《宪法笔记》，第45页。——原注

[57] 《人身保护权法案》（Habeas Corpus Act）：英格兰国会1679年通过的用来纠正对人身自由侵害的法案。——译注

的个人自由。其它像1689年的《权利法案》[58]和1701年的《居住法》，以及一些新的法案，保留了同类的条款，根据它们国王间接地具有按照国会通过的法律进行统治的义务。我们要提及《居住法》中的一项规定，根据它，任何政府的法案都是无效的，除非它被枢密院的一个成员联署，因此这个成员个人要对它的合法性负责。

这一开创历史的条款被保留在这一法案的第四款中。它使得绝对王权在全欧洲发展成代议君主制。枢密院是一个高级官员组成的咨询机构，辅佐国王行使行政权力。在17世纪将结束时，开始在形式上举行枢密院会议。最后它们被允许完全终止，因为它是一个太大的机构。枢密院会议被它更有影响力的成员会议所取代，这些人构成了后来被称为内阁的机构。随着1714 385
年汉诺威王朝的建立，选举性议会的政治优势获得了重要的动力，因为国王开始习惯性地从下院多数党的知名人士中选择内阁，也就是被缩减的枢密院的成员，这一机构被授权行使行政权力。

这样，到18世纪末，英国法庭的独立性被终身任职的原则所保证。每个英国人都获得了不受无端逮捕和监禁的保证。至于媒体自由，预防性的审查制度在1694年被废除。尽管直到18世纪结束，对媒体冒犯的惩罚仍然很严厉，但是在一项新闻法于1778年在福克斯[59]倡议下被通过后，这种惩罚变得温和多了。换句话说，在英格兰，立宪制度获得了成功，这种制度，就其主要纲领和鲜明特点来看，非常类似于现代的代议制度。应该

---

[58] 《权利法案》(Bill of Rights)：1689年(光荣革命次年)英国颁布的确立君主立宪制的宪法性文件。——译注

[59] 福克斯(Charles James Fox，1749—1806)：英国政治家，国会多数党领袖，提出并促使国会通过了多项扩大公民权利的议案，《新闻法》为其中一项。——译注

指出，英国立宪史的巨大独创性，在于《大宪章》确立起来的封建制度缓慢和逐渐地转化为近代的代议制度。这种转化于19世纪完成，并且没有让英国经历官僚或军事专制制度，而几乎所有欧陆国家都或多或少地经历了这种专制主义。

但是18世纪的英国国体和现代民主基础上的代议制组织的类似，更多是在形式上，而不是实质上。如果我们想到了国家主要机关的运作，这种类似就更大。如果我们想到这些机关的构成方式或它们代表的政治势力，那么这种类似就很小，或几乎没有。尽管英国选举性的议会在国家中是优势力量，但是投票的权利只被赋予了一小部分公民，他们享有它或者是因为他们是农村田产的拥有者，或者是通过在自治市镇、有时还是大城市中可以远溯到的中世纪的权利和习惯。结果，对大量代表的选
386 举依靠几百个大财主，他们自己还经常靠世袭权利呆在贵族院中。

在卢梭发表于1762年的《社会契约论》中，他用表面上严格的、但说不上是数学性的逻辑，展示了惟一合法的政权是基于数量上更多的有关公民同意的政权。大约此前15年，在《论法的精神》中，孟德斯鸠仔细考察、甚至可以说解剖了英国当时的国体，得出结论说，它的这种优越性依赖于国家三种基本权力的分离和独立，按照他的观点，这三种权力是立法、行政和司法权。这样，19世纪的代议制就产生于日内瓦哲学家的观点与这位敏锐的波尔多行政官[60]观点的混合，而前者的观点非常类似于古典时代的见解。使得选举性的会议成为决定性的政治机关，并让它被基础广泛、甚至是全民性的选举权选举产生，就足以留下这样的印象，即旧的专制官僚国家被转化成这样的体制，它的基

[60] 波尔多：法国地名，孟德斯鸠曾经担任此地的行政官。——译注

础是如古人所理解的、或者说如卢梭及其信徒所理解的大众主权。如果一个人冒险作出比较就会发现,19 世纪的立宪体制就像按照英国汉诺威朝代国体的样式裁剪出来的套装,但是在它所用的布料中,有一两根线带有纯粹民主制的原则。

78. 在 19 世纪生活的几代人倾向于认为,在 18 世纪末那场推翻旧专制政体、经过拿破仑的间歇后首先在法国、然后逐渐在其它中西欧国家建立代议制的革命,是最大的社会巨变。这种观念非常像一种常见的视觉方面的幻觉,即近的物体比远的物体看起来更大。事实上,如果与罗马帝国在西方没落前后人类文明的崩溃,或者与 13 世纪从东方中国到达西方的匈牙利、并强烈地折磨世界广大领土的蒙古人可怕的入侵相比,我们曾 387
祖辈目睹过的巨变、以及我们的曾祖辈经历和旁观的小一些的变化,看来显得无关紧要。如果可能清楚地预见未来,有人可能敢于预言说,由自由主义制度和代议制的出现和扩张引起的震撼,比起既是使它们在地球上消失的原因同时又是其结果的事情来,就显得无关紧要了。

随着代议制的建立而带来的冲击,第一个也是最猛烈的一个发生在法国 18 世纪最后十年中。此时的法国出现了巨大和突然的财产转移,还有一个阶级的消失和其它阶级的获益,这些阶级习惯于参加所有严重及影响深远的政治动乱。但是在法国这种覆灭太突然,对于当时生活的大多数人来说不可预见。由于那些原来的特权阶级、以及那些渴望取代它们的阶级没有准备,这场革命没有发现能够指导和控制它的人,这样,革命浪潮粉碎了旧的国家组织,但是却没有能建立一个新组织来取代它。后来,拿破仑被迫利用最适合这项任务的力量,在事实上重建了整个国家,而且他发现在旧的特权阶级和发动革命的中等阶级那里都不缺少这种力量。但是当代议制逐渐被大多数其它国家采纳时,它的得势则早已被预见到,而且已在社会上成熟了。因此,不需要严重的扰乱就可以启动它——除非我们认为在 1848 年和 1849 年普遍发生在欧洲的运动非常严重。

这样,大约在 19 世纪中叶,人们开始实行一种新的政治组织。根据采纳它的国家的不同,它体现出的类型或次类型自然也不尽相同。例如,在德国直到 1918 年还一直实行一种君主立
388 宪制。在该国行政权力不是来自议会中的大多数。在这点上德国的体制与英国和比利时实行的议会君主制不同,在这两个国家,当政府失去了议会中的大多数席位时,他们不得不辞职。法国实行一种议会共和制,而美国则采用了总统共和制(参见上文第十章,第 17 节)。对后者而言,总统是国家元首,同时也是政府首脑。我们采用了"现代代议制国家"涵盖这种国体的各种变化。

如我们所见,代议制产生于继承自古代的观念和概念,但是它们被调整得适合于 19 世纪社会的需要——19 世纪的社会与希腊和罗马的城邦制社会非常不同。它被裁剪成了两个世纪前英格兰产生的一种样式,它的产生几乎是经验性的,并且也是英格兰历史非常特殊的环境的产物。然而,这些新的国体令人惊讶地符合了采用它们的时代的思维方式和社会需求。它们维护了相当良好的公共秩序,并被各种奇异的科学发明所支持,这些发明为取得从前不可想像的经济进步提供了条件;这些新的国体与其它时代和文明无法企及的物质繁荣携手前进。不仅如此:在整个 19 世纪,它们设法维护了欧洲文明诸民族在全世界无可辩驳的优越性,在一个世纪前,这种优越性已经开始出现。欧洲文明国家对亚洲文明国家的优势在 19 世纪早期变得很明显,当时土耳其与欧洲其它地方相比,显示出虚弱的样子。这个

国家直到维也纳1683年被围困时，还保持着它完全进攻性的活力。英国在18世纪后半期征服了印度。如果法国人意识到他们在东方所从事的事业的重要性，他们可能也会做到同样的事情。在整个世纪，欧洲的优势未被动摇。在我们时代，它在日本 389
对俄战争胜利中受到第一次有力的冲击。亚洲国家现在开始迅速明白，它们能够采纳欧美的行政和军事组织，并从西方科学进步中获益，但不必放弃原来的文明类型。

现在，在新政治制度的理论设想和它的实践功能之间，出现了深刻和无法弥补的差异，它的出现是不可避免的。尽管普选制得到逐渐采用，实际权力仍然部分上保持在最富有阶级的手中，大部分则保持在中产阶级手中，特别是在所谓的民主国家更是如此。这些阶级总是具有更高超的手段控制政党派系和选举委员会，并且他们在很大程度上被报纸的编辑记者们、官僚机构的雇员和军官们所补充。[61]

而且，由于官僚制和选举性成分的结合内在于代议制的本性中，在这种制度下，就可能利用在政治和政府行政部门的几乎所有人类资源，并且被统治阶级中的所有力量都有可能跻身于统治阶级之中。

各种政治职能的专业化、以及官僚和选举力量之间的协作和相互控制，是现代代议制国家两个显著的特点。这些特点使得人们可以把国家当作迄今为止世界历史上最复杂和精致的政治组织类型。根据这种观点以及其它见解，也可以声称在现行政治体制和已经达到的文明程度之间，存在一种近乎完美的和谐，这种文明程度就是在目睹代议制出现和走向成熟的世纪中

---

[61] 奥斯特罗戈斯基(Ostrogorski)：《民主和政党组织》(*La Democratie et l'organisation des partis politiques*)。——原注

达到的。在完善艺术和文学形式上、在哲学思想和宗教情感的深刻性上、在对某种重要道德问题的欣赏上，这种文明可能显示
390 出比先行的时代要差一点。但是在经济和科学生产明智的组织上、以及在它对自然力量的精确知识和精明的开发上，它显示出自己远比其它文明优越。毫无疑问，现行的政治体制已经获得了对个体人类自发的活力和意志的一种胜利，它可以与另外一场对自然的胜利相媲美，这场胜利是由构成文化及我们这几代人力量的制度、工具、知识和技能的复合体所赢得的。

的确，过去和现在都有可能发生的是，有组织的少数人的特殊利益胜过集体利益，并使得那些负责保护后者的人的行为失去效果。但是我们必须意识到，国家机器已经变得如此强大和完善，以至于在欧洲或在世界上从未有如此多的经济资源和个人活动，能够汇集在实现集体目标的事业中——世界大战最近就提供了一个关于这一点的可怕的、但是无可辩驳的证据。如果有人反对说，一些古代城市也许包括中世纪的城市公国，偶尔也发挥了相应于它们规模的同样的作用，答案是这种组织越小，它越容易集结那些构成它的细胞的活动。雅典、斯巴达，以及一些当时较大的中世纪公国，只有普通的现代国家百分之一的领土和人口。只有罗马在布匿战争期间，以及在帝国头两个世纪中，当它成功地在整个西欧推广其语言和文明时，它获得的成就可以在数量上与我们时代政治组织的成果相比，甚至在某些方面它的成就更多。

但是不论是个人的还是社会的、包括现代代议制国家在内的每一个人类组织，都在自身中包含了这样的种子，一旦它们成熟，就会带来它的衰落和毁灭。让我们此处仅举几例，可以发现它们中最主要的已经在发挥作用了。

在此刻很明显的是，许多欧洲国家的中产阶级的经济显著

衰落，而这一阶级的繁荣才使得代议制可能出现。如果这个阶级的经济衰落持续一整代人，在所有我们这些国家，将不可避免地出现知识的衰落。据亚里士多德说，某种适度财产所有权的 391
分布对于希腊城邦正常运转必可少。因此，适度富有的中产阶级的存在，在今天对于现代代议制的正常生计必不可少。同样真实的是，在那些这一阶级没有得到很好发展、或者缺乏必要条件以维护其威望和影响力的国家和地区，现代的代议体制产生了其最坏的结果。[62]如果我们说到的衰落加剧起来、或仅仅是持续下去，我们现代组织的各种形式在一段时间内还可以看到，但是事实上我们将或是处于一种财阀独裁制、或是一种官僚—军事独裁制、或者是几个领导暴民的专家建立的煽动性的独裁制，这些人知道如何哄骗大众以及用每种可能的方式满足他们的嫉妒和掠夺本性的技艺，这种技艺对普遍利益具有相当破坏力。更糟糕的是，可能出现两种甚至三种独裁联合在一起的形式。有意思的是，卢梭曾觉察出这种危险，他写道："从这个术语的严格意义来看，从来没有过真正的民主，将来也绝不会有。大多数人应该统治、少数人被统治是与自然秩序相反的。"[63]

这种危险看来可能更严重，这在于它与另一个危险联系在一起，这另外的危险恰恰是为代议制提供道德和知识基础的观念系统的逻辑结果。我们此处指的是迄今为止如此盛行的思维框架，它使得引进普选制几乎不可避免。在代议制政府的最初几十年，资产阶级倾向于损害代议体制建立于其上的大众主权的教条，并在各处几乎都采纳了种种有限主权的形式。但是后

---

[62] 参见上文第五章，第 9 节。——原注

[63] 《社会契约论》，第三卷，第四章。这一段话是卢梭觉察到我们上文提到的统治阶级的必要性的典型例子。这一点没有逃过米切尔斯在《党派社会学》之第二部第三章中的论述。——原注

来，资产阶级更多地被逻辑、而不是被社会下级阶层的推动所影
392 响，并特别地被行为与原则一致这种必要性所强制，采纳了普选制，他们曾经以这些原则的名义，挑战和推翻了专制制度。

从来没有过多数人统治少数人的情况，特别是如果多数人既穷又无知，而少数人既富有又聪颖时。因此，所谓的无产阶级专政只能是人数有限的阶级以无产阶级名义行使的专政。也许某些对真理的知觉可能刺透统治阶级的意识、或潜意识，并引导他们接受普选制。但是一旦每个人都获得了投票权，不可避免的是，某个政治派系会在竞争较好职位的斗争中与中产阶级分离，试图在人数更多的阶级的本能和欲望中寻找达到目的的方法，并告诉大众说，除非有经济平等，否则政治平等空无意义，而政治平等能够很好地成为一种获取经济平等的工具。

这种情况已经出现，并且会更容易发生，这是由于资产阶级在某种意义上已经成为不仅是其民主原则，而且是其自由原则的囚徒。自由主义作为自明的真理，每一种信仰、每一种观点，都有权不受阻碍地散布和传播。当然，自由主义和民主不是一个东西，但是它们有共同的基础，它位于一场开始于 18 世纪的知识和情感潮流中，这种潮流的基础是对人性、或者对**应该与人类相联系**的情感和观念的乐观概念。因此，正如民主不得不承认最好的政府是产生于大多数公民同意的政府一样，自由主义必须相信，人类的良知足以区分真理与谬误，并按照罪有应得的原则处理有害的和反社会的观点。我们的统治阶级已经把他们的行为塑造得符合这些原则，因此毫不奇怪的是，在许多国家，一种新的学说，事实上是一种新的宗教，正在被广为宣布和广泛
393 传播。从理论的观点能够确定，这种学说不适合重建一种比我们现有的更好、特别是更有道德的社会和政治组织体制，实践经验也证明了这种情况。当然，这种理论最适合去破坏现有制度。

在所有这些情况中，我们还必须加上现代经济体制极大的复杂性、以及在商品和服务的生产和分配过程中随之发生的专业化，这些商品和服务对整个社会、并因此对国家的日常生活极为必要。如果我们意识到在这些情况下，少部分人仅仅通过携带他们的武器，就可能制造整个社会制度最严重的骚乱，那么我们就稍微明白了那些力量的破坏性，它们目前正在侵蚀我们政治和社会结构的框架，也威胁其生存。

394 # 第十五章 统治阶级中的原则和倾向

1. 在柏拉图最后著作之一、关于法律的对话录中，他写道，君主制和民主制是政府的两种基本形式，所有其它形式都是通过它们或多或少派生而来的。马基雅弗利的《君主论》开篇写道："所有国家，所有已经和正在对人们进行的帝国统治过去和现在都是共和制或君主制。"这样，他也承认政府的两种基本形式，一种是国家权力以个人的名义行使，另一种是以人民的名义行使。

如果这一概念得以恰当阐述和补充，甚至今天它也可以被接受。因为的确，在政治组织的任何形式中，权力或者是在政治或社会等级中从上往下传递，或者从下往上。对下级官员的选择留给上级直至君主，他挑选其直接协作者，这是典型的专制君主制；统治者的权威从被统治者中派生而来，这是古希腊和共和国罗马时的情况。

这两种制度可能以多种方式混合和平衡，诸如今天代议制政府的情况。美国现在的政府形式可以当作一个合适的例子。在该国，总统被全体公民选举产生，他反过来指定联邦政府行政机构中的所有主要官员、以及最高法院的法官们。

柏拉图把权威从政治阶梯的顶端向下级官员传递的方式称作"君主制"。称它为"独裁制"也许更精确，因为君主在这个词
395 最广泛的意义上只是一个国家的首脑，而且不论什么政治制度

总有这样一位首脑。选择适合柏拉图所说的第二种类型的词语更困难。按照他的例子,人们可能称之为“民主制”。我们认为它应该更令人满意地称为“自由制”。因为今天我们使用“民主制”通常意味着一种政府形式,其中所有公民共同创造至高权力。这并不总是过去“人民”选择他们统治者这种制度的情况,因为“人民”经常指有限的贵族。我们只需要回忆一下在希腊和罗马国体中的情况。它们中的一些毫无疑问是“自由制”的。在许多中世纪公国中,只有那些在主要行会组织登记在册的人才是享有完全选举权的公民。术语“自由制”就我们看来似乎最合适,这在于把这样的民族称为“自由的”已经成为习惯,在这些民族中,至少按照法律,由所有或部分的被统治者选择统治者,而他们的法律必须出自普遍意志。在独裁制度中,法律或者带有一些永恒的和神圣的内容,或者是独裁者意志的表达,或者,更恰当地说,它表达了那些行使独裁者之名者的意志。

反过来说,“民主制”这一术语看来更适合于旨在以下层阶级中的成分补充统治阶级这种倾向,在任何政治组织中,这一倾向总是或明或暗地发挥作用,程度也不一样。我们把相反的倾向称作“贵族制”,它同样是持续的,程度不一,目标在于稳固恰好在特定历史时代掌握这种倾向的阶级的后代对社会的控制和他们的政治权力。

初看起来,我们称作“独裁制”原则的支配性,应该与我们称为“贵族制”的倾向相调和;并且我们称作“自由制”这种相反原则应该与我们称作“民主制”的倾向相适应。对相当数量的政治组织形式进行考察,人们可以得出结论说,在独裁制和贵族制之间,以及在自由制和民主制之间,的确存在一种密切关系。然而,这条规律有很多例外。很容易发现独裁制有这样的例子,它们不承认存在着由出身赋予合法特权的阶级。中华帝国在其漫 396

长的历史中可能就是这样。在选举制度中，选举团体完全由世袭的统治阶级构成，这样的情况也很容易找到。这种情况发生在威尼斯和波兰共和国。

无论如何，尽管很难发现一种政治制度完全排除上述两种原则或者两种倾向之一，但可以肯定的是，独裁制或自由制、贵族制或民主制倾向是否具有优势地位，提供了根本的或可信赖的标准，据此可以确定在特定时刻某个特定民族的国体类型。

2. 毫无疑问，独裁制构成了第一种主要人类集合体(aggregation)的基础。所有亚洲和埃及古代的帝国都以独裁制的方式组织，萨桑王朝时期的新波斯帝国也是如此。阿拉伯的诸哈里发国家完全承认独裁制的原则。最初的四个哈里发是由穆斯林教徒委员会的成员，或者更确切地讲，是由委员会中更有影响力的成员选出的，这些成员被宣称代表了这个委员会。随后，哈里发变成了世袭的，成为特定家族的权利。然而，不论穆斯林国王多么专制，他不能改变基本的法律。这一法律被保留在《古兰经》中，或者可以从《古兰经》的早期阐释者传递下来的传统中推导出来。

直到不久以前，日本和中国的政府还是独裁的，如同土耳其的旧政府一样。从其文明本性来看，土耳其可被看作一个亚洲国家。至于欧洲，在戴克里先时代之后的罗马帝国政府，以及拜占廷帝国的政府，可以被称作独裁的。可怕者伊凡、彼得大帝和亚里山大三世治下、以及尼古拉二世早期的俄国，完全被一种独裁制度统治。如我们所见，甚至在西欧，随着我们主要的现代国家的发展，在封建制下成长起来的过渡性政权崩溃了，这导致了独裁制政府的出现，它们后来演化成我们现代的代议制。最后，
397 在美洲，欧洲人发现新大陆的两个主要国家，墨西哥和秘鲁，也

是以独裁方式组织起来的。固然,在墨西哥,西班牙征服者发现了某种类型的一个共和国。特拉斯卡拉国[①]看起来是由部落首领的理事会统治。它与科特斯[②]结成了联盟,以与阿兹特克帝国相抗衡。[③]

一种政治制度要在具有广为不同的文明的各民族间反复出现,并且持续很长时间,而这些民族彼此之间经常没有物质和文化交流,那么这种制度必须在一定程度上符合人类的政治本性。人为的或反常的东西绝对无法显示出这么大的韧性。实际上,不论居于政治金字塔顶端的最高首脑是以上帝或诸神的名义行使权力,还是从人民或那些宣称代表人民的人中获得这种权威,独裁制都提供了一种政治模式、一种政权的原则或一种使权力正当化的手段,它简单明了,每个人都容易理解。不可能存在没有等级和从属的人类组织。任何等级制度都必然要求一些人发令,另一些人服从。而且,既然在人类本性中许多人爱好命令,而几乎所有人都能变成服从命令的,那么,如果一种制度给予上层人士使他们政权正当化的方式,同时有助于说服那些居于底层的人服从,它就可能成为一种有用的制度。

但是可能提出一种对独裁制的合理反对意见。人们可能说,独裁制可能非常适合构成大的政治组织——诸如美索不达米亚和波斯的古代帝国和较为晚近的中国、土耳其和俄国——并能够确保它们在无限长的时间中存在。但是它无法让采纳它

---

① 特拉斯卡拉(Tlaxcala)国:位于墨西哥内陆高原,原为印第安人公国,1519年被西班牙人占领。——译注

② 科特斯(Cortez):今美国科罗拉多州城市,古代印第安人城邦之一。——译注

③ 德·索利斯(De Solis):《墨西哥征服史》(*Historia de la conquista de Mexico*)。——原注

的民族、特别是它们的统治阶级，获得文明人能够达到的所有道德和知识发展。希腊和罗马的艺术和思想在总体上比近东诸帝国的更优越。没有一个古代或近代的亚洲文明经历的精神生活，其强度足以与我们在中西欧的主要国家和19世纪的美国的
398 精神生活相比。但是，雅典的辉煌时代只持续了一个半世纪。它从公元前479年的普拉蒂亚之战开始，延续到公元前323年的拉米亚战争[④]。罗马开始被当成一个大国和文化中心是在第二次布匿战争结束，大约在公元前203年。但是内部冲突早在公元前133年，在提比略·格拉古的时候就开始了；在公元前31年，经过几乎持续一个世纪的动乱、放逐、内部冲突后，古代的城市国家被重新组织成了奥古斯都的帝国。

在主要的现代国家中，英国和美国基于自由原则的政府持续的时间最长。但是我们看到，英国直到1689年还在与专制主义作战，而美国的诞生则要到1783年。在权力、财富和知识价值上，1689年的英国与今日的英国是一个十分不同的国家；而且众所周知，实际上直到19世纪中叶那个伟大的美洲共和国还主要是一个农业国，朴素、自给自足、坚守旧传统，与它在我们时代所达到的富足和世界重要性相距甚远。因此，看来似乎自由制原则可能会在人类生活的例外阶段盛行，这时人类的一些最高贵的品质可以得到充分和有力的展现，种子正在成熟，能够迅速导致政治权力和经济繁荣的显著提升。但是同样看来，在这些标志着通向文明之路上的最重要的几个里程碑的阶段之后，人类社会似乎感到迫切需要长时间休息。在政治领域中，它们在独裁制中得到了休息。独裁制或多或少被掩盖，并且或多或

④ 拉米亚（Lamian）战争：又称希腊战争，公元前323—322年希腊联军与马其顿之间的战争，雅典战败，彻底丧失独立。——译注

少很好地适合于它们已经达到的发展和文化水平。

独裁的制度自然要设定存在一个独裁者,这样的人使得制度个人化,所有被授予任何公共权威的人都要在这种制度的名义下发挥作用。独裁制可能是世袭的,在这种情况下独裁原则和贵族制倾向相结合。独裁制也可能是选举的,在这种情况下独裁原则与民主制倾向相结合。然而,获得终身任期的独裁者 399
们总是试图使位置传宗接代。诸如在帝国时代的罗马发生的情况,在名义上接受人民委任的独裁者,实际上有时是被统治阶级(或者更好地说,是被统治阶级中的某些集团,他们具有最有效的方式,把自己的意志施加于其它集团或阶级之上),有时又是被掌握国家机器的控制杆的高官集团创造的。最有效和最确定的运用权力的工具总是金钱,或者,比金钱更好的是士兵。在独裁制政府中,王位继承者经常是被那些支配国库和国家武装力量的人所选择,特别是被那些能支配布防在京畿保卫国王、朝廷和中央政府机关的军队的人所选择(参见上文第九章,第 3 节)。

当王位继承得到很好的规范,以至于对王位的继承不存在任何疑问时,世袭原则肯定具有某种优势,能自动地确保权力的稳定和持续,并避免那种每一次继位都为内战和宫廷阴谋提供口实的局面,这些内战和阴谋的目的是支持或反对许多妄求王位者。从这一点看,欧洲诸王国采纳的世袭制比近东诸王国采纳这一制度产生了更好的结果。在欧洲的世袭制中,合法享有继承权的家族(legal family)过去和现在都是一夫一妻制的,继承权总是属于第一个男性孩子。在东方,继承权从未以明白和确定的条件被规范,总是存在在位君主可以自由改变的可能性。这一点,自然为受宠的苏丹女眷、高官,甚至每天接近国王的宫廷仆从们的阴谋敞开了大门。例如,给苏丹私人服务的太监经常在君士坦丁堡的朝廷上具有极大影响力;在中国的王朝衰落时，太监们也多次出现在历史舞台上。

独裁王朝经常出自某些强大或有活力的个人，他们获取了
400 最高权力，然后设法在统治阶级中、也在大众中获得威信，在高级官员中结成了一个由利益和忠诚构成的复杂 网络，以至于继承权传给他的后代看来明智而自然。在中国，新的王朝通常被精力充沛和幸运的冒险家所创建，他们领导了一场胜利的革命，推翻了旧王朝。在日本，德川将军的幕府统治正是产生于这种方式。在16世纪初期的印度，一个突厥人巴伯尔⑤成为了同样是突厥人的一大群冒险者的首领⑥，并成功地创建了大莫卧儿帝国。这样的情况在欧洲少一些。拿破仑没有成功地把自己的皇位传给罗马王⑦。奥利佛·克伦威尔的儿子担任护国主不足一年。古斯塔夫·瓦萨的情况也许可被视为对这个一般性法则西方式的阐述。瓦萨是一个瑞典贵族的儿子，但是在其青年时代被贬抑为一个牧羊人，然后又成为达里卡利亚⑧的矿工。瓦萨领导了一场他的同胞反对丹麦人的起义，成为一个王朝的开创者。这个王朝从16世纪初期到另外的冒险者贝纳多特家族⑨的出现，一直统治着瑞典。在欧洲，更经常的例子，是起初小而弱的王朝逐渐壮大，通过几代人的努力开始扩张。这样的

⑤ 巴伯尔(Baber，常拼为 Babur，蒙语为“老虎”之意；原名 Zahiruddin Mohammed，1483—1530)：成吉思汗和帖木尔的后代，印度莫卧儿王朝创立者，1529年占领德里。——译注

⑥ 巴伯尔是在对波斯的多次战争失败后转而征服印度的，因而有冒险者之称。——译注

⑦ 罗马王：拿破仑与第二个妻子、奥地利公主路易丝所生儿子的封号。——译注

⑧ 达里卡利亚(Dalecarlia)：瑞典中部高地。——译注

⑨ 贝纳多特家族(Bernadottes)：瑞典贵族和王族，该家族成员约翰(Charles XIV John King，1763—1844)于1818年成为瑞典和挪威国王(1818—1844)。——译注

例子包括卡配王朝、萨伏伊王室、霍亨索伦王室，也许甚至包括哈布斯堡王室。[⑩]

通过出身被指定为一个大国最高首脑这一对能力要求很高的职位的人，不大可能具有有效行使它所要求的素质。遗传、家族传统和教育可能极大地帮助一个继位的君主发展外在的行为，学会最符合他将占据职位的礼仪。这些情况毫无疑问具有其重要性，因为一位君主的每一个动作、每一句话都可能吸引整个民族的注意。但是它们不足以抵销更本质素质的缺陷——工作能力、经历、统治的意愿、对人的知识，以及一定程度上情感的麻木，这一点对统治者极为有用。他们绝不能对其他人的苦难过于激动。他们必须知道怎样压抑悲痛和心里的冲动，必须坚 401
韧地避免人类灵魂难以抗拒地想要说出它最深处的情感和思想这样的关键时刻。法国的路易十一[⑪]说过："*Qui nescit dissimulare nescit regnare*〔古法语：没有掩饰，就没有统治〕。"然而，有一些恶意的评论者可能感到，国王应该更好地满足于实践上述格言，而不是把它优美地表述出来，在历史上流传下来。路易十四在给他的侄子斐利普[⑫]的建议中亲自写道："*N'ayez jamais d'attachment pour personne*〔法语：绝不要眷恋任何人〕。"此时斐

⑩ 卡配王朝(Capet)：987—1328年间统治法兰西的王朝；萨伏伊王室(house of Savoy)：1861—1946年间统治意大利的王室；霍亨索伦王室(Hohenzollerns)：该王室1415—1701年间统治勃兰登堡，1701—1918年间统治普鲁士，1871—1918年间统治德国；哈布斯堡家族(Hapsburg)：欧洲最古老的王室，从1273年到1918年先后统治神圣罗马帝国、西班牙、奥地利和奥匈帝国。——译注

⑪ 路易十一(Louis XI，1423—1483)：法国国王(1461—1483)，在位时鼓励工商业发展，加强王权。——译注

⑫ 斐利普：即腓力五世(1683—1746)，西班牙国王(1700—1746)，西班牙波旁王朝创始人。——译注

利普行将赴西班牙担任国王。[13]

上述缺陷在大多数情况中,通过把独裁制的职能分给两个人而得以补偿。名义上的独裁者被提供给这一职位的代表性和装饰性的部分,而实际权力由另一个人行使,这个人或称为总监、或首相、或维齐尔(vizier)。统治的任务也经常不是交给个人,而是交给一个由小贵族团体构成的理事会。这就是在旧政体下帮助欧洲君主们的大臣理事会(councils of ministers)、中国的总理衙门、土耳其的国务会议(divan)和日本德川时代的幕府[14]。但是,在这样的团体中,通常有一个人具有更大的工作能力、更强大和坚定的统治意愿,因而,他逐渐遮蔽了其他人。当名义的君主当朝、首相进行统治,并且环境需要从根本上改变政策时,可以通过改变首相、并保留这个王朝和它的当朝君主来达到。这种优势,当然也包含了一种风险。事实上的君主,也就是实际进行统治的人,可以试图终身保持自己的权力,并传之于子孙。这种情况发生在法国墨洛温王朝[15]主政时期。在日本反复发生。在德川将军时代被确立之前,天皇的权力就变成了名义上的,实际上则由这个或那个大封建家族的首脑行使——如平氏、源氏、北条氏、足利氏[16]。

关于这种独裁权力怎样以及何时变得必不可少,很难形成
402 定论。当然,不可避免的是,当独裁制王朝年老衰落,合法的独

---

⑬ 米切尔斯:《党派社会学》,第 365 页。——原注

⑭ 拉·马兹利尔:《日本》,第六卷,第三册。——原注

⑮ 墨洛温(Merovingian):公元 486—751 统治法兰克王国的朝代。——译注

⑯ 《日本》,第二卷,第二册。——原注

平氏家族(拉丁拼法:Tairas)与源氏家族(Minamotos):均为日本平安时代(794—1185)决定政治的大家族,1180—1185 年间,两个家族间曾经爆发过波及全日本的内战;北条氏(Hojos):日本镰仓时代(1185—1333)武士家族,执掌幕府上百年;足利氏(Ashikagas):日本 12—16 世纪的武士家族,1338—1573 年建立了足利幕府。——译注

裁者会深居宫殿，满足于令人精疲力竭的感官享乐，不再与他的贵族或人民联系，并忘记了让国家机器正常运转的技艺。但是特别在欧洲，还有许多古老王朝的后代试图有效驾驭其国家政府的例子。人们会想起西班牙的查理五世和腓力二世、法国的路易十四、萨伏伊王朝的胜利者阿玛戴乌斯二世[17]、俄国的彼得大帝和普鲁士的腓特烈大帝。逐一研究这些伟人或其他有关的人，我们可以发现，在各种广为不同的人类特点中，他们具有两种共同的基本素质，也就是身体和知识上进行持续工作的极大能力和进行统治的强大意愿。

人们可能随便猜测，在开始时，对行使实际权力的独裁者助手的选择应该依赖于名义上的独裁者，并且前者必须首先成功地赢得后者的信赖。然而，随着时间发展，强者可能获得对弱者的优势，以至于后者不敢取消(recall)曾经被自由认可的东西。在这种情况下，被独裁者自愿委任的官员可能成为前者长期的监护人。这种权力代理人首要和最迫切的任务是用自己的人占据所有高级职位，这些人通过家族纽带感恩，以及更多地通过对可疑行为或实际罪行的同谋联系在一起。然后，他可以指望这个与统治者紧密接触的小派系的忠诚，这一派系逐渐地把统治者与任何不属于它的人隔离开来。

这种派系的形成发生于所有的独裁制，并且实际上发生于所有政府中。这个派系根据不同情况，可能由二十或三十人构成，也可能多达一百人，这些人垄断了对国家的管理，占据了更为重要的职位，有时还轮流占据这些职位。选择这个构成统治阶级最上层团体的标准是变化的；根据制度是独裁制还是自由

---

[17] 阿玛戴乌斯二世(Amadeus II，1666—1732)：意大利萨伏伊公爵，1720年成为撒丁国王。——译注

制的、是民主的还是贵族倾向的,标准也随之不同。但是在所有
403 情况和所有制度下,有一个标准从不变化,它总是极为重要:那些已经属于这样的团体的人必须得到满意。在正常情况下,当问题在于获取对国家力量、因而也是对许多人的命运具有部分控制力的某个职位时,这种满意或至少那些已占据类似职位上的人们的默许或认可总是必须的。一个谚语相当正确地讲出,没有圣徒的许可,一个人不可能进入天堂。

在独裁制原则和贵族制倾向共同流行的国家中,上述集团通常由具有最高贵血统的人组成,他们通过出身被指定占据更重要的职位,行使国家更重要的职能。在这种情况下,朝廷经常成为显赫家族争夺在该王国中优势的竞技场。在法国阿马尼亚克家族的朝廷和勃艮第的公爵们之间的冲突、在西西里14世纪后期、在西班牙懦弱的查理二世治下都是这种情况。但是当名义上的君主具有天赋和强大的意志时,他有时会成功地打破服务于他——或更常见的是统治他——的贵族集团的包围,他通过把那些出身普通的人提拔到最高职位上来做到这一点。这些被提拔者在所有事情上都有负于他,因而会忠诚和有效地执行他的政策。路易十四的两个最杰出的大臣是柯尔贝尔和卢瓦侯爵[18]。他们不属于法国高级贵族。俄国的彼得大帝经常指定具有外国血统的冒险家、或者出身贫贱的俄国人担任重要职位。在近东独裁制国家中,出身贫贱者担任高官、掌握重权并不少见。人们可以提及巴西尔一世,[19] 当然还有在18世纪成为波斯

---

⑱ 柯尔贝尔(Jean Baptiste Colbert, 1619—1683):路易十四时期的财政大臣和海军国务大臣;卢瓦侯爵(Francois-Michel le Tellier Marquis de Louvois, 1639—1691):路易十四时的国防大臣。——译注

⑲ 巴西尔一世(Basil the Macedonian,不详—886):拜占廷帝国皇帝(867—886),他在9世纪成为拜占廷皇帝,马其顿王朝的开创者,世代居于马其顿, 不过经

汗的纳迪尔[20]。

马其顿人巴西尔死于公元886年。他是一个农民的儿子。他通过驯马技能起家。在成为宫廷贵族的侍从后，巴西尔凭借其智慧和无尽的精力首先成为迈克尔三世[21]最信赖的人，然后成为他的协作者。在迈克尔想到要除去他时，他通过谋杀除去了迈克尔，然后成功地获取了王位。除去他在前进道路上采取 404
的诡计和罪刑外，巴西尔也许可以被认为是拜占廷帝国最好的君主之一。纳迪尔是一个土库曼部落酋长的儿子。他起初是一群土匪的首领。在经历许多冒险后，他开始为波斯萨非王朝[22]的国王塔赫马斯普二世服务。最后他废黜了塔赫马斯普二世，把后者的一个婴儿立为国王，并成为其监护人。很快他把父亲和儿子一同杀死，自立为国王。这个事件发生在1736年。这位精力充沛、残酷无比的国王把波斯的威望提升到国外，成功地攻陷了大莫卧儿帝国的首都德里。据说他在德里赢得了价值5亿美元的战利品。在1747年，轮到纳迪尔自己被暗杀。巴西尔和沙汗纳迪尔都有可能成为马基雅弗利《君主论》的极好素材。与之相比，阿克索克利斯和西萨尔·博尔吉亚[23]看来太老实了。

不用说，在这种非凡的经历中，额外的好运与非同寻常的才智、特别是那种利用每个可以提升人的有利环境的能力，发挥了

考证认为他有波斯尼亚血统。——译注

⑳ 纳迪尔(Nadir Shah，1688—1747)：伊朗国王，1732年囚禁塔赫马斯普二世，立其幼子为傀儡皇帝，1736篡夺萨非王朝王位。——译注

㉑ 迈克尔三世(Michael III，约836—867)：拜占廷皇帝(842—867)，曾把巴西尔提升为卫队长。——译注

㉒ 萨非(Safawid)王朝：伊朗王朝(1502—1763)。——译注

㉓ 阿克索克利斯(Agathocles)：叙拉古僭主；西萨尔·博尔吉亚(Cesare Borgia)：巴伦西亚大主教，均请参见第八章注释。——译注

重要作用。这种能力最主要地应该归结为，一个人知道如何让那些已经占据他向往职位的人觉得自己有用或者说必不可少，然后施展他们的所有素质，不论好坏。

3. 甚至在独裁制度中，在统治阶级的最高阶层之下，总有另一个人数多得多的层次，他们构成了领导国家所需的全部能力。如果没有这样一个阶级，任何一种社会组织都是不可能的。较高的阶层自身不足以领导和指导大众行为。因此，归根到底，任何政治组织的稳定都依赖于这第二个层次达到的道德、智力与活动的水平；并且这种水平的健全程度通常更为重要，因为对国家或阶级的集体利益的意识能够给个人野心、或者该阶级中贪婪之辈施加压力。相应地，在这第二个阶层中的任何知识和道德缺陷都代表着对政治结构更严重的危险，这种缺陷比控制
405 国家机器的几十个人的类似缺陷更难以补救。打个比方，一支军队的力量，主要依赖于直接接触士兵的军官们的知识和道德价值，从上校开始，直到少尉。如果，由于某些不大可能的事件，所有的将军和参谋都被消灭，军队将会受到相当严重的震动，但是它仍然会保持正常，通过提拔较好的团队指挥官并把其他更有能力的军官提拔成参谋，失去的将领会在几个月内得到补充。但是如果实际轮到管理士兵们的军官消失了，在这些军官被补充之前，军队将会解体。统治阶级中的较高层次相当于将军和参谋，而第二个层次相当于直接带领士兵冲锋陷阵的军官。

在原始的独裁制中，以及在一般来说更古老的制度中，统治阶级中的这第二个层次几乎总是由教士和武士构成，这两个集团中的人们支配了社会的物质力量，并行使知识和道德领导，而且，他们因此在经济上更加丰裕。在这种类型的社会条件下，政府中的独裁制自然应该与盛行的贵族制倾向相结合。但是随着

时间的推移，在那些原来以外族入侵为基础划分阶级的国家中，征服和被征服种族完全融合在一起。文明的层次提高了。财富和文化也因此增长，令人满意地行使公共职责的技术准备变得必要起来。贵族独裁制因此几乎总是发展为官僚独裁制。这就是罗马帝国，特别是在戴克里先之后，以及拜占廷帝国的情况，中华帝国至少在其存在的最后几个世纪，俄国在彼得大帝之后，18 世纪的欧洲主要国家，以及有一定保留意义的德川幕府建立后的日本，都是这种情况。众所周知，在 1598—1616 年间统治日本的德川家康[24]建立了德川幕府之后，大名[25]亦即大的男爵们的权力，被极大地削弱了。[26]上面所有被提到的政体都可以被当 406
作官僚独裁制度。

在独裁制开始使一个大国官僚化之前，政治组织必须足够强大，以至于它能够有规律地从私人那里征收赋税，数量足以支付公共官员的薪水和维持一支常备武装力量。但是然后，如同经常出现的社会现象那样，一系列的行动和反动随之出现。一旦官僚化被顺利推进，它反过来提高了国家机器的强迫效能，因此使得统治阶级，特别是其中的领导集团，能够对被统治的大众施加越来越大的影响力，并越来越有效地指导被统治者的活动，以达到统治者期望的目标。换句话说，官僚化的独裁政体是完善的独裁制，它具有这种完善性带来的所有优势和劣势。

在诸种优势之中，可以提到把各种领导职能指派给专家、以及向从社会下层阶级向上奋斗的有才华者提供各种机会的可能性，这从而可能为施展个人美德提供空间。因而，人们对分配的

---

[24] 德川家康（拉丁字母拼为 Iyeyasu，1543—1616）：日本贵族，统一日本，建立德川幕府。——译注

[25] 大名：指日本封建时代的诸侯和贵族。——译注

[26] 拉·马兹利尔：《日本》（Le Japon），第六卷，第三册。——原注

公正给予尊崇，这一点对人们的心灵一直有吸引力，并在我们时代特别使人信服。人们感到在个人给社会提供的服务和他在社会等级中占据的位置之间，应该有精确的和数学式的对应。

但是，如同费雷罗很好指出的[27]，个人美德是那些人们的感情和利益可以最好地伪造出来的东西之一。在独裁制中，成功依赖于一个人或几个人的判断，这时诡计可能足以伪造出与个人美德的类似性来。在自由制度中，特别是当民主倾向同时盛行，且如果一个人在世界上要前进，许多人的认可和积极的同情就必不可少时，诡计就不得不与江湖郎中开出的好药结合起来。无论如何，除了这种偏见，以及有些人想到的过于悲观的反对意见之外，可以肯定，对一个人美德和能力的判断总或多或少是主
407 观的，并且因此，每一个善意的鉴定人将会给予一个候选人自己喜欢的、或他恰好具有的更高的知识和道德素质的评语。这是盲目的保守主义无法纠正一个人错误和弱点的最主要原因之一，这种保守主义在纯粹的官僚制政体中非常普遍。

中国的例子就适合这一点。在中国，较高级的官员是由受过教育的个人组成的，但是他们是在该国旧式的传统文化中接受教育。在19世纪后半期，官员们奋力反对一项基于欧洲语言和科学知识雇佣公共官员的新方法。另一方面，在日本领导1868年伟大改革的人认识到了立刻掌握欧洲文化的必要性。这些人几乎都出身于大名阶层。他们是受过教育的人，但不是职业作家和科学家。

为了避免扭曲对美德的判断，选择和提拔较低级官吏的高级官员是一些聪颖之士这一点还不够。他们必须内心慷慨、高

---

[27] 《一个被废黜国王的回忆与忏悔》(*Memorie e confessioni di un sovrano deposto*)，第29页。——原注

尚。有时被赋予最珍贵和崇高品质的人宁可选择平庸和具有第二流天赋的人。他们让他嫉妒的原因更少,并更好地补充了自己的能力,因为平庸之人所做的事情第一流人才不能做,或不屑于做。还有,平庸之人几乎总是奉承人且圆滑:他没有年轻人和才华横溢之人常出现的青年人的独断,或至少更会伪装,这种独断,或真或假,是一种专横作风,有些人似乎一眼就看到那些别人、甚至老年人和有经验之人没有看到或迟缓地看到的东西,在他们之中,这种专断作风很典型。

那么,假定由于不信任人类的无私精神,我们可以试图用独裁制的晋升法则取代上级的选择和指派。这种法则只能依赖于资历(seniority)原则。在这种情况下,懒惰的和勤奋的,智慧的和愚蠢的,总是同等地发展。这样的公务员很清楚,比其他人做得更多或更好对他并没有什么好处。因此如果他不想失去职位 408
或晋升,他会做必不可少的最低限度的工作。在这种情况下,官僚机构生涯会变成没有才华之人、或只需要有薪水的职位以支付日常所需之人的避难所。如果一个才智之士恰好误入官僚机构,他只会把自己的部分活动和才华投入公事,经常这还不是最好的部分。

尽管官僚机构在法律上可以对所有社会阶级开放,实际上它总是从中等阶级中得以补充,换句话说,从统治阶级的第二个层次补充人员。一方面,那些生于第二个阶层的人获得所需教育更为容易,并且在他们的家庭背景中,他们发展了一种实践意识,能发现进入官僚机构并在其中得到晋升的最好方式。人们很容易想像,这样的指导,以及一个父亲、一个有影响的亲戚或家族的朋友们的影响力是多么有帮助啊! 由于这个原因,通常可以说,在一个纯粹独裁制度中,或者在一个把独裁和自由主义结合在一起的制度中,官僚机构的道德水平就是统治阶级的道德水平。当统治阶级具有根深蒂固的正直和荣誉传统时,这种水平就会高一些,因为它经历了很长时期的形成和约束过程,并在许多代人中把它应用于国家的民事或军事职能服务中。当统治阶级时日尚晚,或来自粗糙、忙碌和幸运的冒险家之中、或来自至多掌握了最基本的礼貌和教育的农民和牧羊人之中时,这种水平会较低。即使这种人具有相当的能力,他们仍然难以有一分理想主义,并保持了根深蒂固的和可怜的对重大利益、甚至是蝇头小利的贪婪。

在这样的情形中,官僚制组织产生了最坏的结果。人们注意到上级厚颜无耻的宠爱、下级低劣的奴性,以及在两者中同样具有的以其职位带来的影响力交换各种利益的倾向。在更严重的情况中,讨价还价变成了直接销售,然后我们看到了这一制度
409 在金钱上的腐败,它一旦在官僚等级中较高和较低阶层中流行起来,就破坏和瓦解了每一种国家行为。

另一种官僚制普遍的缺陷是,甚至当它们的道德水平较高,它也具有一种相信自己不会错的偏见。官僚们在本性上不愿意接受外行人的批评和建议,即使属于本行人的建议,他们也不愿意接受。

4. 如我们上文所见(上文第 2 节),自由制原则具有比独裁制更辉煌的记录,但它的确是一个较短的记录,在世界和历史上没有广泛传播。在我们已经提到的,古代和现代的自由制国家中,人们可能还要加上波兰、荷兰、中世纪的同业公会城市、热那亚、佛罗伦萨和瑞士,在这些地方自由制政体在不同时代持续了相当长的时间。最后还有威尼斯,就我们赋予自由一词的意义讲,这里制度是自由的,同时它也是寡头政治的,持续了大约一千年。但是上述的几乎所有其它国家,除了瑞士的一些州,都是

被成员数量不同的贵族团体所统治。在波兰，自由制被应用到该国相当大的领土，而贵族阶层很快衰落为混乱的无政府状态。

要找出我们称作“自由的”制度的基本特点，我们可以说法律是基于大多数公民的同意，尽管只有一小部分居民可以成为公民；此外，应用法律的官员直接或间接地被他们的下属指定，他们的位置是暂时的，且他们个人要为其行为的合法性负责。通常，在大的自由制国家中，公民并不独自行使立法权。他们把它委托给一个由他们直接或间接地指定的议会，民选官员的工作被一个专门的官僚机构的工作所补充和协助。因而，在自由制原则盛行的情形中，国家在习惯上承认它对个体公民和公民组织行使的权力受到一定限制。这种限制在古典时代的希腊和古罗马并非完全没有。现代的国体几乎总是承认这种限制。它 410
们涉及诸如信仰、出版、教育、集会和言论的自由。它们保证了个人自由、私人财产和住所不可侵犯。

在自由制原则盛行的国家中，我们也发现了我们在独裁制中发现的统治阶级的两个层次，第一个层次人数较少，第二个更广泛，涉及更深远。实际上，选举制度不妨碍较封闭的小团体的形成，它们在国家中竞争最高的职位，每一个都包括一些对最高官职有抱负的人。这种最高官职可能是共和国总统、或部长理事会的首脑。这些党派相当于独裁制中的朝廷小集团，在它们中选出国家最高首脑的直接助手。两者使用的方法当然是不同的。要在独裁制中达到较高职位，只要一个或几个人的支持就足够了，这一点可以通过利用他们不论好坏的感情来获得。在自由制中，人们不得不操纵至少是统治阶级中整个第二个阶层的倾向，这一阶层即使自己没有构成选举人，也至少提供了领导人手下的一般办事人员，而这些领导们则构成舆论并决定了选举机构的行为。在内部，有指导政治团体的委员会，在议会和会议上演讲的发言人，制作和出版报纸的人，最后还有少数人，能够形成自己就当时人物和事件的观点，这些人因而影响了许多不能形成自己观点、并随时准备支持其他人观点的人们。

应用自由主义原则产生的结果根据选民的不同而变化，这些选民可以选择谁来担任最高的公共官职，他们可能是狭隘封闭的，也可能包含广泛。

在前一种情形下，一大部分统治阶级，或那些具有属于他们的前提条件的人，被排除出去。这种排除使得自由制度看来非常像被有限的阶级统治的蒙面独裁制——有时是被少数有势力
411 的或实质上万能的家族所统治。这就是波兰在该国分裂前几十年的情况。进而，当选举人被狭隘地限制时，几乎所有投票人都被认作或可以被认作适合担任官职。实际上，他们几乎所有人都变成了候选人。换句话说，他们在没有足够评判者的情况下，被给予评判。

这种事情也在议会制国家的民选议会上发生。在这些国家，频繁的内阁危机和形成新政府的困难，至少在一定程度上依赖于这一事实，即一大批代表想担任部长或副部长。候选人太多，评判者太少，因为评判者应该是与争论中的事情没有利益牵挂的人。

因此，通常在被狭隘限定的选举人中，或者会形成一个单独的小团体，它由那些已经担任官职的人或他们的同伙和党徒组成，或者是形成两个派系，其中一个掌权，另一个处于恶意的和全面的反对地位。远离两个派系的那些少数人通常受到孤立和忽视。他们只有在关键时刻才能施加有效影响，此时一系列骇人的丑闻或严重的败绩使得执政派系可能或不可避免地倒台。

在第二种情形下——换句话说，在每个人、或几乎每个人都能投票的制度下——统治阶级分化成的各种党派组织首要的任

务是赢得人数更多阶级的支持，他们必然是最贫困和最无知的。这些阶级通常服从于他们并不在意的政府，并不理解它的目的和工作。他们首要的、自然的和自发的愿望是被尽可能少地统治，或为政府作出尽可能小的牺牲。他们的第二个愿望是在行使选举权时特别地得以发展，这就是利用政府以提高其经济状况，并发泄被压抑的不满和嫉妒，地位低的人经常——而不总是——对地位高的人，特别是直接上级怀有这些情感。

当统治阶级中不同集团间斗争的胜利要依靠大众的支持与同情时，不太能施加有效影响力的集团将总是利用上述两种愿 412
望，特别是不满和嫉妒，以吸引下层民众的支持。与这样的集团通过情感、或通过利益联系在一起的是生于较不幸运阶级中的人，但是他们通过特殊才能和精力、或通过额外的狡诈，设法脱离了这一阶级。米切尔斯以极大的睿智考察了中产阶级和工人阶级中派生出的各种成分，对各国社会主义政党的经营和组织所做的贡献、以及经常出现于社会主义大本营中两种类别间的敌对和竞争。㉘

不论来源如何，那些旨在垄断和利用大众同情的人所用的方法总是相同的。这些方法归结为总是夸张地指出富人和有势力者的自私、愚蠢和物质享受；谴责他们的恶毒和错误，不论是真实的还是想像的；并许诺满足共同的和广泛传播的粗糙正义感，这种情感希望废除基于出身优势的所有社会等级，同时希望看到绝对平均地分配快乐和痛苦。

相当常见的是，煽动性的宣传所针对的党派恰恰使用同样的方法与这种宣传作战。只要当他们认为这样做有利可图时，他们总是作出从来无法信守的承诺。他们也奉承大众，满足他

㉘ 《党派社会学》(此处简称为 *parteiweisen*)，第四部。——原注

们最粗糙的本能,并利用和煽动他们的偏见和贪婪。这是一种可鄙的竞争,其中那些故意欺骗的人,把他们的知识水准降低到等同于那些被他们欺骗的人,甚至在道德上更低劣!

煽动性雄辩的最古老的例子,是荷马描写的瑟赛蒂兹[29]的言辞,他习惯于折磨希腊的领导人。[30]他指控阿伽门农增加普通
413 士兵的劳役和危险,并在美丽的女奴中打发时光。接着瑟赛蒂兹煽动希腊人发起一场军事罢工,督促他们让其首领自己想办法,这样他可以逐渐意识到他对士兵们的苦难有负何其多。不能不提到的煽动性雄辩的例子是萨卢斯特归于盖约·马略[31]的讲演和马基雅弗利所写的一个无名工人在佛罗伦萨梳羊毛工人暴动[32]上的讲话。[33]现代的煽动话语几乎总不如这些古典类型,在它们中列举了针对由于出身获得财富和较高地位之人的所有论据,都以如此娴熟的技巧提出,可以在所有没有继承权的人那里引起深深的共鸣。

总而言之,当选举人是由统治阶级中第二个阶层的大多数人所构成时,应用自由制原则的条件最有利。而这第二个层次构成了所有主要政治组织的骨干。当这个阶层足够大时,投票人中不会有很大比例渴望候选人职位,而候选人因此可以在他

---

[29] 瑟赛蒂兹(Thersite):荷马史诗《伊利亚特》中的一名希腊士兵,喜欢骂人。——译注

[30] 《伊利亚特》,第二章。——原注

[31] 《朱古达战争》(*Bellum Jugurthinum*),第三卷,第75页。——原注

萨卢斯特(Sallust,公元前86—前35或34):罗马政治家和历史学家,所著《喀提亚战争》、《朱古达战争》等探讨党派战争起源;马略:古罗马执政官,参见第二章注释。——译注

[32] 佛罗伦萨的梳羊毛工人(Ciompi)暴动:佛罗伦萨的梳羊毛工人及其它下层阶级于1378年发动起义,曾经在佛罗伦萨建立短期的民主政府。——译注

[33] 《佛罗伦萨史》,第三卷。——原注

们中，而不是在对手或同党中获得评判。同时，当选举人被相当地限定时，竞选成功就不依靠对无知阶级的信仰和情感给予敬意。只有在这种情况下，才可以实现自由制最主要的的一个设想——即那些代表应该对被代表人负责。当然，我们不是说完全如此，但也并非全然虚幻。

自由制原则的另一个优势，不论是假设的还是真实的，是统治者的行为能够在政治代表会议和行政理事会上，或者在日报和期刊上被公开讨论。但是如果这种最后的和非常有效的控制方式真的要启蒙公众舆论，这些报纸绝不能是政治或金融派系的机关报，也不能是党派盲目的工具。如果它们如此，公众应该知道这一点，并能处在一个可以适当考虑事实的立场。

5. 民主制倾向——也就是从下层补充统治阶级的倾向——在所有社会都以或大或小的力量持续发挥作用。有时， 414
补充活力（rejuvenation）以一种迅速或暴力的方式出现。更经常，实际上更正常的，是它通过下层对统治阶级缓慢和逐渐的渗透而发生。

过去，暴力式的补充活力经常是外族入侵的结果。一个征服民族在被征服者的土地上定居下来，不消灭原有居民或把他们赶走而在他们身上施加其统治。这发生在罗马帝国崩溃后的西欧、阿拉伯入侵后的波斯萨桑王朝时代、征服者威廉胜利后的英格兰、伊斯兰入侵后的印度，以及蒙古和后来的满族鞑靼人入侵后的中国。在这些情况下，原有的当地贵族保留下来的成员几乎总是被吸收进具有外族血统的新贵族中。在上述例子中，国内开始出现的衰落也促进了外族人的征服。原来的统治阶级或者被削弱，或被剥夺继承权，或者在精神上疏离于其他人口。

在更近的时刻，对原有政治阶级的暴力式的和影响深远的更新,有时通过内部动乱来实现。这些就是本来意义上的“革命”。当一个民族的官方政治组织和它的习俗、观念及情感发生广泛的分裂时,当许多本来可以参加政府的成分被人为地置于从属地位时,就会发生这种革命。这种局面经典的例子是法国革命。另一个例子就是正在我们眼前发生的俄国的情况。

但是,暴力危机根本变更选择统治阶级的标准、并在几年的进程中深刻改变或修改统治阶级构成的例子也许可以被当成例外。它们是历史上几个特殊时刻的特征。这种倾覆有时给知识、道德和物质进步带来了有力的推动。在其它时候,它们是文明衰落和解体的开始或其结果。甚至在正常时代,几乎也总是能够观察到统治阶级的一种缓慢和逐渐的更新,正通过出自下
415 层的成分渗入较高社会阶层进行着。但是这种我们称作民主的倾向,有时在一个文明中非常突出,并以一种更有效和更迅速的方式发挥作用。在其它时候,由于法律、习惯和习俗在其道路上设置的障碍,它隐蔽地进行,因此更加平淡。

如我们上文所见(第二章,第 8 节),民主制倾向更容易在不安定时期盛行,此时新的思维和感觉方式正在削弱奠定社会等级结构的旧观念,科学和技术的进步创造了新的赚钱方式或产生了军事组织形式的变化,此时甚至外部的冲击已经迫使一个民族国家积聚所有能量和能力,而这些力量在平静的时候,总是处于一种潜伏状态。革命和长期战争给了许多新人出头露面和施展才华的机会。如果没有法国大革命,拿破仑·波拿巴可能只会当上一个很好的炮兵上校,而且,如果不是由于革命和帝国的战争,他的一些元帅一定会继续当中尉。通常,宗教的变化、哲学和政治思想的新运动、新武器或新战争工具的发明、新发现应用于经济生产并相应地提高经济产量,所有这些因素都促使构成各种社会阶层的成分迅速转变和互换位置。这样的变化和交

替更容易发生在新国家,这些国家的自然资源还没有被大量开发,仍然丰富,并且允许有活力有抱负的人轻易地、或至少不太困难获取财富与名誉。澳大利亚和美洲各国的例子就与此相契合。

如果适度限定,民主制倾向在某种意义上与人类社会中所谓的“进步”密不可分。如果所有贵族制都顽固地封闭和静止,这个世界就绝不会变化,人类就会停在荷马时代的君主国、或古老的近东帝国的发展水平。那些居于顶端的人与生于底层但希望向上爬的人之间的斗争,现在和将来都是一种酵素,驱使个人和阶级拓宽其视野、寻找把世界带向 19 世纪文明程度的新路 416
径。这种高度的文明使得在政治领域创造主要的现代代议制国家成为可能,如我们所见(第十四章,第 8 节),在所有政治组织中,这种国家成功地协调了最多的个人能量和活动,并把它们应用于与集体利益相关的目标中。

当民主制倾向没有施加太大影响去排除其它倾向的话,它就代表了一种保守性力量。它使得统治阶级能通过接纳新成员而持续地得到补充,这些人具有天生的领导才能和领导的意志,这种措施因而防止了世袭的贵族阶层消耗殆尽,这种情况通常会为巨大的社会灾难铺平道路。然而,从 18 世纪末期开始,一直到 19 世纪,人类平等的教条,被修改成符合现代思维方式,被注入了新的活力,并被认为能够完全应用于世上。许多人过去和现在都相信,还有不少人假装相信,出身带来的优势迟早可以通过我们社会制度的适当变化被消除,将来会出现这样的人类组织,其中一个人给社会付出的服务与他在社会阶梯中占据的位置恰好相应。

在一个理想地组织起来的国家中,个人提供的服务和他占据的社会地位将会相应,这种观念第一次被圣西门清晰地阐明出来。他在许多著作中以不同形式表达了这一学说。后来,同样的概念变成了圣西门学派的原则之一,而这一学派在其它方面与祖师的教诲相距甚远。[34]也许这种热望从未如今天这般得到广泛拥护、清晰阐述,但是认为在圣西门时代或甚至在稍晚于
417 两百年前它第一次形成则是愚昧的。它是每一次旨在更新和恢复统治阶级活力的进攻的道德基础。当人们努力清除那些分隔法律规定的或事实上的世袭贵族统治者与社会其它部分来的藩篱时,总是有人号召以个人美德反对身世特权,它们或以宗教,或以所有人、至少所有公民生来平等的名义进行。在这方面,希腊和罗马的民主制、佛罗伦萨的 Ciompi(梳羊毛工人)、明斯特的再洗礼论者(Anabaptists)[35]——固然,还不用说信手拈来的《权利法案》,都像法国的改革者和今天的共产主义者一样思考和行为。瓦特·泰勒[36]是英国农民针对地主的一次著名反叛的领导人。叛乱发生于 1381 年。在此前几年,当起义正在酝酿时,一个叫做约翰·保尔[37]的教士写下了经常被引用的对句,适当地表达了这种态度:

> 当亚当耕田、夏娃织布时,
> 那时谁是老爷?

---

[34] 《著作集》(*Oeuvres*)即《圣西门和盎方坦著作集》,并参见伯纳多·莫斯卡(Bernardo Mosca):《一百年后对令人尊敬的圣西门的反思》。。——原注

[35] 明斯特(Munster)的再洗礼者(Anabaptists):再洗礼者为欧洲宗教改革中的激进派别,1525 年在德国北部莱茵城市明斯特起义。——译注

[36] 瓦特·泰勒(Wat Taylor,不详—1381):英国农民起义领袖,起义失败后被处死。——译注

[37] 约翰·保尔(John Ball,不详—1381):英国教士,发表了许多反对特权的言论,后参与领导瓦特·泰勒起义,失败后被杀。——译注

但是每一次民主运动取得部分上或完全的胜利时，我们会不可避免地看到贵族制倾向又通过与之作战之人的努力复活了，这些人有时还显示出受到了它的压迫。在罗马，富有的平民在打开阻隔他们获得高级职位的大门后，与过去的贵族相混合，形成了新的贵族，外人从法律上讲可以进入这个阶层，但是在实践上相当困难。在佛罗伦萨，"肥胖无产阶级"的寡头政治取代了贵族，新统治者觉得很适合通过"公正法令"[38]破坏这些贵族家族的影响。在法国，19世纪的资产阶级部分上取代了旧政体的贵族。在各处，当旧的障碍被甩掉时，新的障碍就被竖立起来，也许有时比旧的低一些，不那么荆棘竖立，但仍然高大和牢固得足以造成相当严重的障碍，阻止那些有望越过它的人。在每一个地方，那些已经达到了社会阶梯顶端的人都建立了保护自己和他们的孩子、反对任何希望往上爬之人的防卫体系。[39]

有人会说，所有这些都是私有制的必然产物，它使得财富被 418
继承下来，并使那些继承它的人获得与保留权力的道路更通畅。在这种反对意见中，的确有大量真理的成分——我们不说它全部是真理，因为甚至当一个家族没有自己的遗产时，家长的文化水平和家族间的联系也能部分地传给他的孩子。但是今天很少有人意识到在集体主义国家中上述的缺陷不会消失，而现在要为这些缺陷负责的恰恰是私有财产制。它只是以更严重的形式出现。如我们已经阐述的(第十一章，第3节)(并且如俄国正在发生的情况)，按照集体主义纲领组织起来的国家的统治者，比起今天的富有和有势力者，将具有更大的资源和执行手段。一

---

[38] 公正法令(ordinances of justice)：1293年佛罗伦萨颁布的宪法性质的法令，确定了寡头政治，排斥贵族和劳动者享有的政治权。——译注

[39] 莫斯卡：《过去的与未来的贵族制与民主制原则(Il principio aristocratico ed il democratico nel passato e nello avvenire)》。——原注

个集体主义国家的统治者把经济权力堆积到政治权力之上，具有上千种方式分配奖赏和惩罚。如果他没有利用自己的优势地位给予自己孩子们一个好的起步，那的确令人奇怪。

为了完全废除身世特权，必然要再进一步废除家庭，承认流浪的维纳斯(vagrant Venus)[40]并把人性降低到最低级的动物水平。柏拉图在《理想国》中作为废除私有财产几乎必然的结果，建议废除家庭。然而，他似乎倾向于仅仅在他所说的统治阶级——也就是哲学家和武士中废除财产和家庭。他不赞成现在被称作“自由恋爱”的东西。他设想了暂时的婚姻，其中对暂时配偶的选择是由他说的哲学家作出的。他进而安排生于这种结合方式的孩子不应该知道其父母，或被他们知道，因为国家应该形成一个单一家庭。康帕内拉[41]在《太阳城》中解释和捍卫了一种类似制度，他也想废除私有财产和家庭。

但是我们不认为如这些一样激进的措施足以在世界上建立绝对正义，它从来没有实现过，但那些试图撼动实行于任何国家
419 和任何时代的社会等级制度的人，总是期盼它。天主教的教士不允许有合法的孩子。但是一旦他们开始掌握巨大的经济和权力，裙带之风立刻在教会中出现。也许我们可以很好地想像，如果禁止人有侄子和儿子，他仍会在同胞中找到一些人，他愿意优先爱戴和保护这些人。

同时，不能如此确定的是，在进入统治阶级、以及成为社会等级中高级地位的奋斗中消除身世优势，将完全对集体有好处。如果所有个人都能够以平等地位参加争夺，这种奋斗会强化到

---

[40] 维纳斯为西方神话中爱与美之女神，流浪的维纳斯(vagrant Venus)此处意指不固定的家庭、婚姻形式。——译注

[41] 康帕内拉(Tommaso Campanella，1568—1639)：文艺复兴时期意大利空想社会主义者，著有《太阳城》，幻想一种共产主义形式的社会。——译注

疯狂的地步。这将使一种巨大的能量支出被用于严格的个人目的，而对社会组织则没有带来相应利益，至少在大多数情况中如此。[42]另一方面，情况可能恰好是：如果某个统治阶级要适当维护其声誉和职能，某些知识素质、以及特别是道德素质，对它就是必要的，这些素质也对社会有用，同时，如果它们要得以发展和施加影响，那就要求同样的家族在几代人中一直占据相当高的职位。

6. 在我们20世纪，没有几个人不公开热情地支持民主制。因此，长时间停留在指责贵族制倾向过分的优势亦即把政治权力和社会影响稳定在特定家族中这种形式的罪恶和缺点，看来可能是多余的。然而，这种稳定性正是已经消失的文明、以及处于今日欧洲进步之外的文明的共同特点。社会稳定性在西方被极大地削弱了，但是它绝不是一种过去的事物。贵族精神并没有在我们中间完全消失，也许绝不会消失。现在，这种趋向也有它的危险和不利之处。

当一个民族长期被一个封闭或半封闭的贵族阶层统治，几乎不可避免的是，一种团体精神、一种等级意识就会出现并维持自身，从而贵族成员会逐渐认为自己比其他人无限优越。这种 420
骄傲经常与一种精神的轻佻和一种对外部形式的过度关注联系在一起。那些居于顶端的人可能会感到所有东西都应该属于他们，不需要对那些非自己等级的人付出任何明确的义务。他们把外人当作目标、感情和怪想的盲目工具。人类非常容易产生这种心态。有时候可以令人惊讶地看到，那些设法从卑贱出身爬到高位的人会如此迅速地认为自己比其他人优越。

---

[42] 莫斯卡前引书。——原注

这种思考和感觉的方式在那些生来注定占据显要职位的人，以及那些从童年时代就享受许多特权、接受许多奉承的人中自发地得以发展。但是，它通常防止他们理解，并因而同情那些生活于社会底层的人们的悲痛和苦难；他们同样对那些靠自己的成就爬上一两个社会阶梯者的耕耘和努力不太敏感。进而，对贵族精神的夸大，还会使人们避免接触下层社会。他们不会努力对下层社会作出任何细致研究，对下层阶级的真实心理状况完全无知。有时，这种状况在文学作品中、特别是在小说中，被描写为非常类似人类原始的单纯和善良，有时又成为类似野蛮的情感。不论其内在进程是什么，两种夸大都会带来一个结果，即剥夺了统治阶级对大众心理和情感发展的任何影响力，从而使统治阶级不再适合对他们进行管理。

在历史中我们很少找到世袭的上层阶级，如他们应该做的那样，在意识到自己的知识和道德优越性的同时，还自发地和同样地意识到，这些优越性给他们带来了对下层阶级的义务。在属于世袭统治阶级的个人中，人们之间广为分布的真正的兄弟
421 情怀和认同感更为少见，这种情操是主要的世界宗教——佛教、基督教和伊斯兰教——的基础和荣耀，换句话说，这些情操使得具有较高地位的人认为、并真诚地感觉到，最下层的人也是他们共同所属的人类的一个内在部分。毕竟，这种感觉是一种健康的因素，植根于今日在“民主”的名义下正在聚合着的各种梦想和谬误中。

所有世袭的贵族统治者最阴险的敌人，毫无疑问是懒惰。懒惰产生了软弱和好色，导致了思想的轻浮，创造了一种对一生只有享乐没有责任的渴望。当没有需要从事既定的工作这种责任带来的日常压力，当早年没有形成工作习惯时，很难逃脱这一死敌的陷阱。然而，那绝不能充分摆脱懒惰的贵族统治者会迅

速衰落。他们可能会成功地在一段时间里保持名义上的地位和官职,但是当这些职能实际上由下属行使时,这些下属很快变成了实际的主人。结果,只能是行动并知道如何行动的人最终成功地发号施令。

免于身体劳作、能够确保社会地位却不需要由此被迫参与繁重的日常工作,在一定情形中,可能会产生从集体利益的角度看来卓越的结果。一定数量的人们已经处于那种较高的位置这一事实,是人类知识和道德进步的主要因素之一。西班牙批评家乌纳穆诺(Unamuno)[43]曾经写了一首对懒惰非常诙谐和博学的颂歌。其中,他试图显示,世界有负于游手好闲者良多,因为如果在我们祖先中没有一些人不需要自己工作,不能支配他们所有的时间,那么就不会形成科学、艺术、伦理。[44]

乌纳穆诺的论述是新奇的,它包含了相当数量的真理。但是可以用更好的形式阐述问题。在这一情形中,不明就里的人所称作的懒惰,实际上远不是这么回事,如此看待懒惰的人可能 422
属于上层阶级,也可能属于下层。这种行为可以是人类劳动的一种最高尚的形式。它可以是一种对投身于它的人、甚至对任何其他人没有直接功利的劳动形式。它可能只是寻求发现指导我们居于其中的宇宙的法则,或了解人类思想和人类制度是如何发展的。它的动机可能仅仅是,在一定程度上扩大人们对已知事物的信心、减少未知事物这种无私情感。它的目的可能是在一定程度上、在可能的限度之内,阐明那些折磨人们的灵魂和理智的严重和痛苦的问题,并给予人们提升他们超越动物状态

---

[43] 乌纳穆诺(Miguel de Unamuno,1864—1936):西班牙哲学家、作家、文学批评家,早期存在主义者。——译注

[44] 《对懒惰的捍卫》("En defansa de la haraganeria")。——原注

的典型真理。现在,这些动机已经能最容易地表达出来,并有了最好的机会在属于统治阶级的人们中间发展起来,这样的统治阶级已经如此稳固地建立了其统治,以至于他们中的一些成员可以不再担忧物质生活,也不用操心日复一日地捍卫自己的社会地位。在其它条件下,这些动机可能根本无法维持下去。我们被迫承认科学和社会伦理产生于贵族制中,甚至今天通常也要在贵族统治者中发现它们最坚定的实践者。

认为在属于较低社会阶层的人中不会发现对知识的无私渴望,这是不真实、也是不公正的。现代文明国家是古老文化的产物,它们的社会阶级经历过许多动荡和混合,以至于在下层阶级的人中有时会出现最贵族化的特征。这一点并不奇怪,他们可能从遥远的祖先那里继承了这些特征。民主制趋向最有益的应用之一,就在于使个人能发展他们优越的素质。然而,这并非易事,我们不相信初级义务教育本身就可以实现这一点。

可能有人反对说,我们把科学领域的许多重大发现、以及伦
423 理上的许多宣言,都归于那些具有通常称为"天才"的人身上——这样的人的理智或心灵具有额外的能力、以及非常坚强的意志——但是这些天赋很少遗传。这是真的。但是天赋更经常在那些属于具有高级智能的人们和阶级中的个人身上展示自己,而且,高于普通人的智力素质更容易从父母传给孩子,尽管这种素质并不必然是异常的,这一点是一个显见的事实。去作这样的设想并不牵强:在构成基础方面上层阶级一开始,不论以什么样的基础,总是吸引许多更有才智的人到自己阵营中,并且当其没有被封闭时,它们持续地被下层社会中的才智之士所补充。

在较高社会阶层中进行的选择过程，是阿蒙[45]认真研究的题材。通过这种过程，上层阶级的平均智力水平变得更高，并保持在下层阶级之上。阿蒙正确地看到了婚姻几乎总是发生在相同阶级的个人之间，这主要是因为，较高阶级的妇女对与阶级和教育比自己低的人结婚表现出厌恶。在这方面，我们必须警惕一种错误的评价。由于欧洲有把名字从父亲传给儿子的习俗，我们经常陷入这样的错误。由于这种习俗的结果，惟一可见的祖先是名字被传递下来的那位。从生理学的观点看，也应该考虑许多其他祖先。一个人总是有一对父母，一个是男性，一个是女性。他在一代人中有两个祖先，在第二代人中四个祖先，三代人中有八个祖先，在第十代人中有 1,024 个祖先。因此，一个具有古代世系的家族，其成员的智力和道德类型应该被归于持续的优生交叉，而不是某个给予现在这代人不超过 1/1024 的血缘的远祖。

家族继承的现象在道德素质方面更惊人。家庭训练，特别是那些来自人们出生和成长环境的间接训练，对道德特征的发 424
展具有重大影响。久远的世系在所有时代和所有地方都被赞誉，一个家族有很多代人都能维持高级社会地位这一事实也同样得到赞誉。这里有一个深刻的原因。当实践和运气都不错，一个人又具有一定程度的智力、争抢能力、坚定性，特别是毫不犹豫的上升欲望，那么达到顶峰相对容易。但是在人类事务中，稳定性是人为的，变化是自然的。要在几个世纪中，在很多代人中保留先祖获得的地位，必须保持恒久的警觉、警惕和坚韧的能量，这些有时要通过美德、有时通过幸运、有时确实需要通过谨慎的行为才做得到。

---

[45] 《社会秩序》(Gesellschaftsordnung)，第二十——二十一章。——原注

能够长期在这种检验中胜出的家族是不寻常的，在这些家族中，至少大多数家庭成员能够维持一种节制和均衡的意识，并能抵制屈从于冲动欲望的诱惑，而这些欲望本来可以立刻得到满足。换句话说，他们必须是了解控制自己的艺术、并付诸实践的人。这种技艺比驾驭别人的技艺更难学会和实行，而后者反过来又比服从的艺术更难学习和实践。希腊历史学家叙述大狄奥尼西乌斯、即叙拉古的暴君，曾经严厉地责骂他的一个儿子与一个公民的妻子私奔。他指出，当他年轻时，他绝不会做这种事。年轻人回答："是的，但是你并不生来是一个国王的儿子。"于是父亲说道："如果你不改变你的行为，你的儿子将不会是国王！"

毫无疑问，历史上已知的最强大、最持久的组织之一是天主
425 教会。教会总是接纳所有社会阶级出身的人担任教士，偶尔，它还会把出身社会最低等级的人提拔到教阶中最显赫的位置。人们立刻想到教皇格列高利七世（Gregory VII）、西克斯图斯五世、庇护十世[46]。这里，教士的独身制原则防止了一种真正的世袭贵族制在教会内部发展起来。然而，在过去，有一些大族总是有成员在神学院学习，大多数教皇和红衣主教总是出自上等和中等阶级，现在依然如此。也许，近年来天主教教义努力克服的最大困难之一是这一事实，即在许多国家，旧式的贵族、以及较高的中等阶级不再给教士阶层输送数量足够的人。

如果从这个例子、以及从其它容易提起的例子中推导出一个规律，也许可以说，当下等阶级成员以适当的比例向上等阶级

---

[46] 格列高利七世：参见第五章注释；西克斯图斯五世（Sixtus V, 1520—1590）：意大利籍教皇（1585—1590），在位时整顿教廷中央行政机构，反对宗教改革；庇护十世（Pius X, Saint, 1835—1914）：意大利籍教皇（1903—1914），反对天主教民主运动和现代派神学，发起编撰新教会法规运动。——译注

渗透,并且新来者立刻吸收了老成员最优秀的素质,在这种情况下,渗透就是有益的。如果旧的成员被新来者吸收和同化,就是有害的。在这种情况下,贵族阶级没有得到补充,它变成了平民。

统治阶级最根本的特性之一是,或者应该是,在与下属的关系中保持诚实。撒谎是一种通常被下级用来对付上级、弱者对付强者的防卫手段。当强者使用它来伤害弱者,就变得格外可恶和懦弱。它剥夺了供这个人支配的许多名誉,使他在所有下级眼中变得可鄙。仅仅是因为人们经常付诸谎言,不这么做的人就获得了巨大的声誉。这里,对虚假的憎恶这种素质通常要经过长期、仔细、也许还可以说是传统的道德训练。因此,很自然的是,对虚假的厌恶应该更是统治阶级的特征,在它的发展中,遗传性因素占据了优势的地位。

另一个甚至在相对和平和商业化的时代,在统治阶级中也是重要且几乎必不可少的特点是个人的勇气。人们通常规避风险,畏惧死亡,他们羡慕那些在必要时敢于以生命冒险的人。当 426
这种风险没有被不负责任和轻佻地承担时,它们要求极为坚强的意志和自我控制能力,也许后者在所有道德素质中,能获得最大的敬佩和尊敬。如果详细描述统治阶级的历史,且我们能看到他们如何兴起、繁荣和衰落,那么我们相信历史会显示出,具有军事血缘和传统的统治阶级会最强大,并且通常,他们会比那些仅有工业和财阀背景的统治阶级持续更久。甚至今天,在西欧和中欧,统治阶级最好的防卫手段,也是来自这一阶级的军官在士兵面前显示出的个人勇气。

威尼斯贵族阶级初看起来,似乎与这种说法相反。这个集团设法在多个世纪中掌权,但仍然由商人和银行家组成。然而,威尼斯贵族经常指挥航船和舰队,而且有时,直到 17 世纪后半期，他们甚至指挥塞林尼西玛的军队。在 18 世纪他们完全失去了与军事生活的联系。然后，值得注目的是，这个共和国陷入完全衰落。

把统治阶级看作在经济上不劳而获是屈从于一种荒谬的先入之见。在维护秩序和保持社会结构的统一时，他们创造了生产性劳动能够最好地得到执行的条件，并且通常他们以技术和管理人员补充了生产。在这方面，仍然应该问一下，具有较晚起源的统治阶级，在财富分配中，是否满意于自己的份额比古代的统治阶级所满足的更少一些，而在古代，贵族制的倾向占了优势。这是以另一种方式提问，是否民主制比贵族制对社会更加经济。

统治阶级，不论是民主制的还是贵族制的，通过以牺牲公众为代价，系统化地满足个人的、或少数有组织之人的利益来掌握权力，这样的代价总是最昂贵的。在这方面，在两种倾向之间没
427 有什么好的选择。但是在其它方面这个问题很难回答，并且答案根据考虑的时代和人的不同变化很大。通常，大人物在野蛮的国家、或在最近暴富的国家 更沉溺于炫耀俗气的豪华，并且这种类型的事物也发生在统治阶级身上。人们通常会观察到，那些流水般挥霍人类劳动成果的人是那种最近爬到了财富和权力顶峰的人。但是即使这么说，人们也绝不能忽视这样一个经常被忽视的事情——也就是，在一个国家经济产品的分配中，不得不给予政治上进行统治的阶级足够的份额，以保证它能给自己的后代提供长期、精细，因而也是昂贵的教育，并且维持一种体面的生活标准。简而言之，它必须拥有足够大的份额，以防止它显示出对细小的收入、小额的储蓄和一般意义上的节约措施过分的依恋，而这种节约行为有时候在同伴眼中比任何坏行为更会贬低一个人。

7. 在柏拉图关于法律的对话录中,他提出了更为成熟的思想。引人注目的是,他主张政府的最好形式是独裁和民主的混合和制衡。如我们所知,对于柏拉图来说,贵族制和民主制是两种典型的政府形式。在亚里士多德的《政治学》中,他对自己的政府的三种基本形式,即君主制、贵族制和民主制,作了客观描述,然后接着指出,他倾向于一种改进的贵族制,抑或是改进的民主制,其中甚至不允许工人阶级,更不要说奴隶和侨民担任公职。[47]近两个世纪之后,波利比乌斯认为罗马的政治组织是最好的,因为他认为,在这种政体中,亚里士多德的三种基本类型同时得到了应用。[48]在此一个世纪后,西赛罗在《共和国》(*De Republica*)中提出了一个类似的观点。再经过 12 个多世纪,当政治科学开始显示出萌生的迹象时,圣托马斯也表达了对混合的 428
政府类型的偏好。[49]孟德斯鸠从亚里士多德的分类中解脱出来,把政府分成专制的、君主的和共和的。他偏好一种改进的君主制,其中三种基本权力,立法、行政和司法,被赋予不同的机构,彼此独立。在这一点上,很明显,孟德斯鸠摸索出了各种政治权力和影响力之间的必要平衡。人们也许可以加上,加富尔[50]也宣布,在政治学中他信仰 *juste milieu*〔法语:正中间〕,它包含许

---

[47] 《政治学》,第三卷,第三章,以及第六—七卷。——原注

[48] 《历史》,第六章。——原注

[49] 在描述了各种政府形式后,圣托马斯说(《神学大全·问题九十五·第四条》, *Summa II*, *Quaestio* XCV, *Art*. IV):有一种政府形式是这些的混合,它是最好的。在这种形式中,长者和平民同意的法律才可以被采纳。——原注

[50] 加富尔(Conte Benso di Cavour, 1810—1861):意大利君主立宪派首领,撒丁王国首相和意大利首任首相(1861),是萨伏伊王朝统一意大利的主要人物。——译注

多政治势力或学说之间的制衡和互相控制。[51]

那么,所有这些伟大的思想家和政治家,看来都具有一个共同的感觉:政治制度的健全性依赖于那些不同的但却是恒久的原则和倾向的适当混合与制衡,这种原则和倾向在所有政治组织中都发挥着作用。在政治科学的现有状态下试图概括出一个规律太早了,但可以斗胆一试来作这样的假设:暴力的政治剧变,诸如发生在罗马帝国崩溃时和今天发生在俄国的情况,给大量人口带来了难以言表的苦难,打乱了文明多年来、甚至几个世纪以来的进程。这种剧变主要出现于我们正在研究的两种原则、或两种倾向中的一种在实质上占有绝对优势时;而国家的稳定,或者这种灾害的较少光顾,依靠这两种原则、或这两种倾向的适当平衡。

这种假说能够被大量历史经验确证。但是它主要依靠这样的假设,即只有那些相反的原则和倾向的对立——几乎也可以
429 说,只有它们的竞争——能够防止它们各自天生的恶习过分强化。

这种结论与黄金分割的旧学说非常相符,这一学说认为混合类型的政府最好。实际上,我们只是在恢复这一学说,尽管是以我们时代已经获得的、关于政治组织的自然法则更精确和更广博的知识为基础,这里的政治组织影响和控制着社会。固然,还难于决定黄金分割点到底位于什么地方,而这个困难非常大,以至于我们中的每一个都能感到,可以自由地把它放到最适应其感情和利益的地方。

但在我们面前,有一个实用的方法帮助善良的人,他们的惟

---

[51] 鲁芬尼:《加富尔伯爵的青少年时代》(*La giovinezza del Conte di Cavour*)。——原注

一目标是公共福利和繁荣,这种目标与任何个人利益、或任何系统的先入之见没有什么关系。可以这么说,这种实用方法就是观察各个时代及我们周围的民族中气氛的变化。

例如,当流行一种冰河般的平静气氛时,当我们不能感到政治讨论的微风吹过,当每个人都在高唱赞歌称颂某些伟大的秩序与和平的恢复者时,那么我们可以肯定,独裁制原则过于强大地压制了自由;而当每个人都在诅咒暴君、拥护自由时,情况恰好相反。因此,当小说家和诗人们吹捧伟大家族的光荣,对普通百姓进行诅咒时,我们可以安全地认为,贵族制倾向正在变得过于强大;当社会平等的野风在呼号,所有人都在鼓吹他们对贫贱者利益的关心时,很明显,民主制倾向过强地升级,靠近了危险地带。用两个词来概括这个问题,它只是遵循这样一个规则的问题,此规则与向上爬的人在所有时代和所有国家有意或无意遵守的那种规则恰好相反。如果我们这么做,使得人类避免每隔一代人就陷入堕落的、具有理智思想和挑剔精神的小小内核(nucleus),有时也许能够给它的同时代人、特别是同时代人的孩子提供一次服务。因为在政治生活中,一代人的错误几乎总是由随后的一代人付出代价。

430

第十六章　统治阶级和个人

1. 统治阶级的第二个、也是数量更大层次的成员们的知识和道德价值，与实际上居于政治组织顶端的人、以及直接帮助他的小集团的知识和道德价值，有着紧密的联系。占据较高职位的人们或多或少浸润在刚好处于他之下的社会阶级的观念、情感、热情，并因此还有政策，他们要与这一阶层不断地直接接触，没有这一阶层，他们就无法施行统治。

但是人类社会的历史非常复杂，且对其发展有决定作用的物质、道德和知识因素非常多。因此，这样的情况并不少见，即尽管统治阶级显示出能够把自己合理地组织起来，并且有很多成员精力充沛、致力于公共福利，但是在其顶端甚至在关键处却是平庸、有时还腐败的领导人，以至于这个统治阶级成员发现自己处于不得不忍受愚蠢国王的处境；如《圣经》所说，这种国王是被上帝派来惩罚他们的。

有很多原因解释这种情况，但是首要的原因是在选择自己的最高领导者时，一个政治阶级在某种意义上受它所采纳的、关于领导权的观念和原则所束缚。这些观念和原则产生于这个阶级整个的历史、以及它所达到的知识成熟程度中。因此，它不能在几天之内就改变它们。例如，世袭原则和选举原则就是这样——就选举原则而言，当选举机制被固定下来，成为政治家小团体手中方便的工具时，就会发生这种情况。而政治家们会利用它们掌握权力，并尽可能长久地保持它。

当一个文明或国家的统治阶级充满生机和活力时，其最高统治者的愚蠢、或者甚至是不忠诚造成的损害，远没有人们想像 431 的那么严重。有些历史学家试图恢复卡利古拉、克劳狄和尼禄的名誉。在我们看来，就其个人素质来讲，前两个也许不适合、而后一个肯定不适合担任如罗马帝国一样重要的政治组织的领导人。当然，与朝廷直接打交道的主要罗马家族不得不忍受这些统治者和这些统治者直接指使之人的怪僻和恶毒。但是，罗马世界的其它部分在他们统治期间，继续享受着帝国治下的和平，吸收着一个相当明智、相当有秩序的行政系统成功地在各省传播的文化。英格兰的乔治三世国王智力低下这一点声名远播。他于1760—1820年在位。在他长期统治中，犯过几次精神错乱，其间由威尔士亲王摄政。当乔治三世神智清醒时，他显示出最不幸的偏执来部署工作。毫无疑问，人们经常感受到皇家意志的影响对公众利益的损害。尽管如此，在其统治期间，英格兰赢得了拿破仑战争，奠定了世界帝国的坚实基础，成为海洋的绝对主人。对加拿大、以及对美国以北广大土地的持续征服，从大西洋扩张到太平洋，都发生在七年战争即1756—1763年之间。英国对印度的征服可以被说成从普拉西(Plassey)之战[①]真正开始，克莱夫在1757年赢得了这场战争。在18世纪后半期和19世纪最初几十年，这场征服被一直成功地执行到最后。在乔治三世统治时，英国固然失掉了美洲殖民地的战争和殖民地自身，但是非常值得怀疑的是，现在成为美国的这块土地能否长期处于外国统治之下。

---

① 普拉西(Plassey)之战：普拉西为原印度西孟加拉邦地名，1757年克莱夫率英军在此取得了对孟加拉军队的决定性胜利。——译注

如果人们愿意更深刻地探讨这种情况，他们很容易发现，历史有记载的国家主要首脑们的最持久和最有效的工作，主要就是通过改善招募统治阶级成员的方法、完善其组织机构，来成功地改造统治阶级。尽管那样，这样一个保留意见可能还是合适的——经常被归功于伟大统治者的工作实际上是由他们的先行者发起和执行的。

432

历史学家长期争论奥古斯都的真实动机是什么，这一探讨远未结束。然而，人们都同意，他成功地把旧的共和国系统改造成更适应时代需要的另一种制度，并且通过引进新的成分复活了旧的罗马统治阶级，这一阶级已经被几乎一个世纪的内战消耗殆尽。奥古斯都的观念后来被韦斯巴芗（Vespasian）[②]吸收，他把意大利许多更显赫家族的代表提升到参议员的地位。

在法国，专制官僚国家的组织主要产生于黎塞留、马扎然[③]和路易十四、以及他的大臣卢瓦与柯尔贝尔持续和努力的工作。所有这些人设法逐步建立起一个健全和有效的行政系统、一个适应时代需要的金融系统和一支强大的常备军。在东欧，旧式的和脆弱的莫斯科公国发展成沙皇帝国，它对欧洲和亚洲的命运施加了沉重的压力，而这种发展过程是通过可怕者伊凡、彼得大帝和叶卡捷琳娜二世实行的对统治阶级的持续重组进行的。[④]如果他的父亲马其顿的斐利普没有完全重组马其顿，并成

---

② 韦斯巴芗（Vespasian，9—79）：古罗马皇帝（69—79），弗拉维王朝创建者，在位时整顿财政，改组军事。——译注

③ 黎塞留（Duc de Richelieu，1585—1642）：法王路易十三的国务秘书和枢机主教，主持朝政，巩固专制统治，镇压叛乱，对外扩张法国势力；马扎然（Jules Mazarin，1602—1661）：法国首相（1643—1661），枢机主教，巩固王权，加强了法国在欧洲的地位。——译注

④ 关于伊凡四世的改革，参见瓦利兹夫斯基（Waliszewski）：《可怕者伊凡》，第

功地建立了一支马其顿军队，亚历山大大帝就不可能征服波斯，并把希腊文化扩张到亚洲世界如此广大的部分。说起腓特烈大帝和他在普鲁士的先人，人们也可以说起同样的事迹。

反过来，人们也可以举出反证，当一个实际上正在崩溃的政治组织的首脑是一位卓越的人，而他感到幸运或绝望时，他的努力很少有利于挽救这个国家、或延缓它明显的衰落。从 457 年到 461 年统治衰落的西罗马的不幸皇帝马约里安，是一个精力充沛的人，心灵高尚。历史学家对他的用心一致表示钦佩。他甚至没有能把罗马帝国在西部的崩溃延缓一年。拜占廷帝国被 433
伊索利亚王朝[⑤]在 8 世纪的统治重新激活，在 9—10 世纪马其顿王朝治下获得了新的活力，因为在这些阶段，它的统治阶级在知识权力和爱国主义方面，还仍然保持着相当的资源，它臣属的民族仍然能给国库供应大量收入，给军队输送众多士兵。在 14 世纪结尾时，拜占廷文明如此衰落，以至于当时的编年史家说，如果任何人还有救活它的可能的话，曼努埃尔四世(Manuel IV)就会救活它。几代人后，最后一代皇帝君士坦丁·德拉加西斯(Constantine Dragases)[⑥]无畏的领导和勇敢的死亡把国家的灭亡仅仅延缓了几个星期。[⑦]

三部，第二章。彼得大帝和叶卡捷琳娜二世也是这位作者的著作研究的对象。——原注

⑤ 伊索利亚(Isaurian)王朝：伊索利亚为小亚细亚南部内陆地区，拜占廷帝国的赫拉克略王朝(610—711)诸君多数来自该地区，此阶段帝国经过了政治和经济的重大调整。——译注

⑥ 君士坦丁·德拉加西斯(Constantine Dragases, 1404—1453)：即君士坦丁十一世，拜占廷帝国最后一代君主，1449 年登基，1453 年君士坦丁堡陷落时阵亡。——译注

⑦ 现在有一种比过去更好地评述拜占廷帝国的倾向，参见迪尔(Diehl)：《拜占廷帝国史》，以及《拜占廷：辉煌与衰落》；还有施鲁姆伯格(Schlumberger)：《10 世纪末拜占廷史诗》。——原注

2. 人们可能会说，在一个国家统治集团——即最高首脑和他直接的下属——的道德和知识素质，与作为整体的统治阶级的道德和知识素质之间，联系相当紧密；但是人们却不愿意承认，在统治阶级整体和被统治的大众之间的联系同样紧密。按照我们的观点，这第二个关系比起另一个来更加确定，较少变化。许多偶然发生的因素影响了某人被选择担任高级职位，而这些因素只在特定时刻发挥作用。这包括这个或那个政治信条占据了上风，或已经处于高位的少数人对这个或那个人不同的感受方式。一些被称作“运气”的因素，它们只是不可预见的事物的另一个名称。其中人们会提起出身。现在这些因素在确定谁会担任一个国家最高职位方面发挥的作用，比确定一个为重要的和持续的选择过程提供基础的标准更加有效；而统治阶级作为整体，就是从这个选择过程中产生出来的。

在我们的时代经常听到有人说，人民天生是好的、善良的，
434 而统治阶级是恶毒的和腐败的。不能否认，这一断言有时看似有理。但是那些说这些话的人从未考虑过这个事实，即当一个人在物质上不可能获得一定恶习时，他可以容易地保持一定的美德。软弱的人不能实行暴政。豪华、疯狂的奢侈和过度的沉溺于娱乐是穷人无法获得的。因此，如果要精确比较两个不同社会阶级的道德水平，人们不得不观察那些成功地从下层阶级进入上层的人们的道德和道德趋向。只有当他们和他们的孩子真的比他们新的阶级伙伴更好时，才能够确定地宣称，被统治阶级的道德比统治阶级的道德更优越。总的来说，这样的研究会得出不利于新来者的结果。

可能有人反对说，只有较低阶级中最差的类型才能成功地向上爬进统治阶级之中。但是这种观点代表的，是关于指导为社

会优越性而奋斗的标准的不完全、混乱因而也是不确切的观念。就这些标准，人们必须寻找“为何一个部落统治、而另一个凋萎”的主要原因。毫无疑问，那些成功地从底层爬到顶端的人，在所有时间、所有地点都被迫拥有一些素质，而且他们的后代也必须在一定程度上保持这些素质，如果他们不希望跌落回自己祖先的地位的话。在这些素质中，包括努力工作的能力，以及恒久的在世界上前进、一旦达到顶端就坚持在那里的决心。但是也有一些其它素质，它们随时间和地点而不同，因为它们符合各种时代的需要和特性、以及各种民族的倾向性。通常，在每一个社会，在环境相同时，成功属于那些拥有出众天资的人，这种天资在那个社会的那个时期，得到最广泛的传播，被最高度地认可。

如果一个人要认识和欣赏自己同伴中的知识和道德价值，他必须在一定程度上拥有这些知识和道德价值。我们认为这个规则可以从我们自己的生活经验中推导出来，并且如果任何人 435
仅仅是环顾四周的话，他都能够自己发现这个真理。为了感受一位伟大艺术家的魅力，我们自己必须拥有一定的艺术意识，并且因而如果我们真正地羡慕巨大的勇气、或伟大的正直，我们自己必须在一定程度上是勇敢和正直的。如果人类理智和性格中最高贵的素质对我们完全是陌生的，我们则不可能获得它们。反过来，在狡猾、诡计和吹牛行为是普遍规则、得到高度赞赏的地方，最狡猾的人、最好的阴谋家以及最完美的牛皮匠都会取得巨大成功，其它东西也一样。如果大多数人相信欺骗是通向财富的捷径，那些擅长行骗的人最经常地扬名天下。

在所有国家、所有时代，领先的人必须具有一定的能力——他必须拥有利用其天才的能力。他必须具有获取他同胞关注、有时候还是羡慕的诀窍——他必须能够说服他们相信自己的优越性。现在，作为一个成功的手段，拥有鼓吹自己的独特能力，变得比几个世纪前更加重要了。如今,重要的是得到各种有着最大发行量的日报的眷顾和保护。马基雅弗利在《君主论》中写道,“每个人都知道你看来像什么——没有几个人知道你是什么”,从那以来已经过去四百多年了。今天,要“像”什么更加容易了,由于大多数大众根据报纸对政治家、学者和科学家的记述,来形成关于他们的意见。

但是各种成功必需的能力随时间和地点不同变化很大。我们知道,有善意的法术,也有妖术。善意的法术根基于头脑和性格较高的素质,而妖术则基于较低的素质。也许善意的法术在任何国家、或在任何位置,从来没有真正地十分有效,除非它混合了一点巫术,或至少混合了把人们理智和性格最好的方面显示出来、而把最坏的方面隐藏起来的艺术。但是国家不同,这种混合物各自的用量也可能变化极大,并且在一个国家不同时代
436 也如此。它们变化的原因是,在某个特定的社会环境中,当妖术被用得太多了,公众的口味就会逆反,依赖于此的个人就会被剥夺资格,与一个赌徒在牌上作弊被剥夺资格一样。很明显,在一个口味高雅的环境中,那些最了解善意法术的人更可能走在前面。在妖术更普遍、更能得到容忍的环境中,通常情况会相反。

当我们研究各民族的历史时,我们看到他们中的许多个民族长期并且现在仍在受到外国的支配,或曾被具有外国血缘的贵族统治很长时间。俄国的情况就是这样。在该国第一个帝国是被一群斯堪的纳维亚的冒险者建立起来的。在伊凡四世之后,特别是在彼得大帝之后,相当数量的外来因素被引入该国统治阶级中。在亚历山大大帝消灭了波斯人对埃及的统治后,埃及建立了一个托勒密治下的独立王国,托勒密引进了希腊的文化。在这个阶段,埃及统治阶级具有希腊或希腊化的血统。埃及后来被罗马人征服,并在西罗马帝国崩溃后被拜占廷人统治,

它在公元5—6世纪期间成为世界上最动荡的国家。接着，在第七世纪，埃及被阿拉伯人征服，首先听从大马士革的倭马亚哈里发，接着转向巴格达的阿拔斯王朝。接近10世纪中叶，埃及重新获得了自治，因为它被来自突尼斯的柏柏尔人征服，他们建立了在柏柏尔王朝治下的法蒂玛哈里发，定都开罗。柏柏尔王朝逐渐衰弱，柏柏尔血统的人口与当地人混合，在12世纪将结束时，埃及被萨拉丁的帝国并吞。在这位苏丹死后，埃及几乎持续被外国血统的雇佣军将领所统治，其中主要是切尔克斯人，直到16世纪它被土耳其人征服。然而，土耳其人很快将埃及政府还给马穆鲁克的长官们(bey)统治，他们也是一支具有切尔克斯血统的军事人员。马穆鲁克人首先被波拿巴击败，然后被迈罕麦德·阿里消灭。阿里是第一任埃及总督，具有阿尔巴尼亚血统。如今在埃及，上等家族主要是土耳其、切尔克斯和阿尔巴尼亚血 437
统的后裔。

至于印度，看来可以肯定的是，在被伊斯兰教征服之前(公元1000年)，这个国家已经遭受了北部野蛮人的入侵。这些人被认为是某些更好战人口的祖先。他们仔细地避免与当地人混合。拉杰普特人就是[8]这种情况，不过他们还是包容了婆罗门的宗教和文化。另一方面，具有突厥或阿富汗血统的更晚的征服者没有接纳任何当地宗教。在进入印度之前，他们已经皈依了伊斯兰教。最后一次突厥人的征服是由巴伯尔率领，他奠定了16世纪初期大莫卧儿帝国的根基。由于印度疆域广阔，各个部分的情况如此不同，具有古代印度血统和婆罗门文化的人口在相对晚近的时间建立过几个诸如马拉他大联邦那样庞大的国家。这个国家从军事的角度被很好地组织起来。但是当英国征

---

⑧ 拉杰普特人(Rajputs)：印度中北部各部族中的土地所有者。——译注

服者到来时，几乎整个恒河流域，以及中部和南部印度的一大部分，都被伊斯兰君主统治，支配性的阶级是穆斯林，一般都有外国血统。

不少例子表明，只有外国血缘的支配阶级保持血统的纯粹性，才能保持民族的强大和国家的繁荣，但是当这个阶级开始与当地因素融合与混杂，政治结构就被削弱，国家会陷入无政府状态，并受新的外国势力支配。现在，当这些事实在漫长的世纪中不断重复和持续，它们看来说明了在这里提到的国家中，本地的成分不拥有这样的能力和美德，可以发展出一个应该进行统治的当地统治阶级。如果说他们曾经拥有这种美德，如埃及和印度曾经确实拥有的那样，他们后来也失去了。我们已经指出，命令比服从更困难。当一个民族或种族不拥有适合指挥的成分
438 时，或由于这些成分被它们周围常见的知识和道德上的凡俗之辈所窒息、衰落并无法发展时，那么这个民族或种族注定要接受外族统治，或处于具有外族血缘的统治集团治下。

所有这些都赋予我们在本书中提出的学说巨大的现实重要性。它应该有助于人们注意有关统治阶级增长、构成和组织的那些问题根本的重要性。亚里士多德和孟德斯鸠陈旧的、过时的分类是把同样的商标贴在内容极为不同的瓶子上。例如，雅典、今日的瑞士和美国都能被确定为民主制。古罗马和威尼斯、或阿根廷和巴西，都能被放入共和国之列。我们新的统治阶级的学说还不能为各种类型的统治阶级设计标签。它仅仅是嘱咐我们研究我们瓶子中的内容，考察和分析在统治阶级构成方面实行的标准；我们国家的强大和虚弱都有赖于这种构成。在其中，我们可以发现每个民族和每个种族政治优缺点的可靠图像。

这个方法的确很难使用。它要求最认真和客观的观察、对政治生活的经验，以及比任何旧方法要求的多得多的历史知识。

但是毫无疑问，它使人更接近实证的事实，而且如果以判断力和充分的准备使用这一方法，它能够得出更健全的结论。最后，它比任何老方法更符合我们这几代人中受过良好教育之士已达到的知识成熟度。

3. 但是，除非放弃了 18 和 19 世纪思维方式的残余，否则甚至我们的新方法也还不能做到所有它本来能够做到的事情；这种残余的思维方式是阻挡、至少是牵制和扰乱这一方法在政治问题研究中得到有效应用的先入之见。接受一种更靠近真理的观点或方法的最大障碍，在于人类头脑中存在着不完善的观点或方法，而人类已经习惯了它们。

今日极为流行、很难使人正确认识政治世界的学说之一，是 439
通常被称作“历史唯物主义”的学说。这一学说不仅是马克思数量众多的追随者们的信仰，也多少影响了那些并非完全拥护马克思主义观点的人。这一理论被广泛接受、以及它施加巨大的知识和道德影响的最大危险，就在于它包含着些许真理。在科学中，正如在一般生活中一样，最危险的谬误是那些混合了一定数量真理的谬误。真理以一种使它们看似有理的方式，帮助掩盖和粉饰了它们。

构成历史唯物主义基本原理或假定的是这样两个命题。源自这一理论的所有定理的证据，就建立在这两个命题上。

第一个假定是，一个社会整个的政治、司法和宗教组织，都一致地从属于主要的经济生产类型、以及这种类型创造的劳动者和生产工具所有者之间关系的特点。根据这一假设推导出的是，经济生产方法的任何变化，必然带来在政府形式上、在调整个人之间、以及个人与国家之间的立法上、甚至在宗教和政治观念上的变化；这些观念，诸如君权神授和大众主权观念，构成了国家组织的道德基础。换句话说，经济因素是所有发生在人类社会的物质、知识和道德变化单独的和惟一的原因，所有其它因素，都仅仅是经济因素的效果和结果。

第二个假设在一定意义上是第一个的基本条件。它主张，每一种经济阶段都包含了这样的种子，它们缓慢成熟，使得后继阶段必然出现，并引起了整个社会结构随之而来的转变，包括政治、宗教和司法等方面。从这一点出发的必然结果是，在现在的
440 资本主义阶段，由于财富不断集中在少数人手中，这就为集体主义的必然到来准备了经济和社会条件。当达到历史进化的最后这个阶段时，所有由于社会制度的不平等都将永远消失，任何一个阶级对另一个的控制和剥削都变得不可能了，一种新的制度将会创造出来，它不是基于个人的自私，而是建立在普遍的兄弟情感之上。

马克思和恩格斯发表于 1848 年的《共产党宣言》已经暗示了这些学说。在马克思 1859 年发表的《政治经济学批判》的前言中，这些学说得到进一步阐述。这些学说构成了发表于 1867 年的《资本论》第一卷的轮廓，这是由于它们或者被间歇性地论述，或者在整部著作中被认为想当然。马克思的某些基本观念完全不是独创性的。在许多较早的多少带有社会主义倾向的学者的著作、特别是在皮埃尔·勒鲁著作中许多掺杂了神秘超验观念的混合物中，可以找到这些观念，当然它们的条理性和确定性都要差些。勒鲁在 1838 年写下了他的《论平等》(*Egalité*)，在 1840 年写了《论人性》(*Humanité*)。他也把共产主义和绝对平等看作人类历史进程不可避免的结果。他认为 19 世纪是一个介于即将结束的不公平世界和一个绽放曙光的公平世界之间的过渡阶段。

首先可以看到，关于第一个假设，可以举出许多历史例证来

表明，当人类社会中发生一些非常重要的变化——即极大地改
变政治构成、有时改变这些构成所依赖的政治模式时，经济生产
体制、以及劳动者和生产工具所有者的关系，不会同时或大致同
时发生任何改变。罗马共和国被转换成奥古斯都及其继承者的
帝国时——用我们的术语说，古典的城市国家变成了官僚制类
型的政治组织时，在生产体制上没有发生最轻微的变化，调控财
富所有权和分配的法律也没有发生任何调整。发生的惟一变 441
化，是拥有财产的人在变化，而且这种变化肯定不是普遍性的。
特别是在第二次内战结束后，一大批私有财产被没收，并在获胜
的三巨头[9]的士兵中分配。[10]基督教的胜利给古代世界带来了巨
大的知识和道德革命，结果，许多制度被这种新宗教改变了——
人们只要想一想婚姻和其它家庭关系就可以了。但是在公元
四、五世纪，在手工劳动者和那些拥有经济生产工具者的关系
上，似乎并没有、并且实际上肯定没有发生过任何特别的变化；
当时的生产要素最主要的是土地。

很难想像整个社会的动荡，在程度和重要性上可以与罗马帝国在西方的崩溃相比，这是辉煌的古代文明在欧洲广大土地上的崩塌。人们可能把它与今天出现在俄国的大灾难相比。俄国这场灾难的影响可能没有那么持久和深远，但是它的直接效果更加剧烈，因为它们在几年内就呈现出来。可以认为古格里默·费雷罗作出的警句式的陈述大致是精确的，即俄国在四年内完成了社会瓦解，而这一过程在古代欧洲文明是用四个世纪完成

⑨ 三巨头执政（triumvirate）：指罗马历史上的后三头，即公元前 43 年屋大维与安东尼、李必达结成政治联盟，于公元前 42 年击败了布鲁图斯等共和派。——译注

⑩ 费雷罗：《罗马的辉煌与衰落》（Grandezza e decadenza di Roma），第三卷：《从凯撒到奥古斯都（“Da Cesare ad Augusto”）》。——译注

的。然而，就罗马而言，足够清楚的是，经济生产的体系在蛮族入侵前后保持了一致。农村的农奴制不是被蛮族入侵带来的。它在低地帝国中已经是一种普遍制度。的确，我们可以把罗马社会在这段时间中的经济枯竭，作为西罗马帝国崩溃的因素之一。这种穷困是由于生产、以及相应地财富的下降引起的。但是，对这一现象的认真检查会看到，普遍的贫困化是政治衰落的一个结果，而不是原因，糟糕的财政管理要对此负主要责任。在这一阶段，
442 罗马的中等阶级遭受了实际上的毁灭。这不仅是由于税收提高，还由于这一事实，即构成外省城镇富有资产阶级的什长们，负责用自己的财产来全额支付应该从整个城镇征集的税收。

从古代转向较为晚近的时代，人们会看到，在意大利 13 世纪将结束时、以及在 14 世纪中，城市公国相当普遍地发展出了专制制度，而在生产体制上、以及因此在工人阶级及土地和资本所有人的关系上，没有任何明显的改变。同样，在 17 世纪，法国建立了现代专制国家，中产阶级开始形成，这时在生产体制上、以及从中派生出的生产关系上，没有任何重大变化。在此时，农奴制几乎在各个地方都消失了。只有它的一点痕迹还保留下来，并且坚持到法国大革命时。

我们也不能相信，在近代大工业兴起和代议制政府出现方面在年代上有任何完美的对应。随着代议制的确立，自由的、民主的和社会主义的观念随之传播。大规模工业在 18 世纪后半期开始于英格兰，当时议会制政府已经运作了一个半世纪；但是统治阶级仍然建立于它过去的贵族制基础上。在法国、德国和美国，以及在所有西欧国家，大规模工业，以及从中产生的资本和劳动力的大集中，通常发生在 1830 年后。直到这时为止，蒸汽机用于陆路和海路运输还没有开始扩展，煤在生产中还没有获得作为主要物质因素的重要作用。在这方面所有可以承认的

是，大工厂，由于其必须大规模聚集手工工人，相当有助于共产主义观念的发展和普及，这种观念从前已经得到阐明，并且毕竟是卢梭形成的民主观念的惟一自然的逻辑结论。[11]

这并不是否认，主要的经济生产体制是极大地影响一个社 443 会政治组织变化的**因素之一**，而这种体制在劳动者同指导生产并拥有生产工具的那些人之间，建立了特殊关系；也不是否认，这一因素对作为政治制度之道德基础的观念具有必然的影响。历史唯物主义的不足，在于坚持经济因素是惟一值得关注的原因，其它因素都被看成是结果。人类活动在社会领域的每一次重大表现，既是同一种活动的各种表现形式发生变化的原因，也是它们的结果——是原因，是因为对这种表现形式的每一次变更都影响了其它的表现；是结果，是因为它也感受到了对其它表现形式进行变更的影响。通过一个粗浅的比较就可以把问题弄清楚。没有人会否认，如果大脑生病，整个人类组织会脱离正常状态。但是消化系统、呼吸系统和身体的其它必要器官，也可以有同样的情况。因此，得出这样的结论，即**所有**疾病都是大脑疾病、或者任何特有器官的疾病，这将是错误的。很明显，个人健康依赖于他**所有**器官的适当运转。

没有人这样说过，政治体制的任何变化，仅仅是由于军备、战术和征兵制度在过去的改变引起的军事制度的变化造成的。然而，我们已经看到(第十三章，第 3 节；第十四章，第 5 节)，由于希腊城邦用重装备步兵取代过去的战车和骑兵作为决定性的武器所导致的政治效果；并且我们已经观察到皇权对封建势力最后的胜利，是在 15 世纪中叶到 17 世纪中叶之间取得的，主要是由于火器的使用和持续的改进。仔细考察罗马共和国最后一

---

[11] 参见上文第十一章，第 1 节。——原注

个世纪的历史，会发现军团募兵制度的改变带来的政治后果。马略在公元前107年进行了这场改革。他在军队中征募了没有财产的人和自由民的孩子。除了在异常情况下，例如第二次布
444 匿战争将结束时，这样的人过去被禁止从军。在此前的公元前123年，在盖约·格拉古的策动下，《士兵法》规定国家为士兵的装备和武器出资。此前，每个人不得不自己掏钱包来购买自己的装备。这一改革使得甚至是最穷的人也能从军。这两项一同进行的改革大大有助于解释，为何在共和国最后60年中，士兵靠奖金和分配土地的许诺，成为他们领导人手中盲目的工具；而这些钱和土地经常是从政治对手那里没收来的。在第二次三巨头执政时，自由人和奴隶也被征召进军队。这样，如果军队被托付给下层人口，原有的共和国就存在不下去。[12]当人们能够以冷静的头脑书写19世纪和20世纪历史时，很容易看到义务兵役制产生出来的对所有公民的政治效果。这项措施首先是由法国大革命引进的，后来被普鲁士、然后被其它大陆国家采纳和改善。

看来，把构成国家组织道德基础的政治学说和宗教信仰仅仅看作一种结果，而从不当作有尊严的、值得尊重的原因，完全是荒谬的。它们以类似的方式，深深地浸入统治阶级和大众的意识中，使得命令合法化，并约束它，也使得服从正当化，并且，它们创造了那些特殊的知识和道德氛围，这些东西极大地有助于决定历史环境，并因而有希望指导人类事件的进程。除了基督教和它获得的支配大众和统治阶级头脑的力量，除了对文明世界在罗马治下获得的统一的顽固记忆，没有其它东西可以解

---

⑫ 费雷罗（Ferrero）和巴巴加罗（Barbagallo）：《古代罗马》（*Roma antica*），第一卷，第251、272页。——原注

释教皇和帝国之间历时长久的斗争,而帝国是中世纪历史中显著的事件之一。如果不是穆罕默德和《古兰经》,巨大的伊斯兰帝国绝不可能形成;然而,这个国家已经扮演了、并还在扮演着世界历史的重要角色,并且,它引进了一种特殊的文明类型,在 445
其中它能够立足和存活下来。如果我们没有从我们的远祖、希腊和拉丁人那里继承政治自由的观念和大众主权的学说,就不会听说现代的代议制政府,并且19世纪欧洲的政治组织就不会如此深刻地区别于18世纪的组织;而大众主权理论被卢梭和其它18世纪政治作家改写,适应了新的时代。如果可以在不同的历史阶段追溯政治思想的发展,会容易地看到,一个作家的政治环境,极大影响了他感觉和思考的方式,并因而影响了他的理论,但是他的理论反过来又极大地有助于影响其后几代人的政治观点,因而决定了新的政治环境。就此可以举出许多例子,而且,这毕竟是许多人在社会科学所遇到的众多情况中的一个,在这些社会科学中,此时的结果变成了彼时的决定性原因。[13]

争论道德力量是否超过了物质力量的影响力是没有用的。如我们已经看到的(第七章,第9节),只要允许,每一种道德力量都试图通过创造归属于它的利益基础来获得凝聚力。而每一种物质力量都通过依靠知识和道德秩序的某种观念来使自己正当化。在印度,雅利安种族的人口征服了土生的德拉威人,把他们推入社会最底层。吠陀经解经者说,婆罗门种姓是从梵天的头部产生,刹帝利出自梵天的臂膀,而最低的种姓吠舍(Vaisyas)和首陀罗(Sudras)是从这位大神的腿和脚产生出来的。在这样讲解之前,解经者一定已经让德拉威人保持这种地位有几个世纪了。基督教开始是一种纯粹的道德和知识力量,

⑬ 莫斯卡:《过去的与未来的贵族制与民主制原则》,第4页。——译注

然而,当它也变成一种物质力量时,它才得到了众多拥护者:它获得了财富,它发现了对公共权力施加影响的方式,并且最后,它的主教和修道士们成为了实际的君主。在伊斯兰教中,随着
446 君权的行使,宗教观念立刻具体化了(take on body),但是如果不是由于它早期信徒无私和真诚的皈依,这将是不可能的。现代集体主义自身也是作为一种纯粹的知识和道德力量诞生的。今天它正在试图在其能够的地方,力所能及地创造一整套物质利益的体系,它令人惊奇地帮助普通士兵保持忠诚,并酬劳那些在它内部成长起来的统治阶级。甚至财阀统治的纯粹物质影响力今天也试图披上羔羊般的外衣。它们资助具有明显的民主色彩的右派和左派报纸,给选举委员会施加压力,向大众主权的观念鞠躬致敬,并且经常把代表派到议会中,坐在最进步党派的席位里。

实际情况是,人类历史中的主要因素是如此复杂,如此彼此纠缠,以至于任何试图把这些因素之一构建为主要因素的单轨学说,"总是能打动人但从未说服人",它必然导致错误的结论和虚假的应用,特别是当它按照一种方法来解释人类整个过去和现在,并从单一视角看待它们时。更糟糕的是,有人用这种同样的方法去预测将来。

人们可以指出,要一般性地断言,每一个历史阶段都包含着最终会开花的种子,并转变成紧随其后的阶段,这是一个如此明显的真理,以至于可以被当作一种陈词滥调。无论如何,它是现代历史科学常见的设想之一。马克思坚持认为,惟一会开花结果的是那些具有经济本性的种子。相反,我们相信能开花的种
447 子数量大得多,种类更为多样化。但是与这种考虑相当不同的是,现在可以肯定,财富和生产工具在少数人手中的集中,在世界大战前并没有发生,甚至也没有朝着这个方向发展;而这种集

中本该在财富和生产工具的集体化之前发生，并使得无产阶级阵营中无数群众很容易没收少数人的财产。如果战争近来已经在各处都多少损害了中产阶级的处境，这是由于其它从未被历史唯物主义预见到的原因。而且，如果资产阶级国家组织在今天已经在许多国家被毁灭了，而在另一些国家命如悬丝，这种情况不是因为财富集中于几个人手中，而是由于相当不同的原因。我们在这本书中已经提到了这些原因，并且我们会简短地再次转向它们。

历史唯物主义第二个假设的结论，就我们看来完全是成问题的——也就是说，一旦集体主义得到确立，它将成为普遍公平和正义时代的开始，其中国家不再是一个阶级的机关，剥削者和被剥削者将不再存在。我们不应该再次停下来驳斥这种乌托邦。整个这部作品都是对它的驳斥。然而，应该注意这种观点是对人性乐观主义观念的自然和必然的结果，这种观念产生于18世纪，现在还没有完成，尽管它正在接近于完成，也就是确立它的历史循环理论。根据这种观念，人生来本善，社会或确切地说是社会制度使得他变恶了。因此，如果我们改变了制度，亚当的后代们仿佛将会免于令人窒息的铁锁，并能够表现出他们自然的善来。明显的是，如果一个人要以这种模式推理，他会得出这样一个结论，私人财产是人类自私的主要和惟一的原因。亚里士多德在他的时代更加合理地论述说，自私是使得私有财产不可避免的原因。这位斯塔利亚哲学家在反驳柏拉图共产主义理论时宣布，如果一个人要生产、并因此提供自己和他家庭和城市 448
所需的东西时，私有财产是不可避免的。[14]圣托马斯在《神学大全》中为私有财产提供的辩护几乎是同样的。只要人类还爱他自

⑭ 《政治学》，第二篇，第1—2节。——原注

己和他的家庭胜过爱陌生人，我们不相信还会有更好的见解。

从莫雷利、马布利和巴贝夫开始，到路易斯·勃朗、普鲁东和拉萨尔，大多数试图勾画出人类新生计划的作家，都在方案中包括了实行共产主义和废除私有财产，有时是部分地和逐步地，有时是完全地和立刻地。当然，这些结果被认为是人们期望的结果，会被大多数人所追求，就是因为它们是可欲望的。马克思追随着勒鲁的一些暗示，把这些方案都简化了。他省却了个人意志，让这种被期望的结果通过命定的历史过程而达到。毫无疑问的是，他的方法有其优势。如果一场改革难以避免，人们就没什么好干的了。它不能被批评和破坏，像人们用来批评和破坏依赖于政权或单纯的个人愿望的根本性改革那样。不仅如此，在所有赞同一种学说的论辩中，最有说服力的那种是指出，胜利在或远或近的将来必然到来。

4. 从柏拉图写下《对话录》的时代开始，有一种观念就烦扰着沉思政治问题的人们了，这种观念是“最好的人们”应该统治国家。这一期望的结果曾经是，现在仍然使善良的心灵会寻找一种让这个概念成为现实的政治制度，或至少找出这么做的途径来。在 18 世纪最后几十年、以及 19 世纪上半期，并且实际上还要再长一二十年，这种渴望已经被加强了，因为它在我们经常提及的乐观的人性概念中发现了营养。这种观点使人们容易想像，如果可以改变制度，所有蹂躏我们可怜人性的不太高尚的本能将会自动被压制或萎缩起来。

449 为了考察在这种观点中有多少真理和谬误，我们首先应该看一看究竟是什么样的人值得被称作“最好的”。[15]

---

[15] 依从惯例，以下本文通译为至善。——译注

明显的是，在普通的语言中，“至善(best)”一词作为形容词“善(good)”一词的最高级，应该用来指那些通过非凡的“善”而不同于一般之人。在这一基础上“至善”之人应该是最无私的人，这些人最乐意为了别人牺牲自己，而不是为了自己牺牲别人，他们奉献得多索取得少，用多拉·麦利加里[16]的话说，他们是*faiseurs de joie*〔法语：欢乐的制造者〕，而不是 *faiseurs de peines*〔法语：痛苦的制造者〕。在他们那里，克服或清除任何障碍以满足情感或利益，比在一般人那里被更多地限制和控制。

但是到今天这个时代，肯定会变得明显的是，从这种字面意义理解的“善”是一种对别人非常有用的素质，而作为规律，它对拥有这一素质的人却帮助甚微。至多，它对那些生来就有一定社会地位或靠运气获得一定社会地位的人，没有什么害处；这种地位如此之高，以至于可以消除任何人倾向于利用它们的妄想。但是甚至在这种情况下，那些可以合法地被称之为“善”的人，也必须能够放弃在社会阶梯上爬得更高的前景；由于他其它方面的素质，他本来可能会升得更高一些。要在社会等级中上升，即使在平静和正常的年代，首先需要的无疑是艰苦工作的能力，其次则是雄心，也就是在世上取得进展、超过同事的坚定决心。这些特征很难与极端敏感性，坦率地说即与“善”联系在一起。因为“善”是不能对一些人受伤害无动于衷的，而如果一个人要超过他们，他们必须被扔到一边。并且当善是深刻而真诚的话，一个人是不会情愿评价其他人在价值上比自己差得多的美德、权利和感觉的。

初看起来奇怪的是，通常人们愿意坚持说，他们的统治者具

---

⑯ 多拉·麦利加里(Dora Melegari，1807—1881)：意大利爱国者和政治学家。——译注

有最高尚和最优美的道德素质，并且考虑公共利益多，考虑自己的利益少；但是当他们自己被讨论时，特别是当他们试图向前进
450 取、达到最高职位时，他们就不采取任何努力，来遵守那些他们认为应该成为其领导者恒定的指导原则的信条了。事实上，所有我们能够正当地要求统治者的是，他们应该不低于社会的一般道德水平，他们应该**在一定程度上**使自己的利益与公众利益协调，并且他们不应该做任何太低劣、太卑微、太可恶——简而言之，任何使之丧失了他在自己环境中做事资格的事情。

但是当“至善的”这个表述被应用于政治生活中时，它也意味着，并且通常的确意味着，“至善”之人是拥有使得他最适合于统治其同胞的必需条件。按这种意义理解，“至善”这个形容词可能总是被应用于平常时代的统治阶级，因为他们作为统治阶级，这一点意味着在特定时间、特定国家，他们囊括了最适合统治的人——这种适合不是指他们在知识上是“最好的”、更不是指在道德上是“最好的”。因为如果一个人要统治别人，比“正义感”更有用的——也比利他主义、甚至在知识程度和视野宽广度上更有用的——是敏锐（perspicacity），即个人和大众心理中敏捷的直觉、坚强的意志，以及特别是对自己的信心。马基雅弗利以相当好的理由把这段广为引用的话通过科西莫·德·美第奇之口说出来，即国家不是靠祈祷书来统治的（参见上文第七章，第11节）。

在我们的时代，一般人开始明白了政治家和政客的区别。政治家通过知识广博和洞察的深刻，明晰和精确地认识到他生活的社会需要的东西；而且他们知道怎样找到最好的方式来引导这个社会，以最小的震动和灾难达到这一应得的目标，或至少达到能够抵达的目标。这个意义上的政治家是加富尔和俾斯

麦。另一个政治家是俄国1906年的首相斯托雷平[17],他看到,随着人口的增长和农业的必然加强,在农民中一种没有差别的集体所有制将不会持久,斯托利平因此提出了措施,要在半个世纪内在俄国创造一个私有的农业地主阶级和一个真正的农业资产阶级。如果说他推行的措施没有时间来显示充分效果,这不是斯托雷平的错。他在1911年过早死去,被一个狂热的白痴谋杀。 451

另一方面,政客是具有适合在政府体制中爬到最高阶层这种素质的人,并且知道怎样留在那里。当一个民族找到能够把政治家卓越和珍贵的素质与政客的第二种素质结合起来的领导人,这对它是一个巨大的运气;并且,当一个民族的政客们在身边拥有一些政治家,他们从后者的观点中能够获益时,它对一个民族一般来说也算不上是不幸。

在柏拉图关于法律的对话录中,他强调了一个论点,这一点可以看作柏拉图政治体系的基本成分;柏拉图说,只要一个城邦的国王或统治者不是哲学家,只要它的哲学家不是国王,一个城邦就得不到很好的统治。他所说的哲学家看来意味着智慧之人,这些人拥有政治家所必要的知识,同时又没有所有低级和粗俗的感情。

在有些场合,世袭或机遇使得一个柏拉图意义上的哲学家成为了一国之首;不过哲学家并不是在历史上总能成为统治者的楷模。马可·奥勒留是真正的皇帝—哲学家类型。开始,他生来要当皇帝。他是一个好人,但是不愚蠢,并且,如他的《沉思录》所揭示的,行使权力在总体上给予他关于人性的坦率见解。

---

⑰ 斯托雷平(Stolypin,1862—1911):沙皇俄国首相(1906—1911),执政时推行一系列资产阶级改革,后被社会革命党人刺死。——译注

他在一定程度上也是一个实干家。奥勒留在几个战役中领导军队，并且实际上死于一场他在多瑙河指挥的战役。尽管如此，他的美德是否总是给公共利益带来好处还值得怀疑。即便是赞许他的那些历史学家也指控他在外省政府中用人不当。军队纪律已经被图拉真大大提高，在马可·奥勒留治下，它重新松弛下来。在其统治期间，亚洲的军团中一次严重的兵变发生了，它拥立一个叫做阿维狄乌斯·卡修斯[18]的人为皇帝。如果不是卡修斯的
452 一位百夫长谋杀了他，他可能成为一位非常危险的竞争者。

而且，在平常时代，如柏拉图所设想的哲学家，在获取卓越性的斗争中成功的可能性极小，有很多人为了高位在这场斗争中互相倾轧。在许多情况下，真正的智慧并不刺激野心，而是让它熄灭。而且高尚的性格和理智不会吸引哲学家染指高位，而是让他们避开它，特别是当哲学家的素质没有与政客素质相混合、个人至少暂时还没有足够的实践意识来调整前者、把它们投入使用时。曼佐尼笔下的邓·费兰特是一个学者，他既“不喜欢命令，也不喜欢服从。”确切来讲，他不是一个哲学家——据柏拉图的定义，不是“智慧之人”。然而，他大致属于这一类型，因为费兰特“花很长时间学习”，有一个放满书的图书馆，并花费时间读这些书。他也许是我们称作“知识分子”的那种人，这种人总是愿意沉思，有时候可以相当擅长指挥，当绝对必要时，他们也会服从。通常，他们不太喜欢命令或服从。

因此，如我们已经指出的那样，如果掌权的政客不会在智力和道德上跌落于统治阶级的一般水平之下，我们就能满足了。当统治阶级的知识和道德水平足够高，可以让其成员理解和欣

---

[18] 阿维狄乌斯·卡修斯（Avidius Cassius，不详—175 年）：罗马将军，公元 175 年听说皇帝奥勒留去世，便自立为帝，同年为部下所杀。——译注

赏那些深入研究政治问题的思想家的观点时,后者并不必要获取权力才能实施其计划。统治阶级作为一个整体施加的知识压力——通常被称作"公众舆论"——将迫使政客让他们的政策多少符合这些人的观点,他们代表着一个民族的政治智慧所能产生的最好东西。

我们从柏拉图那里拿走的、在政治领域方面思想和性格最高素质的结合,我们必须在外在于政治的其它生活方面立刻恢复起来。物理学家伽利略·费拉里斯[19]认为,如果实验者试图获得实际的结果——也就是说,当他不是对单纯的知识感兴趣,而 453
是试图探索大自然的秘密,从而使整个行业以较小成本制造一项产品时,就不可能诞生任何一项伟大的科学发明。我们相信,伽利略·费拉里斯认为适合于自然科学的公理,也特别适合于社会科学。在社会科学中,除非智慧的良好素质得以加强,并与性格的良好素质结合在一起,除非思想家能够清除自己身上的每一样党派情感、利益和恐惧,否则都不可能发现真理。

5. 事实上,通常那些占据高位的人在绝对的意义上几乎从来不是"至善的",而是拥有最适合于指导和支配人们的素质的人;这样的事实显示了在一般情况下,在政治制度中应用如同人们能够想像的绝对正义是多么困难,实际上多么不可能。但是获得绝对正义是自柏拉图以来高尚灵魂和崇高心智的梦想。我们甚至可以说,它已经成为了一个方便的借口,让野心家和多少有些凡俗的人用来试图取代那些居于顶端者。

政治生活中的绝对正义只能意味着每一个人的成功、他在

---

[19] 伽利略·费拉里斯(Galileo Ferraris,1847—1897):意大利物理学家和工程师,以发现旋转磁场而著称。——译注

政治等级中占据的职位，应该恰好符合他曾经或正在给社会提供的服务的实际功效。实际上，这是一个应用由圣西门第一次明确形成之概念的问题(参见上文第十二章，第1节)，这个概念提供了圣西门主义者在他们的方案中总结的著名公式："根据其能力给予每个人，根据其结果确定能力。"

现在，人们想到了对这一教条的许多反对意见。首先，我们如何精确、并迅速地来评价个人给他的社会已经和正在提供的价值呢？我们说"迅速"是因为，如果评价要等一个世纪或甚至一两千年才来，它是否应该被奖赏还是惩罚就没有什么用了。应该获得这种奖惩的人一定已经进入了坟墓，或至少相当衰老。
454 不仅如此。无论我们的心意多么好，具有政治本性的美德或错误，从最大的到最小的，在很长时间流逝后，都是产生了结果的错误。通常，只有从相当遥远的视角看，我们才能平静地并以一定精确度判断出，一个官员的政策、一次议会的投票、以及一个内阁在某些关键时刻作出的决议，是否符合这个国家的最好利益。事实上，人们几乎从不等那么久去判断这样的行为，也正是由于这个原因，他们的判断经常被感情和利益所影响，或被阴谋与骗子的诡计巧妙地改变。

但是假定时间和几代人的消逝已经减弱了利益并熄灭了感情，假定阴谋者和骗子的诡计已经带走了这样的利益和感情，假定没有更多的人群因为他们被训练鼓掌而鼓掌，没有更多的作家和报纸不诚实地赞美或贬损。即使上述假定都成立，人们仍然很可能因其构成而难以变得客观和无私起来，甚至是在他们独自的研究中。如我们所见(第一章，第18节；第十二章，第3节)，当我们试图判断过去的名人时，历史研究总是产生一些多少不确定的结果，而当我们重建和解释伟大文明的制度、观点、成就时，结论就不会那么靠不住。现在看来不确定性很大程度上是因为学者们的情感习惯。许多学者无法做到在对生活于两千年前的某个知名人物表达钦佩时,不同时贬损同一时代的其他名人。许多在20世纪写作的历史学家,不能在设法夸奖凯撒的时候不嘲笑可怜的西赛罗。所有这些都表明,即使个人利益和贪欲已经偃旗息鼓,在经典意义上使用的反感和同情(换句话说,即理智或脾性的亲近和疏远),足以让人们无法公正地对待已经逝去多个世纪的人。

因此,明显的是,要在美德和成功之间、在每个人的工作和他应得的报偿与惩罚之间,建立一种精确和不会犯错的关系,将是一项超人的工作,只有全知和全能者能够做到,他没有一点我 455
们的无知、弱点和感情。也许由于这个原因,几乎所有伟大的宗教,从古埃及开始,都把对一个人工作的最后评价推迟到他生命结束时,然后把评价一同交给诸神或上帝。

在私人生活中制订的自由合同中,可以发现在所提供的服务和所获得的报偿之间存在一定平衡。但这不是如在政治生活中那种渴望建立在道德原则上的平衡。它仅仅是一个供求关系、或签约两者之间的相对关系问题;在这种关系下,当对服务的需求很大时,它的价格较高,当需要做的工作很少,而可提供的服务过剩时,报酬就较低。这一纯粹的经济平衡不会像道德平衡那样所要求的,考虑服务所耗费的牺牲,并且当服务不是提供给确定的个人或个人的团体,而是提供给作为整体的集体时,这种平衡就不再管用。人们通常都记得,伟大的科学发现,不论在自然科学领域还是在社会科学领域,都没有让其发明人在国家中担任高官,或把他们捧上财富的顶峰,或提供给他们镀金阳伞和不可一世的大象;根据印度古代作家的记载,这些东西要恭候世上的强大者(参见上文第十一章,第3节)。另一方面,对这些发现(discovery)的实践应用,几乎总是让发明人富有,给他们带来影响力和权力。的确,至少在拥有古老和健全文化传统的国家,统治者的职责之一应该是,给予诸如哥白尼、伽利略、伏打[20]、或商博良[21]这样的科学家道德和物质报偿,他们作出的发现对所有人都有用,但是却不能直接为私人工业利用。有时,实际上统治者或多或少令人满意地行使了这一职能,尽管通常是在由于行使这一职能符合开明的公众舆论的愿望,从而对他们有利的时候。

456 即使将来人类会被铸造得类似上帝,但在此之前,世界上绝不会有绝对正义,一个被相当完善地组织起来的社会中,无论过去,现在还是将来,也只是有一种相对正义。换句话说,总会有一种法律、习惯、规则的总和,它们由公共舆论制订和实施,随时代和民族而变化,并且我们称作的为卓越性进行的奋斗——也就是每一个人改善和保持自己社会地位的努力——都要按照它们进行调整。

绝对正义和相对正义的共存在古典时代就被认识到了,这时人们学会了从“自然权利(*jus naturale*)”之中,区分出奠基于法律的“民事权利(*jus civile*)”,而前者是以理性和人类对公平的自然意识为基础。塞内加[22]分析道,奴隶制作为一种制度,符合民事权利,但不符合自然权利。这种相对正义在不同地方和不同时代总是有人反复指出来。人们立刻会想到帕斯卡的《思想录》。

---

[20] 伏打(Alessandro Volta,1745—1827):意大利物理学家,对交流电理论有杰出贡献。——译注

[21] 商博良(Jean Francois Champollion,1790—1832):法国历史学家、埃及学家,译解了埃及象形文字。——译注

[22] 塞内加(Lucius Annaeus Seneca,公元前4—公元65):古罗马哲学家、政治家和剧作家,暴君尼禄的老师。——译注

根据相对正义，要获得成功，几乎总是必须做一定的工作——这种工作要符合提供给社会的真正和实在的服务。但是工作总是会在一定程度上被“能力”，也就是说，被获得认可的技艺所加强。并且当然，一点点我们所说的运气也不会不受欢迎——也就是那些不可预见的环境，它们可能帮助或严重伤害一个人，特别是在某些时刻。人们可能会加上，在所有地方，在所有时代，最好的、或最坏的运气，经常先天来自一个人的父母。

有许多人否认，或试图大幅减少运气在一个人和一个集团的成功中扮演的角色。他们应该读一读或重新读过圭西亚迪尼的《思想集》，他非常合理地评论道：“那些把所有事情归因于智慧和美德，并尽可能排除运气作用的人，至少不得不承认，一个人无意中发现某一时代、或生于某一时代非常重要，这时，他们引以为荣的美德或素质能得到很高认可。”[23]真实情况是，那些没有实现所有他们在生活中期望的成功之人，常常倾向于责备 457
运气，而那些获得期待之外的成功的人易于把所有荣誉留给自己。

但是，毕竟生活中的博弈与纸牌中的普通游戏没有那么大的区别；在纸牌中，胜利时而靠盲目的运气，时而靠玩家的技术，时而依靠对手的错误。如果可以换牌或操纵牌的话，纸牌游戏能够成为一个普通的骗局。因此，在每个人生活中进行的重大博弈中，违反确定起来的规则或欺诈都不被允许。社会一直是可怜的和混乱的，其中人们默许足够狡猾的玩家可以不时地触动运气。关于在这个世界上不可能实现绝对正义，以及遵守相对正义规则的必要性，吉娜·朗布鲁索—费雷罗（Gina Lom-

---

[23] 《思想集》（*Pensieri*），第30—31条。——原注

broso-Ferrero)已经写下了许多充满敏锐反思的文字。[24]她讨论道,如果获得较高地位的奋斗,能够真正符合她所说的被接受了的标准、而不是不被人承认的标准,那么我们的社会就可以获得一种高度的完善性。

那些最了解怎样强调、并以最高的嗓门强调,绝对正义与由法律与习俗所规定的相对正义之间存在显著矛盾的人,经常拿着一手坏牌、并希望有更好的牌,他们因此建议停止游戏,重新洗牌,并重新开局;这在我们的时代更为常见。通常,如果由他们洗牌和开局,他们不会不高兴。真正利他主义的人真正厌恶撒谎和欺骗,他们最终从其生活经验中信服了,绝对正义是不可能获得的,因此真正的和自觉的诚挚和善行必然会不得不与这样的慷慨结合起来,这种慷慨只知道给予,不指望回报。

6. 政治科学的进步有朝一日会使人类消除,甚至削弱或减少这些巨大的灾难吗?这些灾难经常打断文明的进程,把已经
458 在历史上取得了辉煌地位的人类重新投入野蛮,不管这种野蛮是相对的还是暂时的。这是一个最为严重的问题。从实践的角度看,它也许是政治科学所有要处理的问题中最重要的一个。

在人们能够希望作出任何对解决它有用的贡献之前,必须用恰当术语陈述这个问题。上述灾难通常被说成发生在一个国家"年事已高"时。因此,死亡作为"高龄"的自然结果到来。现在,如我们已经花费了一定精力揭示的(第一章,第 14 节),一个国家或一个文明的"高龄"或"死亡"这种隐喻,不能精确描述实际发生的事情。一个人老了——唉,这不可避免!当一个人的生命能源被耗尽,或当某些传染病或暴力原因,中断和阻止了对

---

[24] 《女人的灵魂》,第 245 页。——原注

维持生命必不可少的某些器官的功能，一个人就死了。但是对于一个社会不能设想身体上的高龄。每一代人生来都是年轻的。也不可能设想一个社会身体的死亡。因为如果一个社会要死亡，至少一整代人要丧失繁殖能力。勒内·沃尔姆斯（René Worms）以绝妙的方式处理了各民族中高龄和死亡的问题。

> 的确，有些思想家宣布，国家像个人一样，在一些日子后注定要消逝。迄今为止，还没人能就这种必然性提出任何可靠的证据，并且，就我们而言，我们也不相信它。恰恰相反，我们认定，各民族能够通过生殖来更新其组成，这是个人不能办到的，因此，它们看起来会具有真实的不朽性。㉕

并不难找到没有留下任何后代就消失了的民族的例子。塔斯马尼亚的原住民就迅速消失了。加那利（Canary）群岛的关彻人㉖也没留下什么后代。许多美洲的原住部落灭绝了，别的则人口锐减。但是这些民族都是小的团体，靠渔猎维生。白人的殖民剥夺了他们的谋生手段，并且在与白人的接触中，他们的文明太落后了，无法立刻适应农业生活，或采纳白人的生产方式。459
在墨西哥和秘鲁，当欧洲人到来时，当地居民已经实行了农业。他们因此人数更多，并且没有灭亡。在美国，那些能够转向农业的印第安部落看来同样没有灭亡的迹象。

非常不同的情况是，早已到达农业阶段的民族组成了有秩

㉕ 《社会科学的哲学》（*Philosophie des sciences sociales*），第三卷，第 305 页。——原注

㉖ 关彻（Guanch）人：15 世纪初西班牙殖民者在北大西洋东部的加那利群岛发现的部落，其特征和文化酷似古代欧洲人。——译注

序、强大和人口密集的国家,并创造或发展了文明。在这种情况下,任何能够被叫做身体死亡的情况——即一个种族由于缺少后代而灭绝——也许一切从未发生过。一旦某个民族达到了文化的某种阶段,它可能失去原有的相貌,它可能被其它民族或文明吸收,它可能改变宗教,有时候还变换语言——简而言之,它可能经历一个广泛的知识和道德的变形;但是它仍然在身体上存在着。人们可能提及不列吞(Britons)[27]的例子反对这种理论,当他们的国家在很大程度上被盎格鲁人和萨克逊人占领时,他们已经长期从事农业。但是首先,原始的凯尔特血统在北部苏格兰、在威尔士、以及在法国的布列塔尼地区仍然存在,一些不列吞人在萨克逊人的压力之下,迁移到这些地区。其次,如果说凯尔特人在大部分的大不列颠地区失去了他们的语言,他们也没有灭绝。他们只是被日尔曼族入侵者同化了。对这些问题的研究经常产生模糊和不确定的结论,但是好像英格兰西部各郡、以及苏格兰很大部分的人口仍然在本质上保留着凯尔特人的特点。

历史充满了这种变形和存续。古代高卢人和古代伊比利亚人的后代在拉丁文明的外壳中幸存下来,这种文明赋予他们新的外形。古代美索不达米亚和叙利亚的后代活下来了,即使他们采纳了阿拉伯人的语言和宗教,后者在公元7世纪征服了他们。这种情况也发生在埃及,那里的百姓中,现代的和所谓的阿
460 拉伯人口,在总体上仍然保留了他们真正祖先的身体特征,这些人创造了法老文明并在四千多年中把它保持下来。现代意大利人仍然主要是古代意大利民族的后代。在现代希腊人的血管中,不论他们的血液与多少个其它民族混合,也仍然流着出现过

[27] 不列吞(Britons):古代不列颠诸岛上的居民。——译注

伯利克里和亚里士多德的古希腊人之血,也流动着 9 世纪和 10 世纪的拜占廷人之血。

但是假定我们忽视这种幸存下来的类型,以及一个民族被带来更高文化的外国支配者同化的情况——即高卢人、伊比利亚人以及其它野蛮程度不一的民族的情况,古罗马人的天才成功地把这些民族连结成了一个单一国家。那么明显的是,仍然可以在某个意义上说,一个能够创造出自己的文明、并在若干世纪中维持它的民族可以被说成死掉了。这种死亡可以被归于两种原因,它们削弱和腐蚀了这个国家的内在机制,并把它带到这样一种关口,在那里任何外界轻微的打击都足以扼杀它。

这两种原因看来几乎不可避免地共同作用。当国家的统治阶级不能通过从社会更下层吸收新的成分来重新组织自己以适应变化时代的需要,这样的国家就会灭亡,而那些新的成分则会给它们新鲜的血液和新的生命。而且,如我们所见(第十四章,第 3 节),当把国家聚在一起、使大量个人的努力能够按照与集体利益相关的目标被集中、约束和指导的道德力量衰减时,这样的国家也会被贴上死亡标签。简而言之,当使政治组织能够作出集体努力的观念和情感失掉了影响力和威望,而又没有被其它东西所取代时,老年这一死亡的先兆会降临在这些政治组织身上;而如果这些民族要维护它们的团体个性的话,就需要这样的集体努力。

对这种不测之事的本能恐惧,解释了对传统、祖先习俗和典范的盲目依恋,这种依恋存在于古代所有主要国家的宗教和政治心理的根基之处,从美索不达米亚和埃及的古老文明开始,一直到罗马。直到几代人前,这种同样的依恋在日本和中国也非 461
常强大;并且尽管看似相反,它在具有欧洲文明的现代国家中也远非无闻,特别是对具有盎格鲁—萨克逊血统的民族。民族灵魂看来会本能地感到,如果它不要消亡,就要忠于某种原则,也就是某种基本和特别的观念,在每个连结形成这个有机存在物的原子中充斥着这些观念。它似乎会感到,只有当维持它的社会结构完好无损,构成它的每一块石头都不会失去把它与其它石头粘合在一起的水泥时,它才能保持它的个性。这种本能是古代的基督教迫害以及宗教战争的基础。至于帮助大多数人改变情感和信仰综合体的历史事件,则是主要的世界宗教的兴起和扩张,这些信仰和情感是这些人原先的国家所特有的,而这些世界宗教则寻求包含所有人(all humanity),并以一种普世的兄弟情怀把人们混合在一起,还要在信仰者们身上打下特有的知识和道德烙印。实际上,有三种特殊文明类型适应于三种主要的世界宗教:佛教、基督教和伊斯兰教。[28]

不幸的是,也许幸运的是,对往日过度的和专门的膜拜容易产生僵化,而且一个国家要能够保持停滞而不受惩罚,那么所有其它国家必须都同样僵化。中国和日本试图在17、18世纪和19世纪的部分时间里迟缓下来,停滞不前。1723—1735年间在位的雍正皇帝为了使中国不受欧洲影响,赶走了传教士。日本在这条路上领先于他。早在1639年,德川家光将军[29]的一道命令禁止与外国人贸易,只有极少例外,并对违反者施以重罚。这两个国家甚至在国内都没有完全成功,但是无论如何,它们都遭到了外来的粗暴叩门。中国在与英格兰的所谓鸦片战争后,不得不开放门户。这场战争爆发于1839年。在科莫多尔·佩里[30]

---

[28] 我们可以顺便提及,这一事实是对历史唯物主义的另一个驳斥。——原注

[29] 德川家光(拉丁文拼法为 Tokugawa Yemitsu,1604—1651):德川幕府第三代将军(1623—1651),在位时推行锁国政策。——译注

[30] 科莫多尔·佩里(Commodore Perry,1794—1858):美国海军将领,1853年率舰队远征,迫使日本改变闭关锁国政策。——译注

率领舰队于1853年在该国海岸出现时,日本作了同样的事情。

人类社会中完全的停滞是一件人为的事情,而思想、情感和习俗持续的变化才是自然的,这种变化不能不对政治组织施加 462
影响。要防止这种变化,必须破坏所有观察和询问、知识的增长和扩充、以及不断积累的经验产生的影响力;因为这些影响力使得新的思维方式和新的感觉方式不可避免地走向成熟,而且这些影响力必然腐蚀对先祖教诲的信仰,并削弱构成了祖先们政治结构基础的传统观念。

一个生活于柏拉图和亚里士多德时代的希腊人,完全不可能相信荷马所设想的幼稚的神人同性那样的诸神。他更不可能承认,诸神习惯于把他们的忠告和帮助给予那些城市世袭的首领,而荷马这位最伟大的希腊诗人曾习惯于称呼这些首领们为"各民族的牧羊人"。很难让一个伏尔泰时代的法国人相信,路易十五从上帝手中接过统治法兰西的权力。而且人们也会怀疑,是否一个中国人或日本人在今日的欧洲或美国大学学习后,回到国内还会坚信孔子著作包含着对人类智慧完美无缺的表达。

尽管情况如此,但只有一种方式能避免所谓的一个国家或一个民族的死亡,这是一种尖锐危机阶段,有时候引起或使得一种文明类型消失,使得目睹这些危机的几代人扼腕叹惜。这种方式就是让统治阶级缓慢和持续地进行调整,从而可以让他们缓慢但却持续地吸收具有道德凝聚力的新成分,以逐渐取代旧成分。也许,在这种情况下,如同其它情况一样,实践中最好的结果要通过两种不同的和对立的自然倾向之间、在保守主义潮流和革新的愿望之间合理的制衡来获得,换句话说,一种政治组织、一个民族、一种文明,要能够**不朽**,它只有学会如何**持续改造自己而不土崩瓦解**。

日本人在过去50年到60年间适应了与外国人进行必要的接触，却没有放弃特有的传统和情感，而这种传统和情感形成了
463 该民族灵魂的核心。这个真实的例子非常典型。这个国家已经发现了一条根本转换自身而不会瓦解的途径。有趣的是，在我们提到的这段时间，日本实际上由一个有限的贵族阶层统治，他们由这个国家最有智慧的人所组成。当然，随着其它欧洲观念渗入日本人口的下层，这个国家还有可能面对新旧思维和感觉方式之间不可避免的冲突，这种冲突为我们正在考虑的那种类型的危机铺平了道路。

7. 民族的死亡、政治组织的完全毁灭这些持续和激烈的社会危机打断了文明的进程，把人们重新投入野蛮。如果它们在任何真正的意义上可以避免，一门真正的政治科学的发展和被认可一定会极大地有助于避免它们。

过去，不止一个上面提到的危机，由于单纯的政治经验论被拖延了相当长一段时间，而在这时，虚假的学说没有把这种经验论引上歧途，而天才的闪现则点亮了它。奥古斯都，图拉真，也许还有戴克里先，推迟了罗马帝国在西部的崩溃。如果没有拿破仑·波拿巴带领，法国在大革命后不会这么好、这么迅速地重新组织起来。还要记住，有时推迟一场大危机可以等于在很长一段时间避免它。拜占廷帝国设法度过了在5世纪摧毁罗马帝国的灾难，能够多活将近一千年。

但是比经验主义更好、比补救性的天才直觉更好的，将是确切了解指导人类社会习性的法则。这样的知识，如果不能做别的什么，也至少会帮助人们区分可能发生的事情与不能和绝不会发生的事情，并且因此可以帮助避免白白地、甚至有害地浪费许多慷慨的意图和善良的意愿，去努力获得现在和将来永远无

法获得的社会完善程度。这样的知识也使得我们能够把人类理智在试图掌握自然界其它力量时,在实践中学会使用的同样方 464
法,应用于政治生活中。这种方法归结为精心观察和理解它们运作的方式,然后学会控制和利用它们,而不粗暴地伤害它们。在北半球七月份播种谷物,期望在一月份能有丰收,这是对自然法则粗暴的歪曲。在人类活动的所有分支中,他们已经能够通过观察自然和顺应自然而掌握了物质自然。如果有人希望纠正从自己政治本性中得出的结论,使之有利于自己,他必须使用同样的方法。

如我们上文所见(第一章,第16—19节),由于历史研究和描述性社会科学的进步,19世纪和20世纪早期,人们已经记录下如此众多的检验过的资料,发展了这样的科学资料宝库,以至于现在活着的几代人能够作出早先几代人干不了的一件事情——也就是,他们可以创造一种真正科学的政治学。即使他们成功了,仍然很难想像,这样的科学何时能成为社会生活中的积极因素,致力于协调和改善其它在决定人类事件过程中非常显著的因素。[31]在观念的单纯体系能够成为政治生活中的积极力量之前,它必须首先至少在大多数统治阶级成员的头脑中占据坚实的地位,并彻底重塑他们。也就是说,它必须逐渐控制和决定那些代表公共舆论的人的思维、或感觉方式。现在,在所有观点中,真正科学的观点最不适合做这种事。他们根本就是不合适的。它们极少,如果还有一点的话,有助于激励时代热情,或直接满足此时的利益。

---

[31] 至于其它因素,请参见上文第十一章,第6节。——原注

465 # 第十七章　代议制政府的未来

1. 一百年通常足够让一个国家或文明的心理、习惯和制度发生显著变化。因此，一个时代经常按照它所属的世纪被命名。然而，如果我们开始确定这些变化能清晰察觉的年份，在这一年我们能说一个时代已经结束，另一个已经开始，那么，这样的时代与世纪就很少能准确对应起来。在一个历史阶段终结、另一个历史阶段开始之间，总有一些折衷的阶段，一些所谓的过渡阶段，它们多少有些形势险恶，并经常伴有暴力危机。

如果我们要确定相应于 18 世纪的时代终结的时刻，最让人信服的这一年将是 1789 年，而不是 1800 年。如果我们在下一个阶段要做同样的事，人们可能会说新时代开始于 1815 年，结束于 1914 年。在 1789 年到 1815 年之间的 26 年将是那些过渡时期之一，它们标志着暴力危机，经常伴随着人类社会的重大转变，尽管并非总是如此。这一阶段的特点早在 1821 年对于意大利诗人曼佐尼来说就很明显。在他著名的关于拿破仑之死的颂歌《五月的第五天》中，曼佐尼写到了拿破仑的职业：

> 他宣布着自己的名字。两个时代互相面对，手牵手转向了他，安静地，似乎在等待命运之神的眷顾。他要求安

静，戴上了一顶王冠在它们之间作仲裁者。[①]

如果我们要考察19世纪欧洲的政治特点，我们应该必须思考1815—1914年之间的事件，这后一年又是一个新的过渡时期的开始，它将在一个新时代开始时终结，这个新时代就会采用我们20世纪的名字。 466

今天，我们发现自己处于这样的历史时刻，它可能对我们文明的将来具有决定意义。因此，对于现在的一代人特别是年轻人，在他们投入行动、并进行天主教会称作的一次"良心的检验"之前，自己停下来一两个时刻可能是明智的。完全可能的是，生活在今日的人们，特别是我们中的年轻人，可能拒绝服从这样的检验。他们的根据是在他们的良心中发现的任何错误，都是我们之前三代人的过错。在这种情况下，我们只能够回答说，不论好坏，我们已经从我们父辈那里接受了一种我们无法放弃的遗传。因此，至少我们也能有它的一份清单。

2. 在19世纪，欧洲文明国家都作出努力，以在政治领域执行上个世纪作为理想被勾勒出来的方案。这个方案可以被总结成三个基本概念，以三个神奇的词汇表示：自由、平等和博爱。

我们已经看到，自由的概念在这个词被用于政治领域这种意义上，是由现代欧洲人从古希腊人和古罗马人那里继承的。

---

① （原文为）Ei si nomo：due secoli
L' un contro l'altro armato
Sommessi a lui si volsero
Come aspettando il Fato.
Ei fe' silenzio，ed arbitro
S'assise in mezzo a lor.——原注

这一概念在中世纪的理解中显得混乱和不完满，在文艺复兴时代和以后则变得更加清晰和精确，它被卢梭及其同时代的其他作家所宣扬，并被解释得符合18世纪的社会条件[②]。但是18
467 世纪的专制官僚国家没有发展成城市国家，如雅典和斯巴达、以及法布里齐乌斯和阿特里乌斯·雷古鲁斯[③]时代的罗马那样。因此，这一从古代继承下来的概念，不得不经历某种进一步改造，并且人们通过把18世纪英格兰已经运行良好的国体借来作为样板做到了这一点。这种国体的优势被著名学者孟德斯鸠才华横溢地阐明。

因此，人们没有采用古希腊的集会和罗马的人民公会，所有公民都能够参加这样的会议，法律要在会上通过，所有公共职务的任命也要在会上作出。人们采用了议会制，大多数国家的议会几乎都是由两院组成，道德的而不是法律的统治地位被给予更直接地产生于普选的那个院。这些议会被赋予立法职能，可以投票通过税收和预算，具有对国家整个行政机关一般性的控制权。在另一方面不同于古典时代的是，选举制度没有扩展到国家的行政组织，或一般说来，没有扩展到司法系统。欧洲国家在18世纪末行使的职能非常重要，而且高度专业化的知识对直接行使它们的人必不可少。这使得它们不应该被托付给选举出来的和暂时的官员，如古代城市国家所实践的那样，而是应该交给永久性的专业雇员，他们通常是由竞争性的考试选拔出来的，

---

② 参考关于大众主权概念的不同历史阶段，它在中世纪和下迄法国大革命的现代时代，经常被等同于政治自由，参见克罗萨（Crosa）：《大众主权》（*Sulla sovranità popolare*）。——原注

③ 法布里齐乌斯（Fabricius Luscinus，活动期公元前3世纪）：罗马统帅，政治家；阿特里乌斯·雷古鲁斯（Atilius Regulus，活动期为公元前3世纪）：罗马将军和政治家，两次当选执政官。——译注

或被公共服务中居于上级地位的官员随意任命。任命制度在美国广泛实行,在该国官僚们不享有终身任期的保证,而这一阶层几乎在欧洲所有国家都赢得了这一点。当执政党变化时,美国官员通常被解职,并被新的被提名者代替。甚至在新世界,美国的制度也代表了许多缺点,也有许多优势。它因为两点原因无法在欧洲实行。在欧洲一个公共雇员需要进行更充分的准备。不仅如此,一旦某个人失去一个职位,他很难如在美国那样,获得一个新职位。

专制主义政府建立起来的官僚机构没有被废除,而是被各 468
国在19世纪采纳的诸项新职能逐渐扩展和加强。实际上,现代政府的两项基本权力,行政权和司法权,最终都被给予了官僚机构。至于防止官僚机构的任何过分行为,看来似乎把对收入和支出的控制、以及对作为整体的国家行政机构进行审计和评判的权利交给议会就足够了。并且,在议会制统治的国家,议会还要把官僚机器的各种分支,置于主要由民选议院成员担任的官员掌管下,因此,这些官员也是间接地产生于普选。

在几乎所有欧洲文明的国家,军事制度经历了巨大的发展和相当大的改进。但是在所有国家机关中,它们在现代代议制的整个历史进程中,最完好地、也相当普遍地保持了过去的专制制度给它们留下的特征。几乎所有地方都实行了义务兵役制,并且它已经被扩展到所有公民阶层。现在,一个国家在战争到来时具备了动员其全部健康人口的可能性。旧式的贵族垄断高级军事职位的那些特权已经被废除了,尽管它们的各种痕迹直到几年前还出现在许多欧洲军队中。购买军官任命权在英格兰到1871年、在德国直到1914年还没有被废除,这一制度使得军官们只能出自较富有的阶层。在德国,某些团队不会接受没有贵族血统的军官,并且直到世界大战爆发,犹太人还不能成为军官——不管实际上法律如何规定。

但是现代军事力量保留了它严格的独裁组织。军队的晋升还要靠上级军官的评价，军官和士兵之间还维持着过去的差别，它的强度有所弱化，但是差别的程度还很大。军官通常是职业
469 军人。他们来自上层和中层阶级，通过出生、教育和培养与这些阶级联系在一起。士兵几乎总是通过义务征兵制招募而来，因此，大多数人具有工人和农民阶级的思维和感觉方式。

这种差别构成了军队的纪律和组织基础。这种差别与军官们更好的普通和军事教育相结合，使得士兵通常成为他们手中可以依赖的工具。尽管现代欧洲社会把武装交给了无产阶级，却不必要面对无产阶级利用武力夺取政权这样的危险，最主要是由于这一事实。也由于这种区分，军队在几乎所有地方都是一支保守性的力量，是维护社会秩序和稳定的工具。

今日的公众舆论还没有充分认识到这种现代军事制度的政治重要性。如果这一制度要被根本变革，例如，通过缩短军队服役期并用所谓的入伍前训练取代它，在许多民主国家不会引起普遍警报。在上一次大战中，人类的身体和道德力量经常负担过重，以至于在几乎所有欧洲军队中，都会出现纪律松弛和军事组织显露出严重瓦解迹象的时刻。在俄国，第一次革命爆发后，极为白痴的俄国资产阶级用著名的《衙门一号令》④加速破坏它自己的军队，通过这一法案，军官被剥夺了对他们士兵的权威。相反，布尔什维克政府非常明智地开始创建自己的军队，用铁一般的纪律来组织它。现在，它正在通过每一种可能的手段试图

---

④ 《衙门一号令》(Prikaz Number One)：1917 年二月革命后，为稳定参与推翻沙皇政府的士兵情绪，过渡政府通过的一号法令，“Prikaz”为俄语衙门之意，此处指俄国资产阶级过渡政府 。——译注

建立一支军官团队，通过训练和利益把他们与俄国现在的统治者们联结在一起。

但是在现代欧洲，并且在通常所有具有欧洲文明的国家，政治自由的概念并不是单独用在构建代议制政府上。几乎在所有地方，政府都在不同程度上被一系列制度所补充，它们给予个人和团体一些有效的担保，以抗拒公共权力的持有者。在那些迄今为止被正当地赞许为自由的国家，私人财产不能被任意侵犯。
除非遵守特定的规则，公民不能被逮捕或被谴责。每个人都能 470
自由信奉宗教而不丧失自己的民事和政治权利。媒体不能受检查，可以自由讨论和批评政府的行为。最后，如果公民遵守一定的规则，他们可以集会并参与对某个政治人物的讨论，并且他们可以就道德、政治和职业目的组成社团。

这些自由，以及其它类似的自由，可以看作国家在其与公民关系方面，对自己政权施加的真正限制。它们很大程度上是模仿英格兰在17世纪末"光荣革命"后，或更晚一点的时间采纳的法律。它们是对代议制的必要补充；如果个人方面所有自由的政治行为都被压制，并且如果个人没有针对行政和司法权力得到很好保护，这种制度将运作得极为糟糕。同时，这些自由在代议制的存在中发现了它们最大的担保，这一制度提供了有权取消或限制这些自由的立法权，但是这种立法权却产生于希望保留它们的同样政治势力中。⑤

要在实际生活中贯彻平等的观念就会困难得多，因为平等与事物的本性相悖，并且比起自由来，在上述的意义上也更不实在，更不具体。

自然，在18世纪末还保留的阶级特权当时在法律上被废除

⑤ 莫斯卡：《宪法笔记》，第17节，第152页。——原注

了，因为废除它们符合资产阶级的利益。所有公民被庄严宣布为在法律面前平等。但是对自然不平等、或那些人为的不平等，也就是说，那些产生于家庭继承方面的不平等——例如，财富、教养和教育上的差距，能做的事情极少。

现在，平等应该意味着的实质之一，是社会阶级的消失，而平等已经被实际上公开声明了。但是不同社会阶级之间在思维方式、感觉方式、以及在品位和爱好上的巨大差异，从来没有如
471 它在 20 世纪的欧洲那么明显；并且阶级之间也许从来没有这么互不理解。这不是完全由于财富上的不平等。一个中下阶级的人设法获得了大学文凭或甚至是中学文凭，他的智力和心理几乎总是接近百万富翁甚于接近一个工人，尽管从经济观点看，一个中下阶级的人应该更接近工人，而不是百万富翁。所有这些都是文化或意大利人称作“文明性”的东西进步的结果，凭借这种进步，那些投身于知识工作、有时还让闲暇更加雅致的人，变得与仅仅从事手工劳动、不适合干其它什么的社会阶层差距越来越大。

在 19 世纪和 20 世纪早期的进程中，作为平等的保证和可感受的证据，欧洲和美国中产阶级把投票权给予了所有公民，包括文盲，他们在某些国家仍然占据人口的相当部分。普选权授予人们平等参与选择民选议会成员的权利。如我们已经指出的(第十二章，第 2 节)，这种让步主要是盛行于统治阶级中的那些学说的结果，它们是 18 世纪给予 19 世纪的知识遗产的一部分。根据这些学说，可以被看作合法的惟一政府是根基于大众主权的政府，它反过来又被解释为社会单位中大多数成员的主权。如果少数实际掌握政权的人要避免不一致的指控，并且怀有清楚的良心继续统治的话，把投票权给予所有成年公民因此就变得必不可少。

但是,早在亚里士多德时代,那时大多数手工劳动者不算公民,因而也被排除出选举权之外,人们就意识到调和政治平等与经济上不平等之间的困难,这种政治平等使穷人对富人具有优势;那么,不奇怪的是,欧洲和美国的统治阶级在授予普选权之后,已经发现了自己面对同样的困难。在第一次世界大战前,他们能以相对的轻松处理这种困难,并在一定程度上克服它。这 472
部分上是由于大众在政治上没有准备好,他们在很多国家愿意让自己在资产阶级政党的框架之内被管辖。但它也是由于现代国家具有的巨大抵制力;以及更多是由于19世纪后半期巨大的经济繁荣,甚至在1914年以前的二三十年中,这种繁荣还在增加。繁荣使得在许多国家对人数更多的阶级作出具有经济上的极大让步,而不会妨碍私人储蓄的增加,不会太严重地损害私人财产的不可侵犯,也不会给大的或中等的财富所有者带来难以忍受的负担。在这些让步中,人们可能会提及更短的工作时间,针对年老、疾病、失业和意外的保险,以及限制妇女和儿童劳工的使用。当这些条款没有被泛滥地执行,当工业、农业和公共财政能够承受它们时,它们全部是可以接受的。不幸的是,它们几乎总是促生大型官僚机构,这些机构通常会变成拖累和麻烦。这些妥协中最好的和最受欢迎的措施是工资的迅速增加,工农业生产的提高,特别是在1914年之前的最后几十年,使得这项措施成为可能。

结果,这些对下层阶级状况的改善对煽动家也并非没有用,因为他们能够吹嘘说,这些改善是通过他们对劳工组织和通过他们在议会中代表的活动,从资产阶级那里争取来的。如所有的经济学家所知,在这种吹嘘中只有一小部分是真理,大部分则是谬误。当然,提高了的经济状况在总体上让劳工阶级不倾向于付诸不顾一切的和暴力的活动。

比实现平等更空虚的是博爱,如果它还不是完全缺少内容的话。

在18和19世纪的哲学家们想到在所有人中鼓吹博爱、或兄弟友爱之前很久,一系列古代的思想家已经宣称和传播了这一原则。古人在总体上认为兄弟友爱(brotherliness)作为一种美德要在一个国家、或一个城市的成员之间实践。只有几个作
473 家,诸如塞内加,他生活在古人所知的最有文化的时代,才相信兄弟友爱应该被扩展到全人类。这一原则通常在希腊人和罗马人中没有获得很多追随者。普世的兄弟友爱也出现在三种主要世界宗教,即佛教、基督教和伊斯兰教的方案中。在这些宗教中,还是只有那些具有共同信仰的人才被认为是兄弟,甚至在信仰相同的同志们之间,博爱的实行也远非完美。

利益的对立和冲突在为了社会优越性的斗争中不可避免。但是除此之外,兄弟友爱原则要变成一个事实,人类就只能爱他的同胞,不论后者是近是远,是否语言相同,是否信奉同种宗教,是否接受同样的政治教条。他绝不应该恨他的同胞。不幸的是,人类对憎恨的需要从来没有从其性格中消失(第七章,第1—6节)。

由于这是人类心理的基本状况,毫不奇怪的是,19世纪和20世纪开始的时候,对普世的兄弟友爱的意识非常脆弱,并且会仍然脆弱下去。无法实现平等一定也更多地阻碍了对这种情感的加强,因为失望已经加剧了强人和富人、强大者和无助者、以及幸福者和不幸者之间的对立。某种粗糙的唯物主义在几年前还广为流行,对它的反抗只是在近年来才起步,并且也只是在有文化的阶级中。所有这些情况,一定会在国家之间、阶级之间、个人之间激起仇恨,而不是友爱;通过煽动对世间利益的渴望,以及取消对在生活中战败者的所有安慰,就能够做到这一

点。

3. 尽管如此,当我们的后代回过头来冷静地看待我们时代的工作时,相信他们会承认,19 世纪的这个历史阶段是人类走过的所有时代中最伟大和最壮观的时代之一。在这一阶段中,人类思想不再禁锢于它不能逾越的界限,它获得的成果远远超过了较早时代传给 19 世纪的知识遗产,不论在自然科学的领 474
域,还是在历史与社会科学领域。在过去的一个半世纪,人类拥有了更多的观察工具供自己支配,它们比以前的工具更新,更有效。他过去从来不具备这样一个关于自然和社会现象精确信息的宝库。他从来没有如此精确和细致地了解支配他所生活的世界、以及指导他自己本能和行为的法则。他从来没有更好地了解,或能够了解他自己、以及包括他在内的宇宙。

把这些知识应用于物质生活中所有部门的进步,已经产生了非常明显的结果。今天,人类劳动者以同样的努力,能够取得十倍、甚至更多倍于一百年前的劳动成果。在通讯器材、农业、工业生产中取得的进步,已经使得两个遥远相隔的国家能够交换产品、服务和信息,而且这已经产生了、并在所有社会阶级中按比例地分配人类历史上前所未有的福利。

我们的政治制度一定已经对这些科学和经济成就作出了它的贡献。把自己限制在政治领域,我们不得不承认那些伟大的福利,它们构成了 19 世纪永恒的荣耀,这恰恰是指导它的那些幻想的结果。诚然,多数人政府和绝对的政治平等,这两项 19 世纪刻在自己旗帜上的座右铭没有实现,因为它们难以实现,提到博爱也可以这么说。但是统治阶级的等级已经变得开放了。那种阻止下层阶级成员进入上层的障碍已经被移走、或者被降低,旧的专制国家向现代的代议制国家的发展使得几乎所有政治势力、几乎所有社会价值，参与了社会的政治管理。

应该指出，这种发展已经把政治阶级分成了两个不同的分
475 支，一个产生于普选，另一个产生于官僚机构的任命。这不仅仅是让个人能力得以更好地利用；它也使得分配国家的统治功能或权力成为可能，而这种分配，只要当社会条件能使它有效时，就成为代议制的主要优点。这就是为何这种制度比任何其它应用于主要政治组织的制度产生更好结果的主要原因。[6]当卢梭试图显示，合法政府的惟一形式是根基于大多数公民明确同意的政府时，他给自己制定了一个无法实现的目标。孟德斯鸠主张，如果一个国家是自由的，换句话说，如果统治国家是根据法律，而不是统治者们专断的意志，它必须具有这样一种政治组织，其中权力能制约和限制权力，并且因此，在这种组织中，没有人或会议同时具有制定法律和执行它们这两项权力；此时，孟德斯鸠陈述了一个更实际且更深刻的观点。要使这个学说完整起来，我们需要加上，只有当一个控制性和限制性的政治机构代表了政治阶级中的一部分人，这部分人不同于被限制和被控制的机构所代表的政治阶级成员时，这种控制和限制的政治机构才是有效的。

而且，如果我们适当考虑个人自由，它们保护公民免于部分的或所有国家权力可能的武断行为，特别是如果我们考虑媒体自由，它们与议会的自由辩论一起，致力于呼吁公众关注统治者所有可能的权力滥用，我们很容易看到代议制的优越性。这种制度允许建立一个强大的国家，它能够把巨大的个人能量，导向与集体利益相联系的目标。同时，它不会践踏、压抑这些能量。

---

[6] 至于代议制良好运转所需的社会条件，请参见上文第五章，第 9 节；第十章，第 8 节。——原注

它使得它们具有足够的活力在其它领域，特别是在科学、文学和经济领域获得显著成就。因此，如果欧洲文明国家已经在即将结束的时代，成功地维护了它们在世界上的首要地位，这一事实主要是由于这种政治制度带来的有利效果。为了不过分强调这 476
种因果联系，想到一些同时运作的不同原因可能会更精确，这些原因中一个的作用可能被另一个的作用所补充。然后，我们可以说，代议制能够在 19 世纪在大多数欧洲文明国家有规律地运转，是因为这些国家的文化和经济条件使得它们可以这样运转。这将是另一个结果变成原因、原因变成结果的情况，这样的情况有很多。

如我们所见，欧洲国家对亚洲文明国家军事和行政上的优越性，早在 18 世纪已经变得很明显，当时盛行的是专制官僚体制。卡尔洛夫奇和波扎雷瓦茨和平条约分别于 1699 年和 1718 年缔结[7]，而且在它们之后土耳其不再构成对欧洲的严重威胁。在 18 世纪后半期，英国极大地推进了对印度的征服，而这种征服由率先采用代议制的欧洲国家实现，这并非偶然。在整个 19 世纪，欧洲对亚洲国家的优势变得越来越显著，并且一直没有被动摇。在 1904 年，日本成功地击败了俄国。有意义的是，到那时为止，日本也是采用欧洲的军事和行政制度。这种胜利给了亚洲人盼望他们的文明早日复兴的理由，而且自从第一次世界大战以来，这一希望显著增长，因为这次大战使得大部分欧洲国家精疲力竭，在其组织上显露出许多虚弱之处来。

---

⑦ 卡尔洛夫奇(Carlowitz)条约：卡尔洛夫奇为今克罗地亚古城市，1699 年在此缔结条约，结束了 1683—1699 年间奥斯曼帝国与神圣联盟(奥地利、波兰和威尼斯等)之间的战争，奥斯曼帝国把匈牙利割让给奥地利；波扎雷瓦茨(Passarowitz)条约：1718 年缔结的结束 1716—1718 年间奥地利、威尼斯与奥斯曼土耳其之间战争的和约，奥斯曼帝国割让了大片土地。——译注

甚至在1914年之前，敏锐的观察者已经能够看到，欧洲文明的重心正在向美洲转移。美国、加拿大、巴西和阿根廷，还不要说其它美洲国家，具有大片领土可供支配，还有大量仅仅被部分开发的自然资源。将来，它们可以供养的人口至少是现在的四倍。但是直到世界大战前，这些国家仍然需要资本和人力，以开发其资源。如果欧洲可以提供资本，中国、日本和其它亚洲国
477 家将会提供人力，也许它们还愿意这样做。但是在可见的时间里，如同欧洲人那样，黄种人移民不会与美洲人口融合。这个事实看来暗示着美洲国家曾经和仍然恰当地警惕着的一种危险。无论如何，仍然很难认为，新世界对旧世界具有优势的危险是紧迫的。首先，许多欧洲国家的艺术和科学文化还相当超出美洲国家的文化水平。另一方面，许多欧洲国家已经开始开垦赤道和南部非洲以为己用。在这里同样存在富有潜能的广大疆域，居住着原始民族，他们能够在即将到来的某段时间中被容易地统治。因此它们将很可能最终给人口过剩的欧洲提供迫切需要的原材料。

4. 就像所有政治制度一样，代议制也在相应于19世纪的历史阶段中显露这样的萌芽，它们过去和现在都在促进着它的逐渐转化或迅速解体。我们已经见到(第十六章，第6节)，只有通过缓慢和持续地转化其政治制度，各民族才能避免迅速瓦解的阶段，这种阶段经常伴有猛烈的危机，使得被迫经历它们的几代人遭受难以言表的灾难，并且几乎总是让他们的文明后退。

毋庸置疑，这些萌芽中最重要的，是这个世纪为自己制定的主要目标与已经达到的结果之间显著的矛盾。迄今为止，西欧和中欧具有的各种统治形式，保证了相当的个人自由，它们还提供了对统治者武断行为相当多的限制，并产生了高度的物质繁

荣。但是平等的原则并没有实现,大多数人也没有被给予对各国的实际控制权。至多,大众在选举的时候被用各种各样的物质利益的许诺所哄骗,这些许诺更多停留在表面。当这样的承 478
诺实际上被信守时,它们很少不对国民经济,进而对下层大众自身产生危害。这类让步的典型例子是八小时工作制。这样对工时的限制在非常富裕的国家还可以忍受。它对一个穷国只能产生致命影响。世界大战之后,许多欧洲国家的统治阶级足够愚蠢、也足够懦弱地接受了八小时工作制,而此时这些国家处于可怕的枯竭状态,迫切需要加强劳动和生产。

很容易理解的是,在欧洲社会,在这样的心理和物质环境下,一场强大的政治运动本该在资产阶级内部发展起来,它部分上由理想主义者、部分上由野心勃勃的政治家组成,他们渴望实现平等,并使得大众实际参与对国家的管理。可以理解的是,这场运动本该在工人阶级成员中赢得大量追随者,这些人已经获得了足够多的教育,把自己提升到超出他们的出身水平。最后,可以理解的是,这场运动的思想家们应该立刻得出这样的结论,即除非私有财产制被废除,否则绝对正义和真正的平等都无法实现。

但是初看起来不容易理解的是,在19世纪以及20世纪初,欧洲资产阶级的社会主义学说的传播、以及对信奉这些学说的政治势力进行的抵抗如此虚弱,如此零零星星。这种情况是由于许多原因。首先,有一种广为传播的对自由原则的尊重,这种原则认为,可以依靠公众良好的判断力区分真理与谬误,并发现在真实的世界上什么是可以实现的,什么不能。其次,在西方世界,直到19世纪末一直盛行着一种模糊的乐观主义意识,极少被打断。对人类的理性和善良、以及对教师们最终会教育大众的能力的信心从未被动摇。人们普遍相信,世界正朝着普遍和

479 谐与幸福前进。直到非常晚近的时候,资产阶级的头脑还浸润着许多构成社会主义知识基础的原则。因此,欧洲资产阶级成了自己的先入之见的奴隶,它在与社会主义斗争时一直绑住右手,左手也远不是自由的。许多国家没有公开与社会主义斗争,而是与这种运动媾和,接受了有时甚至几乎总是不体面的和有害的妥协。

这种虚弱被许多其它情况所加剧。在各种版本的社会主义福音中,被奉为正典和普遍采纳的那种福音,许诺这一教条必然胜利,同时刻意煽动阶级仇恨的情绪。这些情绪被最好地策划以削弱一个国家或文明的结构,并破坏它。如我们所见(第十一章,第 7 节),马克思的《资本论》中发展了一种各社会阶级之间敌对的学说。也能肯定的是,推动这种仇恨是马克思在其著作中为自己设定的目标。马克思和拉萨尔的通信充满了这样的句子,下面是一句典型的话:“现在要做的事情是在可能的地方慢慢灌输仇恨。”[⑧]如果有人争论说,也许众多的社会主义者中只有千分之一的人读过和理解马克思的著作,我们可以回答说,从马克思的新福音中,有人已经仔细摘录了一本任何人都能牢牢记住的语录集。现在,几乎没有一个工厂工人不相信,或者没有被一次次告知,他雇主的财富、或者为这个工厂提供资金的股东的财富,都是通过从工人那里剥夺一些本来属于他们的工资而积累起来的,而且在许多国家,几乎没有一个雇农没有接受过同样的消息。

社会主义宣传最常见的一个辩解,是阶级仇恨不是社会主

---

⑧ 《拉萨尔与马克思的通信》(*Briefwechsel zwischen Lassalle und Marx*),第 170 页。更进一步的有趣细节,请参见鲁奇奥(Luzio):《卡洛·阿尔贝特和马志尼》(*Carlo Alberto e Mazzini*)。——译注

义学说的产物，而是盛行于社会上的不平等和不公正的自然结果。对此的回答是，社会不平等和不公正总是存在，而阶级仇恨 480 在过去是间断的，或至少从未像今天社会主义者宣传的这么强烈。

社会主义和社会主义中更极端的派系之所以是危险的，主要由于它们在大众中创造和维持的思想状态，以及由于它们实际的组织，这些组织根据国家不同而强弱不一。

但是我们的社会面临着另一个也许更严重的危险。它不是一种可以缓和的精神状态，而是存在于现代社会采纳的经济组织之中。不仅如此。现代社会不能放弃这样的组织、而不同时放弃它巨大的繁荣、以及不同时停止满足于许多种需要，这些需要只是在近来才被感受到，但是已经被当成必不可少的了。

在西方社会，劳动分工和生产专业化被推行到了极致。如果没有铁路、汽船、邮政系统、电话和电报、燃料和其它原材料供应，我们的大城市没有一个能撑过一个月；并且在几个月内，我们中最大的国家会发现自己无法养活其相当部分的人口。个人的物质生活从未像今天这样依赖于整个社会机制的完好运行。现在，这一机制中每一部分的运转被托付给特定的团体，因此，作为整体的社会正常生活逐渐依赖于每一个这样的团体的善良意志。

这种状况正在变得很难改变，并且从中出现了工团主义的危险——也就是一个小团体可能把其意志施加给整个社会的危险。今天，不再严格地需要遵守孟内尼乌斯·阿格里帕寓言中的文字——所有成员不必要都团结起来反对胃、或更好地说，反对大脑。如果任何一个成员、任何一个必要的器官，停止履行其职能，大脑和所有依靠于它的神经中枢都会瘫痪。

参与特殊职能的每一个团体都在精神、教育、特别是在兴趣

上，具有一定的同质性。因此，这一团体试图在自己的领导人之
481 下组成工会、行业公会或辛迪加都是非常自然的。同样自然的是，一旦这样的协会组织起来，它们的领导人会立刻觉察到，能够从协会的运行中取得道德权力和益处。因此，通常所称的"工团主义"已经变成了一个对现代国家严重的威胁，胜过封建主义对中世纪国家的威胁。在中世纪，社会相应地还有国家，组织形式非常原始。社会的每个片断几乎都是一个自足的部分。它可以支配所有维生所需的器官。部分与整体的对立以地方为基础。一个强大的男爵，或一个重要的城市，或一个男爵和城市的联盟，都能时常支配皇帝或国王。今天部分与整体的对立具有一种功能基础。一个强大的工会、更不要说一个工会联合会，都能把它的意志施加给国家。

为了消除这种危险，有必要以任何代价防止个人与国家之间出现新的统辖权。中世纪就发生了这种情况，那时封臣直接听命于男爵而不是国王。换句话说，绝对必不可少的是，我们现在政府的首脑们在任何时间，都应该比工会首脑们获得工会成员更大的服从。对国家利益的奉献必须比对阶级利益的奉献更大。不幸的是，现代欧洲主要的一个弱点——也是造成现代代议制解体的另一个种子——就在于那种道德凝聚力的松弛，而这种凝聚力自身就能把构成一个民族的所有原子统一在某种一致的情感和观念下，并且因此可以构成一种水泥，没有它，任何政治大厦都会动摇、崩溃。

过去宗教基本教条的目的，是用彼此的兄弟友爱，统一某个国家全体公民、以及所有基督教国家。但是特别在近两个世纪以来，宗教已经失去了它很大的威望和实践效能。这里有许多原因，其中突出的，特别是在拉丁语国家中突出的，是统治阶级的非宗教化。他们现在觉察到，把下层阶级从被轻松地叫做"过

时的迷信”中解放出来，是把他们推进错误和粗糙的唯物主义，并开辟道路通往更糟糕的迷信中[9]。有这样的认识已经太晚 482
了。人们曾经认为，一旦宗教枷锁被削弱，它可以被对这个世纪的三个主要原则——自由、平等、博爱的信仰所取代；并且这些原则的应用将会在世间开创一个新时代和普遍正义。但是社会主义宣传没费什么劲就表明，这种自由信仰在实际上没有基础，而民主，不论多么慷慨，都不能防止权利留在资产阶级手中，而按照社会主义学说，由于无法挽救的利益冲突，资产阶级将总是与社会中的下层阶级相分离。

因此，只剩下爱国主义能成为欧洲各国主要的道德和思想凝聚力。爱国主义也被社会主义所攻击，认为它是一项统治阶级的发明，用来防止全世界的无产阶级团结起来反对全世界的资产阶级，这一点已经被马克思所预言。但是爱国主义比宗教在现代欧洲国民的灵魂中具有更深的根基，它更坚强地抵制了对手的攻击。爱国主义根基于对公共利益的意识之上，这种意识把生活在同一个国家中的人们联结起来；它的基础也在于情感、观念的一致性，在说同一种语言、具有相同背景、分享共同的荣耀和遭遇、以及同样的幸运和不幸的人们中，不可避免地会出现这种一致。最后，它满足了人类灵魂热爱自己所属的集体胜过其它集体这种渴望。

要断言欧洲中产阶级清晰和明确地意识到，爱国主义给社会主义的进步带来的巨大道德障碍，这是冒失的，并不符合事实。但可以肯定，从20世纪早期开始，在几乎所有欧洲国家，可以观察到爱国情感在受过教育的年轻人中强劲地觉醒。不幸的是，爱国之情、以及希望世界越来越多地被感受到自己国家的影

---

⑨ 参见第十一章，第3节。——原注

响力这种自然愿望,经常与对其它国家缺乏信任、有时还是对它们的仇视联系在一起。过度激励这种爱国情感无疑会帮助创造带来世界大战的道德和知识氛围。

483 5. 世界大战严重和深远的结果,现在已经为人所熟悉而不需要详述;在这次大战中每一个参战国都把自己的能力发挥到极限。[10]在1918年岁末所有的交战国都背上了巨大的公债负担。这些债务的大多数都用于战争目的,因而从经济学角度是非生产性的。大量财富被转往国外那些中立国家,或转往参战较晚的国家。在承担主要战争重担的国家,私人资本也极大萎缩。因此不可避免的是,1914年之前的繁荣阶段应该跟着一个相对贫困的阶段,而此时那些较穷的国家、特别是那些因战败而被恶劣对待的国家达到了严重穷困的地步。

经济灾难又被一种道德灾难所加强,而后者是由于所剩无几的财产被改变了分配方式。在参加国,当大部分人口显著贫困化时,少数人却发现,战争中有获得难以预料的和可观收益的机会;这种情况在中立国也很明显,只是程度稍逊一畴。这样,没有什么比看到不需要什么特别优点就突然赚取财富、以及同时看到没任何过失就变得赤贫更让人士气受挫。这种景象冒犯了人们的正义感,过分刺激了嫉妒与贪婪。许多在那场大灾难之前过着诚实、令人尊敬生活的人变得不诚实起来,拼命抢夺财富,因为他们下定决心,不惜任何代价成为新富,而不是遭受刚刚变穷的苦难。

但是尤其助长了欧洲政治组织稳定性的动摇、以及打乱社

---

⑩ 我们仍然记着凯恩斯(Keynes)在《和平的经济后果》中,以及尼蒂(Nitti)在《没有和平的欧洲》(*L'Europa senza pace*)中给人深刻印象的描绘。——原注

会阶级之间平衡的，是中产阶级的贫困化，他们是资产阶级中靠小额储蓄、靠对不动产的适当持股、特别是靠他们的知识劳动维生的一部分人。我们已经看到(第十四章，第6节)，这样一个阶级的兴起是创造代议制度正当运转所需条件的一个因素。因此很自然的是，这个阶级的经济衰退会使得代议制很难继续运转， 484
并且如果这种衰退继续下去，不可避免会接着发生一种知识的和道德的衰退。

在所有参加世界大战的国家中，国家机器被迫从事如此艰巨、如此大量的工作，而且它要被迫压制或粉碎如此多的私人热情、情操和利益，以至于不用奇怪的是，它的齿轮会在某时某刻显露出衰败和无法运转的迹象。在国家机器疲软已极的地方，也就是在俄国，损耗是如此巨大，以至于这台机器被彻底粉碎；但是很明显，在所有国家，它都需要或多或少的休息和修补。

在几乎所有国家，这些原因，以及其它次要原因，使得战前的政治制度继续运行存在不同程度的困难。特别是那些受到这种共同灾难的折磨比其它国家更多的地方，出现了这样一种观念，即现在的危机能够并且应该通过深刻和根本地变革继承自上个世纪的制度来解决；并且完成这种转变是新的一代、是参加大战的年轻人的责任，而这种转变要通过拆除他们父辈建立起来的政治结构、并根据新的和更好的模式重新建立它们来完成。

现在，如果人们考察目前欧洲社会的经济、知识和道德状况，并且考虑活跃着的各种观念、情感和利益的潮流，人们会发现三种根本性的对现有政治危机的解决方式。它们中的一个已经在俄国付诸实施——即所谓的“无产阶级专政”，以及它相应的共产主义实验。第二个是返回旧式的官僚专制主义。第三种是工团主义，换句话说，是在立法会议中以阶级代表取代个人代表。

就俄国的实验看来，现在人们已十分熟悉了其结果，以至于许多热情和长期的马克思的信奉者现在也或多或少地公开表
485 示，他们在一定程度上反对立刻实现这位导师的方案。

赞同立刻并以暴力方式实现被归于马克思的计划的马克思主义者，与赞同缓慢、渐进地应用它的马克思主义者之间的争执，最近变得相当明显。那些属于更猛烈派系的人采用了“共产主义者”的名字。其他人保持了老名字——“社会主义者”。一种更科学的区分“社会主义”和“共产主义”的标准把社会主义称作这样的制度，其中社会根据工人所做工作的价值和功效给他报酬。在共产主义制度中，每个工人则按其所需取得收入。[11]这是列宁自己采用的标准。他主张，在第一阶段，他的制度应该是社会主义的，而在第二阶段将达到共产主义，这时社会中完全没有了资产阶级道德的残余物——或者更好地说，没有了不道德[12]。现在统治着从前沙皇帝国的人们自己就试图减缓对马克思方案的实现。

不可避免的是，在俄国那些恰恰是进行革命的人之中，最终会出现一种新的资产阶级，并且私有制如果不是在形式上，也会在实质上被重新确立。然而能够证明，在革命的第一个阶段，不可能避免在该国建立纯粹共产主义的企图。众所周知，这种企图导致了每一种生产迅速和完全的解体，匮乏和饥馑随之而来。我们也不相信，如果共产主义在欧洲其它地方胜利，会可能避免类似的实验，这种实验不可避免地会导致同样的结果……比俄国不幸的是，西欧人口过剩，并且甚至在正常时代也一直需要一些日常生活少不了的原材料，这些材料只能由美洲和世界其它

---

[11] 参见第十一章，第 3 节。——原注

[12] 列宁：《国家与革命》。——原注

部分供应。

这些是经济后果。至于道德方面，在俄国，在这种专政的名 486
义下，旧的统治阶级被完全消灭，被另一个更精明、更有活力并且可能更聪明的阶级所取代。[13]哎！在道德上，它只能被认为是低劣的。为了面对普遍不满，为了对付非本阶级成员的铤而走险，并且为了在别人那里弥补其不足，新的俄国统治阶级不得不暴虐地进行统治，通过纯粹的恐怖践踏所有是非并驱使人们服从。可以说还不止如此。在俄国，不论好坏，已经可能找到另一个统治阶级取代原来的。在西欧，这在实际上是不可能的。在俄国，旧的资产阶级勉强被犹太小资产阶级和各种类型多少不同的成分，诸如列托人、亚美尼亚人和信仰伊斯兰教的鞑靼人所取代。组成每一个这样成分的个人已经长期被种族、语言和宗教的同志情谊以及被他们在沙皇治下共同遭受的小迫害和排斥彼此紧密联系在一起。俄国现在的统治者因而可以指靠他们的忠诚。然而，这些少数人——在种族和宗教上与其他人口不一样的少数人——很难在西欧存在，并且就算有，他们也处于一种极为恐惧共产主义到来的局势中。因此，这个新统治阶级不得不从平民的暴力分子中、以及从旧资产阶级名声不太好的部分中招收新成员。这些人无知无识，并且几乎肯定缺少最低限度的道德；而如果正在共同从事一项巨大恶行的人们要获得任何持久的成功，他们必须用这种道德来调整相互之间的关系。

一场所谓的“适度社会主义”实验，允许私有制依附性地和正常地存在，但是会给它压上重负与限制来剥夺其重要性；这种实验在西欧甚至比一场完全和彻底的无产阶级专政更缺少持续
下去的机会。这种制度总是容易受到常规共产主义者的攻击， 487

---

⑬ 参见第十一章，第3—6节。——原注

而没有威望和力量来压制他们，并且，它也不能支配对弥补浪费必不可少的那点财富，而任何一种应用适度形式的社会主义的尝试都不可避免地带来这种浪费。由于它的失灵和引起的失望，这种社会主义或者会迅速退化成一种纯粹的共产主义，或者把现有的政治和经济制度引导成一种官僚和军事独裁制。

这样一种发展会符合我们上述的对代议制现有危机的第二种解决办法。它可能暂时对一两个欧洲国家有利，尽管如果采用这种制度作为永久性的解决方法，它本身就代表了非常严重的缺陷。直到1914年，民选集团在所有以各种代议制统治的国家行使主权的过程中，发挥了重要和有效的作用。在这种解决方案之下，这种民选集团将会从公共生活中消失，或被减少到只能履行次要或仅仅是装饰性的职能，使得民事和军事的官僚统治者具有事实上的权威，它在实质上是不受制约和不受控制的。

此处所说的官僚体制不会类似任何一种代议制政府。它既不类似实行于英法的议会制，也不像在美国发挥作用的总统制，也与德国在1918年前实行的严格立宪形式不相同。它将成为一种强人专制，它在第一帝国时期盛行于法国，并且在第二帝国中以其更适度的形式存在，直到1868年。在这种政府形式下，议会只有纯粹装饰性的职能。此外，这种新的强人专制可能甚至在一种全民公决、或公民立法中为自己寻求合法根据，如同前后两个拿破仑强人专制政府所做的。

如我们所见，选举性成分的参与在现代国家非常重要，各种现代政治制度主要的优越性和主要的力量，在于它们所承认的在自由原则和独裁原则之间那种创造性的平衡，前者以议会和地方理事会为代表，后者被永久性官僚机构代表。我们也看到，
488 如果所有政治势力和政治能力(political capacity)都能让自己在公共生活中得到表现，并且如果所有国家权力都要行使相互控

制与约束,这种共同参与就是根本性的;而各种国家权力的相互控制和约束是政治自由不可缺少的条件。一旦选举成分对公共权力的平衡不具有什么影响,媒体自由或所有的个人自由——换句话说,公民所有抗拒公共官员武断行为的手段——都会得不到充分保证。

在这种情况下,我们会回到过去的独裁体制,它也许隐藏在大众主权的面具之下,我们的父辈们努力奋斗以摧毁这种体制,而年轻一代还没有经历过它,对它的特征只有陌生的概念。现在,这样一种制度在今日的效果比它在一个半世纪或两个世纪之前严重得多,因为国家的特权在这段时间已经大为提高,它借助这些特权吸收和分配的财富数额也大大增加。因而,统治者的专制主义不会发现它曾经发现的那种天然制约和限制,它们是由于可供政府支配的资源稀少而产生的,在粗糙的和原始的政治组织中,还可以发现这种制约和约束。今天,由于国家机器的高度完善和广泛发展,拥有无限制和不受控制的权力的官僚政府能够轻易粉碎所有个人和集体的抵抗,压制所有异己成分发起的动议,并因而通过吸取社会中所有必要的能源而使整个社会枯竭。

我们不需要花费很多笔墨,描绘议会制目前危机的第三种激进解决办法的危险——这就是工团主义、或称为工会主义的解决办法。一个拥有国家权力、并作为阶级联合会代言人参与制订法律的议会,最可能为介于个人与国家之间的主权组织提供基础,这样的组织可能是我们在此刻的政治生活中面对的最严重威胁。通过他们的代表,这些工会自身就能在国家之内最有效地反对国家,使国家脱离这些组织监控的每一种努力都失 489
去效果。

有一种想法是很幼稚的,即认为另一个或两个在旧的个人代表制度下形成的、其成员不属于工会的议会的共存，就足以抵销由工会选举的第三个议会的影响力。迄今为止明显的是，某个特定政治机关的有效性——即它在国家的实际管理中承担的重要性——并非主要与基本国体赋予它的立法权相关，而是来自它在公共舆论中享有的威望，特别是来自它所表达的社会势力、利益、观念和情感的数量和效能。这就是为何直接依靠普选的议院通常比按照不同原则构成的上院行使更大影响力的原因，尽管后者认为它拥有更多专业人才和更大的个人价值。从各个阶级如今已经在每个文明国家的经济生活中获得的重要性来看，认为工团主义者的议会将胜过其它的议会这种设想一点也不牵强，并且如果我们认识到，人数更多的工团，通过安排出一种更紧凑、更规范的投票，能够对按照现在个人代表制基础上构建起来的议会选举施加更大的影响，情况就更是如此了。

我们无法想像，在一个由工团代表组成的议会中，受过更好教育的成员，诸如地方官员和学者，或律师和工程师代表，可能具有控制性的影响力。从一开始，决定性的影响力就属于铁路工人、海员、搬运工，以及在英格兰和德国的矿工代表。一个工会的强大不是依靠它成员的教育和教养，而是在于它的成员，特别是在于其成员对人们日常生活不可缺少的物质职能。在这方面，铁路工人或面包师的工作一定比教授或律师的工作更加必
490 不可少。进而，在这一基础上，如果更没文化的和更大的工会将会成功地协同工作，它们就能够立刻控制国家；而这些工会都或多或少接受了马克思主义信条，并被小心地训练，以信仰所谓“阶级斗争”的必要性。做完了这些后，它们长远看来很可能开始彼此争吵，而争吵带来的这种经济解体将会最终变成政治的

无序。[14]

6. 由此可见，对现在代议制遇到的危机最可能的三种激进解决方案，将会导致欧洲国家采取一种比现在更不完美、并且可以说更原始的政治制度。采用三者中的任何一种都象征着政治衰落，它会同时导致和产生文明上的衰落。当然没有人会试图主张，代议体制不能被极大地改善，或迟早它会被某种不同的和更好的东西取代。恰恰相反，如果欧洲能够克服它现在正在与之斗争的困难，完全可能的是，在另外一个世纪的进程中，或在一半于此的时间内，新的观念、新的情感和新的需要会自动地为其它政治体制准备好条件，这种体制可能比现存的要完善得多。

不幸的是，世界大战的道德和经济后果在这个关键时刻，已经使得发展到1914年的制度难以为继。要让它们保持自己的生命力不受损害，它们需要那种世界在19世纪后期和20世纪前期享受过的相对和平和普遍繁荣能持续一段时间。并不是战争创造出了使代议制正遭受着解体的种子。像其它制度一样，代议制在自身之内包含着这些种子，并且仍然包含着它们。战争只是使它们毒性更大。今天它们正在威胁着，要在愈合性的力量有时间发展出新的成分之前杀死代议制；这种愈合性的力量在每一个社会中都发挥着作用，除非这个社会完全衰竭，而它 491
所发展的新成分是创造一种比现行制度更好的新政治类型所需要的。换句话说，在建造新房子的建材备齐之前，老的房子就可能坍塌。如果这种崩溃到来，我们各个民族都被迫，或者在两三

---

⑭ 参见莫斯卡在意大利下院中的讲演(1919年3月7日)，以及在参议院的讲话(1920年3月31日和1922年11月27日)；也请参见《功能封建主义》、《现代国家的风险》(“Il pericolo dello stato moderno”)和《封建主义与工团主义》(“Feudalismo e sindicalismo”)三篇论文；并请参见上文第十四章，第8节。——原注

代人没有使用的旧式结构的废墟中、或者在一个匆忙搭就的小房子里避难。

50年前，笔者作为一部书的作者开始了职业生涯，那部书是年轻时的作品，但是他并没有抛弃其中的观点。[15]在那部书中他寻求揭露一些深埋在代议制特定假设中的伪真理，以及议会制的一些缺陷。今天，消逝的岁月已经让他更审慎地判断，并且他能够冒险说，更均衡地判断。他的结论无论如何都是深深思考过的。当他密切和平静地关注流行于许多欧洲国家，特别是他的祖国意大利的状况时，他感到被驱使着，要督促新兴的一代人恢复和保留他们从其父辈手中继承下来的政治制度。

很明显，这项任务并不轻松。甚至在它能够被写出来之前，欧洲在经济上已经康复，欧洲中产阶级的状况大为改善。没有这样一个阶级的合作，任何代议制政府从长远看来都是不可能的。在这种康复过程中，在欧洲各种阶级中仍然存在着鲜明的仇恨，在欧洲不同国家中，仇恨更加鲜明，这是战争可怕地挑拨起来的仇恨，仍然没有平息下来。因此，第一个必要条件应该是，所有欧洲民族最终应该在头脑和心灵中牢牢地坚信，他们具有许多共同的和崇高的利益要维护，他们被一个严密的知识、情感和经济关系织成的网络彼此联结，并且他们具有如此多的心理和文化亲和力，以至于他们中任何一个遭受灾难、蔑视和衰退，一定意味着所有人的灾难、蔑视和衰退。

492 复兴代议制不是意味着这种制度不应该在一两个方面改进或变化。我们认为，最重要的变化之一将涉及新闻立法。一定能够找到各种方式，维护科学调查和中肯地批评政府行为的自由，同时能够限制对头脑的腐蚀，它使得理智现在和将来都停留

[15] 莫斯卡：《关于政府和议会制的理论》。——原注

在孩子的水平。迄今为止,这种腐蚀还在我们欧洲国家被自由地实践着。这个方向的第一步是采纳这一原则,即媒体犯罪的责任,就像任何其它罪行一样,应该由实际作出它们的人来承担,换句话说,由作者来承担。许多欧洲国家具有一种畸形的法律,允许为报纸或期刊写作的人避免法律惩罚,只要他愿意保持匿名或不为别人所知。这样,这种惩罚降临到了出版商的代理人身上,他按技术术语被称作"责任经理"。[16]在对政府行为的中肯批判中,我们愿意包括基于根本上不同的政治理念和原则的批评,只要它们不会堕落成玷污性的侮辱、刻意和厚颜无耻的虚构、以及诽谤。

另一个在即使不是全部、也在几个欧洲国家需要迫切关注的困难,出现在集会和结社自由上。现在的法律如此模糊和不确定,以至于它们允许一个强大的独裁政府用警察镇压任何形式的结社。同时它们又没有给予一个胆怯和虚弱的政府一种有效的合法手段,防范那些反对现存制度、希望通过暴力夺取国家机关从而推翻国家本身的成员进行组织。

我们没有说把选举权限制在可以依赖的人之中,这些人最能被指望保证代议制的延续。我们认为给予普选权是一项错误,而在公共生活中错误并非比在私人生活中更频繁。同时人们不能背弃它而不犯另一个错误,它可能具有无法预见的、性质非常严重的后果。

通过短期的强力统治,国家能够行使许多权力和巨大的权 493
威;这种强力统治可能被证明对某些欧洲国家具有实际利益,因为它们帮助恢复和提供了使得代议制能够在不远的将来正常运转的条件。在罗马,在共和国最好的日子中,短期专政并不少

---

[16] 莫斯卡:《宪法笔记》,第167—168页。——原注

见。

但是如果要克服现在威胁我们制度和社会机构本身的危机，统治阶级必须消除自己的许多偏见，并改变其心理态度。它必须要意识到它是统治阶级，并因此获得它的权利和责任的明确观念。除非它能够提高自己的政治能力和理解水平，否则它从来不能做到这一点；而迄今为止，在大多数高度文明的欧洲国家，政治能力和理解力令人悲伤地具有缺陷，在某些国家则完全欠缺。并且，统治阶级只有学会怎样合理地表扬它的领导人，才能逐渐在大众眼中恢复它在很大程度上失去的威望。它必须能够看得比自己的直接利益远一点，不再浪费其大部分精力追求仅对某些人、或对围绕着某些人形成的小团体有利的目标。必须一劳永逸地说服统治阶级相信，现在我们面临的局势是，为了不辜负属于肩负着每个国家命运的被选定的少数人，获得一个大学文凭、或设法成功地经营商业或工业企业、或甚至在战壕中冒生命危险都是不够的。长期的学习和巨大的热爱同样必不可少。

每一代人都产生了一定数量具有博大精神者，他们能够热爱所有高尚和美丽、或看似如此的事物，也能够把他们大部分的行为投入改善他们生活于其中的社会，或至少使它免于变坏。这种人构成了少量的道德和思想上的贵族，他们使人性在自私和物质欲望的泥沼中免于腐败。主要由于这些贵族，许多国家能够从野蛮状态兴起，从未重新跌落其中。这些贵族的成员很少在政治生活中获得突出的位置，但是他们通过塑造其同时代
494 人的精神、指导他们的情操提供了可能更有效的服务，以至于最终他们成功地把自己的方案施加给治国者。

我们不能认为在正在兴起的一代人中，没有或缺乏这类博大的精神。但是在人类历史的漫长进程中，不止一次发生的是，

这种人的工作和牺牲没有使得一个国家或民族免于衰落或毁灭。我们相信，这种情况的发生，主要因为“至善者”对他们时代的需要没有清晰和明确的意识，并因此认识不到最适当的拯救社会的手段。让我们希望，今天在我们的年轻人中更高尚的成员不缺少这种清晰的意识，它可能如此启发他们的头脑，激励他们的心灵，以至于他们能够在和平时期，像在战争中作战时那样决断、那样勇敢。

索引与参考文献

（索引条目后所标页码为中译本边码）

人文与社会译丛

第一批书目

1.《政治自由主义》(增订版),[美]J. 罗尔斯著,万俊人译 118.00 元
2.《文化的解释》,[美]C. 格尔茨著,韩莉译 89.00 元
3.《技术与时间:1. 爱比米修斯的过失》,[法]B. 斯蒂格勒著,裴程译 62.00 元
4.《依附性积累与不发达》,[德]A. G. 弗兰克著,高铦等译 13.60 元
5.《身处欧美的波兰农民》,[美]F. 兹纳涅茨基、W. I. 托马斯著,张友云译 9.20 元
6.《现代性的后果》,[英]A. 吉登斯著,田禾译 45.00 元
7.《消费文化与后现代主义》,[英]M. 费瑟斯通著,刘精明译 14.20 元
8.《英国工人阶级的形成》(上、下册),[英]E. P. 汤普森著,钱乘旦等译 168.00 元
9.《知识人的社会角色》,[美]F. 兹纳涅茨基著,郏斌祥译 49.00 元

第二批书目

10.《文化生产:媒体与都市艺术》,[美]D. 克兰著,赵国新译 49.00 元
11.《现代社会中的法律》,[美]R. M. 昂格尔著,吴玉章等译 39.00 元
12.《后形而上学思想》,[德]J. 哈贝马斯著,曹卫东等译 58.00 元
13.《自由主义与正义的局限》,[美]M. 桑德尔著,万俊人等译 30.00 元

14.《临床医学的诞生》,[法]M. 福柯著,刘北成译 55.00 元
15.《农民的道义经济学》,[美]J. C. 斯科特著,程立显等译 42.00 元
16.《俄国思想家》,[英]I. 伯林著,彭淮栋译 35.00 元
17.《自我的根源:现代认同的形成》,[加]C. 泰勒著,韩震等译 128.00 元
18.《霍布斯的政治哲学》,[美]L. 施特劳斯著,申彤译 49.00 元
19.《现代性与大屠杀》,[英]Z. 鲍曼著,杨渝东等译 59.00 元

第三批书目

20.《新功能主义及其后》,[美]J. C. 亚历山大著,彭牧等译 15.80 元
21.《自由史论》,[英]J. 阿克顿著,胡传胜等译 89.00 元
22.《伯林谈话录》,[伊朗]R. 贾汉贝格鲁等著,杨祯钦译 48.00 元
23.《阶级斗争》,[法]R. 阿隆著,周以光译 13.50 元
24.《正义诸领域:为多元主义与平等一辩》,[美]M. 沃尔泽著,褚松燕等译 24.80 元
25.《大萧条的孩子们》,[美]G. H. 埃尔德著,田禾等译 27.30 元
26.《黑格尔》,[加]C. 泰勒著,张国清等译 135.00 元
27.《反潮流》,[英]I. 伯林著,冯克利译 48.00 元
28.《统治阶级》,[意]G. 莫斯卡著,贾鹤鹏译 98.00 元
29.《现代性的哲学话语》,[德]J. 哈贝马斯著,曹卫东等译 78.00 元

第四批书目

30.《自由论》(修订版),[英]I. 伯林著,胡传胜译 69.00 元
31.《保守主义》,[德]K. 曼海姆著,李朝晖、牟建君译 58.00 元
32.《科学的反革命》(修订版),[英]F. 哈耶克著,冯克利译 68.00 元

33.《实践感》,[法]P. 布迪厄著,蒋梓骅译 75.00 元
34.《风险社会:新的现代性之路》,[德]U. 贝克著,张文杰等译 58.00 元
35.《社会行动的结构》,[美]T. 帕森斯著,彭刚等译 80.00 元
36.《个体的社会》,[德]N. 埃利亚斯著,翟三江、陆兴华译 15.30 元
37.《传统的发明》,[英]E. 霍布斯鲍姆等著,顾杭、庞冠群译 68.00 元
38.《关于马基雅维里的思考》,[美]L. 施特劳斯著,申彤译 78.00 元
39.《追寻美德》,[美]A. 麦金太尔著,宋继杰译 68.00 元

第五批书目

40.《现实感》,[英]I. 伯林著,潘荣荣、林茂、魏钊凌译 78.00 元
41.《启蒙的时代》,[英]I. 伯林著,孙尚扬、杨深译 35.00 元
42.《元史学》,[美]H. 怀特著,陈新译 89.00 元
43.《意识形态与现代文化》,[英]J. B. 汤普森著,高铦等译 79.00 元
44.《美国大城市的死与生》,[加]J. 雅各布斯著,金衡山译 78.00 元
45.《社会理论和社会结构》,[美]R. K. 默顿著,唐少杰等译 128.00 元
46.《黑皮肤,白面具》,[法]F. 法农著,万冰译 58.00 元
47.《德国的历史观》,[美]G. 伊格尔斯著,彭刚、顾杭译 58.00 元
48.《全世界受苦的人》,[法]F. 法农著,万冰译 17.80 元
49.《知识分子的鸦片》,[法]R. 阿隆著,吕一民、顾杭译 59.00 元

第六批书目

50.《驯化君主》,[美]H. C. 曼斯菲尔德著,冯克利译 88.00 元
51.《黑格尔导读》,[法]A. 科耶夫著,姜志辉译 98.00 元
52.《象征交换与死亡》,[法]J. 波德里亚著,车槿山译 68.00 元
53.《自由及其背叛》,[英]I. 伯林著,赵国新译 48.00 元

54.《启蒙的三个批评者》，[英]I. 伯林著，马寅卯、郑想译 48.00元
55.《运动中的力量》，[美]S. 塔罗著，吴庆宏译 23.50元
56.《斗争的动力》，[美]D. 麦克亚当、S. 塔罗、C. 蒂利著，李义中等译 31.50元
57.《善的脆弱性》，[美]M. 纳斯鲍姆著，徐向东、陆萌译 55.00元
58.《弱者的武器》，[美]J. C. 斯科特著，郑广怀等译 82.00元
59.《图绘》，[美]S. 弗里德曼著，陈丽译 49.00元

第七批书目

60.《现代悲剧》，[英]R. 威廉斯著，丁尔苏译 45.00元
61.《论革命》，[美]H. 阿伦特著，陈周旺译 59.00元
62.《美国精神的封闭》，[美]A. 布卢姆著，战旭英译，冯克利校 89.00元
63.《浪漫主义的根源》，[英]I. 伯林著，吕梁等译 49.00元
64.《扭曲的人性之材》，[英]I. 伯林著，岳秀坤译 69.00元
65.《民族主义思想与殖民地世界》，[美]P. 查特吉著，范慕尤、杨曦译 18.00元
66.《现代性社会学》，[法]D. 马尔图切利著，姜志辉译 32.00元
67.《社会政治理论的重构》，[美]R. J. 伯恩斯坦著，黄瑞祺译 72.00元
68.《以色列与启示》，[美]E. 沃格林著，霍伟岸、叶颖译 128.00元
69.《城邦的世界》，[美]E. 沃格林著，陈周旺译 85.00元
70.《历史主义的兴起》，[德]F. 梅尼克著，陆月宏译 48.00元

第八批书目

71.《环境与历史》，[英]W. 贝纳特、P. 科茨著，包茂红译 25.00元
72.《人类与自然世界》，[英]K. 托马斯著，宋丽丽译 35.00元

73.《卢梭问题》,[德]E. 卡西勒著,王春华译 39.00 元
74.《男性气概》,[美]H. C. 曼斯菲尔德著,刘玮译 28.00 元
75.《战争与和平的权利》,[美]R. 塔克著,罗炯等译 25.00 元
76.《谁统治美国》,[美]W. 多姆霍夫著,吕鹏、闻翔译 35.00 元
77.《健康与社会》,[法]M. 德吕勒著,王鲲译 35.00 元
78.《读柏拉图》,[德]T. A. 斯勒扎克著,程炜译 68.00 元
79.《苏联的心灵》,[英]I. 伯林著,潘永强、刘北成译 59.00 元
80.《个人印象》,[英]I. 伯林著,覃学岚译 88.00 元

第九批书目

81.《技术与时间:2. 迷失方向》,[法]B. 斯蒂格勒著,赵和平、印螺译 59.00 元
82.《抗争政治》,[美]C. 蒂利、S. 塔罗著,李义中译 28.00 元
83.《亚当·斯密的政治学》,[英]D. 温奇著,褚平译 21.00 元
84.《怀旧的未来》,[美]S. 博伊姆著,杨德友译 85.00 元
85.《妇女在经济发展中的角色》,[丹]E. 博斯拉普著,陈慧平译 30.00 元
86.《风景与认同》,[美]W. J. 达比著,张箭飞、赵红英译 79.00 元
87.《过去与未来之间》,[美]H. 阿伦特著,王寅丽、张立立译 58.00 元
88.《大西洋的跨越》,[美]D. T. 罗杰斯著,吴万伟译 108.00 元
89.《资本主义的新精神》,[法]L. 博尔坦斯基、E. 希亚佩洛著,高铦译 58.00 元
90.《比较的幽灵》,[美]B. 安德森著,甘会斌译 79.00 元

第十批书目

91.《灾异手记》,[美]E. 科尔伯特著,何恬译 25.00 元

92.《技术与时间:3.电影的时间与存在之痛的问题》,
[法]B.斯蒂格勒著,方尔平译 65.00元
93.《马克思主义与历史学》,[英]S.H.里格比著,吴英译 78.00元
94.《学做工》,[英]P.威利斯著,秘舒、凌旻华译 68.00元
95.《哲学与治术:1572—1651》,[美]R.塔克著,韩潮译 45.00元
96.《认同伦理学》,[美]K.A.阿皮亚著,张容南译 45.00元
97.《风景与记忆》,[英]S.沙玛著,胡淑陈、冯樨译 78.00元
98.《马基雅维里时刻》,[英]J.G.A.波考克著,冯克利、傅乾译 108.00元
99.《未完的对话》,[英]I.伯林、[波]B.P.-塞古尔斯卡著,
杨德友译 65.00元
100.《后殖民理性批判》,[印]G.C.斯皮瓦克著,严蓓雯译 79.00元

第十一批书目

101.《现代社会想象》,[加]C.泰勒著,林曼红译 45.00元
102.《柏拉图与亚里士多德》,[美]E.沃格林著,刘曙辉译 78.00元
103.《论个体主义》,[法]L.迪蒙著,桂裕芳译 30.00元
104.《根本恶》,[美]R.J.伯恩斯坦著,王钦、朱康译 78.00元
105.《这受难的国度》,[美]D.G.福斯特著,孙宏哲、张聚国译 39.00元
106.《公民的激情》,[美]S.克劳斯著,谭安奎译 49.00元
107.《美国生活中的同化》,[美]M.M.戈登著,马戎译 58.00元
108.《风景与权力》,[美]W.J.T.米切尔著,杨丽、万信琼译 78.00元
109.《第二人称观点》,[美]S.达沃尔著,章晟译 69.00元
110.《性的起源》,[英]F.达伯霍瓦拉著,杨朗译 85.00元

第十二批书目

111.《希腊民主的问题》,[法]J. 罗米伊著,高煜译　48.00 元
112.《论人权》,[英]J. 格里芬著,徐向东、刘明译　75.00 元
113.《柏拉图的伦理学》,[英]T. 埃尔文著,陈玮、刘玮译　118.00 元
114.《自由主义与荣誉》,[美]S. 克劳斯著,林垚译　62.00 元
115.《法国大革命的文化起源》,[法]R. 夏蒂埃著,洪庆明译　38.00 元
116.《对知识的恐惧》,[美]P. 博格西昂著,刘鹏博译　38.00 元
117.《修辞术的诞生》,[英]R. 沃迪著,何博超译　59.00 元
118.《历史表现中的真理、意义和指称》,[荷]F. 安克斯密特著,周建漳译　58.00 元
119.《天下时代》,[美]E. 沃格林著,叶颖译　78.00 元
120.《求索秩序》,[美]E. 沃格林著,徐志跃译　48.00 元

第十三批书目

121.《美德伦理学》,[新西兰]R. 赫斯特豪斯著,李义天译　68.00 元
122.《同情的启蒙》,[美]M. 弗雷泽著,胡靖译　48.00 元
123.《图绘暹罗》,[美]T. 威尼差恭著,袁剑译　76.00 元
124.《道德的演化》,[新西兰]R. 乔伊斯著,刘鹏博、黄素珍译　65.00 元
125.《大屠杀与集体记忆》,[美]P. 诺维克著,王志华译　78.00 元
126.《帝国之眼》,[美]M. L. 普拉特著,方杰、方宸译　68.00 元
127.《帝国之河》,[美]D. 沃斯特著,侯深译　76.00 元
128.《从道德到美德》,[美]M. 斯洛特著,周亮译　58.00 元
129.《源自动机的道德》,[美]M. 斯洛特著,韩辰锴译　58.00 元
130.《理解海德格尔:范式的转变》,[美]T. 希恩著,邓定译　89.00 元

第十四批书目

131.《城邦与灵魂:费拉里〈理想国〉论集》,[美]G. R. F. 费拉里著,刘玮编译 69.00 元
132.《人民主权与德国宪法危机》,[美]P. C. 考威尔著,曹晗蓉、虞维华译 58.00 元
133.《16 和 17 世纪英格兰大众信仰研究》,[英]K. 托马斯著,芮传明、梅剑华译 168.00 元
134.《民族认同》,[英]A. D. 史密斯著,王娟译 55.00 元
135.《世俗主义之乐:我们当下如何生活》,[英]G. 莱文编,赵元译 58.00 元
136.《休谟的人生智慧》,[英]J. 巴吉尼著,杨春丽译 68.00 元
137.《自由意志、能动性与生命的意义》,[美] D. 佩里布姆著,张可译 69.00 元
138.《自由与多元论:以赛亚·伯林思想研究》,[英]G. 克劳德著,应奇等译 58.00 元
139.《暴力:思无所限》,[美]R. J. 伯恩斯坦著,李元来译 59.00 元
140.《中心与边缘:宏观社会学论集》,[美]E. 希尔斯著,甘会斌、余昕译 88.00 元

第十五批书目

141.《自足的世俗社会》,[美]P. 朱克曼著,杨靖译 58.00 元
142.《历史与记忆》,[英]G. 丘比特著,王晨凤译 59.00 元
143.《媒体、国家与民族》,[英]P. 施莱辛格著,林玮译 68.00 元
144.《道德错误论:历史、批判、辩护》,

[瑞典]J. 奥尔松著,周奕李译　58.00 元

145.《废墟上的未来:联合国教科文组织、世界遗产与和平之梦》,[澳]L. 梅斯克尔著,王丹阳、胡牧译　88.00 元

146.《为历史而战》,[法]L. 费弗尔著,高煜译　98.00 元

147.《康德与现代政治哲学》,[英]K. 弗利克舒著,徐向东译　58.00 元

148.《我们中的我:承认理论研究》,[德]A. 霍耐特著,张曦、孙逸凡译　69.00 元

149.《人文学科与公共生活》,[美]P. 布鲁克斯、H. 杰维特编,余婉卉译　52.00 元

150.《美国生活中的反智主义》,[美]R. 霍夫施塔特著,何博超译　68.00 元

第十六批书目

151.《关怀伦理与移情》,[美]M. 斯洛特著,韩玉胜译　48.00 元

152.《形象与象征》,[罗]M. 伊利亚德著,沈珂译　48.00 元

153.《艾希曼审判》,[美]D. 利普斯塔特著,刘颖洁译　49.00 元

154.《现代主义观念论:黑格尔式变奏》,[美]R. B. 皮平著,郭东辉译(即出)

155.《文化绝望的政治:日耳曼意识形态崛起研究》,[美]F. R. 斯特恩著,杨靖译　98.00 元

156.《作为文化现实的未来:全球现状论集》,[印]A. 阿帕杜莱著,周云水、马建福译(即出)

157.《一种思想及其时代:以赛亚·伯林政治思想的发展》,[美]J. L. 彻尼斯著,寿天艺、宋文佳译　88.00 元

158.《人类的领土性:理论与历史》,[美]R. B. 萨克著,袁剑译(即出)

159.《理想的暴政:多元社会中的正义》,[美]G. 高斯著,范震亚译(即出)

160.《荒原:一部文化史》,[美]V. D. 帕尔玛著,梅雪芹等译 88.00 元

第十七批书目

161.《浪漫派为什么重要》,[美]P. 盖伊著,王燕秋译 49.00 元

162.《欧美思想中的自治》,[美]J. T. 克洛彭伯格著,褚平译(即出)

163.《冲突中的族群》,[美]D. 霍洛维茨著,魏英杰、段海燕译(即出)

164.《八个欧洲中心主义历史学家》,[美]J. M. 布劳特著,杨卫东译(即出)

165.《记忆之地,悼念之地》,[美]J. 温特著,王红利译(即出)

166.《20 世纪的战争与纪念》,[美]J. 温特著,吴霞译(即出)

167.《病态社会》,[美]R. B. 埃杰顿著,杨靖、杨依依译(即出)

168.《种族与文化的少数群体》,[美]G. E. 辛普森、J. M. 英格尔著,马戎、王凡妹等译(即出)

169.《美国城市新主张》,R. H. 普拉特著,周允程译(即出)

170.《五种官能》,[法]M. 塞尔著,徐明译(即出)